[英]格伦·阿诺德（Glen Arnold）●著

彭晓峰 何瑛 高锦萍 ●译

高级经理
公司理财
——资本市场、财务决策和价值管理

CORPORATE FINANCE
A BUSINESS COMPANION TO
FINANCIAL MARKETS, DECISIONS AND TECHNIQUES

经济管理出版社
ECONOMY & MANAGEMENT PUBLISHING HOUSE

图书在版编目（CIP）数据

高级经理公司理财/（英）阿诺德著；彭晓峰，何瑛等译.—北京：经济管理出版社，2011.4
ISBN 978-7-5096-1390-0

Ⅰ.①高… Ⅱ.①阿… ②彭… ③何… Ⅲ.①公司—财务管理 Ⅳ.①F276.6

中国版本图书馆 CIP 数据核字（2011）第 067643 号

出版发行：经济管理出版社
北京市海淀区北蜂窝 8 号中雅大厦 11 层
电话：(010)51915602　　邮编：100038
印刷：世界知识印刷厂　　经销：新华书店

责任编辑：张 艳　东 娇
责任印制：晓 成
责任校对：陈 颖　李玉敏

787mm×1092mm/16　　　　36.75 印张　　961 千字
2011 年 8 月第 1 版　　　　2011 年 8 月第 1 次印刷
定价：98.00 元
书号：ISBN 978-7-5096-1390-0

·版权所有　翻印必究·

凡购本社图书，如有印装错误，由本社读者服务部负责调换。联系地址：北京阜外月坛北小街 2 号
电话：(010)68022974　　邮编：100836

北京市版权局著作权合同登记：图字：01-2006-2774 号

The Handbook of Corporate Finance by Glen Arnold
First Published in Great Britain in 2005
ⒸPearson Education Limited 2005
Chinese Translation（Simplified Chara c ters）Copyright Ⓒ 2010 by Economy & Management Publishing House
This Translation of Handbook of Corporate Finance：A Business Companion to Financial Markets, Decisions and Techniques, First Edition is published by Arrangement with Pearson Education Limited

All rights reserved

译者序

经济全球化以及新经济的出现加剧了世界各国经济发展的复杂性和交融性，使得作为各国企业面临的经营环境日趋复杂，为了谋求生存和可持续发展，企业转型浪潮迭起。由技术和业务转型带来的管理转型，对财务管理的价值管理能力、资源优化配置能力和风险管理能力提出了更高的要求。现代企业需要逐步建立起以企业发展战略（Strategy）为导向，以优化配置资源（Resource）为核心，以强化风险管理（Risk）为保障，以持续创造价值（Value）为目标的财务集中管控模式。

由英国著名财务学家格伦·阿诺德（Glen Arnold）编著的《高级经理公司理财：资本市场、财务决策和价值管理》，是一本专门为工商界高层管理者和财务专业人士编写的公司理财方面的实用书籍。

全书讲解全面、详细、透彻、清晰，对工商界管理者分析、解决现实中的公司理财问题具有较强的指导性意义。本书编写严谨但又不会令读者阅读时感觉沉重枯燥，其内容结构和语言表述通俗易懂。书中关注的焦点是公司理财的管理活动，作者结合令人耳目一新的案例专栏等资料来阐述公司财务管理的各种概念、方法和手段，因而非常适合经理人员阅读。全书不但十分重视知识的实践应用，而且反映了当今财务领域的最新研究成果，引领着财务管理基于价值导向的发展趋势，因而是一本非常优秀的财务管理著作。

综观全貌，本书主要特点如下：

1. 内容丰富且前沿。作者基于财务管理理论与实务体系的内在逻辑关系，设计和融会贯通相关内容，全书分四部分即项目投资、股东价值、融资、管理风险等共21章。项目投资部分将现代投资评价方法与许多公司使用的传统投资方法进行比较，阐述应该如何选择利用股东资金进行投资的最佳项目；股东价值部分对工商企业基于价值的管理进行了透彻地讲解，为企业实施价值管理奠定了坚实的基础，并讨论了公司兼并和兼并失败所面临的问题以及补救方法；融资部分全面介绍了不同规模企业融资的途径与方法，尤其是小企业常用的融资方式和大公司利用资金和资本等金融市场筹措资金的各种融资方式优缺点；管理风险部分采用易于实践的方式阐释了公司如何合理地利用衍生品去控制财务风险，并对现代金融市场和金融工具进行了综述，深入洞察了市场有效开发能够带来的利益以及忽略资金提供者需求所面临的巨大风险。

2. 基于价值导向。管理者做出财务决策的基础和依据是为股东创造价值，所以本书从资本市场、财务决策和价值管理入手，探讨价值管理型公司和收益管理型公司的区别，关注价值决策方法和价值衡量指标，致力于增强管理者为股东创造价值的决策能力，引领财务管理基于价值导向的发展趋势，最终实现价值增值的战略目标。

3. 案例丰富多样。全书采用案例分析和专栏等多种方式，进行理论与案例分析的深度结合，案例资料大都来源于《金融时报》以及吉百利史威士股份有限公司和伯克希尔哈撒韦公司的年报，还有沃伦·巴菲特（Warren Buffett）致股东的一封信，案例公司大都是世界著名的上市公司，涉及行业广泛，提供信息量极大。

4. 国际化的视角。全书将财务理论与案例分析建立在国际化的平台之上，根据企业财务活动日渐国际化的趋势，介绍国际资本市场的投资、融资、并购和风险管理等内容，其视野之广、定位之高、内容之新、案例之多在国内已出版的财务管理书籍中实属罕见。

本书可作为 EMBA、MBA、MPAcc 以及硕士研究生《财务管理》课程的备选教材，也可作为经理人员和财务专业人士了解和掌握公司理财知识的参考书。

本书由彭晓峰组织翻译，参加翻译的人员包括彭晓峰、何瑛、高锦萍。其中彭晓峰负责第三部分、何瑛负责第一和第二部分、高锦萍负责第四部分的翻译，最后由彭晓峰、何瑛负责审校。在翻译过程中，部分章节几经推敲和审校，但因译者水平和时间有限，书中恐存疏漏甚至错误之处，恳请读者批评指正为盼。

彭晓峰

2011 年 6 月

目 录

关于作者 1
致 谢 2
作者致谢 3
绪 论 4

第1章 公司的目标是什么? 1

引言 2
共同的目标 2
假定的财务目标 6
什么是股东价值? 10
利润最大化不等同于股东财富最大化 10
使管理者的目标与股东目标相一致 13
如果董事的控制力薄弱则会发生什么? 16
结论 16

第一部分 项目投资

第2章 现代项目评估方法 19

引言 20
你如何得知一项投资能否给股东创造价值? 21
现代方法1：净现值 24
现代方法2：内含报酬率 30
NPV与IRR之间的选择 36
结论 38
附录2.1 财务的数学工具 38

第3章 传统评估方法 45

引言 46
企业用什么评估方法? 46

回收期 ……………………………………………………………… 47
　　会计收益率 ………………………………………………………… 49
　　内含报酬率：继续流行的原因 …………………………………… 51
　　结论 ………………………………………………………………… 52

第4章　公司投资决策 …………………………………………… 53
　　引言 ………………………………………………………………… 54
　　投资选择的管理艺术 ……………………………………………… 55
　　实际项目评估中更棘手的问题 …………………………………… 60
　　投资决策的步骤 …………………………………………………… 62
　　结论 ………………………………………………………………… 67

第5章　项目评估中的风险 ……………………………………… 69
　　引言 ………………………………………………………………… 71
　　风险是什么? ……………………………………………………… 71
　　使用贴现率对风险的调整 ………………………………………… 73
　　敏感性分析 ………………………………………………………… 74
　　情景分析 …………………………………………………………… 78
　　不确定性分析 ……………………………………………………… 79
　　不确定性分析中的问题 …………………………………………… 83
　　风险分析在实践中的证据 ………………………………………… 84
　　结论 ………………………………………………………………… 85

第二部分　股东价值

第6章　价值管理型公司与收益管理型公司 …………………… 89
　　引言 ………………………………………………………………… 90
　　普遍使用的估值方法 ……………………………………………… 90
　　案例分析：英国富时100公司创造价值及毁灭价值 …………… 91
　　为什么追求股东价值? …………………………………………… 94
　　创造价值的三个步骤 ……………………………………………… 95
　　基于收益管理的缺陷 ……………………………………………… 96
　　已投入资本回报率（ROCE）的缺陷 …………………………… 101
　　关注收益不等于关注价值 ………………………………………… 102
　　公司如何创造价值? ……………………………………………… 103
　　创造价值的五项活动 ……………………………………………… 105
　　结论 ………………………………………………………………… 109

第7章 战略价值 111

引言 112
价值原则触及了公司的每个角落 112
公司目标 112
战略业务单元管理 114
战略评估 115
战略选择 121
战略实施 122
总公司有何作用? 122
目标和动力 124
结论 125

第8章 对价值创造的衡量 127

引言 128
使用现金流衡量价值 128
股东价值分析 132
经济利润 139
经济增加值 144
投资的现金流回报 145
结论 146

第9章 企业整体价值评估 149

引言 150
股东总回报(TSR) 150
财富增值指数(WAI) 152
市场增加值(MVA) 157
市价对账面价值比率(MBR) 160
结论 161

第10章 什么是公司的资本成本? 163

引言 164
警言 164
必要报酬率 164
一枚硬币的两面 166
加权平均资本成本(WACC) 166
权益资本成本 171
留存收益成本 179
债权资本成本 179
优先股的资本成本 181

混合证券	182
计算权重	182
三种或更多形式的融资的WACC	182
典型错误	183
关于短期债务	183
将WACC应用于项目和SBU	183
管理者实际上在做什么？	184
实施问题	187
哪一个无风险报酬率？	188
基本 β 系数	191
关于资本成本的一些思考	192
结论	193

第11章 兼并：冲动、遗憾和成功 195

引言	196
兼并决策	196
你称之为收购，我称之为兼并	197
兼并统计	198
什么驱使企业进行兼并？	199
收购方公司股东能从兼并中获益吗？	209
管理兼并	210
结论	217

第12章 兼并过程 221

引言	222
收购和兼并的城市规则	222
投标前的行为	223
投标	226
投标之后	227
防御策略	228
为目标公司的股份支付资金	229
结论	234

第13章 公司估值 237

引言	238
两种技巧	238
利用净资产价值法（NAV）进行估值	239
收入流是关键	242
股利估值方法	243
如何评估未来增长？	248

市盈率（PER）模型 ··· 250
　　利用现金流估值 ··· 255
　　非上市股票估值 ··· 259
　　不寻常的公司 ··· 259
　　管理控制权会改变估值 ····································· 262
　　结论 ··· 266

第14章 应向股东派发何种股利？ 269

　　引言 ··· 270
　　定义问题 ··· 270
　　在假想世界中的理论家们 ··································· 271
　　另一个极端——剩余股利 ··································· 273
　　我们生活的现实世界如何？ ································· 273
　　一些混乱的因素 ··· 275
　　临时股利 ··· 279
　　股票回购和特殊股利 ······································· 279
　　争论聚焦 ··· 280
　　结论 ··· 282

第三部分　融　资

第15章 适用于各类规模企业的债务融资 287

　　引言 ··· 288
　　债务融资与权益融资的比较 ································· 288
　　银行借款 ··· 290
　　透支 ··· 293
　　分期偿还贷款 ··· 297
　　商业信用 ··· 298
　　保理 ··· 301
　　分期购买 ··· 305
　　租赁 ··· 307
　　汇兑票据 ··· 312
　　承兑信用证（银行承兑汇票） ······························· 313
　　结论 ··· 314

第16章 来自金融市场的债务融资 315

　　引言 ··· 316
　　债券 ··· 316
　　银团贷款 ··· 320

信用评级 ·········· 320
夹层债务与高收益（垃圾）债券 ·········· 324
可转换债券 ·········· 329
评估债券 ·········· 333
债务融资的国际来源 ·········· 336
中期票据（MTNs） ·········· 341
商业票据 ·········· 348
项目融资 ·········· 348
售后回租 ·········· 350
证券化 ·········· 352
结论 ·········· 353

第17章 筹集权益资本 ·········· 355

引言 ·········· 357
什么是权益资本 ·········· 358
优先股 ·········· 360
挂牌上市流通 ·········· 362
经理们需要考虑的事情 ·········· 363
发行方法 ·········· 368
新股招募的时间表 ·········· 369
在另类投资市场（AIM）上发行流通与挂牌上市流通有何不同？ ·········· 374
新股发行成本 ·········· 376
认股权发行 ·········· 379
其他权益发行 ·········· 381
分拆发行 ·········· 383
认股权证 ·········· 383
未上市企业的权益融资 ·········· 384
对行市的失望与不满 ·········· 391
结论 ·········· 392
附录17.1 上市还是不上市的争论 ·········· 393

第四部分 管理风险

第18章 企业管理者必须处理的财务风险 ·········· 405

引言 ·········· 406
风险类型 ·········· 406
财务结构风险 ·········· 409
杠杆风险 ·········· 413
杠杆的含义 ·········· 415

代理成本 ··· 423
　　"啄食顺序" ··· 424
　　对借贷融资的进一步思考 ··· 426
　　结论 ·· 430

第19章　期权 ·· 433

　　引言 ·· 434
　　何为衍生工具？ ·· 434
　　历史悠久 ··· 435
　　何为期权？ ·· 435
　　股票期权 ··· 436
　　股指期权 ··· 443
　　期权在企业界的运用 ·· 445
　　实物期权 ··· 445
　　结论 ·· 447

第20章　运用期货、远期和互换管理风险 ····································· 449

　　引言 ·· 450
　　期货 ·· 450
　　短期利率期货 ··· 456
　　远期 ·· 461
　　远期利率协议（FRAs） ·· 462
　　期权、期货和远期利率协议（FRAs）的比较 ····························· 463
　　最高限额 ··· 463
　　互换 ·· 465
　　衍生工具使用者 ··· 467
　　场外、场内交易（OTC）及在交易所买卖的衍生工具 ·················· 469
　　结论 ·· 470

第21章　汇率风险管理 ·· 473

　　引言 ·· 474
　　货币汇率变化对公司的影响 ·· 475
　　外汇波动 ··· 475
　　货币市场 ··· 477
　　汇率 ·· 478
　　远期市场的抛补 ··· 483
　　外汇风险的类型 ··· 484
　　交易风险的策略 ··· 487
　　折算风险管理 ··· 496
　　经济风险管理 ··· 499

结论	500
附录 I	503
附录 II	505
附录 III	507
附录 IV	509
术语表	511
扩展阅读	551

关于作者

　　格伦·阿诺德（Glen Arnold）博士是英国索尔福德大学的一位财务学教授。他所领导的团队专注于证券市场的股票定价偏差以及对定价偏差的研究。他撰写的大学教材《公司理财》很快成为英国本科生以及研究生最常用的教科书。他还编写了《金融时报投资指南》，对投资和金融市场进行了全面详细的介绍。他撰写的《价值成长投资》一书描述了一些成功投资者的投资方法，并且将他们的理念进行综合提升，形成了一种有章可循的投资方式。

致 谢

我们对下列人士表示感谢,感谢他们允许本书复制了一些受著作权保护的资料:

案例分析1.1和专栏2.1来自吉百利史威士股份有限公司的年度报告以及2002年的年度述职报告;案例分析7.1来自阿诺德(Arnold)和戴维斯(Davies)的《基于价值的管理》(2000),此书由位于伦敦的威利出版社公开出版;表10.2来自E.迪姆森(Dimson)、P.马什(Marsh)以及M.斯汤顿(Staunton)(2002)所著的《乐观者的成功:101年全球投资回报》,此书由位于新泽西的普林斯顿大学出版社公开出版;表16.4来自国际清算银行2003年12月的《季度研究》;图11.2、13.4以及附录I–IV来自阿诺德的《公司理财》,此书由位于伦敦的培生教育集团公开出版。还有很多从《金融时报》中摘取的文章。这些都是经过授权后复制使用的。

专栏11.5、11.9、12.5、14.1以及引自伯克希尔哈撒韦公司的年报和致股东的信件,是在得到沃伦·巴菲特(Warren Buffett)的亲切许可后复制使用的。

一些材料我们无法查证其版权所有人,我们对所有能够帮助我们查证版权所有人的信息表示感激。

作者致谢

这本书是建立在许多人的天赋、知识以及贡献之上。我要特别感谢以下各位：

沃伦·巴菲特，他欣然地允许我们使用他那文辞优雅、有洞察力、诙谐幽默的文章，为本书阐述关键点提供了巨大的帮助。伦敦商学院的迈克·斯汤顿（Mike Staunton）博士、埃罗伊·迪姆森（Elroy Dimson）教授以及保罗·马什（Paul Marsh）教授，他们慷慨地提供了一些重要数据。

《金融时报》的作者们提供了如此之多的有价值的、阐释性的文章，使我对财务的理解日渐深化。

培生教育集团的团队成员从各个方面为本书的编写做出了贡献，他们是保罗·迪瓦恩（Paula Devine）、劳里·唐纳森（Laurie Donaldson）、朱莉·奈特（Julie Knight）、科林·欧文斯（Colin Owens）、丽莎·瑞丁（Lisa Reading）、凯特·萨尔凯德（Kate Salkilld）、理查德·施塔格（Richard Stagg）、吉姆·哈里斯（Kim Harris）和利兹·威尔逊（Liz Wilson）。

绪 论

在公司中不断追求晋升机会的管理者们发现，他们走得越远越需要理解财务的概念及术语，不仅是为了内部的决策制定，也是为了与外部的投资者、银行家以及当地政府进行互动。

通常我们会发现，管理者们没有接受过任何正式的财务培训。更多的是他们不打算从业务中抽出时间来进行学习。因此他们所需要的就是一本指南，能够让他们在继续履行职责的同时也能吸取和应用必要的财务工具。而此书正是这样的一本指南。

本书的讲解全面、详细、透彻、清晰，并且对解决现实世界中的问题具有指导性意义。本书编写严谨但又不会令读者读起来感觉沉重，它不是一本枯燥地阐述理论的学术著作，它关注的焦点是管理活动，阐述了当代最先进的管理技术及专栏内容。

从日常管理的角度来看，所有的中级和高级管理层都必须牢牢掌握基础财务问题。从进行资本支出决策到对业务单元的管理，为了实现股东价值最大化的目标，都涉及各种财务问题。

> 日常管理需要意味着所有的中高级管理层都必须牢牢掌握基础财务问题。

董事会层级的讨论——不可避免地被渗透——大多数都围绕于一些财务问题：我们获取的是怎样的报酬率？我们应当兼并重组吗？我们如何对一个公司进行估值？我们如何控制外汇汇兑损失？等等。由于企业的语言大多数是财务方面的，管理者们如果想知道企业目前的发展状况及未来趋势就必须了解这门语言。他们也需要去阅读大篇幅报纸中的财务专栏，以便于了解企业经营的大环境。如果不了解周围世界的环境，他们如何进行高层决策？诸如《金融时报》这类的报纸都假设其读者知晓关键的财务概念和术语。本书将会帮助读者富有智慧地解读这些刊物。

涉及的一些财务问题

- 基于价值的管理越来越多地被提及，但是却了解甚少。本书将提供透彻的讲解。
- 讨论了兼并和兼并失败所面临的问题以及补救方法。
- 采用易于实践和以实践为导向的方式，阐释了公司如何合理地利用衍生品这一工具去控制风险，而不是提高风险。
- 将现代投资评价方法与许多公司使用的传统方法进行比较。
- 概述了现代金融市场及工具，深入调查了市场有效开发能够带来的利益以及忽略资金提供者需求的巨大危险。

公司财务范围

为了使本书更加生动,并且能够展现管理实践与财务理论之间的互动作用,在每章我们都加入了英国许多公司应用本章所提出的概念和方法的案例。这些案例材料大多来自《金融时报》上刊载的文章。专栏1.1展示了一个典型案例,在这里使用主要是为了强调公司财务课程的研究范围。

FlyBE 谈判加入大联盟

凯立·多恩发现那些短程航班,以南安普克机场为中心,正在准备扩张到低成本市场。

FlyBE,以前称为英国欧洲航空公司,正在与波音及空客公司就新的短程飞机订单进行谈判,这些飞机是公司更新航班以及他们野心勃勃地转型做英国当地低价航班的一部分。

集团准备在未来三年中在证券市场上市或出售。

该公司是由杰克·沃克(Jack Walker)创建的。他是以前的持有钢铁股的百万富翁以及布莱克本流浪者队的所有人,目前公司仍由沃克家族的信托人私人所有。

在经历了本年代初的重组以及两年的严重亏损后,FlyBE正在寻求建立一个各省间的航线网,与领先的无虚饰航班竞争。

对新飞机的谈判将会加深波音和空客这两个飞机制造商在快速增长的低成本航线市场上的竞争强度。

吉姆·弗伦奇,FlyBE的管理董事说道集团正在考虑用148座的波音737-700,还是用156座的空客A319来替换已老化的15112飞行队以及98座的BAe 146。今年集团已经为较短航线订购了17架庞巴迪公司的78座Q400涡轮螺旋桨飞机。从BAe146到波音或空客飞机的转换,表现了FlyBE在能力及信心上的巨大飞跃,它的成功将会成为影响航班首次公开发行时间的重要因素。

沃克家族信托基金在过去的两年中不得不注入2250万英镑的新资本以支持公司重组以及帮助公司存活下来。

航班的预测乘客总量将会从今年的390万上升至2005年三月的450万人次,使FlyBE成为欧洲最大的独立国内航空公司之一。

专栏 0.1 财务知识对 FlyBE 的成功很关键

资料来源:《金融时报》2003.12.10

在管理过程中需要重点关注四个关键财务问题:

应把股东的资金投资于何项目?

FlyBE航空公司的董事们认为他们在低票价国内航班方面有很好的投资机会。为了判断是否为建立公司航线网络而投入大量资金,我们需要合适的财务方法。进一步说,财务工具在两个互斥项目的选择中发挥了本质性的作用:①使用波音公司的飞机;②用空客飞机替换现有飞机。与新战略相联系，公司将会做出许多小的投资决策，比如：对于一些特殊的经营活动是外包更好还是公司内部执行更好？本书的第一部分介绍了已经被所有的领先公司所采纳并得到证明的方法，它们可以帮助公司决定将公司的财务资源专注于何处。这类决策有时被称为资本性支出，或者"Capex"。

如何创造及衡量股东价值？

一个公司或者单个业务单元的价值创造远不止对特定项目的投资进行决策。FlyBE公司需要考虑他们的行动所带来的许多战略意义，比如：公司选择进入的行业的当前以及未来可能的资本报酬率是多少？FlyBE与行业内的竞争对手相比会有竞争优势吗？基于价值的管理将许多方面整合到了一起，比如：战略和资源管理，并且依靠财务领域提出的衡量方法去帮助判断当前经营或者新的战略及战术动作所带来的价值增值（在第6~9章有详细介绍）。基于价值的管理的核心是要意识到资本报酬率应该与投入活动中的资本所承受的风险相对应。最低报酬率即"资本成本"——关于此部分的计算将在第10章进行讨论。

> 一个公司或者单个业务单元的价值创造远不止对特定项目的投资进行决策。

在FlyBE成长发展的过程中，与其他公司进行兼并的可能性将会增大。这是一个具有吸引力且具有潜在危险性的途径。为了获得成功，制定战略和规划必须具有战略思维，超越狭义的交易观念，详细内容请参见第11章和12章的讨论。

为了对业务单元进行估价，公司和股份是一种非常有用的方法，它有助于避免对已经设立的业务支付过高的成本，它也让我们了解证券市场的投资者如何对管理者的公司进行估值。FlyBE公司正在准备在可能的证券市场上市，因此如何对股票进行估值的管理知识则显得尤为重要。第13章介绍了目前应用的主要估值方法。另一个关键的价值决策就是公司应留存多少年度利润以及应向股东支付多少股利。应该按50:50的比例来分配利润吗？或者，公司仅仅留存30%的利润，而70%的利润用来向股东支付股利？这不是一个简单的决策，但是终究必须要有人进行决策。第14章给出了需要考虑的关键因素。

如何筹资？

沃克家族已经向FlyBE投入了数以百万计的资金。对于许多公司来说创立者的资本是一项非常重要的资金资源。其他公司则没有如此富有的创立者能够使其建立并且发展。幸运的是，现代金融世界为这些公司提供了从出售股票到发行公司债券等一系列的融资选择。如此之多的选择会让人头晕，因此在本书的第三部分提供了一些融资方式和融资顺序，描述了主要融资方式的特点以及它们的相对优缺点。第15章则向读者介绍了使用银行贷款和信用透支额度、分期付款购买、租赁、商业信用以及保理融资的好处以及风险。然后，我们转而介绍金融市场上较大型公司可以采用的债权融资方式，从高收益债券到可转换债券以及欧洲债券。这些术语在正文中会有所解释，将会指导读者去阅读在给定的公司环境之下最适合的混合融资。本部分的最后一章主要讲述了公司实现其股票在证券市场上市的过程——对FlyBE的管理者特别适合的一个章节。本部分也讲述了筹集资金的其他方式，如优先认股权、风险投资或者企业天使资本。

如何管理风险？

FlyBE面临着许多经营风险。也许公司会在追求乘客数量上升的过程中失败。也许公司的新型飞机将会被竞争对手在几年后购买的更加便宜、更加安静、更加快速的飞机所打败。有一些风险是公司必须接受的，包括这些经营风险。然而，许多其他的风险可以通过采取一些简单的措施降低。例如，利率上升使利润减少的风险可以通过多种途径降低或消除，这些途径包括从选择一种较低风险的资本结构（来自债权和权益的资金占比）到运用金融市场的利率期货。期权、远期以及期货都可以被用来避免未来价格上升所带来的危险。来自外国货币汇率变动的风险也可以通过合适的异国货币工具进行控制，比如掉期、远期以及期权。本书的最后一部分介绍了管理者不得不面对的多种财务风险，以及如何采用一些简单的战术行为和金融衍生品来降低这些风险。

> 本书的最后一部分介绍了管理者不得不面对的多种财务风险，以及如何采用一些简单的战术动作和衍生品来减少这些风险。

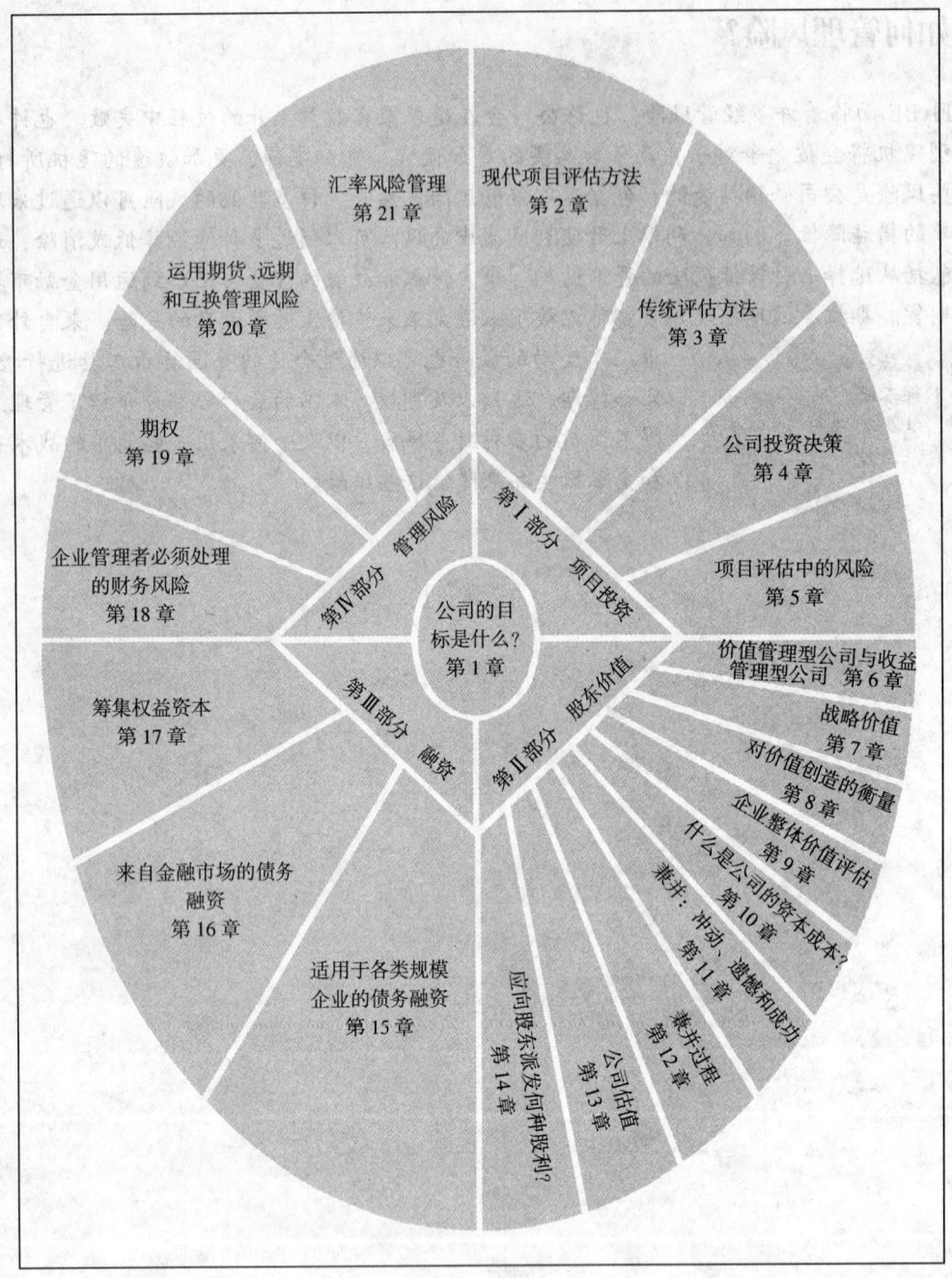

第1章
公司的目标是什么？

引言

共同的目标

假定的财务目标

什么是股东价值？

利润最大化不等同于股东财富最大化

使管理者的目标与股东目标相一致

如果董事的控制力薄弱则会发生什么？

结论

引 言

本章讨论了组织中任何一位决策者都需要面对的最基本的问题——公司的目标是什么？不弄清楚这个问题就很难用一种有目标、有效果的方式去经营和管理企业。除非我们清楚自己的目标，否则就不能进行合理的财务决策，因此我们在本书开始就对这个看起来相当微不足道的问题进行探讨是非常必要的。你会发现这个问题的答案一点也不简单或者微不足道。这可能会让许多管理者感到不安。这些问题对企业的成功至关重要。

共同的目标

作为世界公认的具有最佳管理实践的公司之一——吉百利史威士（CS），在2002年的年报中对公司目标就有一个明确的表述，具体见案例分析1.1。我们会发现CS没有将目标与为实现目标而实施的战略加以混淆。它首先陈述了目标，然后陈述了实现目标的方法。许多公司认为他们的目标就是在某一特定市场中进行经营或者采取特定活动。他们似乎并没有对市场定位或活动与组织存在的终极目的加以区分。这样不仅会使制定的战略不当，也会造成频繁的财务决策失当。

案例分析 1.1

吉百利史威士

"吉百利史威士"的管理目标是股东价值的增长。为了实现该目标，集团战略是在其糖果类及饮料类等核心领域创造稳固持久的区域地位……

战略所追求的业务流程即对价值的管理（"MFV"）。MFV是1997年被列入集团的，它是价值创造的一种整体方法。它包括建立可伸缩的财务目标；在经营性及战略性等公司流程上采纳基于价值的管理原则；提高组织各层级的能力以及将管理刺激计划与股东利益结合在一起。（本书将在第二部分讨论基于价值的管理）

资料来源：吉百利史威士2002年年报和20-F表

本书主要是关于在现实世界中如何制定应用型决策。当人们需要在现代企业经营的恶劣环境中进行选择时，清楚地知晓组织的目标以及管理要实现的目标是非常重要的。我们每天都要进行很多小决策，更重要的是，我们时不时地需要进行关于资源配置的重要战略决策。对于所有的这些大型或小型的决策，管理团队需要明白、重视并且促成公司的基本目标是非常必要的。我们可以想象如果没有清晰的广为接受的目标，公司则会陷入混乱之中。每个决策的结果将会频繁地出现矛盾，并且公司的发展方向将会是随机、无序的。在某一情况下的管理者将会制定一个很长的假期和很短的工作日，他们认为机构存在的目的就是使员工获益；

> 在制定财务领域的决策之前，我们需要建立起所追求的目标。

在另一种情况下不同的管理者会剥削"剩余"员工，制定很低的工资水平，目的是追求排在第一位的所有者的利益。因此，在制定财务领域的决策之前，我们需要明确公司所追求的目标。

你可能在其他地方也遇到了这个问题，"公司是为了谁的利益而经营的？"这是一个大部分有关政治和哲学的问题，许多书已经讨论了这个问题。在此我们将简要地概述一下关于此问题的争论，因为它对于制定财务决策是至关重要的。图1.1中所示的相关利益方还可以增多，但是从这个减缩版我们就不难发现公司有许多的利益要求者。

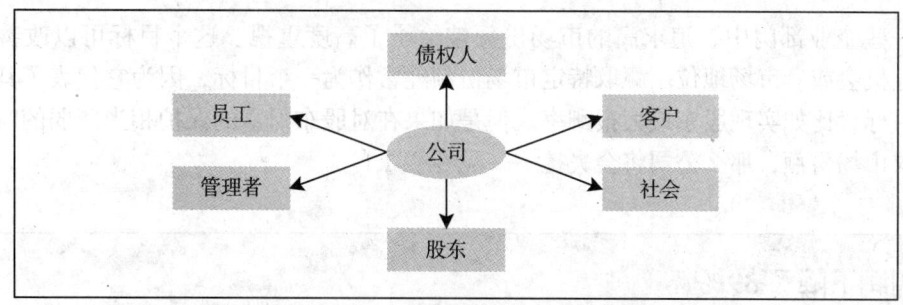

图1.1　一个公司必须对许多相关利益方履行责任

谁获得了剩余利润？

合理的财务管理对公司的生存及发展很重要。因此从某种程度上说，所有的这些利益相关者都希望看到公司采取合理的财务决策。许多企业决策不涉及不同利益相关者间目标的冲突。然而，有些情况下需要决定哪些利益要求者的目标应该最大化，哪些利益要求者的目标仅仅是满足即可——也就是说，对他们的贡献给予足够的报酬即可。关于这一问题有一些强有力的观点：

- **股东至上**　一些亲资本主义的经济学家，比如弗里德里希·哈耶克（Friedrich Hayek）以及米尔顿·弗里德曼（Milton Friedman），认为将股东利益确定为至高无上的目标会在很大程度上使公司和社会获益。这一观点并不是像听起来这般偏激，因为这些思想家普遍认可对股东回报无限制的追求，以致造成大面积的污染、谋杀、敲诈勒索等行为，都不会为社会带来利益，因此他们加上了一个附带条件，即公司应该在"竞争规则"的约束下以股东财富最大化为目标。
- **员工至上**　从政治或哲学角度来看，一些与之对立的左翼分子则推崇员工权利和报酬至上。他们认为工人应当得到自身报酬的最大化。员工应当获得在其他各方被满足后的所有剩余利润。股东仅仅获得其所提供的资金的足够报酬，而供应商仅仅获得其提供的原材料等货物的足够的报酬。
- **利益相关者理论**　中间派则认为应当寻求利益相关者之间的平衡。如此一来（通常是矛盾的），每一利益要求者的利益都在一定程度上实现了最大化，但是是在进行必要的折中这一限制之内的，即为其他利益相关者提供公平的报酬。

目标的多样性：那些被承认（以及那些保持沉默不发表意见）的

一个公司可以在众多可能的目标中进行选择。这些目标中有些是显著的并且很容易被采纳的，而其他的一些目标则是隐藏的、暗含的、令人尴尬的，甚至是潜意识的。下面重新列出最常见到的目标。

追求目标市场份额

在一些企业部门中，追求高的市场份额被给予了高度重视。这个目标可以改善盈利能力、生存机会或者市场地位。赢取特定市场份额经常作为一个目标，因为它代表了其他更深层次的目标，比如实现股东最大报酬率。但是如果在对股东财富的保护相当薄弱的时候仍执着地追求市场份额，那么公司将会失控——见专栏1.1。

航班利润下降了39%

凯文·多恩（Kevin Done），**航空通讯员**

根据国际航空运输协会（Iata）数据显示，去年国际航班的固定服务净利润下降了39%，下降至19亿美元，是五年来的最低水平。

皮亚·简尼欧，国际航空运输协会的理事长警告说，航班应该"停止追求任何价位上的无止境的客流量增长"。

"如果政府都已不再继续这种蠢行"，他说，"为什么我们不暂停？"

简尼欧先生说，许多航空公司的战略继续是基于市场增长以及市场份额增长的，而不是由利润驱动的。航空公司的股东应该被移至"优先回报单上的第一位"。

专栏1.1 固定服务利润下滑

资料来源：《金融时报》2000.4.5

保持员工骚动最小

这里，对于组织的所有者来说，应当保持最少的组织层级。所有的剩余资源都应该用来抚慰员工。管理者将会不愿意让公司成为公众公司，他们非常重视减少工作压力，通过抚慰来促进平静，同时也期望借此机会减少自我的压力，但是行动胜于雄辩。在20世纪六七十年代的许多英国国有企业中有就有这样的案例。失业率很低，工人的谈判地位很强硬，国家也有足够的资金去支撑亏损企业。在这种环境下，满足公众需求比在警戒线上战斗更能带来和平。一些公司尝试通过给予员工大比例的股份来降低工作压力，即使员工成为合伙人。但是，正如联合航空公司这一例子所示，"预期不同"会摧毁整个企业。联合航空由于工会提出过分的要求而告终，随后倒闭——见专栏1.2。

联合航空：实验失败

航空公司的破产对为之奋斗了多年的员工的生存能力带来了重大的威胁

卡罗琳·丹尼尔（Caroline Daniel）和西蒙·伦敦（Simon London）

3个月前，世界第二大航空公司由于受连续亏损的困扰而申请破产。延续了9年公司员工持股55%的状况，然而就在上个星期员工开始抛售股票，将持股比例下降到20%，触发了所谓的"日落条款"。该试验最终宣布失败。

预期差异很快产生了，一个前员工说道："最愚蠢的事就是约翰·爱德华森（John Edwardson）[第二号]早期与飞行员联盟开会，并且在会议上说'现在我们是所有者，我们有权每年炒掉一个管理者'，约翰看了看自己意识到这是一个玩笑。那时气氛很紧张。然后他接着说：'我想那样的话管理者会每年炒掉一个飞行员联盟会长。'然后会场停电了。"

另外，员工们很难像公司所有者一样思考问题。特别是中层管理者很难放弃先前的权利。"我们开始说：'我们现在都已经是所有者，而不再仅仅是老板和员工，所以老板需要很快学会如何以教练、劝导者、顾问的身份进行管理——而不是用鞭子。'但是一些管理人员不这样认为，他们说：'如果我批评了一个员工，而他向首席执行官写信，那我就麻烦了。'……

飞机必须按照既定航线飞行，在这一限制之外还有一些鲜为人知的荒谬的工作条例。事实上飞行员的合约中包括了一项就是如果一个飞行员搬迁到另一城市，他的钢琴需要搬家，那么公司要买单……员工在12个董事席位中仅占三席。但是他们被赋予了否决首席执行官以及战略决策的权力，比如兼并。

行使这项权力就需要有一个明智的联盟会长。然而，联盟使用这项权力罢免了首席执行官爱德华森先生，并且稍后就罢免了他们自己的委任人吉姆·古德温（Jim Goodwin），因为他警告公司说就算公司破产也不能削减工资。

……飞行员的工资迅猛增长了29%，而预定的增长是4.5%。

其后的飞行员联盟会长杜宾斯基（Dubinsky）先生洋洋自得地说他想要掐住金天鹅的脖子，"直到它把最后一枚蛋给我们"。

一个高级飞行员回忆道："……2000~2002年，劳动力成本上升了14亿美元（8.86亿英镑），但是同期收入却下降了55亿美元。"

飞行员继续说道："问题在于公司是由员工所有但是由联盟控制。联盟会长需要满足他的成员们所关心的工作条例以及工资问题，而不是公司价值问题。这对制定决策的政策产生了极大的不良影响……股东文化一直没有流行起来。"

……一直以来都受到联盟的控制，导致管理才能屡屡被扼杀。

专栏1.2

资料来源：《金融时报》2003.3.18

生存

有些情况下，公司压倒一切的目标是生存。剧烈的经济或市场震荡迫使管理者仅仅关注于短期项目以保证公司的持续经营。在灭火战斗中，他们很少会关注公司的长期增长以及所有者的报酬率。然而这样的关注点对于长期来说是不合适的——必须有其他的目标。如果生存是唯一的目标，那么将公司的所有现金储备都存入银行就是最佳选择。当管理者说他们的目标是生存，则通常意味着避免一切威胁到公司未来的高风险。这样做会导致对风险的很大的抵触，并且放弃股东可能希望公司从事的活动。股东所处的地位要求他们实现投资多样化：如果一个公司倒闭他们会很失望，但是他们有其他公司的股份做支撑。然而，一个公司的管理者的大部分收入、声誉和证券都与本公司的持续经营密切相关。这些管理者可能会竭力避免高风险/高回报的投资项目，如此便剥夺了公司所有者获取更大利益的可能性。

创造一个不断扩张的帝国

这是一个很少被公开讨论的目标，但是它似乎是一个合理的目标。一些管理者管理着公司通过内生增长或者兼并实现公司的持续成长，就是因为他们拥有让公司不断扩张的欲望。通常，这些动机都只能在事后才能被发现，比如公司遇到灾难性的结果时才会事后反省，并发现利润和效率位于增长之后排到了第二位。与为股东赚取收益相比，销售量、员工数或者公司证券市场总价值与高层管理者的薪金、津贴和地位关联更为紧密。这就会鼓励某些个人去追求和促进公司的快速增长。

利润最大化

尽管并不是所有人都认为公司的目标应该是利润最大化，但这仍是一个广为接受的公司目标。

长期股东财富最大化

当许多评论员都关注利润最大化的时候，财务专家却对利润的许多缺点保持着清醒的头脑。长期股东收益率最大化被认为是高级目标。稍后我们将会研究利润最大化与财富最大化的差异。

这里列示的可能的目标可以很容易地进行拓展叙述，但是在本书的范围内不可能对每一个目标都进行探讨和研究。我只想说，公司的目标多种多样，并且蕴藏着很大的矛盾和疑惑。一些关于目标的排序方式需要进行介绍。

假定的财务目标

> 公司在进行投资和融资决策的时候应该以长期股东权益最大化为目标。

本书的其余章节均假设公司的首要目标是增加股东财富。该假设主要建立在实践的基础上，但同时也有许多理论依据。

实践原因

如果我们假设公司（管理者们）的决策制定机构是以股东利益最大化为准绳来决策的，

那么当我们对诸如投资于何种项目或使用何种融资方式等方面做出决策时，就会容易很多。如果一个公司拥有多重目标，那么决策的制定就会困难很多。我们可以设想，如何决定是否在公司产品生产中引进一款新型更高效的设备，这款新型设备既要有更高的劳动效率（从而产生剩余生产力），同时还应该将公司对供应商的需求减少一半。如果我们只关注股东的利益，那么我们可以制定一个很明晰的决策。本书介绍的决策工具可以帮助你在这些选择中做决策。这些决策内容广泛，包括从事自主生产某一组件还是从其他公司买入该组件。如果我们对于每一个决策方案都周密地考虑到多种不同的目标或者利益相关者之间利益的均衡，那么这项工作就是相当复杂的。因此，只有当基本决策制定框架是在股东财富最大化这一严格限定条件下时，我们才能对那些因修正假设而带来的并发问题进行研究。例如，对于一些组织机构——比如美体小铺或者合作银行——来说，很明显股东价值最大化不是驱动这些组织机构决策的唯一因素，因为这些组织都拥有公开声明的职业道德准则。制药公司经常受到来自股东方面的压力，股东要求公司对艾滋病患者能够更加慷慨一些——见专栏1.3。公司应该如何保持慷慨的同时还要保证股东财富最大化？现实世界的决策制定是非常困难的。

投资者警告医药行业应注意卫生问题带来的反作用

杰夫·代尔（Geoff Dyer）

当前，欧洲的一些主要投资者警告说，如果医药行业不能更加努力地解决贫困国家的卫生健康问题，那么医药行业的盈利能力将会受到严重损害，最终将会像烟草行业一样名誉扫地。

机构投资者们将迈出不寻常的一步，他们将签署一份声明，该声明中提出了公司应该如何应对诸如艾滋病大流行之类的大事件。他们担心，爆发的冲突会限制制药行业产品的价格，从而达不到富裕国家的价格水平。

这些投资者，他们名下总共有6000亿英镑被管理的基金，但他们也担心如果和发展中国家关于药物专利协议签署的失败，那么将会损害到整个制药行业的声誉。

这份声明经很多人推荐，被送往了20个世界领先国家。该声明敦促这些国家的制药企业应该不计药物专利地向贫困国家提供更多的药物。该声明还要求他们在考虑到自身供应能力以及向购买者提供更多可用信息的情况下，在不同的国家制定不同的价格。

专栏1.3　投资者警告注意反作用

资料来源：《金融时报》2003.3.24

理论原因

风险承担者应获益

"契约理论"认为公司是由各种现实的以及隐含的契约所构成的网络，而这些契约则为组织中各种各样的参与者指定了不同的角色。例如，工人们和公司不仅签订了具体的契约（雇佣合同），同时也签订了一个隐含的契约（表现出创造力、可靠性等），工人们通过提供服务来获取薪水或其他利益。供应商提供生产所必须投入的原材料以获取收入。每一方都有既定的权利以及责任。大多数参与者都希望将风险限定在某一水平并且投入是固定的。比如，当银行贷款给某公司时，银行会确认公司能产生充足的现金流偿还到期债务，确认如果无法到期还款，公司仍有可被没收的固定资产等事项，通过这些工作来努力降低贷款风险。银行家们的契约，和其他各方的一样，是低风险的。因此争论出现了，根据银行家们对公司所提供的服务，他们应该得到最低额度的利益。另外，股东则被要求把钱投入高风险的业务中去。在这里，股东和公司达成的协议是："你将需要在未来用作养老金的 10000 英镑的储备金交给我们，而作为公司董事，我们不承诺将来一定分红或者会偿还你的本金。我们将会尽最大努力为你投入的资金赚取最大的回报，但是我们不能给予任何保证。"因此，公司所有者面临着公司倒闭血本无归的可能性。在公司资金来源方面，不同潜在利益要求者之间存在着风险的不均衡，因此股东应该对在进行了各方利益分配活动之后的剩余收益享有处置权，这样看来是唯一合理的方式。

更多的选择对所有的利益相关者来说是无利的（从长期来看）

另一个理论原因来源于在自由市场体制下运营的现实考量。人们争论道，在现行的资本主义制度下，如果一个公司希望将公司更多的剩余收益分配给员工，而选择降低股东报酬，那么这个公司将很难生存下去。一些股东将会卖掉手中的股份，转而投资于其他更以股东利益为导向的公司（比如说美国联合航空公司，然而该公司的员工甚至都在售出持有的公司股票）。长此以往，那些保留自己股份的个人会发现自己的股票会被高度关注为股东创造财富的公司收购。而收购方则能预见到成本的降低，尤其是劳动报酬的降低。如果不被收购，那么公司将没有能力从股东处筹集到更多资金，而最终导致增长缓慢和流动性问题，甚至可能导致公司破产，致使所有的员工失业。社会最好的运行方式就是所有的企业都专注于提高所有者的报酬率，而关于这一观点的争论已经持续了 200 多年。亚当·斯密（Adam Smith）（1776）非常明确有力地表明了这一观点：

商人受指挥……工业以这种方式生产将会产生最大的价值，每个人只关注自己的所得，就像其他许多情况一样，他们被一种不属于他们个人意志的无形的手推动着一直向前。而这只无形的手也不是社会的一部分。每个人只要最大限度地追求自己的利益就能有效地、频繁地促进社会的发展，而这种无意的推动要比特意促进效果好得多。我从来没听说过，那些假装为公众幸福而经营贸易的人做了多少好事。事实上，这种装模作样的神态在商人中间并不普遍。

在 2003 年的一个采访中，米尔顿·弗里德曼（Milton Friedman）强调了鼓励企业追求高的股东回报的主要好处。他说，追求高的股东回报会使得投入资本在相互竞争的产业以及生产线中得到最优化配置。"雇员为了保留他们的工作而表现出的私利性经常会与这个首要目标发生冲突。"他接着说道，"最好的公司治理结构应该能够最大限度地刺激资金利用效率。……你想要控制……公司是由那些享有剩余收益索取权的人所控制的（比如，一个公司破产时股东就承担剩余风险），因为他们的利益与公司是否有效使用了公司的投入资本是息息相关的。"

所有者的权利

将股东利益优先于所有人（受该游戏规则支配的所有个体）的最后一个强有力的原因其实很简单：他们拥有整个公司，因此他们理应获得公司所产生的所有剩余收益。

在这里我们无法提出一种始终适用于所有组织的哲学理论或方法。许多组织很明显不是股东财富最大化的创造者，但依旧运营得很好。慈善机构、政府部门以及其他非营利性组织有充分的理由强调它们与商业公司所支持的价值观完全不同的一套价值体系。读者在使用这本书的时候应该准备好两种层次的思维体系。当书中专注于讲关于公司股东财富的决策制定时，为了将同一个专栏以及理论应用于具有不同目标的组织，一些或小或大的修正是十分必要的。

> 许多组织很明显不是股东财富最大化的创造者，但依旧运营良好。

足球俱乐部就是一种组织，而这种组织的目标通常和商业组织有很大的差异。如专栏1.4所示，许多纽卡斯尔联队的球迷认为自从俱乐部成为在伦敦证券交易所挂牌上市的公司以后，俱乐部的目标变得很糟糕。混乱的目标会使决策制定变得复杂而且不可靠。

纽卡斯尔联队不是非黑即白

不满的球迷们抱怨"公众有限公司"使俱乐部失利

帕特里克·哈维尔森（Patrick Harverson）

在专业的足球俱乐部中，如果球队在球场上出师不利，人们通常会归咎于球队经理、主席或者董事会。

而现在情况不同以往了。越来越多的俱乐部开始在证券市场上市，而在那些不满的球迷眼中，"上市公司"则渐渐成为最合适的替罪羊。

以纽卡斯尔联队为例，该队在过去的六场联赛中输掉五场比赛之后，位于英超联赛降级区之上仅有6分。尽管球队处于一个危险的位置，俱乐部仍在继续出售一些优秀球员，似乎也不急于购买任何替补球员。

虽然球队经理肯尼·达格利什（Kenny Dalglish）已经因为俱乐部的困境而被谴责过，但是大部分谴责还是瞄准了拥有这家俱乐部的上市公司，以及持有上市公司股票的法人股东。

球迷们认为达格利什是迫于上市公司董事会的压力而出售球员，而董事会的压力来源于城市机构。这些城市机构要投资4200万英镑于圣詹姆斯公园球场地面的翻新工程，因此只能紧缩公司财务。因此，即使在过去的12个月里，通过出售球员净赚了1250万英镑，在改善球场方面还存在资金缺口。

球迷们还认为，如果俱乐部保持私有制，并且仍由前任主席约翰·霍尔先生（Sir John Hall）——当地的一位百万富翁——管理并且利用自己的财富为俱乐部在20世纪90年代的重生奠定了基础，球队应该还在购买新球员，并且挑战英超冠军。

来自上市公司布坎南通信的马克·爱德华兹（Mark Edwards）为几家顶级俱乐部提出了建议。他说："当一个俱乐部公布上市计划的时候，当地媒体想到的第一个问题就是如何在向股东发放股利和购买球员之间做出选择。诸如此类的问题已经被提出，但是这些问题可能并不能得到俱乐部全面的答复。"

专栏1.4　纽卡斯尔联队不是非黑即白

资料来源：《金融时报》1998.1.24

什么是股东价值？

财富最大化可以被定义为购买力最大化。一个公司使其所有者能够尽情享受购物和消费乐趣的途径就是向股东发放股利。承诺以现金为股利的发放形式，刺激了一些投资者牺牲了自己的当前消费，并将自己的储蓄通过购买股票交付给了一个管理团队。股东更感兴趣的是在一个较长时间范围内的不断的股利流入，而不是较快地偿还本金。以医药界巨头葛兰素史克公司为例：公司可以通过终止所有的研发活动以及出售利润盈余的分厂来释放巨额资金以供支付短期股利。但是这样做，并不能使股东财富最大化。因此我们认为，企业保留一定的留存收益投资于那些从研发项目中涌现出来的新产品、新理念，在将来会产生更高的股利。

股东财富最大化意味着在一定时期里向股东支付的股利最大化——这是从长期的角度来看的。

利润最大化不等同于股东财富最大化

利润是会计人员提出的概念，它可以帮助决策制定，判断某一决策所有者资金的管理质量。会计师不得不将这个可以延续许多年的持续经营以及企业活动分成不同的会计期间，比如一年或者六个月。从某种程度上说，这种人为的操作必然会带来很多问题。有许多原因能够解释为什么会计利润不能很好地代表股东财富。以下列出五点：

- **前景** 假设有两家公司所报告的利润完全相同，但是一家公司的股东价值要高于另一家公司。造成这种现象的原因之一可能是近期的利润数据并不能够反映出两家公司的相对潜力。证券市场会对表现出更大未来增长前景的公司给予一个较高的股价。也许一些管理者选择了短期方法，在近期内获得了利润，但是却牺牲了长期的前景。实现该选择的一种方法是提高价格并且削减市场营销开支，那么在接下来的一年内客户们不能够立即转换供应商，因此会有利润的猛增。然而，从长期来看，会吸引更多的竞争者进入，利润则会下降。

- **风险** 同样假设两家公司所报告的历史利润数据完全相同，并且未来前景显示两家公司将会产生相同的平均年报酬率。然而，其中一家公司的收益有更大的变动性，所以可能会有年份是亏损的，甚至在特别不景气的年份还有可能破产。图1.2展示了两家拥有相同平均利润的公司，但是 Volatile Joe 公司获得的利润比 Steady Eddie 公司获得的利润承担了更大的风险。股东则更倾向于对具有稳定收入流入的公司给予更高的评价，而不是高风险的公司。

- **会计问题** 建立一套会计账簿并不是像一些人企图达到的那样科学并且客观。这其中有大量的判断、估价甚至有人为的篡改。当一家服装零售商试图对一件已经上架销售6个月的衣服进行估价时，我们可以想象公司的会计师和审计师所面临的困难。我们假设这件衣服消耗掉的公司成本是50英镑。也许这项成本应该计入资产负债表

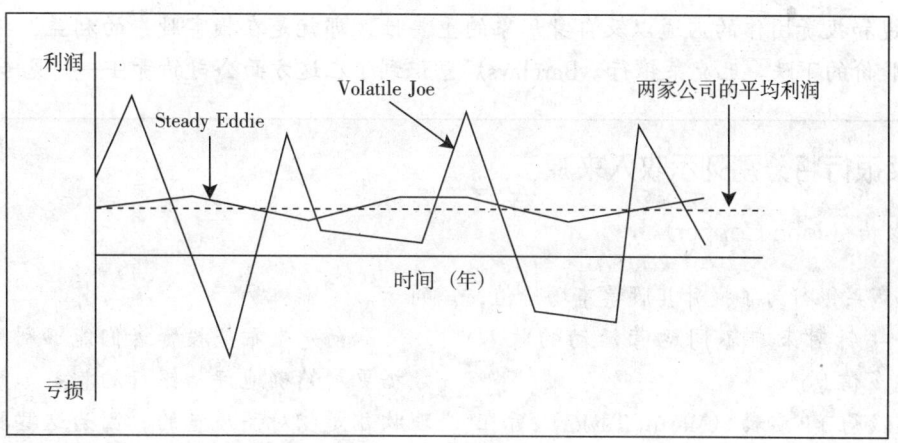

图 1.2 两家具有相同平均利润但不同风险水平的公司

里，而利润表则不会受到影响。但是，如果商店经理说只有降价到 30 英镑这衣服才能卖出去，同时销售总监反驳说如果多做些努力，衣服是能以 40 英镑卖出去的。这种情况下怎么办？财务会计应该选取哪个人提供的价格呢？大量的诸如此类的细微的判断就会使利润呈现明显的变动。专栏 1.5 列示了另一个会计难题——何时销售一件商品可以增加利润？

Homestyle 量化递延项目

麦姬·尤利（Maggie Urry）

专门从事经营家具、床以及室内装饰品的折扣零售商 Homestyle 昨天其公司利润增加了 450 万英镑，并且声明由于会计变更这些利润在 1 月将被确认为递延项目……

此次会计变更，影响到已在 2000 年 8 月确认的来自哈维斯（Harveys）产销链的家具销售业务的利润确认时间。

在以前，利润是在收到订单日确认的；但是现在改成了在发货日确认，因此利润的确认推迟了几个星期……

由于家具销售订单在圣诞节后的期间内达到顶峰，按照集团当前的资产负债表日来说，就意味着对这些顶峰期的销售订单进行发货就只能在 2003 年了。因此集团目前计划将一个财年的终结日调整到 4 月，这样对企业业务来说将会更加合理。

专栏 1.5 何时销售一件商品可以增加利润？

资料来源：《金融时报》2002.3.14

■ **沟通** 投资者们意识到并且认可买股票是存在风险的。然而他们喜欢通过尽可能地寻找关于公司的信息来减少他们的不确定性以及紧张感。如果公司不愿意告诉股东诸如报告利润的来源等项目，那么投资者们通常会拒绝购买该公司的股票。那些信息贫乏的投资者则更容易产生畏惧感：这些利润是不是来自于一些高风险活动，因此明年这些利润会不会消失？公司是否曾经向国外令人厌恶的政权兜售军火？大型上市公司的高级管理人员花费大量的时间向大型机构股东解释他们公司的战略、收入来源以及未来投资计划，以确保这些投资者清楚地了解公司的资质以及前景。如果公司忽视和投资团体的沟通以及自身形象的重要性，那就是在损害股东的利益，将会造成股价的下跌。巴克莱银行（Barclays）意识到了在这方面公司的责任——见专栏1.6。

巴克莱银行将分别列示收入来源

约翰·古柏（John Copper）

巴克莱银行为了提升其股票市场价值，计划今年针对来自不同运营活动的收入披露更多信息。

总裁马丁·泰勒（Martin Taylor）旨在公布投资银行业务以及英国小额银行业务范围内的运营收入及成本。

截至目前，银行只提供关于这一分部的整体数据。

在晚些时候的今年夏季的中期报表中，该银行很可能将来自英国的投资银行业务、资产管理业务、英国个人小额银行业务以及中小型企业银行业务的收入进行分别列示。

泰勒先生希望投资者们能够利用这些数据更加精确地评估银行的收益。资产管理收益是相对高质量的，因为这些收益与那些投资银行业务相比往往更具有连续性。

巴克莱银行还希望能够通过披露小企业贷款的确切额度使投资者们放心。因为，在过去的15年中有3/4的收益波动都源于向小企业贷款所造成的坏账。

将个人和小型企业银行业务分别列示，使得巴克莱银行跻身于世界上披露信息最多的银行之列。

专栏1.6 更多的信息带来更高的股东价值

资料来源：《金融时报》1996.5.14

伦敦证券交易所鼓励公司不断增强他们与股东之间的沟通——见专栏1.7。

证券交易所关于公司与股东关系的建议

戴维·布莱克维尔（David Blackwell）

今天，证券交易所向所有上市的小公司发送了一个改善公司与股东关系的指南。

该指南提出的主要建议是在年报中发表关于公司前景的陈述。它还督促公司利用互联网及其他途径提供有价值的信息，以便潜在投资者能够更容易做出投资价值判断。

目前，小型公司从投资者们的雷达屏幕上逐渐消失的压力越来越大，小公司的管理者们也积极行动起来。因为，随着金融服务行业的整合，这些小型公司在那些规模不断增大的机构投资者面前显得越来越不重要。

专栏1.7 证券交易所关于公司与股东关系的建议

资料来源：《金融时报》1999.2.8

■ **追加资本** 充分利用股东的资金，利润很容易就能增加。如果股东向公司注入更多资金或者仅仅是公司留存利润（这些利润本应属于股东），那么公司未来的利润就会增加。但是该公司的股东资本收益率可能会低于其他能够投资的具有相同风险水平的项目。这种情况就是损害了股东财富。

使管理者的目标与股东目标相一致

问题

理论上认为公司的所有者股东控制着公司的活动。实际上，大型现代企业的股东有的很分散，因此控制权掌握在董事手中。每个股东都拥有企业的很小的股份，将这些数以千计的股东召集起来推动变革是极其困难的。因此，在许多公司我们都会有所有权和控制权的分离或者分权。在过去，董事们通常都是公司所有人。然而今天，在英国前100家大型上市公司中大部分公司的董事所拥有的股份占比少于1%。

所有权和控制权的分离带来一种担忧，管理团队可能会追求吸引他们的目标而不是对股东利益很重要的目标——这被叫做"管理主义"或"管理者主义"。这个冲突是委托—代理问题的一个例子。委托人（股东）不得不想方设法保证他们的代理人（管理者）为了谋求委托人的利益而活动。这就意味着成本的产生，"代理成本"：①监管管理者行为的成本；②建立激励计划，以及建立对管理者的控制，鼓励其追求股东财富最大化。在代理成本之外，还有一些成本将会产生，即阻止措施失效，管理者继续追求非股东财富目标所带来的不同程度的成本。

一些解决方案

我们使用了如下方法试图将高级管理层的行为与股东利益结合起来，即"目标一致性"。

奖励与股东财富的增长挂钩

在英国企业中最常用的一种方法就是赋予董事和其他高级管理者股票期权。这种期权允许管理者在未来某一时点以现在确定的价格购买股票。如果在期权赋予日和可以购买股票的两个日期之间股价大幅上升，管理者以先前制定的价格买入股票然后再在市场上卖出，则会获得一笔财富。例如，在2004年管理者获得一项期权，可以在2007年以1.50英镑的价格购买股票。如果2007年市场价格上涨到比如说2.30英镑，那么管理者可以买入股票然后再卖出，每股即可赚取80便士。参与此计划的管理者就会有一个清晰的目标，即实现价格上涨，因此一致性就产生了。然而，正如专栏1.8所示，清晰的股票（证券）期权并不总是激励员工的最佳方式（"限制性股票"是指股票的所有人会受到一定限制，比如：在几年之中所有人不能出售股票）。

另一种可选方法就是当管理者实现某一既定绩效目标后，分配给管理者一些股票，比如：每股收益或者资产收益率的增长。在2003年，玛莎百货的主席卢克·范德维德（Luc Vandevelde）选择要求公司支付其玛莎百货的股份（每月13500股）。他不再获得退休金缴款，也不再拥有获得奖金的资格。他说道："这是一种团队的信任投票，我的薪酬与我们为股东创造的价值紧密相连。"（摘自《金融时报》2003年7月9日）

> ### 微软结束了工人焦虑的时代
>
> **理查德·沃特斯（Richard Waters）关于为什么软件公司要为股票期权的波动性买单**
>
> 首席执行官史蒂夫·鲍尔默（Steve Ballmer）在星期二公布了一则震惊技术界的消息，微软将不再提供股票期权。
>
> 微软的百万富翁传奇——秘书或其他中层管理者以及低层员工突然间变得富有起来，仅仅是因为他们恰巧"在正确的时间处在正确的位置"——将成为历史，韬睿咨询公司的行政赔偿专家保拉·陶德（Paul Todd）说道。
>
> 当微软正在为能够更好地治理公司而庆祝时，鲍尔默先生对此次变动的理由坚信不疑：对于世界最大的软件公司的员工，股票期权不再发挥作用。
>
> 据微软 CEO 声称，持有受限制的股票比持有股票期权更能够简单地赋予员工更加平衡的收益范围。因为股票期权在股价上涨时可以使员工变得富有，但是当股价下跌时会使员工一无所有，这样就会在公司内部产生太多的"焦虑"。我们可以从员工可以通过期权获得的，或者是至少账面上显示的利益发现这个问题。在 2000 年的期权利润大于 160 亿美元，而去年却下降到了 5 亿美元以下。
>
> 对于许多科技产业的员工来说，当他们行使期权时，即使他们不卖出股票，也必须支付针对期权利润的征收的税款，这另员工们非常苦闷。对于那些选择持有股票的员工，只要市场出现崩盘，那么缴税清单就会变成令人头疼的现金支出。
>
> 持有受限制的股票与持有期权相比，更能激励员工为公司利益而努力而不是利用股票获取现金，鲍尔默先生说道。
>
> 虽然该措施可以确保员工与微软的股票价格有了更直接的利益，但是这个转变降低了员工变得非常富有的潜力。

专栏 1.8

资料来源：《金融时报》2003.7.10

裁员

如果管理者受到被裁员并伴随着名誉受损和财务损失的威胁，那么管理者就不会偏离股东财富的路径太远。然而这项措施只在极端环境下适用。由于很难得到股东间协调一致的共同努力，因此这项措施有时很难完成。但是，在独立电视公司这一案例中，公司的股东真的被激怒了——见专栏 1.9。

出售股票和收购威胁

对于在伦敦证券交易所上市的公司来说，一些典型的公司有超过 60% 的股份掌握在诸如养老基金和保险基金等金融机构手中，这些金融机构对不准备向他们持有部分股份的公司注入大量的资金以完全控制这些公司。通常，如果他们发现管理者的行动与他们的期望不符，没有采取以他们利益为目标的行动，他们就会卖出公司的股份而不是进行干涉。这样就会造成股价降低，融资更加困难。如果这一过程持续下去，公司在面对另一管理团队的兼并投标中会变得不堪一击，结果是造成高层管理者的损失。也正是惧怕被收购，一定程度上阻挡了管理者完全忽略股东财富。

> **卡尔顿（Carlton）：令人满意的结果，笨拙的手段**
>
> 马丁·迪克森·伦巴第（Martin Dickson Lombard）
>
> **合理使用股东权利，但是……**
>
> 昨日，卡尔顿屈服于不可避免的事件，并且向独立外部人——并不是格林（Green）先生——保证，将会担任由卡尔顿和格拉纳达（Granada）创建的ITV。
>
> 近年来最引人注目的投资者成功的起义将会受到随后无尽的争论，这是对股东权利的合理利用还是过分的微观管理举措。伦巴第认为，虽然结果很完美，但是所采用的手段很笨拙。
>
> 反叛者完全是在他们的权利范围之内要求罢免格林先生的。卡尔顿的财务绩效一度很糟糕，格林先生却对此无动于衷，并且还有一个大问题就是他与他的旧敌、作为行政总裁的查尔斯·艾伦（Charles Allen）之间的工作关系。
>
> 格林先生曾经是执行主席，可是很好的治理需要主席是独立并且非执行的……
>
> 实施的许多策略留下了许多需要解决的问题。最高层的公司治理涉及与公司的非执行董事很好的合作，而不是像本案例中的反对者一样拿着枪对着他们的头。
>
> 卡尔顿的董事声称这次事件是一次意外。机构将接受他们的警告。

专栏1.9

资料来源：《金融时报》2003.10.22

公司治理章程

有相当多的法律条文和监管压力来激励董事为股东的利益进行经营。公司法以及证券交易所都对行为有一定的底限要求。重大舞弊调查局和金融行业的监管部门是其后盾。跟踪公司治理中许多优秀的财务绩效实例的凯德伯瑞报告、格林伯瑞报告、汉佩尔报告以及希克斯委员会现在合并成为了公司治理综合准则。董事们必须在报表中陈述这些准则的原则是如何被实行的。如果公司没有遵守这些原则，他们需要解释原因。这些原则包括：董事薪酬必须透明化，要求建立一个主要由非执行董事组成的薪酬委员会；至少每隔3年进行董事轮换；主席不能再担任首席执行官以免公司被一个人控制（在特殊环境下可以忽略该原则，比如如果能够向股东提供书面理由）；审计委员会（负责确认财务数据，比如，通过制定外部审计师）应该主要由独立（即非客户、供应商、创建人家庭成员的朋友或者主要执行人员）非执行董事组成，而不是执行董事，否则委员会就不能以和执行董事平等的地位进行监督；包括主席在内的董事会人数中，非执行董事的人数不得少于一半；报表必须包括董事关于公司正在持续经营的声明，即公司至少会继续经营一年；应该指定一名高级独立董事，听取股东们的意见并就这些意见与董事会进行沟通。

信息流

会计行业、证券交易所以及投资机构领导了一场持续的战斗，即鼓励或强迫公司发布更多的关于他们经营活动的准确、即时、详细的信息。公司报表和年报的质量得到了普遍提升，并且投资者和分析师也能够获得诸如公司简介、发表的声明等形式的信息流。这些都可以帮助我们监视公司，并且较早地发现刚愎自用的管理者们采取的损毁财富的行动。但是最近的许多丑闻都说明，很多问题还远离完美。

> ## S&P 计划为俄罗斯公司进行新型评级
>
> *阿尔卡季·奥斯特洛夫斯基（Arkady Ostrovsky），莫斯科*
>
> 国际信用评级机构标准普尔公司下月将推出一个产品，即根据公司治理水平对俄罗斯的公司进行评级。
>
> 公司治理水平低是俄罗斯的经济体需要解决的最迫切的问题之一，分析师认为它降低了外国和国内投资，逐渐削弱了俄罗斯经济的增长。
>
> 这个新产品，与经合组织关于公司治理的圆桌会议一致，将会根据公司遵守公司治理标准的情况对公司进行评级，而不是根据公司的财务状况。
>
> 投资者们说能够衡量公司治理风险的任何工具都具有很高的价值。
>
> 缺乏透明度、公司实践很糟糕并且忽视少数股东是俄罗斯的投资者面临的最大的风险。上个月，俄罗斯最大的商业公司，诺里尔斯克镍业公司遭到来自少数股东的严厉批评，公司没有向少数股东告知公司的重组计划，稀释了少数股东利益。
>
> S&P 的公司治理服务方面的主管人尼克·布拉德利（Nick Bradley）说将会从四个方面对公司进行评估，包括股权结构的透明度、与投资者的关系、财务透明度及披露水平以及董事会结构。
>
> 布拉德利先生说中介服务费用由被评估的公司自己支付，或者由有兴趣投资于俄罗斯公司的外国投资者支付。

专栏 1.10 S&P 计划为俄罗斯公司采取新的评级方式

资料来源：《金融时报》2000.10.11

如果董事的控制力薄弱则会发生什么？

在一些国家，股东利益的地位远低于有控制权的管理者利益。缺乏良好的公司治理，公司很难获取扩张所需的资金——我们看一看俄罗斯公司面临的难题。

结　论

读者们将会同意所有的组织都需要一个清晰的目标。多重的目标会使决策变得混乱并且互相冲突。虽然"股东财富最大化"这一单一目标是有争议的，并且是许多争论的焦点，本书剩下的章节中讨论决策制定专栏以及方法时提到的目标均认为是"股东财富最大化"。这样就会使制定出的决策简单明了。至少，它有利于读者简单地理解财务概念。

一旦建立了财务基础，读者就可以自由地修饰目标以适应组织的实际情况。然而，对于处于竞争的市场环境中的大多数商业组织来说，你不可能使其目标偏离股东财富最大化这一狭窄的路径太远。而足球俱乐部、建屋互助会、消费合作社、慈善机构以及政府机构则会面临不同的情况。

第一部分
项目投资

第2章
现代项目评估方法

引言

你如何得知一项投资能否给股东创造价值?

现代方法1:净现值

现代方法2:内含报酬率

NPV 与 IRR 之间的选择

结论

附录2.1 财务的数学工具

引 言

股东基于某种原因向公司投入资金。这一原因一般是希望利用稀缺资源获得一定的回报。这一回报通过对投资于不动产的资金进行管理而形成。在分析所有可能的投资机会中哪个回报最高时所使用的方法对公司的健康发展以及股东的经济福利至关重要。

组织内的某些人（或团体）将不得不在决策时考虑：
- 创建一个新公司更好还是扩展现在的公司更好；
- 利用一块空地建多层停车场更明智还是投资一个更大规模的附带购物中心更明智；
- 如果公司以分红的形式回报其投资，股东可否满意，还是其可以在别处获得更高的回报；
- 公司应不应该追随其扩张战略，投资于新连锁酒店、大汽车展厅或新足球场。

这类决策需要的不只是有勇气的人，还有消息灵通的人；满足这些品质的人需要了解以下一系列问题：比如，拟投资活动的市场环境和需求水平，公司的内部环境、文化和能力，拟投资活动领域的成本要素的水平类型以及对这一活动面临的风险和不确定性的了解。

吉百利史威士在做出各种各样的投资决策之前大概会考虑所有的这些因素。

吉百利史威士

吉百利史威士的 2002 年度报告表明公司投资数额高达数亿英镑。报告披露了有形资产和无形资产的以下投资：

"2002 年度的资本开支为 2.79 亿英镑⋯⋯集团还在实施一项主要项目以利用 SAP 平台使商业系统和过程标准化（尽职调查）。⋯⋯集团还在实施一项旨在提高在莫特、西班牙史威士和特雷伯巴西特吉百利产量的项目。所有这些项目都从内部筹资⋯⋯"

2002 年度总的市场支出为 5.47 亿英镑。公司还在主要的重组活动中花费 0.53 亿英镑，包括法国史威士兼并法奇那（0.13 亿英镑）、西班牙史威士兼并 La Casera（0.1 亿英镑）以及法国吉百利兼并好莱坞（0.1 亿英镑）。集团还投入 0.32 亿英镑用做研究开发。

专栏 2.1 吉百利史威士

资料来源：吉百利史威士 2002 年报和 20-F 表

勇气、信息、知识和分寸感都是承担用别人的钱进行投资这一艰巨任务的必备素质，但是还有另外一个因素也很关键，那就是利用一种帮助找到"正确"决策的投资评估方法，一种可以把基本因素都考虑进去的投资方法。

本章介绍了公司评估投资的两种方法。这两种方法都把重点放在了货币的时间价值和由此提出的折现现金流（DCF）模型上。净现值（NPV）和内含报酬率（IRR）这两种方法在大多数大型商业组织中得到了普遍应用，被认为比传统的回收期法和会计收益率法（如资本报酬率——ROCE）更合理。这些方法的相关优缺点会在第 3 章进行阐述。本章的重点是加深对净现值和内含报酬率计算以及其理论上的不足的理解。

你如何得知一项投资能否给股东创造价值?

如果我们认同公司的投资目标是为其所有者创造价值,向一个具体部门或项目投资的目的是在未来获得比投入的资金多得多的现金流。简而言之,项目评估决策就是对投入的现金与获得的现金进行比较。关键词和棘手的问题就是"多得多"。比如,作为一个公司的合伙人,如果这一公司向你要10000英镑你辛辛苦苦赚来的钱以换取一些新股份,然后管理层将其用于投资,5年后返给你11000英镑,你会满意吗?如果你知道通过自己投资这10000英镑,如借给政府,你可以获得每年5%的回报呢?或者你通过投资于股票市场的其他股票可以获得每年15%的回报呢?自然,当你有别的能创造更大回报的选择时,你会对管理层所创造的每年低于2%的回报感到失望。

> 项目评估就是对投入的现金与获得的现金进行比较。

这些想法引出了财务乃至商业上的一个核心概念——货币的时间价值。投资者对其资金有多种选择,因此当其将钱投向一个适当项目时有一个机会成本。投资者的机会成本就是所放弃的次优方案可能带来的回报。

投资项目必须为所有投资者产生足够的现金以满足其要求的回报。如果其创造的价值低于投资者的机会成本,股东的财富将会减少。

图2.1总结了投资项目评估的流程。价值或财富创造的实现不仅取决于一个项目产生的未来现金流,还取决于这些现金流产生的时间和对货币的时间价值所做的承诺。

> 投资者的机会成本就是所放弃的次优方案能够带来的收益。

时间就是金钱

当人们拿出钱来用于投资时必须放弃一些东西。比如,当某人买了一个公司的股票或借钱给一个企业时,其就必须牺牲消费。储蓄的动机之一就是通过牺牲一定的当前消费来获得更高水平的未来消费。所以必须要有一定的补偿以促使人们做出消费牺牲。至少基于以下三种因素需要补偿:

- **时间** 即人们更愿意现在拥有1英镑而不是5年后。正规表述为:现在的1英镑的效用大于5年后拿到的1英镑的效用。人有消费的欲望——他们需要一个合适的储蓄奖励。未来消费与当前消费的交换率就是纯利率——这适用于无通货膨胀且无风险时。这种条件下,如果1年后,你可以得到102.30英镑,你或许愿意牺牲100英镑的当前消费。这意味着你的纯利率是2.3%。

- **通货膨胀** 没有通货膨胀时,时间价值(或是需要对时间偏好进行补偿的利率)依然存在,因为人们更愿意选择当前消费而不是未来消费。如果有通货膨胀,提供货币的人将要求既对时间上的损失进行补偿,还对其购买力的损失进行补偿。

- **风险** 承诺未来可以得到一定的钱有一定的风险;可能得不到或数量少于所期待的。风险意味着未来的回报金额有多种可能。不论是股票、债券还是银行存款等的证券发行者必须做好补偿投资者时间、通货膨胀以及相关风险的准备，否则没人愿意购买此证券。

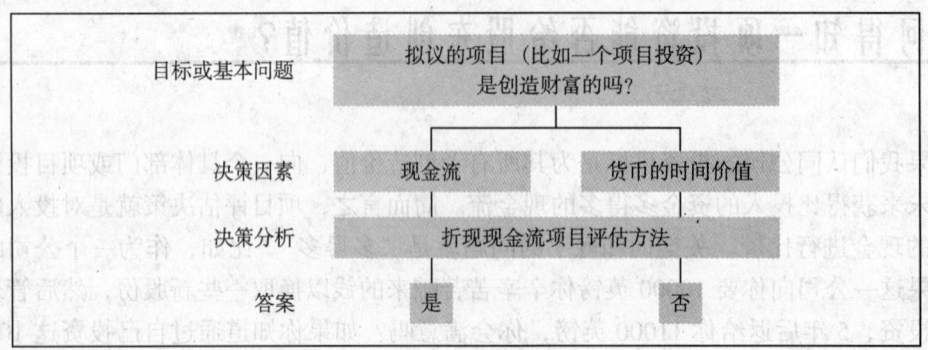

图2.1 投资评估：目标、因素和过程

以投资者安太太为例，其考虑1000英镑一年期的投资时，要求对时间价值的三个要素进行补偿：第一，要求2.3%的纯利率。第二，3%的通货膨胀率。即，零时刻（t_0）1000英镑可以买一揽子商品及服务。在t_1时刻（1年后）买同样的一揽子商品和服务需要1030英镑。为补偿投资者的即时消费和通货膨胀，投资项目需要产生5.37%的报酬率，即：

$$(1+0.023) \times (1+0.03) - 1 = 0.0537 \ (5.37\%)$$

5.37%在这里可以当做无风险报酬率（RFR），适用于对未来现金流无不确定性的投资项目的利率。

投资者认为通过购买债券或票据借钱给信誉良好的政府接近于无风险投资，因为这些机构有收税或创造货币的无限能力。无风险报酬率奠定了货币的时间价值计算的基础，因为纯时间价值和预期的通货膨胀率几乎适用于所有的投资项目。无论投资对象是财产、债券、股票还是公司，如果预期的通货膨胀率为3%~5%，投资者对所有投资项目的预期回报将提高2%。

然而，不同的投资种类其结果的不确定性不同。比如，投资于波动性较大的俄罗斯股票市场被认为比投资于有稳定增长前景的阿斯利康公司风险更大。投资者在无风险报酬率的基础上要求有不同的风险溢价来反映预期的额外风险水平。因此：

要求报酬（货币的时间价值）＝无风险报酬率＋风险溢价

在投资者安太太的例子中，总报酬还要把风险溢价算进去，也就是说，9%对货币时间价值的这三种元素进行了全面的补偿。

折现现金流

本章后面讨论的净现值法和内含报酬法这两种折现现金流法都考虑了货币的时间价值。表2.1通过直接分析来呈现，Alpha项目的现金流入多于现金流出。支出了2000英镑产生了2400英镑。

然而，我们可能会基于此种粗糙的评估方法而愚蠢地接受了Alpha项目。600英镑的现金流发生在不同的时间，所以对零时点的人来说意味着不同的价值。很自然，1年后得到的600英镑比4年后得到的600英镑价值更大。换句话说，这些英镑的现值（在零时点）取决于他们什么时候获得。

表 2.1 Alpha 项目的简单现金流

时点（以年为时间间隔）	现金流（英镑）
0 现在	−2000
1	+600
2	+600
3	+600
4	+600

将这些不同"质量"的英镑以某种共同的标准转换为统一的货币。通过将所有的未来现金流按货币的时间价值折现，此转换得以实现，因此将其按零时点获得的等价货币进行表述。折现过程取决于复利公式的一种变形：

$F = P(1+i)^n$

其中：F=终值
　　　P=现值
　　　i=利率
　　　n=复利发生的年数

> 注：有关此点，请查阅附录 2.1 以获取在本章中及本书其余章节中使用的关键数学工具。

如果一个储户将 100 英镑存入银行，按每年 8% 的利率，3 年后，此账户将有 125.97 英镑：

$F = 100 \times (1 + 0.08)^3 = 125.97$（英镑）

为了回答以下问题，对此公式进行变换："为了在 3 年后得到 125.97 英镑，我现在应该存入银行多少钱？"

$P = \dfrac{F}{(1+i)^n}$ 或 $F \times \dfrac{1}{(1+i)^n}$

$P = \dfrac{125.97}{(1+0.08)^3} = 100$

在此例 2 中，我们将 125.97 英镑折现为 100 英镑。现在如果将此方法用于 Alpha 项目将未来年间的所有现金流转换为等价的现值，结果如表 2.2 所示（假设货币的时间价值为 19%）。

表 2.2 Alpha 项目的折现现金流

时点（以年为时间间隔）	现金流（英镑）	折现现金流（英镑）
0	−2000	−2000.00
1	+600	$\dfrac{600}{1+0.19}$ = +504.20
2	+600	$\dfrac{600}{(1+0.19)^2}$ = +423.70
3	+600	$\dfrac{600}{(1+0.19)^3}$ = +356.05
4	+600	$\dfrac{600}{(1+0.19)^4}$ = +299.20

当这些未来的英镑转换为共同的标准时，这一投资的现金流出（2000英镑）大于现金流入（1583.15英镑）。换句话说，这2000英镑的报酬率低于19%。

> **技术方面**
>
> 如果你的计算器有"强大的"功能（通常指 X^Y 或 Y^X），复利或折现就相对快一些。或者，你也可以从本书后面附录Ⅱ的表格中得到贴现系数。我们以 Alpha 项目 4 年的现金流折现为例：
>
> 计算器：
>
> $$\frac{1}{(1+0.19)^4} \times 600$$
>
> 输入 1.19
> 按 "Y^X（或 X^Y）" 键
> 输入 4
> 按 "=" 键
> 得出 2.0053
> 按 "1/x" 键
> 得出 0.4987
> 乘以 600
> 得出 299.20。
> 利用附录Ⅱ，查 19% 一栏的 4 年那一行，得到贴现系数为 0.4987：
> $0.4987 \times 600 = 299.20$

现代方法 1：净现值

项目评估的净现值法的观念和计算在 Hard Decisions 公司里被描述为虚构的而不是实际的决策过程。这个例子再加上对此方法的描述表明诸如机会成本及货币的时间价值等一些关键概念的重要性以及忽略这些问题造成的毁灭价值的影响。

假设你是一个叫做 Hard Decisions 公司的大型上市公司的财务总监。董事会认为公司的目标应该是股东财富最大化。最近，董事会任命了一位新董事——Brightspark 先生作为提供"思想"的人。他与其他人相比高明之处在于，其他人只能看到问题而他看到的却是机会，因此在业界负有盛名。聘请他的主要目的就是来寻找企业扩展的新领域以及更好地利用已有资产。前几周 Brightspark 先生考察了公司拥有的位于伯明翰市中心的几块土地。这是一片面积 10 英亩的土地，公司旗舰工厂曾坐落于此。但那是 30 年以前，现在已经被废弃。Brightspark 先生召开董事会会议说关于这 10 英亩土地他有三个提议。

Brightspark 先生站起来说：提议 1 是花 500 万英镑清理这块土地，清理干净后再对其进行净化（原来的工厂在做化工产品）。这样这块土地可在 1 年后以 1200 万英镑卖给开发商。因此，我们可在 1 年内获利 700 万英镑。

提议1：清理然后出售——Brightspark先生的计算

清理支出加上净化支出，t_0	−500万英镑
1年后出售，t_1	1200万英镑
利润	700万英镑

董事会主席此时打断了Brightspark先生，然后请你作为财务专家考虑提议1。因为你学过了《公司财务手册》，你可以做如下判断：

- **第1点** 因为投资者对我们的报酬率15%能够与我们股票的风险等级保持一致很满意，我们公司被股票市场估价为1亿英镑。换句话说，买本公司股票的股东的机会成本是15%（Hard Decisions是一个纯权益型公司，没有筹集债务资本）。他们还可以选择将投给我们的钱投给另一个与我们风险等级相近每年有15%报酬率的公司。因此，我们可以将此资本的机会成本作为我们对任何项目要求的最低报酬率。机会成本的这种考虑或许可以用图2.2进行更好的诠释。

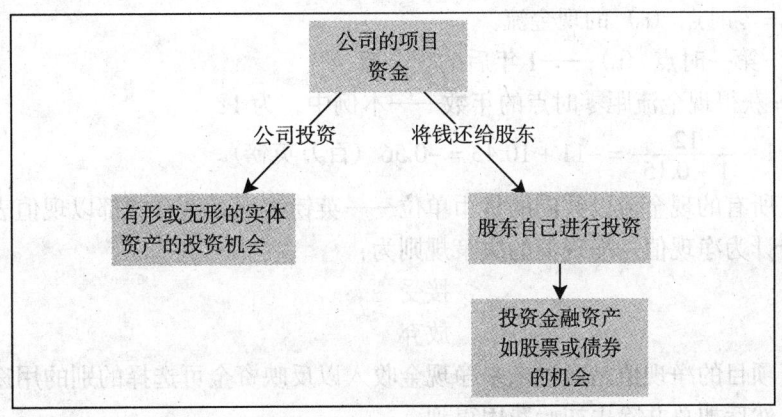

图2.2 投资决策：公司资金的其他可选用途

如果我们的报酬率低于15%，股东就会失望，因为能够从别处获得15%，所以我们有机会成本。

我们作为股东投入资金的管理者，需要对任何与我们有相同风险等级的项目使用15%的折现率。折现率是项目投资而不是资本市场的机会成本，比如，买其他公司的股票报酬率为15%。除了接受此项目，公司也可以将现金返给股东让其投资于金融资产。

- **第2点** 我知道这些年来有很多人找我们买这10英亩地。对其售价合理的估价应该是600万英镑。也就是说，我可以找到可以立即花600万英镑来买这块地的公司。这600万英镑是这个项目的机会成本，也是其他最好选择的价值。因此，我们应该在Brightspark先生500万英镑的清理成本中再加上600万英镑的机会成本，因为我们在运作这一提议时实际牺牲了1100万英镑。如果我们不按Brightspark先生的提议执行，而是卖了这块地，我们可以增加600万英镑的银行存款，再加上省下的500万英镑清理成本。

提议1：清理然后出售——t_0时点的现金流

即时售价（机会成本）	600万英镑
清理成本等	500万英镑
t_0时点总牺牲	1100万英镑

■ **第3点** 我接受Brightspark先生1200万英镑最后售价的有效性,因为我知道这是他请一些优秀的专家进行评估得到的结果,但是我对直接拿初始费用与以简单的名义总数为基础的最后的现金流进行比较有疑问。1200万英镑在1年后收到,而500万英镑要立即支出,不出售的600万英镑的机会成本也是立即牺牲。

如果我们拿这1100万英镑的初始费用投资于与本公司风险等级相同的金融资产,获得15%的回报,则这一投资1年后的价值为1265万英镑。这一计算如下:

$F = P(1+k)$

其中 k=资金的机会成本:

$11 \times (1+0.15) = 1265$ 万英镑

这大于Brightspark先生承诺的回报。

看待这一问题的另一种角度是计算这一项目的净现值。我们从净现值的原始公式开始:

$$NPV = F_0 + \frac{F_1}{(1+k)^n}$$

其中:F_0=零时点 (t_0) 的现金流

F_1=第一时点 (t_1)——1年后的现金流

n=获得现金流距零时点的年数——本例中,为1:

$NPV = -11 + \dfrac{12}{1+0.15} = -11 + 10.43 = -0.56$(百万英镑)

在零时点所有的现金流以共同的货币单位——英镑表示。所有的都以现值表示。流入与流出的最终合计为净现值。净现值的决策规则为:

$NPV \geq 0$ 接受

$NPV < 0$ 放弃

一个投资项目的净现值是通过未来净现金收入以反映资金可选择的别的用途的价值的比率进行折现,然后加总并除去初始费用得到。

总之,大家做出选择基于:

①出售这块地可以立即筹集600万英镑以及节省500万英镑的支出——总共为1100万英镑;

②按Brightspark先生的提议开发这块地。

我会选择立即出售,因为1100万英镑将会在别处得到更好的回报。

董事会主席会对你表示感谢后,请Brightspark先生阐述项目提议2。提议2包括立即支出500万英镑进行清理。然后,在接下来的两年里,再耗资1400万英镑建造一栋办公楼。承租人不会在办公楼建成后立即找到。办公单元将在接下来的3年被陆续出租。最后,在6年后当办公楼全部被出租后,它将会被出售给一个机构,比如,养老基金,可以得到4000万英镑(见表2.3)。

Brightspark先生声称这是一个将近获利翻倍的投资(前2年投入2500万英镑,后来流入4700万英镑)。董事会主席过来问你:这一项目对我们的股东真有这么大的收益吗?

你回答:我所学的财务知识告诉我,评估一个项目能否增加股东财富的最佳方法是将其现金流以资本的机会成本进行折现。这样可以计算得到这些现金流的净现值。

$$NPV = F_0 + \frac{F_1}{1+k} + \frac{F_2}{(1+k)^2} + \frac{F_3}{(1+k)^3} + \cdots + \frac{F_n}{(1+k)^n}$$

所以,基于Brightspark先生计算中的实际现金流,我计算提议2的NPV——见表2.4。

表 2.3 提议 2：办公楼——Brightspark 先生的计算

时点（以年为时间间隔）	现金流（百万英镑）	事项
0（现在）	-5	清理成本
0（现在）	-6	机会成本
1	-4	建设成本
2	-10	建设成本
3	+1	租金净收益，租出办公楼的 $\frac{1}{4}$
4	+2	租金净收益，租出办公楼的 $\frac{1}{2}$
5	+4	租金净收益，办公楼全部租出
6	+40	出售办公楼
总计	+22	流入 4700 万英镑
利润	22	流出 2500 万英镑

注：对于你所论述的关于另一选择"项目"——出售土地——的机会成本，Brightspark 先生立即承认这一观点是正确的，并且很快在数字上加上了 6 百万英镑的现金流出。

表 2.4 提议 2：净现值

时点（以年为时间间隔）	现金流（百万英镑）		折现现金流（百万英镑）
0	-5		-5
0	-6		-6
1	-4	$\frac{-4}{(1+0.15)}$	-3.48
2	-10	$\frac{-10}{(1+0.15)^2}$	-7.56
3	1	$\frac{1}{(1+0.15)^3}$	0.66
4	2	$\frac{2}{(1+0.15)^4}$	1.14
5	4	$\frac{4}{(1+0.15)^5}$	1.99
6	40	$\frac{40}{(1+0.15)^6}$	17.29
净现值			-0.96

因为 NPV 小于 0，我们出售这块地、节省清理成本和建设成本并把这些资金投资于年报酬率为 15% 的金融资产对股东更有益。这样，6 年后，股东收益更多。

董事会主席会对你表示感谢后，请 Brightspark 先生阐述其提议 3。提议 3 为这块地作为生产"Worldbeater"的工厂。Brightspark 先生说，我们在过去的 10 年里一直在我们的利物浦工厂生产"Worldbeater"。尽管其名字的意思是要畅销全球，可到目前为止其市场仅限于英国。我提议建立第二个生产"Worldbeater"的工厂，以满足欧洲市场。计算如表 2.5 所示。

主席转向你征求意见。

你回答：Worldbeater 是一个公认的好产品，已经非常成功。我以 Brightspark 先生提供的现金流数据为基础进行计算（见表 2.6）。

表 2.5 生产 "Worldbeater" ——Brightspark 先生的计算

时点（以年为时间间隔）	现金流（百万英镑）	事项
0	−5	清理
0	−6	机会成本
1	−10	建设工厂
2	0	营业净现金流
3 年及以后	+5	销售 "Worldbeater" 的净现金流

注：第 2 年获得的收入被生产成本和分销成本所抵消，第 3 年及以后的年份开始出现正的净现金流，因为来自销售的现金流入大于现金流出。

表 2.6 Worldbeater 的净现值

时点（以年为时间间隔）	现金流（百万英镑）		折现现金流（百万英镑）
0	−11		−11
1	−10	$\dfrac{-10}{(1+0.15)}$	−8.7
2	0		
3 年及以后	5	t_2 时点永续年金的价值： $P=\dfrac{F}{k}=\dfrac{5}{0.15}=33.33$ 33.33 必须再折现回 2 年前： $\dfrac{33.33}{(1+0.15)^2}$	=25.20
净现值			+5.5

这一项目的净现值为正，因为其年报酬率大于 15%，所以可以增加股东财富。其除了保证 15% 的报酬率外，还增加了 550 万英镑的现值。在此计算的基础上，我建议董事会对提议 3 的更多细节加以考虑。

主席对你表示感谢后，建议对此提议进行投票表决。

Brightspark 先生（打断）：等等，我们是不是过于信任此结果了？我们的财务总监说过，评估这些提议使用的是 NPV 法，但是在我以前工作的公司里，使用的是内含报酬率投资评估法（IRR）。我想看看这三种提议用 IRR 法如何进行决策。

主席转向你，请你解释 IRR 法，并将其运用到 Brightspark 先生的提议上。

在继续这一董事会戏剧之前，我们通过两个例题来加深对 NPV 的理解。

范例 2.1

CAMRAT 有限公司

Camrat 有限公司为了满足股东的机会成本，必须在项目的生命周期中达到每年至少 10% 的投资报酬率（Camrat 有限公司的资本全部通过权益资本筹集）。充满活力和动力的战略开发小组正在考虑进入马赛克地砖这一新的领域。这需要立即支出 100 万英镑用来购买厂房和设备，1 年后将会有现金净流入［即所有现金流出之外（工资薪金、各种成本等）］20 万英镑，2 年后会有 30 万英镑。此后，每年的现金净流入为 18 万英镑。

要求

既定的现金流能否保证在项目的生命周期中有10%(每年)的报酬率?为了简化计算,假设所有的现金流都发生在年末。

答案

第一,列出每个时段的现金流

时点(以年为时间间隔)	0	1	2	3年及以后
现金流(英镑)	-100万	20万	30万	18万

第二,将这些现金流折现

时点	0	1	2	3年及以后
	F_0	$\dfrac{F_1}{1+k}$	$\dfrac{F_2}{(1+k)^2}$	$\dfrac{F_3}{k} \times \dfrac{1}{(1+k)^2}$
	-100万	$\dfrac{0.2}{1+0.1}$	$\dfrac{0.3}{(1+0.1)^2}$	$\dfrac{0.18}{0.1}$
				再折现到2年前:
				$\dfrac{0.18/0.1}{(1+0.1)^2}$
	-100万	0.1818	0.2479	$\dfrac{0.18}{(1.1)^2}=1.4876$

第三,汇总现金流得出净现值

$$-1.0000$$
$$+0.1818$$
$$+0.2479$$
$$+1.4876$$

净现值　　　　　　　　　+0.9173

结论

净现值为正表明这个项目不仅每年能够得到10%的报酬,而且还有盈余。这是一个相当有吸引力的项目,接受这个项目能够增加股东财富。

范例 2.2

ACTARM 有限公司

Actarm 有限公司正在考察两个项目 A 和项目 B。其现金流如下:

	A(英镑)	B(英镑)
初始现金流出,t_0	240000	240000
现金流入:		
时刻1(t_0的1年后)	200000	20000
时刻2	100000	120000
时刻3	20000	220000

先按8%的折现率,然后再按16%,计算NPVs并判断哪个项目更优。为什么不同的折现率会得出不同的结果?

答案
按 8%的折现率：

$$NPV = F_0 + \frac{F_1}{1+k} + \frac{F_2}{(1+k)^2} + \frac{F_3}{(1+k)^3}$$

项目 A

$$-240000 + \frac{200000}{1+0.08} + \frac{100000}{(1+0.08)^2} + \frac{20000}{(1+0.08)^3}$$

−240000 + 185185 + 85734 + 15877 = +46796 英镑

项目 B

$$-240000 + \frac{20000}{1+0.08} + \frac{120000}{(1+0.08)^2} + \frac{220000}{(1+0.08)^3}$$

−240000 + 18519 + 102881 + 174643 = +56043 英镑

按 8%的折现率，两项目都是正的 NPVs，都可以增加股东财富。然而，项目 B 更优，因为它比项目 A 创造了更大的价值。如果这两项目互斥，则 B 更优。

按 16%的折现率：

项目 A

$$-240000 + \frac{200000}{1.16} + \frac{100000}{(1.16)^2} + \frac{20000}{(1.16)^3}$$

−240000 + 172414 + 74316 + 12813 = +19543 英镑

项目 B

$$-240000 + \frac{20000}{1.16} + \frac{120000}{(1.16)^2} + \frac{220000}{(1.16)^3}$$

−240000 + 17241 + 89180 + 140945 = +7366 英镑

按 16%的折现率，项目 A 创造更大的价值，优于项目 B。尽管从未折现的现金流来看，项目 B 多于项目 A 40000 英镑。

由于项目 B 在项目后期有大量现金流入，所以导致了不同的排序（优先顺序）。折现当折现率较高时，年数很远的现金流相比大量现金流只折现 1 年的项目 A，就相对较小。第 10 章会介绍如何选用合适的折现率进行这类计算。

现代方法 2：内含报酬率

我们现在再来看 Hard Decisions 公司。主席请你解释内含报酬率（IRR）。

你回答：内含报酬率是非常流行的一种项目评估方法，其有很多优点。尤其，它考虑了货币的时间价值。所以 Brightspark 先生以前所在公司用过此方法一点都不奇怪。基本上，IRR 是你把钱投入一个项目时所获得的利率。它描述考虑了现金流发生的时间后，现金流入超出新近流出的年度百分比。

内含报酬率是使未来现金流现值等于支出的报酬率（或，在有些项目中，使折现的未来现金流出等于最初的流入），r：

支出=未来现金流以 r 为折现率的折现值

因此：

$$F_0 = \frac{F_1}{1+r} + \frac{F_2}{(1+r)^2} + \frac{F_3}{(1+r)^3} + \cdots + \frac{F_n}{(1+r)^n}$$

IRR 也指一个项目的"报酬"。

另外，内含报酬率 r 也是使净现值为 0 的折现率。r 使下列等式成立：

$$F_0 + \frac{F_1}{1+r} + \frac{F_2}{(1+r)^2} + \frac{F_3}{(1+r)^3} + \cdots + \frac{F_n}{(1+r)^n} = 0$$

这两个公式实质上是一样的。它们都要求已知现金流及其确切的时间。未知数是使考虑了时间价值并进行了调整的现金流出与流入相等的利率。

如果上述内容有太多术语的话，我向大家道歉。也许看看 IRR 的实际演算会更有用。我们将此公式用在 Brightspark 先生的提议 1 上。

提议 1：内含报酬率

根据公式的第二种形式，我们的目的是需找一个使时刻 1 的 1200 万英镑的现金流的折现值加上最初的 1100 万英镑的流出等于 0 的 r：

$$F_0 + \frac{F_1}{1+r} = 0$$

$$-11 + \frac{12}{1+r} = 0$$

我将介绍的求解 r 的方法是试错法（假设我们没有相关的计算机程序可用）。所以，刚开始，选择一个利率，将其代入公式。我们来试 5%：

$$-11 + \frac{12}{1+0.05} = 0.42857 \text{ 百万英镑或 } 428571 \text{ 英镑}$$

5% 不正确，因为折现现金流总和不为 0。将近 43 万英镑的剩余表明需要一个更高的利率。这样将会降低未来现金流的现值。我们来试 10%：

$$-11 + \frac{12}{1+0.1} = -0.0909 \text{ 百万英镑或 } -90909 \text{ 英镑}$$

我们还是没找到正确的折现率。我们来试 9%：

$$-11 + \frac{12}{1+0.09} = 0.009174 \text{ 百万英镑或 } +9174 \text{ 英镑}$$

通过后两次计算，我们知道使现金流现值相等的利率在 9%~10% 之间。精确值将通过插值法找到。

首先，标出我们已知的：

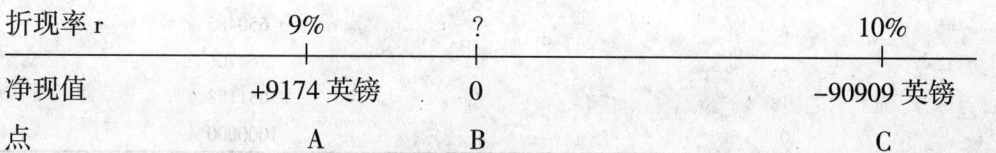

在 9%~10% 之间会有 1 个报酬率（r）使 NPV 为 0。寻找这一利率的方法是先测出点 A 与点 B 之间的距离，作为 A 与 C 整个距离的比例。

$$\frac{A \to B}{A \to C} = \frac{9174 - 0}{9174 + 90909} = 0.0917$$

未知数距 9%那一点的距离为 0.0917。

IRR:

$$= 9 + \left(\frac{9174}{100083}\right) \times (10 - 9) = 9.0917\%$$

验算一遍我们的结果:

$$-11 + \frac{12}{1 + 0.090917}$$

$$-11 + 11 = 0$$

IRR 决策规则

内含报酬率决策的规则是:

- **如果 k > r, 放弃**　如果资本的机会成本 (k) 大于一个项目的内含报酬率 (r), 则放弃此项目, 将钱用在其他更好的地方对投资者比较好。
- **如果 k ≤ r, 接受**　这里, 考虑中的项目比其他风险水平相似的投资有同样或更高的报酬。

提议 1 的 IRR 为 9.091%, 低于 Hard Decisions 公司的资本的机会成本 15%。无论用 IRR 法还是 NPV 法都应该放弃此项目。

思考 NPV 与 IRR 之间的关系或许会有一些启发。表 2.7 展示了提议 1 中随着折现率在 0~10%之间的变动 NPV 的变化。折现率为 0 时, 1 年后收到的 1200 万英镑根本没有折现, 所以两现金流差额 NPV 仅为 100 万英镑。当折现率升到 10%时, 第一年现金流的现值少于最初的支出。根据使折现的未来现金流等于最初的支出, 即 NPV 为 0, 我们可以直接找出内含报酬率。

表 2.7　NPV 与折现率之间的关系 (按照提议的数据)

折现率 (%)	NPV
10	-90909
9.0917	0
9	9174
8	111111
7	214953
6	320755
5	428571
4	538461
3	650485
2	764706
1	881188
0	1000000

提议2：IRR

为了计算提议2的IRR，我们首先用折现公式列出现金流：

$$-11 + \frac{-4}{(1+r)} + \frac{-10}{(1+r)^2} + \frac{1}{(1+r)^3} + \frac{2}{(1+r)^4} + \frac{4}{(1+r)^5} + \frac{40}{(1+r)^6} = 0$$

然后我们试一些折现率来寻找一个使NPV为0的r：

试14%：

NPV（近似值）= -0.043百万英镑或-43000英镑

13%时：

NPV = 932000英镑

要求用内插法找出精确到至少一位小数的内含报酬率：

折现率 r	13%	?	14%
NPV	+932000	0	-43000

$$13 + \frac{932000}{975000} \times (14 - 13) = 13.96\%$$

这一项目的IRR（13.96%）小于股东资金的机会成本（15%），所以在IRR法下，它应该被放弃。因为图2.3是曲线，所以插值之前试错的利率之间应该差距很小。插值公式假设所选两折现率之间是一条直线。如果我们以5%和30%为基础进行计算，利率范围太大的后果就显现出来。

按5%，项目2的NPV = 11.6121百万英镑。

按30%，项目2的NPV = -9.4743百万英镑。

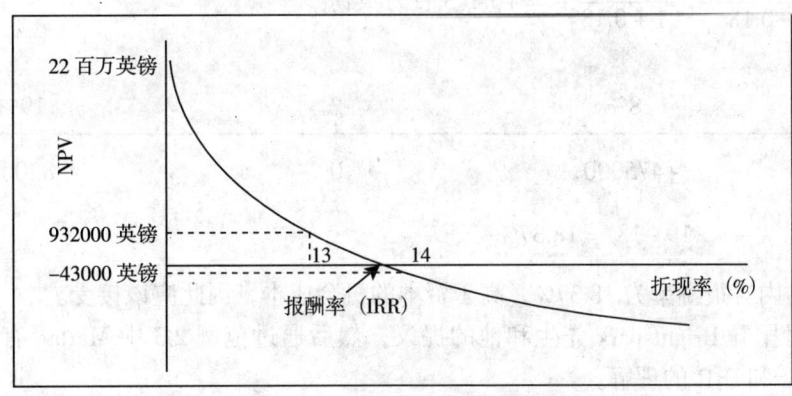

图2.3 提议2的NPV曲线

线性插值

折现率 r	5%	?	30%
NPV	+11.6121	0	-9.4743

$$5 + \left(\frac{11.6121}{11.6121 + 9.4743}\right) \times (30 - 5) = 18.77\%$$

NPV 与折现率之间的非线性关系使得计算出的 IRR 与真实的 IRR 相差了将近 5%——见图 2.4。这将导致对这一项目的错误接受，因为公司的最低报酬率为 15%。事实上，这一项目的回报低于公司将钱投于风险水平相同的其他项目。

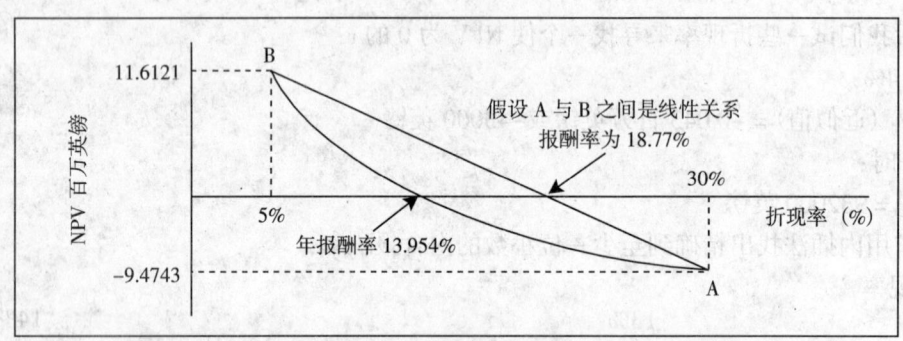

图 2.4　IRR 计算的精确度取决于插值计算中所用折现率间距的大小

提议 3：IRR

$$F_0 + \frac{F_1}{1+r} + \frac{F_3/r}{(1+r)^2} = 0$$

试 19%：

$$-11 + \frac{-10}{1+0.19} + \frac{5/0.19}{(1+0.19)^2} = -0.82 \text{ 百万英镑}$$

试 18%：

$$-11 + \frac{-10}{1+0.18} + \frac{5/0.18}{(1+0.18)^2} = +0.475 \text{ 百万英镑}$$

线性插值

r	18%	?	19%
NPV	+475000	0	−820000

$$18 + \frac{475000}{1295000} \times (19 - 18) = 18.37\%$$

项目 3 的内含报酬率为 18.37%，高于资本的机会成本，因此应该接受。

我们暂时抛开 Brightspark 先生和他的提议，然后通过范例 2.3 中 Martac 有限公司的例子加深对 NPV 和 IRR 的理解。

范例 2.3

MARTAC 有限公司

Martac 有限公司是一个 Martac-aphro 生产商。市场上现有生产 Martac 的两种新的智能机器——CAM 和 ATR。两者都可以在现有工序的基础上降低成本：

	CAM	ATR
	千英镑	千英镑
初始成本（购买机器及安装等）	120	250
节约的现金流：		
时刻 1（初始现金流流出后 1 年）	48	90
时刻 2	48	90
时刻 3	48	90
时刻 4	48	90

其他因素都保持不变，公司资本充足。项目的最低要求回报率是 8%。

要求：

(a) 计算 CAM 的 IRR。
(b) 计算 ATR 的 IRR。
(c) 基于 IRR，你将购买哪种机器？
(d) 计算每种机器的 NPV。
(e) 基于 NPV，你将购买哪种机器？
(f) IRR 和 NPV，哪种是更好的决策工具？

答案

这一题中，没有给出与备选项目相关的总现金流。相反，给出了增量现金流，比如，现有生产成本基础上的节约额。然而，这足以做出购买哪种机器的决策。

(a) CAM 的 IRR

$$F_0 + \frac{F_1}{1+r} + \frac{F_2}{(1+r)^2} + \frac{F_3}{(1+r)^3} + \frac{F_4}{(1+r)^4} = 0$$

试 22%：

−120000 + 48000 × 以 22% 为折现率的 4 年期的年金系数（af）

（见附录 2.1 的年金计算和附录Ⅲ的年金系数表）

年金系数指的是 4 年内每年收到 1 英镑，这 4 英镑的总折现值。其为 2.4936，指 4 英镑的现值只稍多于 2.49 英镑。

−120000 + 48000 × 2.4936 = −307.20 英镑

试 21%：

−120000 + 48000 × 以 21% 为折现率的 4 年期的年金系数（af）

−120000 + 48000 × 2.5404 = +1939.20 英镑

内插

折现率

	21%	?	22%
NPV	1939.2	0	−307

$21 + \left(\frac{1939.2}{1939.2 + 307}\right) \times (22 - 21) = 21.86\%$

(b) ATR 的 IRR

试 16%：

$-250000 + 90000 \times 2.7982 = +1838$ 英镑

试 17%:

$-250000 + 90000 \times 2.7432 = -3112$ 英镑

折现率，r

	16%	?	17%
NPV	+1838	0	−3112

$16 + \left(\dfrac{1838}{1838 + 3112} \right) \times (17 - 16) = 16.37\%$

(c) 基于 IRR 的选择

如果 IRR 是唯一可用的决策工具，那么只要 IRRs 超过折现率（或资本成本），IRR 较高的项目似乎就是较好的选择。本例中，CAM 优于 ATR。

(d) CAM 的 NPV

$-120000 + 48000 \times 3.3121 = +38981$ 英镑

ATR 的 NPV

$-250000 + 90000 \times 3.3121 = +48089$ 英镑

(e) 基于 NPV 的选择

除去资本要求的最低回报，ATR 还产生了一个现值为 48089 英镑的回报。这比 CAM 的大，因此以 NPV 为决策工具，ATR 优于 CAM。

(f) 决策工具的选择

本例中使用不同的项目评估方法，得出了矛盾的决策结果。NPV 是更好的决策方法，因为其完全以货币数量进行衡量。即它给出了通过接受一个项目股东财富的增加值。相反，IRR 将其报酬表示为百分数，这样会导致劣势的小规模项目优于大规模项目。所以，如果你不能两个项目都执行，则选择使股东回报最多的项目，一定是 NPV 最高的而不是 IRR 最高的。

NPV 与 IRR 之间的选择

我们现在再来看 Hard Decisions 公司。

Brightspark 先生：我注意到你似乎最推崇 NPV 法。但是，在我们所讨论的三个项目中，用 NPV 和 IRR 给出的决策建议是相同的，即放弃项目 1 和项目 2，接受项目 3。所以，为什么不常用 IRR？

你回答：的确，资本投资评估的 NPV 和 IRR 法有很大的相关性。都是盈利能力的"时间调整"措施。在我们今天讨论的案例中 NPV 法和 IRR 法给出的结果相同，因为与 IRR 法相关的问题在今天的数据中没有显现出来。在其他项目的评估问题中，我们可能会遇到 IRR 法体现出的严重的局限性，因此我坚持认为理论上 NPV 法更优。

我将提出其中两个最重要的问题：多解问题和排序问题。

多解问题

可能会有多个 IRRs 解。这可以通过解决 Flummoxed 先生遇到的问题来解释（见范例 2.4）。

> **范例 2.4**
>
> MR FLUMMOXED
>
> Deadhead 公司的 Flummoxed 先生使用了项目评估的 IRR 法。他考察了"Oscillation"项目后，开始怀疑其有用性。
>
> Oscillation 项目
>
> | 时点（以年为时间间隔） | 0 | 1 | 2 |
> |---|---|---|---|
> | 现金流 | −3000 | +15000 | −13000 |
>
> 我们发现内含报酬率为 11.56% 和 288.4%。
>
> 因为 Deadhead 公司要求的最低报酬率为 20%，所以使用未调整的 IRR 法不能决定是否实施项目 Oscillation。

多解问题是由非常规现金流引起的。当现金流出后有一系列流入或现金流入后有一系列现金流出时就是常规现金流。非常规现金流指的是现金流符号的变化多于一次。在项目 Oscillation 的例子中，符号变化由负转正一次，又由正转负一次。这两次符号的变化导致了 IRRs 的多解。如果仍然用 IRR 法，可以调整这些解，但是最简单的方法是转为 NPV 法。

排序问题

IRR 法的决策规则与 NPV 法项目排序的方式不总相同。有时，不仅要找出哪个项目是正的现金流，更重要的是知道哪个项目的正回报更大。比如，当项目之间互斥时，即只能实施一个项目，只能有一个选择。用 IRR 有时会导致做出不好的选择（见表 2.8）。

表 2.8 IRR 的排序问题

项目	现金流（百万英镑）		IRR（%）	NPV（按15%的折现率）
	0 时刻	1 年后		
A	−20	+40	100	+14.78 百万英镑
B	−40	+70	75	+20.87 百万英镑

不同折现率下的 NPV

折现率（%）	项目 A	项目 B
0	20	30
20	13.33	18.33
50	6.67	6.67
75	2.86	
100	0	−5
125	−2.22	−8.89

显然，不考虑资本的机会成本（折现率），IRRs 法下（75%和100%）的项目排序是固定不变的。项目 A 总是较优的。而 NPV 法下的项目排序是不固定的。NPV 法下的排序取决于折现率。若计算 NPV 时用的折现率大于 50%，则 IRR 法和 NPV 法下的排序是相同的，即项目 A 更优。若折现率低于 50%，项目 B 则是更好的选择。导致 NPV 理论优势的主要因素之一是其考虑了投资规模；实施项目 B，得到 2087 万英镑的回报对股东更好一些，因为其初始规模更大。NPVs 测的是绝对值。

结　论

本章为我们提供了当一个组织考虑投资的财务（或其他）资源时考虑关键因素的视角。分析建立在这些投资的目的是使公司所有者经济利益最大化这一假设上。为了达到这一目的，需要已知资本的机会成本或货币的时间价值，还要对现金流进行充分的分析。因为时间是有价值的，所以知道项目中现金流的精确时间是很重要的。项目评估的净现值（NPV）法和内含报酬率（IRR）法都是折现现金流法，所以需要考虑货币的时间价值。然而，IRR 法不是只在特殊情况下才有问题，所以理论上 NPV 法更合理。

要好好学习并全面理解 NPV，因此有人在工作中支持以百分比的形式评价项目的可行性也是不足为奇的。事实上，大多数大型组织使用三种或四种项目评估法，而不是只靠一种来进行分析与交流——具体细节见第 3 章。本章的基本结论是以股东财富最大化为目标的项目评估投资的最佳方法是净现值法。

附录 2.1　财务的数学工具

本附录的目的是解释在本书接下来所需的必要数学技能。笔者对数学没有偏好，所以这部分只讨论与本书主题直接相关的内容。

单利与复利

当财务收付之间有时延时，我们需要用到单利和复利的概念。

单利

只对本金支付利息。对累积的利息不支付利息。

例 1

假设存入银行 10 英镑，每年支付 12%的利息。第 1 年年末，投资者的账户中就会有 11.20 英镑。即：

$$F = P(1+i)$$

$11.20 = 10 \times (1 + 0.12)$

其中，F=终值，P=现值，i=利率。

初始金额，也叫本金，乘以利率就得到年报酬。

第5年年末：

$F = P(1 + in)$

其中n=年数。因此：

$16 = 10 \times (1 + 0.12 \times 5)$

本例中要注意：每年12%的回报是恒定不变的。以前年度已经累积的利息不生利息。

复利

现实生活中的常见情形是：利息在累积总额的基础上计提——既包括本金，也包括前期的利息。利息在本息和的基础上计提。

例2

投资10英镑，以复利计息。1年后，资本增长12%，变成11.20英镑。第二年，资本还将增长12%，但这一次是在累积值11.20英镑的基础上增长，所以将增长1.34英镑。第2年年末：

$F = P(1+i)(1+i)$

$F = 11.20 \times (1+i)$

$F = 12.54$

即

$F = P(1+i)^2$

表2.9展示了1英镑投资在不同利率和不同年数下的终值（从本书末的附录Ⅰ中摘录）。

表2.9　1英镑的终值

年	利率（%/年）				
	1	2	5	12	15
1	1.0100	1.0200	1.0500	1.1200	1.1500
2	1.0201	1.0404	1.1025	1.2544	1.3225
3	1.0303	1.0612	1.1576	1.4049	1.5209
4	1.0406	1.0824	1.2155	1.5735	1.7490
5	1.0510	1.1041	1.2763	1.7623	2.0113

从表2.9的第2行我们知道1英镑以12%的报酬率投资2年后的总额为1.2544英镑。10英镑投资的终值为1.2544乘以原始值：

10英镑×1.2544=12.544英镑

5年后结果为：

$F = P(1+i)^n$

$17.62 = 10 \times (1 + 0.12)^5$

以单利和复利计算的总额的差额为累积利息的利息：

17.62英镑－16.00英镑＝1.62英镑

几乎所有的投资都是以复利计算的,所以本书中也将使用复利计算。

现值

财务管理在很多情况下,要求我们已知终值,求出现值。比如,你希望知道你现在不得不留出多少,用复利计算未来才能累积到特定数额;或你面临 5 年后拿到 200 英镑和现在 100 英镑之间的选择,你希望知道以复利计算,哪个更好;或有一个项目,现在支出 800000 英镑,3 年后可拿到 1000000 英镑,你需要知道这是否是 800000 英镑的最佳用途。通过对未来收到总额的折现可以得到现在的币值。

例 3

如果我们希望 5 年后可以拿到 17.62 英镑,我们可以算出其现值。假设折现率为 12%,复利公式可变换为:

$$P = \frac{F}{(1+i)^n} \quad 或 \quad P = F \times \frac{1}{(1+i)^n}$$

$$10 = \frac{17.62}{(1+0.12)^5}$$

另外,正如表 2.10 所示,会用到折现系数(从本书末的附录 II 中摘录)。折现率为 12% 时,5 年后的 1 英镑的折现系数为 0.5674,所以 17.62 英镑的现值为:

0.5674 × 17.62 英镑 = 10 英镑

表 2.10　1 英镑的现值

年	利率(%/年)				
	1	5	10	12	15
1	0.9901	0.9524	0.9091	0.8929	0.8696
2	0.9803	0.9070	0.8264	0.7972	0.7561
3	0.9706	0.8638	0.7513	0.7118	0.6575
4	0.9610	0.8227	0.6830	0.6355	0.5718
5	0.9515	0.7835	0.6209	0.5674	0.4972

参照附录 II 的现值表,你会看到:现值随着折现率的提高在下降。还有,未来拿到的钱越晚,现值越低。很久之后的现金流以很高的折现率折现,现值很小。比如,折现率为 17% 时,20 年后拿到的 1000 英镑现值仅为 43.30 英镑。换个角度看,如果以 17% 的复利计算,如果你现在投资 43.30 英镑,20 年后,其将累积为 1000 英镑。

利率的确定

有时你想计算一个项目的回报率。比如,如果你现在存入 8000 英镑,银行 5 年后付给你 10000 英镑,而存在别的银行的年利率为 6%。为了做比较,你需要知道这一银行的年利率。我们需要在折现公式中找到 i。

为了算出 i,需要变换复利公式。由:

$$F = P(1+i)^n$$

首先，两边同除以 P：

F/P = (1 + i)^n

(右边的 P 被抵消了。)

然后，两边同开 n 次方根，再两边同减 1：

i = $\sqrt[n]{(F/P)}$ – 1 或 i = (F/P)$^{1/n}$ – 1

i = $\sqrt[5]{10000/8000}$ – 1 = 0.046 或 4.6%

与其他提供 6% 利率的银行相比，这不是个好投资。

例 4

在支出 10 英镑，终值为 17.62 英镑的 5 年投资的例子中，报酬率是：

$$i = \sqrt[5]{\frac{17.62}{10}} - 1 = 12\%$$

$$i = (17.62/10)^{\frac{1}{5}} - 1 = 12\%$$

用计算器计算

你可以根据具体的某一计算器使用 $\sqrt[x]{y}$ 或 $\sqrt[y]{x}$ 键。

还可以使用终值表，部分摘录见表 2.9。我们的例子中，1 英镑的投资 5 年后为：

$$\frac{17.62}{10} = 1.762$$

终值表中在 5 年那一行中找终值为 1.762，利率为 12%。

此方法在非财务领域的一个有趣应用是将其用在考量政治家的宣言上。比如，1994 年梅杰在保守党会议中演讲承诺 25 年之内将国民收入（所生产商品和提供服务的总量）翻倍。这听起来很振奋人心，但让我们算算年增长的百分比有多高。

$$i = \sqrt[25]{\frac{F}{P}} - 1$$

F，未来收入，是当前收入 P 的 2 倍。

$$i = \sqrt[25]{\frac{2}{1}} - 1 = 0.0281 \text{ 或 } 2.81\%$$

结果与前 20 年相比不是太差。然而，20 世纪五六十年代业绩好转，亚洲国家的增长率大体上在 5%~10%。

投资期

为了计算 n（投资的年数），我们将标准公式变换如下：

F = P (1 + i)^n

F/P = (1 + i)^n

log (F/P) = log (1 + i)n

$$n = \frac{\log(F/P)}{\log(1+i)}$$

例 5

当利率为 12% 时，10 英镑增长到 17.62 英镑需要几年？

$$n = \frac{\log(17.62/10)}{\log(1 + 0.12)}$$

因此 n = 5 年。

财务领域以外的一个应用

如果继续保持 10% 的年增长率，中国使其实际国民收入翻倍需要几年？

答案：

$$n = \frac{\log(2/1)}{\log(1 + 0.1)} = 7.3 \text{ 年（在不到 15 年内翻两番）}$$

请考虑这里的政治意义！

年金

年金是指等额定期的系列收支。

比如：

- 债券通常定期支付利息；
- 个人可以从储蓄计划公司购买一种几年内每年收到等额支付的权利；
- 企业可能投资一个在一段期间内定期有现金流流入的项目；
- 房贷就是一种典型的年金。

年金就是一系列等额的收付。我们可以计算这些支付的现值。

例 6

5 年内每年定期支付 10 英镑，利率为 12%，我们可以用三种方法计算此年金的现值。

方法 1：

$$P_{an} = \frac{A}{(1+i)} + \frac{A}{(1+i)^2} + \frac{A}{(1+i)^3} + \frac{A}{(1+i)^4} + \frac{A}{(1+i)^5}$$

其中：A = 定期收入。

$$P_{10,5} = \frac{10}{(1.12)} + \frac{10}{(1.12)^2} + \frac{10}{(1.12)^3} + \frac{10}{(1.12)^4} + \frac{10}{(1.12)^5} = 36.05 \text{ 英镑}$$

方法 2：

用推导公式：

$$P_{an} = \frac{1 - 1/(1+i)^n}{i} \times A$$

$$P_{10,5} = \frac{1 - 1/(1+0.12)^5}{0.12} \times 10 = 36.05 \text{ 英镑}$$

方法 3：

用"年金现值"表（见表 2.11，从附录Ⅲ更完整的年金表中摘录）。我们从 5 年那一行和 12% 那一列的交点处找 3.6048。这表示 5 年期 1 英镑年金的现值。因此我们乘以 10 英镑：

表 2.11 每年 1 英镑年金的现值

年	利率（%/年）				
	1	5	10	12	15
1	0.9901	0.9524	0.9091	0.8929	0.8696
2	1.9704	1.8594	1.7355	1.6901	1.6257
3	2.9410	2.7232	2.4869	2.4018	2.2832
4	3.9020	3.5459	3.1699	3.0373	2.8550
5	4.8535	4.3295	3.7908	3.6048	3.3522

3.6048×10 英镑 = 36.48 英镑

强烈建议学生不要使用方法 1。放在这里只是为了从概念上好理解。除了最简单的情况，一般情况下使用此方法都很浪费时间。

永续年金

有些合同是无限期的，支付无限期。在私人部门，永续年金是很少见的，但是有的政府证券是没有截止期的，即债券的资本价值永远不还给债权人，只支付利息。比如，英国政府发行的永不赎回的统一公债或战时公债。还有，在很多项目评估或股票估值时，也需要假设永远定期支付。永续年金是无限期收付的年金。永续年金的价值可以简单地表示为：每年收到的数额除以用小数表示的利率。

$$P = \frac{A}{i}$$

如果每年无限期收到 10 英镑，那么按 12% 的折现率，其现值为：

$$P = \frac{10}{0.12} = 83.33 \text{ 英镑}$$

需要我们注意的是：这一公式假设第一笔支付发生在我们所在时点（现在或零时点）365 天之后。

按半年、月或日折现

有时利息的计算会比一年一次更频繁。比如，一个银行的名义年利率为 12%，但是半年后先记 6%，第二个半年的利息在 6 个月之后再计提。这意味着实际年利率将大于 12%。利息计提得越频繁，存款的终值越大。

例 7

如果你以 12% 的年利率存入银行 10 英镑，那么 1 年后账户余额为：

$10 \times (1+0.12) = 11.20$ 英镑

如果利息以半年期进行复利计算（名义年利率为 12%），则：

$10 \times (1+0.12/2) \times (1+0.12/2) = 10 \times (1+0.12/2)^2 = 11.236$ 英镑

按年复利和按半年复利的差额为 3.6 便士。6 个月后账户的利息积累为 60 便士，所以接下来的 6 个月投资者以 10.60 英镑为基础按 6% 计提利息。

如果利息以每季复利计提：
$10 \times (1 + 0.12/4)^4 = 11.255$ 英镑
每日复利：
$10 \times (1 + 0.12/365)^{365} = 11.2747$ 英镑

例 8

如果存入银行 10 英镑，名义年利率为 12%，利息以每季复利计提，8 年后账户余额为多少？

$10 \times (1 + 0.12/4)^{4 \times 8} = 25.75$ 英镑

将月利率或日利率转化为年利率

有时给你的是月利率或日利率，希望知道年利率（ARP）或国家银行利率（AER）。
如果 m 是年利率或年折现率，则 12 个月内：
$(1 + m)^{12} = 1 + i$
其中 i 为年复利率。
$i = (1 + m)^{12} - 1$
如果信用卡的月利率为 1.5%，则年利率（APR）为：
$i = (1 + 0.015)^{12} - 1 = 19.56\%$
如果已知 APR，你可得出月利率：
$m = (1 + i)^{1/12} - 1$ 或 $m = \sqrt[12]{(1 + i)} - 1$
$m = (1 + 0.1956)^{1/12} - 1 = 0.015 = 1.5\%$
日利率：
$(1 + d)^{365} = 1 + i$
其中 d 是日折现率。

第 3 章
传统评估方法

引言

企业用什么评估方法？

回收期

会计收益率

内含报酬率：继续流行的原因

结论

引 言

尽管有很多人诋毁，评估资本投资项目的回收期法和会计收益率法是曾经很流行的方法，也将继续流行。理解这些方法的缺陷很重要，但我们也需要清楚为什么企业人士在实践中依然从其计算结果中观察到很多有价值的东西。

企业用什么评估方法？

过去的 20 年间做过很多有关实践中所用的评估方法的调查。由 Panos Hatzopoulos、Pike 和笔者参与的调查结果展示在表 3.1。可以从这些及其他研究中看到一些显著的特点。尽管折现现金流法的应用日益增多，回收期法依然得到了广泛应用。内含报酬率法至少与净现值法一样流行。然而，NPV 正在快速日益被接受。会计收益率法依旧是落后者，但依然有 50%以上的大公司在使用。很多研究都注意到一个重要的趋势：决策制定者往往使用不止一种方法。在 1997 年的研究中，67%的公司使用三种或四种这些方法。这些方法被认为是相互补充的，而不是相互竞争的。

> 这些方法被认为是相互补充的，而不是相互竞争的。

表 3.1 所用的评估方法

	使用各方法的公司占比							
	派克的调查 a				阿诺德和哈兹波罗的调查 b			
	1975 年 (%)	1980 年 (%)	1986 年 (%)	1992 年 (%)	1997 年			
					小型 (%)	中型 (%)	大型 (%)	总计 (%)
回收期	73	81	92	94	71	75	66	70
会计收益率	51	49	56	50	62	50	55	56
内含报酬率	44	57	75	81	76	83	84	81
净现值	32	39	68	74	62	79	97	80

阿诺德和哈兹波罗研究中公司的近似资本预算（每年）。
小型：100 万~5000 万英镑；中型：100 万~1 亿英镑；大型：大于 1 亿英镑。

注：(a) 派克的研究是基于 100 家大型英国公司。
(b) 在阿诺德和哈兹波罗（2000）的研究中，他们从按照占用资本（排除投资信托）的排名《时代 1000》（《伦敦：时代图书》）中选取了一些英国公司，对来自这些公司的 300 名财务总监进行提问，问题都与项目评估技巧、资料来源和绩效衡量有关。样本的前 100 个（大型公司）即取自该排名的前 100 名；另 100 个公司取自排名位于 250~400（中型公司）的公司；最后 100 个公司（小型公司）排名位于 820~1000 之间。其资金占用额对大型公司来说是 13 亿~240 亿英镑，中型公司是 2.07 亿~4 亿英镑，小型公司是 4000 万~6000 万英镑。96 份有效回复组成为：38 个大型公司、24 个中型公司和 34 个小型公司。

资料来源：派克（1988）：《复杂资本预算实践和决策效果的实证研究》，载于《会计和企业研究》，18（72），第 341~351 页；派克（1996）：《资本预算实践的长期调查》，载于《企业财务与会计》，23（1），第 79~92 页；阿诺德（2000）：《资本预算理论和实践之间的差异：来自英国的证据》，载于《企业财务与会计》，25（5），26（6），第 603~626 页。

调查发现一种现象：当某些方法在理论上更有优势时，其他较简单的方法可用作诸如为整个组织中陈述项目的可行性和增加证据等用途。这些方法也可以被用于在组织内发起和推进项目，比如，以另外一种形式使提议更好地被呈现。

调查中还有另一种清晰的现象：中小型企业比大型企业更少用先进正规的操作方法。

回收期

资本投资的回收期指的是使累积的预测现金流与初始投资相等所需的时间。

决策规则为：如果一个项目的回收期小于等于预定值，就接受此项目。看看 Tradfirm 公司的三个互斥投资的例子（见表 3.2）：

表 3.2　Tradfirm 公司

时点（以年为时间间隔）	0	1	2	3	4	5	6
项目 A	−10	6	2	1	1	2	2
项目 B	−10	1	1	2	6	2	2
项目 C	−10	3	2	2	2	15	10

注：于6年后停止生产，并且所有的现金流均在每年末发生。

Tradfirm 公司内部爆发了一场董事战争，老成员坚持使用回收期法。他们将 4 年设为决策标准。项目 A 和项目 B 的 10 百万英镑的初始流出在 4 年后收回。项目 C 用了 5 年现金流才累积到 10 百万英镑。因此，三个项目的回收期分别如下：

项目 A：　　　　　　　　4 年
项目 B：　　　　　　　　4 年
项目 C：　　　　　　　　5 年

如果死板地遵守回收期规则，董事会的老成员将拒绝项目 C，而在接受项目 A 还是项目 B 中有一定的犹豫。年轻的成员选用 NPV 法则，做出了清晰的决策。

Tradfirm：净现值（百万英镑）

项目 A：$-10 + \dfrac{6}{1.1} + \dfrac{2}{(1.1)^2} + \dfrac{1}{(1.1)^3} + \dfrac{1}{(1.1)^4} + \dfrac{2}{(1.1)^5} + \dfrac{2}{(1.1)^6} = 0.913$ 百万英镑

项目 B：$-10 + \dfrac{1}{1.1} + \dfrac{1}{(1.1)^2} + \dfrac{2}{(1.1)^3} + \dfrac{6}{(1.1)^4} + \dfrac{2}{(1.1)^5} + \dfrac{2}{(1.1)^6} = 0.293$ 百万英镑

项目 C：$-10 + \dfrac{3}{1.1} + \dfrac{2}{(1.1)^2} + \dfrac{2}{(1.1)^3} + \dfrac{2}{(1.1)^4} + \dfrac{15}{(1.1)^5} + \dfrac{10}{(1.1)^6} = 12.208$ 百万英镑

注：贴现率为 10%。

项目 A 为正的 NPV，可以增加股东财富。项目 B 的 NPV 为负，公司将 10 百万英镑投于其他可提供 10% 回报的项目更好。项目 C 的正现金流最大，所以其创造了最多的股东财富。

回收期法的缺陷

■ 没有考虑货币的时间价值。将未来的现金流折现为现值后，没有与初始投资进行比较。

- 忽略了回收期后的收益。这一问题在项目 C 中尤为明显。
- 截止点选择随意。设置合适的时期没有理论基础，所以只能猜测、奇想且易受操纵。

贴现回收期

贴现回收期是指在计算回收期之前，先将未来现金流折现。这是在原简单回收期法基础上改进的一种方法，其考虑了货币的时间价值。在表 3.3 中，折现现金流通过加总来计算回收期。项目 B 的折现现金流始终未能补偿现金的流出。

表 3.3 贴现回收期：Tradfirm 公司（百万英镑）

时点（以年为时间间隔）	0	1	2	3	4	5	6	贴现回收期
项目 A								
非折现现金流	−10	6	2	1	1	2	2	
折现现金流	−10	5.45	1.65	0.75	0.68	1.24	1.13	6 年
项目 B								
非折现现金流	−10	1	1	2	6	2	2	流出 −10
折现现金流	−10	0.909	0.826	1.5	4.1	1.24	1.13	流入 +9.7
项目 C								
非折现现金流	−10	3	2	2	2	15	10	
折现现金流	−10	2.72	1.65	1.5	1.37	9.3	5.64	5 年

注：贴现率是 10%。

这一改进只解决了简单回收期法的第一个缺陷，但其仍然随意选择截止日期，而且忽略了结算日之后的现金流。

回收期法继续流行的原因

尽管回收期法有其缺陷，但仍然是一种被广泛使用的项目评估法。这需要解释一下。

- 需要注意的第一点是：回收期法很少被用作投资评估的初始方法，而是常被用做补充更先进方法的第二种方法。尽管单独考察问题时，回收期法似乎是不合理的，但是如果我们考虑到组织环境和各种方法的互补性，也许我们可以看到其使用背后的逻辑。比如，回收期法可用在初步筛选风险和报酬明显不能接受的项目上。初步辨认这些项目可避免通过折现现金流法的不必要的细节评估，因此可提高评估的效率。这一初始筛选应该很谨慎以避免过早地仓促拒绝。
- 回收期法还有一个让工作忙碌的管理者非常喜欢的特质：简单易用。管理者大都认为随意使用回收期法不会做出最佳决策，但其却是交流项目盈利能力最简单的方式。NPV 太难理解，所以有必要找一种所有管理者都能理解的替代方法。工作中一个项目的成功常常要依赖员工的广泛认可。想法的讨论、协商与交流需要用一种简单的方式以使管理者可以理解并最终给予肯定。用很先进的模型进行交流可能会导致异化、排挤和最终的失败。

> 回收期法简单易用。

- 实践家提出的另一个理由是能很快收回其投资的项目可以降低公司的风险。除了学术计算上需要简化，未来现金流还有很多不确定性。管理者通常不是很信任对很多年后的预测。回收期法有一个隐形假设：现金流的风险与项目实施日期距今的时间距离直接相关。通过关注近期回报，这一方法只用那些管理层最信任的数据。举个互联网服务供应商（ISP）行业的例子。这一行业中，竞争力和技术更新很快，以至于很难预测8个月后的事情，更不用说8年后，所以管理者可能会选择忽略若干年后的预测的现金流。倡导NPV的人认为NPV模型中以一种更合理的方式处理了风险而不是简单地忽略那些数据，从而反对这种方法。NPV计算中对风险的调整见第5章。

- 很多管理者认可的回收期的另一个优点是其适用于资金短缺时。如果资金有限，项目回收的早比晚有优势，因为这有利于公司投资于其他更有利的机会。但是，正如我们在项目3中所见的，由于资本的快速回收，只依靠回收期法会导致忽略截止点之后的大量现金流。

这部分论述的目的不是推行回收期法。相对于折现现金流法，其依然有理论上的劣势。回收期法有很多优良的性质，但多数组织的初始项目评估法应该考虑到所有相关现金流并且对它们进行折现。

会计收益率

读者可能是通过别的名词了解了会计收益率（ARR），比如资本报酬率（ROCE）或投资回报率（ROI）。会计收益率是用百分数表示的会计利润与项目投资额之比。

决策规则是：如果会计收益率大于等于最低报酬率，则接受此项目。

这一比率可以用很多方式计算，但最常见的是用扣除折旧后的利润。至于投资额，我们把所有营运资本的增加都当做增加了投资额。Timewarp公司对会计收益率用了三种计算公式，得出了完全不同的结果（见范例3.1）。这只是计算会计收益率的其中三种方式——还有很多。尽管对项目估值和业绩衡量有很多计算方法，但是应该注意——"选择了计算方法就选择了结果"，不是决策制定的合理基础。

范例 3.1

TIMEWARP 公司

Timewarp公司将投资30000英镑用于购买设备，并用于一个期限为3年的项目。该设备没有残值，采用直线法折现。

会计收益率，公式1（每年）

$$ARR = \frac{年利润}{年初账面资产总额} \times 100\%$$

时间（年）	1	2	3
	（英镑）	（英镑）	（英镑）
折旧前的利润	15000	15000	15000

扣除折旧	10000	10000	10000
扣除折旧后的利润	5000	5000	5000
资产价值（账面价值）			
年初	30000	20000	10000
年末	20000	10000	0

会计收益率 $\dfrac{5000}{30000}\times 100\%=16.67\%$ $\dfrac{5000}{20000}\times 100\%=25\%$ $\dfrac{5000}{10000}\times 100\%=50\%$

ARR 的均值为：$1/3\times(16.67+25+50)\%=30.55\%$。

我们注意到尽管利润保持不变，还是会有盈利能力逐年增强的错觉。

会计收益率，公式 2（总投资）

$$ARR = \frac{平均每年利润}{初始投入资本}\times 100\%$$

$$ARR = \frac{(5000+5000+5000)/3}{30000}\times 100\% = 16.67\%$$

会计收益率，公式 3（平均投资）

$$ARR = \frac{平均每年利润}{初始投入资本}\times 100\%$$

平均投入资本：$\dfrac{30000}{2}=15000$

（0 时刻设备的价值为 30000 英镑，3 年后，其价值为 0。如果我们假设直线折旧，则设备的均值为 15000 英镑）

$$ARR = \frac{(5000+5000+5000)/3}{15000}\times 100\% = 33.33\%$$

会计收益率的缺陷

- 除了范例 3.1 中的 3 种，会计收益率的计算方法还有很多。每种方法都是合理的变形，都会得到某些管理者和会计人员的喜爱。对利润和资产定义的选择范围太宽泛是会计收益率的主要缺陷。这种灵活性可能会使决策制定者为了迎合自己的目的而滥用此方法。

- 现金的流入、流出应该是投资分析评估的重点。利润值并不能很好地代替现金流，因为其通常不能展示现金何时流入、何时流出。比如，今年花费 1000 万英镑购买机器，表明现金流出 1000 万英镑，但是可能利润值只通过折旧减少了 100 万英镑。这 900 万英镑的差距只是很多使利润值与项目估值不符的一项。另一个问题是营运资本。比如，项目需要增加存货（如原材料），这样将有现金流出，但是这一项目计算的利润并没有变，因为耗费一项流动资产，即现金，其被另一项等值的资产所代替，即存货，比如原材料。这对利润没有影响，但却对现金流有很大的影响。股东财富取决于现金何时流入以及何时流出。同样的问题存在于增加应收账项或（通过增加商业信用）利用供应商资金来融资。

- 会计收益率最重要的缺陷在于其没有考虑货币的时间价值。没有考虑第 1 年收到的现金比第3年收到的等额现金价值更大。
- 在确定临界值或最低报酬率时有很大的随意性。选择10%、15%或20%作为可接受的会计收益率都没有合理的原因，只能是凭空选一个数字。然而，NPV中公司项目所使用的折现率有合理的基础。即为资本供应者的机会成本。我们将在第10章介绍其计算。
- 会计收益率会导致做出一些自以为是的决策。比如，假设Timewarp使用第二个公式，总投资的会计收益率，最低报酬率为15%。评估小组发现：事实上，设备会在第4年形成另外的1000英镑。常识告诉我们：如果其他因素都不变，这种情况要比先前好，但是会计收益率下降到临界值（15%）以下，因为利润在4年内进行平均而不是3年，因此应该放弃该项目。

原来的情形是：

$$ARR = \frac{(5000+5000+5000)/3}{30000} \times 100\% = 16.67\% \quad \text{接受}$$

新情形是：

$$ARR = \frac{(5000+5000+5000+1000)/4}{30000} \times 100\% = 13.33\% \quad \text{放弃}$$

看这一问题的另一种方式为考虑两个一模一样的项目，除了其中一个多收入1000英镑。如果只可接受其中一个项目，管理者该怎么办？如果他们通过会计收益率进行激励（如，奖金与ARR相关），他们可能会接受ARR最高的项目，尽管这意味着牺牲股东的1000英镑。

继续使用会计收益率的原因

表3.1表明：50%的大公司在评估项目时计算会计收益率，所以结论应该是在企业实践中，这一方法是有一些优点的。一种可能的解释是管理者熟悉这一古老且被广泛使用的盈利指标。分布业绩也经常用资产利润率来评价。事实上，管理者也经常使用这一比率来分析和评价整个公司。因为用此种方法衡量业绩，管理者自然偏向于使用它评估未来项目。部门经理有时会收到矛盾的信号。希望他们在投资决策时使用折现现金流法，但是其业绩却以投资利润率来评价。这种分歧可能导致对前期低回报的项目产生抵触从而向总部谎报为低会计收益率。这将会导致错失好的长期投资机会。

内含报酬率：继续流行的原因

表3.1表明：使用内含报酬率（IRR）的公司和使用理论上处于优势的NPV的公司一样多。联系第2章描述的与内含报酬率相关的问题，这看起来可能会很奇怪。如果再想想内含报酬率人工计算通常比NPV更难（尽管用现代计算机程序计算上的难度实际上已经不存在），就更令人困惑。一些可能的解释如下：
- **心理上** 管理者熟悉以百分比表示的财务数据。理解内含报酬率为15%比NPV为2000英镑更直观、容易。

- **内含报酬率的计算不需要已知必要报酬率**　用内含报酬率决策需要两个独立的步骤：第一步为收集数据，计算内含报酬率；第二步为与最低报酬率进行相比。相反，必要报酬率未知时，就无法计算净现值。提议不得不只用一步分析。大型公司里，当提前不公开必要报酬率时，高层管理者可能会要求利润中心和各部门用内含报酬率评估项目。这至少有两个潜在的优势：第一，必要报酬率可能会随时间而改变，当从组织底层获知内含报酬率后，总部很容易改变作为比较的最低报酬率。而用 NPV，每个项目的现金流都必须用新的折现率再计算一遍。第二，管理者也是理性人，他们也趋向于信任上级传达的信息以实现其个人目标。比如，众所周知，有抱负的管理者都很赞成那些会扩张其控制领域的项目。如果在项目评估之前已知最低报酬率，你可以确信他们发起的所有项目"预测的"现金流都会高于目标值。如果总部选择不区分最低报酬率，他们可以自由调整必要报酬率，考虑诸如过度乐观等因素。他们可能还会根据已知的与特定项目或部门相关的风险调整最低报酬率。
- **排序**　有些管理者不熟悉内含报酬率的缺陷，认为用基于百分比的内含报酬率法进行项目排序最准确、最简单。这在第 2 章已经表明事实并非如此。

结　论

　　我们了解了为什么多数公司在评估项目报酬时会用到三种或四种方法。回收期、会计收益率及内含报酬率提供了不同的视角，可以向各种各样的成员交流项目可行性。然而，理性管理的、以股东财富为导向的公司进行最终决策的首选必然是净现值法。

第4章

公司投资决策

引言

投资选择的管理艺术

实际项目评估中更棘手的问题

投资决策的步骤

结论

高级经理公司理财

引 言

一个组织或许可能简单地被看做是一个项目的集合,其中有的项目很早之前就开工了,而有的最近才开始,其中很多是主要的"战略"项目,而也有的是辅助的经营计划。变革是商业的天性,通过变革,传统的活动、利润中心和方法被新的所代替。没有一个连续的重生过程,公司就会止步不前,也将无法在动态的环境中参与竞争。高效的新生产方法、新市场及产品等的研发程序和系统是至关重要的,即项目评估方法和提议产生和筛选的整个过程共同实现组织目标。错误的评估方法,使投资过程不能提出正确的问题并得出错误的结论,最终会摧毁股东财富。

使用项目评估方法应该被看做仅仅是一个公司资源配置过程的其中一步。只有在如何利用资本的提议提出并经过对公司战略、预算、资源能力等一系列考虑、筛选之后才进行评估这一步。评估之后紧接着就是批准、实施和竣工后的审计。

鉴于组织生活的复杂性,不得不来看一下资本分配体系。仅仅进行了机械分析的第2章忽略了这部分。本章对此进行了一定的修正,其考虑了项目开发、评估和投资后的监测。

建设空中客车380的项目(见案例分析4.1)无疑通过了本章所介绍的项目开发和实施的很多步骤:从产生提议,经过预算和战略约束的筛选到定量的透彻分析。生产飞机时,应该有一个针对目标的用来监测进展的资本开支控制体系。在接下来的几年应该对整个项目进行审计。

案例分析 4.1

它将会飞吗?

空中客车公司的超大型客机

空中客车公司决定生产A380超大型客机,这的确是做出的最大的投资评估决策之一。这是一种"孤注一掷"型的投资。生产这种怪物飞机需要107亿英镑。

整个2000年,大家都在讨论空中客车公司敢不敢投入这么多钱。在他们说"好,我们开始吧"之前,他们必须要有至少50架飞机的订单。最后,就在圣诞节之前,第6个主顾签约使订单达到了50架,还有42架的期权(航空公司有选择购买的权利,但没有购买的义务)。

A380将比波音公司很成功的747还要大很多。它将载客555人(747为416人)。与波音747-400相比,它将为航空公司节约15%~20%的直接运营成本,飞行距离远10%(8150海里)。

所以,开发和建设的所有钱为多少?这是处于科技最前沿的一个项目。卓越的创新都是在前期耗费巨大,但是长期受益。在此举一些创新的例子:

■ 新轻材料。
■ 更先进的空气动力。
■ 碳纤维增强型的塑料中央翼机翼盒。40%的构造和组成部分由新型碳材料金属合

> 金制成。
> - 上部机身外壳不是铝而是玻璃外壳：一种由铝和玻璃纤维黏合的多层复合层压板。
> - 创新的液压系统和空调。
>
> 空中客车公司认为其必须卖出至少250架飞机才能在现金流上达到平衡（大概指的是名义累计现金流入等于名义累计现金流出）。达到正的净现值需要卖出成百上千架飞机。每架飞机的标价为2.16亿~2.3亿英镑，但是不要过于关注此，因为飞机折现很大。大概总共会有96000个人将在此飞机上工作。
>
> 而且它很容易废弃。波音公司决定不开发这一超大型客机，因为其认为航空公司会继续使用747，市场的最大容量大约为500架。空中客车公司估计客机和超大型客机的市场需求量为1550架。其期望占到此业务的2/3，大约为现值4000亿英镑。
>
> 项目开工后不到3年，空中客车公司拿到了盈亏平衡点的一半——129架的公司订单或承诺，这大多归功于2003年末与亚洲航空公司的贸易。

投资选择的管理艺术

本书对项目评估的规范方法给予了很多的关注，所以在这一点上有必要提醒一下。数学方法只是成功项目评估的一个要素。定量分析只是决策的起点。现实中大多需要考虑很多定性因素。第2章讲述的方法不能机械地套用。管理是一门艺术，它用一些有用的定性方法提高艺术质量。比如，在形成和评估主要的投资时，公司不得不考虑以下因素。

战略

提出的项目与公司战略方向之间的关系是很重要的。与公司主动力孤立的经营单位投资可能会分散管理注意力和财力。局部看起来不错的项目可能以整个公司的角度来看不是很合适。它可能甚至与公司的目标相矛盾。比如，奢侈品公司有时会被引诱去生产低价产品以扩大市场份额或将品牌延伸到不相关的领域。此项目单独来看或许NPV值很高。但是做一些与公司所培育的形象不符的事情不是很适合，有丧失公司高档品牌战略地位（昂贵和独特）的风险。

社会环境

对个人的影响是一个关键的考虑因素。项目需要人去实施。他们的热情与认可是很重要的。忽视这一因素可能会导致怨恨甚至是破坏。在主要项目提议上的讨论与共识可能比选择正确的数学方法更关系重大。很多时候，不需要定量方法因为其太精确。在开发初期，不对项目进行定量的判断更安全一些。如果与同事和上级讨论后，想法大体上得到了认可且逐渐渗透到公司的政策和战略上，那么这些数据就会呈现在报告中。注意这里的顺序。第一，一致接受。第二，量化。一个项目通常在其出项目报告之前，会在管理高层里逐级讨论。这样做的原因之一是：项目要成功的话，需要很多人继续认可与支持。为了获得支持并提高最终的报告，需要以一种含糊的方式开始，为建议和修改留有空间。有些建议是出于股东财富的考虑，有些则是出于与关键个人的私人目标。项目开发的适应性指的是在竞争的环境下，如果环境改变，最后的正式评估要考虑到这些改变。一个资本投资的赞助者或是推动者必须要清楚并调节组织内的社会子系统。

费用

先进的项目评估需要一笔可观的花销。除了财务专家的酬金，公司还需考虑组织管理者为了提供高质量的数据，为辩论做出贡献而需要投入的时间和遇到的麻烦。在一个资源有限的公司里，以非正式的方式寻求项目可能更有效率，因此寻求很多的增长点，而不是定性深入分析几点。

扼杀创新精神

过于信任规范的评估体系可能会打击到那些喜欢自由想象、快速决策和行动的人。对规范的方法和企划给予多大的比重取决于环境，比如市场的变化步调。

20世纪90年代，可以说波音放弃了成为商机设计前沿、突破技术和市场壁垒公司的机会。由于其又重新关注短期财务业绩指标，这会减少组织创业的活力。这一点约翰·凯已经很好地进行了阐述——见专栏4.1。凯教授阐述了一点：直接致力于"股东价值"的公司可能事实上做的并没有先关注愿景和长处而后以间接的方式实现股东财富最大化的公司好。然而，可能会争论：按第1章所说，20世纪90年代波音的管理者事实上不是追求股东财富最大化，因为他们忘记了关键的"长期"这一重点。处于最前沿或许风险很高，但其通常会带来最大的长期股东财富。专注于短期财务目标并以股东财富最大化为宗旨行动会导致发展缓慢和市场失效。所以在不确定的情况下，过于在短期可见的量化回报上挑剔会导致拒绝很有价值的项目，这些项目要求通过一个有激情的团队进入未知世界。20世纪70年代，PC的销量仅为几千，如果微软对其营运体系进行严格的NPV分析的话，今天微软会在哪儿？

无形利益

通常，一个投资带来的很多重要的利益是不能用钱来衡量的。通过优良的服务、质量或形象提高顾客满意度或许会增加收入，但增加的收入值通常很难精确表述。比如，新技术通常会带来很多无形的利益，比如减少了生产别的产品而换机器工具的时间，从而降低市场波动风险或快速响应顾客的选择。这些非量化利益价值比明显的有形利益大得多。通过 Crowther Precision 公司的例子我们展示了项目评估中如何顾及无形利益。

> 非量化利益价值比明显的有形利益大得多。

忘记乌鸦是如何飞的

如果你想去某一方向，最好的路线可能是反方向走。听起来有些矛盾，但间接道路更可能实现目标。所以最赚钱的公司不是最以利润为导向的，最快乐的人不是那些把快乐作为其主要目标的人。这一想法的名字？倾斜

约翰·凯（John Kay）

我曾经说过，波音紧紧占据世界民航市场使其成为了世界上最有力的市场领导者。在公司奠定其主导地位的1945~1968年，比尔·阿伦（Bill Allen）是总裁。他说他及其同事的精神是在航空的世界里吃、呼吸和睡。他解释说，"生活的最大乐趣在于从事一项艰难而结构化的工作所带来的满意"。

波音公司的4000架737，是史上最成功的商务机。但公司最大和风险最大的项目却是大型喷气式客机747的开发。当问及一个非执行董事预期投资回报时，其被问住了：他听说进行过一些研究，但是相关管理者不记得结果了。

仅仅用了10年的时间，波音公司就证明我的错误，其坚持认为自己在民航市场的地位是坚不可摧的。1997年收购美国竞争对手麦道公司后，企业文化发生了决定性的转变。这一转变可以通过总裁菲尔·康迪特（Phil Condit）得到证实。其告诉《商业周刊》，公司先前面对"最大的技术挑战"的当务之急现在不得不改改了。"我们将进入到一个基于价值的环境，单位成本、投资回报、股东回报都是衡量的标准。这是一个巨大的转变。"

公司的高层同意从主要生产设施坐落的西雅图迁往芝加哥。更重要的是，内部新项目中，越关注风险投资，越要持更多的怀疑态度。战略决策是将资源配向财务风险很低的美国军事项目。芝加哥有离分配政府资金的华盛顿较近的优势。

所以波音公司今天的民间订单落后于欧洲的空中客车公司。空中客车公司的目标不是最初的商务型，却已经意外地成为了赚钱的业务。最后证明靠近五角大楼的战略是反作用的：公司离五角大楼太近，面临着腐败的指控。市场对公司有关单位成本、投资回报和股东回报等的业绩评价如何？波音公司的股价由康迪特接管时的48英镑上升为70英镑，正如他对股东价值所做的承诺；到他2003年12月被迫辞职时，下降到38英镑。

……在波音，关注简单明确的目标被证明不如以更宽泛全面的目标概念进行管理成功。

……倾斜引发了盈利悖论：最赚钱的公司不是最以利润为导向的。英国化学工业公司和波音公司展示了过于关注股东回报如何因为自己太狭隘而打败自己的。同一公司随时间的比较与行业内不同公司间的对比是相互配合的。在2002年的书《基业长青》中，詹姆·柯林斯（Jim Collins）和杰里·波拉斯（Jerry Porras）对杰出的公司与业内大量不是很突出的公司进行了比较。

默克和辉瑞就进行了这样的比较。科林斯和波拉斯对乔治·默克（George Merck）的哲学（"药品意在治病救人，不在将本求利，但利润随之而来。如果我们记住了这个，利润就不会不来。我们记得越好，利润就越大"）与辉瑞的约翰·麦基恩（John Mckeen）的哲学进行了比较（"在人道之外，我们的目标是从所做的一切事情当中得到利润"）。

科林斯和波拉斯也比较了惠普与德州仪器、宝洁与高露洁、马利奥特与霍华德·约翰逊，每对中都得到了一样的结果：目标宣言中过于关注的公司财务状况都不是很好。

……从20世纪60年代中期预期投资回报的认真分析中来看，波音公司真的从747的开发中受益了吗？一个分析家将不得不考虑到本世纪末的石油冲击、市场全球化和航空产业的发展。已经建立了这种模型或认真审议过它们的人认为：假设的范围太宽以至于分析家可以给出任何评估委托人想要的答案。

专栏4.1　忘记乌鸦是如何飞的

资料来源：《金融时报》2004.1.17

范例 4.1

CROWTHER PRECISION 公司

Crowther Precision 公司为汽车产业生产金属部件，其设备已有20年的历史。如果对这些设备进行合理的修缮，其还可以无限期地继续生产。然而，机床制造产业的发展已经发明了由计算机控制的多用设备。Crowther 正在考虑购买量化和非量化利益均超过旧设备的 Z200。Z200 耗资120万英镑，而且如果修理费用每年提高20000英镑，其将可以无限期地工作。

量化利益有：

① 由于低损耗，可每年节约原材料35000英镑；
② 每年节约劳动成本80000英镑。

这些量化收益可用 NPV 法进行分析。

Z200 的净现值增量分析

		现值（英镑）
购买设备		−1200000
每年节约原材料的现值	$\dfrac{35000}{0.1}$	+350000
每年劳动节约的现值	$\dfrac{80000}{0.1}$	+800000
每年修理费用增加而减少的现值	$\dfrac{20000}{0.1}$	−200000
净现值		−250000

注：假定贴现率为10%，所有现金流都在年末产生，旧机器期末无残值。

单独考察量化因素会拒绝购买 Z200 的项目。然而，非量化利益有：

- 节约了从生产一种型号的汽车配件到 Crowther 目前生产的另外三种中的一种型号的换机器的时间；
- 响应变化的行业需求或把握现在还看不到的未来的市场机会，调整设备生产全新产品的能力；
- 提高产出质量从而提高顾客满意度。

的确，Crowther Precision 公司的现金流分析没有考虑到所有的相关因素，但是不应该全盘否定它。在考虑非量化因素的案例中，问题需要分成两步：

（1）用 NPV 法分析量化因素。

（2）如果第一步得到的 NPV 是负的，则需要用管理判断对非量化利益进行客观的评估。如果这些比第一步得出的"损失"大，项目就是可行的。对于 Crowther，如果管理层认为无形利益价值大于 250000 英镑，则他们应该购买 Z200。

这一思想还会在第 19 章继续阐述，考虑期权（实物期权）的运营和战略决策。正如专栏 4.1 的文章所述，实施一个投资的决策意味着丧失其他的可选机会。读到这里，你或许会想到空中客车公司实施的 A380（案例分析 4.1）。它实施了，但是波音还有更大的行动自由。

时间的专横

非常自然的资本投资决策有束缚公司的威胁。没有简单的方式。

彼得·马丁（Peter Martin）

当你做资本投资决策时，你冻结了时间。对发展快速的行业，这或许是决策最重要的方面——比其本身的内容更重要。但人们很少从这个角度来评估。

有很多关于如何做资本投资决策的理论……

所有的这些理论都假设做决策有财务和易量化的成本；而量化利益则较少。所有的方法中都包含了将无法估量的未来收益有形化。这样做的理由是：管理者通常想做投资决策，而其上级却不想。所以这些方法都将未来的折现值复杂化了。

但是也有无形的决策成本，只是它们没有得到应有的重视。冻结时间的成本就是其中最重要的一方面。

接下来讲它如何运作。在做一个大的资本投资决策时，通常需要花费 1 年半到 5 年的时间使公司完全运作起来。那段时间内资金冻结的成本在投资评估中有所反映。但是束缚公司的更广泛的含义并没有反映。

你在构建一个大的新厂房时，不仅只签署了一张货币支票。你也将自己的灵魂押在了这一技术、这一规模和这一点上。这就是冻结时间的意思。直到这一厂房建成，才清楚其是否有用、产品是否有市场，这时时间才获得了自由。对你，而不是你的竞争对手。

他们自由地应对、调整技术以适应定价和产量。而你不是。除非你已经建立了非常灵活的新工厂，否则你是被束缚的。

一旦你的新工厂成立并在运营，你就可以开始调整其产出模式以及降低其成本。但是在那之前，你的选择是受限的：推进或放弃。

半导体产业就陷入了这一困境。在 20 世纪 90 年代中期，英国就像是新的芯片厂之家。西门子、LG 集团和现代都把大的新工厂建于了英国。其中泰恩塞德的西门子厂开了，但很快又倒闭了。另外的两个一直都没有投入生产，目前看起来很有问题：亚洲危机同时摧毁了其母公司和市场。

三个公司都不得不做的决策都不值得羡慕，因为他们要么是全部，要么一无所有。当工厂在建设之中时，技术已经在发生改变。如果西门子投入生产，明显其是错误的，在错的地方生产错的芯片。

所以公司不惜巨资关了它——只在法国的一个工厂投入巨资生产不同的芯片。LG 和现代甚至在其厂房建成和运营之前就做出了决策。

问题不只是工厂的技术可能不合适或其市场可能达不到预期这样的风险：这些都是资本密集行业的名义风险。建厂还牺牲了别的选择，冻结了公司的选择和其内部的时间。

公司该怎样规避这一风险？第一，寻找可以分块做的投资决策，然后快速实施，使冻结效应最小化。工程师通常不喜欢这一方法，因为其意味着他们从来没有按最前沿的技术或最高效设计工厂。这很艰难。

第二，一旦同意了一个项目，管理者必须不能把其定为神圣不可侵犯。它需要随着技术和市场的变化而修订，直到其运营。这是很难平衡的，因为每一个大的投资决策都面临着想更大、更小、更旧、更新或其他的反对者。反对者一直不赞成这一决策，他们或许是正确的。

第三，密切关注所在产业的产品周期与建一个新厂所需时间之间的关系。如果前者需要收缩而后者需要加强——任何不得不迎合零售顾客的高技术产业的共同特征——会有冻结时间的成本超过新厂房收益的一点。如果通过改进旧厂房不能前进，就该想一些新的变革，以用很多小资本投资决策代替一个大的，或放弃。

专栏 4.2　牺牲选择

资料来源：《金融时报》1999.6.1，p18

实际项目评估中更棘手的问题

项目评估的一个基本原则是只考虑增量现金流。这些也被定义为依赖于项目实施的现金流。只有当本投资在 0 时刻或以后引起的现金流是增加的，这一项目才会被接受。这些现金流中有的容易被识别，而有的很难。

| 增量现金流 | = | 项目带来的公司现金流 | − | 与项目无关的公司现金流 |

以下是一些找出相关/增量现金流的指导：

包括所有的机会成本

直接的项目投入一般容易理解和衡量。然而，项目通常用公司已有的但供给不足、不能马上被取代的资源，即考虑中项目的资源可能是从其他项目中夺走的，其他项目净现金流的损失就是机会成本。比如，一个公司可能考虑一个项目，而这个项目用的是目前空着的厂房。我们不能因为它是空的就想当然的认为机会成本为 0。也许公司可以把厂房租给别的公司。被放弃的资金收入就是这一考虑中项目的成本。

> 考虑中项目的资源可能是从其他项目中被夺走的。

同样，如果一个项目利用了专家的服务，这或许也会被认为有机会成本。组织的其他部门缺少了这些人可能会减少其他项目的现金流。如果他们不能被取代，则机会成本就是损失了的净现金流。如果能找到替代品，则其他项目另外的薪金等额外成本就应该被当做考虑中新项目的机会成本。

机会成本的第三个例子是：假如你公司在价格低时买了一些铂金以用做原材料，总成本为 100 万英镑。如果等量的铂金现在价值 300 万英镑，以铂金原值为基础出售最终的产成品是不合逻辑的。这种情况下还可以出售铂金，而不是生产产成品。那么原铂金的当前市场值（300 万英镑）就是机会成本。

包括所有的附带效应

一个新项目可提高或减少公司产品或服务的销售。比如一个航空公司在决定是否在美国与日本之间开拓一条航线。这些航班售票等的直接现金流可能带来的 NPV 不是正的。然而，这项新服务不仅创造了美国/日本这一航班的额外净收入，还有乘客转乘这一航班经过的已有线路，因为其现在提供了一个更完整的全球服务。如果考虑了这一额外的净现金流，项目也许就是可行的。

如果一个服装零售商在同一镇上开了第二家或第三家分店，很可能其会发现原来店里的顾客减少了。组织内所有的损失成为新项目，即新店，评估的相关现金流。

在软饮料行业，一个新品牌的引进会减少旧品牌的销售。这并不是说公司不应该进行品牌替换，只是如果开发一个新产品，不应该孤立地考虑它。应该顾及所有的附带效应，包括与新产品或业务不直接相关的效应。

沉没成本的非相关性

不能包括沉没成本。比如，构建协和式飞机的项目包含设计和制造方面的很多支出。在决定是否运营这一飞机时，开发成本与决策是无关的。只应该考虑增量成本和流入。开发成本发生在过去，已成为往事，应该忽视它们。不管这一飞机是否飞行，开发成本都是无法收回的。与欧洲隧道类似，超支了数十亿英镑及隧道服务不可能盈利并不意味着不应该承担发动火车所用电力的增量成本和雇佣司机的成本。90 亿英镑及已发生的支出与是否在法国与英国之间运输旅客和货物的决策是不相关的。只要增量成本小于增量收益（折现现金流），就应该运营业务。

这里的一个常见的错误就是把项目前的调查工作（市场需求调查、科学研究、地理调查等）当成相关成本。毕竟，如果不是这一项目，这些成本不会发生。然而，在决策是否进行时，调查成本已经沉没了——无论是否实施，它都已发生，因此不是增量成本。

> 一个常见的错误就是把项目前的调查工作当成相关成本。

沉没成本可以是无形的成本［如研究开发（R&D）］，也可以是没有其他用处的有形成本（如欧洲隧道的成本）。处理沉没成本时，有时有必要在面对诸如"良好的资金在不好的资金之后抛出"时保持态度坚决。永远记住："错误的"货币流出发生在过去，不再作为严格决策过程的考虑因素。

注意间接费用

间接费用包括诸如管理层薪水、租金、电、热等。这些费用不与公司或项目的任一部分直接相关。会计经常将这些间接费用分摊到公司涉及的各种项目。在评估项目可行性时，我们应该只包括项目实施所引发的增量开支或额外开支。很多间接费用不管项目是否实施都会发生。

间接费用有两种：第一种是项目的真正增量成本。比如，额外的电力、租金和行政管理人员的成本的发生是通过实施而不是放弃。第二种间接费用包括诸如总公司管理层的薪水、法律专家、会计服务、公共关系、（R&D）及公司的飞机。这些费用不与公司或项目的任一部分直接相关，不管考虑中的项目是否实施都会发生。会计一般将这部分间接费用分摊给特定的部门和项目。在评估项目可行性时，只有项目实施所引发的增量成本是相关成本，不受影响的那些成本是不相关的。

利息的处理

借来用于投资的资金的利息是现金流出，但现金流计算中不应考虑。重复一遍，净现金流不应该剔除利息。如果扣除它，会导致其重复计算，因为折现现金流所用的资本机会成本已经包含了这些资金的成本。净现金流折现为现值时已经考虑了综合股东和债权人回报的加权平均资本成本。如果非折现现金流也扣除利息，则会造成 NPV 严重的少报。包含债务融资成本（利息）在内的折现率的更多细节见第 10 章。

投资决策的步骤

一个成功的投资项目不仅仅是简单的项目评估。如图 4.1 所示，项目评估只是投资程序很多步中的一步。学术界将重点放在复杂的评估上会导致严重的错位。关注投资想法的产生、其开发和筛选会带来更多的实际回报。项目一旦经过战略、资源及人文关怀的筛选就会规避错误的决策。通过边审视什么是正确的、什么是错误的及为什么，边实施，会在未来做出更好的决策。

> 学术界将重点放在复杂的评估上会导致严重的错位。

公司的投资通常是一个包含很多人事变动的过程。它是一个复杂的、不断适应的过程，很可能对每个组织都不同。然而，我们还是可以找到一些共同点的。

提出创意

一个公司更可能是由于缺乏好的投资创意而不是由于没有好的评估方法而创办。一个好的投资计划需要一系列持续的创意通过利用新机会来激活组织。一个系统的开发需要整个公司鼓励提出创意和后续交流。事实上，管理高层的一个核心任务就是培育一种寻找并发起创意的文化。如果没有一个好的运作体制，就会有投资提议只在被动的情况下提出的危险。比如，公司只在其意识到原产品正在变得或已经变得过时时才考虑开发新产品的可能性。或是采用最新技术只是被动地在对付其竞争对手。帮助公司"出类拔萃"、变得主动而不是被动需要一种体制和文化。

更系统地搜寻创意的一个主要因素可能是环境氛围。有必要让所有潜在的创意提出者清楚公司的大体战略方向及其运营所受的限制。创意提出者经常会成为组织内其提议的发起

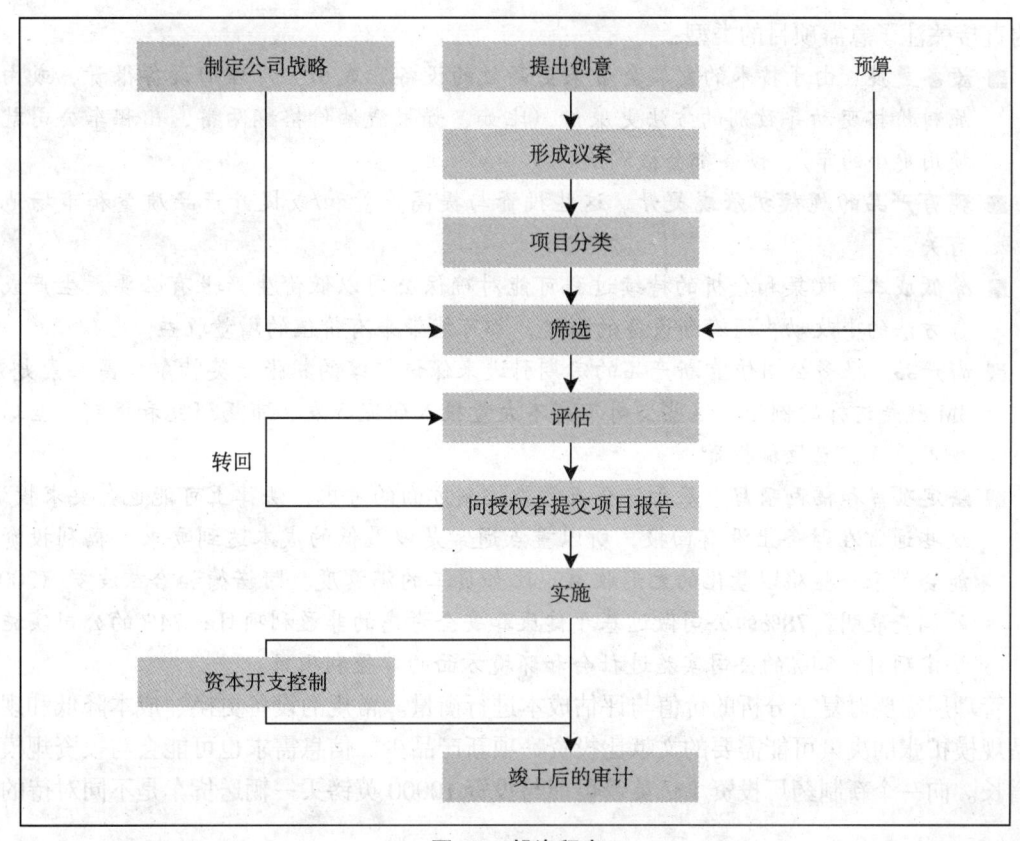

图 4.1 投资程序

人。如果运营机制不好的话，这些人知道他们的风险很高，回报却很少。他们的名誉和职业生涯最终也会与这个项目相关。如果运营不好，他们会受到指责。在这样不好的激励机制下，很多人自然就不会积极提创意并推进它们，而是把重点放在日常的管理上。这种保守的态度对组织很不好，因此管理高层亟须推行一种不对提出和发起项目创意的人进行惩罚的奖励体制。

形成议案与项目分类

由于发起人或部门小组收集了更多的数据并进行了简单的估计，所以已经有了一定的初期过滤。理论上看起来可能很好的想法在更进一步考察时不一定很好。在良好的运作体制下，创意应该以一种非系统的、几乎随意的方式进行宣传，但是开发阶段就开始有一定的顺序和结构。很多公司喜欢用从下到上的方法，创意来自车间，在呈给管理高层之前先经过部门经理的审查。开发阶段，发起人向同事详细讲述这一创意并向同事进行咨询。部门经理可能会丰富这一创意、询问细节并建议其他的情境。有的部门项目可能需要进一步的考虑。随着讨论和数据收集的进展，议案一般开始得到更多相关人员的认可。

> 理论上看起来可能很好的想法在更进一步考察时不一定很好。

分类阶段包括将项目与需求相匹配。最初，对一个特定的问题可能会有很多想法或解决方案，但是这会在最初的第一、第二或第三阶段得到删减。所有项目都进行细节评估是很昂贵的。有的项目不需要进一步搜集数据或进行复杂的评估，而有的需要。以下的分类可能更多的直接关注了急需项目的类型：
- **设备更换** 由于技术的发展会带来更高效的设备，或由于修理旧设备很贵，或由于原料价格变动导致别的方法更廉价（比如，如果汽油价格翻两番，出租车公司就会换用更小的车），设备都会被淘汰。
- **现有产品的规模扩张或提升** 这些投资与提高产量和/或提升产品质量和市场地位有关。
- **降低成本** 收集和分析的持续过程可能对确保公司以低价生产很有必要。生产或设备方法的小改动，还有新设备的引进，都可能带来有价值的增量收益。
- **新产品** 很多公司依靠新产品的定期引进来保证持续的扩张。英特尔、葛兰素史克、3M 就是这样的例子。这些公司不得不大量投入研究开发、市场研究和促销。全球新生产设备需要巨额投资。
- **法定项目和福利项目** 基于安全或污染控制方面的考虑，法律上可能也会要求投资。这些通常在财务上没有回报，所以重点通常是以最低的成本达到要求。福利投资可能会带来一些难以量化的无形收益，比如员工的满意度。阿诺德和哈兹波罗（2000）的调查表明：78%的公司做过基于健康和安全考虑的非盈利项目；74%的公司实施过法定项目；54%的公司实施过社会和环境方面的非盈利项目。

管理层需要对复杂分析的价值与评估成本进行衡量。常规的设备更换、成本降低和现有产品规模扩张的决策可能需要的文献比投资一项新产品少。信息需求也可能会与投资规模同比增长。向一个新制药厂投资 1 亿英镑可能与投资 10000 英镑买一辆送货车是不同对待的。

筛选

在这一阶段，将通过进一步的分析评估每个提议看其是否应该得到进一步的关注。这时信息的质量一般不好，可能会主要用到回收期法。筛选时应该清楚公司的战略方向和财务、人力及其他可用资源方面的局限。还应该检查提议的技术实用性和风险的初步评估。

- **战略** 资本分配是整个战略中一个关键的部分。一个好的投资评估体系必须与公司的长期计划相符。车间主任或部门经理可能看不到战略机遇，比如涉及两个部门的利益，或业务分拆的必要性。厂级自下而上的投资想法应该对中心自上而下的战略计划起到补充作用。每一个视角都可以做出有价值的贡献。
- **预算** 很多大公司的资本预算都是一次做很多年的。通常来年的资本开支详细预算应该在未来 5 年大体计划的框架中。要求每个项目都符合公司预算。然而，预算本身，至少从长远来看，会受到项目提议可行性的严重影响。阿诺德和哈兹波罗（2000）的调查展示了英国公司的预算情况（见表 4.1）。

评估

评估阶段，更先进的评估方法，如净现值法，要求有详细的现金流预测。说明书提供了详细的清单以帮助项目发起人确保考虑了所有的相关成本和其他因素。说明书可能会解释如何计算 NPV 和 IRR，也可能会提供公司资本的机会成本（如果通过折现率进行风险调整，资本成本可能会不止一个，发起人就不得不对项目进行分类，比如分为高风险、中等风险、

表 4.1 英国公司的资本开支预算

	小型公司（%）	中型公司（%）	大型公司（%）
大致的资本开支预算做到：			
未来 1 年	18	8	—
未来 2 年	18	25	13
未来 3 年	35	50	18
未来 4 年	9	—	5
多于未来 4 年	21	13	61
空白	—	4	3
详细的资本开支预算做到：			
未来 1 年	70	79	55
未来 2 年	21	13	21
未来 3 年	9	4	8
未来 4 年	—	—	5
多于未来 4 年	—	4	11

注：96 个公司回复了调查。
资料来源：阿诺德和哈兹波罗（2000）

低风险——见第 5 章。）前期分析时，项目推动者可能会寻求诸如工程师、会计和经济学家等专家的帮助。

报告与授权

很多公司要求项目使用资金拨款申请表。要求详细陈述项目的本质、需要的资金量、预计的现金流入以及 NPV、IRR、ARR 或回收期。还可能会要求风险分析和对提议的替代行动的考虑。

开支低于一定的界限，如 10 万英镑，就会得到部门的授权，而高于此界线就需要得到公司的同意。总部将有一个由大多数高层（主席、总裁、财务总监等）组成的委员会对主要的资本项目进行常规考察。这一委员会几乎不会拒绝项目，主要是因为这些项目的想法已经通过了很多步的审查和组织内上上下下的非常规讨论，那些明显不可行的已经被剔除了。甚至利润很高的项目也可能得到同意，以增强发起项目的管理层的信心。拒绝可能会打击其活力，造成开发其他项目的损失。如果管理高层对提议有疑问，只要提议到了最后的报告阶段，他们就会影响到发起部门。大多数情况下，总公司与部门经理之间的沟通是一个很长期的过程，修改或放弃提议的非正式推动是一种比最后拒绝更高效、更明智的方式。

实施

资本开支的控制

公司必须与项目保持联系以快速掌握与计划相比的延期情况和成本差距。当一个项目被授权时，通常会有一个明确的开支计划，会计和管理高层要对现金流出保持警惕。在安装、购买及施工阶段，与最初估计值

> 高级管理者要对现金流出保持警惕。

的比较是阶段性的。在更多资金的申请表通过之前,部门可能只允许超支,比如10%。还应该警惕预计开始和完成日期的任何变动。与预计现金流的偏差可能由以下两种因素之一引起:

- 最初估计的不精确,即提议项目没有很好地反映真实情况;
- 成本控制很差。

通常很难将这些因素的一种孤立出来。然而,偏差需要随着项目的进展进行识别和解释。这样可能会来得及采取纠正措施以避免进一步的超支,极端情况下,也可能导致项目的取消。

竣工后的审计

竣工后的审计是指通过对实际现金流和其他成本、收益与授权时预计的进行对比,从而对资本投资项目进程的监测与评估。公司需要一个检查持续了很长时间、延续了很多年的项目的业绩的后续程序。有必要孤立和解释与预估值的偏差。

表 4.2 展示了英国公司运用竣工后审计的情况。

表 4.2 回答问题:"你公司有进行主要资本开支的后续审计吗?"

	小型(%)	中型(%)	大型(%)	综合(%)
总是	41	17	24	28
有时/在主项目上	41	67	71	59
很少	12	17	5	10
从不	6	—	—	2

注:96 个公司回复了调查。
资料来源:阿诺德和哈兹波罗(2000)

实施竣工后审计的三个主要原因:

- **财务控制机制** 这一过程帮助识别特定项目中明显的问题和错误。通过与初始估计的比较确定在同意之前声称的收益是否实现了。如果有问题,修改或放弃可能也不会太晚。
- **增加的经验可能对未来的资本投资决策会有帮助** 审计现有项目的一个好处是:其可能会大体确定资本投资过程做得不好的地方。其也许会发现:数据收集体制是不充分的,或评估方法不好。定期的后续审计可以帮助做出更好的决策。比如,过去的评估可能对竞争对手的反应给予的关注不够;一旦意识到,将来的评估就可以改正这一缺陷。
- **心理作用** 如果潜在的项目发起人意识到完成的项目会被监测与审查,他们可能会被激励去提高预测的准确性。他们也可能会被劝阻在其项目中玩"数字游戏"而从其部门或其他项目中无理地拿走更多的资源。另外,他们也会更热心于实施阶段。

管理高层必须谨慎这一行为以求平衡,因为竣工后的审计可能会引发其他的不良后果。比如,如果管理者以哪个项目的结果超过最初估计来进行判断,将会有故意低估预计值的趋势。还有,如果审计太追根究底,或对管理者稍微失控的结果指责过于严厉,他们就可能只会提议那些预测结果相对安全的项目。这将导致丢失机会。定期的后续审查是必要的,但是很多公司会在资产形成一年后安排审计。这可能对很多年都有回报的项目是不够的。有的公司每年都进行进展审查,有的甚至年审之后的第一年还要月审。很多项目只用到少量的资源，是一种惯例。竣工后的审计不是像需要主要的组织资源的战略项目一样必需。考虑到审计的成本，很多公司认为只需要抽选一小部分进行审计即可。不需要在所有的情况下都进行竣工审计的另一个原因是：在相互作用、相互依赖广泛的环境下，区分一个特定项目的成本与收益是很困难的。

结 论

学财务的专业学生会花很多时间去试着用数学方法处理问题，这是必要的，因为这通常是学科中最难的部分。然而，读者不要误以为实践中项目投资的中心就是那些复杂的计算。管理者经常要么忽视折现现金流方法背后的原则，要么选择采用更传统的经验法，如回收期法和会计收益率法。由于其沟通或认知优势，这些管理者意识到：好的投资决策与实施需要关注组织工作中的社会和心理因素。他们也知道，只有在一个适合培育的环境中，经过想法产生并发展这样一个很长的过程之后，才有正规的技术评估。还有一个长期的讨论与认可以及不断的审查与提炼。真正的管理艺术在于项目的产生与选择过程，而不是在技术评估阶段。

> 管理者经常忽略折现现金流方法背后的原则。

> 真正的管理艺术在于项目的产生与选择过程，而不是在技术评估阶段。

第5章
项目评估中的风险

引言

风险是什么？

使用贴现率对风险的调整

敏感性分析

情景分析

不确定性分析

不确定性分析中的问题

风险分析在实践中的证据

结论

案例分析 5.1

两个风险投资……

其中一个将不会（可能不会）取得成功……

2000亿英镑的赌博——无线通信

2000年，欧洲的电信企业宣布进行一项有史以来最大的赌博。它们同意向不同的欧洲政府支付800亿~1000亿英镑购买3G（第三代）牌照，这样它们将能够在移动电话上实现互联网接入。

牌照的中标者将仍须向政府支付数亿英镑，并且要投资1000亿英镑用于基础设施建设以向那些迫切需要手机上网的用户提供服务。截至2001年中期，由于现金流出过大，主要的电信企业都背负了巨额债务，例如，1998年，英国电信的债务约为10亿英镑。在接下来的三年中，债务激增至200亿英镑，巨额债务引起了整个伦敦市的忧虑。在同一时期，法国电信的债务飞增超过了630亿欧元，德意志电信债务增长至600亿欧元。股东们担忧对这个项目过于乐观而导致投资过多，因此股价下跌。没有人知道用户是否真正想用自己的手机上网。此外，竞争过于激烈，以至于即使公司拥有数以百万计的用户也仍将亏损。

也许，当一项新技术发展时一种新应用将被开发出来引诱消费者疯狂购买并且使得这种投资项目对于股东来说非常值得投资。也许3G项目在正式建成运营之前就会被新技术（4G）取代。事实上我们不可能预见许多年以后的事情。这就是现实世界中商业决策的乐趣和刺激之所在！

其中一家公司这样做……

Camelot

Camelot参与了为英国建立国空彩票项目的投标，并且中标了。它们投资建设了一个能够连接30000个零售点的大型计算机网络，并且每年雇佣了300个员工以开发个性化软件。Camelot还需要培训91000名员工来操作系统，该系统可以在1分钟之内处理30000次交易，公司还在市场推广上投入大量资金。这次赌博似乎已经成功了。2003年，Camelot的税前利润为4230万英镑。Camelot的股东——吉百利史威士、德拉鲁·富士通、泰雷兹电子和皇家邮政集团——运用政治斗争的手段来劝说公众和政府同意其进行这项冒险，结果较令人满意。它可以一直与众不同；它们可以在公众的漠不关心和巨额损失之后投资百亿英镑。

资料来源：《金融时报》1996.6.5，Camelot 2003年年报。

引 言

企业在充满不确定性的环境中经营。对 3G 的押宝以及 Camelot 的案例显示出管理者永远不可能确定地知道未来将发生什么。可能会出现比预期情况要好的事件，也有可能出现不利的情况使所有的事情都越来越糟糕。完成一个投资项目需要接受管理者失误的显著的可能性，结果是项目或公司将会失败。然而，如果要避免一切失败的机会就意味着采取"安全经营"或者"毫无作为"的战略。而如此一来，其本身就是一种企业的错误，是一种惰性，将会以更大的失败告终。我们必须接受风险以及决策失误的可能性，但是这并不意味着风险不能被分析，我们应该采取措施使其造成的影响最小化。

风险是什么？

项目评估的关键特征是它是以未来为导向。管理层不可能精确地预测某一投资项目的未来收益。通常我们能够做的最佳的方法就是对未来可能的现金流入及流出估测一个区间。笔者对未来的预期有两种：确定性和不确定性。

- **确定性** 在确定性的预期中，未来产出的预测值只有一个，即没有未来结果的多样性——只有一种可能结果会发生。这样的情况很少见，但是有一些投资项目可以合理地约等于确定性的。例如，借款给有信誉的政府，购买其 3 个月期限的国库券。除非你是非常悲观的，并且预期在未来 3 个月中会有灾难性的变化，比如革命运动、战争或者一场巨大的地震，否则你就可以确定地获得它的本金以及利息。公司可以通过把资金投资于国库券来进行一项基本上是确定性的项目，并且每年获得比如 4% 的收益率。然而股东也许会对如此低回报的投资不甚满意。
- **风险和不确定性** 风险和不确定性这两个词语在后续分析中是可以互换使用的。严格地说，当某种可能的结果发生的概率确定时才会产生风险。不确定性适用的是那种无法确定概率的情况。风险描述的情况是不仅有一种可能的结果，而是一系列可能的收益。我们也假定我们知道每一种可能的未来发生的概率。我们或者以主观概率为基础或者以客观概率为基础（或者是两者结合），都可以估计出这些可能出现的结果的分布。

客观概率

客观概率可以用数学方法或历史数据进行衡量。抛出硬币正面朝上的数学概率是 0.5。从有 52 张牌的牌堆里抽出红心 A 的概率是 0.0192（或者 1/52）。概率为 0，表示这种结果几乎不会发生。概率为 1，表示这种结果将会发生是绝对确定的。概率为 0.3，表示在 10 次试验中预期这种结果会出现 3 次。所有结果发生的概率相加必须等于 1。我们现在就基于一家名为Safeburys的超市零售商的历史数据来检验一下客观概率的评定。如果公司考虑投资的项目与以前公司投资过的无数个项目相似,那么就可以用以前该项目的概率替代未来概率。例如,Safeburys正在审查在伯明翰建立并经营一家新超市的提议。由于公司过去已经开设并且经营了100家其他的超市,并且能够观察出它们的概率,因此就能够确定提议建设的超市绩效的概率(见表5.1以及图5.1)。

表5.1 Safeburys现有的100家超市的概率频率分布

概率范围(百万英镑)	频率(商店数)	概率
−30~−20.01	1	0.01
−20~−10.01	3	0.03
−10~−0.01	11	0.11
0~9.99	19	0.19
10~19.99	30	0.30
20~29.99	20	0.20
30~39.99	10	0.10
40~49.99	6	0.06
合计	100	1.00

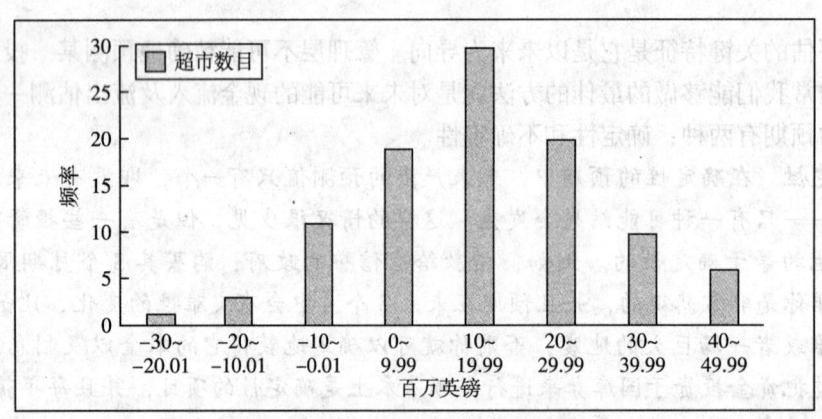

图5.1 超市盈利能力的频率分布

检查这类数据的历史记录是决策制定过程中非常有用的第一步。然而,我们必须铭记,在考虑到伯明翰这一地区的特殊环境后,这个概率可能需要调整。例如,人口增长趋势、公路交通以及竞争者的活动都会影响到利润或成本的概率。即使拥有大量的历史数据,我们仍需要主观判断可能的结果的取值范围。

> 即使拥有大量的历史数据,我们仍需要主观判断可能的结果的取值范围。

主观概率

在许多项目评估中,并没有历史记录可以帮助我们建立频率的分布图。例如,产品可能是全新的,或者是要进入一个外国市场。在这种情况下,我们主要采用主观概率,即个人对结果的区间以及每个结果出现的概率进行判断。管理者们,或个人,或团队合作,必须为每个可能出现的结果确定出现的概率。

我们必须知道每一特定结果所确定的概率是不可能完全精确的，因此之后的决策制定就必须能够遭受一定程度的错误。但是，考虑到另一选择就是不对最可能发生的结果进行说明。这样就会使得决策更加缺乏信息并带来更大的失误。例如，一个公司正在考虑两个互斥项目，A 和 B。根据对最可能发生的结果的预测，两个项目预期都会增加股东财富。A 项目最可能的结果是增加股东财富，发生的概率是 95%。类似地，B 项目最可能的结果也是增加股东财富，发生的概率是 55%（见表 5.2）。

表 5.2 两个项目结果产生的概率

结果	项目 A 概率	项目 B 概率
增加股东财富	0.95	0.55
未增加股东财富	0.05	0.45

通过利用概率，就可以制定更明智的决策。一个项目评估师必须对预期可行性的预测充满自信。我们可以很清楚地看出项目 A 不太可能失败，但是项目 B 失败的可能性较高。我们将在本章的以后小节里仔细讨论在考虑风险时概率分布的应用，但是现在我们将介绍解决项目风险的更加适用、更具经验法则性的、更直观简单的方法。

使用贴现率对风险的调整

一种传统的，并且现在也常用的对有风险项目的评估方法是风险溢价法。其背后的理论很简单：投资者要求更高的回报则必须接受较高的风险——项目风险越高，项目的最低可接受报酬率越高。在这种方法中我们在无风险贴现率之上会另加几个百分点（溢价）（无风险报酬率通常采用的是政府债券的利率）。然后用普通的方式使用风险调整后的贴现率计算净现值。

向日葵公司即是一个例子，该公司根据目标项目风险的低、中、高不同程度，在无风险报酬率之上加入不同值的风险溢价从而得到风险调整后的贴现率（见表 5.3）。这是一种便于理解易于实施的方法，因此它目前仍然被广泛使用。

风险调整贴现率法的弊端

风险调整贴现率法依赖于对项目风险的精确评估。而风险的概念及其判断又在一定程度上取决于每个人的主观判断或受其影响。在风险溢价的选择中又有很大程度的武断成分。在现实中为项目评定风险等级以及通过个人分析确定合适的风险溢价是极其困难的，很容易就采取了一个偶然的观察值。

> 风险的概念及其判断是人的主观判断并受其偏见的影响。

表 5.3 风险调整——向日葵公司

风险等级	无风险收益率（%）	风险溢价（%）	风险调整收益率（%）
低	9	+3	12
中	9	+6	15
高	9	+10	19
目前所考虑的项目的现金流			
时间点（以年为时间间隔）	0	1	2
现金流（英镑）	-100	55	70

如果项目被判断为低风险：

$$NPV = -100 + \frac{55}{1+0.12} + \frac{70}{(1+0.12)^2} = +4.91 \text{ 英镑}$$ 接受

如果项目被判断为中级风险：

$$NPV = -100 + \frac{55}{1+0.15} + \frac{70}{(1+0.15)^2} = +0.76 \text{ 英镑}$$ 接受

如果项目被判断为高风险：

$$NPV = -100 + \frac{55}{1+0.19} + \frac{70}{(1+0.19)^2} = -4.35 \text{ 英镑}$$ 拒绝

敏感性分析

前面章节的净现值计算为我们提供了一个投资项目可能的未来产出的静态图。在许多业务情况中，我们迫切需要在不确定条件下对会影响 NPV 的因素有更完整、更实际的了解。净现值计算依赖于评估师对一些关键变量的假设：产品的销售价格、劳动力成本以及初始投资额，为了使用公式，所有的这些变量都被赋予了一个单一值。当这些关键变量的假设值发生变动时，我们需要对由 NPV 衡量的这些项目的可行性变化程度进行检验。有一个有趣的问题：如果销售价格上升 10%，NPV 值上升百分之几？换句话说，知道 NPV 对每个组成变量变化的敏感程度是非常重要的。敏感性分析是一种重要的假设分析，例如，如果劳动力成本下降 5% 会如何？或者如果原材料价格上升一倍会如何？通过一系列的计算，我们就能够建立一个关于面对项目的风险的本质以及它们对项目盈利性影响的图。敏感性分析能够确定在 NPV 变成负值之前每个变量的变化幅度。在 Acmart 公司的案例中我们检验了一系列的假设问题。

范例 5.1

ACMART 公司

Acmart 公司上了一种新产品生产线叫 Marts。市场部门联合其他部门的高级管理者预测出在项目 4 年使用期中，Marts 可能的需求量是每年 100 万件，价格是 1 英镑（Marts 被应用于移动通信中继站，并且市场正在寻求生存空间，否则 4 年后将被技术取代）。

如果我们假设未来是完全确定的，则与 Marts 有关的现金流可列示在表 5.4 中：

表 5.4 Marts 的现金流

初始投资	800000 英镑	
每单位现金流		英镑
销售价格		1.00
成本		
劳动力	0.20	
原材料	0.40	
相关管理费用	0.10	
		(0.70)
每单位现金流		0.30

财务部分估计到处于该风险等级的项目可接受必要报酬率是15%。他们还计算出了预期净现值。

每年现金流 = 30 便士 × 1000000 = 300000 英镑

每年现金流的现值 = 300000 × 以15%为贴现率的4年期年金现值系数

                 英镑

    = 300000 × 2.855   = 856500

减去初始投资   −800000

净现值   +56500

财务部门提出，他们想知道在该提案得到资本投资委员会批准之前，如果既定的关键假设值发生变动，项目NPV的变化。作为报告的一部分，财务团队列出了一些假设问题，并画出了敏感性分析图。

■ 如果售价仅有95便士（比预期的1英镑低了5%），销量是100万件（其他变量均不变）？

每年现金流 = 25 便士 × 1000000 = 250000 英镑

                 英镑

250000 × 2.855   713750

减去初始投资   800000

净现值   −86250

■ 如果售价上升了1%？

每年现金流 = 31 便士 × 1000000 = 310000 英镑

                 英镑

310000 × 2.855   885050

减去初始投资   800000

净现值   +85050

■ 如果需求量比预期增加了5%？

每年现金流 = 30 便士 × 1050000 = 315000

                 英镑

315000 × 2.855   899325

减去初始投资   800000

| 净现值 | +99325 |

■ 如果需求量比预期减少了 10%？
每年现金流＝30 便士×900000＝270000 英镑

	英镑
270000×2.855	770850
减去初始投资	800000
净现值	−29150

■ 如果合适的贴现率比原本假设值上升了 20%（即是 18%而不是 15%）？
300000×以 18%为贴现率的 4 年期年金现值系数

	英镑
300000×2.6901	807030
减去初始投资	800000
	+7030

■ 如果贴现率比假设值下降 10%（即变成了 13.5%）？
300000×以 13.5%为贴现率的 4 年期年金现值系数

	英镑
300000×2.944	883200
减去初始投资	80000
	+83200

这些数据研究可以更清晰地总结在敏感性分析图中（见图5.2）。

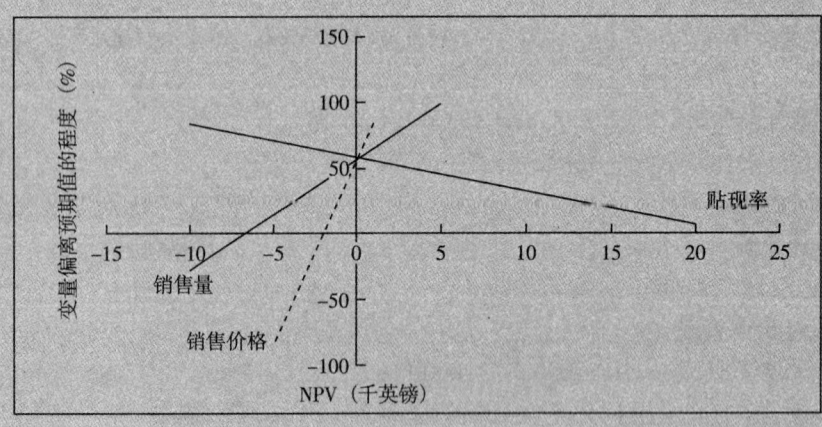

图5.2 Marts 的敏感性分析图

通过观察敏感性分析图就可以发现 NPV 对哪些变量最敏感。这种方法可以被扩展用于考虑可能使项目转变为不可行的关键因素。这样使得管理团队能够有分析重点，即仔细检查那些会引起最关键变量发生变动的那些现实事件发生的概率。他们还可以寻求在未来项目实施中控制 NPV 敏感性高的因素的方法。例如，如果原材料成本的很小变动都会产生巨大的影响，那么管理者会寻找固定原材料投入价格的途径。

盈亏平衡 NPV

在 NPV 等于 0 处的盈亏平衡点是管理者最关注的问题。如果 NPV 小于 0，则拒绝项目；如果 NPV 大于 0，则接受项目。

现在 Acmart 公司的财务团队计算了在决策由接受转变为拒绝之前的一些变量可变动的程度（我们不再对所有变量进行分析）。

■ **初始投资** 如果它上升了 56500 英镑，NPV 将会等于 0（即盈亏平衡 NPV）。增长百分比是：

$$\frac{56500}{800000} \times 100\% = 7.06\%$$

■ **销售价格** 每单位现金流（扣除成本后）c 下降到 28 便士会达到盈亏平衡点：

$$800000 = c \times 1000000 \times 2.855$$

$$c = \frac{800000}{2.855 \times 1000000} = 0.2802$$

因此价格仅能比原定价格 1 英镑下降 2%。另一种方法就是在敏感性分析图中寻找销售价格线与 NPV 坐标轴相交点。

■ **原材料成本** 如果每单位现金流下降到 28 便士，便会达到盈亏平衡点，那么原材料成本上升 2 便士，便会使项目产生的净现值为负（假设其他变量均不变）。从百分比的角度讲，原材料成本上升 5%，则会达到盈亏平衡点。

■ **贴现率** 我们需要计算年金系数，即使 4 年中每年 30 万英镑的现金流入贴现值等于初始的 80 万英镑现金流出。

与 4 年年金系数 2.667 相对应的利率大概是 18.5%。这里增长的百分比是 23.33%。

$$\frac{18.5 - 15}{15} \times 100\% = 23.33\%$$

该项目对贴现率的变化相对不敏感，但是对销售价格的变化很敏感。这些观察结果可以使管理者在日后工作中加强对销售计划的改善。

应用敏感性分析的优势

敏感性分析有如下优势：

■ **决策支撑信息** 至少它能使决策制定者更加明白项目的敏感度，明白所允许的判断失误的空间，决定他们是否准备接受这些风险。

■ **直接搜寻** 它可以提示是否值得进行进一步调查。搜集数据是一项非常消耗时间并且成本很高的工作；如果敏感性分析指出一些变量比其他变量更加关键，那么我们就可以集中搜寻时间和资金。

■ **制订应急计划** 在投资项目的实施阶段，原来的敏感性分析可以强调那些对 NPV 有最大影响的因素。这样我们就可以对决定因素进行控制防止它们偏离计划值。如果关键决定因素与预测值发生了严重偏离，管理团队可以制订应急计划。在从敏感性分析中发现这些变化后，管理团队可以准备的应急计划有：①如果目前的价格持续上涨，则从另一家供应商手中购买组建；②自制组建；③对产品进行改进使其能够使用替代组件。采取三种中的哪一种计划，将视具体情况而定。

敏感性分析的劣势

敏感性分析有一个潜在局限性，就是无法正式确定对决定性因素的变化的概率。对于 Marts 而言，在达到盈亏平衡点之前贴现率可以改变 23.33%，而价格仅仅能改变 2%。乍一看，你也许会认为 NPV 对价格变动比对贴现率的变动更敏感。然而，如果现在告诉你 Marts 的价格是受政府管制的，其价格变动的可能性非常低，但是贴现率上升超过 23.33% 的可能性却很高，你可能就要改变对相对风险本质的评价了。这是另一个例子说明了严格的数学公式之后是判断这一薄弱环节。在决策制定阶段正规的敏感性分析必须在对决定因素变化的主观或客观概率的基础上进行判断。

> 严格的数学公式之后是判断这一薄弱环节。

敏感性分析的另一个缺点就是每个变量的变化是独立的，都是在其他变量保持不变的基础上变化的。在现实世界中许多因素同时发生变化是完全可能的。比如，如果通货膨胀率较高，那么所有其涉及的销售价格以及投入价格都可能上涨。下一节将介绍这一问题的部分解决方案。

情景分析

在敏感性分析中我们是一次改变一个变量然后观察结果。管理者们可能特别关注许多变量都发生变化的情况。他们往往对建立一个最坏状况/最好状况的情景更感兴趣：即如果当所有的初始假设都太过于乐观时 NPV 结果会如何？以及如果事情的各方面都特别良好，结果又会如何？

表 5.5 描述了 Marts 的最坏状况与最好状况的情景。

表 5.5 Acmart 公司：生产 Marts 的项目提案——最坏状况与最好状况情景

最坏状况情景		
销售量	900000 件	
价格	90 便士	
初始投资	850000 英镑	
项目期限	3 年	
贴现率	17%	
劳动力成本	22 便士	
原材料成本	45 便士	
管理费用	11 便士	
每件现金流		英镑
销售价格		0.90
成本		
劳动力	0.22	
原材料	0.45	
管理费用	<u>0.11</u>	
		<u>0.78</u>

续表

每件现金流		0.12
		英镑
每年现金流 = 0.12 × 900000 = 108000 英镑		
现金流现值　108000 × 年金系数		238637
(以17%为贴现率的3年期年金现值系数) 108000 × 2.2096		
减去初始投资		−850000
净现值		−611363
最好状况情景		
销售量	1200000 件	
价格	120 便士	
初始投资	770000 英镑	
项目期限	4 年	
贴现率	14%	
劳动力成本	19 便士	
原材料成本	38 便士	
管理费用	9 便士	
每件现金流		英镑
销售价格		1.20
成本		
劳动力	0.19	
原材料	0.38	
管理费用	0.09	
		0.66
每件现金流		0.54
每年现金流 = 0.54 × 1200000 = 648000 英镑		
		英镑
现金流现值	648000 × 年金系数	
(以14%为贴现率的4年期年金现值系数)	648000 × 2.9137	1888078
减去初始投资		−770000
净现值		111807

通过进行敏感性、盈亏平衡点 NPV 以及情景分析，管理团队就会对项目有一个更完全的认识。然后他们需要应用这些判断中的关键因素来制定一个优秀的决策。

不确定性分析

另一个帮助评价项目风险的方法是不确定性分析。如果管理者通过主观和客观相结合的方法获得了多种结果发生的概率，这就可以帮助他们决定是实施一个项目还是放弃这一项目。我们将以 Pentagon 公司为例来讨论这一类型的决策制定。

Pentagon 公司正在决策五个互斥的一年期项目（见表 5.6）。

表 5.6 Pentagon 公司：不确定性分析的应用

	净现值，NPV	收益发生的概率
项目 1	16	1.0
项目 2	20	1.0
项目 3 衰退	−16	0.25
增长	36	0.50
繁荣	48	0.25
项目 4 衰退	−8	0.25
增长	16	0.50
繁荣	24	0.25
项目 5 衰退	−40	0.10
增长	0	0.60
繁荣	100	0.30

提案 1 和 2 代表了完全确定的两个产出结果。项目 2 有更高的 NPV 值，因此应该优先选择。在比较项目 2 和项目 3、4、5 时我们有一个问题：我们应该以怎样的结果值来与项目 2 的 2000 万英镑做比较呢？以项目 3 为例，如果产出是−1600 万英镑，那么显然应该优先选项目 2。然而，如果产出是 3600 万英镑或者更多的 4800 万英镑，那么项目 3 则优于项目 2。

预期收益

帮助 Pentagon 公司在这些项目中进行决策的工具是预期 NPV，就是用每种可能结果出现的概率为权重对结果进行加权平均的值。即产出乘以从 0 到 1 之间的数字表示的概率；然后，将计算所得的数相加起来。如表 5.7 中所示。

表 5.7 Pentagon 公司：预期 NPV

Pentagon 公司		预期 NPV（百万英镑）
项目 1	16 × 1	16
项目 2	20 × 1	20
项目 3	−16 × 0.25 = −4	
	36 × 0.50 = 18	
	48 × 0.25 = <u>12</u>	
		26
项目 4	−8 × 0.25 = −2	
	16 × 0.50 = 8	
	24 × 0.25 = <u>6</u>	
		12
项目 5	−40 × 0.1 = −4	
	0 × 0.6 = 0	
	100 × 0.3 = <u>30</u>	
		26

概率分布的准备能够使管理团队对可能出现的结果有一定的印象。另外计算的预期 NPV 值会使决策制定者获得更多的信息。调查预期 NPV 值比简单地审视单一最可能出现的结果更明智，而单一最可能出现的结果与 2600 万英镑的预期 NPV 值有巨大的差距。项目 5

最可能出现的结果是 0,没有什么价值,因此不考虑在有潜力的结果之内。

学会获取这些数据想要告诉你的信息是非常重要的。预期 NPV 是指如果项目实施很多次其产出结果的期望值。如果项目 4 被实施了 1000 次,那么 NPV 的平均值将会是 1200 万英镑。如果项目仅实施一次,而且这是很多企业面临的情况,就不能够保证实际产出等于预期产出。

拥有最高期望 NPV 值的项目是项目 3 和项目 5,其预期 NPV 都是 26。然而,仅仅应用期望 NPV 公式我们就不能得到进一步的决策制定信息了,因为该公式没有考虑到风险。风险涉及的是实际绩效可能与预期值发生偏离的可能性。需要注意的是,本书中所提及的风险包括了与平均值相比实际值的正偏离以及负偏离,然而日常生活中所说的"风险"通常仅指消极的含义。如果我们标出项目 3 和项目 5 每个可能结果以及出现的概率,我们会发现项目 5 的产出要比项目 3 的产出更具不确定性(见图 5.3)。

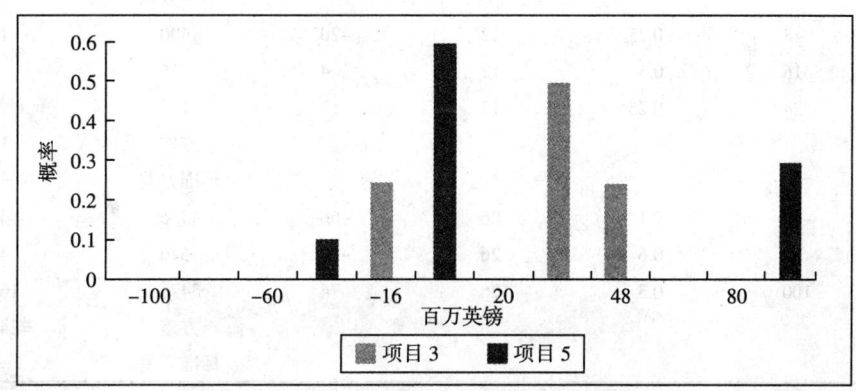

图 5.3　Pentagon 公司:项目 3 和项目 5 的概率分布

项目 3 各种可能出现的结果之间的变动范围相对较小,代表了较低的风险。这仅是一种综合反映。我们需要一种更精确的方法来衡量各种可能出现的结果的分散度。这可以用标准方差进行衡量。

标准方差

标准方差 σ 是对围绕期望值的分散度的统计学衡量方法。为了计算标准方差,我们首先需要计算方差;然后对方差 σ^2 开平方根。

如果你按照下列步骤,计算方差是很简单的:

步骤 1:首先获得每种潜在产出值与期望产出值之间的偏离值 $(x_i - \bar{x})$。所以项目 3 的情况下第一个结果是 -16(这就是我们的 x_i)。期望产出值 $(\bar{x})$ 是 26。所以第一个数减去第二个数,我们得出第一步的结果是 -42。

步骤 2:对第一步得出的数取平方值 $(x_i - \bar{x})^2$。因此,对于项目 3 的第一步结果,我们用 -42 乘以它自己:$(-42) \times (-42) = 1764$。

步骤 3:用每种结果出现的概率乘以步骤 2 的数。对于项目 3 的第一个结果我们用 0.25 乘以 1764 等于 441,即 $(x_i - \bar{x})^2 p_i$。

步骤 4:最后,将特定项目的这些计算所得结果相加。因此,对于项目 3,我们将 441、

50 和 121 相加。这样得出的方差是 612（见表 5.8）。

表 5.8 Pentagon 公司：计算五个项目的标准方差

项目	产出值（NPV） x_i	概率 p_i	期望 NPV （百万英镑） $\bar{x}$	差值 $x_i - \bar{x}$	差值的平方 $(x_i - \bar{x})^2$	差值的平方乘以概率 $(x_i - \bar{x})^2 p_i$
1	16	1.0	16	0	0	0
2	20	1.0	20	0	0	0
3	-16	0.25	26	-42	1764	441
	36	0.5	26	10	100	50
	48	0.25	26	22	484	121
					方差	=612
					标准方差	=24.7
4	-8	0.25	12	-20	400	100
	16	0.5	12	4	16	8
	24	0.25	12	12	144	36
					方差	=144
					标准方差	=12
5	-40	0.1	26	-66	4356	436
	0	0.6	26	-26	676	406
	100	0.3	26	74	5476	1643
					方差	=2485
					标准方差	=49.8

我们发现方差要比原来的潜在产出值大很多：对于项目 3，潜在产出值是 -16、36 和 48，然而方差超过 600，因为方差是以英镑的平方或者 NPV 的平方值来衡量的。下一步就是通过对方差开平方根获得标准方差 σ。这样就可以用直接的英镑或收益术语来衡量围绕期望值的变动程度了。标准方差提供了一种共同指标，可以用来比较许多项目可能出现的结果的分散度。因此，项目 3 的标准方差是 24.7。

如果我们现在把五个项目的两套衡量放到一起，我们就能够决策应该选择哪个项目（见表 5.9）。

表 5.9 Pentagon 公司：预期 NPV 和标准方差

	预期 NPV, $\bar{x}$	标准方差, σ
项目 1	16	0
项目 2	20	0
项目 3	26	24.7
项目 4	12	12
项目 5	26	49.8

想必没有人会选择项目 1，因为它完全劣于项目 2。同样，项目 4 也明显劣于项目 2，因为它不仅预期 NPV 值较低而且风险更高（由它较高的标准方差决定）。那么就剩下了项目 2、项目 3 和项目 5。要在这些项目中进行选择我们就考虑对待风险报酬率的态度。大多数

人或组织在面对两个具有相同 NPV（预期 NPV）但是不同风险水平的项目时（围绕预期 NPV 的方差），将会选择风险较低的选项。这个风险厌恶的假设会使我们排除掉项目 5，因为它与项目 3 的期望 NPV 相同，但是标准方差更高。

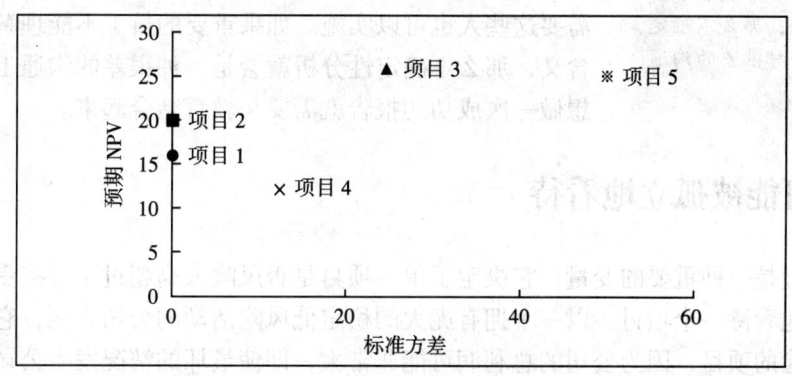

图 5.4　Pentagon 公司：预期 NPV 和标准方差

项目 1、项目 4 和项目 5 很明显是劣势项目，剩下了项目 2 和项目 3 两个选项。在这一点上没有简单的答案。方案取决于决策制定者的风险—收益偏好。这基本上是一种主观判断的事情，不同的管理团队将会做出不同的选择。当笔者在为中级管理者和高级管理者开设的 MBA 班里提出项目 2 和项目 3 的选择时，大约有一半的人选择了更加安全的项目 2。然而，课堂里的其他人说道，冒多一点的风险，项目 3 就可以提供一个显著升高的 NPV，因此应该选择项目 3。Pentagon 公司的董事会需要权衡公司股东们的风险偏好以选择某一项目。此时他们可能会考虑这个新项目与公司现有的其他项目的适应程度。如果公司已经拥有广泛的项目（经营性的或战略性的业务单元、生产线等），而且当项目 3 经营恶化的时候现有项目中的许多项目在同样环境中却表现良好，反之亦然。管理者将会考虑多样化的好处，因此会倾向于接受该投资项目。

不确定性分析中的问题

主观概率的量化中可能会过于自信

在处理未来发生事件时，管理者通常只能对可能出现的结果及其发生概率等问题进行有根据的猜测。在将这些主观猜测转换为数字形式的时候，对主观猜测的分析有过于自信的危险。我们很容易将一个计算指令精确到小数点后 n 位，但是却会忽略基础数据通常只有很小的客观条件做基础。同样，数字的精确度也无法替代明智的判断。

确定概率之外的另一选择，即在决策制定过程中仅采用估测的最可能发生的结果，在主观上和表面上看起来都更加受限制。至少不确定性分析迫使决策制定者明确地意识到一系列的产出结果以及这些结果的估测基础，并且能够显示出估测的置信度。

过于复杂

> 如果重要的员工不能理解这些数字的含义,那么不确定性分析就会是一种很差的沟通工具。

投资决策制定以及后续实施需要得到很多人的了解,并且需要这些人也可以实施。如果重要的员工不能理解这些数字的含义,那么不确定性分析就会是一种很差的沟通工具。也许要想做一次成功的报告就需要与教育结合起来。

项目可能被孤立地看待

公司环境是一种重要的变量,它决定了单一项目是否风险太高超过了可接受水平,因此绝不能独立地看待一个项目。以一个拥有庞大的稳定低风险活动的公司为例,它可能愿意接受一个高风险的项目,因为公司的总利润可能非常大,即使最坏的情况发生公司也能存活下去。另一方面,一个已经有了一个高风险活动的小公司可能就只能接受低风险的提案。

风险分析在实践中的证据

英国的公司在过去的 20 年间加大了项目评估中风险分析的范围。表 5.10 总结了这些方法。对方法的进一步认识以及计算机软件的普及都促进并帮助了这一趋势。敏感性分析和情景分析依旧是最广泛采用的方法。不确定性分析现在的采用范围要比过去广泛了,但是较小的公司几乎不会定期地使用。基于资本资产定价模型(在第 10 章中讨论)的 β 分析则被应用得更少。简单的、以经验为准则的方法并没有完全被较为复杂的方法所替代。公司都是比较注重实效的,会以相辅相成的方式使用各种方法。

表 5.10 英国公司使用的风险分析方法

	小型(%)	中型(%)	大型(%)	总计(%)
敏感性分析/情景分析	82	83	89	85
缩短偿还期	15	42	11	20
提高必要报酬率	42	71	50	52
不确定性分析	27	21	42	31
β 分析	3	0	5	3
主观评价	44	33	55	46

资料来源:阿诺德和哈兹波罗(2000),以 96 个公司为样本;34 个小型公司,24 个中型公司,38 个大型公司,调查时间为 1997 年 7 月。

结　论

　　本章讨论了项目分析中一些更加复杂的方面。希望本章能够鼓励读者在从事投资评估时考虑一系列的较广范围的因素。更强的现实主义和更多的信息更够清除阻挡在许多资本投资决策制定过程前的一些迷雾。

> 对于投资收益来说，关于人际沟通、激励以及执行的问题与正确评估风险具有同等关键的作用。

　　然而，本章仅仅聚焦于投资流程序列中评估阶段的技术/数学方面。这些方面不应该被贬低，同时我们也应该改善任何我们可以改善的分析。有一点应该指出：一个成功的投资项目通常更多地取决于流程各个阶段的质量控制。对于投资收益来说，关于人际沟通、激励以及执行的问题与正确评估风险具有同等关键的作用。

第二部分
股东价值

第6章
价值管理型公司与收益管理型公司

引言

普遍使用的估值方法

案例分析：英国富时100公司创造价值及毁灭价值

为什么追求股东价值？

创造价值的三个步骤

基于收益管理的缺陷

已投入资本回报率（ROCE）的缺陷

关注收益不等于关注价值

公司如何创造价值？

创造价值的五项活动

结论

引言

本书前面几章把股东价值最大化目标和拟议项目的接受与否等联系在一起。这需要以下知识，就是货币时间价值的观念和投资者的资金用到新项目的机会成本观念。如果管理者没有达到那些同样风险水平的其他投资所能得到的回报，作为投资者的代理人，他们是失职的。如果一群投资者把100万英镑交给管理者，随后得到了每年10%的回报，而同样的风险水平下，投资在其他地方能获得14%的回报，那么那些管理者实际上就是在摧毁投资者的财富。这种价值毁灭的程度对未来的影响从项目的负净现值数字上体现出来。

这种方法以及基本概念，都在现代企业中根深蒂固。然而，其应用的全部潜力现在只在少数特别先进的公司刚刚开始得到体现。运用了资本成本的概念，专注于新项目的现金流而不是盈利数字，这不过是走过场。自20世纪80年代中期以来，越来越多的企业，从美国的百事可乐到英国的LloydsTSB银行，都已经审查了业务中以下几方面的问题：

- 投资者已经向该业务投入了多少资金？
- 这些投资者得到了多高的回报率？
- 有没有充分考虑到资本的机会成本？

关于过去的业绩或者未来的计划都可以问到这些问题。这些问题可以涉及整个组织，也可以是特定的个人；可以是战略业务单位，也可以是生产线。如果一个项目其投资资本没有创造出大于必要回报率的价值，就应该进行管理调整来扭转情况。最终每个单位都应该为股东财富做贡献。

普遍使用的估值方法

公司为了确认价值来源所做的考察可能并不能特别吸引那些专注于1~5章所讨论概念的人，但是对于那些管理者来说，他们沉溺于传统的以会计为基础业绩标准，比如利润、投资回报率和每股收益，这种考察具有革命性的后果。

这种主意本身并不具有革命性，甚至都不是很有新意。其深远意义在于创造一个真正以股东价值为导向的公司，这种公司能彻底变革管理者所做的一切。

- 鉴于管理者对"利润"和"资本投资"歪曲的和可操作的观念，不要去用会计预算的方式制订工作计划，可以鼓励管理者考虑他们的新战略或者新行动计划能产生多少股东感兴趣的东西，即折现的现金流收入大于支出。
- 不以短期内实现的会计收益率（以及其他"无价值"的业绩指标，比如每股收益和营业额）发放奖金，奖励应该根据长期内每人对股东价值做贡献的程度发放。这可以从根本上改变大多数企业的激励制度。
- 董事们不因为会计利润看起来令人满意，就接受业绩不佳的子公司占用资产（市场价值）产出很低的现金流。董事们不得不考虑，通过关闭并出售子公司资产或者出售业务给其他能产生更令人满意回报的公司，是否能产生更多的财富。
- 接下来是第二项决策：现金是应该投资于其他活动还是归还给股东来进行股票市场的其他投资？认真想来，答案有时候会让董事很不舒服，他们更喜欢扩张而不是收缩。

一旦一个公司开始以价值作为基础，处理这些问题就仅仅是个开始。时常会有并购的冲动，并且用一些方法来进行估值，以寻求高于公司资本成本并获得盈利的项目。战略分析并不停留在以往空泛而朦胧的定性分析，它会延伸到估值的第二个层面，即战略和定量的敏感度分析。关于最适当的债务水平以及股利支付率的决策等核心问题将会影响股东财富。在人力资源领域，大家都同意所有的企业都需要一个坚定的员工队伍。但是对什么保持坚定？以股东价值为基础的管理提供了一个答案，这同时也赋予管理者一种沟通的责任，教育和转化其余每个人去认识价值创造的过程。这可能需要一个文化的转变、制度和程序的转变，也需要大量的教育和学习努力。

价值管理提供了一系列方法的总和，用这些方法投资者可以将公司战略、组织能力和财务功能相结合对股票进行估值（见图6.1）。

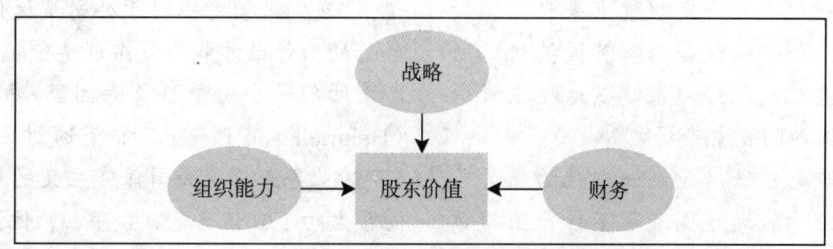

图6.1 以股东价值为基础的管理组成部分

价值管理绝不仅仅是一些"精通数字"的人所用的方法。其背后的原则必须普及到整个组织——它涉及几乎所有组织生活的各个方面。

价值管理是一种管理方法，其主要目的就是实现长期的股东价值最大化。公司的任务、系统、战略、流程、分析技术、业绩度量和文化都能作为其指导目标来实现股东财富最大化。

> 公司的任务、系统、战略和文化的目标都能作为其指导目标，实现股东财富最大化。

德国公司的例子（见专栏6.1）表明，以股东价值为基础的管理转变能产生巨大的效果。

案例分析：英国富时100公司创造价值及毁灭价值

一开始我们先简单介绍一下三家公司：一个已经成功地创造了大量的价值；一个已经在经历了较长时间后摧毁了股东价值；还有一个正在试图把自己从一个价值毁灭者转变为价值创造者。

葛兰素史克（GSK）成为一只了不起的股票已经超过10年、20年、30年。如果1965年你买入了1000英镑葛兰素史克的股票，在2004年你持有的股票将会增值到超过180万英镑。罗伯特弗莱明的制药分析师伊恩·怀特（Ian White）说起葛兰素史克："它将良好的商业管理、活跃的驱动成功的因素以及正确的产品结合起来。其他企业经常能做到这三样中的两

整体轰动

随着全球竞争的日趋激烈，企业重组的浪潮席卷了整个德国

黑格·西蒙尼安（Haig Simonian）

"股东价值"已经成为德国企业董事会的驱动力量。企业集团可以一次性说明不合理的结构，匮乏的收入，盈利和亏损业务间交叉补贴的合理性，只要说这些都是为了追求企业长远目标就行。这一立场就快要能跟美国或英国产业竞争的"短期主义"相媲美。这种观点有时候有好处，但是它其实也是一种无谓的借口。面对股东日渐增大的压力，做出同样的要求已经更难了。这种观点在一定程度上来自德国的投资者，但是已经被美国和英国的机构所带动，这些机构已经越来越多地把投资分散到他们国内的股票市场之外。

提高盈利并保持股利一致性的压力已经导致了处于较大范围表现不佳产业群体的业务更大的压力。在戴姆勒-奔驰，施伦普先生（Mr Schrempp）已经要求每个企业达到对投入资本12%的回报，否则就面临关闭。曼内斯曼埃塞尔先生（Mr Esser）为他的小组设置了一个来年15%回报的内部目标。

获得更高利润的要求已经迫使许多公司的主席不得不重新评估他们的业务范围。并非所有人都像施伦普先生一样严厉，但是已经出现普遍的浪潮来鉴定出最有潜力的业务，然后尝试着改善或者出售一些不那么乐观的业务。

关于曼内斯曼的分拆计划，埃塞尔先生说："我们必须考虑对于公司来说什么才是最好的，什么才能为股东创造价值。"……

西门子公司董事长海因里·希·冯皮勒（Heinrich von Pierer）希望通过剥离几乎1/7的业务来摆脱公司保守主义的形象，交易额大约170亿马克。今年初，他说其四个亏损的业务中有三个甚至可能在一年之内就会中断，并且开始计划创立一些子公司。伯杰先生（Mr Berger）说："仅仅是在去年，他们就已经开始真正认真地采用股东价值。"

专栏 6.1　整体轰动

资料来源：《金融时报》1999.9.28

样，但是很少能做到全部（1996年7月26日，《投资者纪事》）。"葛兰素史克股票的回报率以及富时的权股指数如图6.2所示。

再看另一新公司，总部位于英国的工业公司T&N。1982年投资者意识到，T&N将会遭遇石棉沉滞症相关的诉讼。在当年8月，其股票的市场价值下降到了3700万英镑，因为股东知道T&N将不得不为石棉受害者付出巨额代价。1996年11月，据估计该公司在过去和未来的补偿及其他款项支付将会达到8亿~16亿英镑。

《投资者纪事》："一个3700万英镑的伤残企业从哪里得到了16亿英镑的资金？"从它的股东那里。自1986年以来，T&N就通过发行五次股票加一次私募，筹集了大约7亿英镑的股本，1987年接管了AE……所有这些都是为了石棉受害者，但这是一次公平的赌博，发起的股东一般不会如此慷慨地把他们的钱捐赠给慈善事业，实际上慈善事业就是所有T&N过去的资本筹集……20世纪80年代的任意一天，对T&N最好的行动进程将会是把公司一股脑移交给石棉诉讼人。

《投资者纪事》，1997年4月18日，第10页。

图 6.2 GSK 总回报业绩

资料来源：Datestream 数据库。

1998 年 T&N 剩下的事情就是被美国菲特尔莫古公司接管。

通过研究 20 世纪 90 年代中期运输地产集团 P&O 的危机，也许我们能了解什么是股东价值。董事长斯特灵勋爵正面临着股东们的反抗，并努力继续他的工作。正如图 6.3 所表明的，P&O 公司业绩下滑低于富时全股指数已经持续 10 年了。

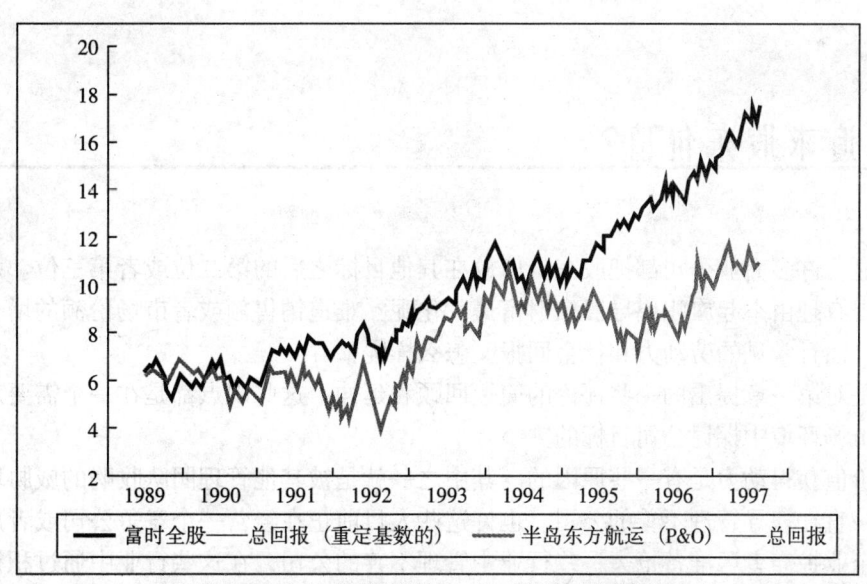

图 6.3 P&O 的总回报率，相对于富时全股指数

资料来源：汤姆逊金融信息数据库

公司管理层被认为破坏了股东的财富，因为资源都被用在了"没有产生足够回报来弥补使用这些钱的成本"的项目上。当他们开始动摇自己，变化就被外部的观察员注意到了，比如大卫法官，苏格兰友善公司的基金经理，他说："1996 年初当我们遇到 P&O 的时候，它被当做一个打着英国公共有限公司旗号的国有企业来管理。6 个月以后，当我们再次见到它

时出现了一些有趣的变化。令我们惊讶的是，管理层意识到公司外面还有股东。"该公司宣布 1998 年其每一个经营区域资本回报率为 15%，并概述了计划来减少散装货船的曝光，出售了宝唯士价值 5 亿英镑的财产和权益。其集装箱航运业务被荷兰渣华轮船公司合并，以获取在高度竞争市场上必需的资本（112 条集装箱货船和 40 亿英镑的营业额），获得的成本节约估计在 1.2 亿~4 亿英镑。英吉利海峡的渡轮业务在 1998 年被纳航运公司兼并。这两笔航运交易使得 P&O 公司几乎得到了满意的回报。许多分析师并不认为这些举措能拯救该公司，主要是因为该公司所经营的行业中大多缺乏吸引力。例如集装箱航运市场，货运率不断下降，因为有太多的船来争抢太少的业务量。

P&O 公司的散货航运业务与中国的公司建立了一家合资公司。在 1999 年 Bovis Homes 在股票市场上市，而 Bovis Construction 在 1999 年被卖给了澳大利亚的股东。到 2000 年 P&O 达到的回报率将近 15%，但是相对于三年的管理努力（所有股东的股票回报率每一年平均有 2.6%），股价并没有上涨太多。该公司继续推动其在股东价值方面的探索。这包括投入资金的资本项目及出售的旧业务。比如，它安排 2000 年 4 月期间有 9 条船来运输，总成本 23 亿英镑。董事们认为，如果公司被分拆为两部分会创造更多的股东财富。在 2000 年 10 月，公司将油轮业务同港口业务、渡轮业务和物流业务分离开来——这是一个激进的举动，因为公司价值的绝大部分都在于油轮业务。2002 年该公司更加极端，出售其散装航运业务 50% 的股份，并卖掉了物流业务欧洲运输。

所有这些行动的目的都是在每一个战略业务单元创造价值。有时候公司通过联合经营产生的规模效应能减少成本，有时候公司卖掉一项资产，价格高于这项资产对 P&O 公司来说的价值，购买者则认为这项资产的价值更高，有时候公司花掉大量的资金购买新设备以扩充经营。

为什么追求股东价值？

很明显，许多商业公司都把股东价值放在其他目标之后的第二位或者第三位。那么为什么我们觉得有理由举起旗帜倡导股东财富最大化呢？难道销售额或者市场份额的增长不会更有价值吗？而且常见的劳动力和社会回报又怎么样呢？

以下是对第一章提出的一些评论的简短回顾和延伸，这些观点都是在一个需要对股东负责的竞争市场环境中探讨公司目标的。

股东价值获得动力是有一些原因的。其中之一就是被其他管理团队收购的威胁增加，这些管理者一直在搜寻管理不善的公司。也许这些人目前正在经营一个竞争公司或者成为范围广泛的"企业掠夺者"准备抢去一些行业中管理不善的公司，在这些行业中通过积极的战略转变、剥离并且改善行政奖励，就能为股东创造更多的价值。

企业的所有者有权要求管理者们按照他们的最大利益行事，并且如果管理者不尽力去做，所有者会越来越多地运用他们的权力来换掉管理他们财产的人。为了在工作中感受到真正的安全，管理者应该以尽可能多地创造财富为目的。

如果股东拥有的公司致力于创造价值，可以说社会作为一个整体将会受益。这样有限的资源就能被用到最有价值的地方。最大限度地提升资源生产率就能够实现经济高增长并且提高生活水平。

混淆目标

一部分管理者声称，有一些业绩标准可以等同于甚至优于股东财富，比如顾客满意度良好，市场领导地位或者成为最低成本的生产者。然后这些会被设置成"战略目标"。在许多种情况下这些目标的实现确实能促进股东回报，但是，就像图6.4所示，追求这些目标太远了。在股东价值和这些代用目标之间经常需要权衡。拿市场份额来举个例子：很明显，对许多公司来说增加市场份额会带来更大的规模经济效益，为潜在的竞争对手创造进入壁垒，并且有助于建立品牌忠诚度和带来其他方面的好处。在图6.4中这种情况是表现为从A点移动到Z点。较高的市场份额显然在很多行业都是一项重要因素，但是一些公司似乎因为迷恋于追求市场份额而陷入了困境。

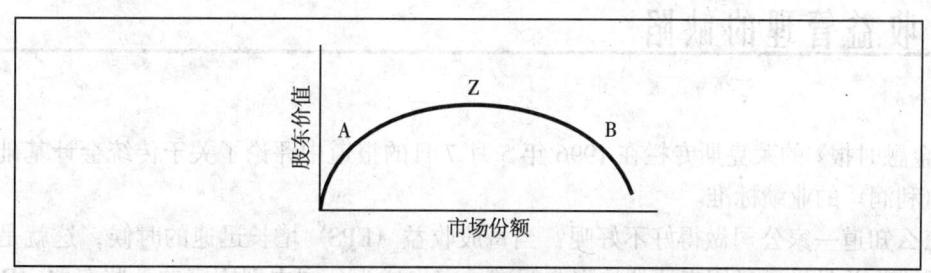

图6.4　作为战略目标，对市场份额的追求可能太远

汽车行业因为其股东回报率特别低，加上追求市场份额成瘾而臭名昭著。例如，底特律的汽车制造厂商在20世纪90年代每年能获得的平均资本回报率为3%（《经济学家》，2002年2月23日，第100页）。也许这个行业中有些企业就是追求市场份额走得太远，在图6.4中的B点结束了。在工厂生产能力、市场营销和价格促销上巨大的投资创造了这样一种情况，投资的风险调整回报低于最佳水平。

创造价值的三个步骤

创造股东价值有三个步骤：第一，获取意识以及真正的承诺，使得增加股东财富的使命贯穿于组织中；第二，使用技术来测量在每个组织层面是否在创造价值，确保每个人都理解并且尊重所采取的措施；第三，确保管理的每个方面，从人力资源管理到研发都以股东价值为目标。

> 确保管理的每个方面，从人力资源管理到研发都以股东价值为目标。

显然，拥有一个既理解又完全致力于股东价值的管理团队是很重要的。要实现真正的股东财富最大化，管理者需要知道如何测量他们创造财富的潜力。在寻求价值评估的合适方法之前，我们将会研究用于指导（或误导）企业的一些更加流行和日益过时的衡量方法。

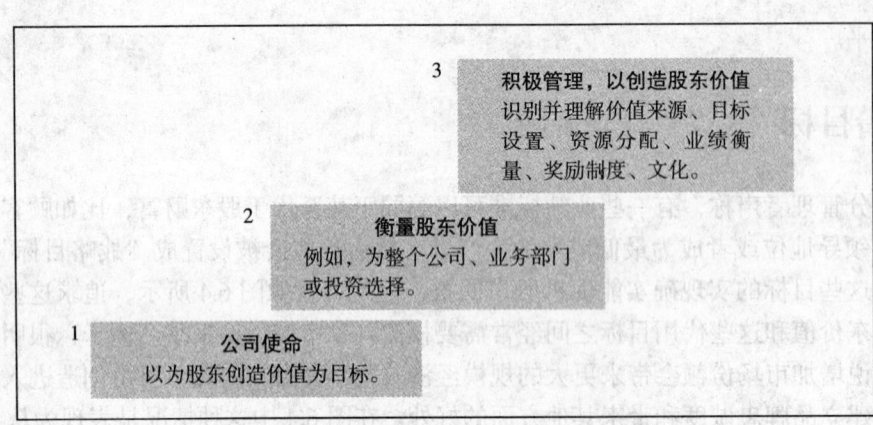

图 6.5 以价值为基础的管理的三个步骤

基于收益管理的缺陷

《金融时报》的莱克斯专栏在 1996 年 5 月 7 日的报道中评论了关于传统会计基础的每股收益（利润）的业绩标准。

怎么知道一家公司做得好不好呢？当每股收益（EPS）增长迅速的时候，这就是标准答案。每股收益是投资者用来评估的主要标准；它也成为公司内部固定的一些东西。Rentokil，英国最著名的公司之一，就有一个一年提高至少 20% 每股收益的目标。它收购竞争对手服务集团 BET 的原因之一就是要更长久地保持这一增长率。但是每股收益并不是决定一个公司业绩好不好的唯一标准。这不仅仅是因为管理层在决定报告哪种收益方面仍然有自由；这是因为每股收益的增长不能说明一个公司投资精明而且能有效地管理资产。举例来说，通过提高投资率可能会推动每股收益。但除非投资回报率超过资本成本，否则公司就在摧毁价值。

收入能够误导价值创造的衡量有很多原因，其中一些是：

- 会计是可以被扭曲和操纵的；
- 成功的投资往往得不到恰当的表达；
- 货币的时间价值没有考虑在内；
- 没有考虑风险。

会计数据的麻烦

在制定损益表和资产负债表的时候，会计师必须做出判断并且为他们的计算选择一个基础。他们试图使成本与收益相匹配。对于由此产生的"底线"数据的用户，不幸的是，存在很多种替代办法，可以给出完全不同的结果，而且都遵循会计准则。

以同样的公司 X 和 Y 为例。这些公司刚刚起步，处于头三年的阶段，预期扣除折旧以前年利润应该是 300 万英镑。两家公司都把 1000 万英镑的全部初始资本投资在了厂房和机器上。X 公司的会计师认为，该机器有 10 年的使用寿命，而且用 25% 的余额递减折旧法是合适的。Y 公司的会计师，在审查了工厂和机器的情况之后，更加悲观地认为 7 年使用寿命配合直线折旧法能更为真实地反映未来的事实。头三年的利润见表6.1。

表6.1 公司X和公司Y：头三年的利润

	年（千英镑）		
	1	2	3
公司X			
折旧前利润	3000	3000	3000
折旧	2500	1875	1406
收益	500	1125	1594
公司Y			
折旧前利润	3000	3000	3000
折旧	1429	1429	1429
收益	1571	1571	1571

对于X公司和Y公司来说，基本的经济地位相同。但是在头两年，X公司的盈利性似乎要差一些。

外界的观察者和管理层比较这两家公司的时候可能会对公司的管理质量和潜力形成一种误导的观点。以利润为基础的投资决策和奖励办法会导致次优的决策和行为。他们还可能会导致故意的操纵。存在一些随意的会计分配导致比较和决策非常困难。例如，商誉和储备以及研发开支是一些需要特别关注的异常特别的项目。

忽略投资额的牺牲

审查每股收益的增长来作为成功标准，这样做没有考虑到投资需要产生这种增长。以公司A和公司B的情况（见表6.2），两者每年都有10%的收入增长，也因此对于一个以盈利为基础的分析师或者管理者来说具有同样的吸引力。

表6.2 公司A和公司B：收益

	年（千英镑）		
	1	2	3
A公司收益	1000	1100	1210
B公司收益	1000	1100	1210

对于一个价值导向型分析师，如果我们假设对A公司来说创造这种改善的利润模式需要较少的额外投资，那么公司A比公司B更有吸引力。例如，两家公司都需要为他们的客户提供信用条件；但是公司B必须提供比公司A更为慷慨的条件来获得规模；所以它就必须投入现金用于支持更高的债务平衡。公司B在其生产过程中也缺少效率，不得不为每个单元的销售增长投入更多的资金在存货上。

当B公司制定应收账款科目时，库存作为资产负债表里的一项资产会被包含进去，而且似乎不会作为损益表里的一项成本因素。这是因为损益表里记录的成本少报了一段时期内的现金流出。

如果我们研究与公司A和公司B相关的现金流（见表6.3），我们可以立刻看出，公司

A 产生的股东价值更多（假设这种模式继续下去，其他所有因素不变）。

表 6.3 显示了从盈利到现金流数字的转化。

表 6.3 公司 A 和公司 B：收益和现金流

	公司 A（千英镑）			公司 B（千英镑）		
年	1	2	3	1	2	3
利润（收益）	1000	1100	1210	1000	1100	1210
应收账款增加	0	20	42	0	60	126
存货增加	0	30	63	0	50	105
税前现金量	1000	1050	1105	1000	990	979
变化百分比		+5%	+5.2%		−1%	−1.1%

如果公司 B 还必须在车辆、厂房、机器和每单元销售与利润增长的财产上比公司 A 投入更多的资金，那么在收入增长的相对质量上的差异将会更加显著。

时间价值

如果额外投资获得的回报率低于必要报酬率，那么收入增长价值却在毁灭也是可能的。例如一个管理团队正试图决定是否支付 1000 万英镑的股利。如果他们把钱保留在公司里，收入和现金流在未来的 10 年里每年都会上升 1113288 英镑。被收入增长激励的管理者可能会被诱惑从而不支付股利。未来盈利将会继续上升，因此股票价格也会上涨，然后宣布股利将不会支付。这样做对么？不对！该公司的投资者对于他们的 1000 万英镑资金可能会有一个比这个计划中所提供的 2% 更高的必要回报率。股票价格将会下跌，股东价值也会被破坏。管理者们忘记的是货币有时间价值，而投资者对股票的估值是在把未来现金流折现的基础上进行的。

似乎很明显，对于投入的资金，2% 的回报率满足不了股东。然而，你知道有多少公司拿着数千万甚至数亿的现金不返还给股东让他们在别处投资么？当然，把所有现金握在手中会给管理者一种更大的安全感——这样公司怎么可能破产，他们怎么可能丢掉工作？——但是股东宁愿这笔钱用得更有效率。任何不能产生很高回报的现金都应该返还给他们。如果每股收益不断上升，股东们还有什么好抱怨的呢？管理者们反驳道。响亮的回答是：仅仅通过抓住越来越多的现金来增加每股收益是很容易的；股东们想要的回报要高于资本（货币的时间价值）的机会成本，即在相同的风险等级下，投资在别处的回报。

通过巨额投资增加每股收益的理论变化为收购其他企业。在沃达丰的案例（专栏 6.2）中，股东们很担心管理者会被增加每股收益所刺激，而不去注意股东要求的投资总量，来提高这些会计数字。

忽略风险

纯粹地关注收入增长没有考虑到收益质量的另一方面：风险。增加的利润也从属于更高的风险等级，它要求一个更高的折现率。想象一下，一个公司正在考虑一个二选一的选择，两者具有相同的预期收益，每年最少 10 万英镑。每个决策都是有风险的，但是战略 S 比战

> ### 根特的最新方案提出了收购的恐惧
>
> **罗伯特·巴登（Robert Budden），通信行业记者**
>
> 沃达丰的分析师和投资者已经开始质疑克里斯托弗·根特爵士（Sir Christopher Gent）最近的激励方案背后的一些业绩目标。
>
> 他们认为，新的指标会过分激励行政主管们去追求更多的收购。
>
> 问题的焦点是克里斯托弗爵士提出的900万股的股票期权方案，获得期权是与每股盈利的目标相联系的。为了得到据估计900万股的股票期权的全部权利，克里斯托弗爵士必须提出一个挑战性的集团每股收益，该收益一年增长15%，高于零售价格通货膨胀。
>
> 分析家说这种最高的障碍是顽固的，但警告说，从事更多的收购来达到克里斯托弗的每股收益目标会鼓励他。
>
> "这些目标包括已获得的每股收益。"
>
> 一位分析师说，"所以增长每股收益的一个简单的办法就是收购一个市盈率较低的公司"。
>
> 沃达丰证实，如果它将要接管一家市盈率较低的公司，就会推动其每股收益指数，并且会引发更高的股利支付率。但是这可能会危及其他基于目标的业绩，这些目标与一些因素相关，比如股价表现或者每个用户平均收入的增长。
>
> "将来的收购我们会很谨慎。"一位大股东说。
>
> "一项符合扩大其全球足迹的收购战略将不得不被证明会迅速提高股东价值。"
>
> 一些分析师也被认为会不高兴，克里斯托佛爵士的股票期权与每股收益挂钩"在商誉摊销和特殊项目之前"，因为他们担心这是防止任何未来对收购的冲减。

专栏6.2　根特的最新方案提出了收购的恐惧

资料来源：《金融时报》2002.6.24

略T有一个更广泛的可能结果的分布（见表6.4）。

表6.4　战略S和战略T每年回报的可能性

	战略S		战略T	
	结果收益（利润，英镑）	概率	结果收益（利润，英镑）	概率
	-100000	0.10	80000	0.10
	0	0.20	90000	0.15
	100000	0.40	100000	0.50
	200000	0.20	110000	0.15
	300000	0.10	120000	0.10
预计结果	**100000**		**100000**	

投资者可能对战略T的估值比战略S要高得多。研究毛利润数据，无论是历史的还是预测的，往往意味着不能恰当地允许风险。在一个以价值为基础的方法中，在更为不确定的环境下，提高折现率是有可能的——关于这些第10章会有更多。

范例 6.1

收益增长和价值

收益和每股收益增长可能会在某些情况下产生更高的股东价值。在其他情况下这也可能会导致价值破坏。如果新投资能达到的回报率至少和同等风险水平下的必要回报率一样高,股东价值就会上升。考虑 EPSOS 有限公司,融资完全是靠权益资本,必要回报率 15%。为了使例子简单,我们假设销售扩大 EPSOS 不需要投资更高层次的营运资本。EPSOS 每年会支付给股东全部的税后收益并且预计将继续这种做法。收益和现金流总量是每年 1 亿英镑(折旧费用的收取额是仅仅满足支付为了保持销售额和利润的投资)。鉴于股东资金的机会成本是 15%,公司的价值为 66667 万英镑。

	百万英镑
销售额	300.00
营业费用	157.14
税前利润	142.86
税率 30%	42.86
税后利润和现金流	100.00

现在假设 EPSOS 需要决定省略今年的股利。股东现在损失了 1 亿英镑。但是,下一年以及以后每一年对经营进行额外投资的结果是销售额、每股收益和税后现金都将会增长 20%。如下所示:

	百万英镑
销售额	360.00
营业费用	188.57
税前利润	171.43
税率 30%	51.43
税后利润和现金流	120.00

收益已经增长了令人印象深刻的 20%,也创造了价值。额外的延伸到未来的每年 2000 万英镑的现金流价值 2000 万英镑/0.15=13333 万英镑。这是现在牺牲 1 亿英镑换来的。这里收益的增长和价值的增长相吻合。3333 万英镑的价值被创造出来。

现在考虑这样一个情况,销售额增长 20% 是通过使用 1 亿英镑来扩展业务实现的,但是这次管理者为了获取销售增长,提高了 32% 的经营费用。收益和现金流增加了可观的 6.81%,但关键的是价值下降了。

	百万英镑
销售额	360.00
营业费用	207.42
税前利润	152.58
税率 30%	45.77
税后利润和现金流	**106.81**

增加的永久性现金流的现值是 681 万英镑/0.15=4540 万英镑。但是,实现这些现金流的"成本"是现在 1 亿英镑收入的牺牲。整体上股东价值已经被破坏,尽管收益和每股收益增长了。令人惊奇的是高层管理人员如此频繁地犯这个基本的错误。

举个例子，一家真正的公司收入不断增加（利润严格定义为扣除利息、税收、折旧和摊销之前的利润），但是用投入的资本产生的回报很低，我们再来看沃达丰——见专栏6.3。也许我们不应该只关注最近几年的收入；也许这种短期牺牲是值得的；也许一旦基础设施到位了，净现金流就会像火箭一样增长迅速。

为会计而鸣的警钟

约翰·普伦德·朗伯德（John Plender Lombard）

在20世纪90年代，关于"泡沫"中的电信公司的会计，曾经有一些模糊而又离奇的事情，他们对利润有多重定义，他们习惯于忽视亏损的底线。现在，"泡沫"已经破灭，但是仍然存在一点点超现实主义的东西，就像上周当我浏览沃达丰的数据时所发现的那样。

现在，沃达丰是世界上按照股票市场价值计算排名第13位的公司。很明显我们关注的问题是，当沃达丰的管理者谈论"扩大我们的足迹"时，他们是否因为能力有限而采用了一种委婉的说法，或者说他们是否在创造真正的价值。

初步报告中有混乱的数据，其中包括约合98亿英镑的年度亏损（"我们再一次交出了优异的成绩"，董事长迈克劳林勋爵说）。然后你会找到商誉摊销和特殊项目之前的营业利润；调整后的每股收益；扣除利息、税金、折旧以及摊销之前的利润（EBITDA）；还有自由现金流。

这些数字更讨人喜欢。可以理解的是，他们也是Christopher Gent爵士，沃达丰即将离任的行政长官，选择这样做。我需要强调这里没有谴责克里斯托弗爵士或沃达丰的意思，他们也在遵循正常的报告准则。尽管对于股东价值运动而言，传统的披露欠缺对公司资本配置效率的解释。

未计利息、税项、折旧及摊销前的利润Ebitda，每股收益，自由现金流等，如果没有关于产生这些数据的充足的投入资本信息，这些都没有意义。然而还没有人有这样的聪明才智来要求上市公司定时报告他们的加权平均资本成本，以及一些资本回报率的合理的标准。

为此，你必须求助于一个安全的分析师，就像英国证券经纪公司高林斯特的穆斯塔法·奥马尔（Mustapha Omar）一样。他的数据会告诉你沃达丰的投资所回报的现金流在2000年就已经不能弥补其资本成本了。鉴于从那时候就开始的大规模的价值损失，他担心，即将上任的行政长官阿伦·萨林（Arun Sarin）已经准备好再次谈论那些该死的足迹了……分析师和投资者强迫企业去关注获取的盈余是否足以弥补资本成本，这可能会为价值创造取得惊人的奇迹。

专栏6.3 基数巨大、正在收缩的价值

资料来源：《金融时报》2003.9.13/14

已投入资本回报率（ROCE）的缺陷

现在越来越清楚了，简单的审查利润数字对于决策制定和业绩评估是不够的。显然，投资资本总额必须与获得的收入一同考虑。这在价值管理形成之前就已得到认可，并且以投入资本回报率的广泛使用为代表。在这个话题上有很多变化：资本回报率（ROCE）、投资回报率（ROI）、股东权益回报率（ROE）和回报会计率（ARR），但它们都具有相同的基础。它们提供了一种用投入资源百分比来测量回报率的方法。使用这些业绩指标的主要问题是它们仍然都基于会计数据。利润数字的计算已经够困难，但是当它们与资产负债表上的数字相结合时，我们得到的结果已经被扭曲到不可接受的程度。1996年5月7日的《金融时报》在莱克斯专栏里是这样写的：

> 不幸的是，投入资本的粗略回报——营业利润/投入资本——是能从公司的会计数据中推算出来的，这个几乎没有用。这里最大的问题与其说是报告的经营利润，还不如说是合并在资产负债表里的投入资产的数据。不仅是代表性地被记录在历史成本里的资产，这意味着如果通货膨胀率一直很高，这些资产就会严重贬值，因为它们是已经获得的；投入资产也经常被商誉注销所抽走。一旦资产负债表缩水，枯燥的利润就会转化为可观的回报。

被添加到问题列表中的是资本化的问题。例如，企业的研究开发计划有所不同；在研发上花费大量资金然后又立马冲销掉的公司很可能比那些虽然在一年内开支但没有冲销的公司资本价值要低。所以，跨公司的利润/资产比可能非常具有误导性。

关注会计回报率会导致短期行为。以会计回报率作为衡量基础的管理者可能不愿意投资新设备，因为它会增加这个比率的分母，短期内使会计收益率降低。这样做从长期来看会损害企业的价值。发展速度较快的公司短期内需要大量的投资，以期待今后能获得丰厚的回报，这种公司不应该被拿来与那些发展速度慢、投资额低的公司在会计收益率指标上进行比较，尽管目前会计收益率低，但是长期内如果按价值计算他们更可能会超越其他公司。

关注收益不等于关注价值

我们这个时代最普遍的误解之一就是："我们的股东确实关注每股收益和会计收益率，不是吗？"——这很容易理解原因。当与机构投资者和分析师交谈的时候，高级管理人员经常发现谈话总是会回到关于短期收益预测的讨论上来。如果一个并购方被告知，董事们感觉有必要在新闻发布会上指明，那么在未来一年结果将不会是"业绩摊薄"。

这种表面的噪声是欺骗。明智的股东和分析师们主要关心的是股票获得的长期现金收入。未来几年内获得的收入通常是股票价值中微不足道的一部分。典型的股票有超过2/3的价值是由未来5年甚至之后获得的收入决定的（这些计算见第13章）。今年或者明年的收益信息本身并不值得注意。这些信息被研究是因为它使得中期和长期的现金流更加明朗。

还有数百家上市公司在以后的2~5年中不希望获得任何收入，然而这些公司的股票仍然是市场上最有价值的。有很多生物技术公司企图通过发行股票从股东那里获得资金，而且很多年都是这样。一些公司已经被广为关注，然而从来没有盈利而且也不支付股利。互联网公司也是这样，而且，过去的卫星电视运营商（比如英国天空广播公司）也是这样，虽然现在已经达到较高的现金产出阶段。专栏6.4中描述了投资者的期待。

公司如何创造价值？

当投资产生的回报率大于对应该投资风险等级的必要报酬率时，就创造了价值。股东价值是由图6.6中的四个因素所驱动的。

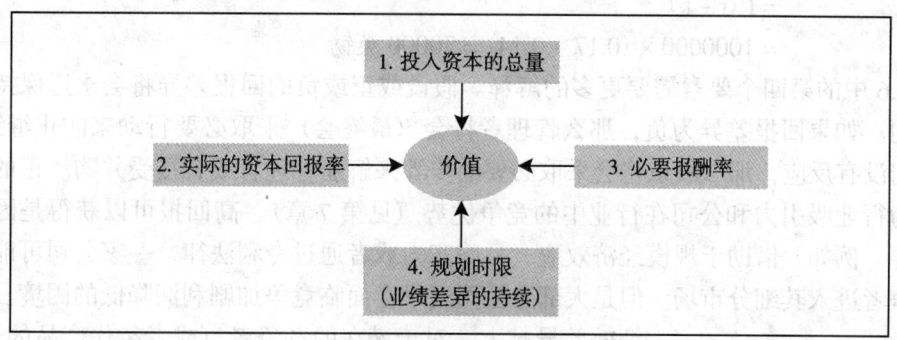

图6.6 价值创造的四个关键因素

投资团体为了得到更好的回报施压

公司需要不断完善企业中期战略，这样才能使得他们满足那些权益资本提供者越来越高的期望

奈杰尔·佩吉（Nigel Page）

进入蓬勃发展的全球资本市场是企业的梦想——但是流动性的守护者，全球投资者和分析师团体，都是基于相关信息来制定他们的投资战略。在这种环境下，历史性的报告模式已经自身难保——投资者，基于对未来现金流的预测来进行股票估值的人，需要前瞻性的信息来充实他们的估值模型。

管理者越来越敏感于这一残酷事实，即股权资本的使用不是"免费的"——这种投资都是希望能赚取回报。正是这种必须的回报定义了公司的股权资本成本。如果公司不断产生比资本成本更高的资本回报，那么管理者就只是在为股东创造价值。

对公司而言，面临的挑战一定是将这种不断升级的价值关注运用到他们的战略计划和业绩评估中。内部系统一旦到位，重点就是建立有效的沟通渠道来进入这个市场了……

"历史成本计量标准越来越不切合实际，更多的公司使用以价值为基础的信息以及非财务指标来衡量内部业绩。这些方面的披露越多，投资者就越能对公司未来的前景做出明智的决策。"

国际投资界非常清楚年报的局限性，年报提供的数据侧重会计利润——它本身对于经济价值的创造没有真正的导向性。

分析师和机构投资者更多地关注他们对公司战略和"价值平台"的研究，这种平台优先于战略和最近投资者的调查，该调查是研究投资者需要和使用信息确保他们对更多前瞻性信息的欲望，以及未来业绩的驱动因素对他们投资决策的重要性。

专栏6.4 投资团体为了得到更好的回报施压

资料来源：《金融时报》1999.12.10，富时董事（特殊章节），第8页

在图6.6中，第二个要素和第三个要素之间的不同造成了绩效的差异。这种绩效差异要用一个百分比测量，该百分比与必要报酬率相差不大，取决于资金提供者的机会成本。如果第三个大于第二个，就毁灭了价值；如果第二个大于第三个，就说明创造了价值。

所产生价值的绝对数量是由投入资本的数量决定的，间接由绩效差异决定。所以，举个例子，如果英国巴莱克银行的必要报酬率是每年14%，但是实际上它用了100万英镑的投资获得了17%的报酬率，那么它就每年创造了3万英镑的价值。

每年价值创造 = 投资额 × （实际收益 − 要求收益）

$$= I(r-k)$$

$$= 1000000 \times (0.17 - 0.14) = 30000 \text{ 英镑}$$

图6.6中的第四个要素需要更多的解释。假设或正或负的回报差异将会永远保持下去是不合理的。如果回报差异为负，那么管理者将会（最终会）采取必要行动来防止继续亏损。如果他们没有反应，那么股东将会采取必要的步骤来解雇管理者或者接受并购。正的差异上升是因为行业吸引力和公司在行业中的竞争优势（见第7章）。高回报可以获得是因为市场的不完善。例如，借助于规模经济效应、品牌实力或者通过专利法律，一家公司可能有能力阻止竞争者进入其细分市场。但是大部分公司迟早会面临竞争加剧利润降低的困境。初始的绩效差异越大，对于潜在的竞争者（或者替代产品的开发商）来说似乎进入市场的吸引力就越大。有些行业曾经极其赚钱，并且被渗透到竞争特别激烈，个人电脑和芯片生产就是典型的例子。

> 初始绩效收益差越高，对于潜在竞争者的市场进入吸引力越大。

在股东价值分析中，经常假设回报率会随着时间的推移趋向必要报酬率发展。在未来的某个时间（计划范围内），任何新的投资平均下来都只会获得可接受的最小回报率。尽管如此，我们确实承认有一些非凡的企业似乎有能力保持绩效差异优势几十年。它们的经济特权被强大的阻止竞争者攻击的进入壁垒所保护，例如可口可乐和吉列集团。沃伦·巴菲特认为这样的公司"必不可少"，因为有充分的理由相信他们将会从现在开始统治它们的行业几十年——见阿诺德（Arnold）（2002）。如果我们先不管这些必不可少的企业，我们看到大部分企业，它们的价值由两部分组成，如图6.7所示。

> 任何新的投资平均下来都只会获得可接受的最小回报率。

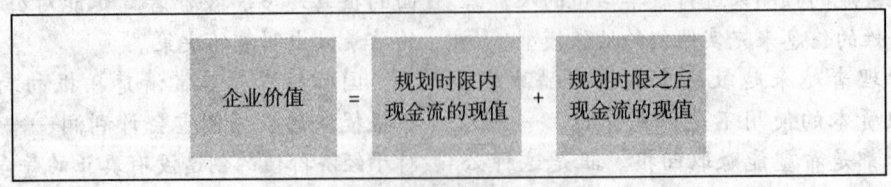

图6.7 企业价值

在第二阶段（规划时限之后），即使投资水平翻了一番，企业价值仍然保持不变，因为与那项投资相关的折现的现金流出恰好等于折现的现金流入。

如果假定Black有限公司能维持10年3%的回报率差异，并且把所有收入当股利支付，那么它将来的现金流就会是这样分布的：

年份：	1→10	11→∞
现金流：	170000英镑	140000英镑

公司价值就是这些现金流的折现价值。

规划时限内的现金流折现值是：

170000 英镑 × 年金系数（10 年，14%）= 170000 英镑 × 5.2161
= 886737 英镑

加上规划时限之后的现金流折现值：

140000 英镑/0.14 = 1000000 英镑，然后折现到 10 年前：

$$\frac{1000000}{(1+0.14)^{10}} = 269744 \text{ 英镑}$$

减去初始投资　　　　　　　　　　　　　　　（1000000 英镑）
创造的价值　　　　　　　　　　　　　　　　　**156481 英镑**
公司价值 = 资本（1000000 英镑）+ 创造的价值（156481 英镑）
　　　　 = **1156481 英镑**

另一种方法：公司价值等于公司初始投资（1000000 英镑）加上每年创造价值的现值。

投资 + 规划时限内创造的价值 + 规划时限后创造的价值

1000000 英镑 + 30000 英镑 × 5.2161 + 1000000 英镑 ×（0.14 − 0.14）

　　　　　　　30000 英镑 × 年金系数
　　　　　　　　（10 年，14%）

1000000 英镑 + 156481 英镑　　　+ 0 = **1156481 英镑**

创造价值的五项活动

当一个业务单元或者整个公司都获得正差异的时候，公司就会增长迅速。当管理者的战略产生负的投资回报差异时，就会产生不良增长，这是股东最大的悲哀。如果注意力集中在销售和盈利增长上，这种情况就很容易出现。应该鼓励管理者相信他们的工作是扩大业务并且提高盈利水平，接受利润不良增长的概念是个问题。但是，正如我们所看到的，在一项较大投资的基础上不断增长的利润也完全有可能产生一个比增量的资本成本要小的增量的回报。

图 6.8 显示了管理者的选择。这个模型可以应用于企业、业务单元或者生产线。

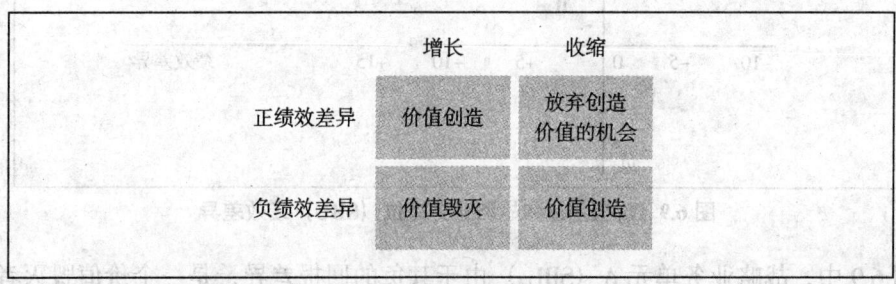

图 6.8　扩张还是不扩张？

据证实，整个 Black 有限公司产生了令人满意的投资回报率。现在假设该公司由两个部门组成：一个服装厂和一个玩具进口公司。每个公司都正在使用 50 万英镑的资产（以市场价值计算）。服装厂预计能在未来 10 年里获得 11% 的年平均回报率，而玩具公司将会在同样的时期内产生23%的年平均回报率。在10年的计划范围之后,两家公司将会产生与它们风险等级相对应的回报率:服装厂是13%;由于所承担的风险更大,所以玩具公司是15%。

现金流为:

年份	1→10	11→∞
服装	55000英镑	65000英镑
玩具	115000英镑	75000英镑

计划期内的每年创造价值是:$I \times (r-k)$

服装　　500000英镑×(0.11−0.13)=−10000英镑
玩具　　500000英镑×(0.23−0.15)=+40000英镑

尽管玩具公司的必要报酬率要更高,它仍然创造了价值(收益率的计算需要在第10章介绍)。在未来的10年里,该公司达到了15%的回报率,还支付了4万英镑的额外股利。这个公司可以划分到图6.8左上角的矩阵里。管理层可能想要考虑在这个公司进一步投资,只要增加的投资能产生大于15%的回报。如果拒绝正的回报差异,投资者就会牺牲宝贵的机会,进入图6.8右上角的矩阵。

服装厂没有产生足够的回报来证明其目前的投资水平。如果有这样一个战略能使该厂以某种方式改变现状从而取得正的差异,那么这个单元的增长还是很受欢迎的。如果这不太可能实现,那么最好的办法可能就是裁员,然后从市场上缩减或者退出。这样做会释放资源,使其得到更有效率的配置,无论是公司内部还是外部。这种收缩会减少该部分对公司整体其余业务的拖累,从而创造更高的价值。

这种思路可以帮助各级管理人员优化配置资源。在企业层面上,投资潜在的良好增长和不良增长的知识将会有助于业务组合的选择。在业务单元层面上,分析产品和客户群可以评估其价值贡献的潜力。再下一层,特殊产品和客户可以按价值计算来排名。一个企业级的价值分析简化的例子见图6.9。

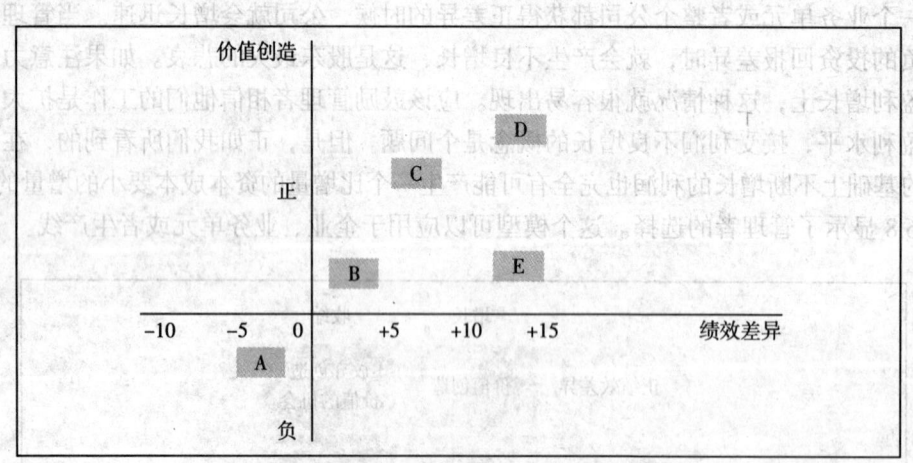

图6.9　价值创造和战略业务单位(SBU)绩效差异

在图6.9中,战略业务单元A(SBU$_A$)由于其负的回报差异,是一个价值毁灭者。也许这里存在过度投资,如果资源被转移到其他部门,也许股东们会得到更好的回报。SBU$_B$有一个很小的正差异,关于其未来的决策将会取决于它所做贡献的期望寿命。SBU$_C$回报差异比SBU$_E$要低,但是管理层设法要创造更多的价值,因为其更高的未来投资水平。有些企业比其他企业有更大的潜力,同时保持着正的差异。例如,在精制瓷器市场,因为产品的排他性，激烈的扩张行为将会减少客户支付的加价，SBU_E 可能是一个细分市场参与者——很快在边缘产品上会产生负的差异。SBU_C 可能处于中档餐具的设计竞争中，在设计上投资，市场团队将会产生正差异的增长。SBU_D 有能力获得高差异，高投资产生最大的整体价值收获。溃疡药物 Zantac，当其仍然拥有专利的时候，获得了很大的正差异，而且大批量地销往世界各地，为葛兰素史克公司产生了数十亿英镑的价值。

这五个可以增加价值的活动在价值活动五边形的图中显示出来（见图6.10）。价值行动五边形中的五项活动可以适用于 Black 有限公司。

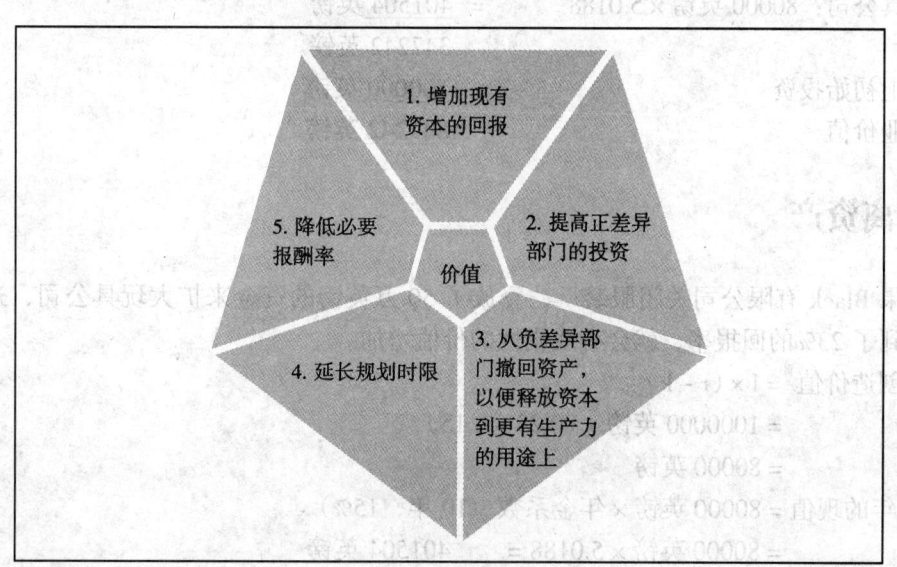

图6.10 价值行为五边形

增加现有资金收益率

如果管理层实施计划来改善现有业务的效率，Black 有限公司的价值可以增加 1000000 英镑＋156481 英镑。如果未来 10 年整个公司的投资回报率增加到 18%，那么公司价值会上升到 1208644 英镑，即：

年创造价值 = I × (r − k)
　　　　　= 1000000 英镑 × (0.18 − 0.14)
　　　　　= 40000 英镑

10 年的现值 = 40000 英镑 × 年金系数（10 年，14%）
　　　　　　= 40000 英镑 × 5.2161 = 208644 英镑

加初始投资　　　　　　　　　1000000 英镑
企业价值　　　　　　　　　　**1208644英镑**

回报差异改善 1%，价值就会增加 52163 英镑（1208644 英镑 − 1156481 英镑）。

提高正差异单元的投资

如果 Black 有限公司从投资者那里再获得 50 万英镑，必要回报率 15%，投资于玩具公司，产生了 23% 的回报率，公司的价值就会上升到 1847242 英镑（50 万英镑作为新的投资资本)。

服装厂的年创造价值	= –10000 英镑
玩具公司的年价值创造 = 40000 英镑 × 2	= 80000 英镑
10 年	70000 英镑

服装厂：–10000 英镑 × 年金系数（10 年，13%）
玩具公司：80000 英镑 × 年金系数（10 年，15%）

服装厂：–10000 英镑 × 5.4262	= –54262 英镑
玩具公司：80000 英镑 × 5.0188	= 401504 英镑
	347242 英镑
加上初始投资	1500000 英镑
企业价值	**1847242 英镑**

剥离资产

如果 Black 有限公司关闭服装厂，释放了 50 万英镑的资金来扩大玩具公司，这笔转移投资达到了 23% 的回报率，就会有戏剧性的价值增加。

年创造价值 = I × (r – k)
= 1000000 英镑 × (0.23 – 0.15)
= 80000 英镑

10 年的现值 = 80000 英镑 × 年金系数（10 年，15%）
= 80000 英镑 × 5.0188 = 401504 英镑

| 加初始投资 | 1000000 英镑 |
| 企业价值 | **1401504 英镑** |

延长规划时限

有时候可以采取措施在一个比原先预计更长的时期内利用竞争优势。例如，也许玩具公司可以和一家优质产品的供应商谈判，获得一个长期的专有进口许可证，从而提高进入壁垒。如果我们假设玩具公司可以在 15 年，而不是 10 年，都获得 23% 的回报率，公司的价值将会上升到 1179634 英镑，即：

| 服装厂年创造价值 | = –10000 英镑 |
| 玩具公司年创造价值 | = 40000 英镑 |

10 年的现值（服装厂）
= –10000 英镑 × 年金系数（10 年，13%）
= –10000 英镑 × 5.4262
= –54262 英镑

15 年的现值（玩具公司）	= 40000 英镑 × 年金系数（15 年，15%）
	= 40000 英镑 × 5.8474 = 233896 英镑
总创造价值	= 233896 英镑 – 54262 英镑 = 179634 英镑
加上初始投资	1000000 英镑

企业价值	**1179634 英镑**

降低必要报酬率

通过调整资本结构中债务资本的比例或者通过降低业务风险，降低必要报酬率是有可能的（资本结构在第 10 章和 18 章中会有更多细节研究）。假设 Black 有限公司能通过增加债务比率降低必要报酬率，使得整体必要报酬率降低到 12%。那么，公司价值会上升到 1282510 英镑。

每年创造价值	$= I \times (r - k)$
	$= 1000000 \times (0.17 - 0.12)$
	$= 50000$
10 年的现值	$= 50000$ 英镑 $\times$ 年金系数（10 年，12%）
总创造价值	$= 50000$ 英镑 $\times 5.6502 = 282501$ 英镑
加初始投资	1000000 英镑
企业价值	**1282510 英镑**

> 许多公司往往不借钱。他们的业务融资几乎全部靠股权（股东的）资金。其动机往往是为了减少财务危机的风险。这可能是由于为股东利益服务的愿望，但更多的时候这是因为管理者想要为他们自己的安全避免财务危机。他们会变得过于谨慎，放弃通过使用更多的廉价债务融资来减少整体的资本成本（贴现率）的机会。

结　论

管理会从会计数据到使用财务观念转变，这些观念诸如价值、货币的时间价值和机会成本，这种转变才刚刚开始。一些非常成功的公司在坚持每个部门、业务单元和项目都要给股东投资增加价值这方面起着领先作用。这需要在管理的几乎方方面面都进行再考察，从业绩衡量制度和战略计划到激励方案和培训计划。本书这一部分剩下的内容就是在本章所讨论的价值管理背后的原则基础上建立起来的。

第7章
战略价值

引言

价值原则触及了公司的每个角落

公司目标

战略业务单元管理

战略评估

战略选择

战略实施

总公司有何作用？

目标和动力

结论

引 言

一个以盈利为基础的公司转变为关注价值的公司，这种转变对组织生活的各个方面都产生了深远的影响。新的注意力转向了组成公司的各个业务单元的最佳组合，以及个别业务单元的战略重点。收购和撤资战略可能会被修改，以便把创造股东财富放在中心舞台上。资本结构（债务对权益资本的比例）和股利支付政策的前提是从股东的角度出发的，选最理想的方法，而不是"安全第一"或者盈利增长的考虑。绩效标准、目标设定和管理报酬都跟创造财富的程度相联系，而不是反复无常的会计数字。

为了团结整个组织去追求财富创造，就必须进行大量的教育。面对巨大的挑战，文化的改变通常是必须的，以确保所有人的目标都是创造价值。再培训和新的奖励制度也是需要的，有助于生存眼光从短期到长期转变。

本章给出了一个使基于价值的管理思想盛行的经验。后面的章节考虑的是一些价值管理的具体方面，比如以价值作为基础来进行绩效考评，核算资本的机会成本的方法，以及通过并购毁灭价值或者获得价值的方法。

价值原则触及了公司的每个角落

图7.1总结了一些价值管理对公司产生影响的最重要的方面。对它们都进行充分描述需要大量的篇幅，所以下面只讨论最重要的几点。

公司目标

首先，公司需要决定什么最需要最大化，什么是仅仅需要达到满意即可的。在价值管理中，销售、市场份额、员工满意度、客户服务等的最大化是被拒绝作为公司目标的。这些都很重要，而且每一个都会被描述进一个成就的等级，只要它们有助于把股东财富最大化，但是它们不是最终目标。公司目标明确，管理者制定战略和经营决策的指导原则如水晶般清晰，这是很重要的。对于一个竞争环境下的商业机构，目标被固定为依据模糊的收益平衡，这是很不合适的。把股东获得的贴现现金流最大化，这个目标使得决策制定简单又有方向性。

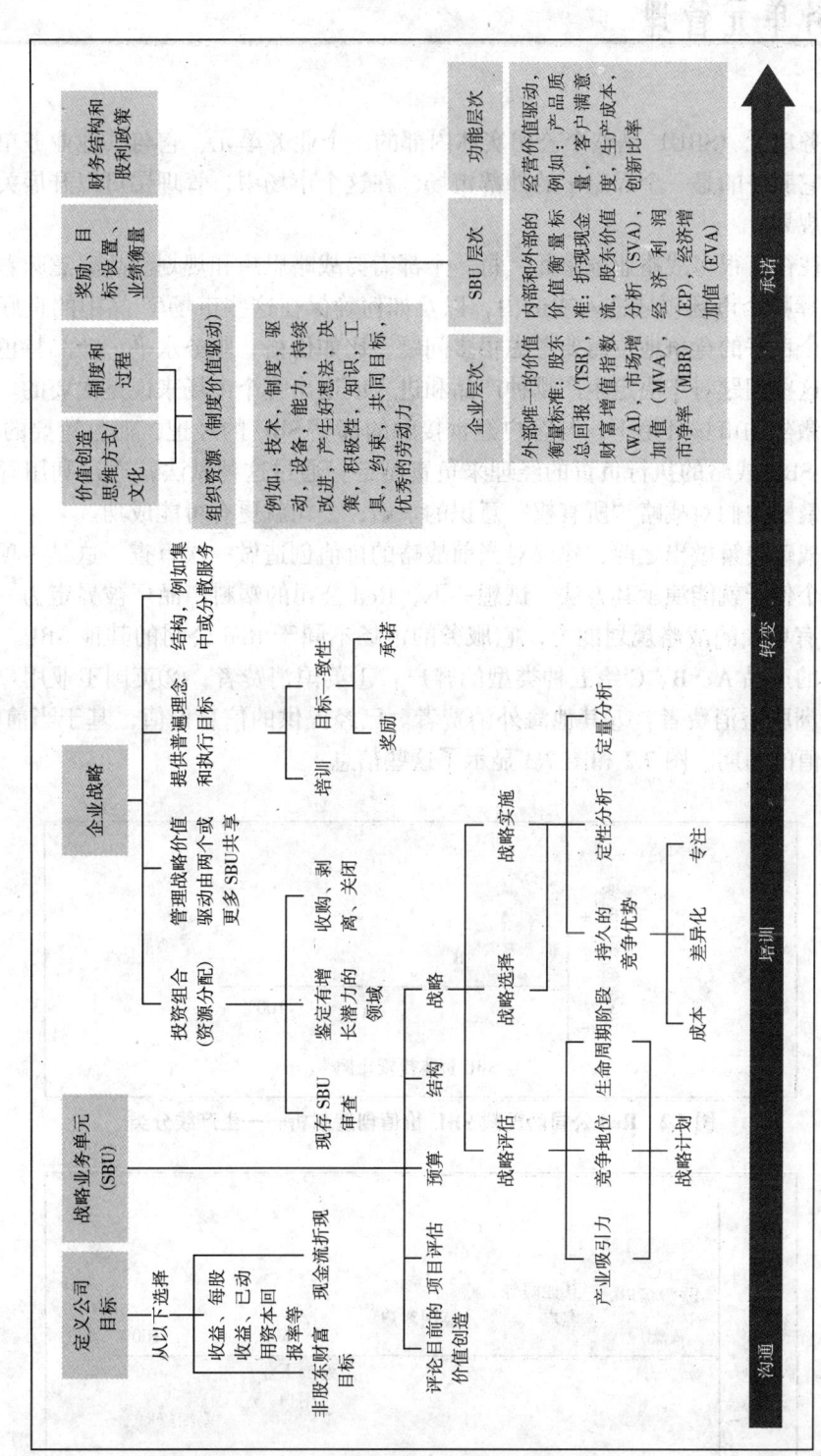

图 7.1 价值原则影响管理的诸多方面

战略业务单元管理

战略业务单元（SBU）是整个公司实体内部的一个业务单元，它与其他业务单位要区分开来，因为它服务的是一个界定了的外部市场，在这个市场中，管理层可以开展关于产品和市场的战略规划。

大公司往往有很多战略业务单元，每一个都需要战略思想和规划。战略意味着选择哪种产品或者选择哪个市场领域进入或退出，以及如何确保在这些市场/产品中的良好的竞争地位。建立一个良好的竞争地位需要考虑很多问题，比如价格、服务水平、产品特色、配送方法等，但是这些问题对于决定生产哪种产品和进入或退出哪个市场来说是次要的。

在竞争激烈的市场环境下，与客户经常接触的都是 SBU 的经理，而且重要的是 SBU 战略被那些对 SBU 战略的执行负责的经理来负责制定。通过这种做法，通过利用管理人员的知识，并且鼓励他们对战略"所有权"意识的承诺；公司就更有可能成功。

在新的战略决策做出之前，建议对当前战略的价值创造做一次审查。这是一项复杂的任务，但是一个例子就能演示其方法。试想一下，Red 公司的塑料产品厂被界定为一个战略业务单元，它有单独的战略规划能力，它服务的市场不同于 Red 公司的其他 SBU。这个厂出售三种类型的产品 A、B、C 给五种类型的客户：①英国消费者；②英国工业用户；③英国政府；④欧洲联盟消费者；⑤其他海外消费者。已经提供的信息价值，基于当前每种产品/市场创造价值的预期。图 7.2 和图 7.3 显示了这些信息。

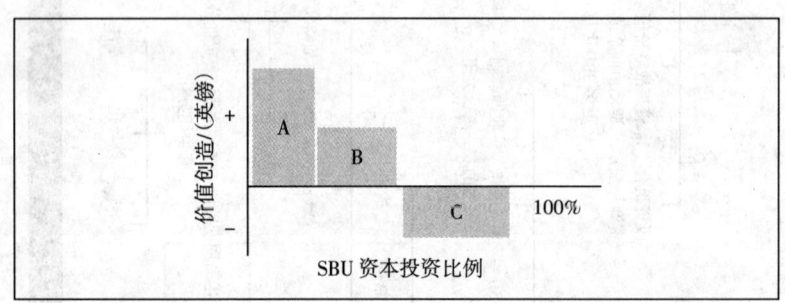

图 7.2　Red 公司的塑料 SBU 价值创造剖析——生产线分类

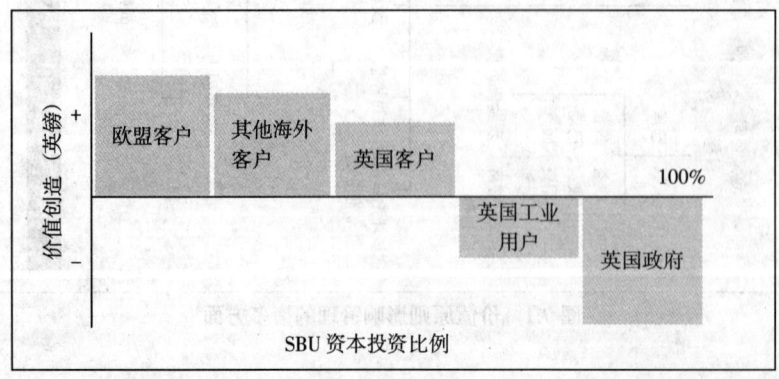

图 7.3　Red 公司塑料 SBU 价值创造剖析——客户分类

产品 C 预计会毁灭股东价值,同时吸收了该 SBU 资源的巨大份额。这一分析也发现,在英国工业界和政府部门这一市场的销售额对公司财富创造不利。这种类型的发现并不少见:许多公司都有一个总体水平的可接受回报,但是在这些数据背后隐藏着的是活动中价值毁灭的部分。该分析通过显示出每种产品和每个市场类别的有效回报还可以更加说明事实;例如,产品 A 在英国消费市场的情况可与在欧洲市场相比较。

沃伦·巴菲特就已经对一些公司不能辨认并根除那些毁灭价值的活动倾向发表过精辟的意见。

许多公司在证券和整体增量资本上都始终表现出良好的回报,这些公司的确动用了它们留存收益中的一大部分,在一个经济上毫无吸引力的甚至可能损失惨重的基础上。但是他们了不起的核心业务盈利却是逐年增加,这就掩盖了其他地方(通常指的是高价收购的公司,其本身平庸的经济性)资本配置的多次失败。有过错的管理者定期汇报他们从最新的挫折中吸取的经验和教训。然后他们通常会去寻求未来的借鉴(失败似乎总会降临到他们头上)。

(伯克希尔哈撒韦,1984 年年报,沃伦·巴菲特,经作者允许再版。)

为了得到一条从客户到股东的清晰的线条,很多公司需要建立一个全新的事实基础,显示与客户和产品市场相关的全部经济成本和现金流。认识到一些活动远比其他活动有价值就为战略资源的转移创造了条件。可以转移注意力到改革或者消灭毁灭价值的行动,同时建立业务具有价值创造性的方面。

此外,项目评估、预算系统和每个 SBU 的组织结构必须与以价值为基础的管理原则和谐统一。项目评估将会使用现金流贴现的技术来进行。预算将不会仅仅依靠会计因素,而是基于价值的衡量标准(计量法)——其中一些内容将会在下一章描述。鉴于市场环境,决策权和沟通的链条将会是最适合达到最大回报的。例如,在变幻莫测的市场动态环境下,有一个官僚制的统治型结构,决策制定权都集中在很长的指挥链顶层,这是不明智的。下放权力和责任可能会产生一个更为灵活的反应系统来应对市场发生的变化,自力更生的积极性会被高度表扬与奖励。在相对静态的环境中,低成本、强调持续改善的扁平化的指挥和控制系统,将会是最适合的。

战略分析可以包括三个部分:

(1)战略评估——这部分分析的是外部环境、内部资源和能力,从而形成一个关于组织价值创造潜力主要影响因素的总体看法。

(2)战略选择——这一部分进行战略选择和评价。

(3)战略实施——有些地方需要采取行动,比如改变组织结构和系统、改变资源规划、动机和承诺。

战略评估

有三个影响价值创造的战略决定因素。

产业吸引力

产品市场上的经济状况对于一个企业的盈利能力会产生巨大影响。在一些行业中，企业没有多少竞争对手，客户购买能力低，供应商讨价还价的能力低，而且很少有新进入者或者替代产品的推出造成的威胁。这样的行业可能很有吸引力，回报都累积到现有的企业中，平均将会表现出一个正的绩效差异。其他产品市场为产能过剩困扰，加上部分参与者不愿意退出把资源用于其他产品市场。价格一直很低，因为客户和供应商有能力对价格施加压力，而且很多替代产品会挤压价格。这类市场往往会产生负的绩效差异。

资源优势

识别好的行业仅仅是第一步。基于价值导向的公司，目标是超过其行业内投入资本的平均回报率。为了超出平均值，公司需要一些特殊的东西。这些特殊的东西来自公司拥有的大量的资源。大部分资源很普通。也就是说，它们使公司保持同样的竞争性。但是，公司可以利用一个或两个特殊的资源——那些能使公司拥有竞争优势的资源。一项不平凡的资源就是，当其与其他（普通）资源相结合的时候，能使公司超越竞争对手，拥有新的创造价值的机会。确定哪些是不平凡的资源决定了一个公司做什么可以做成功。

为顾客创造价值是高回报的关键。公司是有能力以更低的价格为顾客提供与竞争者相同的服务，还是提供独特的好处，这种好处超过了相关价格的上升，这决定了公司是否能有高的股东回报。

普通的资源提供了一种基准性胜任特征。它们对于确保公司的生存是至关重要的。例如在食品零售行业，大多数公司在基础活动中都有基准性胜任特征，比如采购、人力资源管理、会计控制和存货管理。但是，大型连锁店拥有的资源使得他们不同于小的商店：他们能够获得低成本优势，因为他们强大的购买能力；他们可以在广告和产品供应范围方面利用规模经济优势。

尽管规模较大的零售商有这些优势，很明显小商店也还存活着，而且有一些还能得到投入资本的很高的回报。这些卓越的公司为客户提供的价值明显高于成本。一些便利店相对于大群体来说有一些不同的特殊资源：个人有好的服务会被高度珍视；在顾客方便的时间开放，就使得更高的价格也能被顾客接受；比起游荡到城镇外的大卖场，便利店的地点可能使得购物免去很多麻烦。大型连锁店发现在这些方面竞争成本昂贵，如果它们尝试和模仿小商店，它们可能最终会失去主要的竞争优势，其中最重要的就是低成本。

与小商店相比，超市连锁作为一个集团拥有的非凡资源不必是连锁店之间竞争对手之间的竞争。如果焦点转移到超市连锁"行业"，像规模经济这种因素可能仅仅是赋予平等竞争的地位——规模是生存需要。竞争优势是通过其他普通资源的开发达到的，比如与供应商的关系质量，收集消费者和目标市场数据的非常复杂的系统，最佳地点的所有权。但是，即使这些非凡资源也不会永远赋予连锁店卓越的竞争地位。其中许多可以被模仿。长期竞争优势可能依赖于管理团队的能力，他们得不断革新并因此转变在竞争中的局面。那么这种非凡资源就是团结、态度、智慧、知识以及组织中管理者的驱动力。

许多成功的公司已经不把自己看做是产品线和业务的捆绑。相反，他们把公司看做是资源的集合。这有助于解释一些公司进入明显无关产品领域背后的逻辑。联系就是对非凡资源的利用。下面举个例子，本田有很多不同的产品领域：摩托艇发动机、汽车、摩托车、割草机和电动发电机。这些都是通过不同的分销渠道，以完全不同的方式销售给不同的客户。这些产品的共同根源就是本田的特殊资源，产生了生产发动机的优秀能力。同样，复印机、摄像机和图像扫描仪也是完全不同的产品类别，以不同的方式出售。然而，它们都是佳能制造的——佳能拥有非凡的能力和光学、成像和微处理控制的技术。

分析师不应该寻找任何一个公司冗长的非凡资源的名单。如果可以发现一个，那就很好——它能使公司领先于竞争对手并产生超常规的回报。如果发现两个就相当好了。碰到一个公司有三个或者更多非凡资源那是非常不寻常的。可口可乐公司是例外，它有卓越的品牌、一个关系广泛的配送系统和拥有高度智慧的管理者。

TRRACK 系统

为了协助公司对非凡资源进行透彻分析，我们形成了 TRRACK 系统。把非凡资源分为六个类别——见图 7.4。

T	有形资产
R	关系
R	信誉
A	态度
C	能力
K	知识

图 7.4 TRRACK 系统

注意到绝大部分非凡资源是无形资产。它们是携带在组织成员内部的品质，或者是联系个人之间相互影响的品质。它们通常是经过长期发展而来，而不是买来的。这些品质不能科学地评估并客观量化。尽管我们无法达到精确，但通常的情况是，这些由人所体现出来的因素是价值创造最重要的驱动因素，我们必须关注它们。

有形资产

偶尔，物质性的资源也能提供可持续的竞争优势。这些是物理上可以观察并且经常在资产负债表中被估值（或者误估）的资产。它们包括房地产、材料、生产设备和专利。它们可以购买，但是如果能很轻易地买到它们也就不会是非凡的了，因为所有的竞争对手也会去买。必须存在一些障碍去阻止其他公司获得相同或类似的资产，阻止他们获得长远的真正价值。微软对其操作系统的所有权和软件行业内的其他标准赋予了它竞争优势。麦当劳要确保自己位于最繁华的路段，而不是满足于偏僻的支路。很多小企业已经发现它们自己是，或者已经做出明智的举措来确保它们是，最接近受欢迎旅游景点的有很大价值的房地产的所有者。制药公司，如默克，自己提供了一些有价值的专利来保护自己免于竞争——至少暂时免于竞争。

关系

随着时间的推移，公司可以与个人或组织形成有价值的关系，这些关系很难或者不可能被潜在的竞争对手模仿。商业关系有很多种。最不重要的是合同关系。最重要的是非正式关系或者隐含的关系。这些关系通常建立在发展多年的信任的基础上。隐含合同的执行范围由参与者自己决定而不是由法律决定——失去信任会造成极大的破坏。诚信合作对所有参与者都有利，因为会有再合作的期望，这会导致长期创造的共同价值被分享。南非啤酒（SAB）在南非啤酒市场上有98%的占有率。它能将国内外的竞争者拒之门外只因为它与供应商和客户有特殊的关系。这是非常高利润的，虽然在过去的20年来，它每年都在降价——实质上啤酒的价格已经降低了一半。南非大部分公路是破旧的，电力供应也时断时续。为了配送啤酒，它建了一些牢固的关系。卡车司机，其中大部分是以前的职员，在SAB的帮助下建立了自己的小型运输业务。黑人酒吧出售绝大部分的啤酒。这些都是没有牌照的酒吧。通常，它们都很小——不会有几个吧台。SAB不能直接把啤酒卖给没有牌照的黑人酒吧。它通过批发商来保持一种非正式的关系。SAB保证销售者拥有冰箱，必要的话还得配上发电机。这个市场的新进入者就必须同卡车司机、批发商和零售商发展自己的特殊关系。而且很有可能它将必须建立一个完全独立的平行的配送体系。即使那个时候，它也可能会缺乏合法性，缺乏长期存在的关系。员工之间的关系、员工和公司的关系可以提供竞争优势。一些公司似乎拥有一种文化，这种文化通过员工之间的合作与活力来创造财富。信息共享，知识发展，创新活动频繁，对市场变化能快速反应，这些都是自然的，而且被所有人尊重。与政府的关系质量对一个公司来说惊人地重要。国防承包商要培养与各级政府机关的他属关系。最大的公司往往吸引最优秀的前政府工作人员来担任董事或者与政府打交道的负责人。他们关于购买决策内部操作的联系和知识，由于行政上的错杂，就非常宝贵。类似的逻辑也适用于制药公司、航空公司和控制投资公司。

信誉

信誉通常是长期建立起来的。一旦树立了良好的信誉，它就是高回报的源头（假设所有必要的普通资源都作为支撑）。由于外国公司的机车出租，消费者不能提前评估质量。赫兹为当地的商人提供证书，特许他们经营。没有赫兹的证书，这些当地的汽车租用者看不出提供高于平均水平的服务有什么好处，因为他们不能向顾客收取高价。令人惊讶的是，与从没有特许经营的当地商人那里租车相比，越来越多的消费者愿意在出国旅游时为一个担保付款，保证租到可靠又有效率的车。当公司考虑一个安全问题或者合并问题时，会给高盛证券支付一大笔佣金。他们愿意为了"感情保险"支付费用。CEO不能确定交易的结果。如果失败了代价会很高——高管可能失去奖金，也许还会丢掉工作，股东会赔钱。因此，CEO会为了这种不可多得的活动聘用最有用的人。这种手把手的指导成本是次要的。如果一个顾问处理大而复杂的交易从来没有过失误，就能为CEO们提供一个比其他竞争者更有效的"感情上的安心毯"。这一原则可能适用于养老基金顾问、管理顾问、广告机构和定点的投资银行。也许信誉的重要性中最突出的表现就是品牌。品牌产品的生死依赖于信誉。一个强大的品牌会相当有价值。

态度

态度指的是组织心态。态度是很普遍的观点。态度是一个组织观察和联系这个世界的方式。像性格、意志和文化这样的字眼都与态度紧密相连。每个体育教练都知道态度的重要性。团队成员可能拥有最好的技术，或者是精湛的比赛知识，他们可能是最快和最拿手的，但是没有取胜的态度他们也不会成功。必须有胜利的意志。态度可以是组织内根深蒂固的。消极的态度难以摆脱。积极的态度能带来一个很好的重要竞争优势。一些公司在创新文化的基础上发展取胜的心态，其他公司则坚定地发展顾客满意度，还有一些公司则是质量驱动。3M 公司所贯彻的态度是勇于尝试。检验一些疯狂的想法会得到鼓励。员工们有时间去坚持完成一个梦想的创新，而且他们不会因为失败受到批评。像便利贴这样的发明就是这种态度的结果。佳能的态度是沟通——公司和消费者之间进行"心与心、思想与思想的交流"。这样就能发展信任。

能力

能力源自公司承担一系列任务的本领。技能这个术语可以被用来指一项精细的活动或者一项单独的任务。能力被用来指很多技能的整合。例如，一家公司的能力基础包括在以下狭隘领域的能力：如市场研究、创新设计和有效率的制造，当它们结合起来的时候，就会让新产品开发商拥有卓越的能力。一种能力不仅仅是单个进程的总和——单个进程的组合和协作可能会产生一项非凡资源。索尼开发了在微型化方面的能力。这使得它能生产从随身听到游戏机等一系列的产品。

知识

知识是信息的意识，是信息的解释、组织、合成和优先级处理，用来提供洞察和理解能力。对知识的保留、开发和共享对企业实现和保持竞争优势是极其重要的。在一个行业中，所有的公司共享基础知识。例如，所有的出版社都了解一些市场趋势、销售技巧和印刷技术。我所说的非凡资源不是指这种共同知识。如果一家出版社在理解一个特殊的细分市场，比如投资书籍，并收集了数据改进技术，那么它对信息的卓越的意识、解释、组织、合成和优先级处理就能通过非凡的知识创造竞争优势。该公司在细分市场上将会拥有比竞争者更高明的眼光。有两种类型的组织知识：第一种，显性的知识，可以被形式化并且以法典的形式传递下来。这是客观的知识，可以被定义被记录；第二种，隐性的知识，难以或者无法定义。它是主观的、个人的、具体的。它模糊又复杂，难以形式化，难以传达。隐性知识的例子包括写在公司会计手册里的费用程序，正式的市场需求评估，客户投诉数据和分类。显性的知识不可能提供竞争优势：如果它能被轻易地定义并且编纂，那么竞争对手也可以利用它。另一方面，隐性的知识是难以被竞争对手获得的。考虑一个棒球的比喻：显性的战术知识是普遍可以利用的；能把优秀的队员同普通队员区分开的是隐性知识的应用，例如能把这种知识变成天生的能力来识别投球的类型并且做出合适的回应。隐性的知识是通过实践来传播的，将知识从一个人转移到另一个人的主要手段是通过紧密的互相影响来建立理解，就像师徒关系一样。

如果你想深入分析竞争资源，在《价值成长投资》的第 10 章（阿诺德，2002）和《金融时报投资指南》的第 15 章（阿诺德，2004）中有更为充分的讨论。

潜在价值的生命周期

在一个具有吸引力的行业中，一个竞争优势将不会导致长期的卓越业绩，除非它能提供一个可持续的竞争优势，而且行业环境的状况仍然良好。竞争公司将会被吸引到这样一个行业。在这个行业中，参与者享受高回报，竞争优势也迟早会被削弱。竞争优势的寿命可以用生命周期的形式表示，分为四个阶段：发展、成长、成熟和衰退（见图7.5）。在发展阶段，竞争优势（通常是工业）被建立起来，也许通过技术或者服务创新，规模基础将会比较小。随着需求的增加，进入了成长期，竞争优势被一些因素加强，比如行业领先地位、品牌优势和专利权。拥有竞争优势的漫长时期里可以预见会得到高回报。最终，优势资源被转移，也许因为竞争对手的模仿，或者因为顾客和供应商得到了讨价还价的能力。其他把企业推向成熟期的可能还有竞争对手的技术突破，使他们能够提供更好的产品，或者是因为疏于管理导致成本控制的失误。不管是什么原因造成了绩效差异的减少，现在公司都站在一个三岔路口，两条路可能会导致生命周期的重新定位；第三条路就是进入负的业绩差异时期。两条积极的路中，一个是为其他公司进入这个行业制造困难和障碍。在外部的路上设置障碍可以使得那些昆虫很难进入你的蜂蜜锅里。而且，这样可以对外界那些很有抱负的参赛者传达一个明确的信息，如果他们敢越过门槛，那么他们将会受到大规模的报复性攻击，直到被赶走，另外一条路就是不断创新，不断改善SBU的产品供应，来保持领先于竞争者一步的状态。同时使用以上两种行动的例子是由微软提供的。它有能力支配经营软件市场和应用市场，因为Office办公软件通过网络效应已经成为一个全世界通用的标准系统，还有与硬件生产商密切的工作关系；这使得任何潜在的新参与者都会感到日子不好过。微软也投入了数十亿美元在新产品上——它拥有数千名软件工程师。即使是微软，也会发现其业务单元最终会落入价值创造下降的阶段，因为竞争优势的丧失。当这种情况发生的时候，即使这样做对微软来说极其困难，公司也必须撤出破坏价值的活动，将资本撤回来，投入正绩效的SBU中。

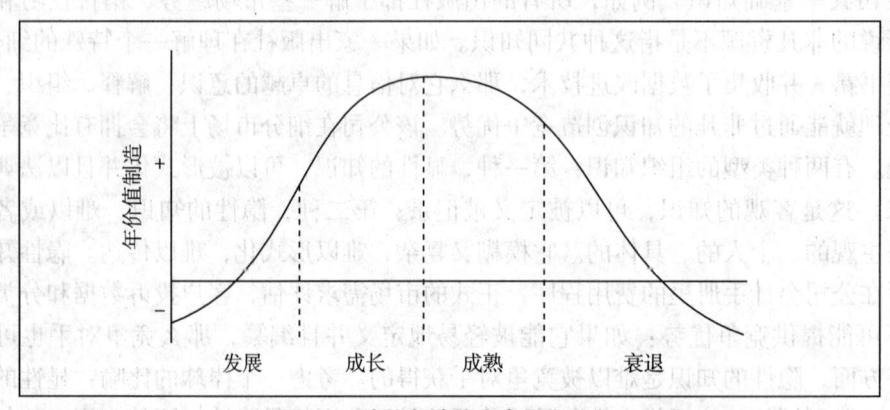

图7.5 价值创造的生命周期阶段

战略阶段

战略评估的三个要素可以在图7.6显示的战略阶段表中得到概括，Red公司除了塑料SBU，还有一个年轻的互联网游戏部门，一个煤炭开采子公司，一个出版集团，该集团拥有很多畅销书的宝贵的长期版权；一家超市连锁店，该超市在供给过剩的市场上遭到了越来越激烈的过度竞争；还有一家小型航空公司，该公司市场份额很小。

这个战略阶段框架可以用于SBU层级，或者可以为SBU内部的产品/客户细分市场重新绘制。

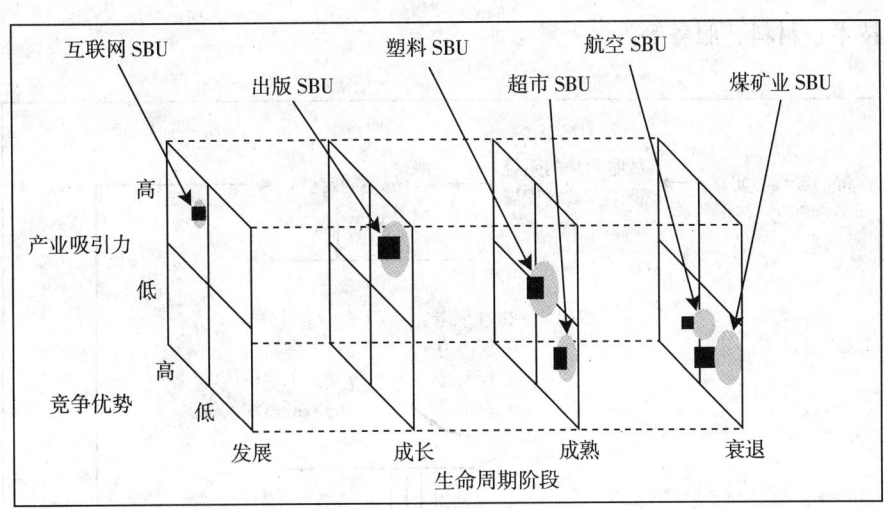

图 7.6 战略阶段

注：圆圈的大小代表公司向此事业部投入资产的比例，矩形的大小则代表当前的绩效。如果业绩为负值，则矩形显示在圆圈之外。

战略选择

管理者需要考虑一个广泛的潜在战略选择。在可供选择的市场，对产品的进入/退出方法和竞争途径进行系统性的搜索是至关重要的。这种搜索的目的是找到在有吸引力的市场上的竞争优势，这种竞争优势的持续期间能长于产生正绩效差异的时期。

有两种类型的战略被证明可以实现持续的竞争优势：

- 成本领先战略——一个标准的廉价产品。这里要强调的是规模经济或者其他成本优势。
- 差异化战略——产品/服务的独特性提供了允许收取加价的保证。

两头落空可能是灾难性的。

一旦对所有可能的战略方向进行一次充分的防范的搜索，涌现出来的结果就需要被评估。它们会以一种广泛描述的形式被考虑，用书面的报告和反省思考来做定性的分析。这种质化思维有一些很有用的属性，比如在战略选择初步构想中的创造力、直觉和判断，对它们优点的评估和随后过程的重复。定性的战略评估会被定量的审查所补充，在定量审查中，会计术语比如利润、每股收益（EPS），已投入资本回报（ROCE）和资产负债表影响都是传统使用的。这样做有一个好处，呈现战略规划的格式与董事们向股东汇报年报的格式相同。然而，这些度量并不能准确反映出替代战略计划产生的股东价值。以价值为基础的度量，比如经济利润和现金流折现值，在第8章的描述中会更为合适。

图 7.7 显示了对战略选择定性评估和定量分析的结合。当能创造高价值的战略名单被确定，在第 5 章中描述的敏感度分析和情景分析等就能被加以应用，来发现"最可能"输出的弱点，从而改变输入因素，比如销售水平或者材料成本。公司也需要考虑，是否有必需的财政资源来资助该战略。资金筹措、债务水平和股利政策的问题在这个时候就会遇到。可行性的其他方面包括组织是否拥有必要的技术基础来提供产品或服务要求的质量，是否有渠道获

得所需的技术、材料、服务等。

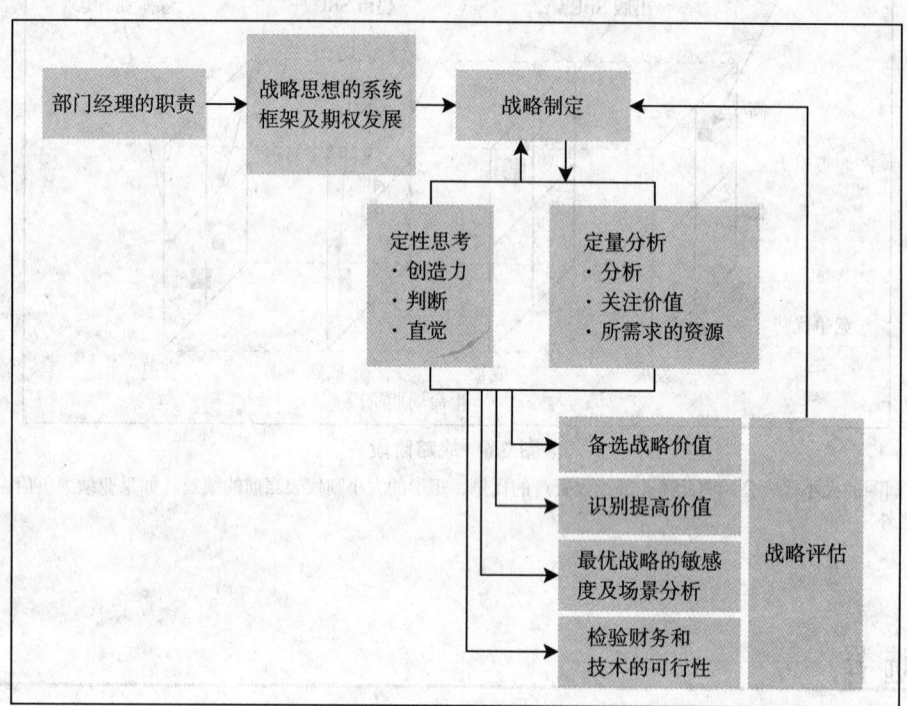

图 7.7　战略制定和评价

战略实施

让选择的战略生效需要资源的计划配置、再组织以及人们的推动。企业基于价值的原则的转变对战略实施产生了影响。资源只有在被证明其投入能创造价值之后才会配置给各单元或活动。管理者也需要承担创造价值的责任和目标。

总公司有何作用？

到目前为止，公司被描述为包含一组战略业务单元。所以如果各单元有各自的市场并且能够独立进行战略运作，那总公司到底还有什么用呢？

我们知道公司必须将增值原则运用到各项活动中，当然也包括其核心。总公司的任何行为也必须为股东创造价值。这意味着要注意投入每项任务的资产数量，以及这些资产在其任务中产出的回报。很多公司没有进行这样的思考；在传统执行中加入新的活动后总公司的成本呈螺旋状，它们并没有考虑这些任务是否是必须的，如果是必须的，总公司会进行最有效的执行。

在基于价值的企业中，其中心（总公司）的作用有以下四方面：

- ***投资组合计划***——分配资源给创造最大价值的各战略业务单元、产品或客户领域，或者从毁灭价值的活动中抽回资本。
- ***管理两个或更多战略业务单元共同的战略价值驱动因素***——那些关键的特殊资源赋予公司竞争优势，所以可能需要集中管理，或者总公司的协调以实现收益最大化。例如强有力的品牌或技术知识管理。总公司要保证投入足够的资金以实现全部收益，但不能过度开发。
- ***提供普遍的哲学和控制目标***——培训、目标设置、员工奖励以及承诺都致力于增加股东价值。总公司的有力领导是为了避免冲突、游离及模糊。
- ***为了适应市场环境和创造价值***，需要总公司构建组织的整体结构。为了价值创造，任务和责任都被明确地量化界定。

我们可以把投资组合计划的原则运用到 Red 有限公司。公司核心要激励各部门并同它们分工协作以降低或消除产品或市场的价值损失——回忆 C 生产线以及对英国的工业客户和政府的销售正在毁灭的价值。一旦这些被完全评估，总公司就能保证提供资源和其他服务以有效地实施战略。例如，如果最有效的增值选择是逐步抽回 C 产品线的资金以供应给产品线 A，在受命减少资源时，C 的管理团队可能失去动力从而使销量（利润）降低，管理者的倾向越强，上述趋势也就越明显。总公司可以帮助实施这个过程，即通过改变这些管理者的目标，激励他们避免纯增长和权力构建而转向股东价值。

从公司资源配置层面来讲，Red 公司的管理层需要做大量工作。尽管处于初期增长阶段，出版部门已经由现有活动创造了高价值，其管理团队相信大量收益会由购买版权流向小说和儿童故事。将这些与"稳定的"现状结合，公司能够更有力得和书刊零售商进行谈判，电视制作公司希望将这些故事搬上荧幕，销售公司希望将一些名作中的形象置于 T 恤及罐装饮料等一些产品上。这种战略涉及从个人作者处购买版权，也涉及收购在交易所上市的公司。这需要很大的成本，也会让各种资源在公司部门间流动。但是我们可以从图 7.8 中看到，这种变化产出的价值还是很诱人的。

在前三年，网络部门与财务资源的联系非常紧密，因为这个市场中的创新具有很高的风险。但是，精力充沛和能干的管理者们还是设计出整条服务链，在技术上超越竞争对手，并占领更大的市场，利用著作权和专利设置进入壁垒。主管们决心扩展这块领域。

各部门积极的在成熟市场中协同运作，但是接着绩效开始逐渐下滑。然后战略措施就变成减少高成本的生产线数目，并将资源转向利基市场，因为在那里产品的差异化允许定价溢价。试图逐步转向较高的整体竞争优势，但是最终的结果是行业吸引力下降。投入部门的资源几乎可以保持恒定，但是主管们会看到结果会比现计划的预期恶化得多。

超市部门现在展示了良好的绩效，但是可以预见行业中会出现持久的价格战，届时价格暴跌，使得许多公司撤离。在经过这段困难的时间后，许多主管会大力支持这个部门，因为较弱的对手已经推出，边际利润会提高到正常的高水平——长远说来，此时产量越高就创造越多的价值。考虑到价值创造，这个战略业务单元的生命周期会从成熟期移到成长期（见图 7.8）。其余的主管不愿意承担这种风险，结果他们的公司没能成为市场份额之争的幸存者。此外，他们认为即使他们获胜，接下来的 5 年也需要巨额的资源，但那些资源的产出可能比出版或网络单元的少。因此，如果财务资源受限，他们不会将资金投入到这些"明星"部门。

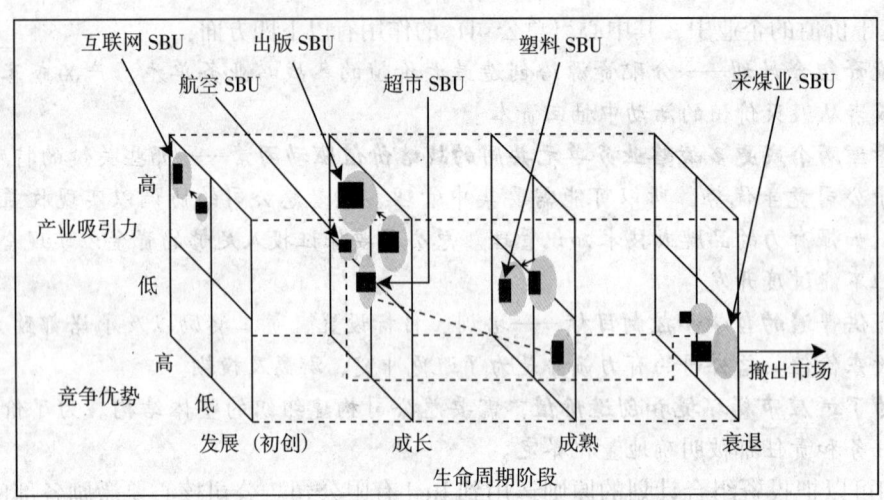

图 7.8　利用"战略飞行图"进行分析，Red 有限公司改变了"战略飞行图"

注：圆圈的大小代表公司向此事业部投入资产的比例。矩形的大小代表了目前的绩效。如果业绩为负，则矩形显示在圆圈之外。

煤矿部门可能在损耗资金。由于提炼煤需要很高的成本，加上电力公司选择进口以满足煤需求，煤矿产业一直在衰退。加上在这个市场中 Red 公司的规模较小，缺乏有效竞争的规模经济。更糟糕的是，公司的大量资金被积压在电力公司的库存煤中。因此要从这个产业中撤出，调查得出的最好方式——出售给竞争对手或者进行清算。

航空业务经营一直没有得到满意的回报，而且由于消耗他们创造的价值所以被其他部门的管理者憎恶。但是，最近的航飞开始放松管制，而且欧洲主要的机场降落也开始开放，这些呈现了新的商机。尽管最小的经营者不能在价格上竞争，但是却可以为商务旅行提供高质量的服务。结合其他的价值驱动因素，如强劲的销售团队等，致使部门经理和其他的质疑者相信足够高的边际收益可以产生良好的绩效。欧洲的新制度使得航空部门回到成长期得以继续保留。

图 7.8 中，关于 Red 公司的战略分析只是大企业战略发展的简版，在大型企业中，需要成千的工时，以及新战略计划的评估和实施。战略是极其复杂和广泛的应用学科，这一章我们只是掌握了一些皮毛而已。

目标和动力

图 7.1 中列出，由基于利润的方法向基于价值的方法转变时所影响的管理的其他方面我们基本上都涉及了，恕不赘述。感兴趣的读者可以阅读和参考这个领域内领先的作者〔见 McTaggart 等（1994），Copeland 等（1996），Rappaport（1998），Stewart（1991）和 Reimann（1989）〕的文献。第 10 章和 18 章会谈论财务结构，主要是整体资本中债务的比例问题，在第 14 章会讨论派息率。

图 7.1 提到的最后一点是组织的不同层面应该有不同的价值创造目标的重要性。决策者和首席执行官合理地认为，从股东的角度出发必须有与公司整体绩效相关的指标，因此股东

总回报、财富增值指标、市场增加值、市价与账面价值比率（第9章中提到的指标）对绩效引导是非常重要的，激励方案（最后一部分）也是基于以上指标。经济利润、经济增加值以及折现现金流对高级管理者也有很有效的引导。下一章我们会讨论上述问题。

回到组织，目标设置和奖励需要同控制水平和责任相联系。战略业务单元绩效表现为价值指标形式，如折现现金流、经济利润、经济增加值等。产出通常由部门或其他中间层的管理层控制，因此奖励系统的目标也必须表现为这类指标。运营层对价值创造有特别的贡献，但是这一层的管理者无法对更大的价值中心进行控制，因此只能强调对特定的运营层面的价值驱动因素的奖励，如客户的产出量、员工流动率以及产品成本降低，加快应收账款回收等。

关键规则：所有的管理者都应该就长、短期目标达成共识。这与我们关注短期目标的趋势相反，因为长远说来那样并非最优化。

案例分析 7.1

关于劳埃德 TSB 集团的战略、计划和预算

尽管业务单元为自己的战略发展负责，劳埃德 TSB 集团还是针对如何发展战略提供了指南。这些单元计划被合并成价值中心的总体计划。这个过程再由总公司审核。战略计划过程包括五个阶段：

（1）定位评估。业务单元必须就业务运营市场中的经济体进行基于价值的评估，包括相对的竞争水平的定位。市场吸引力和竞争力必须包含量化的估计而非单纯定性分析。

（2）生成备选战略。业务单元要制定一些现实可行的备选战略。

（3）评估备选战略。业务单元必须要进行股东价值计量以便对备选方案排序。即使备选战略有很高的正净现值，也并不意味着一定会被接受。因为除了现值估计，还需要评估项目风险和可行性。

（4）选择与中心一致的战略。为更好地理解赋予业务的管理者足够的权力来实施他们认为最正确的战略，虽然这被认为是非常关键的，然而中心建立挑战机制也同样重要，这样才能保证展开正确的分析和合理的假设。

（5）让选择的战略成为合同。一旦中心已经确立了战略，资源分配和里程碑就确立了。同时也会得出包含在战略计划中的项目的预算绩效目标。除了这些，业务单元的管理者可以自由选择任何相关且合适的结构和绩效指标。

资料来源：阿诺德和戴维斯：《基于价值的管理》，威利出版社，2000年。

结 论

一个运用价值原则的商业组织有着很重要的额外力量源泉。在运用价值原则的过程中，严密的思考会促使管理者检查现有系统、产品和市场战略，以便从公司的各部分为股东创造价值。一个无法正确思索现有运营单元，或者不能正确使用指标衡量绩效的公司会发现相对其竞争对手，它的市场地位会不断下降。

注 释

1. See Johnson and Scholes (2001) for more detail.

2. For more detail on market attractiveness analysis consult Arnold, G. (2002) *Valuegrowth Investing*. London: Financial Times Prentice Hall (Chapter 9) of Arnold, G. (2004) *The Financial Times Guide to Investing*. London: Financial Times Prentice Hall (Chapter 14) or any major textbook on strategy. Michael Porter is a leading writer in the field of strategy.

3. Kay, J. (1993) *Foundations of Corporate Success*. New York: Oxford University Press. A study of corporate strategy.

4. Martin, P. (1998) 'Goldman's goose', *Financial Times*, 11 August, p.14. Why Goldman Sachs can charge a large amount for advice.

5. *Ibid*.

6. De Wit, B. and Meyer, R. (1998) *Strategy: Process, Content, Context*. 2nd edn. London.

第8章
对价值创造的衡量

引言

使用现金流衡量价值

股东价值分析

经济利润

经济增加值

投资的现金流回报

结论

引 言

所有层级的管理者都要为未来行动制订计划。在起草这些计划时，他们需要对价值进行可靠的衡量以在不同的途径之间进行选择。本章介绍的指标就可以应用于这个目的。

然后，由于公司层级和业务单元整体层级都有战略活动，管理者需要对流程实施监控以观察他们是否依旧在创造价值。在此，这些指标是有用的。可以设立一些目标，一旦达到了里程碑式的目标获得了成功，那么激励计划就可以向那些做出贡献的人赠予一部分其所创造的价值。这样做是为了确保每个员工都理解什么是价值，而且每个人都在全力创造价值。

每个责任人都应该知道资金提供者投入 SBU、生产线或者项目中的资金数额以及这些资金的必要报酬率。每个责任人都应该知道超出必要报酬率的剩余回报将会分配给那些有助于实现回报的人。

本章讨论的这些指标量化了那些能够激励从董事会到商店的每个环节实现高绩效的计划、目标和刺激措施。他们可以被用来衡量整个公司或公司的一小部分。

使用现金流衡量价值

我们在本章和下一章将讨论一系列的价值衡量手段。在竞争激烈的顾问之间有一个热门的争论，即哪个才是最好的指导管理者寻求创造价值的最好方法。然而，他们都承认处于所有衡量方法核心地位的是现金流量贴现法。

在第 2 章中，投资价值被描述为贴现的现金流的总和（NPV）。这一原则也适用于对一新项目的评估：如果投资项目产生的报酬率大于资金提供者的资本机会成本，那么它就是增加财富的。同一逻辑可以适用于企业决策中的许多其他领域，包括资源配置；业务单元战略；公司级战略；鼓励、奖励和激励。

考虑表 8.1 中列示的 Gold 公司的数据。这些数据涉及了整个公司。假设公司正在追求某一特定战略，那么这些数据就能够用来预测业务单元收益，或者用在产品线中。（注：要想理解本章，读者需要先理解第 2 章及其附录中介绍的概念和工具。你应该在继续阅读之前重新整理一下有关基本的现金流贴现法分析的知识。）

表 8.1 从预测的利润开始，为得出现金流数据进行了一系列调整。这种方法很有价值，因为它反映了公司的实际状况，对业务单元的超前预测通常是以会计预算的形式而不是以现金流的形式，并且管理者需要知道怎样从这些数据计算得出现金流而不是一开始就抓耳挠腮最后得出可靠的现金流预测。

财务数据是通过减去诸如折旧等不影响当年公司现金流的项目后得到的。当在账簿中对某一项目计提折旧时，利润减少了但是没有现金损失。现金实际流出只发生在支付资本项目时，所以应该把折旧加回到利润数据中。与折旧不同，我们减去了每年投资于固定资本设备中的实际现金流总额，比如工厂、机器设备和交通工具（固定资本投资）。

表 8.1 Gold 公司的预测现金流

必要报酬率 =12%每年　　　　　　　　　　　　　　　　　　　　　　　　　　　　　　　　单位：英镑

年 份	1	2	3	4	5	6	7	8 以及以后年份
预测利润	1000	1100	1100	1200	1300	1450	1600	1600
加账面折旧和其他非现金项目（比如，商誉的摊销）	500	600	800	800	800	800	800	800
减固定资本投资	−500	−3000	−600	−600	−300	−600	−800	−800
减营运资本的追加投资*								
存货	50	−100	−70	−80	−50	−50	−50	0
应收款	−20	−20	−20	−20	−20	−20	−20	0
应付款	10	20	10	10	20	20	30	0
现金	−10	−10	−10	−10	−10	−10	−10	0
加利润表中所列的利息	100	150	200	200	200	200	200	200
税费	−300	−310	−310	−420	−450	−470	−550	−550
现金流	830	−1570	1100	1080	1490	1320	1200	1250
贴现现金流	$\frac{830}{1.12}$	$-\frac{1570}{(1.12)^2}$	$+\frac{1100}{(1.12)^3}$	$+\frac{1080}{(1.12)^4}$	$+\frac{1490}{(1.12)^5}$	$+\frac{1320}{(1.12)^6}$	$+\frac{1200}{(1.12)^7}$	$\frac{1250}{1.12} \times \frac{1}{(1.12)^7}$
	741	−1252	783	686	845	669	543	4712

注：* 存货、应收款以及现金流为正，表示这些形式的投资可以释放现金；值为负，表示向这些领域投入了附加的现金。应付款为正，表示由供应商给予了一个较高的商业信用，因此增加了现金流。

在计算利润数据时，会计师并没有意识到存货（比如原材料存货）或者应收款（赋予客户商业信用）的增加会占用股东的现金。会计师认为一种资产（手中的现金）被转换成为另一种项目（存货、客户欠款），因此没有需要扣减的费用。然而，现金流分析师将被这些项目占用的现金视为企业的增长，所以对利润数据进行了调整以得到现金流数据。

类似的，如果现金被占用用来维持企业经营（比如彩票经营部或食品零售店占用的现金），事实上这些现金已不再是股东可以使用的。因此，如果股东不得不在某一时期内提供附加的现金流，那么这些现金流应当从利润数据中扣除，才能得到真正的现金流。

供应商为公司发送生产所需的投入产品和服务，公司支付时不管是依据"货到付款条款"还是依据"信用条款"，会计师都会马上将这些价值计入费用，并从发货当年的损益表中扣除。现金流分析师需要在这里做调整，因为费用总额也许并没有以现金的形式流出。因此，如果应付款账户余额增加了，我们需要确认损益表高估了现金流出。然后我们需要将从年初到年末应付款账户余额的增加值加回到现金流数据中。

我们还加回了未计入利润的利息，因为12%的贴现率已经包含了对贷款人必要报酬率的补偿（见第10章）。在计算现金流时如果减去利息，那么就会对这一因素进行双重扣减。

表8.1栏底部所示的现金流数据有时指"自由现金流"。即它们代表了能够自由支付给投资者（股东和债权人）的金额总数。支付出去这些数量的现金不会影响未来现金流，因为固定资本支出项目和营运资本（存货、应收款、现金减去商业信用）等形式的未来增长所必需的投资都已经支付了。

贴现的现金流总额为我们提供了SBU（或者公司等）的价值，这个价值是在考虑了所有的现金流入/支出额并且减去了未来的由必要报酬率（资本的机会成本）所引起的现金流出后得出的。这个贴现率是以股东资本必要报酬率和债权持有人资本必要报酬率的结合为基础的。第 10 章阐述了贴现率推导过程背后的逻辑，即它是权益和债权必要报酬率的加权平均值。

通过检查 SBU 的贴现现金流，管理者以及公司的管理董事能够评估 SBU 的价值贡献。然后也可根据现金流项目所表现出的绩效目标来对提出这些预计现金流的管理团队进行判断和奖励。同时，现金流可能涉及某一特定产品线或特殊顾客。每一个管理层级的预期都是为总体公司价值做贡献。

计划期是 7 年，因此未来现金流的现值就是：

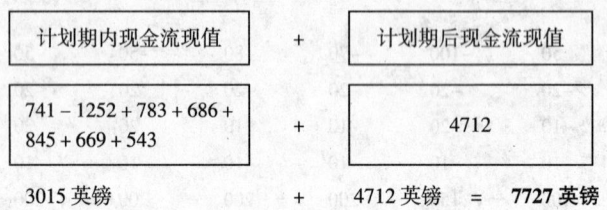

在这类分析中通常会发现大多数价值都产生在计划期后。然而，应该记住正是计划期内进行的活动（战略定位等）以及投资为计划期后的高自由现金流创造了平台。

我们注意到，与本书的第一部分中描述的 NPV 计算相对，在 Gold 公司的案例中没有给出大额的初始现金流出。这是为了说明如何应用现金流贴现法分析一个在很多年以前建立的 SBU 或者其他项目的未来现金流现值（不是净现值）——你无法获得初始成本数据——这种类型的分析仅考虑未来现金流入和流出，不考虑过去的（沉没）成本。

基于某一特定战略方向计算所得的价值（比如表 8.1 的结果）可以与其他选择进行比较，用来观察哪一个提供了最高的价值。你还可以实施敏感性分析以及情景分析（见第 5 章）以强调考虑的该领域，这样就需要将管理注意力集中到降低不好的结果的概率上来。

公司价值

如果我们正在评估的 SBU 还有其他没有被应用于创造自由现金流但拥有市场价值的资产，那么我们将这些资产价值与贴现经营现金流进行合计得到的就是总体公司价值。例如，许多公司持有股票或债券的投资组合，而这些投资都与公司的经营无关。这些投资的市场价值应该加到来自经营自由现金流的公司价值中去。同样的，如果公司拥有一个可以出售的闲置工厂，那么它的价值也应该计入总体公司价值中。

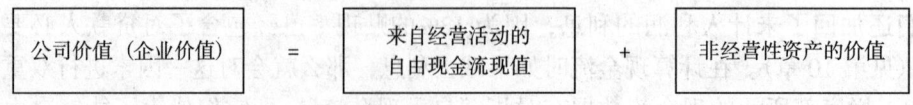

不同选项间贴现自由现金流的比较

数据 7727 英镑是所有未来经营现金流的现值。另一个备选方案就是出售 SBU 的资产，可以分项出售也可以整体出售。我们应该将这一方案和继续持有并经营业务方案的现值进行比较。采用某战略的机会成本就是放弃的最佳选择的价值。

来自经营活动的股东价值

如果我们从总体现值中减去债权的价值,就会得到属于股东的价值。因此,我们假设 SBU 拥有 3000 英镑的债务,那么在考虑非经营性资产之前的股东价值就是 4727 英镑。

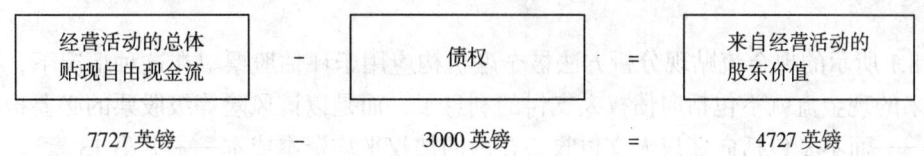

这里的"债务"不仅指付息债务,还扩展到包括融资租赁义务、资金不足的退休金计划和或有负债等。

真正的管理不是精确的数字——而是数字背后的东西

通过进行基于现金流的分析,决策制定者被迫调查并理解了基础资产。只有通过检查,他/她才能将真实数字计入未来计划表中。这意味着要清楚地明白竞争环境以及公司拥有的能在选定的行业中产生高收益的独特资源——见第 7 章。换句话说,决策制定者需要调查出公司乃至行业的关键"价值驱动"因素。

但是这里却有一个粗心大意和消息闭塞引起的陷阱。缺乏实施高质量战略分析所需的充满智慧的工具、理论专栏架和事实的管理者将会在现金流预测中提出过于简单化和误导性的投入数字:GIGO——无用输入/无用输出。

基于价值的管理不是一个机械的原则。它不是向一个计算机程序中输入一些数字然后等待答案自己跳出来。它是一个每一步都需要判断的流程;它需要管理者对结果的仔细反应以及对输入数字的敏感性。需要深入地思考去识别判断关于输入变量所做的微小(或者巨大)的差异,以及评估不同结果发生的概率。基于价值的管理是一门在不确定性的薄雾中制定决策的学科。如果它对充满不确定性和模糊性的现实世界中大有用处,那它是怎么做到的呢?它为我们提供了在给定的这些环境中实施最佳途径的专栏和工具。

奖励应该给予那些做出很好的判断而不是那些不精确判断的人。这些人搜寻了更多的数据并尝试识破未来的迷雾。更多的数据也带来了那些能够减小可能结果范围的思想和行动。

> **计划期后的投资**
>
> 在计划期后,由于对固定资产和营运资本项目的追加投资,每年现金流会与原来的数据 1250 英镑有所差异,但是这对现值不产生任何影响,因为新增的投资(贴现后)将会等于该投资之后未来现金流入的贴现值。换句话说,公司只能够获得 8 年之内的必要报酬率,因此新的投资不能创造价值。例如,假设 Gold 公司筹集了一笔 1000 英镑的资金,在第 9 年末将这些资金投资于一个项目,该项目将会在第 10 年开始永久地每年产生 120 英镑的净现金流入。把这些数据贴现至 0 时间点,NPV 是零:
>
> 现金流出现值 $\dfrac{1000 \text{ 英镑}}{(1.12)^9} = -360.61$ 英镑

现金流入现值 $\frac{120/0.12 \text{ 英镑}}{(1.12)^9}$ = +360.61 英镑

如此一来超出计划期的追加投资不会产生新增价值,因此在价值计算时可以被忽略。

与证券市场价值的联系

表 8.1 所示的现金流贴现分析方法被金融机构应用于评估股票(在这种情况下,决定为股东带来的现金流就不包括向债权人支付的利息了,而是以该风险等级股票的必要报酬率进行贴现——而不是包括向债权人支付收益在内的加权平均资本成本——见第 13 章)。公司所有人强调现金流的形成,因此它对管理者使用简便方法评估战略、项目、产品线和客户有重要意义。

股东价值分析

阿尔弗雷德·拉帕波特(Alfred Rappaport)(1998)在现金流贴现法的基本概念之上提出了一种简化的分析方法。以 Gold 公司为例(见表 8.1),常规模式中的现金流的构成因素都没有变。例如,第 2 年的固定资本投资依旧是第 5 年的 10 倍。拉帕波特的股东价值分析法假设从一年到下一年中不同现金流因素的相对平滑的变化都与销售水平有关。图 8.1 中列示了拉帕波特认为决定价值的七个关键因素。

图 8.1 拉帕波特的价值驱动因素

拉帕波特将这七个关键因素称为价值驱动因素,而这样就会与其他作者所指的能够带来一定程度的竞争优势的价值驱动因素相混淆。为了区别这两种类型的价值驱动因素,图 8.1 中列示的七条定量因素将被成为拉帕波特价值驱动因素。为了估测未来现金流,拉帕波特假设销售增长率是一个固定百分比。营业利润率是一个占销售额的固定百分比。这里的利润被定义为息税前利润 PBIT。税率是占经营利润的一个固定百分比。固定资本以及营运资本投资都与销售增长有关。

因此,如果最近一年的销售额是 100 万英镑,并且每年增长 12%,销售的营业利润率是9%，税率是营业利润的31%，固定资本项目的追加投资额等于新增销售额的14%，追加营运资本投资额等于新增销售额的10%，表8.2中列示出了Silver公司下一年的现金流。

表8.2　Silver公司：下一年度的销售额、经营利润和现金流出

第1年销售额		
=上年销售额×(1+销售增长率)		
	=1000000×1.12	
		1120000
经营利润		
=销售额×营业利润率		
	=1120000×0.09	
		100800
税费		
=经营利润×31%		
	=100800×0.31	
		−31248
固定资本追加投资		
=销售增长额×追加固定资本投资率		
	=120000×0.14	
		−16800
营运资本追加投资		
=销售增长额×追加营运资本投资率		
	=120000×0.10	
		−12000
经营自由现金流		40752 英镑

使用股东价值分析法对整个公司进行估值

公司价值是总体资本结构中借债比例与权益比例的价值的结合：

公司价值 = 负债 + 股东价值

债务构成部分就是债权的市场价值，比如长期贷款和透支额，加上诸如优先股等准债务负债的市场价值。在股东价值分析法的实际应用中，经常用资产负债表中的负债账面价值作为其市场价值的一个合理的近似值。上述公式可以重新排列以分离出股东价值：

股东价值 = 公司价值 − 负债

拉帕波特的公司价值有三个构成部分，因为他把有价证券——那些可以产生经营现金流的经营活动不需要的资产——的价值的贴现现金流与经营产生的现金流相分离（见图8.2）。有价证券的价值以它们的现行市价表示。

自由现金流是扣除固定投资和营运资本投资之后的经营现金流，它来自企业的经营活动。它不包括通过比如公司出售股票或发行债券等活动产生的现金流。它也不包括利息或者股利的支付额（见图8.3）。

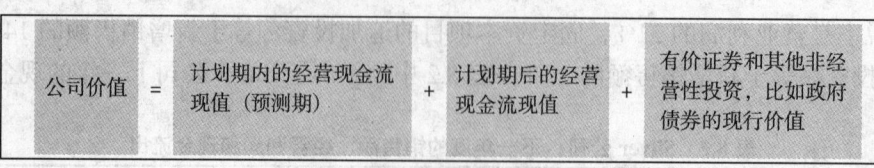

图 8.2 拉帕波特的公司价值

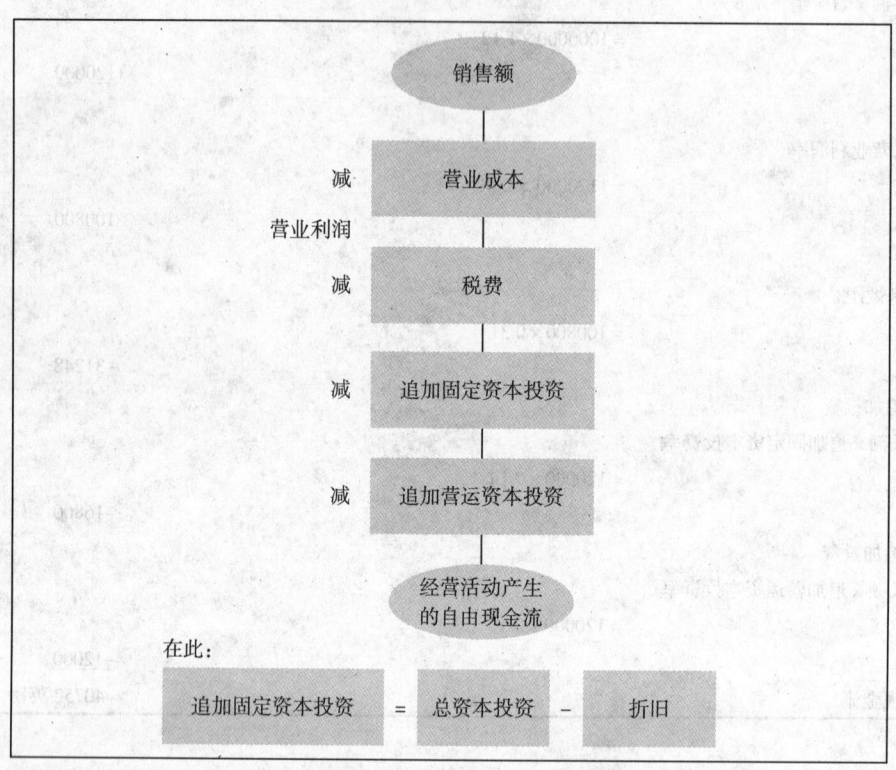

图 8.3 拉帕波特的自由现金流

对固定资本投资的折旧额的进一步探究

投资于工厂、机器设备、交通工具、建筑物等方面的投资额，由两部分构成。

- 类型 1 每年用于替换已消耗设备及其他项目的投资，总体资产水平保持不变。
- 类型 2 大概是为了追求生产能力的增长而追加于存货类资产上的投资。这称为追加的固定资本投资。

股东价值分析法通常有一个简化假设，即损益表中显示的"折旧"数据等于类型 1 的投资。这样避免了我们必须将折旧加计回经营利润，然后再鉴于类型 1 的资本投资。因此自由现金流即是图 8.3 中所示的定义。

说明

　　如果我们假设计划期是 8 年，必要报酬率是 15%，那么我们可以采用拉帕波特的七个价值驱动因素计算 Silver 公司的股东价值（见表 8.3 和表 8.4）。

表 8.3　拉帕波特的价值驱动因素应用于 Silver 公司

1. 销售增长率	每年 12%
2. 营业利润率	销售额的 9%
3. 税费	营业利润的 31%
4. 追加固定资本投资	销售额变动的 14%
5. 追加营运资本投资	销售额变动的 10%
6. 计划期（预测期）	8 年
7. 必要报酬率	每年 15%

表 8.4　股东价值分析法——现金流计算的范例

单位：千英镑

年份	0	1	2	3	4	5	6	7	8	9 以及以后年份
销售额	1000	1120	1254	1405	1574	1762	1974	2210	2476	2476
营业利润		101	113	126	142	159	178	199	223	223
减税费		−31	−35	−39	−44	−49	−55	−62	−69	−69
减追加固定资本投资		−17	−19	−21	−24	−26	−30	−33	−37	0
减追加营运资本投资		−12	−13	−15	−17	−19	−21	−24	−27	0
经营自由现金流		41	46	51	57	65	72	80	90	154

　　注：所有数据均四舍五入至整数。在所示的 8 年之后没有再对固定资本和营运资本的投资。这表明可以不用扩大公司的物理容量而永久获得每年 15.4 万英镑的现金流。然而，本分析中用于替换现有设备消耗的投资等于在计算营业利润时减去的折旧额。此外可能发生一些用于替换投资之外的投资，但它对价值计算没有影响，因为在计划期以后的投资产生的报酬率等于必要报酬率，即这些资产没有性能差异，因此在计算公司价值时忽略这种投资。

　　公司还有 60000 英镑的国外和国内股票投资以及 50000 英镑的长期固定利息率证券。这些资产不是用于产生经营利润的，并且可以出售以获得可以给予所有者即股东的利益。

　　公司价值如图 8.4 计算所示。

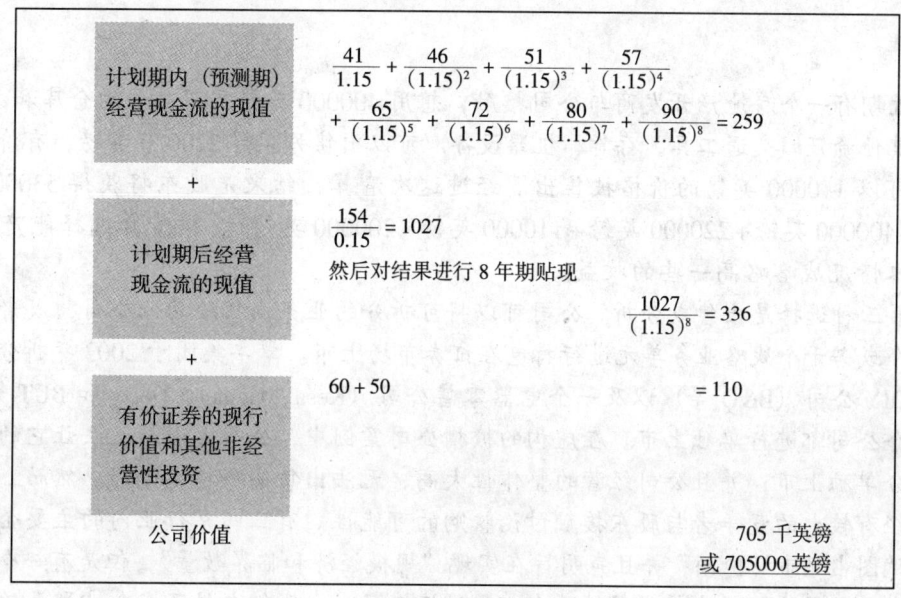

图 8.4　公司价值

股东价值分析法中的必要报酬率是对负债和权益资本的必要报酬率进行加权平均后得出的，它按照债权人和股东出资的比例进行收益的分配（见第10章）。这解释了为什么对付息前的利润进行贴现而不是仅仅贴现股东所获的利润：这些现金流中的一部分将会由债权人所有。然后将通过这种方法所得的贴现现金流相加，总和即公司价值（有时也称为企业价值）。在本例中，如果减去200000英镑的负债剩下的就是股东价值。

股东价值=公司价值-负债

股东价值=705000英镑-200000英镑=505000英镑

同样的，这种分析方法可以应用于许多不同层级：

- 整个企业；
- 分部/SBU；
- 经营单元；
- 项目；
- 产品线或客户。

使用股东价值分析法进行战略评价

从价值创造角度对不同的战略选择进行的量化评估可以帮助战略选择。建议在业务单元或公司层级战略规划和评估中应用股东价值分析法时考虑至少四种备选策略活动：

- 继续现行战略——"基本情况"战略；
- 清算；
- 出售（将整个企业出售给另一公司）或者分拆（出售某一业务单元，同时也许还保留其他的业务）；
- 新经营战略。

假设我们用来阐述股东价值分析法的公司从事的是房屋塑料檐槽的生产，其股东价值为505000英镑，实行基本情况战略，公司拥有相对较低水平的追加投资，销售增长率也较低。

备选

- 近期有一个房地产开发商与公司接触，想用400000英镑买下公司的仓库和办公室。其他资产（交通工具、存货、机器设备）可以出售另获得220000英镑，有价证券也可以110000英镑的价格被售出。经过这次清算，结果是股东将获得530000英镑（400000英镑+220000英镑+110000英镑-200000英镑）。该清算选择能产生比基本情况战略略高一些的收益。
- 第三种选择是出售或分拆。公司可以将可拆分的业务出售给其他公司，或者将某一个或若干个战略业务单元进行打包在证券市场上市。翠丰集团于2003年拆分为一个DIY公司（B&Q等）以及一个电器零售公司（Kesa、Comet、Darty和BUT等），每个公司都进行单独上市。在虚构的檐槽公司案例中，公司太小而无法让它的组成部分单独上市，并且公司经营的整体性太高，无法出售某一特定分部。然而，过去曾经有较大的竞争者与股东接触讨论收购的可能性。有三四家行业内的主要企业正在试图占领市场份额，并且声明旨在实现"规模经济和临界数量"，但是有一个明显的表现就是他们对出售公司的股东们太过慷慨了——他们支付了一个"愚蠢的价格"。

公司的管理者判断，如果他们能够赢得在这些盛气凌人的大企业中正在进行的竞购战，那么股东将收到650000英镑的售价。

- 第四个选择是扩张到彩色檐槽的新产品领域。这需要大规模的投资，而也会带来快速的销售增长以及更高的营业利润率。预计的拉帕波特的价值驱动因素已在表8.5中列出。要注意资本项目投资增加了，还要注意该战略与基本情况战略相比较高的风险，反映在贴现率上即从15%上升至16%。

表8.5 拉帕波特的价值驱动因素在Silver公司扩张中的应用

1	销售增长率	每年25%
2	营业利润率	销售额的11%
3	税率	营业利润的31%
4	追加的固定资本投资	销售额变化的15%
5	追加的营运资本投资	销售额变化的10%
6	计划期（预测期）	8年
7	必要报酬率	每年16%

表8.6中计算得出了该檐槽公司实行新战略后的股东价值。数据显示与基本情况的战略相比，新战略前三年的现金流较低，然而总体的预期股东价值从505000英镑上升至1069000英镑。

表8.6 新战略下檐槽公司的股东价值

单位：千英镑

年份	0	1	2	3	4	5	6	7	8	9以及以后年份
销售额	1000	1250	1563	1953	2441	3052	3815	4768	5960	5960
营业利润		138	172	215	269	336	420	524	656	656
减税费		−43	−53	−67	−84	−104	−130	−162	−203	−203
减追加固定资本投资		−38	−47	−59	−73	−92	−114	−143	−179	0
减追加营运资本投资		−25	−31	−39	−49	−61	−76	−95	−119	0
经营自由现金流		32	41	50	63	79	100	124	155	453

计划期内贴现现金流

$$\frac{32}{1.16}+\frac{41}{(1.16)^2}+\frac{50}{(1.16)^3}+\frac{63}{(1.16)^4}+\frac{79}{(1.16)^5}+\frac{100}{(1.16)^6}+\frac{124}{(1.16)^7}+\frac{155}{(1.16)^8}=295$$

计划期后贴现现金流　　　$453/0.16 = 2831$，然后 $2831/(1.16)^8$　　　$= 864$

有价证券　　　$= 110$

公司价值　　　1269

股东价值 = 公司价值 − 负债
　　= 1269000英镑 − 200000英镑
　　= 1069000英镑

敏感性分析和情景分析

（这些评价也适用于现金流分析）

为了获取更多信息进行决策，董事们可能希望进行敏感性分析和情景分析（见第5章对这种方法的介绍）。可以建立最坏状况和最好状况的情景，收益对某一变量变化的敏感度都可以进行仔细观察。例如，表 8.7 所展示的数据就可以对彩色展品战略这一备选选择的贴现率和追加固定资本投资率进行审查。

由表 8.7 可得出一个观察结论，即虽然追加资本投资额需要上升至占销售增加额的 20%，贴现率也上升至 17%，但是该战略在考虑的四个选择方案中产生的价值是最高的。管理者可能希望考虑其他变量比原有预期水平发生变化的趋势与可能性。

表 8.7 在不同贴现率和资本投资率下檐槽公司的股东价值

千英镑

		贴现率		
		15%	16%	17%
追加固定资本投资率	15%	1205	1069	951
	20%	1086	955	843

管理工作的目标、奖励和协同

在最初的股东价值分析完成后，如果把七个拉帕波特价值驱动因素分解开来进行仔细分析则会大有用处。例如，如果营业利润率是 20%，那么你可以调查收入中的 80% 是以何比例分配在薪金、原材料成本或管理费用等形式的现金流出中的。这就会关注于管理重点。它同样还需要绩效衡量标准和目标更加详细。为产品经理设定的目标可能是原材料损耗以及连锁店员工效率方面的。这些经营目标会聚到一起成为提高营业利润率的目标以及股东财富最大化的终极目标。类似的，负责固定和营运资本投资的经理会接受与其他专注于价值方面的经理相一致的目标。

这种分析方法的另一种应用：价值驱动因素（以及它们的构成部分）可以被用来对公司和其竞争者进行标杆比较。因此，如果你发现你们公司平均每单位销售额所分摊的半成品存货水平最高，那么你可能想调查是否在高效率地赚取收益。

股东价值分析法中的问题

在应用股东价值分析法时有一些弊端。

- 在一些环境下，价值驱动因素按固定百分比增长是不现实的，在某些环境下它是合理的简化。
- 在设定目标时它可能被误用，例如，如果给定管理者的目标是在 12 个月的期限内获得特定数目的现金流目标，他们可能不会采取那些必要的可以增加价值的投资（即利用现金）来实现短期现金流目标。同时设定短期目标和长期目标可以缓和这一问题。而一些短期现金流可能出现负数。
- 数据可获得性——许多公司的会计系统不是设置用来提供必需的输入数据的。设置一种新型的以现金流为导向的系统的成本很高。

经济利润

经济利润（EP，也被称做剩余收益）比股东价值分析法具有一定的优势，因为它关注的是利润而不是现金流信息，因此使用的是公司现行的会计和报告系统。这样不仅减少了在数据收集和报告流程中进行仔细核对的需要，而且提供了一种使用熟悉的利润概念即可的评估和绩效衡量工具。与基于现金流的信息相比，那些熟悉了"底线"数字的管理者们更容易理解并接受这种指标。

> 某一时期的经济利润就是企业所赚得的收益减去所有总营业成本以及所占用资本的机会成本之后的收益数。

只有当企业产生的收益率高于由资金提供者按照给定的投资风险等级要求的收益率时，企业才能产生经济利润。经济利润有两种形式。

EP 的企业实体计算法

一种 EP 的形式是利润扣除了税费但不扣除利息。有两种方法计算这种 EP。

利润减去资金成本法

这里所占用的资金成本等于投资资本乘以由股东和债权人要求的报酬率（是负债和权益的加权平均成本，WACC），用随后的经营利润减去资金成本：

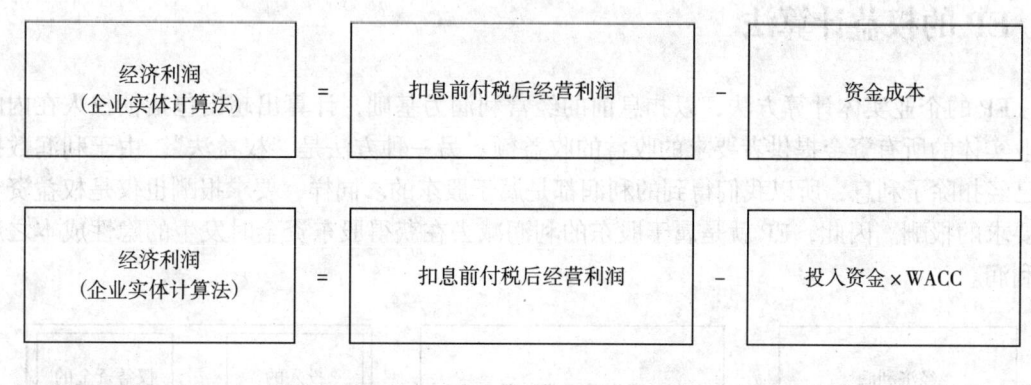

增益法

投入资金获得的收益率和加权平均资本成本（WACC）即必要报酬率之差就是增益。用这个百分比数据乘以投入资本数目就得到了 EP：

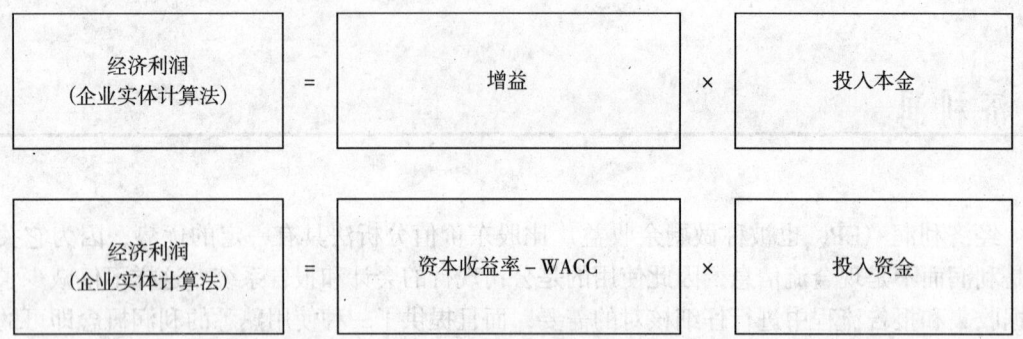

WACC 考虑到了每种类型的资金提供者（负债和权益）合理的风险调整后的收益率——见第 10 章的计算。从以下的例证可以看出两种方法计算所得 EP 是相同的。

> **例证**
>
> EoPs 公司的加权平均资本成本（要求报酬率）是 12%，投入资金（股份和负债）是 100 万英镑，去年创造的扣息前付税后经营利润是 180000 英镑。
>
> 利润减去资金成本：
>
> EP = 扣息前付税后的经营利润 − (投入资金 × WACC)
>
>   = 180000 英镑 − (1000000 英镑 × 0.12)
>
>   = 60000 英镑
>
> 增益法：
>
> EP = (资金收益率 − WACC) × 投入资金
>
>   = (18% − 12%) × 1000000 英镑
>
>   = 60000 英镑

EP 的权益计算法

EP 的企业实体计算方法，以扣息前的经营利润为基础，计算出超出包括债权人在内的企业实体的所有资金提供者要求的收益的收益额。另一种方法是"权益法"。由于利润数据中已经扣除了利息，所以我们得到的利润都是属于股东的。同样，要求报酬也仅是权益资金所要求的报酬。因此，EP 就是属于股东的利润减去在获得股东资金时发生的隐性成本之后的利润。

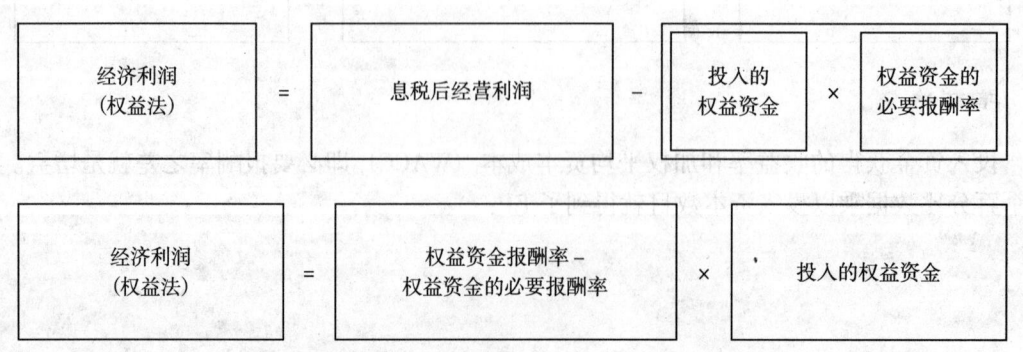

> **例证**
>
> 在 EoPs 公司的案例中，我们假设 100 万英镑的资金中有一半是权益资金，另一半是负债。权益资金的必要报酬率是 15%，负债的必要报酬率是 9%（即每年 45000 英镑），因此加权平均资本成本是 12%。
>
> 利润减去资金成本：
>
> 从经营利润数据中减去 45000 英镑的利息得出 135000 英镑。
>
> EP（权益法）= 息税后经营利润 −（投入的权益资金 × 权益资金的必要报酬率）
>
> = 135000 英镑 −（500000 英镑 × 0.15）
>
> = 60000 英镑
>
> 增益法：
>
> EP（权益法）=（权益资金报酬率 − 权益资金的必要报酬率）× 投入的权益资金
>
> =（27% − 15%）× 500000 英镑
>
> = 60000 英镑
>
> 权益资金的报酬率是 27%（135000 英镑/500000 英镑）。

经济利润简史

经济利润背后的原则很早的时候就被发现了。至少在 100 年前经济学家们就意识到需要确认资金提供者的最低报酬率，这将作为公司经营的"成本"。近百年来，或者说如果不是近百年来也应该是近几十年来，开明的执行总裁们在设定目标和衡量绩效时，会考虑部门经理使用的资金数以及一些应该付出的隐性的或显性的成本。大卫·索罗门斯（David Solomons）（1995）正式化了从已占用资本收益率（ROCE）和其他会计收益率衡量方法到"将超出资金成本的净收益作为管理成功与否的衡量标准"的转化。他还借鉴了已经发生在许多美国大型公司中的实践创新。

> **经济利润开始被更广泛的使用**
>
> 超过十年来，大多数美国公司，包括迪斯尼、桂格燕麦和美国电话电报公司都开始使用经济收益。关注有效利用资本产出的经济利润，其意义深远。可口可乐的 CEO 古兹维塔·罗伯托这样阐述他的基本哲学："我们将筹得的资金集中起来，然后出售资金得到经营利润。为此我们需要支付资本成本。股东得到中间的利差。"巴克莱银行在 2000 年宣布其目标是在 4 年内使经济收益翻倍。巴斯认为："任何获得都需要清楚三种障碍——产生正的净现值，提高每年的收益，到第三年产出加权平均资本成本之上的回报。"
>
> 资料来源：《经济学家》，伦敦，2000.11.18；《金融时报》，2000.12.8.

经济利润的用途

关注经济利润而不是传统的会计利润有很大的优点，这样能鼓励（奖励）每一位职能经理高度关注业务单元、项目、产品线甚至整个公司使用的资本的相关成本。经济利润目标的引进使得投入资产（如库存原材料）中的资金浪费急剧减少，也明显降低了固定资本支出的需求。而使用利润来考核的那些管理者们可能不愿意减少这些资本支出。

经济利润可以用来评估数年期间战略选择的产出。例如，Spoe 公司正在考虑投资 200 万英镑到一个新的部门，希望永久产出年 30 万英镑的税后经营利润，并且接下来不需要更多的固定资产投资和营运资本。公司资本的必要报酬率为 13%。初始投资产生的价值为：

每年的经济利润（实体）=（资本回报率 − 加权平均资本成本）× 投入资本
$$= (15\% - 13\%) \times 2000000 \text{ 英镑}$$
$$= 40000 \text{ 英镑}$$

永续年金的现值为：

40000 英镑/0.13 = 307692 英镑

这里的 307692 英镑是传统价值即经营现金流。为了得到这个部门的整体价值我们需要加上初始投资：

部门价值 = 经济利润的现值 + 初始投资
$$= 307692 \text{ 英镑} + 2000000 \text{ 英镑} = 2307692 \text{ 英镑}$$

已经按照经济利润说明了新战略，在实施过程中，可以设置年经济利润目标，并且奖励那些达到（超越）那些目标的部门。

对于股东价值分析，经济利润也具有优点，它能够用来回顾单元（公司）的与年资本使用相关的绩效，以及制定以经济利润形式的进一步目标（股东价值分析通常只用于前瞻性模式，但是一旦已经为一个战略估计了股东价值分析，可能还设置了中间目标。这种情况下股东价值分析就可以用于回顾模式，例如在某个计划中）。有了经济利润，就可以了解公司并检验从初创期开始的过去的绩效，而不必在一个计划中设置经济利润目标。

每个单元的经济利润都是可以计量的。例如，每平方英尺或者每单位产出的经济利润。经济利润传达一个更有力的信号，因为它被表示为股东创造的最低要求之上的资金的绝对量，例如每单位销售的经济利润为 1.2 英镑，而不是一个类似 14% 的边际利润这类的百分比。边际利润无法与投入资金的规模挂钩。

使用经济利润的困难

当然，使用经济利润也存在一定的弊端。

资产负债表无法反映投入资本

设计资产负债表并不是为了提供投入资本的当前经济价值的信息。资产通常用账面价值减去折旧、摊销（无形资产的减少）以及损耗（如石油储备的减少）的形式被记录。不管有没有通货膨胀，对大多数公司，过不了几年资产负债表上的价值就会严重偏离理论上正确的资本使用数据。通常，资产负债表低估了占用的资本，这使得经济利润虚增。再加上很多资产投资都无法体现在资产负债表中。例如，许多公司为构建品牌形象投入了大量资产，也相信股东的资金得到了很好的利用，其回报不久就会上升。然而会计准则却坚持将这些支出写入利润表而非资产负债表。同样的问题也存在于其他"投资"，如商誉和管理培训。这样的话，在某些情况下我们只好使用单项资产的再出售价值的加总或者重置成本。很多依赖于分析的目的：

■ 如果目标是监控过去的绩效，这里指检验投入资金的效率，而投资的历史数据一定程度上与"资本"数据相关。但是很多情况下，我们无法从资产负债表中得到满意的数据，例如资产是在数年之前取得的。

- 如果是在监控当前（今年）的绩效，或许当前重置价值或单项资产的再出售价值的总和就更有用些（一定程度上，当资产有很高的独特性，在一些小的二手市场中，再出售价值会很低从而导致资产价值虚减。其他情况下，重置价值会高于管理者愿意接受的重置价格，所以需要表示本年使用资本的机会成本时，明智的选择是使用再出售价格）。
- 如果资产价值是用来做关于未来的投资导向决策，那么单个资产的再出售价值的总和更有用些，因为这样能获得机会成本——公司可以选择卖掉这些资产。过去的投资的总成本与这项决策是无关的，所以资产负债表也没用了。
- 如果决策是为了获得新的资产以实施一个项目或战略，那么取得成本是相关的。

要记住我们使用的是"单项资产的再出售价值的总和"，而不是将公司或战略业务单元所有资产视作整体时的市场价值，因为使用后者会减少一些价值。例如，如果一家公司初始时有100万英镑资本和一个绝妙的创意，当前战略就是立即实施创意，让公司作为一家经营实体，将再出售价值增加到1000万英镑。这时，公司的再出售价值就等于初始资本加上未来现金流或经济利润的现值。视为整体时的1000万英镑的市场价值包含价值中的900万英镑，但是单项资产的总和也在100万英镑的那部分中。

操控和随意性

依靠会计数据的难度会被可操控的自由度放大，这里的操控涉及数据和一手资料的主观程度。例如，如果一家公司在赊销，那么很多客户可能不能按期付款。会计（管理者）的问题是决定什么时候才应该认为这笔账收不回来了；是3个月后、6个月后还是1年以后？直到他们宣布那些资产成为"坏账"，所谓的资产可能是有价值的，也可能没有。任何资产负债表中，都需要数据判断以评估债务人的价值。在估计资产寿命（关系到每年折旧）、研发支出或存货估值时也会碰到同样的"弹性"和可控性问题。

由于在处理利润和损失的关键输入量时有很宽泛的选择，使得很难比较一段时间不同公司的会计和资产负债表。

可能同时出现高的经济利润却是负的净现值

过度依赖经济利润也是很危险的。例如，一家公司开始用经济利润进行绩效评估，部门经理的考核也是用年经济利润。他们的奖金和晋升都需要接下来12个月有良好的绩效。这可能促使经理们接受短期内高经济利润的项目，而不在乎在整个寿命期内净现值是否为正。而那些产出很少或者在开始时经济利润为负的项目会被拒绝，尽管从长远来说它们能提高股东价值。

另外，在项目的周期内，经理们会为特定的年份设定专门的经济利润目标。为了确保达到目标，它们可能会削减培训、营销和维修支出。尽管实现了目标但长期目标会被破坏。

经济利润毁灭价值的第三个方面会发生在经理们对设定的经济利润目标失去动力。例如，如果他们无法控制自己的业务单元的资本支出，如果此时还要求他们无论如何都要达到一定的经济利润目标的话，就会让他们对基于价值的管理产生反感和不满。

当用经济利润（或者经济增加值）来评价绩效时，外部监督者必须要小心谨慎，尤其是一年一次的名次表。像一年这样的短期目标往往会误导，因为很多公司的通常创造高价值但经济利润却很低（或者为零）。或者一些公司明明在毁灭价值，但当前经济利润却很高。你只能评价超过很多年的绩效。但当经济利润被用于内部时，往往用年（或者半年）经济利润数据来对比各计划以衡量价值创造战略是否达标。在一个计划中的一定期间内，可能会有负的经济利润（如起始阶段），也会有超过资本成本很多的阶段。

将收入、成本和资本分配给业务单元和产品时面临的困难

为了在子公司中开展经济利润分析，我们有必要衡量各业务区的利润和资本投入。一些业务单元、产品线和客户共担某些成本和资本资产。某些情况下很难识别各活动的成本、负债或资产的比例。其代价可能非常昂贵。对于会计和经理们利用理论和精确方法识别各项的能力，顾问们过于乐观了。

经济增加值

经济增加值是由美国顾问思腾思特和他的公司提出的。与经济利润不同，他们也试图克服上面强调的问题。为了推动它的营销已经投入了大量的精力，经济增加值可能是最广泛提到的价值指标。

EVA = 调整后的投入资本 × (调整后的资本报酬率 – WACC)

或者

EVA = 调整后的税后经营利润 – (调整后的资本报酬率 × WACC)

对资本和利润数据的调整试图改善经济利润。思腾思特建议的调整达164处。例如，营销和研发支出可以产出价值，因此要将它们加回到资产负债表中作为资产（会计期内的摊销也是希望从这些支出中获得收益）。先前注销的收购的商誉也被还原并表示为资产，因此同时提高了利润和资产负债表。

这些调整也存在很多困难——例如，这些再建"资产"应该在多长的周期内被摊销？应该为多久的项目做调整，5年前、10年前还是整个公司的寿命期间？

和经济利润一样，经济增加值也有基于常见的会计内容的优点，而且比直接使用普通的会计数据要准确。但是，人们也提出了一些批评，如调整是很耗时和耗成本的，而且很多都基于主观决断和原始会计数目。还有一个问题是，如果积极推动EVA奖励制度以激励大家实现EVA目标，可能导致的后果就是低的净现值。此外，通过使用经济增加值，也不能解决收入、成本和资本的分配问题，这里的分配是针对特殊的业务单元和产品。

尽管存在明显的不足，经济增加值的引入还是使很多公司获益。

它并非一飞冲天的科学创新，但的确是一种好的通用语言，EVA的确使大家回到本真，更好地思考他们的活动带来的现金效果，而且迫使他们关注其他部门而不仅是自己的。平常，我们并非关注所有的业务，例如销售主管只关心销量，并不会像财务主管一样关心现金流。整个管理团队关注EVA意味着大家朝同一个方向努力，联系也更紧密（布雷顿森林体系的财务总监麦克·艾什顿）。

英国服装零售商（现在的阿卡迪亚）马丁·克里夫·金说：

我们都把 EVA 看做一种操作工具。过去商店把销量作为目标，后来是利润，最终有了 EVA 这种更好的工具，将资本成本与业务联系在一起。

经济增加值的使用在全世界广为流传。日本的索尼已经邀请思腾思特进行合作。德国大众将 40%的年终分红与 EVA 目标挂钩，他们希望通过这样的方式可以让管理者和股东转移兴趣——见专栏 8.1。

大众转变管理重心

詹姆斯·麦金托什（James Mackintosh），汽车工业编辑，沃尔斯福堡

欧洲最大的机动车制造商大众正在转移管理重心，以使管理者更忠于整个集团，关心集团投资而不是 7 个单独的品牌。

大众决定将 40%的年终分红与资本成本之上的回报挂钩，是毁灭价值的汽车行业的一项重大举措。

首席执行官贝恩德·皮舍茨里德和财务总监 Hans Dieter Pötsch 都力图推行经济增加值，希望可以让管理者在投资之前进行更谨慎的思考。

集团已经取消了销售利润的目标而使用资本回报，也就是压缩投资和研发支出，但似乎并不受控。

除了 EVA，红利结构也增加了集团绩效和品牌衡量，试图让各品牌协作而非竞争。

去年，大众的投资回报为 7.4%，低于 7.7%的资本成本——等于毁灭了 1.34 亿欧元（1.64 亿美元）价值。而去年大众支付了 131 万欧元的平均红利给九位管理者和股东。

开始的时候，董事的 40%分红会由 EVA 绩效来决定，下级的管理者们也处于类似水平。基本薪酬并不受影响。但是，Pötsch 先生说最终相当大比重的报酬会取决于 EVA。

预期投资已经降低了超过 30 亿欧元，是 2002 年 5 年计划的 10%。Pötsch 认为，研发支出也会节约类似的数目。

专栏 8.1 大众转变管理重心

资料来源：《金融时报》2003.9.1

投资的现金流回报

投资的现金流回报法是第 2 章中内含报酬率方法的更复杂形式。内含报酬率常被用于投资项目，投资的现金流回报将范围扩展至更大规模，甚至是整个公司。为了计算一个战略业务单元的投资现金流回报，必须要获得投入资本（包括债权）的数据，然后估计经营现金流。经过很多复杂的调整后，计算各项现金流出（包括初始资本价值）的报酬率以及等价现金流，最后得出投资的现金流回报。

推崇这种方法的人认为：资产负债表中的资产被重述为当前等效价值，以更合理的估计公司的财务提供者为战略业务单元（产品线或整个公司）所做出的贡献。例如，累计折旧被加回到资产负债表中的固定资产中。由于通货膨胀，存货价值和资产价值升高至"当前价格"。收购公司之前注销的商誉被加回。未来的租赁价值也被加回。

投资的现金流回报和内含报酬率有同样的诟病，如更愿意接受高报酬率而拒绝高股东财富——见第2章。

当加回折旧和做出通货膨胀调整时，有一定程度的不精确性和武断性，如公司资产是使用5年还是20年？

这也是一个相对复杂的方法，尤其是当资产和成本被战略业务单元、项目和产品线共享时。

结 论

这一章描述了众多引导组织的基于价值的指标。这一领域由咨询公司主导，每一家都推广其特别的方法。所有指标的基础都是股东投入资本带来的适当的折现现金流。笔者建议，若不是选择一个内部价值指标，在针对战略投资决策、绩效目标的制定和考核时，应该同时设置现金流和经济利润目标。这样能够避免单独使用各项指标所产生的问题，也可以减少管理者牺牲长期财富而只追求短期目标的行为。

注 释

1. Discussed in Chapter 6.

2. Operating profit margin on sales is sales revenue *less* cost of sales and all selling and administrative expenses before deduction of tax and interest.

3. The meaning of the word 'capital' used here is different from its meaning in accounting. 'Capital' in accounting is a part of the shareholders' equity of the company ('capital issued', 'paid-in capital', etc.). 'Capital' in the present context means the sum of shareholders' equity (and of the borrowings of the company in the first version of EP).

4. There are a few technical complications ignored here, but this is the essence of EP. For more detail consult McTaggart *et al.* (1994) or Stewart (1991).

5. The entity EP and the equity EP give the same annual EP figures but can give different equity values if calculated with a WACC determined by the initial proportions of debt and equity (i.e. those amounts put into the business by shareholders and debt holders). This is apparent in the following illustration (to be read after absorbing the fundamentals of WACC in Chapter 10). Valucrazee plc is set up with £50m from share-holders and £50m of debt capital. Equity at this risk level requires a rate of return of 20 percent, while debt requires 10 percent, therefore the WACC (based on initial proportions of debt and equity) = 15 percent. The company is expected to produce cash flow available for all the finance providers (i.e. before deduction of interest but after tax) of £25m per year to infinity.

Value under the entity approach:

Annual EP = Profit after tax before interest − Capital × Required rate of return
Annual EP = £25m − (£100m × 15%) = £10m

Corporate value = Initial total capital + Present value of annual economic profit
Corporate value = £100m + £10m/0.15 = £166.67m

Equity value = Corporate value − debt value = £166.67m − £50m = £116.67m

Value under the equity approach:

Annual EP = Profit after tax and interest − Equity capital × Required rate of return
Annual EP = (£25m − £5m) − (£50m × 20%) = £10m

Equity value = Initial equity + Present value of annual equity economic profit
Equity value = £50m + £10m/0.20 = £100m

The reason for the £16.67m difference is that the surplus cash flow above the minimum required is discounted at different rates. In the first case the £10m surplus cash flow (which must all be attributable to shareholders as the debt holders are satisfied with the 'required rate of return' deduction) is discounted at 15 percent, whereas in the second case it is discounted at 20 percent.

To make the two equity values equal we need to follow the rule when calculating WACC of using market value weights for debt and equity (i.e. what the total value of the shares in the company are after going ahead) rather than original book (balance sheet) values. The market value of debt remains the same if a value-enhancing project is accepted — that is, £50m. However, the market value of the equity is significantly higher than the amount first put in by the shareholders.

The annual cash flow to equity of £20m when discounted at 20 percent is £100m. Therefore, the weights used to calculate the WACC are:

Debt   £50m   Weight: £50m/£150m = 0.333
Equity   £100m   Weight: £100m/£150m = 0.667
Total capital £150m

WACC = $K_e W_E + K_D W_D$ = 0.2 × 0.667 + 0.1 × 0.333 = 16.67%

This changes the valuation under the entity approach:

Annual EP = Profit after tax before interest − Capital × Required rate of return
Annual EP = £25m − (£100m × 16.67%) = £8.33m

Corporate value = Initial total capital + Present value of annual economic profit
Corporate value = £100m + £8.33m/0.1667 = £150m

Equity value = Corporate value − debt value = £150m − £50m = £100m
(the same as under the equity approach)

Under the WACC-adjusted-for-market-value-of-equity approach we observe a fall in the annual EP when using the entity approach from £10m to £8.33m because we, correctly, require

20 percent return on two-thirds (£100m) of capital employed out of a total of £150m (at market values).

What is the practical manager to do? In theory you should be using the market value proportions of debt and equity that are optimal for your firm for all projects, SBUs and for valuing the entire firm. That is, the firm should have target levels of debt relative to the equity base that produces the lowest WACC (see Chapter 10).

The reality in most firms is that the optimum mix of debt and equity is unlikely to be known with any precision as the factors determining the optimum are, at base, can only be quantified through subjective probability estimates, e.g. the chance of financial distress (see Chapter 18). So, it is reasonable to think of the optimum proportions of debt and equity as a range rather than a pin-point percentage. For most firms the reasonable range is quite large. It could easily run from 50 : 50 gearing to 33 : 66 gearing. The advice to think in terms of a range for the WACC is reinforced by the many difficulties in other inputs to the WACC calculation, from the cost of equity (what is the risk premium? Is beta the appropriate adjustment for risk?) to the risk free rate of return—see Chapter 10.

Given the complications with the WACC under the entity approach many analysts would simply plump for the equity approach in the first place.

6. Quoted in *Management Today*, January 1997, p.45.
7. *Ibid.*

第9章
企业整体价值评估

引言

股东总回报 (TSR)

财富增值指数 (WAI)

市场增加值 (MVA)

市价对账面价值比率 (MBR)

结论

引 言

本章描述了四种基于市场的价值表现的评价方法。四种方法的共同点是都集中关注公司股票市场的评估。股东回报率衡量结合任何现金支付（例如股息）后，公司股票资本价值的上升或者下跌，这里的股息指股东在特定时间段内收到的，可能是1年、3年或者10年。这抓住了公司所有者关心的核心问题——他们雇佣经理并将资源委托给其管理，通过这些代理人的活动，公司所有者到底从股票方面得到了什么回报？

财富增值指数（WAI）衡量几个计量周期内扣除必要报酬之后股价的变化。另外两个度量指标，市场增加值（MVA）和市价对账面价值比率（MBR）也是衡量股票的当前市场价值（结合债务价值）。但是，这些度量指标并不是随时追踪每股收益的表现，而是将当前市场价值和股东及债权人自公司创立时投入的资本联系起来。如果在追求股东价值时，公司采取强有力的战略和经营行为，那么股权和债权的当前的市场价值会明显大于董事手中股份的价值。否则，股权和债券的市值萎缩，价值被破坏。

当前价值和投入资本的正相关并不一定意味着价值的产生。这要取决于在董事规定的时间段内，股东和债权人的投资是否产生了充足的回报率。举例说来，一家创立15年的公司，拥有100万英镑初始股本和100万英镑负债，其间没有分红，也没有收到其他财务提供者的资金，现在它的股票价值356万英镑，负债价值100英镑。我们必须知道股东基于风险和机会成本而提出的必要报酬率，才能判断8.8%左右的年报酬率是否充足（第10章会讨论如何计算必要报酬率）。

这四种度量指标只能用于一组选定公司的整体价值的评估——有股市报价的公司（大约2000家英国公司）。也意味着这些度量指标不能用于分析类似战略业务单元这样的部分业务，因为不存在对公司某部分的股价。

另一方面，在前面几章讨论过的度量指标能同时用于非整体和整体分析。所以，可以认为目前而言至少有8种可用于企业整体价值评估的指标。如果充分而全面地计算和分析，这些指标并不相互排斥，而是相辅相成的。

股东总回报（TSR）

股东关心他们的投资取得的总回报，该回报与通货膨胀、同行业企业以及整体市场相关。总回报包括股利分红和特定时间段内股价的变化。一个期间内的股东总回报为：

$$TSR = \frac{每股股利 + (期末股价 - 期初股价)}{期初股价} \times 100\%$$

假设一只股票在1年内股价从1英镑涨至1.1英镑，年底获得5%的分红，那么股东总回报为15%。

$$\text{TSR} = \frac{d_1 + (P_1 - P_0)}{P_0} \times 100\%$$

$$\text{TSR} = \frac{0.05 + (1.10 - 1.00)}{1.00} \times 100\% = 15\%$$

在处理多期的股东总回报时,我们需要说明在这期间收到的红利以及末期股息。股东总回报可以表达为期间内的总回报或者年回报率的形式。

因此,举例说来,如果一只股票初始股价为1英镑,在接下来的3年,每年末分别获得9%、10%、11%的股息,最终收盘价为1.3英镑,那么总回报(假设收到股息后就立即进行对该股的再投资)通过内含报酬率来计算(第2章有对内含报酬率的介绍):

时点   0   1   2   3
价格/现金流   -100   9   10   11+130

$$-100 + \frac{9}{1+r} + \frac{10}{(1+r)^2} + \frac{141}{(1+r)^3} = 0$$

其中:

r=19%:-1.7037

r=18%:0.6259

$$\text{内含报酬率} = 18 + \frac{0.6259}{0.6259 + 1.7037} = 18.27\%$$

年股东总回报为18.27%。

三年期股东总回报 = $(1 + 0.1827)^3 - 1 = 65.4\%$。

多个期间内的股东总回报可以从公司的财务数据中获得,例如数据流。

股东总回报(通常简称总回报)已经成为有效管理的指示器。

在英国富时指数(FTSE)100家企业中,超过半数将这种类型的考核用作计算股东红利最主要组成的基础。股东总回报反映了公司投资者关注的核心问题:他们投资给一组负责人而不是其他人,到底从中得到了或损失了什么。

(《现代管理》,1997年3月,第48页)

表9.1中列出了最大的10家英国公司1年及5年的股东总回报。一些公司1年内的表现很好,另一些5年内的总体表现更好。为了过滤掉整个经济性或行业性的因素,"股息收益率和资本利得"的度量需要同基准数据结合使用。所以,将汇丰银行的股东总回报与银行业的股东总回报比较,有助于我们判断个别业绩是由于那些影响整个行业的因素,还是出于公司良好的管理。

表9.1 至2003年12月英国最大的10家上市公司1年及5年的股东总回报

	TSR 1年(%)	TSR 5年(%)
Shell T&T	-7	29
BP Amoco	2	17
Vodafone	16	-34
GlaxoSmithKline	15	-34
HSBC	29	90
AstraZeneca	14	3
Royal Bank of Scotland	9	82
HBOS	4	19
Barclays	19	74
Lloyds TSB	-16	-24

资料来源:Datastream 数据库

股东总回报已经成为一个关键的绩效指标。正如，1999年汇丰银行宣告其总体目标是超过9个同业国际金融机构（例如花旗集团）的股东总回报，最低目标是5年期股东总回报要翻倍，同时，福特也宣称设置一个股东总回报——股息加股价升值的新目标，即逐渐跨入标准普尔500组的前1/4。2000年，皮尔金顿成为首家只支付股份给非执行董事的英国公司，以符合管理层对股东利益的要求。

股东总回报的全面运用

在使用股东总回报时有三个问题必须牢记：

- **将回报与风险级别相联系** 两家有着同样股东总回报的公司，一家可能由于盈利的波动而面临更大的风险，如经济周期。风险差别必须从各个方面加以比较，尤其是制定管理人员激励计划时。管理人员只能通过承担高风险才能取得高的股东总回报。
- **依赖于股东总回报假设股票定价是有效的** 很难评估每股收益在多大程度上取决于管理质量和评估期始末对投资者预期的夸大。如果市场对股票的定价是无效的，并且容易因为不理性的乐观或悲观而震荡，那么股东总回报就不能成为管理绩效的可靠向导。
- **股东总回报决定于选择的时期** 一个三年期的股东总回报一定与一年期的大不相同。参见表9.2中W公司的年股东总回报，观测到过去两年公司的股东总回报表现不错，但是在过去的5年，100万英镑的投资只增长到102.96万英镑，年回报率只有0.6%。

表9.2 W公司的年股东总回报

	年股东总回报	1999年底的100万英镑投资的价值
2000年	+10%	1100000英镑
2001年	−20%	880000英镑
2002年	−40%	528000英镑
2003年	+30%	686400英镑
2004年	+50%	1029600英镑

股东总回报必须谨慎使用。基金经理人越来越担心在管理奖励计划中使用它，因为依赖于一年的股东总回报上的绩效奖金可能会导致管理者由于超出他们控制的一般股市走势而受到奖励（见专栏9.1）。更糟的是鼓励管理者选择性的披露信息来提升短期股东总回报以得到高奖金。

财富增值指数（WAI）

财富增值指数是由思腾思特咨询公司开发的，通过超过一段时间后收到的股息和资本利得（或损失）来衡量股东财富的增加，例如5年以上，在扣除权益资本成本后，作为该股份所要求的风险回报。因此，它通过检查在超过股东总回报的计量期内，股东总回报是否实际产出了大于投资的机会成本的回报,这克服了股东总回报的主要诟病。

投资者对公司高管薪酬措施的警告

托尼·塔塞尔 (Tony Tassell)

一家领先的机构投资者已经警告公司在设置高管薪酬时要避免使用基于绩效评估的股票价格。

英国标准人寿保险公司,有约700亿英镑信托管理资产,市值约占英国股市的2%,他们表示,将反对只以股价为基础的业绩目标,如股东总回报,即一个公司的每股价格变动加股息。

英国市场上最活跃的一位基金经理称其新的公司治理原则、薪酬计划应建基于类似收入这样具有挑战性的潜在财务业绩目标。公司高管盖伊·朱布说:"我们希望高管薪酬和股份激励计划可以使用那些既不太简单又不是遥不可及的具有挑战性的绩效条件,我们会继续保留使用股东总回报和其他股份激励计划。"

一些股东认为基于股价的目标受到太多管理之外的其他因素的影响,如整体股市环境。

专栏9.1　投资者对公司高管薪酬措施的警告

资料来源:《金融时报》2003.12.2

为了计算财富增值指数,我们首先要观察例如5年以上的市场总值的增长。扣除这段时间内由于得到更多股东资金而带来的增长,例如配股。然后以股息和股票回购形式的现金回收加回。再扣除在该段时间内股东资金的必要报酬率,这里的必要报酬率代表权益资金的机会成本(第10章会讨论如何计算)。

在财富增值指数的分析体系下,那些回报超过必要报酬率的公司创造了价值,那些回报少于必要报酬率的公司损失了价值。以专栏9.2展示的至2001年12月的沃达丰5年的数据为例,它的市值增加到了1843.05亿美元(575.88亿美元加上1267.12亿美元)。但是,通过财富增值指数,它破坏了股东价值,因为市值的增加超过了从股东(和债权人)那里拿来的资金,例如5年内发行1700亿美元股票收购曼内斯曼公司。它的融资达到了惊人的2417亿美元。如果减去投资者带来的财富增值,我们得到一个负值。这是我们还没有减去超过5年股东资金要求的必要报酬率。如果减去,会使股东财富再减少470亿美元,从而得到一个负值。

寻找一个可以信赖的指标

安德鲁·鲍尔 (Andrew Balls)

牛市中,股价的下跌提醒投资者可能忽视了基本规则。仅关注每股盈利、息税折旧摊销前利润这类单独的指标是很危险的。应该谨慎对待会计数据。合并并不总像计划的那样运作。股票期权不一定符合管理者和股东的利益。

为了应对最新一轮的丑闻和不满,思腾思特公司想出了新的绩效评估方法:财富增值指数(WAI),财富增值指数是从股东的角度出发衡量公司绩效。

新的指标,利用资本资产定价模型衡量公司相对于权益资本的股权回报,资本资产定价模型是现代证券投资组合理论的基础。经济增加值建立在会计基础上，而简易财富增值指标是基于股价表现。这使得全球范围内的跨国公司得以比较。

为了给股东创造价值，公司必须提供超过股权成本的回报。每季度的利润可能都在增长，或者有公司并购，但这些并不能保证价值创造。股权成本上的超额回报才创造财富，低回报毁灭价值。

简单地说，财富增值指数等式衡量了市值和股息的变化减去股东的必要报酬。为了了解在实务中指标的内涵，我们来看下面的表格，其中列示了财富增值指标最高和最低的40家公司。

1997~2001年间，沃尔玛的企业价值增加了2150亿美元，沃达丰增加了1840亿美元。但是通过思腾思特的估算，沃尔玛为股东创造了近1500亿美元（970亿英镑）财富，而沃达丰毁灭了1050亿美元的股东财富。

最大的区别在于沃达丰为了提高企业价值而进行的大额融资——总值近2420亿美元，包括为了购入曼内斯曼而发行的1700亿美元的股票，以及购买第三代移动通信许可证而增加的负债。

思腾思特欧洲区的总经理艾里克·思特说，财富增值指标的真正价值来源于表格中列示的财富增加的四根支柱，它们会告诉我们公司的信息。

第一栏是盈利价值，它代表当前盈利水平，用一个简单的公式通过税后净经营利润来衡量，这里的盈利水平可以是无限大的。一段期间内的变化代表期初和期末时点盈利水平的永久价值的不同。

第二栏是从企业价值中减去盈利价值。这代表含在股票价格中的未来增长的价值——称为预期价值。再次比较1997~2001年公司未来增长预期的价值的变化。由于利润往往是很稳定的，观察到的变化大多反映预期价值的变化，相当于股票的重新评级。

财富增值指数
在最近5年创造财富最多的公司

2001年12月（百万美元）	盈力能力价值变化	预期价值的变化	融资	必要报酬	财富增加值
沃尔玛	45809	168482	2616	62013	149662
微软	42822	188267	11875	125435	93780
国际商用机器公司	16034	109261	-34090	66294	93092
通用电气	109881	242896	96949	163971	91857
花旗集团	n.a.	n.a.	n.a.	n.a.	82682
诺基亚	27103	78373	-9494	32814	82156
家得宝	22814	70566	4732	29269	59378
强生公司	30396	77377	5048	46708	56017
戴尔电脑	11539	47954	-1788	25929	35352
雀巢	25050	32684	3418	19707	34609
辉瑞制药	74097	123125	105149	61362	30712
苏格兰皇家银行	51542	10987	21831	11585	29114
安进公司	7105	35927	-520	14470	29082
塞诺菲圣德拉堡集团	10587	32309	6727	8770	27339
雅塘公司	8683	43232	-407	25694	26627
壳牌运输贸易公司	52199	-3311	-25581	49678	24792
甲骨文	16148	28092	-10101	30535	23806
西门子	-6041	53333	5533	18693	23066

续表

2001年12月（百万美元）	盈力能力价值变化	预期价值的变化	融资	必要报酬	财富增加值
百时美施贵宝公司	23397	20686	-19720	42035	21768
美国Lowes	8608	23420	4216	6318	21494
惠氏	13059	33194	-1338	26439	21152
菲利普电子	-20190	50820	-1689	11462	20858
汇丰银行	23938	35870	16714	22330	20765
礼来公司	13673	31293	-6786	31025	20728
美敦力公司	6016	41925	11672	15880	20389
塔吉特百货	9974	21890	3540	8846	19479
巴克莱银行	30387	2397	-1364	15117	19031
欧莱雅	8288	22492	-719	12689	18810
道达尔菲纳埃尔夫	97128	-3195	54649	20480	18803
意大利电信	-461	55816	16503	20715	18136
台积电	-1081	39621	10845	10289	17406
三星电子	9478	24149	6711	9759	17158
武田药品工业株式会社	16323	5348	-3106	8677	16100
百事可乐公司	15973	19431	-4170	23484	16089
诺华制药	9768	30181	-6340	30927	15362
柯尔百华	5116	16078	1722	4142	15330
福特汽车	-68288	77309	-29829	23929	14921
沃尔格林	5335	19878	1117	9340	14756
安海斯布尔公司	9647	12789	-3974	12064	14346
英美烟草公司	17619	-17560	-20984	6878	14164

如何计算财富增值指数

财富增值指数建立在股东总回报的基础之上。股东总回报衡量资本增值加再投资于公司股票的分红，并且做了两处调整：一是减去了筹得的外部资本（股权和债权但不含留存收益）；二是减去了资本支出，即股权成本乘以期初的市值。涉及融资收购，如果发行了新股，则为发行日的市值。

毁灭财富最多的公司

2001年12月（百万美元）	盈力能力价值变化	预期价值的变化	融资	必要报酬	财富增加值
沃达丰	57588	126717	241671	47207	-104574
日本电报电话公司	72338	-123667	281	39252	-90861
朗讯科技	-93280	87371	38614	42072	-86594
美国电话电报公司	-69731	99949	53403	54468	-77653
捷迪讯光电	-170	10918	73210	9021	-71483
可口可乐	9670	-23250	-8161	62793	-68211
世通公司	51683	-940	81712	36859	-67827
三井住友银行	-47900	32062	21001	13351	-50190
北电网络	-47636	58761	29180	29956	-48011
摩托罗拉	-13737	12335	16233	23146	-40781
德意志电信	-16253	69336	51213	41739	-39868

续表

2001年12月（百万美元）	盈利能力价值变化	预期价值的变化	融资	必要报酬	财富增加值
西南贝尔电信	48638	65317	97565	50550	-34160
波音	22055	-17179	16995	20531	-32651
沃特迪斯尼	11128	-16627	-1695	27710	-31515
康柏电脑	-6011	4573	11969	16154	-29651
电讯盈科	6977	4385	37432	2789	-28860
思科公司	-7979	93635	41851	68897	-24092
丰田汽车	51063	-74914	-27566	27068	-23353
美国在线时代华纳	80054	81419	150434	34160	-23120
伊士曼柯达公司	-4234	-10606	-1820	9437	-22457
吉列公司	-96	-6736	-4139	19616	-22309
朝日银行	-46506	30028	1653	3892	-22022
美国第一银行	35492	-8335	24329	24544	-21716
英国电信	-17828	32936	9847	26475	-21214
杜邦公司	-26581	8970	-22589	25846	-20869
康宁公司	-1524	610	10126	9765	-20804
美国韦里孙通信	49141	97670	122114	44768	-20072
施乐公司	-5208	-4184	-422	10543	-19514
法玛西亚	10665	20495	32954	17429	-19222
大东电报局	-10753	4760	1903	10924	-18820
美国银行	35640	35303	41469	47857	-18383
罗氏制药	7871	-1796	-3621	27979	-18284
废物管理公司	20941	1439	32419	8003	-18043
新加坡电信	2098	-4738	6455	8844	-17939
日本国际电信电话株式会社	8773	-5050	17683	3916	-17876
三菱重工	-9423	1088	5466	3747	-17548
霍尼韦尔国际	13938	-1465	16674	12568	-16769
雅虎	63	8759	13415	11978	-16571
新鸿基地产	n.a.	n.a.	n.a.	n.a.	-16029
阿尔卡特	-32421	43679	14156	12735	-15633

表中的前两栏为至2001年12月止5年内公司价值的变化（市值加净负债）。将它们加和，减去第三栏的融资——资本、股东的净现金回报（股息）和股票回购，再减去第四栏，资本支出，结果就是以美元计量的价值创造或毁灭。

专栏9.2　寻找一个可以信赖的指标

资料来源：《金融时报》2002.10.9

使用财富增值指数时需要考虑的问题

- 思腾思特使用资本资产定价模型来计算股权资本的必要报酬率。这里存在比较严重的问题（看第10章对这一问题的讨论）。
- 这里假设无论起始，股票市场的价格都正确地反映公司的前景。但是21世纪的高科技"泡沫"应该带给我们些许怀疑，更不用说学术文献中对股票定价的误解。因此，我们必须怀疑地看待超预期表现是由于管理技能还是市场波动。不稳定的市场能够将"创造财富"变成"毁灭财富"。

- 由于财富增值指数是现金形式而非百分比形式，最大的公司往往出现在排行榜的前面（或底端），而那些有更高的股权资本回报率的小公司往往被挤出了排行榜。

市场增加值（MVA）

思腾思特咨询公司同样开发了市场增加值的概念。这不同于融资提供者投入的总资本（债权和股权），也不同于公司股权和债权的当前市场价值。它提供一种方法以衡量高管人员运用委托资金的表现是否优异。正的市场增加值代表价值的创造，负的市场增加值则代表价值的毁灭。

MVA = 市场价值 – 资本

在这里：

市场价值 = 债券、优先股及普通股的当前价值

资本 = 子公司成立时，由资本提供者带来的现金增加或者用于投资新项目的留存收益。

管理者往往能通过简单的投入更多的资本来提高传统的衡量指标或总的市场价值。但是市场增加值通过减去注入的资本或者累计的盈余，得出为股东创造的净价值。

例证

迈尔沃有限公司成立于20年前，有1500万英镑的权益融资。没有负债和优先股。所有的盈利都以股息发放。公司的股票现在价值4000万英镑。那么迈尔沃公司的市场增加值为2500万英镑：

MVA = 市均价值 – 资本

MVA = 4000万英镑 – 1500万英镑 = 2500万英镑

如果公司发行500万英镑配股，那么公司的市场价值必须至少增加到4500万英镑才能保持股东财富不减少。如果由于股东怀疑投入项目的资本回报（NPV为负的项目），致使股票市场价值只增加到了4400万英镑，那么股东就损失了100万英镑价值。归纳总结如下：

	发行配股前	发行配股后
市值	4000万英镑	4400万英镑
资本	1500万英镑	2000万英镑
MVA	2500万英镑	2400万英镑

思腾思特认为，如果一家公司分发股息，等式中的市场价值和资本这两部分同时减少，那么市场增加值不变。想象一家只有股权融资的公司，年初它的股权市场价值5000万英镑，年末产生了1000万英镑的税后利润和600万英镑的分红，此时，它的市场价值也升至5500万英镑。年初股东通过购买股票投入公司的资本以及留存收益的和为2000万

英镑。

如果公司不分发股息，根据思腾思特的理论，市场价值和资本都增加600万英镑，市场增加值仍然是3100万英镑。

	起始年		终止年
市值	5000万英镑		5500万英镑
资本	2000万英镑	2000万英镑	
	加盈余	1000万英镑	
	减股利	-600万英镑	
			2400万英镑
MVA	3000万英镑		3100万英镑

在第14章股利政策无关的论点将受到挑战，表现为增加或减少股利会增加价值。这一章的观点认为经营中产生的利润即部分所有权资本，也和始末时通过销售股票得到的资金是一样的。如果保留1英镑而不是将它分给股东，那么市场总值就要增加1英镑以避免股东价值的损失。如果不这样，1英镑就该被投向公司外部更好的投资机会。

	起始年	终止年
市值	5000万英镑	6100万英镑
资本	2000万英镑	3000万英镑
MVA	3000万英镑	3100万英镑

小贴士

在市场增加值的实际应用中，经常假设负债和优先股的市场价值等于其账面价值。这样就有了市场增加值的以下形式，不必再获取负债水平的数据（市场价值或者资产负债表价值）或优先股价值：

市场增加值 = 普通股市场价值 − 普通股股东的资本供给

用市场增加值衡量管理绩效

相比一段时间内市场增加值的变化，其绝对水平对管理绩效的衡量用处并不大。《今日管理》的作者阿利斯泰尔·布莱尔（Alistair Blair）对市场增加值的原始数据要求非常严格：

市场增加值包括过去和现在不相关的收益和损失，它们基于过去的结果或者对未来的希望或失望，正如股价所体现的那样。无可置疑，我们感兴趣的是当前的绩效，换句话说，如果我们让历史数据起决定作用，那么高层管理团队就能左右绩效。

阿利斯泰尔·布莱尔想要提出的正是要把市场增加值转化成一段时间（例如5年）的绩效衡量，这样我们才能离析高管团队操纵的特定时期创造的价值贡献。

使用市场增加值时需要考虑的问题

在使用市场增加值时存在一些问题。

估计现金投资的数额

在交易尚未结束时估计投入和保留的资本是存在很多问题的。例如，研发支出是形成了一项资产（即成为股东资金的一部分）还是成为损益表中的费用？如何处理收购中的商誉？会计里的资产负债表不适合衡量融资者提供的资本，但最起码它是个起点。思腾思特公司利用了一种叫做"经济账面价值"的替代衡量。这是基于经过一些数据调整的资产负债表。一些评论家指出这些调整过于武断和复杂，使得很难将经济账面价值等同于理论上广义的"资本"。

什么时候价值被创造了？

事实上，在衡量当前管理质量时，正的市场增加值的使用是很有限的。对于一家公司来说，旧的价值驱动因子可能已经由上任董事及高级管理人员实施了几十年。市场增加值被认为是粗略的，因为它只能衡量整个生命周期内创造的价值而无法指出被创造的时间点。也不能指出价值创造是否已经停止，或者该公司仅仅是依靠其积累的强大市场地位、专利等存活。理想的状态是我们需要知道是否创造了新的增值点而不是旧的增值点被侵蚀。

回报率足够高吗？

如果没有明确价值何时被创造，就很难知道创造的价值是否足够超过货币风险时间价值所要求的回报率。市场增加值为正的公司其回报率可能非常小。以下面的 B 公司为例，虽然和 A 公司有相同的市场增加值，但它的资本回报率远远低于 A 公司。

	A	B
市场增加值	5000 万英镑	5000 万英镑
市场价值	10000 万英镑	10000 万英镑
资本	5000 万英镑	5000 万英镑
公司寿命	3 年	30 年

（两个公司每年都以股息的方式分发利润，所以资本数据为起始权益资本。）

通货膨胀扭曲市场增加值

如果等式中的资本因素是基于资产负债表中的数据，那么在通货膨胀期间的资本价值会被低估。如果资本被通货膨胀人为地降低，那么投资发生于很久以前的公司的当前市场价值要普遍高于刚刚购入资产的公司。

市场增加值是一个绝对度量指标

在绝对数值的基础上衡量公司就意味着资本基数更大的公司会排在市场增加值绩效排行榜的顶部（或底部）。相比与效率，规模对市场增加值的影响更明显。这使得对比不同规模的公司变得很难。下面的度量指标——市价对账面价值比率能更有效地解决这个问题。

市价对账面价值比率（MBR）

并不像市场增加值一样计算筹资额和当前市场价值的算数差，市价对账面价值比率是市场价值除以投资资本。如果负债的市场价值被看做等同于它的账面价值，那么市价对账面价值比率的另一种形式就是普通股的市价比上普通股股东提供的资本（如果基于价值管理的目的，优先股可以被看做负债）。

这样，必须要估算资本供给量，这通常取决于经调整的资产负债表中的净资产数据。例如，商誉注销及其他消极储备要同市场增加值中一样被加回。这也建议资产价值最好表示成重置成本，才能使市价对账面价值比率在使用历史资产数据时不因通货膨胀的影响而受到较严重的扭曲。

> **例证**
>
> MaBaR 有限公司拥有 5000 万英镑的股权市场价值，它的账面价值等于负债的市场价值，归属于普通股东的经调整的重置资产成本为 1600 万英镑。
>
> | | |
> |---|---|
> | 市场价值 | 5000 万英镑 |
> | 资本 | 1600 万英镑 |
> | MVA | 3400 万英镑 |
> | MBR 5000 万英镑/1600 万英镑 | = 3.125 |
>
> MaBaR 有限公司将投入公司的每一英镑变成了 3.125 英镑。
>
> 由市价对账面价值比率和市场增加值各自提供的排行是大不相同的。统治市场增加值排行的最大企业其市价对账面价值比率排行往往不高。
>
> 在使用市价对账面价值比率衡量绩效和设置目标时要非常谨慎，因为如果使用不当，为了提高市价对账面价值比率，某些有正净现值的项目会被否决。以下面的公司为例，它的市价对账面价值比率为 1.75，正在考虑融资 1000 万英镑投资一个项目，预计这个项目的净现值为 400 万英镑。尽管该项目提高了股东财富但其市价对账面价值比率会降低。
>
> | | 接受项目前 | | 接受项目后 |
> |---|---|---|---|
> | 公司价值 | 7000 万英镑 | (70+10+4) | 8400 万英镑 |
> | 资本 | 4000 万英镑 | | 5000 万英镑 |
> | MVA | 3000 万英镑 | | 3400 万英镑 |
> | MBR 70/40 = | 1.75 | 84/50= | 1.68 |
>
> 新项目的增量市价对账面价值比率为 1.4（14/10=1.4），小于公司最初整体的市价对账面价值比率 1.75，所以这拖累了该项目的接受。为了提高股东财富，管理者应该忽略这类影响。他们应该集中关注净现值。

结 论

股东回报率、财富增值指数、市场增加值和市价对账面价值比率不应被视做相悖,而是互相补充,尤其是各项的不足。不必局限于一个指标,最好同时使用所有的方法以克服各自的不足。在衡量整个公司创造的价值时也不要忘记同时使用前面几章介绍过的方法。

注 释

1. Wealth Added Index and WAI are both registered trademarks of the consulting firm Stern Stewart.

2. Market Value Added and MVA are both registered trademarks of the consulting firm Stern Stewart.

3. George Graham, "HSBC's new guiding light aims to outshine peer group", *Financial Times*, 23 February 1999, p.25.

4. Nikki Tait, "Ford aims to slash $1bn from cash base this year", *Financial Times*, 8 January 1999, p.17.

5. Alistair Blair, *Management Today*, January 1997, p.44.

第10章
什么是公司的资本成本？

引言

警言

必要报酬率

一枚硬币的两面

加权平均资本成本（WACC）

权益资本成本

留存收益成本

债权资本成本

优先股的资本成本

混合证券

计算权重

三种或更多形式的融资的 WACC

典型错误

关于短期债务

将 WACC 应用于项目和 SBU

管理者实际上在做什么？

实施问题

哪一个无风险报酬率？

基本 β 系数

关于资本成本的一些思考

结论

引 言

在提及一个项目和战略业务单元时,资本成本(必要报酬率)都已经被提及,但是我们尚未完全清楚正确的资本成本是怎样计算的。我们要解决这一关键问题。

一个基于价值的组织,将管理的目标设定为长期股东财富最大化。这表示在同样风险水平下,要让投入资金比投入至其他地方获得更大的收益。股东和其他融资提供者,将其资金投入你的公司是存在机会成本的。他们可以抽回资金将其投向另外类似的公司的证券。同样风险下,如果其他投资比你的公司股票提供更高的回报,那么你的管理团队就正在毁灭股东财富。

资本成本是公司提供给融资提供者,促使他们购买和持有金融证券的回报率。这种回报率是由具有同样风险的其他证券所决定的。

> 资本成本是公司提供给融资提供者,促使他们购买和持有金融证券的回报率。

使用正确的资本成本作为贴现率是非常重要的。如果这个贴现率太高,投资就会被抑制,公司就不能像预期那样成长,股东也失去了提高价值的机会。这会对宏观经济产生连锁影响,也困扰着政治家们。例如,贸易委员会主席迈克尔·赫塞尔廷申诉说:

由于对投资回报的期望过高,企业得不到足够的投资。英国工业联合会说大部分公司一直要求报酬率达20%以上。一个高级银行家说他的银行习惯性地要求30%的资本回报。

这一章主要关注的问题就是如何衡量不同风险水平上的融资证券可获得回报。这将被发展成为公司整体的资本成本,也为公司、项目及战略业务单元提供一种计算基准利率的方法。

警 言

通常,在计算公司的资本成本时,学者和顾问给予科学严谨的印象。而事实上,任何最终的数字背后都有大量主观臆断和错误的观点。就一系列问题做出选择,包括适当的风险溢价、金融资产负债水平和风险措施。好的决策制定来自于知道了输入变量的限制。知道那些已在资本成本计算中采用的结论是为了做出增值决策,从而协助管理艺术。总而言之,相比计算背后的因素和误差大小,必要报酬率的最终数据是次要的。相比知道合理范围,精度也是次要的。

必要报酬率

资本是以多种形式提供给大公司的。主要的形式是股权和债权资本,但是还有一些混合形式,如可转换债权。当一个融资提供者选择以债权融资的形式提供资金,会刻意试图降低风险。可以采取多种形式：针对管理建立合约，例如，限制资本负债级别（债务股本比例）或保证利息偿付率（例如年回报必须是年利率的4倍以上）；接受资产作为担保；在每年的支付和清算时保证债权人优先于其他融资提供者（主要是普通股和优先股股东）。

公司的贷款人不能期望消除所有的风险，所有其要求的报酬率要比贷款给美国、英国这类声誉良好的国家高。将你的储蓄用来购买英国国债，获得定期利息和资本款项是最接近无风险贷款的。国债和国库券（在数月内还清的贷款）的回报率常用做基准利率，被叫做无风险利率，用 r_f 表示。

一个稳定成熟的公司，有着较低的借贷水平和经营风险，其债权资本回报率可能比英国政府的稍高些。如果这样的公司推出一个具有高信用等级的（低的违约风险）企业债券，将付出额外的100个基本点（1%）。这被称作无风险利率上的风险溢价（RP）。那么债权资本的成本 k_D 为：

$k_D = r_f + RP$

如果当前的无风险利率为6%，那么 $k_D = 7\%$。

如果公司已经有很高的负债但是希望再借到更多，那它可能需要在无风险利率之上再多提供800个基本点。信用等级在投资级以下（标准普尔BBB级或穆迪Baa3级以下——更多细节见16章），因此被列为投机（或垃圾）债券。因此要求的投资回报率可能是14%。

$k_D = r_f + RP = 6 + 8 = 14\%$

如果融资是以股权资本的形式提供，那么投资者有相当大的可能会一无所获。公司没有义务每年分红，而且其他形式的资本对年现金流入有优先要求权。如果公司没有达到预期的表现，无疑普通股股东的损失最惨重。但如果公司的经营非常好，也有可能得到非常高的回报。正是对高回报的预期使得普通股股东愿意接受高风险——这是一种离散度很高的回报。

不同的权益有不同水平的风险和不同的回报。相比互联网企业或在俄罗斯证交所上市的公司，特易购的股东更有可能接受低回报。因此，我们有一系列不同风险和回报的金融证券——见图10.1。

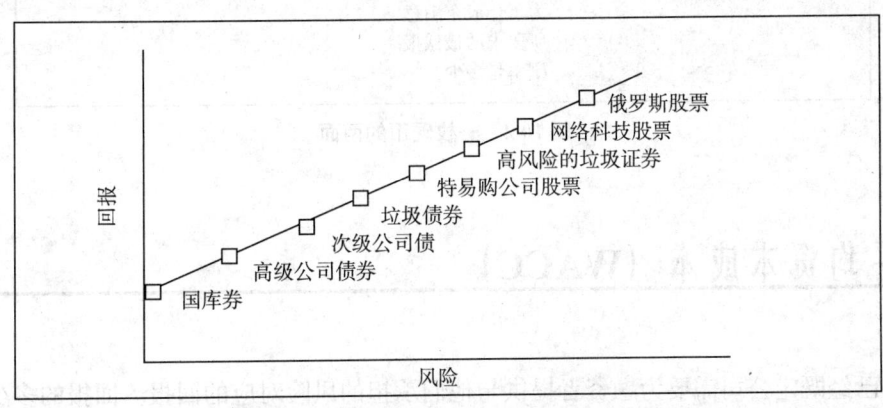

图10.1 风险—回报——假设的例子

一枚硬币的两面

在经营管理中的资本成本和为股票（或其他金融证券）赋予的价值是同一枚硬币的两面。它们都取决于回报水平。股票持有者基于他们的预期回报而估值。同样，从公司的角度来说，它需要为股东支付报酬来吸引他们购买和持有公司股票，销售股票就要预计筹资成本。债权人、优先股股东也需要同样的思考。如果预计融资的未来现金流会比之前的预期有所降低，那么股权、债券等的售价便会持续跌落，直到类似类型和风险的金融证券的回报水平。如果一家公司无法提供至少足够弥补融资提供者机会成本的回报，那么它很难生存长久。图10.2以股票为例，说明了股票估值和权益资本成本是同一枚硬币的两面。

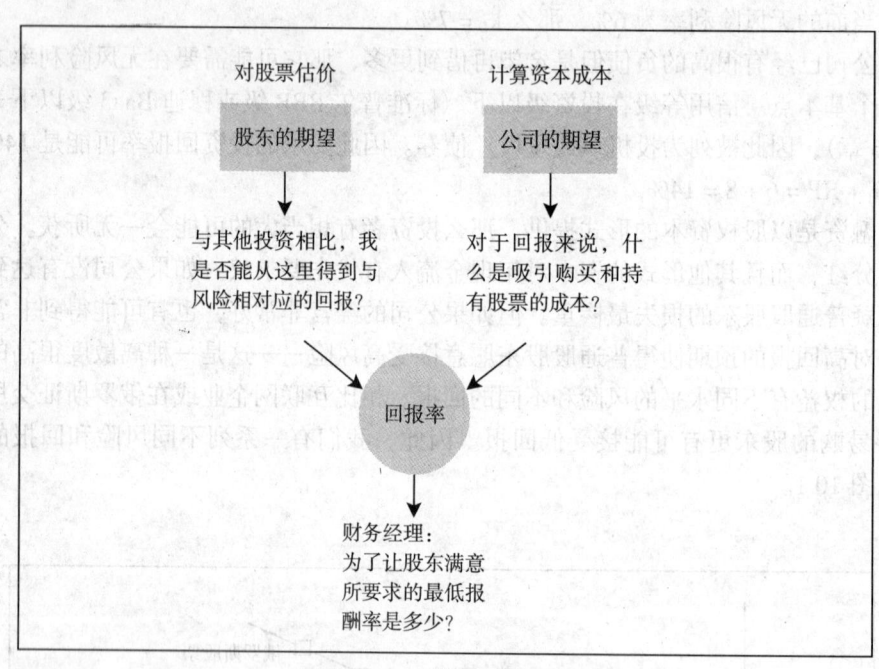

图10.2 一枚硬币的两面

加权平均资本成本（WACC）

我们已经既定公司需要为融资者提供与他们承担的风险对应的回报。回报的多少就由这些投资者在同样的风险水平下从别处得到的回报所决定（例如投资给其他公司）。如果以一家全部为股权融资的公司为例，在项目和战略业务单元价值分析中需要的必要报酬率就是公司股东要求的必要报酬率。但是，只有在新项目（或者配股）和已有项目具有相同风险时才成立。

股票市场基于公司当前的风险程度为股票定价。这由它从事的活动决定。从普通股股东的角度来看，一个公司仅仅是各项目的集合。如果这些项目的平均风险很高，那么其必要报酬率就会高。如果审核中的提议项目（或者配股）和当前的加权平均资本设置的风险相当，那么公司股权资本的必要报酬率就适用于该项目（如果公司接收的所有资本都源于股东，不存在负债）。如果新项目的风险较低，则公司总的资本成本需要调低以适用该项目。

但是如果我们要处理一家既有股权融资又有债券融资的公司，情况就比较复杂了。想象一家公司，成立时共获得10亿英镑的资金，其中一半来自债权人，债权投资的风险水平要求8%的回报率，另外一半资金来自股东，股权风险能够接受的回报率为12%。因此我们有以下结果：

债务成本		$k_D = 8\%$
权益成本		$k_E = 12\%$
债务权重	500百万英镑/10亿英镑	$W_D = 0.5$
权益权重	500百万英镑/10亿英镑	$W_E = 0.5$

为了计算公司投资需要的最小回报，必须建立加权平均资本成本，才能有足够的产出以满足债权人及股东。任何少于加权平均资本成本的产出，都会让股东回报少于12%。他们会认为在同样风险水平下在别处投资可以得到12%的回报，所以股东们会将资金从公司抽离。

$$WACC = k_E W_E + k_D W_D$$
$$WACC = 12 \times 0.5 + 8 \times 0.5 = 10\%$$

> **例证**
>
> 以一家投资回报为10%的公司为例，它的加权资本成本也是10%。如果公司投资10万英镑给一个项目，该项目每年产生的净现金流为1万英镑至无穷大（简单假设成永久年金），对该现金流的优先要求权来自债权人，他们提供的有效资金为5万英镑。他们每年要求4000英镑的回报。剩下6000英镑现金流给股东——他们对提供的5万英镑资金要求12%的年回报。
>
> 如果一切顺利，将会产生1.1万英镑的年回报，股东仍旧收到约定的4000英镑，但是股东得到了14%的回报率，明显大于要求的最低报酬率；他们投给该项目的5万英镑投资得到7000英镑的回报。

降低加权平均资本成本，提高股东回报

检查加权平均资本成本的公式，我们找到一种简单明显的降低必要报酬率，因此提高项目、配股和整个公司的价值的方法：改变公式中债权的权重。换句话说，改变公司的资本结构，让资本成本较低的股权比例提高。

举例来说，如果公司预期每年产生1亿英镑（至无穷大）的现金流，它的加权平均资本成本为10%，那么公司的总价值（企业价值即债权和股权价值）为：

100百万英镑/0.10 = 1000百万英镑

让我们试着降低加权平均资本成本。

想象公司成立之初债权的比例不是50%而是70%。那么股权资本的比例为30%。如果股权持有者保持12%的回报率，而债权人依旧接受8%的年回报率，那么加权平均资本成本

会降低，公司的价值会提高。

$$WACC = k_E W_E + k_D W_D$$

$$WACC = 12 \times 0.3 + 8 \times 0.7 = 9.2\%$$

公司价值 = 100 百万英镑/0.092 = 1086.96 百万英镑

为什么所有的管理团队都不增加资本结构中的债权比例以提高股东价值呢？美中不足的是，当股权投资者的股票面临更多由于增加的财务杠杆带来风险，他们不可能满意于12%的回报率。关键的问题是：他们要求多少额外的回报？金融经济学家们和诺贝尔奖得主弗兰科·莫迪利亚尼和默顿·米勒提出：在一个完全资本市场上（所有的参与者如股东和管理者都得到完全信息，也都能以相同利率借到资金），k_E的提高完全抵消了提高债券比例带来的获益，使得加权平均资本成本保持一个常数，所以增加债权比例无法增加股东价值——唯一能够增加价值的因素是提高经营绩效即现金流。根据这个理论（即没有理想的资本结构使得股东财富最大化），就没有必要调整债券或股权比例。

在这种程式化下，k_D保持8%但k_E提高到了14.67%，使得加权平均资本成本、公司价值和股东价值保持不变。

$$WACC = k_E W_E + k_D W_D$$

$$WACC = 14.67 \times 0.3 + 8 \times 0.7 = 10\%$$

但是管理者还是有希望通过调整资本结构来提高股东财富，因为在莫迪利亚尼和米勒建立的完美世界里还有两个重要的因素：税收和财务困境。

税收利益

首先是税收。通过负债融资的好处之一就是年利息可以减少应税利润，因此可以减少对税务机关的现金流出。相反，每年的权益支出（分红）不能用来减少应税利润。通过债券融资获得的税赋减少能有效降低融资成本。

举例来说：A公司所在的国家不允许将利息从应税利润中扣除。B公司所在国家允许扣除。两家企业对5亿英镑的年利率都为8%。观察贡献给股东的利润：

	A 公司（百万英镑）	B 公司（百万英镑）
息税前利润	100	100
利息	—	−40
应计税利润	100	60
30%税金	−30	−18
利息	−40	—
可供股东分配的利润	30	42

B公司额外的1200万英镑将负债的实际成本从8%降低到8(1−T)，在这里，T = 公司的税率30%。负债的资本成本降至 8 × (1 − 0.3) = 5.6，或者说5亿英镑负债的成本为2800万英镑。税务部门从公司少拿了1200万英镑的税，因为税收制度允许将利息从应税利润中扣除，降低了负债的实际成本。

因此通过避税效应，我们找到了降低加权平均资本成本并使股东回报增加的方法。在我们的案例中，如果我们假设公司税率为30%，那么债权的实际成本降至5.6%。致使加权平均资本成本成为 8.8%。

所以，如果：

k_{DBT} = 税前债务成本 = 8%

k_{DAT} = 税后债务成本 = 8 × (1 – T) = 8 × (1 – 0.3) = 5.6%

如果我们假设 50 : 50 的加权平均成本资本结构：

WACC = $k_E W_E + k_{DAT} W_D$

WACC = 12 × 0.5 + 5.6 × 0.5 = 8.8%

以这个低利率贴现投资项目现金流会比 10%的贴现率得到更高的当前价值。债权人得到了约定的利息，而额外的价值就流向股东。

但是，财务困境限制了杠杆效应

避税效应强有力地推动了高财务杠杆的倾向，以获得更低的加权平均资本成本和更高的价值。但是，现实的企业中通常得不到极端负债。有很多原因，最重要的是财务困境和最终的清算（更多原因见第 18 章）会给融资提供者（尤其是债权资本持有者）增加风险。

当财务杠杆提高时，股权投资者得到低（或无）回报的概率也会增加。所以他们需要更高的回报率以补偿。最初，风险溢价增长缓慢，但是当财务杠杆水平很高时，它会提高得很快，甚至超过债权在资本就够中的增长带来的获益。图 10.3 证明了这一点，图中，负债水平较低时的加权平均资本成本主要受资本结构中债券比例增加的影响，但是当负债水平较高时，受权益成本增加的影响（最终受负债影响）。

从资本结构文献中我们得出的结论是：存在一个获得最低加权平均资本成本和最高公司价值的最优负债水平——第 18 章中我们会深入讨论。公司在计算自己的加权平均资本成本时，他们要使用这个目标资产负债比率，而非恰好在某时刻计算出的。

所以，如果我们的案例中，当资本结构中的债务比例从 50%上升至 65%，股权的必要报酬率从 12%上升至 13%，通过避税效应后负债的实际利率为 5.6%（即保持税前为 8%）。那么加权平均资本成本会降低，股东价值增加：

WACC = $k_E W_E + k_{DAT} W_D$

WACC = 13 × 0.35 + 5.6 × 0.65 = 8.19%

承担更高的财务杠杆

对这个特定的公司，我们假设 65%的财务杠杆率为最佳负债/权益比率。当负债达到 80%时，我们发现会减少股东财富，因为公司的项目（集合）以较高的回报率折现，这就减少了当前价值。折现率明显提高的原因是股票的必要回报率提高了，也就是说，不管公司经营得好不好，30%的投资者都害怕由于公司承诺要支付的巨额利息所带来的潜在的巨大损失（为简便起见，我们假设负债的成本保持不变——实际上，在高负债水平时，它的提高会进一步推动加权平均资本的上升）。

WACC = $k_E W_E + k_{DAT} W_D$

WACC = 30 × 0.2 + 5.6 × 0.8 = 10.48%

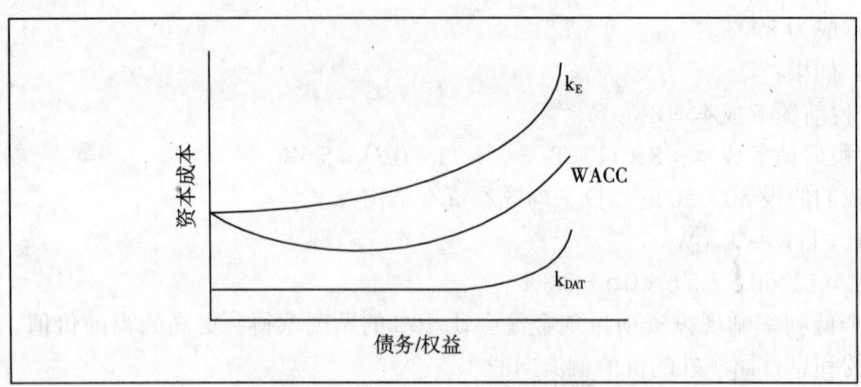

图 10.3 不同资本结构下的资本成本

范例 10.1

Poise 公司

不考虑避税效应带给股东的受益之前,债权人的回报率 k_{DBT} 为 10%,同时股权的必要报酬率为 20%。总资本(股权+债权)用 V 表示,是 200 万英镑,其中 140 万英镑表示股权的市场价值 V_E,60 万英镑表示债权的市场价值 V_D。这是债权和股权的最佳比例。

因此:

k_{DBT} = 10%
k_E = 20%
V = 200 万英镑
V_E = 140 万英镑
V_D = 60 万英镑

股权资本的权重为:

$$W_E = \frac{V_E}{V} = \frac{1.4}{2.0} = 0.7$$

债权资本的权重为:

$$W_D = \frac{V_D}{V} = \frac{0.6}{2.0} = 0.3$$

公司的税率为 30%,因此债权的税后成本为:

$k_{DAT} = k_{DBT}(1-T)$
$k_{DAT} = 10 \times (1-0.30) = 7\%$

加权平均资本成本为:

WACC = $k_E W_E + k_{DAT} W_D$
= 20% × 0.7 + 7% × 0.3
= **16.1%**

如果和当前项目集的平均风险相同,那么新项目就需要实现这个必要报酬率。如果新项目的风险更高或更低,那么就需要调整使用的折现率——这会在本章后面讨论。

举例来说,如果 Poise 考虑一个项目,该项目在时间点 0 上需要 100 万英镑的投资,永久的年息前税后现金流为 161000 英镑(即实现 16.1% 的回报率),经过避税效应后,

> 债权者的净成本为 21000 英镑（100 万英镑的投资中债权人提供了 30%，即 300000 英镑；满足他们的成本为 300000 英镑×7%＝21000 英镑）。其余的年现金流给了股东；所以他们每年收到 140000 英镑，他们提供的 700000 英镑的回报率为 20%。
>
> 如果该项目每年产生较低的 100000 英镑的现金流（10%的回报率），那么债权人仍然收到 21000 英镑，只留 79000 英镑给股东。在这样的风险水平下，投资者在别处可以获得 20%的回报。79000 英镑的年报酬意味着仅有 11.3%的回报率（79000 英镑/700000 英镑）。因此，相对放弃的机会，股东财富遭受了损失。

权益资本成本

股东考虑一个最小回报率，这个最小回报率由同样风险水平的其余股票可获得的回报所决定。为了最大化股东财富，管理者必须通过公司的经营活动为股东争取这个水平的回报。如果公司无法实现这个回报率来弥补投资者的机会成本，就无法吸引新的投资，很容易被收购甚至清算。

对债券融资来说，资本的使用通常有一个具体的利率。相反，普通股股东并没有明确具体的回报。但是，必须提供潜在报酬率以吸引投资者——正是高回报的期望使得普通股股东愿意接受高风险。

股票投资者要求的回报率由两种要素提供：首先，他们需要等同于无风险利率的回报（通常用国债表示）；其次，有一个风险溢价，风险溢价随着系统风险程度的提高而提高（下面会介绍系统风险）。

股票的回报率 = 无风险利率 + 风险溢价

$k_E = r_f + RP$

无风险利率给了足够的回报以补偿消费者的焦灼和通货膨胀（见第 2 章）。为了估计公司股权相关的风险溢价，我们需要做两步：

- 第一步，估计无风险利率之上投资者要求的平均超额回报，以吸引投资者购买平均风险水平的投资组合。我们回顾股东过去实际收到的无风险报酬之上的风险回报，并假设他们仍然要求这么多回报，这也是行话中的练习防守。实际上股东获得的年平均风险溢价的计算必须超过一段持续的时间（数十年），因为股票的短期回报可以被扭曲（例如，一年的回报常常为负）。它是市场报酬率 r_m 和风险回报 r_f 的差，即 $(r_m - r_f)$。

- 第二步，调整典型（平均风险水平）股票的风险溢价，以适合正在考虑的特定公司股票的风险水平。如果该股票比平均风险大，那么 $(r_m - r_f)$ 就要乘以一个大于 1 的系统风险因子。如果风险更小，那么就要乘以一个类似 0.8 的系数以减少风险溢价。

为了理解大部分最惯用的计算股权资本成本的方法——资本资产定价模型的起源，我们首先有必要了解股东的多元化策略，以消除非系统风险只集中在 β 变量上。

多元化

如果一个投资者的投资组合中只有一家公司的股票,那么他的风险会很高。加上第二只股票风险会降低,再加第三只、第四只风险会继续降低,只是幅度越来越小。图 10.4 已经证明了这种效果。风险降低的原因是证券回报并不都完全正相关。就是说,同一时刻回报不可能以同样的幅度升高或者降低。任何时刻,关于一只股票的利好消息会在一定程度上抵免关于其他股票的坏消息。

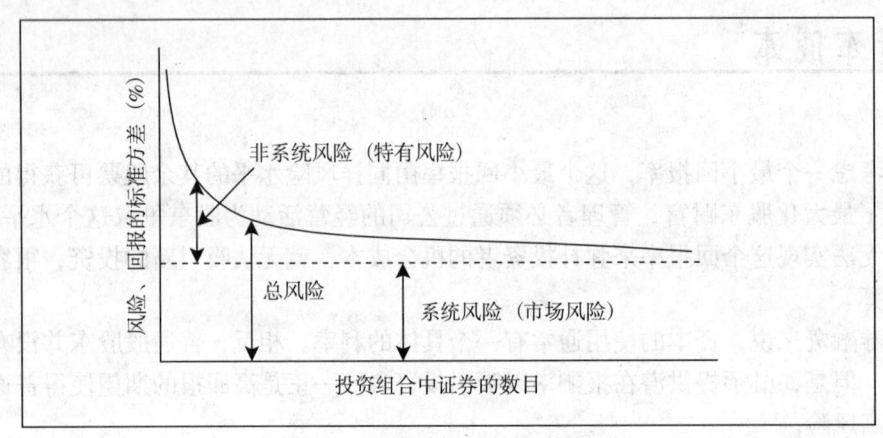

图 10.4 系统风险和非系统风险

一般来说,股票投资组合中,如果一只上涨,其他的保持不变、跌落或者也上升。每只股票的运动主要取决于从公司传出的独特消息。任何新闻或消息对公司都是特别的,我们不可能期待他们在同一天都报告好消息(或坏消息),如果某天投资组合中的一只股票报道其行政长官辞职,那么我们预期这只股票会下跌,但是由于投资是多元化的,投资组合的回报不会急剧下降。其他公司可能会报道营销变革、新的大宗交易或其他消息推动股价上涨。其余公司(大多数?)不报道任何消息,股价也不做任何变动。关键是不要把鸡蛋放在同一个篮子里,这样可以减少投资的整体价值急剧下降的概率。衡量投资组合的价值的风险,或者波动的标准方差会下降。分散化的程度越大,标准方差越低(见第 5 章标准方差的讨论)。

可见,尽管个股的回报大不相同,但投资组合还是相对稳定的。通过多元化减少的风险类型为非系统(唯一或独特)风险。个股回报的波动的因素是因为个别公司的具体情况。但在投资组合中,个别的上涨或者下跌会互相抵消。使用这种风险的术语叫"可分散化"。就是说,可以通过持有足够大的投资组合以简单地消除该风险。

系统性风险

但是,不管持有多少股票,都存在一个通过扩展投资组合都无法消除的风险因素。这被称为系统(市场)风险。这包含宏观经济的运动,例如经济增长、通货膨胀和汇率变动等。没有一家公司能完全不受这些因素的影响。例如,GDP 增长的宣告或者税率的增长可能影响经济体中所有公司的回报。

尽管所有股票都受系统风险因素影响，但程度却并不都相同。例如，奢侈品行业的收入主要受经济周期影响。在强劲的兴盛阶段，电子产品和跑车的支出会上升，但在衰退期，会急剧下降。另一方面，在经济繁荣和收缩期时，某些行业的波动就有限；食品生产和零售业就是典型的例子。尽管收入下降，人们不会明显地削减食物购买和家庭消费。

假设所有的投资者足够理智，不喜欢风险。这种情况下，合理的行为是通过多元化降低非系统风险。大多数英国公司的股票被高度分散化的机构投资者持有。然而事实上，一些小股东并未完全多元化，市场或更重要的市场回报实际上由那些完全分散化的投资者的行为主导。这些投资者确保了市场并不会因为承担非系统风险而给予回报。

为了理解上述理论，我们想象，由于一些意外事件，一只股票提供50%的年回报率，包括对非系统和系统风险的补偿。那么人们会疯狂抢购这种股票，尤其是那些不在意非系统风险度额大多数多元化投资者——他们有其他股票的回报以抵消该股票的振荡。购买压力会使股价上涨。这个过程会持续到它与其他具有相同系统风险的股票有同样的回报（现金流、分红等不变，但是股价升高，因此购买股票的回报下跌）。

我们假设价格翻倍，这样它提供的回报就降到25%。非分散的投资者将会沮丧，他再也找不到任何股票以补偿他感知到的相关风险，包括非系统的和系统的。

在金融市场中，重要的风险是当市场整体变动时，个别股票跟着变动的程度。这是完全分散化的投资者唯一关心的，因为个别公司的上涨或下跌时间不会影响投资组合的回报——只有整体市场活动才影响投资组合的回报。

这就引出了衡量风险的一种新方式。对于分散化的投资者，相关的风险衡量不再是回报的标准差，而是它的系统风险。

贝塔（β）

资本资产定价模型（CAMP）定义系统风险为贝塔。贝塔（β）衡量个股回报和整体市场回报（通常用一个市场指数衡量，金融时报所有股票指数）的协方差。一只股票的β值代表它关于整体市场运动的敏感度。β为1的股票其回报的趋势与市场指数完全吻合。β大于1的股票的回报的振荡大于市场指数。举例说来，英国电信的β值为1.62，通过资本资产定价模型，当市场回报指数上涨10%时，英国电信的股票的回报将上涨16.2%。相反，当市场指数下降10%，英国电信股票的回报也要下降16.2%。

β值小于1的公司，例如M&S的β值为0.5，其变动比市场整体变动小。因此，如果市场上涨，M&S的股票无法享受同样程度的上涨。但是，市场每经受10%的下跌，M&S的股票的回报只下降5%。因此，通过资本资产定价模型，M&S股票的风险小于英国电信（注意：这里的共移性指统计期望而非精确的预测——因此，通过一个大的样本，如果β是公司对市场回报的正确估计，那么当市场振荡10%时，M&S的回报只振荡5%。在任何单一的情形下，这种共移性不成立）。表10.1列出来一些大型英国公司的β值。

表10.1　2003年计算所得的β值

股票	β	股票	β
英国布林氏氧气公司	0.79	Barclays Bank	1.11
英国电信	1.62	Marks and Spencer	0.50
森宝利公司	0.80	Great Universal Stores	0.97

资料来源：Datastream数据库

β 的基本特征是：

当 β = 1 时，市场指数回报每变化 1%，特定股票的回报也跟着变动 1%；
当 0 < β < 1 时，市场指数回报每变化 1%，特定股票的回报的变动要小于 1%；
当 β > 1 时，市场指数回报每变化 1%，特定股票的回报的变动要大于 1%。

证券市场线（SML）

这里的风险指有效市场内完全分散化的投资者面临的系统风险，因为这种风险无法通过分散投资来消除，投资者因为要承受这种风险所以要求更高的回报。在资本资产定价模型中，以 β 来衡量的风险和期望报酬的关系可以用证券市场线来表示，见图 10.5。和市场回报（r_m）完全相关的股票的 β 为 1，当无风险报酬率为 6% 的情况下，其期望年报酬为 10.4%，那么市场投资组合中，超过安全证券的股票的风险溢价为 4.4%（一会儿我们会验证该数据）。如果 β 为 2，股票的风险变成 2 倍，那么期望报酬为 14.8%（6% 的无风险报酬加上 2 倍的平均风险溢价 4.4%）。在这条假定的特定风险—回报线中，相当于一半的风险指数的股票的期望回报为 8.2%（6% 加上一半的 4.4%）。

在给定的风险水平（β）下，我们可以使用下面的等式找到期望的回报水平：

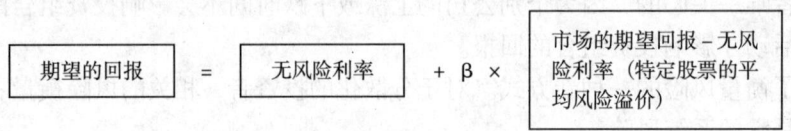

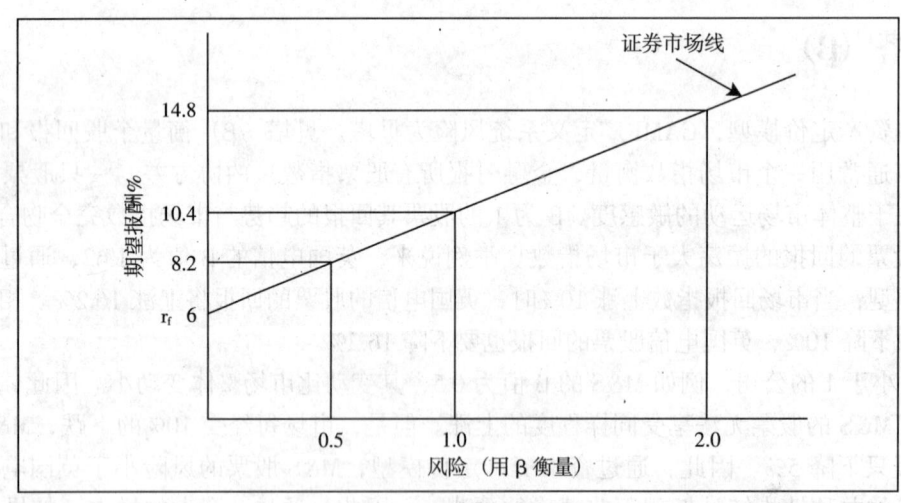

图 10.5　一条假设的证券市场线

或者 $k_E = r_f + β(r_m - r_f)$

对于一只 β 为 1.55 的股票，当无风险利率为 6% 时，其期望报酬为：
$k_E = 6 + 1.55 × (10.4 - 6) = 12.8\%$

为了表示这种关系，最好把风险溢价放到括号里，而不是分别写 r_m 和 r_f，因为这样可以提醒我们，风险溢价中重要的是超过无风险利率的额外报酬，这种额外报酬是投资者用了很多年来揭示的，并不是当前市场回报率和无风险利率。让人惊讶的是金融记者常常得到错误的、静态的近期或当前的 r_m 和 r_f，而不是长期的历史上的二者之差。只用很短的时期去估计它的话，可能会导致每年数据的剧烈波动，使得相较于无风险证券，投资者无法决定长期持有一个股票风险投资组合。

因此，更好的表达方式为：

$k_E = r_f + \beta (RP)$

$k_E = 6 + 1.55 \times 4.4 = 12.8\%$

风险—回报关系的上移

在任何时候，证券市场线的位置都主要取决于无风险回报率。如果政府证券的利率上升，如2%，那么证券市场线上移2%（见图10.6）。

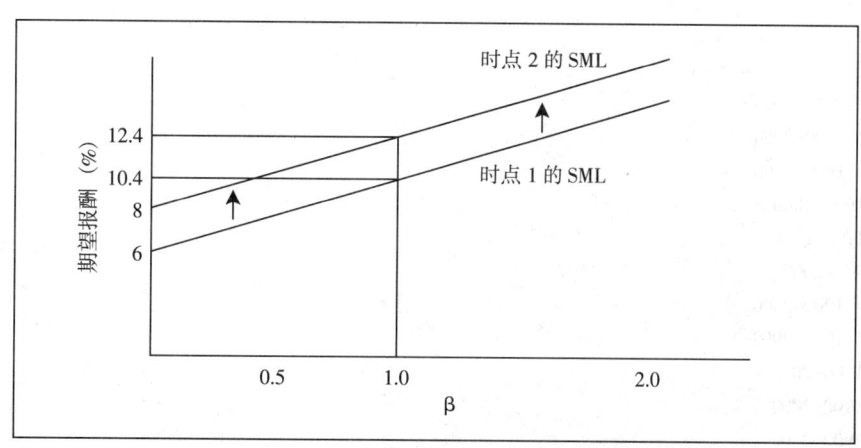

图10.6 证券市场线的移动——无风险利率上升2%

全球的风险溢价

表10.2展示了在经过几个不同的周期后，与持有政府债券的投资者相比，那些持有股票投资组合的投资者收到的额外报酬率。很明显，短周期例如1年的超额回报被扭曲了——我们无法假定2002年的负回报表示投资者要求的正常的无风险报酬上的"超额"报酬。我们注意到在列举的16个国家中，持有股票而非政府债券得到的风险溢价都在3%~6%。这强有力地指示我们现在的投资者可能要求的未来风险溢价。因此使用这个范围的风险溢价计算股权资本成本是可行的。但是需要注意你做的假设：事后（例如20世纪以后）投资者实际收到的回报反映事前（例如20世纪初）股票投资一直要求的。

估计期望报酬

为了用资本资产定价模型计算投资者对特点股票要求的回报，你需要获得三项数据：①无风险报酬率 r_f；②市场投资组合的风险溢价 $(r_m - r_f)$；③股票的 β 值。2004年，英国政府证券的回报为4%~5%。为了说明，我们取一个101年的平均（事后）风险溢价4.4%。我们要承认此时我们是不精确的（即使一些顾问会给出精确到1‰的股权资本成本）。从表

10.2 中数据，我们得到 6.9%的风险溢价，反映在 20 世纪的后 51 年，英国投资者得到相对较高的股票回报率。另一方面，如果我们接受投资者对实际收到的风险报酬的规模感到惊喜的观点，那我们也可以选择一个较低的数据；他们事先并没有要求这么多，乐天派（股票投资者）只是很幸运，拨开这种运气——这种情况见希勒（2000）、迪姆森、马什和斯汤顿（2002）——这样，未来他们会得到只比政府债券利率稍高些的回报。表 10.3 用 β 作为唯一影响回报的变量，计算了一些领先的英国公司的股票回报。

表 10.2 股票风险溢价

	每年（%）
英国	
101 年 1900~2000	4.4
51 年 1950~2000	6.8
31 年 1970~2000	3.5
1 年 2002[1]	−29.2
其他国家	
澳大利亚 101 年 1900~2000	6.3
比利时 101 年 1900~2000	2.9
加拿大 101 年 1900~2000	4.5
丹麦 101 年 1900~2000	2.0
法国 101 年 1900~2000	4.9
德国 99 年 1900~2000[2]	6.7
爱尔兰 101 年 1900~2000	3.2
意大利 101 年 1900~2000	5.0
日本 101 年 1900~2000	6.2
荷兰 101 年 1900~2000	4.7
南非 101 年 1900~2000	5.4
西班牙 101 年 1900~2000	2.3
瑞典 101 年 1900~2000	5.2
瑞士 90 年 1911~2000	2.7
美国 101 年 1900~2000	5.0
全世界 101 年 1900~2000	4.6

注：1. 迪姆森、马什和斯汤顿，个人通信。
2. 在对德国年份计算中除去了 1922~1923 年。
资料来源：埃罗伊·迪姆森、保罗·马什和迈克·斯汤顿：《投资者收益百年史》，普林斯顿，新泽西：普林斯顿大学出版社，2002 年。所表述中的风险溢价与政府债券更具相关性而不是国库券。

表 10.3 基于资本资产定价模型的股东的期望回报

股票	Beta（β）	期望回报
		$r_f + \beta(r_m - r_f)$
英国布林氏氧气公司	0.79	6 + 0.79 × 4.4 = 9.5
英国电信	1.62	6 + 1.62 × 4.4 = 13.1
森宝利公司	0.80	6 + 0.80 × 4.4 = 9.5
英国 GUS 公司	0.97	6 + 0.97 × 4.4 = 10.3
巴克莱银行	1.11	6 + 1.11 × 4.4 = 10.9
玛莎百货	0.5	6 + 0.50 × 4.4 = 8.2

计算 β 值

为了让资本资产定价模型为将来的决策而服务，我们有必要计算将来的 β 值，也就是说，个股相对于整个市场不稳定的程度的多少。投资者希望在他持有股票的期间因为承担这种不稳定而获得额外的补偿——时间还没有到。显然，未来是不可预测的，所以很难估计个股回报和市场投资组合的共移性。一种方法就是替代主观概率，但这存在很明显的不足。比较常用的方法是观察回报的历史关系，并假设这种协变性会持续到未来。

图 10.7 展示了这种分析的简化和理想版本。观察了 2003 年的 12 个月（用于商业的 β 计算通常要基于至少 60 个月的观察，即回溯超过 5 年）。图 10.7 中的每一个标绘点都描述对于特定同个月份，市场指数组合的回报 r_m 和特定的股票 r_j 的回报。

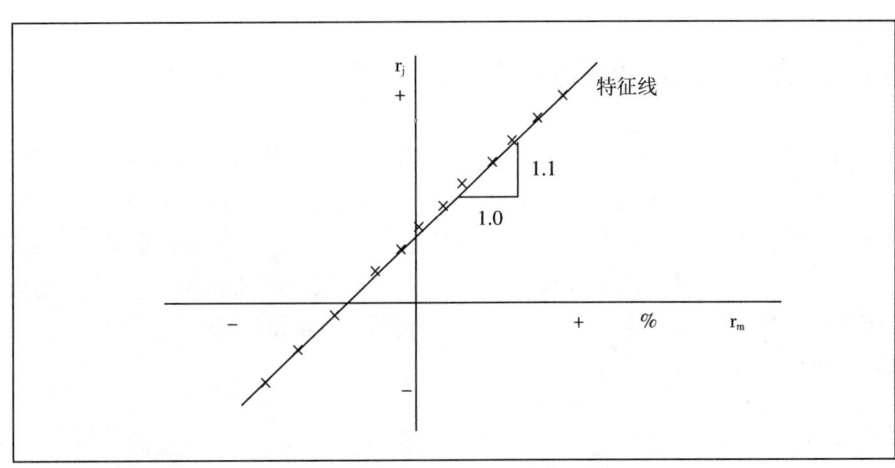

图 10.7 特征线——无非系统性风险

在这样的分析中，市场投资组合代表包含成百只股票的广泛指数。在这个高度理想化的例子中，由相对回报的点延成的直线成为特征线，并且是完美的统计关系，没有偏离直线的统计"噪点"。特征线可用以下等式描述：

$r_j = \alpha + \beta_j r_m$

这里：

r_j = 第 j 只股票的回报率；

r_m = 市场指数组合的回报率；

α = 回归线截距；

β_j = 证券 j 的 β 值。

特征线的斜率就是股票 j 的 β 值，即：

$$\frac{r_j 的变化}{r_m 的变化} = \beta$$

本例中，斜率为 1.1，所以 β = 1.1。

图 10.8 表述更实际的市场和个股月回报的关系。只有很少的点恰好落在回归线上（最吻合的线）。点的高度分散化的原因是，相比市场的回报是唯一的影响，那么任一个月的非系统风险的影响会使个股回报或大或小地上涨或下跌。最佳吻合线的斜率是 1.2，因此 β 值为 1.2。

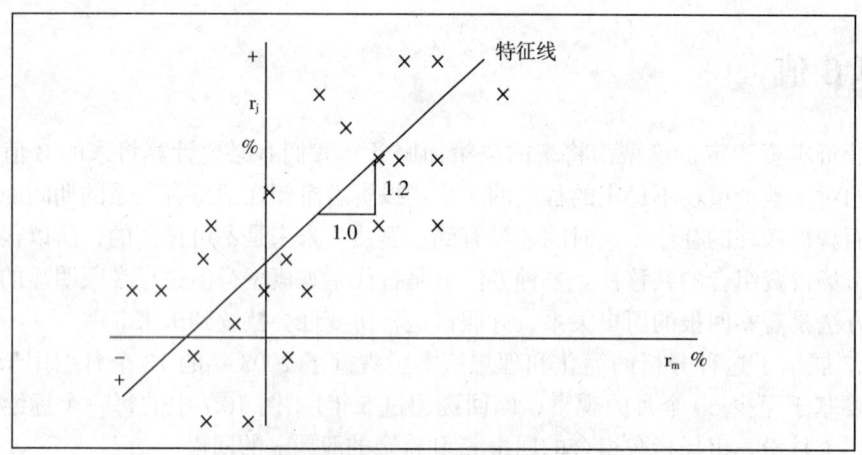

图 10.8 特征线——非系统性风险

估计股权资本成本的戈登成长模型方法

计算股权成本的最有影响的模型是于 20 世纪 60 年代初（今天依然在使用）由戈登（Gordon）和夏皮罗（Shapiro）创立的（1956），戈登后来又做了进一步演进（1962）。假设一个公司的股票价格为 P，每股盈利为 E，每股分红为 d。公司的政策要求每年必须保留一定比例盈余 b 用于内部投资。如果在该风险水平下，股票的必要报酬率（折扣或资本化率）为 k_E，那么在一定的限制条件下，盈利、股利和再投资都同时以速率 g 增长，g=br，r 是指盈利再投资的回报率，我们可以得到：

$$P = \frac{d_1}{k_E - g}$$

解出 k_E：

$$k_E = \frac{d_1}{P} + g$$

其中，d_1 表示下一年收到的分红。

股东要求的股票的回报率等于未来股息加上期望的股息流量的增长。

戈登和夏皮罗认为：除了用具体的 b 和 r 的增长率推导出当前股利，我们还有其他方法来估计未来股利，所以我们可以用其他方式导出 g，k_E 的等式仍然有效。

在这个模型的实际运用中，最主要的问题是得到一个未来的可信的无限股利增长率。戈登和夏皮罗（1956）告诉我们要用客观的态度，从已知数据中得到，即使用常识和参考公司过去的分红的增长率。换句话说，需要大量的判断。在这种模型下的股权资本成本对于 g 非常敏感，而且没有可靠的方法去顾及未来的 g，我们能做的只有理性的估计，所以导致 k_E 仅仅基于引申的猜测。使用过去的增长率是一种方法，但它意味着存在这样的假设：公司盈利和股利在未来的增长与过去完全相同——这通常是一个错误的假定。专业的分析师的预测可能是验证过的，但是他们对未来的预测往往有限——尤其对于超过 2 年以上。增长率 g 在第 13 章的股票估值中会做进一步讨论。

留存收益成本

对于大部分公司来说,长期融资的最重要来源就是留存收益。很多大公司都很少从股东那里筹集新的资金,而是以前年度的盈利。留存收益被看做"无成本的",对公司来说有很大诱惑力,因为管理者没必要出去并提供回报率以说服投资者投资。

但是,留存收益也应该被看做是属于股东的。它是公司权益的一部分。股东可以利用这笔资金,将其投资于别的公司并获得报酬。这些资金有机会成本。我们应该认为留存收益的成本等于股东购买新股票时要求的期望回报。这个原则在实践中有轻微的修正,因为新股发行包含发行成本,因此要求小幅更高的回报以弥补销售股票的成本。

债权资本成本

债权成本通常由以下因素决定:
- 现行的利率;
- 违约风险;
- 来自利息的扣减税项的收益。

有两种债权资本:第一种是交易的,即在证券市场中买卖的;第二种是非交易的。

交易的债权

在英国,债券通常由公司向贷款人发行,票面价值为 100 英镑。纯债权是指每年付一定年利率直到终期将名义或票面价值 100 英镑还给贷款人(更多细节见第 16 章)。公司债权人要求的回报率为 k_D,由下面等式中的利率表示,用这个利率将未来现金流折现付给债权人,其现值等于证券的当前市场价值 P_D。我们知道股票的当前市场价值 P_D,以利率的形式交给债权人的年现金流 i,以及债权在期满被赎回时的现金流 R_n。我们唯一还不知道的是回报率 k_D。我们会发现这种方法和内含报酬率是一样的(如果你不熟悉内含报酬率,请重新阅读一下第 2 章)。

$$P_D = \sum_{t=1}^{n} \frac{i}{(1+k_D)^t} + \frac{R_n}{(1+k_D)^n}$$

这里:
i = 从第 1 年到第 n 年,每年收到的名义利息(息票支付);
R_n = 赎回时的支付;
k_D = 债权资本成本(税前);
$\sum_{t=1}^{n}$ 表示从下一年(第一年)到债券期满的第 n 年的所有 $\frac{i}{(1+k_D)^t}$ 的结果的和。

举例来说，Elm 公司 6 年前发行了 1 亿英镑的债券，该债券附带 8% 的年息票利率。每份的名义价值为 100 英镑，4 年后赎回。每年年底付息，股票的当前市场价值为 93 英镑。通过内部报酬率的方式，我们计算这种可赎回债券的成本。想象今天发行的一种新的（4 年期的）债券，被提供给债权人的一系列现金流如下。债权人为了这种股票愿意支付 93 英镑（同样风险水平下），4 年中每年收到 8 英镑，加上债券终期时的 100 英镑：

年份　　　0　　　1　　　2　　　3　　　4
　　　　+93 英镑　−8 英镑　−8 英镑　−8 英镑　−108 英镑

因此，可以从下列的公式中计算出提供的回报率：

$$+93 - \frac{8}{1+k_D} - \frac{8}{(1+k_D)^2} - \frac{8}{(1+k_D)^3} - \frac{108}{(1+k_D)^4} = 0$$

当 $k_D = 11\%$ 时，折现现金流 = +2.307 英镑
当 $k_D = 10\%$ 时，折现现金流 = −0.66 英镑
用线性的方法可以找出 IRR：

$$k_D = 10\% + \frac{0.66}{2.307 + 0.66} \times (11 - 10) = 10.22\%$$

债券的总的市场价值 V_D，如下计算：

$$V_D = 100 \text{ 百万英镑} \times \frac{93 \text{ 英镑}}{100 \text{ 英镑}} = 9300 \text{ 万英镑}$$

我们想知道公司可用的投资于项目、战略计划等的各种融资的资本成本。那么使用债券的 8% 的息票利率可能有错误。因为这个报酬率是 6 年前要求的（假设债券当时的售价为 100 英镑）。10.22% 的利率可能更合适，因为这是现在的市场上债权投资者要求的。资本成本是在同样的风险水平下，债券持有者在别处可以得到的最佳回报。管理者在他们的要求下至少要产出等同于机会成本的回报。如果用 8% 的利率为债权人的项目或战略业务单元的现金流折现，就无法得到其在资本市场的别处投资得到的净现值。但是，用 10.22% 计算债权资本成本，我们就可以抗衡资本市场上其余地方可以支付给债权人的利益。

不可赎回的债券

不可赎回的债券（从第一年到最后无限期地支付利息）的回报率非常简单。它的支付利息形成一种永续年金，因此：

$$k_D = \frac{i}{P_D}$$

例如，一种债券当前交易价为 110 英镑，每年支付 7 英镑的年利息，那么它的回报率为 7 英镑/110 英镑 = 6.36%。

节税效应

正如本章前面解释过的那样，一家公司可以抵减债务利息，减轻税收负担。这是经过避税利益后债权的成本，是这种融资形式的有效成本——假设利息可以从应纳税收益前扣除。

在上面的 Elm 有限公司的计算中，我们忽略了税负，因此计算出的 10.22% 应该被正确地定义为税前债权成本 k_{DBT}。为了建立真实的公司债权资本成本，有必要做一定调整。

如果公司税率为30%，那么税后的债权成本 k_{DAT} 为：

$k_{DAT} = k_{DBT}(1 - T)$

$k_{DAT} = 10.22 \times (1 - 0.30) = 7.15\%$

在介绍中我们忽略了某些复杂情形

从最初我们就用一种简单的债券计算可赎回债券收益以解释关键因素。实际上，大多数债券每六个月提供一次息票利率——这使得上面的分析复杂化。但是，不同风险水平的可赎回债券的收益在商业上是可获取的，所以就免去了麻烦。《金融时报》列示了一系列不同风险水平的频繁交易的债券的收益（买入收益率）（见表"全球投资级债券"和"垃圾债券和新兴市场债券"）。一个有用的可查询债券收益的网站是 www.ic-community.co.uk/bonds。

非交易的债券

大多数的债券资本，如银行贷款，是不交易的，在金融市场上会定期地重新定价。我们需要找到贷款人资金的机会成本——在该风险水平下的现行利率。实现这些的简单方法是查询相似的交易债券提供的利率。

浮动利率债券

大部分公司有的债券形式是浮动利率债券而不是债券或银行贷款。通常应付利息设置为基准利率浮动一定比例，基准利率一般为银行基准利率或者伦敦银行同业拆借利率（见第15章）。在实际使用中，应付利息可视为税前回报（k_{DBT}），因为这些利率是市场利率。关于这个简单的方法，基于短期利率和长期利率的不同，存在理论上的争议。例如，如果一家公司滚动地使用一系列短期贷款，理论上正确的方法是使用长期利率。

优先股的资本成本

优先股和债权资本有一些共性（例如，高于银行利率或普通股股息的特殊年金支付），也和股权资本存在共性（有些情况下可能没有股息，而且股息不能在税前扣除）——更多细节见第17章。如果优先股的股东收到固定的年分红，而且股票是不可赎回的，那么就可以使用永久年金的公式计算证券价值：

$P_P = \dfrac{d_1}{k_p}$

在这里，P_P 表示优先股的价格，d_1 表示优先股每年的股息，k_p 表示投资者的必要报酬率。因此，得出这类优先股的成本为：

$k_p = \dfrac{d_1}{P_P}$

混合证券

混合证券有很广泛的特征——例如,可转换债券是集提供定期票息的债券和可将之转换成公司股票的期权的混合体。通常有必要计算每部分各自的资本成本。这个比较复杂,超出了本章的范围。

计算权重

债权、股权和优先股的账面价值不能用于计算加权平均资本成本,而应该用它们的市场价值。例如,通过出售优先股(承诺无限期的支付股息)得到1亿英镑的融资,当利率为5%,但是证券提供10%的回报时,将得到原始售价的一半5000万英镑,而计算权重时应该使用这个数据。合理地使用市场价值是指:在融资提供者对公司资本的当前贡献的基础上,为其产出一个回报,这个回报还要同当前的机会成本联系起来——而账面与其相关性不大。证券的投资者立即面临5000万英镑的机会成本(即他们可以卖掉证券得到5000万英镑的现金),因此这才是管理者应该看到的融资提供者的牺牲,而不是交易之初的1亿英镑。

对于股权资本,正确的也是使用总市值数据(当前市价乘以发行数量)。这是投资者今天投资给公司时的当前牺牲——股票在市场上以这样的价值出售。与资产负债表中的股权股东的资金不相关。其和总市值可能很不相同。资产负债表包含一系列历史性的会计分录,都与投资者置于股票中的价值不相关。上市公司的总市值数据可在星期一出版的《金融时报》上查到。

三种或更多形式的融资的 WACC

当有三种(或更多)形式的融资时,公式只是变长了,并没有更难。例如,一家公司有优先股、债权、股权,那么公式就是:

$$WACC = k_E W_E + k_{DAT} W_D + k_P W_P$$

这里,W_P 表示优先股的权重。

每种类型的资本的权重是其占市场总价值的比例——当然,$W_E + W_D + W_P$ 的和为1。

典型错误

管理者有时会用最近融资资本的成本去减价出售项目或战略业务单元。这是错误的。你也不能用即将融资的资本的成本来衡量项目。

公司最近筹得的资本可能是成本为12%的股权，也可能是成本为8%的债权。如果公司正试图决定进行一个内含报酬率为10.5%的项目，如果最近的融资为股权，使用12%的折现率，那么这个项目会被拒绝。如果碰巧最近的融资为成本是8%的债权，那么该项目会被接受。加权平均资本成本应该用于所有的项目——至少，用于那些与已有项目风险相同的。因为公司不可能太偏离最优债权对股权的比率水平。如果加权平均资本成本确实会升高。若推行一个热衷的项目，该项目可以完全使用借入资金，因此只用产出利率之上的回报率，尽管对于子公司经理来说这很具有吸引力，但是他必须记住下一次的融资必须使用股权以保持合适的财务杠杆水平。

关于短期债务

当计算加权平均资本成本时，短期负债应该被看做总负债的一部分。这部分资金的贷款人会要求一定的回报。但是，一定程度上，由于这部分负债是暂时的或是用现金或公司的有价证券清偿，所以它可以被排除。

将 WACC 应用于项目和 SBU

提供给公司的融资的总回报取决于当前的项目投资组合。正如公司的风险（系统的）取决于当前项目的风险组合。如果公司增加的资本投资，若其风险高于现存平均风险，毋庸置疑，必须要求产生高于公司正常水平的回报。另一方面，如果有风险特别低的经营活动，那么就会要求比正常水平低的回报率。

一些多部门的公司会犯的错误是：要求所有的部门实现同样的回报率。结果导致本应被接受的低风险项目被拒绝，本应被拒绝的高风险项目反而被接受。

图 10.9 描绘的是完全股权融资的公司，但其证明的原理适用于混合融资的公司。公司正常的风险水平下，市场要求的回报率为11%。如果一个项目开始时有相似的风险水平，那么很合理的会用11%的折现率计算其净现值。这是股东资本的机会成本——若他们将资金投资给类似风险的其他公司的股票，会得到11%的回报。但是如果公司投资给项目A，项目A的风险是正常水平的2倍，此时若管理者只寻求11%的回报，那就会给股东造成损失。在这种风险水平下，股东在别处可以得到16%的回报。这类的经济决策会导致本该被拒绝

的项目被接受了。相反的，如果项目 B 以标准利率 11% 折现，本应被接受的它也会被拒绝。它产出 8.5% 的回报率，但在它所在的风险水平下，其必要报酬率为 7.5%。很明显，公司应该接受所有斜线之上的项目，拒绝斜线以下的项目。

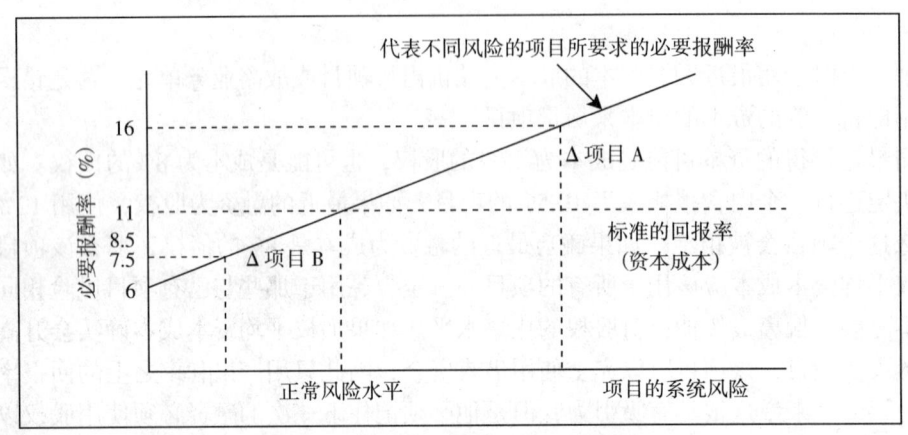

图 10.9　不同系统风险水平的项目的回报率

先前讨论过的原则（公司应该接受任何回报大于其资本的机会成本的项目）现在应该被精确化。这个原则只适用于增量项目与已存的项目群存在相同的风险水平。不同风险水平的项目应该要求不同水平的回报。

折现率该多高，既是管理决策上的问题，也是基于理论上风险和回报的衡量问题。资本资产定价模型为风险溢价的思考提供了起点和专栏架，但是判断项目或分案的可行性还是一门很深的艺术，它需要极其重要的经验和深入的思考，因为很难量化可能的风险，例如一个发展互联网业务的战略业务单元。我们可能可以将项目归为高、中、低这样的大类，但是精确地估计还是很困难。很显然，公司不应该针对所有的经营活动使用单一的折现率。

管理者实际上在做什么？

学术文献有力地推动了加权资本成本的使用。但是，英国公司在多大程度上采用了推荐的方法呢？1983 年，理查德·派克（Richard Pike）表达一个经营者在选择资本成本使用的技巧方面的窘迫的观点："在设置回报率时最常用的方法是一种奇怪的民俗文化、经验、理论和直觉的混合体。"1976 年，维斯特维克（Westwick）和修赫特（Shohet）报告说少于 10% 的公司研究和使用加权平均资本成本。近 20 年，这种情况有明显的改善。阿诺德（Arnold）和哈兹波罗（Hatzopulos）（2000）对 96 家英国公司的研究表明，现在大部分的公司计算加权平均资本成本——见表 10.4。

尽管对加权平均资本成本的优点做了多年的学术讨论，也开展了广泛的管理教育，但在资本投资评估中还是有明显的少部分公司不计算加权平均资本成本。此外，如表 10.5 和表 10.6 所示，一些公司并不按照规定的方法计算加权平均资本成本。

此外，还有少量回应者所提供的证据表明：上面使用的是最低加权平均资本成本。最低

表 10.4 回答问题：在评估主要的资本投资时，你的公司是如何得出所需的贴现率的？（应答者的百分比）

使用的方法	公司类别			
	小型（%）	中型（%）	大型（%）	组合（%）
WACC	41	63	61	54
由资本资产定价模型得出的权益成本	0	8	16	8
债权成本的利率	23	8	1	11
任意选择的数据	12	4	3	6
每股利息加预计的资本价值增长	0	0	3	1
每股盈利	3	0	0	1
其他	12	8	11	10
空白	9	8	5	7

资料来源：阿诺德和哈兹波罗（2000），按投入资本衡量，"大型"公司代表英国前100家最大的公司。"中型"公司排名在250~400之间，"小型"公司排名在820~1000之间。大型公司的资本规模在13亿~240亿英镑之间，中型公司的资本规模在2.07亿~4亿英镑之间，小型公司的资本规模在4000万~6000万英镑之间。

报酬率也可能略高于加权平均资本成本，风险资本家所需要的最低报酬率可能等于"加权平均资本成本加安全边际"。

表 10.5 计算加权平均资本成本所用的方法（在回答使用 WACC 中的公司的百分比）

方 法	公司类别			
	小型（%）	中型（%）	大型（%）	组合（%）
使用资本资产定价模型得出的权益资本以及债权资本的市场利率	50	68	79	70
并非通过资本资产定价模型计算出的股权成本，以及使用当前市场利率得出的债权成本	50	32	18	29
其他	0	0	3	1

资料来源：阿诺德和哈兹波罗（2000）

表 10.6 如果使用加权平均资本成本，如何定义权重？（各构成百分比）

定义权重的方法	公司类别			
	小型（%）	中型（%）	大型（%）	组合（%）
长期负债与权益之比	19	26	39	30
负债与权益的现行市场价值之比	44	47	42	44
负债与权益的资产负债表价值之比	37	26	19	26

资料来源：阿诺德和哈兹波罗（2000）

格雷戈里（Gregory）、鲁特福（Rutterford）（1999）和鲁特福（Rutterford）（2000）深入采访了 18 位富时 100 指数公司的财务总监。他们发现其中有 14 家公司使用资本资产定价模型来估算资本的权益成本，5 家公司使用股利贴息不变增长模型（戈登股利增长模型），4 家公司使用历史上真正的股本回报率，5 家公司使用不止一种方法。

无风险报酬率与 β

大多数公司（14 家使用资本资产定价模型中的其中 12 家）使用英国政府债券报酬率作

为无风险报酬率——其通常选择7~20年期的债券。其余的使用实际利率（扣除通胀）。没有公司使用国库券利率。

β值来源于诸如伦敦商学院的财务数据库，或财务顾问——多数公司使用不止一种来源。很多受访者认为权益风险溢价的选择比β值的估算对K_E有更大的影响。

所使用的风险溢价

13家估算权益风险溢价的公司中有2家选择了20世纪90年代中期巴克莱资本股权镀金研究中的数据。这基于一个同迪姆森、马什和斯汤顿研究不同的时期。20世纪90年代中期出版的巴克莱研究跟踪的只是1918年之后的报酬，而不是1900年1月之后的（最近的股权镀金研究追溯到了1900年）。这些报告中公司使用的值为7.5%左右，比本章前文使用的要高很多。其余的11个公司在4.5%~6%之间选择。这些公司承认其估计是一个"未必可靠"的选择，"其来自其策划经理，他是一个工商管理硕士，他的很多工作都建立在资本成本上。5%是其根据其经验和知识凭空得出的"（公司O：格雷戈里和鲁特福，1999，第43页）。另外，经理趋向于依赖其银行家的目前权益风险溢价比过去任何时候都低的建议——大多数情况下，这会使WACC估计值降低几乎2个百分点（与7.5%的风险溢价相比）。这一直观的方法随后在实证研究中源于对历史风险溢价的下调。

债务成本

明确考虑债务成本的全部11家公司都考虑企业税率来降低有效成本。所有公司都使用长期债务成本而不是一些教材中倡导的国库券（期限为3个月）利率。大多数选择政府债务成本作为债务成本的基础，将其作为债务成本或加上一个信用风险溢价。3家公司选取自己优异的债权收益，其余的"根据经验"选择长期债权收益。"我们不会提出我们的真实债务成本。比如开出租车，某些车的债务成本事实上很低……所以我们趋于忽略它。这在目标（资本成本）内建立了一个很好的安全边际"（公司C：格雷戈里和鲁特福，1999，第46页）。

债务与权益的比率

计算WACC的15家公司中有10家使用长期目标产权比率，5家使用实际产权比率，1家两者都使用。使用目标比率的公司，取20%、25%或30%，至少等于目前的实际产权比率，有些情况下高很多——有现金剩余的公司仍然选20%。

10家公司选择估算名义（包括通胀）WACC（11.67%的平均值）。5家使用实际（不包括通胀）WACC（8.79%的平均值），3家两者都用。鲁特福（2000）评论说："权益风险溢价（4%~7.5%）的数据输入与产权比率（0%~50%）的选择意味着最终的WACC估计值对每个公司都很主观。"

最低报酬率

企业区分了WACC与最低报酬率。格雷戈里和鲁特福（1999）发现平均基本的最低报酬率为 0.93%，高于平均的 WACC。基本的最低报酬率是指调整经营风险、财务风险或汇率风险分部不同之前的标准项目的利率。大多数公司的最低报酬率都根据项目或风险因素有一个范围。

然而，公司对如何调整不同项目风险还没达成共识。18 家公司中有 14 家对不同的风险水平进行了调整，这 14 家中又有 9 家对国家风险或外汇风险及系统风险进行了调整。然而，要注意 18 家中有 17 家只是调整至基本的最低报酬率，而不是理论上更合适的 WACC。风险调整时，首先在获得 WACC 时要有一个大体的极致印象，接下来再找一个摆脱经验法则的方法："我这里所说的投资的最低报酬率是我们对低风险、高风险、具体的国家风险做了相对简化的。"（公司 P：格雷戈里和鲁特福，1999，第 53 页）

方法有从加 2 个百分点到有 2 个可能的最低报酬率，如 15% 和 20%。有 15 家公司在基本最低报酬率上有 0%~8% 的溢价，而有 3 家公司对高风险项目增加了超过 10 个百分点。

后续工作

即便采用了教材中的这种模型，同一个公司还是可以估算出一系列不同的 WACCs："比如，选择目标产权比率与权益风险溢价在 WACC 的计算结果上有 2% 或更大的出入。另外，还需要做一些工作来将公司 WACC 的复杂分析拓展至分部水平"（鲁特福，2000，第 149 页）。另一项由弗朗西斯（Francis）和敏钦顿（Minchington）（2000）实施的研究也证实了这一极致的缺失：研究发现 24% 的公司（各种规模的）使用了严重低估资本成本的只反映债成本的分部成本。另外，69% 的公司没有对不同风险水平的不同分部用不同的比率。

实施问题

权益风险溢价为多大？

为了理解权益风险溢价的问题，我们需要认识到它只是个主观估计。原因是我们试图算出当今股东在无风险报酬率之外要求的额外平均年风险报酬。投资者决定此时，看的是未来而不是过去。每个投资者可能对与无风险投资相比的合适额外报酬有不同的估值。我们需要评估投资者态度的加权平均值。

用历史报酬来看实际得到的溢价可能是个不错的起点，但是我们必须清楚：这意味着我们认为过去的权益风险溢价与今天的风险相关。用历史数据时，我们至少做了两个隐含的假设：

- ■ 投资者对风险的厌恶没有随时间改变。
- ■ 用做基准的平均风险值没有随时间发生改变。

不同观点

一些城市分析者认为对于一个完全分散的投资者来说，普通股的风险变化太快以至于现在的风险溢价已经很小了——有的认为是 2%，而极端者认为从长远来看，股票比金边债券的风险更大，所以溢价为 0。为了证明其观点，他们指向了由于工业社会开始为退休节约更多而导致的克服通胀、延长经济周期、强有力的市场（最近有争论认为减弱了）及增加风险资本的供给。

甚至巴克莱投资银行也逐渐将权益风险溢价由高于金边债券 7 个百分点修改为 4 个百分点左右。竞争委员会趋向于 3.5%~5%。英国水务办公室（英国水业监管者）不喜欢用历史溢价，因为它们"都严重高估了实际权益投资者的当前预期"；英国水务办公室使用 3%~4%。电力暨天然气管制局（英国天然气和电力监管者）认为 3%~4.2%"合适"（根据前瞻的市场预测的平均值与过去趋势的平均值）。注意在其谈判立场上，监管者可能会尽可能地缩小范围。

一个观点

笔者认为股票没有金边债券安全。对股票来说，20 世纪的最后 20 年是个吸引人的时期。如果以历史为向导，股东将最终发现其会在股票市场上赔很多钱。报酬可能在整个 10 年或更长的时期内为正。波动与紊乱将在 21 世纪像过去一样呈现。笔者认为谨慎的投资者需要考察很长的时间，在这段时间里，罕见但极端的事件会扰乱财务系统（战争、萧条、狂热及恐慌）以增加股票的风险印象。

可以明了的是获得风险溢价并不像有的人假设的那么科学。似是而非的估计值的范围是很广的，选取 2%而不是 4.4%甚至 7.5%对公司的资本投资项目的接受或拒绝或价值绩效指标的计算有很大的影响。一位阿诺德与哈兹波罗调查的参与者通过指出 WACC 法的精确度没有拥有可靠的基本数据重要："真正的问题是其中之一的权益风险溢价。是 2%还是 8%?!"道出了实践者的挫折。

哪一个无风险报酬率？

无风险报酬率是一个完全确定的报酬。完全确定需要两个条件：
- 默认风险为 0；
- 多年期投资中期获得的现金流再投资报酬率确定。

票息为 0 的定期政府债券可获得的（一个项目的、一个 SBU 的等）现金流报酬与我们理论上正确的无风险报酬率最接近。

商业项目通常在投资中期就有现金流，而不是全部在结束时。理论上，这些现金流应该用不同的无风险报酬率进行折现。所以，对于多年期项目 1 年后产生的现金流，1 年期零票息政府债券的利率应该被用作资本成本计算的一部分。第 5 年产生的现金流折现时应该基于用 5 年期零票息利率计算的资本成本等等。然而，这种方法是复杂的，实践中有别的方法可以对理论最优值给出合理的近似值。可以考虑使用对长期项目的所有现金流使用一个长期的政府利率。另外，大体上可以接受附带票息的政府债券而不是零票息债券的报酬。经验法则似乎是使用与所考虑项目同期的信誉良好的政府债券——所以，短期项目应该使用短期政府证券利率作为折现率，20年期的项目使用20年期政府债券的到期收益率。

资本资产定价模型中的 β 可信度如何？

关于权益资本成本计算时使用的资本资产定价模型中的 β 有很多问题。我们在这里考虑其中的两个。

未来分析中历史 β 值的使用

获得历史 β 值用到的数学方法是很直截了当的；然而还不清楚是否使用周数据比月数据更合适，或是否市场回报或具体股票报酬的历史数据应该在超过 1 年、3 年、5 年或 10 年的时期内记录。每种可能会提供不同的 β 估计值。即使解决了这个问题，用历史值估算未来也是备受质疑的。β 值是随时间改变的。这早在 20 世纪 70 年代早期就被发现了。布卢姆和利维进行了进一步的测试，发现股票的 β 值随时间会发生重大的变化。如果股票的明显风险发生了改变，那么经理要求获得的报酬也会不合理地发生浮动。如果这一要求补偿了投资者的股票风险级别，他们一定会认为我们需要衡量风险，而经理将拒绝 1 年后的项目，因为 β 值会随不同的时期进行测量（及用周数据还是月数据）。表 10.7 给出了一些英国公司选取的不同的 β 值——有的没变，而有的已经发生了重大的改变。

表 10.7 通过 5 年的数据计算得到的 1997 年、2000 年和 2004 年的 β 值

	1997 年	2000 年	2004 年
BOC	0.65	0.585	0.79
Brarclays Bank	1.22	1.55	1.11
BT	0.91	0.94	1.62
GUS	0.59	0.39	0.97
Marks and Spencer	0.95	0.44	0.50
J. Sainsbury	0.60	0.19	0.80

资料来源：Datastream 数据库

β 值变化的一种可能的解释是证券风险的改变——公司运营方式的改变及市场的变动。2 年前对市场变化相对不敏感的公司可能现在很敏感——但是表 10.7 的公司的业务本质（风险）在这段时期内真的变了那么多吗？笔者表示怀疑。另外，这一解释还可能有测量错误——大的随机错误会引发 β 值的问题。为了解决这一问题，在计算市场（其 β 值）股票的历史协方差时我们有一系列市场指数值（如富时 100 指数、富时全股指数）供选择。

β 系数与回报之间的矛盾

资本资产定价模型的一个基本观点是投资者要求那些对市场指标更敏感的股票有更高额的回报。投资者要求 β 系数为 1.5 的股票的回报要高于 β 系数为 1 的股票。当这个模型在 20 世纪 60 年代初次被提出时，它只不过是基于理论的一个假设。20 世纪 70 年代和 80 年代

的一些测试是为了探究在现实中β系数高的股票投资组合是否比β系数低的股票投资组合在未来能有更高的回报。理论上说，不同β系数的股票投资组合的回报应该落在证券市场线（SML）附近。所以，如果你买了一个β系数为2的股票投资组合（历史上这些股票应该比市场变动敏感两倍），你可以期望它能在未来5年里比一个β系数较低，比如0.5的股票投资组合收获更高的回报。如果β系数是投资者唯一考虑的风险（资本资产定价模型的核心），那么它就是提高股权资本成本的唯一因素。如果历史证据显示投资者没有获得这些额外的回报，那么人们就有理由怀疑β系数风险是不是投资者要求补偿的唯一的风险形式。而且，如果投资者不要求为这些额外的风险获得补偿，那么为什么经理人总是尝试着使β系数较高的组合获得更高的回报呢？所以，投资者真的关注β系数风险吗？

早期的研究成果在总体上显示了β系数与相应回报之间的正相关关系。投资者因为承担了β系数风险而获得了更高的回报——这看上去好像可以合理地假定为这是因为他们需要这项额外收入。这种需求是在股权市场上通过股票的买进和卖出来回转化的。投资者通过影响股票价格影响回报——对于一些计划现金流处在相同水平的股票，β系数较高的股票被卖出，因为投资者在持有它们的时候会犹豫。

然而，早期的研究成果并没有很好地支持资本资产定价模型。回报同β系数同步增长的程度远远低于理论家们的设想。低风险的股票显示出比理论预想的要高的回报率，而高β系数的股票却显示出比理论预想的要低。

到20世纪80年代末期至90年代，争论转向了资本资产定价模型和β系数是否真的有用处。"β系数是否已经无用"的问题在学术界引发了激烈的辩论，而讽刺的是，正在此时，实践主义者最大限度地采纳了理论主义者的想法。费希尔·布莱克（Fischer Black）(1993)发现尽管在1931~1991年美国股票的回报的确随β系数而变动，但是在1966~1991年两者却没有显示出任何关系。他的一号投资组合（由β系数最高的10只股票组成，平均β系数为1.50）显示出和他的十号投资组合一样的回报（平均β系数仅为0.51）。

1963~1990年，尤金·法玛（Eugene Fama）和肯尼斯·弗兰奇（Kenneth French）(1992)对美国股票回报的实证研究的公之于世掀起了一波对资本资产定价模型更大的打击。他们发现"β系数与平均回报之间没有确切的关系"。他们还指出："资本资产定价模型长期影响着学术界和时间主义者对平均回报和风险的思考……简而言之，我们的测试不能支持资本资产定价模型的最基本假设，那就是平均股票回报与市场β系数呈正相关关系。我们得出的最底线的结论是：第一，β系数似乎无法解释平均股票回报的相关信息；第二，企业的种类加上账面股东权益与市场股东权益的比值才是解释它的因素。"换句话说，β系数不能解释回报然而另外两个因素却可以。一个企业的总市值对回报有所影响——企业越大，回报越低。还有，一个企业的账面价值（平衡表价值）与市场价值（所有股票显示出的总价值）的比值也有某些可解释的作用——如果账面价值比市场价值高，那么回报就会倾向于更高。对资本资产定价模型的这一进攻导致学术界极大的惊愕和反应。

路易斯·陈（Louis Chan）和约瑟夫·拉格尼沙克（Josef Lakonishok）为现在已经消亡的β系数注入了一丝生命力。他们观察了1926~1991年的股票回报，发现β系数与回报之间有一丝微弱联系，但是不能通过数据证明它的意义，因为数据实在太杂乱。如果1982年后的股票回报数据也被纳入考虑的话，它的生命力就更强了——但是，它能在任何时候都发挥作用吗？他们也指出在极端的市场条件下，比如股票市场崩盘时，β系数可能是回报的一个更有效的决定因素，所以β系数还不应该被当做完全的消亡了。

因为美国研究者的打击，β系数已经为此屈膝了，然后它又一次因为欧洲股票市场上的致命证据被击垮了。比如，阿尔伯特·考海（Albert Corhay）与其合作研究者加布里尔·哈瓦维尼（Gabriel Hawawini）和皮埃尔·米歇尔（Pierre Michel）（1987）发现，在当做样本的13年间，美国、英国、比利时三国的股票交易投资者并没有因为承担了更高水平的风险（以β系数衡量的）而以更高的平均回报作为补偿。巴黎证券交易所里的股票交易投资者甚至最终受到了惩罚而不是奖励——他们持有高于平均水平的风险的股票却收获了低于平均水平的回报。斯特朗和徐（1997）指出在1973~1992年，英国股票的平均回报和β系数之间竟呈现出了负相关的关系！

很明显的，即便资本资产定价模型没有消亡，它也已经被严重地打击了。β系数对回报可能有也可能没有解释的能力。这项争论还会持续很长一段时间。我们可以从中得出的结论是，似乎有因素比β系数风险更大。

基本β系数

一些分析家计算了一种"基本β系数"取代用历史β系数针对市场投资组合（比如富时100）来计算企业回报的减少。这基于风险与回报之间的关系的直观基础：如果企业（或项目）的现金流对更多的（系统性的）变动是客观的，那么要求回报就应该更高：是什么导致更大的系统性的变动呢？以下是要最先指出的三个因素：

- **公司（SBU或项目）从事的业务类型**　有些业务比起其他业务对市场条件更敏感。有周期性产业的营业额和收益随着宏观经济的起伏而改变很多。所有，比如游艇、起初或设计时装的销售量在繁荣时代上升而在消沉时代会下降。另一方面，没有周期性产业，比如食品零售和烟草，在经济周期中变动较小。因此，在基本β系数专栏架中，周期性产业的β系数高于非周期性产业。如果产品的购买可以耽误数月、数年甚至无限期（酌情的），那么它对经济衰退就有更大的防御力。
- **经营杠杆的程度**　如果企业的固定成本高于变动成本，企业利润对输出水平是高度敏感的。输出量和收入的很小的下降就能导致利润的很大变动。利润的更高的变动意味着需要分配一个更高的β系数。
- **财务杠杆的程度**　如果企业有高负债，随之要常规性地支付利息，那么分配给股东的利润对于市场波动就会更加脆弱。所以如果企业使用更高的财务杠杆（或杠杆作用）β系数应该上升。为了满足利息支付的义务，息后利润的变动加剧。在衰退时利润更容易变成亏损。财务杠杆增大会进一步加剧企业的经营风险。

运用基本β系数方法的一个明显问题是，依赖于这三种因素的力量，β系数应该确切地上调或下调到何种程度有一定的困难。

关于资本成本的一些思考

进步

在过去的40年里,理论上和实践上都有很大的有意义的进步。大多数企业不再简单地用当期利息率了,也不再用一种完全独断的态度来根据风险进行调整了。现在有一种理论基础建立起来,不仅可以决定一个企业的资本成本,而且可以理解输入数据和模型中的一些限制(或品质)。

现在普遍被接受的是运用所有金融资源的加权平均成本。加权数是基于市场价值的(而不是账面价值)也是被认可的,因为市场价值与金融提供者的机会成本联系更为紧密。不仅如此,通过改变负债与股东权益比值也可能使加权平均资本成本的下降以及股东价值的升高。

即使在现代金融发展之前,风险较高的计划(或者计划的组合,如企业)也很明显地比那些由投资政府担保的风险较低的投资有更高的回报。风险溢价必须加上零风险利率才可以决定要求的回报。然而,现代投资组合理论已经提炼出了风险的定义,所以分析者只需要考虑因系统风险带来的补偿(也就是额外回报)。

突出问题

尽管有以上这些进步,必须考虑的困难仍然存在。实践主义者不仅需要考虑现代财务理论的成功,也需要考虑它的局限性。最大的争论领域在于股东权益资本成本的计算。为了决定股东权益资本成本,我们从以下的事实开始。

- 当期的零风险利率是基础。运用政府纽带和有关计划或事业部等的发展的利率是可以接受的。
- 考虑到平均系统风险的股票的风险,回报应该增加(在零风险利率回报上加上一个风险补偿)。以之为引导,投资者得到了大约4~5个百分点的风险补偿,因为他们接受了等同于过去100年间平均普通股的风险水平的风险。
- 一个特定企业的股票没有平均股权风险,因此风险补偿应该根据企业的系统风险水平上升或下降。

所以,如果被考核的项目或事业部有低于平均股票风险的系统风险,该计划的股东回报应该介于零风险利率和零风险利率加上4.4%这两者之间的某个位置时比较敏感。如果一个项目的系统风险比总体上的股票的风险高,那么股东要求的回报也会多于零风险利率加上4.4%。

最重要的困难在于计算系统风险水平。在资本资产模型的全盛期,这很简单:β系数就是你所需要的全部。如今我们必须考虑投资者想要因为系统风险影响因素的多样性而获得补偿的可能性。自然地有些商人不愿意去适应这种艰难的方法并且倒退到他们的"评判"去适应一个计划的风险。事实上正确地指出一个项目的风险水平是极其困难的——我们在处理关于现金流的未来不确定性,从每天的商务操作项目到忽然的无法预料的变动。这种实用的方法是为了避免准确性和简单地给每个计划的项目归于三种风险等级中的一种:低风险、中风险和高风险。这正好绕开了理论家的复杂性,同时也反映出现实世界中的决定都是在不那么完全的知识中做出的这项事实。企业中基于过分简单的学术模型而做出的机械的决定经常是对于现实的不完美的评判的失败替代。

有一件事情是确定的:如果某人曾经告诉你,他们能在 10 个百分点之内明确地指出一个企业的资本成本,你就明白你是在和一个没有抓住事项复杂性的人交谈。

结 论

一个要求没有理由的高额回报的企业将会否认它的股东的财富增长机会而且把有价值的市场放弃让给它的竞争者。运用了不理智的低资本成本的企业将会浪费资源,设定达到和失去都过分简单的经营者目标。

本章阐述了计算一个企业资本成本的学术基础(这里的大部分荣获了诺贝尔奖)。它也指出了计算现实世界折现率的实际困难。困难很大,但是不要举手投降,也不要下结论说经济学家和财务理论家已经把我们从一条漫长艰巨的路上带回了原点。我们不是在一条环形的路上。我们有一系列的规则来提供关键管理数字。我们现在知道过程中有些步骤和关键点是需要评价的。这让我们能够带着一定数量合理的怀疑,查看我们自己计算过程中或那些财务团队产生的任何数字。并且,在做决定是否投资新工厂或关闭部门时,通过价值计算我们能看出我们可以多大程度地犯错。这部分强调,在这个不确定的世界里,我们应该用一切太过不准确和客观的可能性去思考一系列可能的收入,而不是思考无意义的关键的正确性。这一章的争论点,我想,应该是你可以为你认为可以的价值范围估计一个边界。在可接受范围内的回报可以很容易地被放弃,而那些好买卖则可以轻易决定下来。即便是很差劲的管理者,也可以把处于极端状态的管理救活。而那些回报处于中间的项目则需要有眼力的评判:这就是管理的艺术,需要更多的拥有领导艺术的人。

注 释

1. Quoted in Philip Coggan and Paul Cheeseright, *Financial Times*, 8 November 1994.
2. Modigliani and Miller did not ignore tax and financial distress in their work, but did down play them in the formulation of their early model.
3. This is assuming that future inflation is included in the projected cash flows. That is, we are using nominal cash flows and a nominal interest rate. An alternative method is to use real cash flows and a real discount rate (i.e. with inflation removed).
4. Other models of risk and return define systematic in other ways.
5. An excellent discussion of the calculation of the cost of capital by regulators is to be found

in Lockett, M. (2001) Calculating the cost of capital for the regulated electricty distribution companies, Aston University MBA Project Dissertation and in a later paper: Lockett, M. (2002), Calculating the cost of capital for the regulated electricity distribution companies. *Power Engineering Journal*, October, pp.251-263.

6. A zero-coupon bond is one that promises the owner a capital sum at the end of its life, say ten years down the line, but does not offer any income between now and then. These sell for much less than the amount promised at the end. So a "zero" with ten years to run offering £100 on redemption might currently be selling for £40. As a holder you have no income, but you do receive a large capital gain.

7. Lockett (2002) describes the increasing popular approach of using the rate of return offered on a UK government index-linked gilt in a WACC calculation that is based on real rates of return and real cash flows. That is, with inflation removed from both. This would appear to be a method used by regulators such as OFGEM, OFWAT and the Competition Commission.This generally provides a figure of around 2.25-3.0 percent as the required return in the absence of inflation or risk. If you are conducting an analysis with actual projected cash flows (i.e.with inflation built into the assumptions), then you need to add an estimated inflation rate, which will take you back (approximately) to the rate on the conventional government bond of the same time to maturity.

8. There is some controversy over their interpretation of the data, but nevertheless this is a very serious challenge to the CAPM.

第11章
兼并：冲动、遗憾和成功

引言

兼并决策

你称之为收购，我称之为兼并

兼并统计

什么驱使企业进行兼并？

收购方公司股东能从兼并中获益吗？

管理兼并

结论

引 言

在财务领域，兼并是普通大众、财务专家和管理者都感兴趣的话题。从未有如此激烈的战斗可以激发媒体的兴趣，被描述成"大卫"与"格莱斯"的战争，也被认为是通过掌握关键工业来威胁其他国家的国家运动。这场运动的方方面面都被广播、电视新闻平台报道，最终产生一位胜者。如此多的人关注这场冲突的结果，以至并不惊讶于地区、国家政府、员工和工会都对此给予极大的关注。整个过程开始情绪化和过分渲染，有时理性的分析也被忽略了。

这一章从规模经济和帝国大厦的管理来查看并购的原因，然后提出了一个重要的问题：收购企业的股东从并购中得到好处了吗？证据表明真正得到好处的企业不到一半。为了帮助读者理解引发这种失败的原因，我们讨论了取得一场成功的并购（提升股东财富）的各种管理任务，包括"软"科学因素，例如招募新型劳动力。

第 12 章描述了并购过程本身，以及防止并购不公正的各种规则和规定。当然也讨论了并购的融资方式。

兼并决策

通过收购进行的公司拓展行为具有很大的不确定性。通常管理者严重低估了并购及并购后整合的复杂性。

理论上来说，收购其他公司的决策本质上也应该同其他投资决策有相同的评估标准，即使用净现值。拉帕波特（Rappaport）认为："收购同其他投资一样，也同公司整体战略相联系，其基本目标也是实现价值增值。"

实际上，通过并购来实施扩张的动机有无数种，随之而来的问题也是各种各样的，这就意味着用折现现金流方法来评估并购是极端困难的。考虑以下两种复杂情况：

- 并购的收益很难量化。其动机可能是"运用更出众的管理技能"、"获得独特的技能"或者"进入新的市场"。这些努力的结果可能是真实的，主观认为其战略收益远远超过成本，但是这些都很难用数量形式来表达。
- 收购企业经常不知道他们在购买什么。如果企业通过构建工厂或者购买机器来实现扩张，那它知道花钱获得了什么。而对于并购，信息很稀有——尤其是恶意收购，即目标企业的管理者反对并购。多数典型企业的价值中的资产形式无法用资产负债表表示，如管理团队的经验储备、供应商和客户的声誉、竞争地位等。这些更为估值增添了难度，尤其是距离上，而且有时存在信息释放的阻力，甚至某些可量化的价值因素如股票、厂房和自由现金流等都会被"局外者"错误地估计。

你称之为收购，我称之为兼并

本书中，用兼并一词表示共同所有权之下的两个业务实体的联合。

出于不同的原因，如会计和法律的目的，很多人要区分并购、收购和接管这几个词。但是，大多数评论者将这三个词互换使用。有时很难决定两个公司的联合是否属于并购，两个规模大致相同的公司合并，股东依然保留在联合体中，各管理团队分担管理职责，但某种程度上可能接近于收购和接管——蕴涵财务和管理控制的对另一家公司的购买行为。事实上通常很难讲联合实体内的关系归类为并购或接管。书中充满了所谓视同并购的案例，都是一方的管理者接管了另一方的管理控制。关于这点，戴姆勒—克莱斯勒公司的主席约尔根·施伦普（Jurgen Schrempp）用他的诚实震惊了金融界。1998年，克莱斯勒汽车公司和戴姆勒奔驰合并时，就被称为视同并购。但是，2000年，施伦普说："克莱斯勒（作为一个独立的部分）的结构就是我们想要的。但出于心理上的原因我们却绕道而行。如果我们那样做了，那克莱斯勒就是一个单独的个体，每一个人都会认为根本没必要做这笔交易。"杰克·韦尔奇（Jack Welch），这位受人尊敬的工业家非常支持施伦普："这就是戴姆勒收购克莱斯勒。试图呈现出是并购催生了所有的问题。事实上并不存在这样的并购。必须有前进的道路和明确的规则。"针对Amoco and Arco的并购，英国石油公司首席执行官布朗勋爵也有自己鲜明的观点："并购后会有很大的文化融合问题，最终必须要对两家公司有很强的控制力。"本书中，并购、收购和接管三个词是可以互换的。

兼并的类型

兼并被分为三种类型：横向、纵向以及混合型兼并。

横向兼并

在横向兼并中，是两家具有相似生产线的公司的合并。最近的例子包括查尔顿和格兰纳合并为ITV，还有莫里森和Safeway的合并。横向合并的一个动机是可以实现规模经济，但是并不是所有的横向并购都有效，另一个主要动机是通过减少竞争者来提升市场力。横向并购通常会引发政府竞争管理机构的关注，如公平交易办公室及英国竞争委员会。

纵向兼并

纵向兼并通常是不同生产线的合并。如果鞋子的制造商并购零售商，这就是（向下游的）纵向并购，如果该制造商购买皮革生产（向上游的纵向并购），那这可能就是更大型的纵向并购。石油工业的大玩家们倾向于高度纵向整合。他们有勘探子公司、钻井和生产公司、提炼公司、配给公司以及加油站。纵向并购通常会增加供给或销路，也能降低寻找、收缩、收款广告、沟通和协调生产等各项活动的成本。后面我们会讨论到，增加市场力也是一个动机。

混合兼并

集团兼并是合并两家不同经营领域的公司。例如，维旺迪环球，最初是一家自来水公司，在 20 世纪 90 年代末收购了电影、音乐及通信领域的多家公司。有些集团并购是为了通过分散化来降低风险，有些是为了降低成本或提高效率，还有些是为了更复杂的动机，后面我们会讨论到。

兼并统计

表 11.1 列出了已经发生的并购活动，其中 20 世纪 70 年代初、80 年代末和 90 年代末出现了几次高峰。其中大多数（约 95%）是协议并购（善意的），而并非违背目标企业（被收购企业）管理层的目标（恶意收购）。只有非常小的一部分进行了价格拉锯战。20 世纪 90 年代末，随着股市的兴起，股份开始成为重要的支付方式。20 世纪 80 年代的并购潮中（1985~1989 年）普通股成为优先选择的支付方式。但是，1987 年 10 月后，股市开始低迷，因此开始转向现金支付。70 年代的情形也大致相同：股价上涨期间（1970~1972 年），股票支付被频繁使用。接着的低潮期（1973~1974 年）现金支付又开始很普遍。

表 11.1　1970~2002 年英国的并购行为（英国公司并购英国公司）

年 份	被收购的英国公司数目	支出（百万英镑）	支付方式		
			现金（%）	普通股（%）	优先股和债券（%）
1970	793	1122	22	53	25
1971	884	911	31	48	21
1972	1210	2532	19	58	23
1973	1205	1304	53	36	11
1974	504	508	68	22	9
1975	315	291	59	32	9
1976	353	448	72	27	2
1977	481	824	62	37	1
1978	567	1140	57	41	2
1979	534	1656	56	31	13
1980	469	1475	52	45	3
1981	452	1144	68	30	3
1982	463	2206	58	32	10
1983	447	2343	44	54	2
1984	568	5474	54	33	13
1985	474	7090	40	52	8
1986	842	15370	26	57	17
1987	1528	16539	35	60	5
1988	1499	22839	70	22	8
1989	1337	27250	82	13	5
1990	779	8329	77	18	5

续表

年份	被收购的英国公司数目	支出（百万英镑）	支付方式		
			现金（%）	普通股（%）	优先股和债券（%）
1991	506	10434	70	29	1
1992	432	5939	63	36	1
1993	526	7063	81	16	3
1994	674	8269	64	34	2
1995	505	32600	78	20	2
1996	584	30457	63	36	1
1997	506	26829	41	58	1
1998	635	29525	53	45	2
1999	493	26166	62	37	1
2000	587	106916	38	61	1
2001	492	28994	29	66	5
2002	430	25236	70	26	4

注：这些数据包括所有的工业和商业公司（以及1995年以来的金融机构），这些公司有些上市了，有些未上市，但都向出版社报告了兼并事件（不包括小型私人兼并）。

资料来源：英国国家统计局，金融数据。©皇家版权2001。经英国皇家出版局和英国国家统计局许可后复制。

从20世纪90年代开始，全球范围内的并购活动激增。早期，每年并购企业的价值仅为4000亿美元。但是，1999年和2000年各自达到惊人的33000亿美元和35000亿美元——这种趋势已经减弱了。

我们并不完全清楚并购活动为什么有繁荣时期，但是还是可以观察到一些相互关系并提出一些观点：在经济繁荣时，公司盈利能力和流动性都很强，企业通过有机扩张（即内部增长）和收购运行；经历经济繁荣期后，可能有一些管理者开始过于自信以及对内部增长失去耐心，决定通过收购来实现大的增长。关于并购的傲慢假说和其他管理解释会在下一节讨论到。

什么驱使企业进行兼并？

基于种种原因，企业决定与别的企业合并。图11.1总结了企业合并的四种动机。这或许不是很全面，但至少可以帮助我们理解。

协同效应

在图11.1的第一栏中，我们指出了合并宣言中的经典词汇——协同效应。这里面蕴涵的思想为：合并后实体的价值高于各部分的总和。增加的价值来源于基础收入和/或费用的增加。也许技能或市场的互补能给合并企业带来更大的销量。有时共享供应资源或生产设施的能力可提高企业的竞争地位。图中列举了协同效应的一些起因。在讨论这些之前，我们具体看一下协同效应的概念。

协同效应	低价购买	公司的管理性动机	第三方动机
两公司合并后比单独更值钱 • $PV_{AB}=PV_A+PV_B$+增值 • 市场力量 • 规模经济 • 交易的国际化 • 进入新市场或新行业 • 税收优势 • 分散风险	目标企业的卖价低于在新的管理下目标企业现金流的现值 • 低效、错误管理的限制 • 低估的股份	• 建立帝国 • 地位 • 力量 • 报酬 • 自豪感 • 生存： 降低接管对象盈利能力的快速增长战略 • 自由现金流： 管理者更愿意把自由现金流用来购并而不是返给股东	• 顾问 • 客户或供应商的主张

图 11.1 合并动机

如果两个企业 A、B 合并，由于协同效应，合并后企业的价值将大于两企业独立时的现金流现值：

$PV_{AB} = PV_A + PV_B +$ 增值

其中：

$PV_A =$ 企业 A 的折现现金流；

$PV_B =$ 企业 B 的折现现金流；

$PV_{AB} =$ 合并企业的折现现金流。

协同效应常被表述为公式 2+2=5。

当收获大于交易费用时，企业合并就创造了价值。这些通常包括广告费、保险费、法律和会计费用、股票交易费用、公共关系账单等。所以如果我们假设 A、B 为两个现值分别为 2000 万英镑、1000 万英镑的独立实体，交易费用为 200 万英镑，合并企业的价值为 4000 万英镑（支付交易费用前为 4200 万英镑），则合并净增（除去费用后）1000 万英镑：

4000 万英镑 = 2000 万英镑 + 1000 万英镑 + 增值

但谁会获得这个额外的价值呢？这些增加的价值可能用于收购方或目标方，也可能被两方分享。如果公司 A 是收购方，它可能会付给公司 B 等于其现金流现值（1000 万英镑）的价格，从而获得因合并所得的全部收益。不过这一般是不可能的。通常收购公司不得不付出明显高于目标公司的估值来获得控制权，这就是所谓的收购费、标价费或控制费。

假设目标公司 B 以预计的未来现金流为基础进行正确的估价，那么投标费就代表着协同效应创造的价值。比如，如果公司 A 支付给公司 B 1500 万英镑（含 200 万英镑的费用），那么公司 B 就会获得 500 万英镑的收益。如果公司 A 支付 2000 万英镑来收购公司 B，那么公司 A 就不会获得利益。

2000 年，苏格兰皇家银行（RBS）为了接管 NatWest 支付了 207 亿英镑。在投标以前，NatWest 被估价为 160 亿英镑（市场资本化）。RBS 预计每年创造 1.2 亿英镑的收入——到 2001 年它就可收入 1.47 亿英镑。它承诺每年储蓄 5.5 亿英镑的存款——事实上存款额为 6.53 亿英镑。非量化的利益比预料的还大。NatWest 获得了零售和企业客户，另外顾客投诉也下降了 15%。甚至由于 16 亿英镑的"整合费用"，RBS 对从这次交易中增加股东价值很有信心。

另外，注意另一种被称做"胜利者的诅咒"的可能——收购公司支付了高于目标和潜在利润现值的价格。胜利者的诅咒可通过 Marks & Spencer 收购 Brooks Brothers 的超额支付得到阐释（见专栏11.1）。

痛苦地撤出美国市场

M&S 计划转向国际市场，但是投资者希望其能从过去总结经验

苏珊娜·沃伊乐（Susanna Voyle）

M&S 成为国际零售商的计划历经数年除了浪费投资者资金和把管理层从核心美国业务中吸过来之外，并没有什么进展。研究展示了一个包括战略思考和超额支付在内的交易的尝试。

Brooks Brothers 被收购13年后，昨天以不足买家1/3的价格售出，这是一个很经典的例子。

"不仅以那个价格买它是错误的，"参与此次交易的一位前 M&S 管理者说，"错的是买了它而没有前进。"……

1986年底，M&S 主席 Lord Rayner 派出了一组其信任的员工前往美国考察 M&S 品牌能否进入美国市场。这个由 Alan Smith 带领，现在由 Mothercare 任主席的小组很快就得出了否定的答案。

M&S 已经在进入加拿大市场时遭受过失败，当时的主席 Lord Sieff 将这次的失败归因于进入前没有对市场进行适当的研究。

但是 Lord Rayner 受命开拓美国市场，并且 Smith 先生指示其小组可以试着进行小规模收购。

计划收购一个小服装公司和一个小食品公司。

"Rayner 决定进军美国是由于其看到了零售业的全球化并认为如果它不全球化，M&S 就会被收购。"当时与 Lord Rayner 和 Smith 先生在一起工作的一个人说。

然而，当呈现给 Lord Rayner 一张列着6个目标公司的清单时，他拒绝了，因为 Brooks 没有被包含在内，他已经将注意力放在了链条上。

接着 Lord Rayner 走近了拥有 Brooks 的加拿大商人 Robert Campeau。他收购了它，但拒绝出售。

然而，第二年，当他需要资金来收购 Federated Department Store 时，他将链条以7.5亿美元的价格卖给了 Lord Rayner。在 NM Rothschild 和 Warburgs 的建议下，Lord Rayner 没有还价就同意了。

尽管 M&S 内部有人试图劝他价太高，但他秉承着 M&S 主席们一贯的独裁风格。"这很大程度上是一个人视野和雄心的满足。"参与这次交易的一个人说。

"他说文化是一样的，他喜欢独特的品牌定位。但事实真的是他收购了它并且喜欢它。"……

专栏11.1 烫手的山芋

资料来源：《金融时报》2001.11.24/25

市场力量

驱动企业合并的最重要的力量之一是试图增加市场力量。这是一种控制产品价格的能力。而这种能力可通过垄断、供不应求的市场情况、主要生产商地位等或共谋来获得。

如果公司占有很大的市场，它就有一定程度的价格控制权。它可能有能力提高货物出售价，因为消费者很少有别的货物供应来源。即使公司不能控制整个市场，但参与公司数目的减少使共谋变得更加容易。无论公开与否，在集中市场中的公司可能会对高价出售达成一致而不是廉价出售。监管机构会注意到这种对社会性有害的活动，也会对参与这些活动的很多公司罚款，比如在水泥行业、维生素行业和化工行业。

市场力无论在垂直兼并还是水平兼并中都是一种动力。为了保证收购公司产品的市场以及排除竞争公司，下游合并经常会形成。上游合并经常导致增加进入障碍，或使竞争对手处于高成本的劣势。

甚至跨行业合并也会增强市场力量。比如，公司可能强迫供应商买其不同部门的产品，因为如果供应商们不顺从，它将停止从他们那儿进货。反过来这也支持每个部门，因为其垄断定价消除了竞争对手。或者如果顾客想从别的公司购买产品，它会坚持让顾客从一个公司购买。

根据欧洲委员会，试着与霍尼韦尔合并的通用电气正尝试着把对手置于不利的地位。最后，竞争委员会阻止了这一合并，主要因为通用电气和包括乔治·W.布什在内的美国政客的反对——见专栏11.2。

通用电气面对通用电气商业航空服务公司的拆分

欧盟委员会视飞机租赁为阻止霍尼韦尔交易的手段

黛博拉·哈格里夫斯（Deborah Hargreaves）

人们期望欧洲委员会迫使通用电气从通用电气商业航空服务公司的账户和管理层中分离，作为其用410亿美元（290亿英镑）购买霍尼韦尔的条件。

还期望委员会分离部分霍尼韦尔的航空业务和喷气机发动机业务……

通用电气商业航空服务公司提供飞机的财务、出租和舰队管理。布鲁塞尔的欧盟委员会关注通用电气为飞机提供设备时包装产品的能力——比如，如果飞机同意使用霍尼韦尔的航空设备，通过更廉价的发动机——以及其对通用电气商业航空服务公司用通用电气产品配备飞机的市场力量的使用。

委员会反对此项交易的陈词中说："因此通用电气利用通用电气商业航空服务公司来影响飞机机身购买的决策，作为通用电气机身损害通用电气发动机制造商竞争者和最后结果的推动器，尽管力量的使用不均衡，不包括竞争发动机销售额。"

通用电气商业航空服务公司详细考虑了其想购买飞机发动机的用途。布鲁塞尔的欧盟委员会担心出租对霍尼韦尔的航空设备和其他飞机设备是相同的。

专栏11.2 通用电气面对通用电气商业航空服务公司的拆分

资料来源：《金融时报》2001.6.6

规模经济

协同效应的一个重要因素就是利用规模经济的能力。大规模经常会降低每个单位产量的成本。大规模和小规模合理的、稳定的生产力会导致利用较大机器的规模经济。通过普通销售路线或联合广告的使用节约措施也可在市场中实施。在管理、研究、发展、购买中也有经济节约。

甚至在跨行业合并中，经理们会明确可达到的规模经济。他们从诸如管理活动和会计这样的中心服务的共享中寻求节约。在一个大企业中经济主管人员的进步也许更有利于结构项目的训练、扩大知识范围以及寻找更有经验的工作人员。财政节约，比如有能力更便宜地大批增加基金，也被间接提到。

许多商业中诸如建筑物、机器或人的技能的利用并没有达到极限。比如，银行和建筑社拥有高的街道场所。在大多数情况下，建筑物和雇员都没有被尽其用。因此我们有一个动力使银行与建筑社合并。一旦合并完成，许多机构就可以关闭，合二为一。因此涌向剩余机构的顾客将翻倍，结果就节约了财产成本和劳动力成本。

金融业合并产生协同效应的另一个原因是把一个公司研制的产品卖给另一公司顾客的能力。当两个中型的银行或建筑社合并时，可以从资本市场以较低的费用和利率筹集到资金。

有关石油行业的案例分析11.1证明了大规模的重要性。

案例分析11.1

石油行业的规模经济

大约在1000年前，在石油行业发生了好多合并活动。比如，Exxon与Mobil，Chevron与Texaco，Total、Fina与Elf以及B.P.、Amoco与Arco。由于有规模经济，金融市场也鼓励这种趋势。大规模可以降低成本，尤其是在重复建设方面。它还会使我们更容易获得低成本的资金。然而，其最重要的优势是具备参与21世纪艰难开采和生产的能力。世界上容易开采的石油早就被开采完了。现在的石油公司不得不去开采像西非和中国这样的艰难地方。资金成本很高，风险很大。只有大公司才能筹集到所需资金并承担一系列开采失败的风险。另外，大的石油公司会遭受更多的政治障碍，尤其是在乔治·布什掌权的华盛顿和发展中国家的首都。

交易的内部化

通过在生产链的不同阶段将两家企业联合，购买者也许能获得更有效的不同水平的联合。关键是沟通成本、交易成本、控制合同合规成本和合同执行成本。垂直统一管理减少了供应高的不可靠或寻找出路的前景，也避免了与供应商或消费者激烈讨价还价的问题。自然地，结余必须与由供应商的竞争带来的损失而产生的额外代价相比较——因为业务单元的经理们由于产生量得到买方保证，他们可能变得沾沾自喜最终无法胜任。

整个欧洲建筑材料重工业都被垂直统一管理。水泥厂商有掺水即可用的混凝土公司和/或增加业务。"在掺水即可用的混凝土生产中水泥是主要的价值项目，因此对混凝土供应商们来说，保护水泥供应路径来增加他们的总供应具有强大的动力。"

进入新市场或新行业

如果一个企业选择进入一个特殊的市场但缺乏正确的方法，那么最快的方法是收购本产品或地区市场已存在的参与者。有机地开拓市场，就是通过自己内在的努力发展所需技能和市场优势，也许意味着许多年内企业将不会有成为一个有效竞争者的必要的、决定性的企业规模。在发展阶段有充分的理由说公司会遭遇损失。更有甚者，在市场中成为一个新的成员可能会产生过多的供应和竞争，从而产生价格战争的危险甚至减少利润。一个进入市场的合并的例子是美国吉百利史威士接管之姆啤酒。结果很快吉百利在口香糖和止咳糖市场中建立了自己的地位,并且在没有创造额外生产量时捕获了有效的销售业绩。

许多小企业因具有特殊的技能而被大企业合并。某个小企业也许有一项由一热情洋溢的天才团队所开发的产品,但团队可能缺乏大规模生产和使产品有效上市的兴趣和技能。购买者可能意识到现在产品范围正面临市场缩小或快速荒废。这就见证了通过与科技团队交易把普通的管理技能与经验应用到一项尖端技术的可能。因此这两个企业比起分开更值得合并,因为这样可收获一些彼此没有的东西。正是由于这个理由许多生物技术公司被制药天才购买。

收购一个处于技术初期的公司的另一理由也许是把天赋、知识、技术应用到母公司现存的及将来的产品线中从而使他们具有竞争优势。比如大宇收购莲花的例子(见专栏 11.3)。

韩国大宇准备高价收购英国莲花

韩国产业集团大宇汽车准备高价收购英国运动轿车企业莲花集团。

韩国大宇迫切需要将其生产摩托车的员工增加至 8000 人。所以它决定以高出其他投资人的价格来收购英国莲花以得到被认为是全世界最聪明的 1000 名员工。

韩国大宇还亟须扩大其更广范围内设计和生产汽车的能力以达成其进入汽车市场全球前十的目标……

英国莲花需要支付 7.5 亿美元(4.8 亿英镑)给目前英国莲花的拥有者,即一家意大利公司——Mr Romano Artioli。

专栏 11.3 大宇准备高价收购莲花

资料来源:《金融时报》1996.10.1

税收优势

在一些国家,特别是美国,如果某特殊的一年公司亏损了,那么接下来的一年可能会减少该公司的税收。更有意义的是,为了讨论有关合并的事,不仅过去的损失可被企业某一商业线当前的利润所抵消,被收购的子公司过去的损失也可用来减少母公司当前的利润和降低税款账单。对购买有累积的税款损失的公司有一种鼓励作用。

在英国这些规则更加严格。被收购的公司在它成为集团成员之前招致的损失不可能被其他组成公司的利润所抵消。这些损失只能被自己将来的利润抵消。

分散风险

对跨行业并购的基本原因之一是如果现金流来自不同的产品和市场,控股公司全面的入款流将越来越稳定。乍一看不相关的入款流的联营似乎会改善股东的地位。作为回报他们减少了风险。

有争议的是投资者可能以更简单、更便宜的方式减少同样的风险。它们仅仅可能在独立的上市公司购买部分股份。另外,据说跨行业并购缺少关注——行政注视和被消耗的资源。

一种更可信的理论理由阐述如下。越来越稳定的收入将吸引贷方,从而促进利率的降低。由于收入的挥发性的降低,公司愈发不可能产生负利润,因此公司应避免在利益或主要报酬方面食言。另一组可能从多样化中受益者是拥有他们所得一个篮子中的大部分鸡蛋的个体——部分负责人和其他雇员。

低价购买

图 11.1 的第一栏展示了两公司合并带来的潜在利益。第二栏展示了拥有优秀管理团队的合并公司在接受运营目标公司或确认价值低估公司上可得的利益。

低效管理

如果企业 X 的管理不如企业 Y，那么通过合并如果企业 X 的管理占优势，就会产生利益。在短期内低效管理可能使企业生存，但据说最终管理者将通过一个会议室政变解除高级指挥员和管理团队从而尝试着移交。作为选择股东也许邀请别的管理团队出价购买这个企业，或简单地接受别的正在寻找认知盈余管理天才出路的企业的出价。

有关以上问题的变更就存在于目标公司的确有天才管理团，但他们将自己的努力指导于自己的利益而不是股东的利益。在这种情况下，接管威胁就充当约束机制来控制来自股东财富最大化的分歧度。

低估的股份

许多人认为股票市场偶尔会低估股票的真实价值。这也许就是如果潜在目标公司以最有效的方式被管理，那么即使世界上最有能力的管理团队接管，其生产力也没有可能再提高。这种企业可能被股票市场低值估价，因为管理者不一定能很好地意识到一个良好股票市场形象的重要性。也许他们提供很少超越法定限度的信息和用这种方法造成遗憾和半信半疑。投资者讨厌不确定性，而且会避免成为这样一种企业。另一方面，收购公司会很在意自己股票市场的形象并努力与投资社团建立友好关系。

在大部分情况下，收购公司了解那些已经超越了公众可利用的范围。这也许密切开始知道目标公司的产品市场或技术，以便比别的投资者更准确地估价投标。或许这仅仅是收购者比别人运用更多资源到信息搜索。也可能他们是内部人员，使用个人信息来非法购买股票。

管理动机

在这部分中提到的合并的理由经常与以前的、反对的那些理由一样合理，这次合理的异议也许不是股东财富最大化。

一组合并活动似乎做得成功的是收购公司的管理团队。当所有合并后遗留的问题解决后，他们便不再能控制一个更大的企业。当然，对一项大事业负责意味着不得不付很多钱。他们不仅得有更高的月薪来促使他们尽最大的努力，他们也需要更多的养老金和额外收入。管理更大的企业和赚更多的薪水也将有助于提高地位。这些人有些感觉自己更成功、更重要，与他们协力合作的也将会是办事更有效率的人。

好像这些通过合并快速成长的动机还是不够，一些人只喜欢装配一些知名品牌，这种欺骗给了他们成就感和满足感。控制更大数目的个体需要一些基本的本能：通过雇员的数目来估量他们的社会地位和高度。沃伦·巴菲特评论道："获得这个问题收到一个生物偏见的搅和，而整个偏见是：许多 CEO 获得他们的社会地位部分是因为他们拥有丰富的动物精神和利己主义。如果一个经济主管人员具备这些品质——受到公认的话优势是有好处的——这些品质就不会消失，即使当他发展到顶峰。当这样一个 CEO 受到顾问的鼓励去交易时，他的反应就像一个被父亲鼓励拥有正常性生活的年轻小伙子一样。这并不是他所需要的推动力。"

约翰·凯（John Kay）指出许多合并者喜欢合并过程的刺激：对现代合并者来说，只有并购才能再生追逐的激情、军事战略的探险。有一种来自在商业银行深夜遇见的信号：早晨的会议呼吁顾问们制定策略。没有其他什么会把你的图画和宣言放在前几页，也没什么会提供这么容易的方法来扩大你的权力和强调你的角色。

专栏 11.4 复制了一篇有关一个公司错误实行合并战略的文章。

让西蒙戒掉"毒瘾"

莫里斯·迪克逊先生的同事说当他成为西蒙工程的首席执行官时，他已经是白发苍苍了。

奇怪的是，当面临储存、程序工程和移动平台集团的问题时，他已经没头发了。

对迪克逊先生来说，扭转西蒙就像是在帮一个沉溺于毒品的人戒毒。

三年前他来时，他发现自己沉迷于收购，已经在不相关业务上花费了 1.244 亿英镑。

为此，西蒙已经举债 1.453 亿英镑，并已和银行违约。1989~1993 年销售额减至 3.861 亿英镑，损失达 1.603 亿英镑。

"我来这个公司时，净资产仅有 0.1 亿，而债务却高达 1.5 亿英镑，处于一片混乱。"迪克逊先生回忆道。

经过 3 年的调整，西蒙已经戒掉了收购的"毒瘾"，并进行了很多处理，收入增加了 0.4 亿英镑。

它已经舍弃了错误的分散战略而聚焦于三个核心领域：西蒙储存、雕刻——主要是程序工程——以及访问，制造移动平台。

专栏 11.4　让西蒙戒掉"毒瘾"

资料来源：《金融时报》1996.11.12

这些合并的前四种管理性动机——势力扩张、地位提升、权力增加、报酬提高——可能是推动接管活动的强劲动力，但是这些动机很少被公开表示，并且在接管斗争期间也不会被提出。

傲慢

第五个原因——傲慢，在解释并购活动时也是非常重要的。这可能部分解释了为什么当经济组织和公司有连续多年的良好增长，以及管理层对自己很满意时，并购就会大量地出现。

Richard Roll 在 1986 年讲出了他对合并活动的狂妄假设。傲慢的意思就是过度自信或不和蔼、自大。合并者由于过分相信自己的能力在估评合并机会时会犯过度乐观的错误。建议就是收购者不要向错误学习，而应确信在别人不可能看出低值企业时，他们能看出。他们也可能认为自己有做生意和提升利润的天赋、经验和企业家才能（见专栏 11.5）。

生存

企业合并趋向于发生在大的收购和小的目标时，这已经由细心的观察者和经验主义者所注意。有潜力的目标管理层也许会逐渐相信避免接管、解雇或支配的最好方法是自己大大的成长和快速行动。合并者可能有自我加强的机制或积极地反馈回路——合并活动越多，管理

> **癞蛤蟆与公主**
>
> 很多管理者显然是过度相信在敏感的童年听过的这样一个故事：癞蛤蟆得到美丽公主的吻后就成了英俊的王子。因此，他们确信管理可以创造目标公司（T）盈利的奇迹。这样的乐观是必备的。如果没有这么浪漫的观点，收购公司（A）的股东怎么会用市场价格两倍的钱来收购T而不是自己直接用市场价格来购买呢？换句话说，投资者可以以市场价格购买"癞蛤蟆"。相反，如果投资者支付两倍的价格给予公主吻癞蛤蟆的权利，这些"吻"最好能创造奇迹。我们目睹了很多这样的"吻"，但是很少有奇迹。然而，很多公主甚至在"癞蛤蟆"没反应后依然对其"吻"未来所产生的力量充满自信。

专栏 11.5　沃伦·巴菲特谈傲慢

资料来源：伯克希尔·哈撒韦公司1981年年报。得到沃伦·巴菲特亲切授权后重新印刷。ⓒ沃伦·巴菲特。

层就感觉越易受攻击和越倾向于进行合并。企业合并也许是为了管理团队的生存，主要不是为了股东的利益。

自由现金流

自由现金流被定义为需要额外数目的现金流去支助所有的工程，这些工程拥有积极的NPV。理论上说，企业应该保留自己内部的金钱来投资任何将产生比投资者资产价值更大报酬的工程。任何转让的现金流应返回到股东（见第14章）。

然而詹森（Jensen）（1986）认为经理们并不总是热衷于简单的操控其控制下的现金。这将减少他们的权力。此外，如果他们需要筹集更多的资金，资本市场需要的理由将关于这些钱的使用。所以，不要给股东的现金流的管理人员用它来购买其他公司。彼得·林奇（Peter Lynch）更直率：（我）相信，在企业融资理论方面，正如休的潘佐尔利特克针对性地提出：越多的现金积存在国库，拿走它就会有更大的压力。

第三方动机

顾问

有许多高收入个人大大受益于并购活动。顾问向竞标公司提供目标识别以及收购、法规、垄断判定、融资、投标策略、证券市场报告等服务，并向公司收取费用。顾问也能获得目标公司的委托。

密切关注合并的其他团体还包括会计师和律师。专栏11.6展示了支付的费用水平。

还有媒体，从小报到专业刊物。即使是粗略的检查使他们的印象独特，他们往往有特别是在收购时间的文章统计偏差。很难找到负面报道，尤其是在收购活动进行时期。他们喜欢刺激的合并事件，很少跟进的结果审议评估。一般的新闻报道也被描绘为收购动态、前瞻性和进取心。

这似乎可以合理地假设专业人员在从事并购市场时可能会试图鼓励或劝说事务所考虑合

一项有利的业务

合并中支付给咨询师的钱也是很巨额的。2000年，曼内斯曼公司的主席克劳斯·埃塞尔认为很有必要对帮助公司阻止沃达丰投标的咨询费用设定最高限额。你认为合理的限额应该是多少？0.1亿英镑？还是0.15亿英镑？这确定可以买来很多商业银行家、律师和PR顾问的时间吗？埃塞尔设定的限额为2亿美元（1.4亿英镑）。Mannesmann雇佣了4家投资银行、4个法律机构和一些其他咨询机构。投标人花费的更多——投标费用（包括与Bell Atlantic合资的交易成本）总计为4亿英镑。这些费用有些是与筹集资金相关的，但我们依然可以看到支付给咨询师的巨额费用。

苏格兰皇家银行竞标国民西敏寺银行时支出了0.93亿英镑的顾问费用。苏格兰银行业同时参与了NatWest的竞标。尽管其失败了，但还是支付了0.56亿英镑的顾问费用。2001年，苏格兰银行最终找到了Halifax。尽管这次合并双方都同意，但还是支付给投资银行0.4亿英镑以帮助这次联姻。这项交易的总成本为0.76亿英镑，包括财务建议、打印、邮寄及法律费用。这还意味着巴克莱银行从其顾问那里得到了"优惠"：因为2000年其与伍尔维奇的友好合并的总交易成本仅为0.305亿英镑，顾问费用就高达0.21亿英镑。

2003年，英国并购的总费用达6.5亿英镑，而这一年还是一个并购低迷期！"通常，并购费用是目标公司价值的0.3%~0.5%。"

专栏11.6 咨询师并不便宜

并，从而产生了市场的成交量。有些提供关于潜在目标的报告，试图引诱成为收购者的潜在客户。

当然，笔者绝不会建议，这种尊敬和体面的组织将永远屈尊到如何推动为增加收费水平只为了合并。你可能那样认为，但笔者不能对此做出评论。

供应商和顾客

1999年英国钢铁公司和高炉公司合并成Corus。对合并的主要动力之一是预测主要汽车生产商将合并，这意味着更少的购买者坚持钢铁制造商应供应世界任何地方的汽车工厂。类似的逻辑适用于90年代末Bosch与美国Allied Signal的合并以及Lucas与Varity的合并。有来自客户的汽车制造商的压力。他们热衷于降低汽车零部件供应商的数目，并让剩下的少数供应商承担更多的责任。而不是从几十个供应商那里购买小型机械零件，自己组装它们成为制动系统，他们更愿意购买装配完整的单元。为了提供高水平的服务，熟练于电力的Bosch为了自己水力方面的专门技术需要与Allied Signal合作。类似的，专攻制动机械方面的Lucas，需要Varity的电的技术秘诀。Ford宣称它将会减少他的1600个供应商到200个，并且像"解除婚姻关系"一样去鼓励小型供应商去拉拢更大的一线供应商。然后这些供应商将会成为具有必备的财政、技术和管理能力的参与者的运动员。

供应商促进合并的一个例子是汽车生产链的另一端。20世纪90年代末期英国的制造商向摩托交易商传达了清晰的信息：需要更高水平的专业和服务。这引起了为满足新标准的合并经销商的活动的慌张。

图 11.1 提供了一系列的潜在合并动机。这些是绝对不完整的。调查合并的理由远非这么简单。它有很大的复杂性，并且在任何一种接管中，也许半打或更多被讨论的动机正在进行。

收购方公司股东能从兼并中获益吗？

有关对目标公司股东收益的影响的一些证据就是在稍多于一半的事例中，股东往往都是受益者。然而大部分的研究表明与未收购公司相比，收购公司给股东的平均回报更少。甚至表示对收购股东有益的一些研究也表明平均收益非常少——见表 11.2。

表 11.2　从股东角度看收购业绩的证据总结

研　究	证据来源国家	论　述
米克斯（1977）	英国	至少一半的合并，盈利水平低于行业平均水平很多
弗思（1980）	英国	合并的前 3 年合并股票价格在下跌
政府绿皮书（1978）（对垄断和兼并政策的综述）	英国	至少一半或更多的合并是亏损的
雷文斯克莱斯特和歇尔（1987）	美国	平均来说，盈利能力有小额但重大的下降
李马克（1991）	英国	收购者长期来看，表现较差
弗兰克斯和哈里斯（1989）	英国和美国	用一种测量方法测出收购者的股票回报 2 年内很低，但用资本资产定价模型作为标准，却比整体水平要高
桑德萨那姆、霍尔和萨拉米（1996）	英国	市盈率高的公司收购市盈率低的公司时，与市场有关的回报业绩表现很差。然而，当两公司可以在流动性、闲散资源和投资机会方面很好地互补时，一些公司就可以表现很好
曼森、斯塔克和托马斯（1994）	英国	合并后现金流提高了，即运营业绩好转了
格雷戈里（1997）	英国	合并后的前 2 年与市场相并的股票回报业绩很差，尤其是权益筹资的竞标和单个公司的竞标（与常规相比）
洛克伦和维托（1997）	美国	合并后的 5 年内，以股份作为支付对价的公司与市场相关的回报不好。而以现金作为对价的公司市场调节的回报表现积极
劳和维尔马伦（1998）	美国	合并后收购者表现欠佳。这归因于投资者的过度乐观引导当时绩优股的收购者超额收购
桑德萨那姆和马赫特（2003）	英国	一般来说，收购者表现欠佳。以现金收购者比以权益支付收购者回报高。市盈率高（账市低）的收购者表现不如市盈率低、账市率也低的收购者
鲍威尔和斯塔克（2004）	英国	超额支付导致收购者运营业绩提高有限

管理兼并

许多合并不能给股东带来财富，并且还有一些公司通过合并追求高度成功的扩张策略。这个选择使失败的理由和成功的需求更突出。

三个阶段

在合并管理中有三个阶段。奇怪的是，往往第二阶段受到管理上的高度重视，而第一阶段和第三阶段却被忽视。这三个阶段是：

- 准备；
- 谈判和办理；
- 整合。

在准备阶段有策略的计划是占优势的。一种有策略的商业推力也许就是合并。这需要寻找和选择带有明显意图——股东长期财富最大化——的目标。必须对潜在的价值有一个全面的分析，而这个价值是贡献于能对目标成功综合的活动的计划的联合与巨大努力的结果。谈判和办理阶段有两个很重要的方面：

- **财务分析和目标估值** 这一估值需要的不仅仅是量化分析，还有诸如人力资源和竞争定位领域的分析。
- **谈判战略和策略** 在谈判战略和策略方面，专家和顾问特别有用。然而收购公司的管理层必须紧紧控制。

整合阶段是很多合并失败的地方。在这个阶段管理层需要考虑两公司组织的和文化的相似与差异。他们也需要制订一个活动计划来获得最好的后合并综合。在图11.2中展示了这些阶段的关键因素。

通常管理合并的重点就是在可以确定的和可以计量的资料的艰难世界里。这里经济、财政和会计是在先的。把合并过程看做一系列合理的和商业的过程是一种令人担忧的趋势，而每个过程具有一种明显的基本原理和许多清晰的和可描述的价值和好处。这接近了全部但忽略了由不可预测的因素引起的潜在问题，比如人为反应和干扰。比如潜在的冲突、不一致、疏远和不真诚等问题受到很少的重视。也有一种失败使在这个领域做决定时对已存的事实和资料的依靠与见多识广的猜想、最好的评估和预感一样的情况清晰。

有组织的程序方法

有组织的程序方法注重合并执行与综合的软件方面。从最初的有策略的简洁陈述到最后完整的综合，收购过程被感知为一种由潜在问题的复杂的、多方面的项目，而这些潜在问题是由许多软件因素和硬件因素相互影响引起的。每个合并阶段需要对最大化合作目标的想象和熟练的管理。

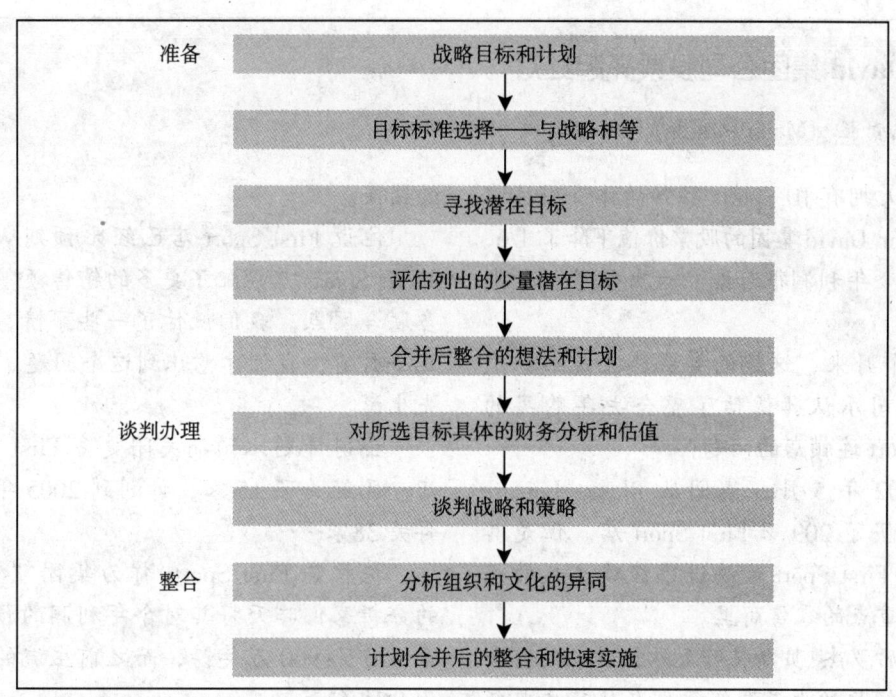

图 11.2 兼并的流程

合并管理中的问题

我们现在来调查复杂程度越来越大的区域。

战略、搜寻和筛选阶段

在策略、搜寻和筛选阶段的主要复杂因素是由关于一个特殊目标候选人的群众意见产生的。管理团队的每一条纪律也许有狭隘的方面和焦点，因此有运用不同方法对目标进行评估的潜力。比如，市场团队可能专门关注潜在的市场利益和其他好处及技术等方面的研究和发展团队等。管理团队之间的交易会变得更复杂并且趋向于将交流努力集中在那些可能被译为主要的商业交流渠道的因素上，而这些商业附有定量比的可以估量的特色。然而这种单方面的交流可能很难传达机会和问题的本质特点。合并更敏感的方面可能是关注不够充分。

当高级管理者单独引导来自操作水平的管理者的合并分析时，另一个问题就出现了。不仅这些"因开采而露出煤面"的管理者非常了解投标、它的产业和潜在的后合并综合问题；他们的委托事项经常对综合项目是至关重要的。

为了对目标公司有一个更平衡、更全面的认识以及更好地激励参与合并战略的关键人员，都明显需要了解最多的信息。JD Sports 和 First Sports 的合并就是这样一个由于合并前对目标公司的认识不全面而导致低估了调配收购方销售的潜力和管理所需时间的例子——见专栏 11.7。

> ### John David 集团公司股票亮起红灯
>
> **迈亚·佩索拉（Maija Pesola）**
>
> 昨天拥有 JD Sports 品牌的体育用品零售商 John David 集团的股票价值下降了 1/6，提出了今年利润很可能"大大低于"预期的警告。
>
> 8 个月来，这样的警告已经是第三次了，公司承认其低估了整合去年购买的 First Sport 连锁店的问题……
>
> 2002 年 5 月，集团从 Blacks Leisure 那里购买了 209 家 First Sport 店。但是其试图将 First Sport 改编进已经建立起的以足球为重点的零售商里。
>
> 主席罗杰·贝斯特昨天承认过长的整合过程已经导致太多高级管理层从其主要任务中"分离"，最终导致了采购和商品决策的错误。
>
> 他说 First Sport 店已经比预期从现有的 JD Sports 店调配了更多的销售额。"有很多联合网点。我们低估了一些事情，直到几个月前，我们才意识到这个问题。"Best 先生说。
>
> 公司计划比预期关闭更多 First Sports 店。已经关了 15 家，计划到 2005 年 3 月再关 38 家……
>
> 把收购 First Sports 作为集团"灾难"的分析家们昨天将其对今年利润的预期降至 850 万~900 万英镑，而之前主流的估计为 0.18 亿英镑……

专栏 11.7 红灯

资料来源：《金融时报》2003.8.7

投标阶段

一旦合并投标开始进行，就会出现一种奇怪的心理。管理者似乎被强迫完成一项交易。轻易地胜过就好像是突降法，把大量的钱花费在顾问们身上并且没什么去指导。他们也许会感觉到投资社团将把认为管理无法执行公开宣布的策略计划。如果所有的兴奋之后就不得不撤退聚集在最初的生意上以及允诺围绕一次接管投标，这也许被看做"不兴奋"和"无处可去"。

管理者也经常喜欢追赶的刺激和决心获胜。工资、地位和事业兴盛也许以快速增长为转移。另外，收购者也许会推动快速结束交易，因为害怕竞争者的反投标，而这如果成功，将会对公司的竞争地位造成不利影响。

合并可能会呈现出很难阻止的动力。这经常受到对竞争实物交易敏感的财政顾问们的教育。

这些现象也许能帮助解释损害准备阶段和综合阶段的合并交易给予的严重强调。他们也许会通过某些渠道解释合并失败——特别的，作为胜利者诅咒的结果，不能提高持股人的价值。

收购公司运营经理对合并后整合阶段的预期

避免管理者之间的冲突和失望需要清醒和计划。例如，在合并之后的 12~24 个月内综合阶段也许会略述许多需要承担的不同任务。这些包括从处理资产和连接操作设备到新产品发展和财务重建。他们对执行的速度和采取这些行动的顺序的期望是不同的。一个清楚的、合理的资源计划和分配机制将会减少模糊不清推诿责任的状况并提高决策的效率。

关注整合的错误类型

当两个公司在统一领导阶层下合并时，有不同程度的整合。一个极端是投标公司的完整吸收（或整合）和伴随的两种文化、两种操作程序和两种合作组织的融合。另一个极端是控股公司，通过这种途径辅助收购的改变的程度也许几乎就等于一些财务控制程序的改变，而另外投标公司的管理层也许继续他们自己的系统——没有经过整合的操作和文化。

完整的吸收方法在某些情形下是合适的，在这些情形下生产和其他的操作价值可能通过经济规模和其他的协同而减少，或者说通过联合的市场和分配税收可能增加。当强迫组织一起过分地注重利益时，保全途径是最合适的，例如，产品和市场完全不同以及文化一旦融合就引起爆炸性的冲突。这些长期目标的合并时可得到聚结的典型。在这些合并中，一般的管理技能会随着严格的财务的行为准绳和需要的激励方案而改变，但其他的很少改变。

随着基于合作关系的合并，需要保持很大程度的不同性，至少最初在文化、组织和操作风格方面，但同时允许注意的交流和相互传授。也需要从一部分联结组织到另一部分的转变技能，无论是通过训练和教育，还是通过个人的再分配。一个例子就是一个书商收购一个网络服务提供者；彼此都忙于分离的市场但在某些区域有潜在的合作利益。意识到多方面帮助的需要，每个组织也许警惕自己做事情的方法，并且不想其团体精神因过多的综合而分裂。

专栏 11.8 展示了一些收购者没能充分考虑复杂的人为因素而导致的失败。

匆忙联姻

尽管失败概率很高，而且有证据表明其通常并不能使股东收益，但并购仍然在快速继续着

迈克尔·斯卡平克（Michael Skapinker）

很多研究都得出了同样的结论：大多数收购在摧毁收购公司股东的利益。然而，被收购公司的股东通常可以获益，其股票比收购之前更值钱……

为什么这么多并购都不能使股东收益？麦肯锡的一位合伙人兼管理顾问柯林·普莱斯，专门研究并购，他说大部分合并都是由于执行失利而失败的，而有一半是由于高层管理者文化整合失败导致的。

普莱斯先生说，企业文化融合需要时间，而高层管理者合并后并没有时间。"大多数合并的目的都是'提高收入'，但需要一个有效的管理团队来管理这个过程。问题的本质不是双方公开竞争，而是文化不能快速融合以抓住机遇。同时，市场已经变了。"

很多顾问关心合并前公司思考其组织是否兼容所用时间太少。合并的利益通常表现在金融或商业方面：成本节约或双方互补的业务可以增加收入……

合并是一种兼容，即相信对方价值会上涨，相信对方会成为主要的合作者。难怪管理者和记者都将其比喻为联姻。公司合并被称为"打结"。合并失败了，如德意志银行和德累斯顿银行，就说两公司没能"连通"或两者联系"未实现"。

但是这个比喻没有展现公司合并面临的运营风险。即便在离婚率很高的国家里，结婚成功率依然比合并成功率高。在当今这个婚前同居盛行的年代，新婚夫妇通常比合并双方公司更互相了解。

一个更合适的比喻或许是二婚，尤其

是有了孩子以后。这个比喻来自花旗集团前主席约翰·里德,花旗集团在 1998 年与旅行者公司合并成 Citigroup。里德先生和旅行者公司的领导桑迪·威尔同时作为合并公司的联合主席,而这种联系随着今年里德先生的退休结束了。

在其离开前,里德先生对美国管理学会说:"两个家庭组在一起的文学作品触动了我。继父母的问题、对有些孩子排斥继父母的描述,还有孩子备受责备种种,都很有意义……我和桑迪都面临着我们的'孩子'比以前更尊敬我们,但排斥另一方的问题。"

但是有关收购的书——《绩效陷阱》的作者 Sirower 教授反对这样的观点:主要问题是合并后的实施。他说:"很多大的并购未成先死,无论其事后管理得如何。" Sirower 教授问道:为什么管理者收购要支付溢价,而其股东可以在目标公司自己投资?管理者如何确信其合并后能获得与接管溢价相匹配的成本节约和收入增加?

Sirower 教授否认其说过公司永远不应该收购。如果 65%的收购不能使股东收益,则 35%的就是成功的。

收购者怎样确保其成为少数的成功者?马拉康的合伙人肯·法拉罗曾对可口可乐公司、劳埃德银行和波音公司指出了成功的两个条件。第一个是明确成功的含义。Favaro 先生说:"合并必须比分开给股东带来更大的回报。奇怪的是人们都忽略了。"

第二个条件是合并公司需要提前决定哪一方的做事方式会取得成功。Favaro 先生说:"势均力敌的双方合并很危险,因为不清楚由谁来管理。"

Sirower 教授补充道:管理者需要自问其能给合并公司带来哪些竞争对手很难复制的优势……

考虑到合并成功的艰难,管理者应该考虑把股东的钱花在其他地方是否更好,比如提高顾客服务(质量)。总之,他们需要自问其是否因为收购可以提高业绩或想不出别的事情做才实施收购。

专栏 11.8 匆忙联姻

资料来源:《金融时报》2000.4.12

为什么合并不能给收购股东创造价值?

为什么合并不能产生收购股东的价值?这个问题是不可能有确切答案的,因为有很多原因导致了合并失败,然而还是有一些共同的原因的。

战略被误导

历史被有策略的计划所打乱,而这些计划被证明是有意的损坏而不是有价值的创造。Daimler-Benz 在联结 Mercedes 与 Fokker 和 Dasa 时尝试着获得完整货运公司的配合,然后它通过与 Chrysler 合并成为全球产车厂。无线电报廉价卖清他的防卫生意以专注在电信设备上。它花费巨资购买技术先进的公司,只是为了冲抵 2001 年高科技的不景气——股份丧失了原有价值的 98%。在 1000 年里,Time Warner 认为它需要花高价与 AOL 合并,以便于它在媒体和信息技术融合时扮演领导角色。在英国 20 世纪 80 年代,建筑社团、银行和保险公司买了几百个房地产经纪公司,因为他们相信为业主提供"一站式购物"是有吸引力的。20 世纪 90 年代,以最低的价格售清了许多代理链。时尚似乎也扮演着自己的角色,仿佛 20 世纪 60 年代的集中合并,20 世纪 90 年代早期欧洲的跨国合并促进了单个市场的发展和大约

1000 年的 dot.com 的合并狂暴。

过于乐观

获得管理者必须处理那些有关他们未来心理需求的不必要性。他们对于市场经济，竞争位置和运营选择是很乐观的。他们可能会低估与对他们可能遇到的改变反对有关的花费，或者竞争者的反应。公司的合并热，对手之间的较量热潮，都可能导致公开的劝说，目标比其本身更重要。一个普遍的错误就是低估需要完成一项公司合并工作的投资，特别是根据经营时间。

整合管理的失败

其中的一个问题就是整合计划被过于严格的信守。通常计划需要按照经验有创新的改变和变动的情况。整合程序可能以不完整的信息为基础，也可能需要公布公司合并的情况来适应新的对现实的认识。

有关假冒的脱脂乳、跛脚马和性感的交易

我们认为大多数交易都对收购公司股东无益。来自《比纳佛》的一句话经常被拿来引用："事情通常不像其表面看来那样，就像脱脂乳冒充奶油一般。"尤其，零售商和其代表总是呈现其财务状况比教育价值更大的娱乐价值。在制造浪漫情境方面，华尔街不输给华盛顿。

在任何情况下，潜在购买者看出售者给其准备的材料很让我困惑。我和查理从来不看它们，但我们注意那些境况不好的。采访兽医时，你对兽医说："你能帮我吗？我的马有时走得很好，有时却跛了。"兽医的回答是："当它走的好时卖掉它是没有问题的。"……

几年前，彼得·德鲁克在《时代周刊》上推心置腹地谈道："我告诉你们一个秘密：交易比工作更吸引人。交易很有趣，但工作很乏味。运营主要是很多乏味的细节工作……交易是浪漫的、性感的。所以你做没有意义的交易。"

……我不得不再次重复去年一个公司高管给我讲过的童话。他的事业长期是行业的佼佼者。然而，其主要产品并不具吸引力。所以几十年前，公司雇了一位管理顾问，其建议当时流行的多样化（"重点"不再是风格）。不久，公司收购了很多业务，每一项收购都是在咨询公司又长又贵的收购研究之后。结果呢？这位高官悲痛地说："刚开始，我们的利润有100%来自原始业务。10年后，变成了150%。"

专栏 11.9　脱脂乳冒充奶油

资料来源：《给股东的一封信》，伯克希尔·哈撒韦公司 1995 年年报。由沃伦·巴菲特提供。

普遍的管理目标和对这些目标的承诺的后果是很重要的。公司合并会给工作人员的精神面貌造成很严重的影响。本着明确的目的进行交流，能对其从本质上进行速度的改变，消除文化的差异性，需要有敏锐的洞察力，并且本着信任的原则，BP 的 Lord Browne 做出了迅速的回应："在初期，使各种文化彼此交融是很重要的，如果先前的事物依然存在，那么想要改变所有事情显然很勉强。"他同时指出，应借助第三方力量，来精选优秀的管理者。与 Amoco 合并以后，BP 派遣 400 位高级主管到一个独立的代管处进行评估。"在与某些公司合

并时，你已经动用半壁江山，因为彼此之间都了解各自的员工，因此，当你想要真正了解所有人时，你需要借助第三方力量。"

高层管理者不能很好地完成成功整合的任务，这将很大程度地削弱目标公司和被收购公司管理者的信心。

1992年，国际商业顾问永道国际会计公司组织了"与覆盖50项交易的英国前100名公司高管的深度访问"。有的因素是导致失败的，而有的是对成功很重要的，见图11.3。

失败最常见的原因		成功最常见的原因	
目标管理层的态度和文化差异	85%	收购后具体的计划和实施的速度	76%
没有并购后计划或计划不详	80%	清晰的收购目的	76%
缺少行业或目标公司的相关知识	45%	良好的文化协调	59%
被合并公司内管理欠佳	45%	高度的管理合作	47%
缺少或没有收购经验	30%	对行业或被收购公司的深度了解	41%

图11.3　合并成败原因的调查——永道国际会计公司

图11.4中所列的10条法则不向以股东财富为导向的管理者推荐。

1. 以一种看似随意的形式解雇员工。
2. （尽可能坚定地）坚持你的文化是优秀的。推翻长期的信仰、态度、系统、标准等。
3. 不厌其烦地寻找新员工的优缺点。
4. 对一些老顽固"说谎"：
   ——不复杂；
   ——这是一个真正的双方势均力敌的合并。
5. 没有沟通整合战略：不要解释为什么伤痛和牺牲是必需的，尽量实施就行了；不要提供目的感。
6. 通过尽可能多的不确定性，鼓励优秀的员工离开。
7. 通过漠视员工需求而加压，失民心、失约和制造失望。
8. 确保每个人都知道你是优秀的——总之，你打赢了合并这一仗。
9. 及时遣散所有的高层主管——他们的知识、经验和下属的尊重都是廉价的。
10. 确保你的高层管理者对整合管理烦人的细节工作不感兴趣。总之，骑士和贵族取决于下一个公开的收购。

图11.4　疏远"被收购公司"员工的10条黄金法则

专栏11.10突出了未提到的一些方面，包括：

- 管理层和人力资源审计；
- 可用战略联盟来代替合并；
- 不能创造价值的收购者往往自己会成为别人的目标。

致命的吸引

瓦妮莎·霍德尔（Vanessa Houlder）

接管者错误的战略或支付过高的并购费用以外的问题。甚至如果合并后管理不好还会有好结果……

成功实施并购的任务是艰巨的。收购公司的股东要获益，销售额必须提高到一定的程度，成本必须降低到一定的程度，以补偿并购时的股票溢价。这很少低于20%。

除非两公司有大的重复建设，否则很难有成本节约。根据20世纪80年代中期伦敦商学院的收购研究，敌意收购的目标公司不一定业绩很差……

（大多数）公司不清楚自己任务的规模和本质。据全球管理咨询公司战略实践的全球总裁大卫·怀特曼说，他们的重点是增加收入而不是降低成本。"事实上大额的收入协同不能经常实现，更不会频繁实现。"

公司还经常不清楚其应该实施的速度。尊重被收购公司文化及阻止重要员工犯错的欲望通常会降低整合的速度……

整合太慢会削减动力和激情。另外，迟延会稀释交易的财务利益……

另外，不能低估文化整合的难度。伦敦皇家学院最近关于欧洲跨国交易的研究发现：管理风格的差异，如程序的规范化、对工作的坚持、交流的结构，与交易的失败有很大的关系……

（顾问）要求管理者对不同类型的交易采用不同的管理风格。麦肯锡的比尔·珀尔什解释道：不同的风格取决于业务的重叠度、公司的相关规模、公司的技能、预期回报的紧急情况及来源以及领导风格。

比如，如果成本节约是合并的主要目标，目标就应该由高层制定并经组织通过。如果目标是实现收入协同或长期的技能传输，那么来自"草根"的共享的方法、建议就很合适。珀尔什把这称为"鼓舞士气"并说其可以使士气高涨。但是合并公司士气低落、员工流失、生产力下降的现象很普遍。

对士气低落大概没有简单的解决办法。

重建员工的工作安全感或许不可能，而且，如果失败，情况更糟。即便如此，公司还总是被建议试着通过高管和员工的通信和会议减少不确定性并解释合并目标。

当然，报酬是影响士气很重要的一个因素。1987年伦敦商学院一项研究发现：2/3的成功收购中，被收购管理层都受到很好的业绩激励，如更优的养老金权利、更好的职业前景或引入股票期权。

这一研究还突出了对收购最终成功有重要影响的另一因素：接管前对目标公司的全面审计。

然而，伦敦商学院的所有收购者都在收购前对目标公司进行了财务审计，只有37%的收购者实施了管理层或人力资源审计。另外，收购者承认被收购公司中层管理者的重要性，70%的收购者在接管前没有会见这些管理者。

合并前计划不周会导致受挫，尤其是人力资源的管理者。由一顾问团体，People in Business 发起的由参与收购的董事会和财务人员参加的研讨会得出了这样的结论：合并太注重财务手段……

然而，据伦敦商学院的朱莉安·弗兰克斯说，机构投资者对竞标者的要求比10~15年前更高。他说："收购失败者自己通常反而会成为别人的目标。"

20世纪90年代的另一个特点是战略联盟作为实现战略目标比收购更廉价、风险更低的途径有很大的增长。

专栏 11.10

资料来源：《金融时报》1995.9.11

结　论

从最低限度来看，本章旨在明确一个成功的公司合并战略要比简单的"进行交易"重要得多。准备和整合相对于协商和交易平台，通常对于价值创造具有更加重要的意义。当然，通常它面向的是应最为关注的中间阶段。

关于公司合并的动机的纯粹性的疑问已经提出，但是我们应该阻止自己变得愤世嫉俗，就像许多公司合并是为股东和社会创造财富一样。对于技术和市场基础不断发生变化的行业来说，可能会需要更少大型公司以低价格供应商品。从卓越的经营智慧得到储蓄是真实的，而且在许多情况下都会被赞扬。组织重构、基础设施、才能和想法的分享，和从交易内部化获得的储蓄都是积极的支出，而且经常有许多负面影响。

就像许多军队管理的工具，通过合并带来的增长可以创造价值或毁灭价值。

网　址

www.berkshirehathaway.com	伯克希尔哈撒韦公司
www.ft.com	金融时报
www.londonstockexchange.com	伦敦证券交易所
www.thetakeoverpanel.org.uk	收购委员会

注　释

1. Rapport, A. (1998) *Creating Shareholder Value*, p.138. New York: Free Press.

2. For example, see Cartwright, S. and Cooper, C. (1992) *Mergers and Acquisitions: The Human Factor*. Oxford: Butterworth Heinemann; Buono, A. and Bowditch, J. (1989) *The Human Side of Mergers and Acquisitions*. San Francisco: Jossey-Bass.

3. Burt, T. and Lambert, R. 'The Schrempp Gambit...', *Financial Times*, 30 October 2000, p.26.

4. Burt, T. 'Steering with his foot to the floor', *Financial Times*, 26 February 2001, p.12.

5. Buchan, D. and Buck, T. 'Refining BP's management', *Financial Times*, 1 August 2002, p.21.

6. Batchelor, C. 'Vertical integration sets building materials debate', *Financial Times*, 17 December 1999, p.26.

7. Buffett, W. *Berkshire Hathaway Annual Report*, 1994.

8. Kay J. 'Poor odds on the takeover lottery', *Financial Times*, 26 January 1996.

9. Lynch (1990), p.204.

10. Saigol, L. 'Investment banks face third year of declining fee income', *Financial Times*, 13/14 December 2003, page M1.

11. *The Economist*, 8 June 1996, pp.92–93.

12. For a more thorough consideration of the human side of mergers consult Haspeslagh, P. and Jemison, D. (1991) *Managing Acquisitions*. New York: Free Press; Cartwright, S. and Cooper, C. (1992) *Mergers and Acquisitions The Human Factor*, Oxford: Butterworth

Heinemann; Buono, A. and Bowditch, J. (1989) *The Human Side of Mergers and Acquisitions*. San Francisco: Jossey-Bass.

13. Lord Browne quoted in Buchan, D. and Buck, T. 'Refining BP's management', *Financial Times*, 1 August 2002, p.21.

第12章

兼并过程

引言

收购和兼并的城市规则

投标前的行为

投标

投标之后

防御策略

为目标公司的股份支付资金

结论

引 言

这一章重点探讨兼并的两个方面：第一，包括兼并过程中的中间阶段，即交易阶段，尤其是在敌意收购的情况下。我们看看试图防止不公平的限制条令和监管主体。第二，这一章考察了为了获得目标公司的股份所采取的支付方式，收购者应该采用现金、自己的股份还是其他形式的支付方式呢？

收购和兼并的城市规则

城市准则为合并中的公司提供了主要的政府条令。上市公司和未上市公司的行为和责任在30年中已经被规定了。准则是在城市机构的自我监管中发展起来的，尤其是伦敦证券交易所、英国银行、投资机构、公司、银行、自我监管组织和会计行业。它由城市讨论组的领导讨论组根据每天的基础进行管理。英国政府在《2000年财政服务与市场条例》中认可了收购。

法律在合并章程中相对而言并不重要。它的主要作用是要求董事们承担他们的责任，即他们应该对股票持有者的利益表现出同等的信任。

自我监管和非法定的途径被认为更胜一筹。因为它可以在合并情形下提供更快的回应，有对变化环境的常规适应能力。经常发生公司绕开或回避这些条令，所以有一套有持续反馈能力在发现新的漏洞是可以更新的监管系统是有用的。专栏12.1列举了一些并购委员会对随着规则改变违规发生改变的处理方式。监管法律没有这么灵活。

灵活性是收购主体逃脱欧盟制裁的关键

回顾"缓行"准则可以避开布鲁塞尔的威胁
简·马丁森（Jane Martinson）

随着欧洲委员会威胁的逼近，并购委员会的计划，英国收购监管人回顾了其"缓行"的规定。

对成员遇到问题灵活且快速的回答是委员会对抗进一步立法和政府干涉的关键武器。

急于证明自愿协议系统适应性实体相关的慌张活动后将有允许股东不通过竞标慢慢掌握公司的控制权的缓行规定。

城市准则基本不支持更多的立法或对支撑并购委员会的"暴力监管"有太多改变，并购委员会是一个主要由城市准则公司组成的自我监管组织。

但是并购委员会在受到其确保公平不足的批评后，最近决定改变其准则。

一位机构投资者说："如果委员会不变得灵活，就会陷入欧洲监管的陷阱。"……

最高法院拒绝一项空前诉讼不足一个月后，主任阿利斯泰尔·德弗雷斯在接下来的会议中就提出了缓行规定。继美国集团爱默生之后，电力供应集团雅达电子的少数股东走进了最高法院，利用缓行规定将其在 Astec 的利益提高到了 51%……

这项决议 7 月写进委员会 18 条，已经吸引到几个机构投资者……

Defriez 先生坚持认为应该避免额外的立法。他说："准则的伟大之处就在于其不是刻在石头上，20 年不变。如果我们认为其委员会没有以最高标准运行，我们就可以改变它。"他还说简单的陈述足以表明准则的改变。

相反，立法行为"可以使一个案件维持好多年"。

专栏 12.1　灵活性是关键

资料来源：《金融时报》1998.5.29

此种准则或许不具有法律效力，但是委员会仍有一些强有力的制裁。从舆论的谴责到 FSA 对于违反者的惩罚，需要对于那些严重破坏准则的公司，所有被管制的公司，比如银行、经纪人、咨询者，不应该与其进行交涉，对于初期的创业者，以及还将继续经营活动的人士，FSA 对其依据准则进行判决是不合适的，因此，应考虑城市管理的杠杆作用，这也许正是对于触犯者的真正诱惑。在市场相关法律被滥用的情况下，FSA 应采取合理的措施，在少数情况下，委员会也许会暂时剥夺某些特殊股东的股份选举权。

收购委员会监管的基本目的是确保所有股东受到平等的待遇。主要关于：

- 股东受到不平等待遇，比如大股东受到特别待遇；
- 内部交易（监管法律帮助控制）；
- 目标管理层的行为与股东的最佳利益相违背；
- 缺少发布给股东的充分且及时的信息；
- 人为操纵股票价格；比如以股份支付的收购者不能通过让朋友提高其股票价格从而使其出价更有吸引力；
- 拖延投标过程从而将管理层从其常规任务中抽离。

OFT 在合并中有着重要的角色以保证他们不会产生大量的竞争减少。OFT 有权力批准合并。一个小范围的合并计划在通过 OFT 的初审后，接着是 CC 调查。CC 是大量竞争减少会不会发生的最终决定者。他进行详细的调查，可以坚持合并体的主要变化。比如威廉姆·马瑞森需要卖出一定数量的 Safeway 超市。一个 CC 要求可能需要几个月去完成，在这段时间中合并提议仍是悬空的。目前关于 OFT 和 CC 的管辖范围仍存在一些困惑。因为合并公司的竞争者可以申诉于特别法庭撤销 OFT 的批准和坚持 CC 提议，向 OFT 的权力提出质疑。欧盟间的大规模合并的另一个障碍是欧盟委员会的评估，它的影响正逐渐增大。

投标前的行为

图 12.1 展示了合并的主要步骤。收购公司一般雇佣顾问做出收购建议。大多公司并不经常收购所以缺少专业知识，认定一个合适的目标是顾问的第一个任务。一旦确定下来将会有一段时间估量。战略合适是需要考虑的。在投资前将会有详细的分析。产品市场和消费者类型都要投资。同时会有表明销售、利润和历史回报利率的经济分析。资产和负债将被评估，还将考虑诸如员工能力等非资产负债表资产。

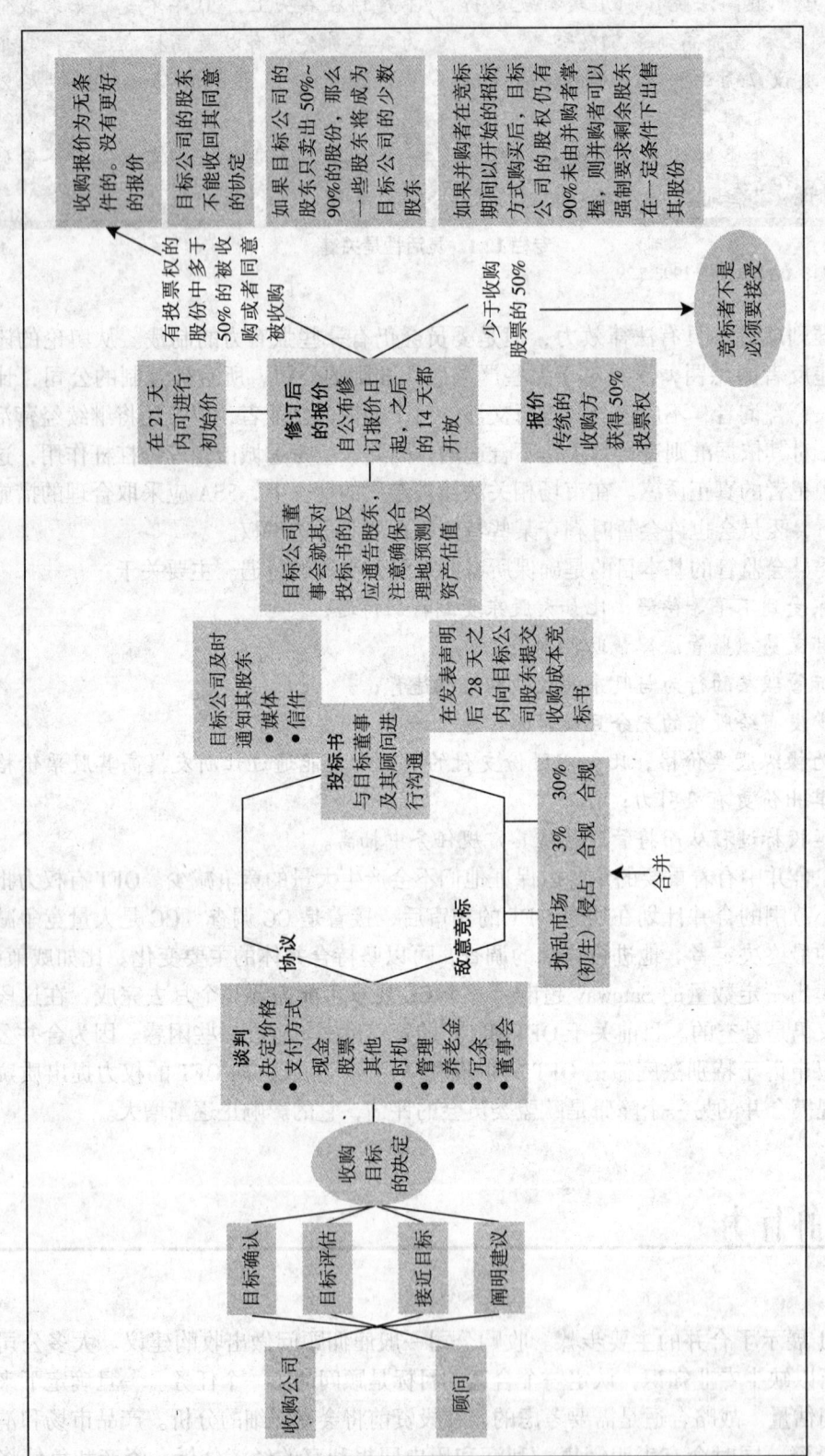

图 12.1 兼并过程

如果评估阶段是满意的，该公司就会下定决心达到目的，因为在合理的目标管理允许下，收购者经常可用更小的成本购买一家公司，并且还因为在公司合并后，双方的管理层和雇员们必须在一起工作。而在大多数情况下，设计的讨论是为了制定一系列对于股东和管理者均可接受的方案。

在谈判阶段，价格和付款方式应该是首先被决定的。大多数情况下，收购者必须支付一笔保险费用，数额在预付款的20%~100%，平均数额在30%~50%。支付的时间安排也是必须考虑的。举例来说，一些涉及"earn-outs"的合并，股权出售者在一段时间后接受支付，而时间的长短取决于合并后利润的高低。新合并后的公司如何管理也是要讨论的——谁将成为主要的决策者？当然，与解雇职员一样，目标公司的雇员和前雇员的退休权益也是要考虑的，尤其是解职的董事——多少pay-offs将会起作用？

协议一旦达成，收购者将会正式地向目标公司董事局和股东提出收购报价。接下来董事局会向股东就接受收购进行推介。

但是，如果协议没达成而收购者仍然想促成一个具有敌意的交易。刚开始的一个阶段便是"黎明突袭"，收购者以极快的速度购买该目标公司的T股份，而且事实上持有该公司大量股份在该公司做出有效反应之前，收购者往往给投资者们一个远高于前一天股票闭市价格的支付价格。这种高价一般只提供给那些接近市场、能够快速反应的股东。这种行为违背了并购委员会准则，因为这并不是所有的股东都会配合参与的。它以另一种方式违背了规则：出售股份人在"黎明突袭"时并不能了解所有合适的信息。在这种情况下，大部分股份就会被累加起来。并购委员会坚持认为如果有15%的股权出现（除非这些股份来自同一股东），对目标公司10%或更多股份的购买是不被允许的。一旦一个公司成为目标公司，任何收购者（或中间人）对公司股份的交易都应受到公开的制止，直到收购交易完成后一天的正午。而且一旦一个报价正在考虑中，任何1%或更多股份交易的股东必须制止交易，直到下次交易那天的正午。

无论合并是否进行，一个公司股权公开的重要临界点是3%的持股权。如果有人拥有了3%的股份，就必须向公司公开宣布。这种制度是用来让目标公司了解谁购买了股份，以及对这种突然的股份交易采取提前的预防措施。管理层可以准备好防范措施，并向股东提供所需要的、及时的信息。

如果一个公司掌握了超过30%的股份并拥有选举投票权，并购委员会的规则常常会强迫它为目标公司的所有股份出现金价（或股份出让价加现金），这个价格是过去12个月的最高价。30%的股权通常会给股东极大的权利。对于其他任何人来说，再向公司成功地报价收购是非常困难的。当一个人阅读财经报类时，常常会看到一个公司或个人购买了29.9%的股份使他们在不引起强制的额外支付同时有足够多的股权，这是非常令人奇怪的。

在过去，有时如果一个公司想要控制另一个公司，同时避免股份超过3%（或5%）而被公开，或避免30%的额外支出暗中进入目标公司的管理层而成为股东。它会建立一个"表演会"，通过说服朋友、其他公司或个人股买股份，他们中的任何一个持的股份都少于临界份额。当收购者准备下手兼并时，该公司已经明显地受到收购者的控制，即使不能完全控制，也基本控制着该公司的利润。现在所有"合并"的成员为了不被公开且不超过额外支付的临界线而合并在一起。

最近普遍存在的一种策略被潜在的投标者所运用，他们宣称他们正在考虑竞标而不是做同样的事情——他们提供仅仅表明态度的方案，说他们可能竞标但不确定他们有足够的资金和明确的时间安排来正式投标。目标公司的股东们可能从那些潜在的竞标者那里了解到购买他们股票的兴趣，并且如果给潜在竞标者足够的时间筹集资金，他们会非常感激。另一方面，他们并不希望管理层持续这类事情的困扰。并购委员会允许可指示的提供，但在几个星期（一般6~8个星期）之后如果还不提交真正的报价方案，它会要求这个潜在的投标者在截止日期之前做出决定：是提出方案还是就此中止。

> **投标人应该避免的陷阱**
>
> 如果投标人在开价阶段或投标前的12个月购买了拥有10%或更多投票权的股票，开价一定包含投标人以最高价格支付的部分。潜在投资者应该注意不要购买高于公道价的股票。
>
> 如果投标人在投标期间以高于开价购买目标公司的股票，开价一定会提高至那一水平。所以，谨防由几个股东抬高价格。

投　标

无论是友好的还是恶意的投标，都要求收购者给目标公司董事会和顾问们他们将完成投标的通知。新闻界和股票交易所也是要被通知的。目标公司的管理层必须及时通知他们的股东（和并购委员会）。这可通过给股票交易所的宣告和媒体的通知来实现，随后再寄一份解释局面的信件。对于恶意的投标，目标公司管理层可使用"少得可怜的投标"或"完全无法接受"的词组。

在最初提出将要投标的28天时间里，投标方案必须印送到目标公司的每一个股东手中。方案的细节，比如收购者和他的计划，必须解释清楚。如果收购公司后使收购者的资产总值增加超过了15%，就必须让收购公司的股东们了解这次投标。如果超过了25%，股东们必须对是否支持投标项目进行表决，他们也将被授权对任何已被授权拥有资格的股票资产进行表决。

目标公司管理层可在14天内完成报价方案。假设他们认为该拒绝，他们会对兼并的合理性以及价格提出质疑。然后会在媒体和其他沟通工具上进行一段时间的抨击和反抨击。公共关系顾问们可能会被邀请来提供建议、制定方案。

在印发文件后，目标公司的股东们有21天的时间来接受这个投标方案。如果这个方案被修改加强了，他们仍然应有额外的14天时间从修改开始去接受方案。但是为了避免投标方案无休止的修改加强造成时间拖延。"委员会"规定一项投标的最长时间不能超过60天，从印发那天开始，最后投标方案确定期应是最初印发46天后，使得接下来还有14天时间供股东们考虑接受。有一些例外，如果有另一个投标者或者目标公司董事会同意延长时间，或者该投标涉及"CC"、"委员会"可以允许时间延长。如果收购者不能使时间控制在60天内，那么它就会被禁止在一年内在向该公司投标，从而阻止持续不断的骚扰。

专栏12.2是从威斯敏斯特保健网站复制来的一篇文章，描述了尽管有21天法则，目标公司股东还是习惯在60天内做出决定。

> **威斯敏斯特保健：快速投标失败**
>
> 萨梅纳·阿马德（Sameena Ahmad）
>
> 相关机构这星期坚决阻止了威斯敏斯特保健对一个小疗养院 Goldsborough 的敌意收购。
>
> 由于目标公司股票价格的劣势，Confident of City 支持威斯敏斯特以 7000 万英镑的最终价进行收购，并将接收时间由通常的 60 天减至 21 天。历时 3 个星期的"激烈"竞标是可以接受的，但是投资者通常都会选择 60 天，在这期间，投标人通常会提高其出价。
>
> 一位 Goldsborough 的主要投资者称威斯敏斯特的收购"过度激进"，迫使机构突然做出决策并且使目标公司来不及做出正当的防卫。他说："大多数基金经理都很简单：打我们时，我们反身躲开，但拧我们胳膊时，我们就反咬回去。"
>
> 拥有 6%股份的另一位 Goldsborough 股东说 21 天"很影响"其对收购的防御。"这是一个几乎没有分析师指导的小公司。我们需要时间来正确评估诸如资产价值的难点项目。"
>
> 时间充足的收购不仅仅是提供反应的时间，他们还给予投标竞争者抬高出价的时间以及顾问和保险商赚取费用的机会。
>
> 威斯敏斯特的首席执行官 Pat Carter 说："60 天的竞标过程是一个行规，我们或许应该遵守它。"

专栏 12.2　威斯敏斯特保健：快速投标失败

资料来源：《投资者年鉴》1996.7.19

投标之后

通常一个竞标报价在收购之后或收购者同意购买该目标公司 50%的股份之后变得无条件。在宣布报价无条件之前，竞标公司会先在方案条件中申明收购方有条件获得该目标公司 50%的选举权，这使得竞标公司在不用花费金钱代价之下获得该目标公司股东的接受。一旦宣布无条件，收购方会对还没有得到的股份制定一个严密的报价方案，并表明没有更好的可供执行的方案。在宣告无条件之前，目标公司接受报价的股东有权撤回他们的接受决定——之后，他们将被禁止这样做。

在宣布无条件之后，投标未接受报价的股东会马上这样做。这种可替代的选择保留了少数股东——仍然接受股息但权力集中在另外的大多数股东手中。有一种法则可避免这种令人沮丧的局面出现，那就是坚定地拒绝出售。如果收购者获得了申购股份的 9/10 之后，他会在提出最初报价之后的四个月里，坚持使剩下的股东按最后的报价出售手中的股份。

如果一次投标失败或未被宣布无限制，收购方将在之后的十二个月内不能再次竞标，但他可以收购另一家公司的名义投标或可经目标公司的推荐而再度投标。

自我监管体系的灵活性可见专栏 12.3，专栏 12.3 将标准的竞标规则搁置在一边而允许通过拍卖购买德本汉姆公司。根据 2002 年引进的"加速拍卖"规则，如果在 46 天的出价期之后，竞争的投标者依然存在，每一方都将有一天的时间对其他竞争者的出价做出回应，然后最后的密封出价将决定整个目标公司的命运。

收购委员会为德本汉姆公司的争斗制定规则

艾莉森·史密斯（Alison Smith）

收购委员会昨天为德本汉姆长期的投标争斗的进一步出价制定了步骤，它展示了两个个体的争斗如何在11月初得到结果。

昨天集团的股票收盘价为（P296），高于男爵夫人零售每股455便士，整个公司以16.6亿英镑的建议出价。男爵夫人由私募基金CVC和德克萨斯太平洋集团控股。

由佩雷拉领导的Laragrove曾在5月出价15.4亿英镑，似乎将会抬高价格……

……委员会设定的拍卖程序开始于10月31日的下午4点，下午5点出价就提高了。出价较低的投标人每一轮都可以在第二天的下午4点修改其出价并于一个小时后公布。

11月3日，星期一，争斗停止，第二天下午1点双方提交最后的密封出价。

专栏12.3 收购委员会为德本汉姆的收购制定规则

资料来源：《金融时报》2003.10.5

防御策略

总的来说，英国有一半的敌意收购是失败的。这里展示了几个目标公司用来阻止成功收购或减少收购机会的策略。

投标开始前
- **永远保持警惕** 做最有效的管理团队，使股东了解你的能力及公司的潜力。与协会、员工和政治家培养良好的关系。树立良好的社会形象。
- **与竞争企业作抗衡性投资** 你的公司购买大量友好公司的股份，而这个公司也拥有你公司大量的股份。
- **事先警告** 警惕潜在投标者的累计股份。

投标开始后
- **推翻投标的逻辑** 同时抨击投标者的管理质量。
- **提升公司形象** 利用关于重新估值、利润公布、股利分配、公共关系的顾问。
- **抨击投标人创造（摧毁）的价值**。
- **试着设置OFT障碍或获得竞争委员会的咨询**。
- **鼓励协会、当地社团、政治家、顾客和供应商维护你的利益**。
- **白马王子** 邀约友好公司进行第二次出价。
- **游说主要的股东**。
- **购买另一公司使公司很大或与投标人不兼容**。
- **安排管理层收购**。

- **对投标人提起诉讼** 投标人有时会冲动地步入触犯法律的边缘——比如，错误的报表、泄露隐私——上法庭会使其为难。
- **雇员股票拥有计划(ESOPs)** 这会购买到大量的公司利益而且会使投标人很难收购。
- **股票回购** 减少投标人持有的股份数量。

以下的策略可能会遭到英国 Takeover Panel 的反对和抵制，但会在美国及很多欧洲国家使用。

- **毒丸计划** 通过增加额外的费用使自己不容易被收购——比如，允许给目标公司股东以很大的折扣购买目标公司或收购者的股份（英国不可能）。
- **出售皇冠上的明珠** 卖出业务中最具吸引力的部分。
- **反收购防御** 对投标者实施反收购。
- **锁定资产** 一个友好的收购者会购买对自己最具吸引力的部分。
- **白衣骑士** 目标公司会寻求友好公司或个人。
- **金色降落伞** 如果公司被收购，管理者需要大量的支付。
- **绿票讹诈** 主要股东试着从公司不被售给敌意投标人或自己不成为投标人中获得奖励（比如溢价重购其股份）（绿色指美元的颜色）。
- **限制投票权** 在有些欧洲国家，管理层有限制投票权的能力，即无论实际持有情况如何，最高投票权为 15%。

为目标公司的股份支付资金

表 11.1 表明了购买另一家公司股份最近 30 年内各种支付方式的相对重要性。任何一种方式的相对受欢迎度经过这些年都有显著的变化。但在绝大多数时候，现金支付是最受欢迎的选择，接下来是股份，最后是第三类，包括公司债券、贷款债券和可兑换的以及可转换形式的股份。

表 11.1 的数据试图带给关于收购公司财政行为的轻微扭曲的局面。在很多现金交易的案例中，收购方并不借钱或保留现金，而恰恰相反，它在收购投标之前通过股份的正确发行来募集新的资金。

这个表也会给人们一个错误的认识——合并中重大的协调并不会巧妙地减少支付的类别方式。很多时候有多种选择的投标方案，收购方给目标公司的股东们提供了多样的财产保障方式或提供给他们他们想要接受付款方式的选择，比如现金或股份，股份或债券。这种方式使得收购方能在更宽广的范围内吸收可能的股份出售者。

现金

现金支付的第一个好处就是收购方的股东对公司拥有同等的控制权。那就是说，来自投标的新的股东不会突然占有收购公司一定比例的选举权，除非通过收购提供给目标公司股东股份。有时通过占有公司一定比例的股份来控制公司对股东来说是非常重要的。有人拥有

50.1%的股份就会试着去变弱到拥有25%，哪怕就是公司规模扩大一倍。

使用现金的第二个主要好处是它的简易性和精确性使得更易成功。变动的方法会使他们真正的价值变得不再确定。现今有明显的优势，因此受到卖主的青睐，尤其是当市场并不稳定时。

按照目标公司股东的观点，现金还有这样的好处——除了在价值方面更确定以外——它允许容纳者通过大范围比例的购买扩大投资。股份和其他设备的容纳意味着目标公司股东要么保持投资，要么如果被要求多样化，就不得不招致欲出售股份有关的交易费用。

对目标公司股东来说，现金支付的一个缺点就是征收资本利得税。当"意识到"有增加时，就得缴税。如果目标公司股东收到股票价值增加的现金时，要以一定的边际税率付税：在英国税率有22%和40%（尽管持有股份时间长了后可以减少应付额）。另一方面，如果目标公司股东得到收购公司的股份，则其投资增加值不被确认，所以当时不用缴资本利得税。应付税额将递延至新股份出售时——假设所有的资本增值都实现。

在这种情况下，并购委员会支持现金或现金等价物支付来代替全股份支付。

进一步考虑：用借来的现金支付目标公司的股份或许是公司调整财务杠杆（债权比）的一种方式。同时，公司可能已经负债很高，接近违约，所以不愿再多借。

股份

目标公司股东通过收购而不是现金获得股份有两个主要的好处，第一，由于投资利润未被实现，主要的利润获得税可能被推迟。第二，他们会获得对合并实体的兴趣。如果合并提供巨大的好处，目标公司股东也许希望拥有部分合并实体。

对于收购方，提供股份的一个好处是没有快速的现金流出。就短期而言，这种支付方式会减少现金流的压力。然而公司也许会考虑对公司资本结构和对现存股东地位削弱的影响——见专栏12.4。

沃达丰的成功模式现在被视为错误的处方

1130亿英镑的收购曾经被视为聪明的举动。然而不再是

丹·罗伯茨（Dan Roberts）

电信投资泡沫的结束使去年的很多收购备受关注。

现在最受关注的是最大的一起收购——沃达丰1130亿英镑收购曼内斯曼。

与诸如英国电信等竞争对手的交易相比，这看起来似乎很聪明，因为它用股票而不是现金。

聚集全球最大的手机公司以提供互联网接入看似是一个成功模式。

但是对移动互联网服务增长潜力的怀疑导致投资者提问：曼内斯曼及沃达丰前18个月的其他收购是否是对现有股东权益稀释了4倍？

尽管分析师已经降低了预测，自从5月29日公布了其年度结果，沃达丰股份已经下降了18%。其这周的市场资本化将在1000亿英镑以下——其高峰值为2700亿英镑——自从1998年10月以来达到其最低值。

随着沃达丰股份兑现，定价压力反映了股份悬垂。

专栏 12.4 沃达丰：产出了错误数据

资料来源：《金融时报》2001.6.28

使用股份的第二个理由是 PER 游戏的出现。这样，公司可通过收购比他们自己低的 PER 的公司来增加他们的 EPS。股票价格可能提高（在特定的条件下），尽管没有由合并创造的经济价值。

假设两个公司，Crafty 公司和 Sloth 公司，上一年度都赚了 100 万英镑，并且有相同数额的股份。有关历史基础的每一个股份的利润也都是相同的。两公司的不同是股票市场利润增长的百分数。因为 Crafty 公司被判定为有管理层的先进动力学公司，管理层决定大比例地提高每股股份的利润，在未来几年内它将价值 20 个 PER。

另外，Sloth 不被投资者看做一个流动性很强的公司，而被认为相当枯竭。上一年度的每股收益乘以系数 10 决定了股价——见表 12.1。

表 12.1 市盈率计算说明 Crafty 和 Sloth

	Crafty	Sloth
当前收益	100 万英镑	100 万英镑
股数	1000 万英镑	1000 万英镑
每股收益	10 便士	10 便士
市盈率	20	10
股价	2 英镑	1 英镑

因为 Crafty 公司的股份出售价格是 Sloth 公司的两倍，所以对 Crafty 公司用它的一个股份交换 Sloth 公司的两个股份是可能的（这基于这样一个假设：没有投标的额外费用，但随之而来的争论便起作用了，即使是很合理的投标额外费用）。

如果 Crafty 公司购买 Sloth 公司的所有股份，那么它的股份就会增加 50%，从 1000 万股增到 1500 万股。但 EPS 会提高 1/3。如果股票市场放一个很高的 PER 在 Crafty 公司的利润上，那么 Crafty 公司的价值就增加以及 Crafty 公司的股东也会满意，也许是因为投资者相信由于他们的更多动力学管理，Crafty 公司将使 Sloth 公司有生气并且产生高的 EPS 增加。

Crafty 公司的每个老股东都经历过股价和每股收益增加了 33%。先前 Sloth 公司的股东拥有 1000 万英镑的股份，而现在他们拥有 1333 万英镑的股份（见表 12.2）。

表 12.2 Crafty 对 Sloth 进行全股份兼并后

	Cratfy
收益	200 万英镑
股数	1500 万英镑
每股收益	13.33 便士
市盈率	20
股价	267 便士

这似乎是合理的、好的，但股东以对这样一个假设的评估为基础，这个假设就是：管理者们通过操作效率等传达他们对更高收入的希望。具有高的 PER 的公司的管理者也许会看到一种更容易的增加 EPS 和推进股票价格的方法。想象你正在管理一个拥有很高 PER 的公司。在你的公司投资者们正期望你促进高的收入增长。你可能通过真实的企业的和/或管理的优点，比如通过产品改善、获取经济规模、提高的操作效率等。在长远看来你知道你的公司会产生更低的收入，因为你不增加任何你所获得的价值到你的公司，你可能付了过多的投

标额外费用来购买现在的收入和你也许在活动的新领域有很少的专业技术。

然而在短期看来，EPS可能会戏剧性地增加。这个策略问题就是使你的收入维持增加的趋势，你必须继续欺骗投资商们。你不得不以相同的速度扩大接受有规律的推进。有一天扩张将会停止，公司潜在的经济未得到改善就会被披露（甚至它们可能会因为忽视而恶化），股票价格也将快速下降。这是避免过分注重短期EPS表格的另外一个理由。美国人把这叫做开机游戏。这可能对一些能熟练地玩它的人来说是非常有利的。然而也可能有许多的失败者——社会、股东、雇员。

用股份支付进行收购有很大的危险，正如专栏12.5中巴菲特所展示的一样。

从沃伦·巴菲特的角度看股东从合并中的获益

我们的股票发行依照一个简单的基本规则：我们将不会发行股票，除非我们得到和我们给予的一样多的内在商业价值。如此的一个原则可能是不言自明的。你可能会问，为什么会有人用1美元换取50美分呢？不幸的是，许多企业经理还是愿意那样做。

这些经理们收购时遇到的第一个选择或许是使用现金还是债务。但CEO的欲望通常会超越现金和存款资源（当然我永远都是）。同样，这些渴望通常发生在自己的股票销售远远低于其内在商业价值时。这种状况在某一瞬间是成立的。在这一点上，正如尤吉·贝拉所说："你可以靠看观察到许多。"然后股东将会发现管理层真正的目的是扩展领域或维护股东的财富。

基于一些简单的理由需要在这些目的之间进行选择。公司在股票市场上往往以低于其内在商业价值的价格出售。但是在谈判交易中，当一个公司希望全部卖出时，无论以何种货币，它都不可避免地想要并且通常可以获得全部的商业价值。如果以现金支付，卖方价值的计算值不是很容易。如果以股份支付，卖方的计算会相对容易：市场价值只以即将得到的股票的现金来计算。

同时，如果股份在市场上以全部的内在价值出售，购买者就可以以股份进行支付。

但是，假设它仅以内在价值的一半出售。在这种情况下，买方面临使用低估货币进行购买的不幸前景。

具有讽刺意味的是，尽管收购者出售的不是整个业务，它也可以谈判，并可能得到全部的内在商业价值。但当买方出售部分，即发行股份进行收购，其通常不会获得比市场承认的更高的价值。

莽撞的收购人以用低估的（市场价值）货币支付全价（协商价值）的资产结束。实际上，购买方必须放弃2美元的价值而得到1美元的价值，在这种情况下，以公平售价进行的收购成为了一项奇怪的交易。以黄金计量的黄金不可能通过以铅计量的黄金甚至是白银购买得到。

然而，如果对规模和行为的欲望足够强烈，收购者经常会发现这样毁灭价值的股份发行很合理。友好的投资银行会重新使其确信其行为的合理性（不要问理发师你是否需要理发）。

股票发行的几条原则如下：

（1）"我们购买的公司未来会值钱很多。"（假设卖掉的旧业务也是这样；商业评估中未来前景是不明朗的。如果2X以X发行，则当双方都是商业价值的2倍时，仍然存在着不平衡）

（2）"我们不得不增长。"（也许你会问

"我们"是谁？对当前股东来说，发行股票时所有的业务都有些收缩。如果Berkshire明天将为收购发行股票，Berkshire将拥有其现在拥有的一切以及新业务，但是在诸如See's糖果店、国民保险公司等难以匹配的业务中，你的利益将自动减少。如果：①你家拥有一块120英亩的农场；②你要你的邻居将其60英亩的农场与你的一起管理；③你的管理领域将扩展成180英亩，但是你家拥有的面积和庄稼将永久减少25%。想要牺牲所有权扩张其领域的管理者或许最好考虑在政府部门发展）……

……当发行股票进行收购时，有三种方法可以避免原有股东价值的减少。其一是真正的商业价值对商业价值的合并……这样的合并对双方的股东都是公平的，双方都将获得与其付出相同的内在商业价值……并不是收购者不希望这样的交易，只是他们很难做到。

第二种方法是收购者的股票以其等于或高于其内在商业价值的价格出售。在这种情况下，股份支付事实上可能增加收购公司股东的财富……

……第三种方法是收购者收购后重新购买与合并中发行数等量的股票。这种方法下，原始的股票对股票的合并有效地转化为了现金对股票的收购。这种重新购买是毁灭修复的行为。通常读者会认为我们会宁愿选择直接增加所有者财富的重新购买而不是仅仅修复先前的毁灭。破纪录比恢复成绩更让人高兴。

合并中的语言使用趋于使发行混乱并鼓励管理者不合理的行为。比如，"稀释"通常被谨慎用于账面价值和每股收益的常规和基本计算中，特别是后者。从收购公司的角度来看，计算忽略（稀释）的合理解释（内部，不是其他地方）是将来会有某些交叉（尽管交易经常在实践中失败，但从来没在理论上失败——如果CEO质疑收购的前景，其下属和顾问会使其合理化而不论以何种价格）。计算应该让当时的数据乐观些吗？即不算稀释，对于收购者来说，无疑这是必要的。

给予这种稀释的关注是足够的：在大部分商业估值中，当前的每股收益（甚至未来几年的每股收益）是一个很重要的参数，但不是完全有力。

很多合并都没有考虑稀释，即对收购者来说是毁灭价值的。一些对当前和近期的每股收益进行了稀释的合并事实上是增值的。值得注意的是内在商业价值有没有进行稀释（考虑多变量的判断）。这样来看，我们相信稀释的计算很重要（但很少做到）。

第二个语言问题是关于交换的公式。如果公司A宣布其将发行股票与公司B进行合并，这一过程通常被描述为"公司A收购公司B"或"B卖给A"。对这一问题进一步考虑是否用更难但更准确的描述："出售A的一部分以收购B"或"B的所有者用其资产交换A的一部分"。在一项贸易中，你付出的与你得到的同样重要……

……经理和董事们也许会进一步深入问自己其出售全部业务与部分是否依据同样的基础。如果以这样的基础出售全部不是很明智，那么他们应该问自己为什么出售部分是明智的呢。小的管理失误将累积成大的失误，而不是大的胜利（当人们从事看似很小的不利资本交易时，以财富转移为基础的拉斯维加斯已经形成了）……

……最后，应该说说当价值稀释的股份发行时，对收购公司所有者的"双重打击"效应。在这种情况下，第一个打击是合并本身造成的内在商业价值的损失。第二个是市场价值对目前已经稀释了的商业价值的修订导致的损失。当前或潜在的拥有者将不会对由通过不明智的股票发行已有价值毁灭记录的管理层和其信任的拥有

> 运营才能并不会对所有者不利的管理者管理的资产支付同样的价格。不论其如何保证稀释价值的行为如何好,一旦管理者表现出对所有者的利益不敏感,股东会从其股票(与其他股票相关)的市价比上损失很多。

专栏 12.5　股东从兼并中获益

资料来源:沃伦·巴菲特的《给股东的一封信》,摘自伯克希尔哈撒韦公司,1982 年年报。

其他融资类型

可供考虑的形式包括债券和贷款股票,可转换债券和优先股(会在第 16、17 章中描述)是不受欢迎的,主要是因为建立对中标股东有吸引力的安全设施收益率的困难。另外,这些安全设施经常缺乏市场和对新合并公司的选举权。

结　论

> 投标过程中投标人和目标公司需要遵守的规则是很复杂的。

投标过程中投标人和目标公司需要遵守的规则是很复杂的。许多公司管理层感觉到与投资银行合作是必要的,这是可以理解的。尽可能的认真;这个建议的成本是十分昂贵的。BHS 和 Arcadia 的亿万富翁,Philip Green 一般更喜欢直接与管理层和潜在投标的股东交谈,而不是建议 M&A 的专家们采取有策略的活动、分析和商议,加快过程并节约资金——当你使用自己的钱时,100 万英镑的支票的疼痛会更实实在在地感觉到——尽管后来它带给银行具体的任务,这是很有意思的。

投资银行对关键活动是十分有益的,包括协商过程中的某些阶段。他们会对购买目标公司股份所采取的融资类型提出建议。更有意义的是,他们可能有助于新型基金的资金筹集——关于这些承诺支付的费用可能是高的,因此签约自由处理权要保持清醒的头脑。他们可能会指导你通过接管规则。最后城市专家也许有能力帮助你进行投标评估。第 13 章将会让你理解他们可能使用方法的基本原理和障碍。

网　站

www.berkshirehathaway.com	伯克希尔哈撒韦公司
www.ft.com	金融时报
www.kpmg.co.uk	毕马威
www.londonstockexchange.com	伦敦证券交易所
www.thetakeoverpanel.org.uk	收购委员会
www.competition-commission.org.uk	竞争委员会

www.oft.gov.uk　　　　　　　　　　　公平贸易办公室

注 释

1. This was actually negotiated between the OFT and Morrisons following the Competition Commission's ruling.

2. Or if the purchases are immediately before the buyer announces a firm intention to make an offer if the offer is agreed by the target Board.

3. If an offer is revised all shareholders who accepted an earlier offer are entitled to the increased payment.

4. If 90 percent of the target shares are offered, the bidder must proceed (unless there has been a material adverse change of circumstances). At lower levels of acceptance, it has a choice of whether to declare unconditionality.

第13章
公司估值

引言

两种技巧

利用净资产价值法(NAV)进行估值

收入流是关键

股利估值方法

如何评估未来增长？

市盈率(PER)模型

利用现金流估值

非上市股票估值

不寻常的公司

管理控制权会改变估值

结论

引 言

管理者必须了解对整个公司做价值评估的主要影响，并且熟知如何评估公司的个人股份。一旦管理者被赋予了使股东价值最大化的责任，他们就需要知道影响财富变动的主要因素，以及在他们自己的公司股票价格上的反应。如果没有这种认识，他们将无法确定他们行动的最重要的后果——对股票价值的影响。管理者需要重视股价的偏差，因为公司股票价值的变化是他们做出决策的关键依据因素之一。如果公司计划通过资本交易获利，或者公司打算出售一部分资产，那么知道股价是如何确定的对管理者而言也是十分有用的。在兼并收购过程中需要采用有效的价值评估方法，以免负担不必要的费用，而且卖方需要确保价格是合理的。

> 管理者需要重视股价的偏差，因为公司股票价值的变化是他们做出决策的关键依据因素之一。

本章介绍了价值评估的主要方法：净资产价值法、股利估值模型、市盈率模型和现金流模型。本章用一个重要小节叙述了如果购买者愿意从股票的价值评估中进行管控，而他却只提供少部分股权，那么股票的估值会有什么不同。

两种技巧

评估股票需要两个技巧：第一，是分析能力，能够理解和使用数学估价模型。第二，也是最重要的，良好的判断十分必要，因为在进行数学计算时大多数的输入量是因子，其确切的性质不能定义得绝对肯定，因此需要很强的技巧来出示合理准确的结果。主要的问题是，价值的决定因素是在未来发生的，例如未来现金流量、股利或盈余。

资产的货币价值在于人们愿意付出什么代价。如汽车和住房这种资产的价值用任何准确度来衡量都是相当困难的。公司债券通常至少有一个定期的现金流（券）和预期的资本回报。与此形成对比的是股票的不确定性，因为这是没有保证的年金和没有资金还款的承诺。股票估值的困难是在亚马逊网站的案例分析 13.1 中得到充分的体现。

> 资产的货币价值在于人们愿意付出的代价。

案例分析 13.1

Amazon.com

亚马逊，互联网零售商，从来没有盈利。事实上，它在 1999 年亏损了超过 7 亿美元并且在短期内获得利润的机会不大。所以，如果你是一个 2000 年初的投资者，你会给这种公司如何估值呢？一文不值吗？令人惊讶的是，投资者评估 2000 年初亚马逊价值 300 亿美元（超过所有传统图书零售商的总和）。该品牌不断升值，并且每天都有数千人加入其网上社区。投资者有信心，亚马逊将继续吸引客户，生产出的收入会快速增长。他们认为，最终收入的增长将转化为利润和丰厚的回报。在考虑到潜在的竞争以及 2001 年亚马逊仍未盈利这一事实之后，投资者们冷静下来了。他们重新评估了亚马逊的未来可能分红的价值。在 2001 年年中，他们判断该公司将只值 40 亿美元——2000 年它已经产生了 14 亿美元的损失，这表明利润和股利仍有一段很长的路要走。然而到了 2004 年，尽管在 2003 年的报告中又是亏损，公司被认为是接近能够转化为股东创造利润的品牌，所以其价值超过 200 亿美元。或许它会吧。

利用净资产价值法（NAV）进行估值

显然资产负债表是估值工作的开始。按照这种方法，公司价值被视为其净资产价值的总和。资产负债表被视为提供有关公司的资产的所有权和义务债权人客观事实。这里记录着固定资产与负债、应收账款、现金和其他流动资产。从总资产数额中扣除长期和短期的债权就得到了净资产价值法（NAV）。

表 13.1 中是吉百利史威士公司采用这类计算的一个例子。

表 13.1 吉百利史威士资产负债表（2002 年 12 月 29 日）

		百万英镑
固定资产		5815
流动资产		
股票	528	
一年内到期应收账款	970	
一年以上到期应收账款	82	
投资	297	
银行及手头现金	<u>175</u>	
		2052
债权：一年内到期总额		(2585)
债权：一年以上到期总额		(1577)
负债和费用备付金		<u>(419)</u>
净资产		<u>3286</u>
股东资金		3020

资料来源：吉百利史威士公司 2002 年年报和报表

吉百利史威士公司的净资产为 30 亿英镑，而与所有股份对应的市场价值却高达 85 亿英镑（市值数字是由《金融时报》在星期一出版的版本提供）。这个巨大的差异清楚地表明，吉百利史威士的股东并没有基于资产负债表中的净资产数目进行评级。表 13.2 的检验强调了这一点。

表 13.2 一些公司的净资产价值和资本总额

公司（会计年度）	资产净值/百万英镑	资本总额（公司股票的市场价值）/百万英镑
葛兰素史克（2002）	7388	77306
联合利华（2002）	3816	29764
百代（2002）	−889	1305
沃达丰（2002）	133428	95109

资料来源：年报和会计报表；《金融时报》2004.1.5

在表 13.2 中所列的 4 家公司中，有 3 家公司与它们的总市值相比净资产价值却非常小。只有沃达丰例外，沃达丰以商誉的形式购买了 900 多亿英镑的其他公司的无形资产（以上为目标支付金额资产的公允价值），从而提高了其资产负债表的价值。

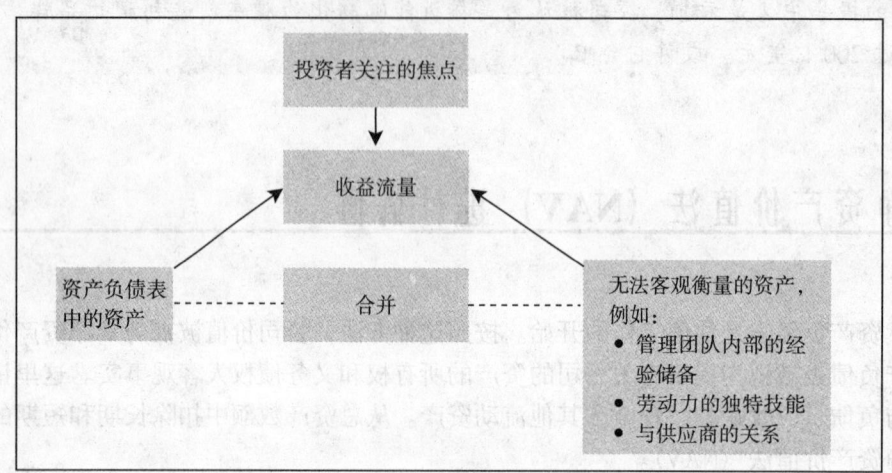

图 13.1　什么为股东创造价值？

对于大多数公司，投资者关注的是源自持有权的现金流收入。当资产负债表中的资产和不可量化的资产合并的时候，这种现金流就产生了。这些不可量化的资产包括独特的劳动力技能、与客户和供应商的关系、品牌价值、管理层的经验积累以及公司产品的竞争性定位。资产——从资产负债表价值的原始意义上说——仅仅是整体价值的一个维度。市场上的投资者往往认为那些不可测量的无形资产比那些可以识别并被会计师记录的资产更加具有价值。

尽管一个会计师可能没有编制出反映一个企业真实价值的资产负债表，对其进行指责也是不公平的。会计账簿并不是用来记录最近的市场价值。土地和建筑通常被确认为成本而不是市场价值；因此资产负债表能提供一个象征性的高于或者低于这些资产目前价值的评估。厂房和机器的价值被认为是购买价格除去折旧。股票的价值被记录为低于成本或者净现值——这可能导致一个重大的低估，因为市场价值所能达到的数字远远高于这些。资产负债表的各个栏目：商誉、准备金、合并会计、应收账款、无形资产、品牌价值等，很容易受到主观估计的影响、采用武断的方法甚至长期被肆无忌惮地操纵。

> 市场上的投资者往往认为那些不可测量的无形资产比那些可以识别并被会计师记录的资产更具有价值。

资产负债表价值的含糊观念在有关汉森再生产的文章中得以显示，见专栏 13.1。

资产价值何时特别有用

这种以会计账目为基础分摊价值的方法充满了漏洞，但是在一些情况下资产保证确实应当得到更多的关注。

公司出现财政困难的时候

出现财政困难的公司的股东将会对该公司的资产保证给予极大关注。他们可能会衡量资产出售或资产抵押借贷的潜力。在极端的情况下，他们可能会尝试评估公司破产的价值。

购并出价的时候

在购并出价中股东往往不愿意以低于净资产价值的价格卖出资产,即使收入增长的前景不佳。在收购战中一个标准的防御策略就是重新评估资产负债表以取得更高的价格。

汉森削减 32 亿英镑的资产价值

蒂姆·伯特(Tim Burt)

汉森,一个工业集团,在对其在美国的矿产储量价值做出会计变更和资产减值之后,昨天宣布资产减值 32 亿英镑,这就标志着其四步分拆计划进入了最新阶段。

资产减值是在皮博迪,美国最大的煤炭生产地,汉森的基石子公司将会使公司在"长期资产"处理方面符合美国会计准则。

然而一些业界分析师认为汉森过去可能高估了皮博迪和基石的资产——这一评价并没有被汉森公司接受。

总体而言,在基石的矿产资源储量的账面价值已经由 23 亿英镑减少到 13 亿英镑,在皮博迪的由 6 亿英镑调整到 15 亿英镑。另有 3 亿英镑的费用被用来防止皮博迪的能源储备填补行业负债核算的差异。

作为会计变动的一部分,汉森已从皮博迪资产负债表 15 亿英镑的准备金中减除了 12 亿英镑,并计划把 3 亿英镑的先前支付款项计入利润和损失准备。博纳姆先生(Mr Bonham)说,此举将减少 15 亿英镑的皮博迪的煤炭储量的账面值。

专栏 13.1 汉森削减 32 亿英镑的资产价值

资料来源:《金融时报》1996.7.9

现金流贴现法何时不适用?

对于某些不能直接采用现金流法的公司:

物业投资公司

这些公司的估值主要是以他们的资产为基础。人们通常可以把这样的公司所拥有的建筑物时下公平的价格等同于其价值。这些市场价值与未来现金流密切相关。也就是说,未来租户的租金,贴现的时候,就决定了物业资产价值,进而决定了公司价值。如果希望得到比以前预期更高的租金,特许测量师会提高其资产价值,资产负债表中的净现值会上升,进而抬高股价。对于这样的公司,未来的收入、资产价值和股票价值都有相当密切的联系。然而,正如专栏 13.2 所表明的那样,当股票价格和资产净值的普遍上升和下降联系在一起的时候,我们就有充分的理由相信物业投资公司的股票是以低于净现值的价格进行交易的。

投资信托

未来的投资信托基金的收入来自个人的股份。在信托的股东会觉得非常难以计算从几十或几百持有股份分别获得的未来的收入。一种更容易的方法是简单地采取了每个代表未来收入折现控股目前的股价。购值合计推导出信托的资产净值和这对在该信托股票成交价的强烈影响。

资源型企业

对于石油企业、矿产开采、矿业公司等,已探明储量或有可能对股价有显著影响(见专栏 13.3)。

> **什么时候不能以净资产价值作为指导**
>
> *诺玛·科恩*（Norma Cohen）
>
> 阿斯达财团的董事面临困境——他们是建议股东接受显著低于公司"价值"的出售价格呢，还是强迫他们接受？因为这是可能得到的最好的报价。
>
> 如果该报价被接受，那么，净资产值的概念是什么？
>
> 如果该报价被拒绝，这是否意味着资产净值是一个概念，与股价并没有相关性？
>
> 上周，董事们——不包括执行董事长和创始人曼尼戴维森——为房地产行业的报价开创了"先例"，拒绝了一个280便士的极其低的报价。其他地产公司类似的标书已被接受，几乎没有问题。
>
> 不过，昨天重新提供的298.6便士的报价，连同最新的中期股利1.4便士，现在需要停下来想一想。阿斯达目前的形势很尴尬……
>
> ……在拒绝了最初的报价之后，阿斯达的董事提出最新的临时估价是383便士的证券组合，包括发展中的6便士。
>
> 为了解释其报价，合资企业BL戴维森指出，由于公司出售其资产要承担每股60便士的资产收益税，而且为了清偿高利贷还会有进一步的扣减。经过这些扣除，资产净值下降至308便士，与其报价相差不大。
>
> 但是，如果不用破产价值来评估一个公司，那么应该如何定价呢？
>
> 资产净值是一个有趣的数字，因为在其纯粹的形式中，它没有考虑破产成本。但同样，它也没有考虑持续经营的成本。
>
> 事实上，资产净值是一个假设不存在与公司所有权和不动产管理成本的数字，这显然是无稽之谈。
>
> 一方面，有普遍的间接费用和行政费用；另一方面，有折旧费用。尽管后者从未在企业盈利和亏损账户出现过，却有充分的证据证明其存在。
>
> 不可恢复的物业管理及翻新费用，实际上是变相的折旧费用。
>
> 如果会计师能够计算这些费用的净现值并且在资产净值中予以扣除，人们就会看到更加"真实"的情况。
>
> 可以说，现在市场上已经是这样做了。的确，这也许可以解释房地产公司股票交易中对资产净值的一系列惊人的折扣。

专栏13.2　什么时候不能以净资产价值作为指导

资料来源：《金融时报》2001.8.17

收入流是关键

股票的价值通常是由投资者期望在未来基于其所有权得到的收益流确定。历史信息对于预测未来的业绩只有一定的相关性。收入流量会在未来的不同时点发生，因此必须进行贴现。有三种收入估价模型：

- 股利为基础的模型；
- 收入为基础的模型；
- 现金流量为基础的模型。

> ### 净资产价值法估值引发的争论
>
> **蒂蒙·戴**（Timon Day）
>
> 在石油公司拉斯莫和汇丰证券之间爆发了一场争吵，是关于经纪人将拉斯莫净资产价值的估计从每股132便士削减到了98便士。这使得拉斯莫的股票市场价值减少了4800万英镑，股票每股市值下跌了5便士。这是个特别敏感的时期，因为拉斯莫处于为纪念碑石油和天然气公司的全股报价期间，该公司的前经纪人就是汇丰。
>
> 位于阿尔及利亚的估值中心的大部分争论都是由于拉斯莫在14个由美国阿纳达科团队经营的石油区域有12%的股权。佩里先生不接受拉斯莫对其在阿尔及利亚的利益做出3亿~5亿英镑的估值，他提出那些只值2.1亿英镑。

专栏13.3　净资产价值法估值引发的争论

资料来源：《金融时报》1999.6.11

股利估值方法

以股利为基础的模型（DVMs）基于这样一个前提，普通股的市场价值代表了未来无限期长的时间内预期股利流量贴现值的总和。

投资者不断收到的来自公司的唯一现金流就是股利。如果我们要计算公司清算或正式出售的"破产债权人的偿金"，这也是成立的，并且任何股票回购都可以用股利来计算价值。当然，个别股东不准备永久性持有股份来获得无限期的回报。个人持有股份的预期回报分为两个类型：

- 股利收入；
- 由于股票增值或者将其出售给其他投资者所获得的资本增益。

个人投资者寻找资本增益以及能获得回报的股利这个事实并没有使该模型关注无限期内所有股利的核心失效。原因是当投资者出售股票时，买方购买的是未来的股利流，所以其购买价格是由未来的预期股利决定的。

为了说明这一点，我们做以下考虑：一名股东准备持有一年股份。单一股利 d_1 将会在持有期结束时支付，一年以后该股份售价为 P_1。

为了获得在时间0这个点上该投资者的每股价值 P_0，未来现金流 d_1 和 P_1 应该以一个贴现率进行贴现，该贴现率包括股票的风险等级报酬。

$$P_0 = \frac{d_1}{1+k_E} + \frac{P_1}{1+k_E}$$

> **例证**
>
> 一名投资者正在考虑购买一些Willow有限公司的股份。在年底公司将会支付每股22便士的股利，而且该股票预计能以2.43英镑的价格出售。如果投资者认为在这种风险等级下必要回报率为20%，那么他需要支付多少钱？

$$P_0 = \frac{d_1}{1+k_E} + \frac{P_1}{1+k_E}$$

$$P_0 = \frac{22}{1+0.2} + \frac{243}{1+0.2} = 221 \text{ 便士}$$

无限期股利估值模型

要理解股利股值模型首先要知道 P_1 是从哪里来的。在时间 1 买方估计股票的价值为未来现金流的折现值，折现率采用给定的风险回报率。所以如果第二个投资者打算再持有一年，在时间 2 把股票以 P_2 的价格出售，那么 P_1 就是：

$$P_1 = \frac{d_2}{1+k_E} + \frac{P_2}{1+k_E}$$

代回到 P_0 的等式，我们可以对 d_2 和 P_2 贴现，来代替 P_1。因此：

$$P_0 = \frac{d_1}{1+k_E} + \frac{P_1}{1+k_E}$$

$$P_0 = \frac{d_1}{1+k_E} + \frac{d_2}{(1+k_E)^2} + \frac{P_2}{(1+k_E)^2}$$

如果有一系列的一年期投资者买这个股票，我们可以以此迭代 P_2、P_3、P_4 等，我们可以得到：

$$P_0 = \frac{d_1}{1+k_E} + \frac{d_2}{(1+k_E)^2} + \frac{d_3}{(1+k_E)^3} + \cdots + \frac{d_n}{(1+k_E)^n}$$

即使是短期投资者也必须考虑超出其时间范围的事情，因为售价是由购买者是否愿意购买未来股利的意愿决定的。

如果今年的股利被短期政策抬高了，比如说降低了研发和品牌营销的支持，投资者可能会损失很大，因为其他投资者会推低股价作为日后股利的预测下调。

例证

如果一个公司预计无限期每年支付 20 便士的股利，给定的风险回报率为 12%，则：

$$P_0 = \frac{20}{1+0.12} + \frac{20}{(1+0.12)^2} + \frac{20}{(1+0.12)^3} + \cdots + \frac{20}{(1+0.12)^n}$$

$$P_0 = 17.86 + 15.94 + 14.24 + \cdots + \cdots +$$

鉴于这是一个无限期模型，有一个简单的方法：

$$P_0 = \frac{d_1}{k_E} = \frac{20}{0.12} = 166.67 \text{ 便士}$$

股利增长模型

相对于上面的例子中的情况，对于大多数公司，预期股利会不断增长。为了使 DVM 分析容易处理，通常会对股利的增长模式做一些简化的假设。大多数的管理者都试图将股利增长与公司的长期盈利增长率保持一致。他们经常使出浑身解数来平稳波动，维持高股利，即使是在利润微薄或者亏损的年份。在利润很好的年份他们也往往不愿意大幅增加股利，因为担心可能在低迷期不得不削减股利。所以，考虑到管理者倾向于使股利支付以一个稳定的增量增长，那么以一个持续增长率为假设的模型似乎应该是合理的（每年的预期增长路径偏差分析将不会有重大改变）。

> 考虑到管理者倾向于使股利支付以一个稳定的增量增长，那么以一个持续增长率为假设的模型似乎应该是合理的。

范例 13.1

一个持续的股利增长估值模型：SHHH 有限公司

如果最近支付的股利为 d_0，明年的股利一年到期支付，明年是 d_1，那么这相当于 $d_0(1+g)$，其中 g 是股利的增长率。

例如，如果 SHHH 有限公司刚刚支付了 10 便士的股利，而增长率是 7%，那么：

d_1 将会等于 $d_0(1+g) = 10 \times (1+0.07) = 10.7$ 便士

和

d_2 将会是 $d_0(1+g)^2 = 10 \times (1+0.07)^2 = 11.45$ 便士

SHHH 公司的股票价值将会是所有未来股利折现值之和，风险调整折现率是 11%：

$$P_0 = \frac{d_0(1+g)}{1+k_E} + \frac{d_0(1+g)^2}{(1+k_E)^2} + \frac{d_0(1+g)^3}{(1+k_E)^3} + \cdots + \frac{d_0(1+g)^n}{(1+k_E)^n}$$

$$P_0 = \frac{10 \times (1+0.07)}{1+0.11} + \frac{10 \times (1+0.07)^2}{(1+0.11)^2} + \frac{10 \times (1+0.07)^3}{(1+0.11)^3} + \cdots + \frac{d_0(1+g)^n}{(1+k_E)^n}$$

利用上面的公式将会需要大量的时间计算。幸运的是数学上它等同于下面的公式，下面的公式非常容易使用：

$$P_0 = \frac{d_1}{k_E - g} = \frac{d_0(1+g)}{k_E - g} = \frac{10.7}{0.11 - 0.07} = 267.50 \text{ 便士}$$

请注意，即使缩短的公式仅包括明年的股利，所有未来的股利也都得以表示。

在 Pearson 有限公司的例子里会有进一步的计算。

范例 13.2

Pearson 有限公司

Pearson 有限公司，传播和教育集团，历年股利支付状况如下：

年 份	每股净股利（便士）
1996	16.1
1997	17.4
1998	18.8
1999	20.1
2000	21.4
2001	22.3
2002	23.4

在这段时期，平均的年增长率 g：

$$g = \sqrt[6]{\frac{23.4}{16.1}} - 1 = 0.064 \text{ 或 } 6.4\%$$

如果假设这个历史增长率将会持续到未来，采用 10% 的必要回报率，那么股票价值就可以被计算出来。

$$P_0 = \frac{d_1}{k_E - g} = \frac{23.4 \times (1 + 0.064)}{0.10 - 0.064} = 692 \text{ 便士}$$

事实上，在 2004 年初，该公司的股票停留在每股 620 便士。也许分析师们预测在未来增长率会下降。也许对于公司面临的风险，我们采用了不合理的低贴现率。或者也许是市场对 Pearson 的增长前景一致的看法过于悲观。

非持续增长

公司往往要经过成长的不同阶段。如果它们在一个有吸引力的市场上拥有强大的竞争优势，它们可以享受超正常的增长，但最终，多数企业会受到竞争压力，增长趋于正常。最后，许多公司无法跟上市场环境的变化，它们的经营和增长速度下降到低于平均水平。

为了分析经历过不同成长阶段的公司可以采用二阶段、三阶段或者四阶段的模型。在最简单的二阶段增长情况下，股票价格计算需要使以下结果相加：

■ 将第一阶段每一年的预测股利折现到时间 0；
■ 估计当股利增长转换到新的稳定速率的时候股票的价格。将其折现到时间 0。

范例 13.3

Noruce 有限公司

你将得到有关 Noruce 有限公司的以下信息。

该公司刚刚支付了每股 15 便士的年股利，下次支付是一年到期。在未来三年，股利预计会每年增长 12%。这个极快的速度是由于很多有利的因素：经济好转、新开发的产品进入加速阶段，与政府部门签订了大合同。

第三年之后，股利将会每年增长 7%，因为对增长的主要推动力量到时候会消失。

与该公司处于相同系统风险水平下的其他公司的股票乘数的预期回报是每年 16%。

该公司的股票价值是多少？

答案：

步骤 1 计算非正常增长时期的股利。

$d_1 = 15 \times (1 + 0.12) = 16.8$
$d_2 = 15 \times (1 + 0.12)^2 = 18.8$
$d_3 = 15 \times (1 + 0.12)^3 = 21.1$

步骤 2 计算时间点 3 上当股利转变到一个新的恒定的比率时的股价。

$$P_3 = \frac{d_3(1 + g)}{k_E - g} = \frac{21.1 \times (1 + 0.07)}{0.16 - 0.07} = 250.9$$

步骤3 将步骤1和步骤2中的计算结果折现再求和。

$$\frac{d_1}{1+k_E} = \frac{16.8}{1+0.16} = 14.5$$

$$+ \frac{d_2}{(1+k_E)^2} = \frac{18.8}{(1+0.16)^2} = 14.0$$

$$+ \frac{d_3}{(1+k_E)^3} = \frac{21.1}{(1+0.16)^3} = 13.5$$

$$+ \frac{P_3}{(1+k_E)^3} = \frac{250.9}{(1+0.16)^3} = \underline{160.7}$$

$$202.7 \text{ 便士}$$

什么是正常的增长速度？

单个公司的增长率不同，但是长期而言，企业的整体股利增长应该与名义国民生产总值（实际国民生产总值加上通货膨胀）的增长不会有显著的差别。如果股利增长率确实长期保持在这个比率之上，那么股利在国民收入中所占的比例就会增加——最终挤掉消费者和政府部门。这当然是很可笑的。因此，在一个预计长期通货膨胀率为每年3%并且实际国民生产总值增长率为2.5%的经济体中，我们可以预计股利的长期增长率为5.5%。此外，假设一个企业能够永远以一个显著高于整个经济体的速度增长，那么其收入和股利是不合理的。这样做是假设该公司最终比整个经济体还要大。确实有公司的平均股利增长速度在几年甚至几十年的时间里都高于整个经济体，而且总会有一些公司预计增长速度比同时期的平均值要高得多。尽管如此，实际国民生产总值+通胀增长的关系还是提供了一个有用的基准。

> 有一些公司的平均股利增长速度在几年、甚至几十年的时间里都高于整个经济体的增长速度。

不支付股利的公司

有些公司，例如沃伦·巴菲特的伯克希尔·哈撒韦公司，不支付股利。这是一种蓄意的政策，因为往往有充分的理由使我们相信，这些资金能更好地在公司内部使用而不是发给股东。这就使得DVM在应用上出现一些问题，但是这种方法仍然可以使用，因为假设有一天这些公司将开始支付股利也是合理的。也许这会以一种最终破产支付的形式，或者当创始人即将退休时，他/她会分配积累的资金。在某些时候必须支付股利，否则没有人愿意持有股票。微软是一个28年没有支付股利的公司，然而在2003年，微软决定开始支付其巨大现金流的一部分——见专栏13.4。

有些公司不支付股利是因为多年来连续亏损。此类公司的价值往往在于对其在遥远的将来能复苏并且支付股利的一种乐观期望。

股利增长模型的问题

股利增长模型有以下问题：
（1）对假设条件太敏感。看看以上的个案。如果我们假设增长率为7%并且把回报率减

> **微软考虑支付 100 亿美元以上的股利**
>
> 巴黎的埃曼努埃尔·帕克特（Emmanuel Paquette）和
> 旧金山的理查德·沃特斯（Richard Waters）
>
> 据知情人士透露，微软正在考虑向股东支付"明显"超过 100 亿美元（60 亿英镑）的特殊股利。这将会是企业支付过的最大的股利，并且有助于减少 460 美元的现金……
>
> 这个软件巨人已经收到越来越多的来自股东的压力，使其释放一部分现金，这些现金已经滞后于股价的增长。一项支付股利的决定，今年将会达到将近 9 亿美元的决定也不会产生多少影响，因为它每个季度都会持续产生 30 亿美元的现金……
>
> 该公司表示，最开始它宣布每股 8 美分的股利时——第一次支付是在这个公司成立 28 年以后——公司就考虑到要增加股利。一种选择将会涉及分配每股超过 1 美元的股利，总成本超过 100 亿美元。

专栏 13.4 微软考虑支付 100 亿美元以上的股利

资料来源：《金融时报》2003.7.4

少为 9.5%，增长的价值超过 10 英镑。

$$P_0 = \frac{d_1}{k_E - g} = \frac{23.4 \times (1 + 0.07)}{0.095 - 0.07} = 1002 \text{ 便士}$$

（2）输入数据的质量往往很差。计算有适当的股本回报率的问题，需要在第 10 章讨论。加上关于未来的增长速度有很大的不确定性。

（3）如果 g 超过了 k_E，结果就没有意义。要解决这个问题就得假设短期的超正常增长率会在企业超正常时期之后降低，进而被 g 所取代，g 就是某些反映长期期望回报的加权平均增长率。另外，对于那些 g 比 k 大的时间段，人们可以计算出具体的股利数额，然后像非固定增长股利模型里那样将其贴现。当超正常增长过去之后，一般的增长公式就可以使用了。

> DVM 要求分析师用一种训练有素的思维过程做出关键变量的明确假设。

使用股利增长模型确实不容易，但是一旦这种方法受到青睐，单个数字的推导就会少于练习用金融资产价值背后的原则理解。这种方法要求分析师用一种训练有素的思维过程做出关于关键变量的明确假设。

如何评估未来增长？

对股票价值最具影响力的变量，也是最不确定的变量，就是预期的股利增长率。这里精确是一个非常受欢迎的优点。虽然本书不能为读者提供一个完美的水晶球去预测未来股利的增长率，但是它能给出一些线索。

增长率的决定因素

三个因素影响股利的增长速度。

- 企业保留的和用于再投资的资源的质量。这涉及未分配股利的比率。公司投资越多，其潜在的增长率越大。
- 那些保留资源获得的回报率。保留盈余的使用效率将会影响价值。
- 现有资产获得的回报率。这涉及在现有资产基准上的所得额总量。现有资产基准就是指那些再投资之前可用的资产。这一因素可能会受到利润突然上升或下降的影响。例如，一个主要从事石油勘探和生产的公司，如果全球的石油价格上升，那么现有资产获得的利润也会上升。还有一种情况是，如果一个主要的竞争对手破产了，同样的资产基础也会由于公司市场地位的上升而得到更高的利润回报。

这些对于未来的股票所得将会产生一个很广泛的影响。对这些众多变量的处理方法是将其分为两类：保持公司发展水平和经济体增长水平。

关注公司发展状况

一个专业的分析师将要考察该公司的许多方面，当然也包括管理，以帮助完善其增长潜力的评估。这将包括以下内容：

- **战略分析** 在评估公司价值中的最重要的因素就是其战略定位。我们需要考虑该行业的吸引力、该公司在业内的竞争地位，以及公司所处的价值创造生命周期的位置来评估其增加股利的潜力（这个题目在第7章简单地涉及过。更全面地叙述请参见阿诺德（Arnold, 2002）的《价值成长投资》，或者阿诺德（2004）的《金融时报投资指南》）。
- **管理评价** 在评价公司价值的过程中重要性排第二位的就是公司的管理质量。分析的出发点应该是收集事实资料，比如管理层的经验和教育水平。但是这必须和更为重要的无法量化的评估变量结合起来，比如判断力，甚至关于结果的直觉，比如能力、正直、智力等。对于股票估值，拥有诚实并且致力于股东财富增长的管理者至少和管理能力因素一样重要。如果投资者对管理者的诚实正直有任何怀疑，他们就会对该公司的股票降级，即使该公司是由最卓越的管理者经营——非常能干的骗子能以比任何竞争行动都快得多的速度来毁掉股东的财富，问问世通公司、安然和帕玛拉特的股东就知道了（有关管理能力和股票价值的完整性的影响更全面的讨论，见阿诺德（2002））。
- **利用历史股利增长率** 对于某些公司，过去的增长率也许可以用来估计未来的股利。如果一家公司在过去十几年里增长率都是6%，那么用6%作为评价其未来发展潜力的出发点也是合理的。但是遇到新的情况——比如新战略、新管理或者新的产品——这个数字就需要调整，这也是很棘手的一步。
- **财务报表分析和比率分析** 通过分析会计数据来对公司的盈利能力、效率和风险做出评估能够得到启发。但是，调整被公布的数字对看清过去似乎是必要的，更不用说指导未来了。沃伦·巴菲特说过：

当管理者想让你了解到企业的事实，他们可以在会计准则的范围内做到这一点。然而当他们想要把戏的时候，至少在某些行业，他们也可以在会计准则的范围内做到。如果你不能识别其中的差异，你就不应该从事证券投资的业务。

会计账目是宝贵的信息来源，但它们有三个缺点：
- 会计账目是基于过去的数据，但是人们关心的是未来。
- 公司基础的价值创造过程不能在传统的账目中识别并量化。
- 会计账目往往依据猜测、估计和判断，并且可以用任意方法操纵。

分析师要用质疑的精神来武装思想，就能通过核算会计账目提供一个更加真实和公平的公司情况描述。分析师不妨计算三组比率来加以比较：
- 内部流动性比率反应一些有关该公司应付短期金融债务的能力——速动比率、流动比率等。
- 经营业绩比率能表明业务运作的管理效率——资产周转率、利润率、应收账款周转率等。
- 风险分析涉及收入流的不确定性——经济周期的销售变化、经营杠杆（总成本中固定成本所占比例）、财务杠杆（债务对股本的比率）、现金流量比率等。

单独考察这些比率是没有意义的。通常来讲，与同行业或者行业中包括竞争对手在内子群体进行比较是很必要的。这些比率随时间的变化也是很有用的信息。

关注经济增长状况

所有企业，在或大或小的程度上，都会受到宏观经济变化的影响。政府财政政策和中央银行货币政策的突然变化，汇率的变化等都能极大地影响一个公司的前途。类似于 GNP 的这种宏观经济变量的预测很容易做到，比如经济学家每周都会发布一个预测表。然而找到一份长期可靠有效的预测却难得多。也许最好的办法就是获得一批预测数字，然后通过做出有依据的判断来对未来中期内的情况形成一种看法。另外，分析师也可以先识别出各种不同的潜在的未来，然后基于可能的场景范围做一份分析——可以选用概率和敏感性分析来提供更为广阔的画面。

值得注意的是，大的投资者在给公司估值的时候很少关注宏观前景。这是因为价值是由在数十年内很多的经济周期中流向股东的现金流决定的，所以经济学家做出的有关的预测（即使很准确），或者下一年度的经济数字都意义不大。

市盈率（PER）模型

估值的一个流行的方式是用市盈率（PER）法。历史性的 PER 是一个公司的股价与最新的每股收益（利润）之比。投资者认为股票的价值就是他们为了获得每个收益单位愿意支付的总价。如果一家公司最近期的每股收益是 10 便士，投资者愿意为这种类型的股票支付的市盈率将在 20 倍，那么股票的价值就是 2.00 英镑。历史市盈率计算如下：

$$历史市盈率 = \frac{当前市场股价}{去年每股收益} = \frac{200 便士}{10 便士} = 20$$

所以，零售商迪克森的报告中，每股收益是 10.7 便士，2004 年 1 月股票价格是 141.75 英镑，其市盈率大约是 13.3（141.75 便士/10.7 便士）。其他零售商的市盈率见表 13.3。

表 13.3　零售商的市盈率

零售商	市盈率
布莱克斯（Blacks）	14.5
美体小铺（Body Shop）	11.4
博姿（Boots）	14.2
巴宝莉（Burberry）	22.0
迪克森（Dixons）	13.3
JJB 体育（JJB Sport）	9.5
翠丰集团（Kingfisher）	14.9
玛莎百货（Marks and Spencer）	22.5
Ottakers	30.2
Next 公司	16.2

资料来源：《金融时报》2004.1.10/11

相对于只有 11.4 倍去年收益的美体小铺，投资者愿意购买 22 倍于去年收益的巴宝莉的股票。市盈率差异的一个解释是高市盈率的公司预期未来会显示出更快的增长速度。在历史利润数据基础上，巴宝莉相对于美体小铺可能要贵一些，但是当预测收益的时候，差别可能是合理的。如果市盈率高，投资者预期利润会上升。这并不意味着所有高适应两次的公司都预计会有高标准的业绩，只不过它们预计会做得比过去明显要好。很少有人会认为玛莎百货的业绩，或者未来的业绩，会好于巴宝莉，虽然其市盈率较高，这反映了市场的看法，即玛莎百货在其低起点上比巴宝莉有更大的增长潜力。

市盈率也会被未来收益增长的不确定性影响。所以，也许迪克森和翠丰集团可能有相同的预期增长率，但是迪克森的增长会遇到更多的风险，因此市场给了它一个较低的市盈率。

> 如果市盈率高，投资者预期利润会上升。

随时间变化的市盈率

对股价来讲什么才是合理的市盈率，市场上关于这个问题的观点随着时间的推移已经发生了巨大的变化。今年极端的市盈率可能明年就是可以接受的。这个在图 13.2 中得到了说明。

市盈率模型的简单应用及复杂应用

一些分析师用历史市盈率（P_0/E_0）来对公司进行比较，没有明确隐藏在分析中的考虑。他们有一个观点，目前同行业内对其他公司盛行的市盈率就是合适的市盈率。所以，例如，2004 年市盈率为 17.5 的 Tesco 公司可能被认为相对于类似的公司其定价是正确的——Sainsbury 公司市盈率为 13.3，Morrisons 公司市盈率为 20.1，Big Food Group 公司市盈率为 14。通过比较做出来的分析结果缺乏理性的谨慎。首先，假设"可比的"公司是被正确定价的，这就很冒失。很容易就能看到市场如何通过其自身的力量被拉起（或者推下），与此类想法的基本设想完全没有关系（例如，1998~2000 年的通信股票泡沫）。其次，它没有为分析师提供一个专栏框架来测试重要的隐含的输入假设——例如，每个公司的预期收益增长率，或者每个不同风险等级的必要回报率的差异。这些因素很可能分析师都考虑到了，但是

图 13.2　英国和美国（标准普尔 500 股价指数）股票市场 1970~2004 年的市盈率比
资料来源：汤姆森金融数据库

> 通过比较做出来的分析结果缺乏理性的谨慎。

使这些更加明确会很有好处。通过更加完善的市盈率模型可以做到这些，该模型是前瞻性的，并且对风险等级和增长预测都很明确。

无限期的股利增长模型可以用来形成更完善的市盈率模型，因为他们都依赖于关键的增长变量 g（在股利方面或者收益方面），以及必要回报率 k_E。股利增长模型是：

$$P_0 = \frac{d_1}{k_E - g}$$

如果股利增长模型的两边都除以明年的预期收益，E_1，那么：

$$\frac{P_0}{E_1} = \frac{d_1/E_1}{k_E - g}$$

要注意这是一个潜在的市盈率，因为它使用的是明年的收益 E_1，而不是历史市盈率，历史市盈率使用的是 E_0。

在这个更加完善的模型中，一只股票的合适的市盈率会由于增长率 g 的上升而上升；会随着必要回报率 k_E 的增大而变小。它与比率 d_1/E_1 的关系更加复杂。如果这个派息率上升，市盈率不一定上升，因为 g 的影响——如果更多的收益被支付，投资于公司内部项目的财务资源就变得更少，因此未来的增长率也会下滑。

范例 13.4

Ridge 有限公司

Ridge 有限公司预计将保持 48% 的收益支付率。这一风险等级的股票合适的折现率是 14%，预计收益和股利的增长率是 6%。

$$\frac{P_0}{E_1} = \frac{d_1/E_1}{k_E - g}$$

$$\frac{P_0}{E_1} = \frac{0.48}{0.14 - 0.06} = 6$$

k_E和g之间的差异是可接受市盈率的主要影响因素。一个小变化就能产生重大的影响。以 Ridge 公司为例,如果我们现在假设k_E是12%,g是8%,市盈率就会翻倍。

$$\frac{P_0}{E_1} = \frac{0.48}{0.12 - 0.08} = 12$$

如果k_E变成16%,g是4%,那么市盈率会减少到原先的2/3。

$$\frac{P_0}{E_1} = \frac{0.48}{0.16 - 0.04} = 4$$

范例 13.5

WHIZZ 有限公司

你想要购买 WHIZZ 公司的股票。该公司生产高技术产品并且表现出数年内强劲的收益增长。在过去5年,每股收益的增长平均每年有10%。

尽管有这样的业绩,尽管分析师保证这一增长率将会在可预见的未来继续下去,你还是会因为较高的市盈率25倍而拒绝购买。

根据更完善的前瞻性市盈率方法,你应该购买股票呢,还是将钱投资到其他地方?

WHIZZ 公司β值为1.8,这个可能被当做是最合适的系统风险,经过对股票风险平均报酬的调整(见第10章)。

在过去几十年里,政府债券的风险报酬是5%,目前无风险回报率是7%。

WHIZZ 将其收益的50%用于支付股利。

答案

步骤1 计算合适的权益成本

$k_E = r_f + \beta(r_m - r_f)$

$k_E = 7 + 1.8 \times 5 = 16\%$

步骤2 使用更完善的市盈率模型

$$\frac{P_0}{E_1} = \frac{d_1/E_1}{k_E - g} = \frac{0.5}{0.16 - 0.10} = 8.33$$

由于股利以后的增长率是10%,你愿意支付的明年收益的最大市盈率是8.33。这是你被要求缴纳数额的1/3,因此,你应该会拒绝购买该公司股票。

随着 g 和 k_E 变化的前瞻性市盈率

如果假设派息率既定,那么可以画一张表来显示市盈率是如何随着 g 和 k_E 的变化而变化的。

对英国的股市,税后收益的40%~50%支付股利是正常的,虽然在利润下滑的时期公司倾向于维持股利,从而抬高收益中用于支付股利的比率,这一比率提高到60%。

	假设支付比率 = $\frac{d_1}{E_1}$ = 0.5			
	折现率,k_E			
	8	9	10	12
增长率,g 0	6.3	5.6	5.0	4.2
4	12.5	10.0	8.3	6.3
5	16.7	12.5	10.0	7.1
6	25.0	16.7	12.5	8.3
8	—	50.0	25.0	12.5

图 13.3 各种不同风险等级和股利增长率下的预期市盈率

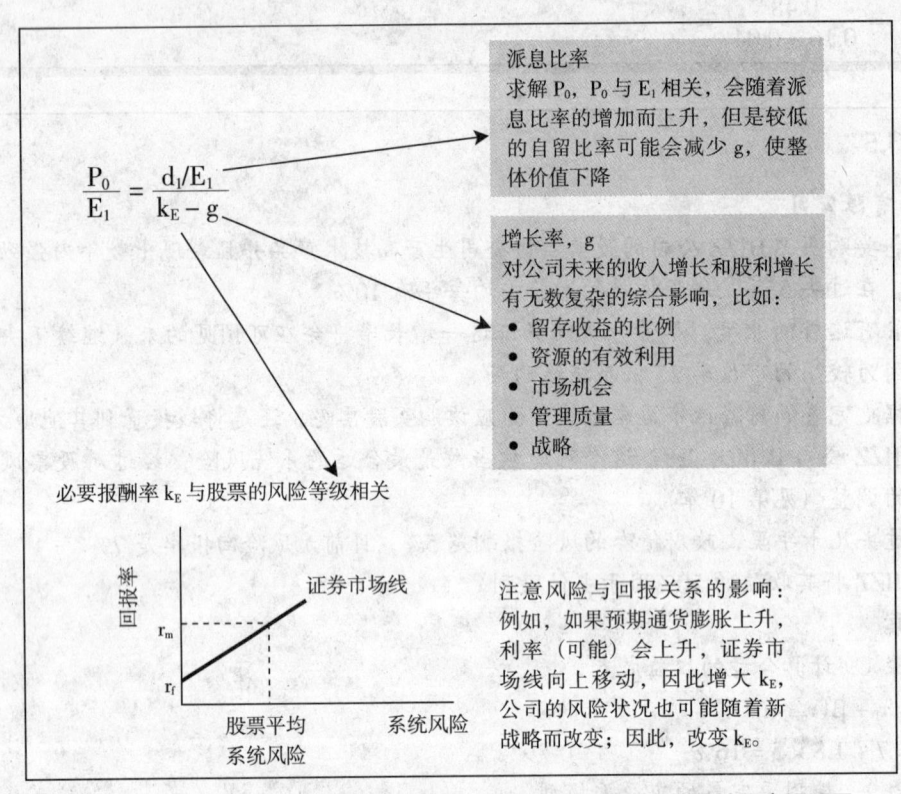

图 13.4 更完整的市盈率模型使得隐藏在原始市盈率模型中的关键因素更明显

更加完善的模型有助于解释股票市场上明显不正常的行为。如果有"好的"经济新闻，比如工业产出增加或者失业率下降，股票市场就会下跌。市场喜欢这些新闻中多暗示的收益的增加，但是这种影响往往抵不过下一个阶段的影响。一个处于快速增长中的经济体很容易遭遇通货膨胀，市场预期的利率将会上升来反映这一点。因此，r_f 和 SML 的剩余部分都会往上推。股票的必要回报率 k_E 将会上升，这会对股票价格产生消极影响。专栏 13.5 中的文章将会很好地表达这一点。

为什么政策制定者应该注意

菲利普·科根（Philip Coggan）

新进入的投资者总是弄不明白，为什么对于不好的经济消息，金融市场的反应却总是很愉快。失业人数上升或者工业生产下降的时候，似乎就是值得投资证券的时间点，而且股票市场指数也会上涨。

经验丰富的全球投资者耐心地解释说，短期内金融市场的表现主要决定因素是利率。经济增长放缓促使货币当局降低利率，这反过来又降低了企业成本，降低了持有现金的比率，并在长期收益率下降的情况下，通过降低在未来收入流的折现率，增加股票的现值。

当然，反过来，更快的经济增长会导致各国政府和央行担心通胀上升，促使他们提高利率，这对股票价格的负面影响就随之而来。

专栏 13.5　为什么政策制定者应该注意

资料来源：《金融时报》1996.2.5

利用现金流估值

估值的第三种方法，也是最重要的方法就是现金流法。在商业活动中常常如是说，"现金为王"。从股东的角度来看，与股票相关的现金流是关键——股东们拿出现金，并且对企业给他们返还现金的能力感兴趣。安永会计师事务所的领导约翰·阿迪（Join Allday）说，把现金流贴现是最纯粹的方法。只要有必要的信息我就会采用这种方法。

由于公开的报表信息作用有限，这就促进了人们对现金流的兴趣。鉴于盈利数字结构上的灵活性，对于其准确度的怀疑促使人们将注意力转移到比市盈率法更加纯粹的方法。

现金流量法涉及未来现金流量的贴现。这些现金流是指企业产生的现金，扣除固定资产投资、为了充分保证其长期竞争地位的营运资本以及对于新型创值项目所进行的投资。为了得到由股东提供的现金流，在特定时期内支付的任何利息和税款都应该扣除。现金流与利润数字产生偏差的过程如图 13.5 所示。

表 13.4 是现金流计算法的一个例子。利润和现金流的差异在 2006 年尤其突出——由于固定资产投资的大量投入，利润值比现金流大得多。利润是相当可观的，因为新固定资产的成本只有一小部分作为该年度的折旧。

还要注意的是在这种类型的分析里有一个微妙的假设。就是每年所有现金都是支付给股东而不是用于再投资。如果对进行了大量固定资产投资和营运资本投资的净现值为正的项目都被接受，那么股东撤资将会降低价值，因为任何其他项目净现值都会变成负的。另一种假设，意味着对股票价值有同样的效果，就是任何保留的和用于再投资的现金流都会产生一个回报，这个回报仅仅相当于必要的风险报酬率。如果这些现金流只产生了资本成本，那就没有创造任何价值。当然，如果公司了解其他有价值的项目，无论是一开始还是未来几年才碰到，公司都应该采取行动。这将会改变表中的数字，于是就需要重新估值。

这里使用的现金流的定义（其中包括为了维持长期的竞争地位用于固定资产和营运资本

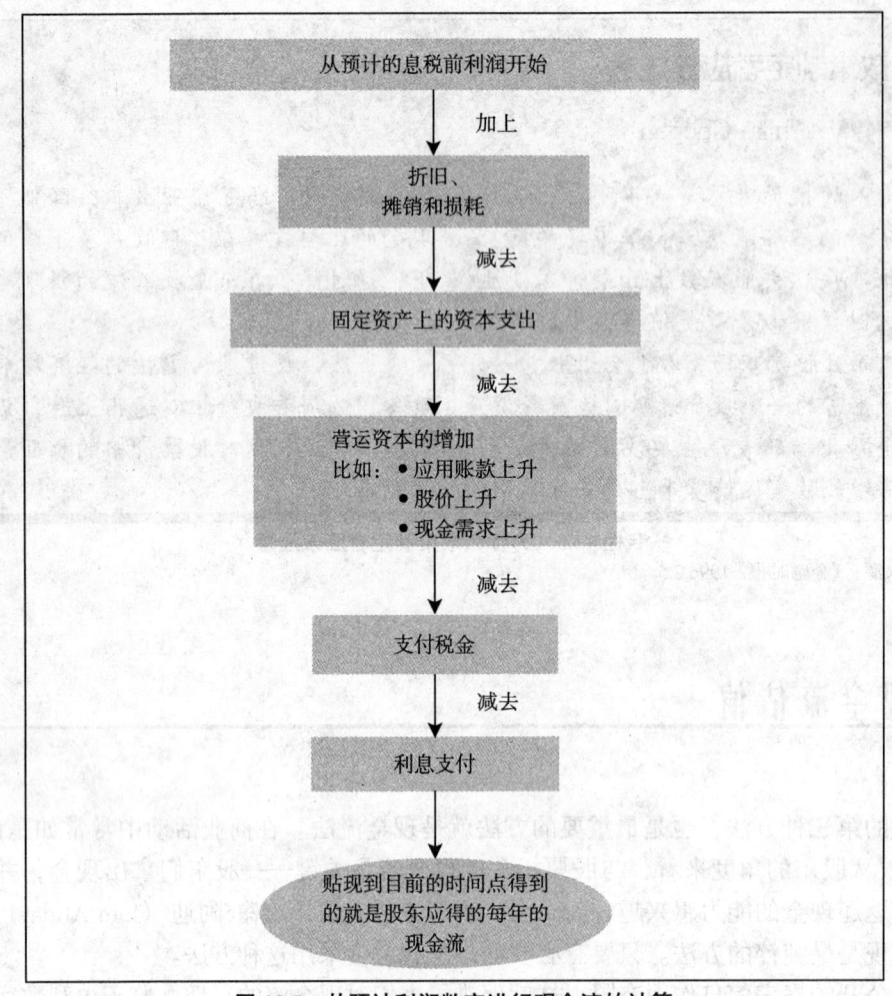

图 13.5　从预计利润数字进行现金流的计算

表 13.4　以现金流为基础的股票估值

百万英镑	2005	2006	2007	2008	2009	预计平均每年的现金流,时期超过计划范围 2010 年至无穷远
预计息税前利润	+11.0	+15.0	+15.0	+16.0	+17.0	
加上折旧、摊销和损耗	+1.0	+2.5	+5.5	+4.5	+4.0	
周转资金增加（−）减少（+）	+1.0	−0.5	0.0	+1.0	+1.0	
税（一年支付）	−3.3	−5.0	−5.0	−5.4	−5.8	
借入资本的利息	−0.5	−0.5	−0.5	−0.6	−0.7	
固定资本投资	−1.0	−16.0	0.0	−1.2	−1.8	
现金流量	+8.2	−4.5	+15.0	+14.3	+13.7	+14.0
每股现金流（假设 1 亿股）	8.2 便士	−4.5 便士	15 便士	14.3 便士	13.7 便士	14 便士
折现现金流 $k_E = 14\%$	$\dfrac{8.2}{1.14}$	$-\dfrac{4.5}{1.14^2}$	$+\dfrac{15}{1.14^3}$	$+\dfrac{14.3}{1.14^4}$	$+\dfrac{13.7}{1.14^5}$	$+\dfrac{14}{0.14} \times \dfrac{1}{1.14^5}$
股票价值	7.20	−3.5	+10.1	+8.5	+7.1	+51.9

=81.3 便士

的投资支出的扣除、业务单元投资额、所有新的价值创造的项目），与许多会计师和分析师对现金流的定义有显著不同。他们经常忽视了一个或者更多的因素。如果在你面前所呈现的是基于现金流的不同定义而计算得出的不同现金流数额，那么你应该仔细一些。

用所有者盈余估值

现金流分析法的一个简化版本就是所有者盈余。对股票来说，内在价值就是在其剩余期限内来自公司的所有者盈余的贴现值。这些符合标准的现金流分析，除非我们是在典型的一年（平稳增长）计算所有者盈余的可持续水平，而不是计算未来每一年都不同的现金流。

未来的所有者盈余是由经济特许权的力度和持久度（行业的吸引力加上公司在行业内的竞争地位）、管理者的素质和企业的资金实力所决定的。在下面的分析中，我们利用沃伦·巴菲特的定义中使用的所有者盈余，但是在所有新创造价值的项目投资（c）和（d）会有更多的附加因素。

所有者盈余定义如下：

- 报告的息税后收入；加
- 折旧、折耗（如石油储备）、摊销（无形资产，如品牌价值）和某些其他非现金费用；减
- 对厂房和机械设备等资本支出，以充分保证其长期的竞争地位、业务单元投资额、所有新的价值创造的项目投资；减
- 对营运资本的投资支出，以充分保证其长期的竞争地位、业务单元投资额、所有新的价值创造的项目投资。

要注意的是有两种类型的投资：第一种是在目前的产量水平下需要许可公司继续维持其现有的竞争地位；第二种是超过目前的产量水平，对价值创造增长机会的投资。

因此，举例来说，Cotillo 有限公司已公布了该公司最近一年税后收益为 1630 万英镑。在拟定的收入（利润和亏损）中扣除了 740 万英镑的折旧，15.2 万英镑的无形资产摊销，以及 71.3 万英镑的商誉被注销。据估计，为了充分保证长期的竞争地位和业务单元投资额，公司每年花在设备机器等上面 860 万英镑的费用。

为了简单起见，我们假设不再将额外款项用于营运资金以维持长期竞争地位和业务单元投资。此外，Cotillo 有限公司已没有新的创造价值的项目。

Cotillo 有限公司过去的交易记录已经非常稳定，将来也不太可能会改变。未来全部使用上述数据也是合理的。这将会导致一个估计每年 1596.5 万英镑的所有者盈余（见表 13.5）。

表 13.5 Cotillo 有限公司，所有者盈余

			千英镑
（a）		报告的息税后收益	16300
		加	
（b）		折旧、损耗、摊销和其他非现金费用（7400+152+713）	8265
			24565
		减	
（c）and（d）		房地产、设备和营运资本支出	
		机器、设备、流动资金等支出	8600
		为了保持长期竞争优势地位，对于新项目的投资	15965

如果我们把去年的所有者盈余当做未来所有年份的可持续水平，那么永久性的每年1596.5万英镑现值就是15965万英镑，如果贴现率选10%：

$$内在价值 = \frac{15.965 百万英镑}{0.10} = 159.65 百万英镑$$

内在价值是由所有者盈余决定的，所有者盈余是在企业剩余的期限内能获得的业务收益。逻辑上讲，Cotillo 有限公司的管理层应该每年支付1595.6万英镑给股东，如果管理者没有能产生10%或者更高回报率的项目需要投资的话，因为股东能从与持有 Cotillo 有限公司股票相同风险等级的其他地方获得10%的回报率。如果管理者遇到另外一个项目，能刚好得到10%的回报，那么股东财富就不会变化，无论公司是投资于这个项目还是忽略掉该项目继续每年支付所有的所有者盈余。如果在未来的某一年管理层发现了一个能创造价值的项目，会得到15%的回报率（跟现存的项目属于同一风险等级），那么股东会很愿意在额外投资的年份减少股利。如果项目实施，未来所有者盈余折现的总价值将会上升，内在价值将会高于15965万英镑。

现在我们假设，管理者和股东都准确知道 Cotillo 有限公司有一系列新的创造价值的项目（保持同样的风险等级能获得高于10%的回报）可以投资。通过对这些项目进行投资，所有者盈余将会每年都比上一年上升5%[一方面所有者盈余会因为（c）和（d）的额外投资而减少，但是另一方面公布的收益会被推动（a），产生5%的净增长率]。内在价值变成了33526万英镑，即：

明年的所有者盈余 = 15.965 百万英镑（1+g）= 15.965 百万英镑 × (1 + 0.05) = 16.763 百万英镑

$$内在价值 = 明年的所有者盈余 /(k_E - g) = \frac{16.763}{0.10 - 0.05} = 335.26 百万英镑$$

EBITDA 是被一些评论家定义为一种现金流来衡量价值的。作为一项有用的估值衡量标准，在这本书里不会有任何对 EBITDA 的改进，因为这会导致一些非常扭曲的想法。在20世纪90年代末，EBITDA 成为非常流行的公司业绩衡量标准。它尤其受到那些不能盈利的公司管理者的欢迎。EBITDA 意思是扣除利息、税款、折旧和摊销之后的收益。管理者喜欢在他们与股东的沟通中强调这个标准，因为能显示出很大的一个正数。有些愤世嫉俗者将其改名为"在我戏弄聋哑审计师之前的收益"。

> EBITDA 可能会导致一些非常扭曲的想法。

如果你经营一家互联网公司，亏损1亿英镑，而且未来的发展前景看起来也很暗淡，除非你能说服投资者和银行家继续得到他们的支持，也许你还能加回所有的利息（比如5000万英镑），资产折旧是耗尽的或者过时的，无形资产下滑，例如软件许可证和商誉摊销，假定6500万英镑，这样你就能显示一个健康的5500万英镑的 EBITDA。如果你的损失一年比一年糟糕，你的并购战略失利，融资尚未支付完毕，奇妙的是在你的报告中还能强调公司稳定或者上升的 EBITDA。

公司董事对 EBITDA 的使用使得高级顾问相比而言看起来都属于业余。任何会计标准都没有明确规定 EBITDA，所以公司有资格用各种方法来使用它——无论是否用最好的一面来显示公司的状况。

在现实世界中董事（和评估师）不能忽视使用并磨损设备和其他资产的成本，也不能忽视无论他们愿意交多少利息和税款都必须要付清。沃伦·巴菲特评论过："对 EBITDA 的借鉴和使用令我们不寒而栗——管理层认为资本性支出的付款属于完全正常吗？"（伯克希尔哈撒韦公司，2000年沃伦·巴菲特报告中的一封信）

非上市股票估值

对于那些股票可以挂牌上市交易的公司和那些没有上市的公司来说，估值的原则是一样的。上述有关在交易所上市股票的估值方法可以使用，但是在考虑有关非上市公司股票估价时有一些其他因素需要注意：

- 披露信息的质量和数量可能都会比较低。非上市公司的报告陈述往往缺乏揭发性。这可能是管理层不愿意披露信息，或者管理者可能会有选择地披露信息来影响价值，比如在兼并磋商的时候。
- 这些股票可能风险更大。处于生命周期开始阶段的公司往往比那些成熟期公司更容易失败。
- 没有报价往往说明该股票流动性较差。这就是说不改变价格的情况下，这种股票迅速卖出去的能力很弱。这种市场化的欠缺会成为一个严重的缺陷，非上市公司的投资者，比如风险资本家，往往会坚持计划一个退出渠道，假定是五年内，也许，是通过股票市场的沉浮。但是投资者五年内仍然有一个问题，那就是必须出售。
- 成本捆绑式管理。在非上市公司，如果有一份庞大的股份被购买，为了鼓励现有的主要管理者留下来，可以提供给他们货币性激励报酬，像"金手铐"一样来影响价值。或者以前控股的管理者也可能会赞同一个"获利能力付款"的约定，从而他们也能在出售股票之后的几年里获得回报（这些个人投资者获得的回报取决于特定的未来一段时期的业绩）。

非上市公司的股票往往比那些上市公司的股票报价要低得多。菲利普马斯登，3i公司企业财务管理副主任，对任何股票的折扣都是1/3~1/2，而每月物价指数（www.bdo.co.uk）显示非上市公司平均售价是上市公司的2/3。

不寻常的公司

对大多数股票来说，获取信息来实现收入流贴现法的准确性是有问题的。但是实现迅速的产业技术创新也是非常困难的。虽然收入流贴现仍然是估值使用最广泛的方法，但是某些分析师也会使用一些更直接的代替方法来估值（一个不太科学的冠冕堂皇的描述是"经验法则"）。例如，格里·斯蒂芬斯和贾斯汀·芬内尔，NatWest市场的媒体和电信行业分析师，往往这样描述七部门采用的方法：

人们往往更习惯于用一些基准来对电信媒体项目所属的公司进行估值，而不是使用DCF（现金流折现法）。这些基准从为同类资产所支付的实际市场价格演化而来，是基于一种相对尺度或规模，比如每条线路、每户或者每个人员。例如，分析师可能会从沃达丰交易的人均价格得出结论，推测意大利电信移动业务市场的价格波动，基准价格实际上也源于DCF分析，而支付的价格能提供一个客观的论证来证明主观的DCF的准确性。

这种逻辑方法已经被用于互联网公司的估值。20世纪90年代，在某些"分析师"为那些遥远的未来收益估值的努力中，他们估计互联网公司价值的时候像抓住了救命稻草一样，甚至变得越来越极端——见专栏13.6。

互联网革命

谎言，该死的谎言和网络估价

互联网热潮席卷全球，导致轻信的投资者认为网络公司是安全可靠的赢家。我们展示了稀缺数据，高期望和花言巧语的"摇滚明星"分析师如何助长了投机活动的狂热，并最终以眼泪结束。

几十年来，互联网已经被证明是塑造业务最强有力的动力之一。但是，它也被证明是投机的沃土。人们希望在全新的市场，能有全新的途径来做生意和赚钱。

由于存在这些潜在的未经测验的因素，金融分析师发展了新的工具，以便能够为某些未来多年内金融状况都不是很清晰的公司估值。之前谨慎的专业预测已经习惯于跳进黑暗中来描述似乎潜力无限的未来。而且一个煽风点火的团体以及一些"大话精"已经着手宣传这些预测，加上记者和评论家的帮忙，他们自己必须努力跟上这些马上就要发生的离奇的变化。

在这样一个市场上，很多互联网公司几乎没有显示其收入，更别说利润了，他们吸引网民的能力成为衡量其业绩的唯一途径。

投资者开始关注有效访客的数量（访问其网站的不同用户的数量）和网站公布的页面访问量（这些访客点击网站页面的次数）。

鲍勃·戴维斯，美国门户网站Lycos的行政长官，支持测量互联网网民的方法，同时补充说："这是一项科学的工作，但还不是一门科学。"关于这项研究产生的网民数量，他说："我并不指望网民数量的绝对值，但是相对来讲可能会相当可观……"但是公司并不总是很清楚什么时候用总收入，就是扣除销售成本之前的收入，以及什么时候用净收入。某些公司没有指出他们从与其他公司交换广告得到的广告收入有多少，这种交换并没有发生现金的转手。缺乏数据、高期望的背景为一批不经思索又花言巧语为自己创造盈余的分析师提供了理想的环境。

专栏13.6 互联网革命

资料来源：《金融时报》2000.10.13

还有一些难以在收入流的基础上直接估值的公司，包括广告公司，经常使用其年度总营业额的一定比例作为代理；移动电话运营商，使用的是ARPU（每个用户的平均收入）；基金管理公司，使用的是管理范围内的基金价值；而酒店，其星级评定可能与房间数目以及其他因素有关，比如每间可用客房的平均收入。

在一个管理良好、稳定的环境中，利用真实的信息流去为股票估值和购买股票是一回事。正如图表13.7中所转载的文章所示，在一些新兴市场中，购买是另一回事——可能需要估值技术的创新。

分析师同俄罗斯估值的搏斗

约翰·桑希尔（John Thornhill）

由于几乎没有公司做西式的财务账簿，人们就开始呼吁替代的方法。

市场往往都经历过疯狂的投机行为，无论是17世纪荷兰的郁金香价格的猛涨，还是20世纪20年代佛罗里达房地产业的爆炸。

如果俄罗斯的股票市场观察家们没有看到类似的现象，他们可能就要疑惑了。

"人们可能以为，他们购买廉价资产，但是一天结束时，由于价格上升就能获利。如果你不知道这些收益是什么，而且公司没有附带股东权益，那么你就是冒着风险在做盲目的交易，"墨比尔斯先生（邓普顿新兴市场基金的总裁）说，"你只是在为赌博的人创造条件。"

迄今为止，俄罗斯的11万家公司中，只有少数能做出经得起勤奋的投资者反复审查的财务账簿；几乎没有哪家公司为普通股发放股利。这就使得对俄罗斯公司的估值变得极其困难，进而提高了投机"泡沫"的危险。

然而，一些分析师已经发明了另一种估值方法来评估一个公司的资产价值。最早的一个是参照俄罗斯和国外的总资产价格。所以，举例来说，西伯利亚一桶石油的隐含价值就是德克萨斯州一家石油公司的市场价值除以其已探明的石油储量。

再比如，人们会参考柏林每瓦特输出的电力市场价值来确定莫斯科的电力市场价值。

这里的问题是，公司的收入并不总是与其产出相关。有些价格仍然是被补贴的，公司之间赊欠盛行，甚至大企业的大部分收入也是以物易物。

这里的问题是，公司的收入并不总是与输出紧密相关。有些价格仍然得到补贴，公司之间的欠款盛行，甚至大企业之间发生易货贸易。企业的产量在不断增加，但是现金可能并没有同步增加。

分析家因此转向资本市场对营业额进行估价。但俄罗斯公司使用现金制账目，而不是西方所用的权责发生制方法。这意味着只有当公司收到现金时才会记录交易，使得相对销售数字看起来极其不稳定。

这就促使最勤奋的分析师们在一个国际公认的基础上重建公司账目。依据其每年的产出和其产品市场价格的预测，他们尝试预测公司的销售。

拆开固定的税收账目，加上一些无法识别的因素比如折旧费，然后他们估计收入和现金流。

但即使是最透明的公司，不同的人用这种方法做的估值也有极大不同。一个投资银行计算莫斯科公共电力公司Mosenergo的价值，其价格收益比是5；其竞争对手认为真实的数字应该是16。这些估值方法中很多还彼此之间存在矛盾。

"以资产作为基础来看，俄罗斯的公司总是非常廉价；以产能作为基础来看，他们仍然相当便宜；以销售价格作为基础来看，他们开始看起来可能被正确定价。但是从价格收益比的角度来看，考虑到被矫正的收益账目，所有俄罗斯公司看起来都离谱的昂贵。"内尔先生说（德意志摩根建福得莫斯科办公室研究主管）。

专栏13.7 分析师同俄罗斯估值的搏斗

资料来源：《金融时报》1997.1.31

管理控制权会改变估值

购买者是否获得了公司的控股权能使股票价值发生变化。单一股票的购买带来的未来股利,在整体股利水平上没有任何实际影响。但是,控制一个公司,比方说,购买50%或者更多的股份,就可能改变公司未来的经营,进而增加回报。合并可能会让不同规模的经济体产生协同效应,或者未来收益可能会被优秀的管理技术所推动。

没有管理控制权的股票和有管理控制权的股票之间的差异,有助于解释为什么我们经常在竞争收购的战争中看到股价上升30%~50%。对公司的价值有两种估计方法,两者都完全取决于有关管理控制权的假设。图13.6显示了通过对两家公司的合并经营能创造附加价值。

图13.6并不意味着收购方将会支付一个等于所建立合并效益的溢价。支付的价格是受谈判和契约支配的。收购方很可能试图提供明显低于被收购公司的价值和合并效益总和的价格。这会使它能够为自己保留尽可能多的增加值,而不是将这部分价值给被收购方的股东。(第12章有更多细节探讨)

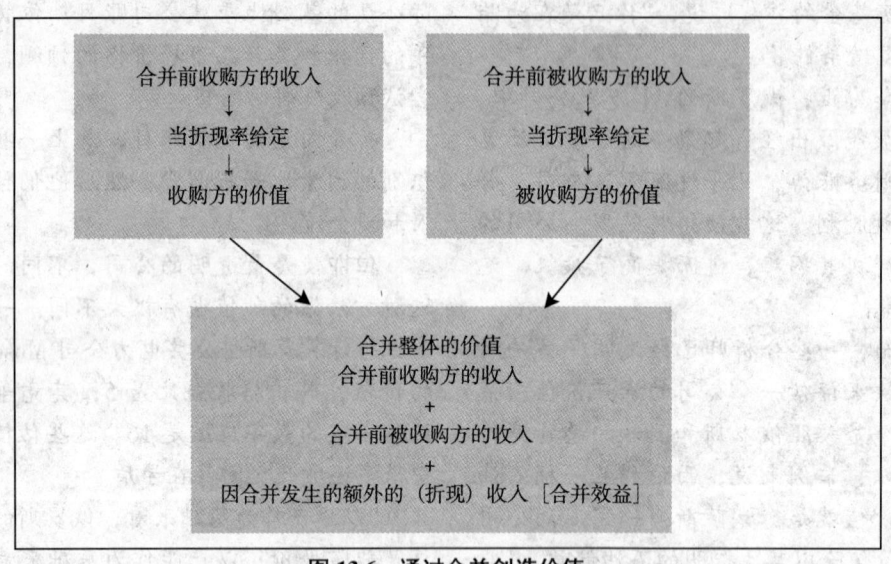

图13.6 通过合并创造价值

Glaxo Wellcome公司和SmithKline Beecham公司的合并将会提供一个模型,当获得管理控制权时该专栏能说明现金流模型的可能用途。在2000年,两家公司声称合并使他们每年节省了13亿英镑,这是通过合并项目、研发的协同作用,通过在制造业和存货经营商的成本节约实现的。

没有收购时,两家公司的每股价值如下:

$$P_0 = \frac{d_1}{k_E - g}$$

d_1 和 g 是通过现有的组织结构和战略实施产生的。

另外,我们可以审查公司的整体现金流(在充分保证其长期的竞争地位、业务单元投资额以及所有新的价值创造的项目投资之后能用于支付给股东的），而不是只跟股票相关的现金流。

$$V = \frac{C_1}{k_E - g_c}$$

其中：

V = 整体公司的价值

C_1 = 在时间点 1 的全部现金流，预计会在未来以稳定的比率 g_c 持续增长。

如果有一项新的战略，公式中的价值会改变：

$$P_0 = \frac{d_1^*}{k_E - g^*}$$

或者，对于整体现金流：

$$V = \frac{C_1^*}{k_E - g_c^*}$$

d_1^*，C_1^*，g^*，g_c^* 允许如下：

协同作用；

成本削减；

税收优惠；

卓越的管理；

其他好处（例如更低的融资成本、更多的公众关注、市场力量）减少了额外成本。

或者，可以采取边际方法，C_1^*，d_1^*，g^* 和 g_c^* 被重新定义为归因于所有权变化的额外的现金流和现金流增长率。例如，我们假设每年获得收益 13 亿英镑在第一年实现，但是其后没有增长。因此 g = 0。我们进一步假设这种风险等级下投资的必要回报率为 10%。那么效率提升幅度的现值就是：

$$V = \frac{C_1^*}{k_E - g_c^*} = \frac{1300 \text{ 百万英镑}}{0.10 - 0} = 13000 \text{ 百万英镑}$$

我们可以改变假设来加深对附加值数字敏感性的了解。例如，如果我们预计收益每年上涨 2%（那么第二年就是 132600 万英镑，第三年就是 135250 万英镑等），那么收购溢价将会上升为：

$$V = \frac{C_1^*}{k_E - g_c^*} = \frac{1300 \text{ 百万英镑}}{0.10 - 0.02} = 16250 \text{ 百万英镑}$$

另外，两家公司的管理层可能已经被收购战的兴奋冲昏了头脑，13 亿英镑的报价可能来自炒作或者狂想，而事实上，整合的困难会对增量现金流产生负面影响。

合并之后的三年里，葛兰素史克（GlaxoSmithKline）的管理者过得非常轻松：他们经常宣布成本协同效应已经超过了他们最初的预期。

范例 13.6

THINGAMEES

Big 有限公式已经向组件产业明确表示，它愿意出售其子公司 Little 有限公司，就是 Thingamees 的溢价制造商。你是 Thingamees 国际有限公司战略管理团队的一员，该公司是英国最大的 Thingamees 生产商。你的公司对收购 Little 很感兴趣，并且作为第一步，

高级经理公司理财

公司已经从 Big 公司获得了一些信息。

Little 公司资产负债表		百万英镑
固定资产		10
流动资产		
现金	0.5	
股票	1.5	
应收账款	3.0	
		5
流动负债		(6)
银行贷款		(4)
净资产		5

交易记录	
年份	收益（所有者收益），百万英镑
2003	1.86
2002	1.70
2001	1.65
2000	1.59
1999	1.20
1998	1.14
1997	1.01

附加信息

通过合并后勤部门你估计运输成本能每年降低 10 万英镑，两个秘书的岗位大约每年节省 2.8 万英镑。

Little 公司总部的关闭将会在人员编制和经营成本上每年节约 40 万英镑，但是也意味着每年增加 25 万英镑 Thingamees 公司的管理费用来承担一些重要的任务。办公楼坐落在一个很好的位置，如果立刻卖掉会增加 500 万英镑的净收益。在 Little 公司资产负债表中没有显示出来的一个潜在的责任就是关于一项早些时候的资产配置的一项可能的法律诉讼，价值 300 万英镑。原告和 Little 公司的董事还没有达成协议（Little 的董事会认为本公司没有任何责任）。

你对 Little 管理团队的评价是鱼龙混杂——一些好，一些非常糟糕。如果你能快速实施你的意志换掉不好的管理者，利润将会每年增加 50 万英镑。但是，如果你不得不采取渐进的"比较体面"的方法，经营利润将会每年只增加 30 万英镑。

与快速接管相关的问题是：解雇了一个，剩下的优秀管理者中就会引发不满，煽动敌意、背离和①利润的崩溃，②Big 公司特别渴望你能提供一个承诺避免大规模的裁员。

Big、Little 和 Thingamees 国际公司都有 1.5 的 β 值，它是最具代表性的适当调整的平均分摊风险溢价的系统性风险。无风险报酬率是 8%，安全的股票投资组合历史性风险溢价是 5%。

对 Thingamees 国际公司来说，购买 Little 公司之后可用的增强的市场力量将会改善 Thingamees 国际的现有业务的空白，每年提供额外的 10 万英镑。假设税收是无关的。

要求

- 按照现在的形式计算 Little 公司的价值,假定其历史增长率会持续下去。
- 如果你无法推动管理裁员最大化,Little 公司继续维持其历史增长率:其所有者收益(即合并前的收益),计算 Little 公司的价值。假设每年的合并收益将会在未来所有年份维持不变,就是说没有增长。
- 假设你能推行迅速的管理层改变,收购前收益继续以他们的历史增长方式维持(同样,每年的合并节约是固定的),计算 Little 公司的价值。
- 讨论将采取的步骤,以绕过股东财富最大化的障碍。

答案

- 首先计算必要回报率:

$$k_E = r_f + \beta(r_m - r_f)$$
$$= 8 + 1.5 \times 5 = 15.5\%$$

(必要回报率在第 10 章中讨论)

- 然后计算现金流增长率:

$$g = \sqrt[6]{\frac{1.86}{1.01}} - 1 = 10.71\%$$

- 再计算 Little 公司价值:

$$V = \frac{C_1}{k_E - g} = \frac{1.86 \times (1 + 0.1071)}{0.155 - 0.1071} = 42.990 \text{ 百万英镑}$$

在目前公司的战略和管理模式下,Little 公司对其股东的价值是 4299 万英镑。

- 计算未来现金流的现值。这些现金流有三种形态:

那些通过出售资产等可以立刻变现的现金流,减去由于法律责任产生的款项(采取最保守的看法):

时点 0 的现金流	
总部销售	500 万英镑
减法律责任	300 万英镑
	200 万英镑

合并效益现金流——能持续到永远的:

	百万英镑
运输	0.100
秘书	0.028
总部	0.150
管理效率	0.300
市场力量	0.100
推动现金流	0.678

这是一项永久性收益,其现值为:

$$\frac{0.678}{0.155} = 4.374 \text{ 百万英镑}$$

Little 公司在现有战略下的现值是 4299 万英镑。把这些价值加在一起:

2.000 百万英镑

	4.374 百万英镑
	42.990 百万英镑
如果不能解雇管理不善的经理，总价值为	**49.364** 百万英镑
■ 现有形式下公司价值	42.990 百万英镑
加上每年节约和获得的价值	
$\dfrac{678000+200000}{0.155}$	5.665 百万英镑
加上时点 0 处的现金流	2.000 百万英镑
如果能解雇管理不善的经理，总价值为	50.655 百万英镑

Thingamees 国际现在为了收购 Little 公司有一个谈判范围区间。低于 4299 万英镑，现有的股东将不愿意出售。高于 5066.5 万英镑，Thingamees 可能会毁损 Little 公司股东的价值，即使管理不善的经理被解雇。

■ 一些想法：降低风险的一个可能的步骤就是坚持要 Big 公司接受所有与法律要求有关的责任，另一个在谈判阶段要解决的问题是避免由于裁员的承诺陷入困境。还要计划合并整合的过程。在合并之前的时期，向 Little 公司的员工解释你的意图。接管之后不要反复无常神神秘秘疏远管理者和其他员工——要坦率、真诚。如果疼痛的产生是为了对公司好，就要快速、合理、公平、沟通并做出合理的解释。

结　论

关于估值，有两点需要注意。一是严格的评估过程比最后的答案更加重要。对假设的理解和对整个过程的投入资源评价，要比最后的一个数字更具有洞察力。它是定性的认可，甚至是主观的，在一个明显定量的分析中关键变量的原始状态导致了关于价值的知识。我们无法逃避股票估值内在的不确定性，一个人愿意付出什么取决于将来会发生什么，然而这不是由于不确定性和不现实而拒绝这些模型的借口。它们优于其他模型：猜测或者仅仅把一只股票与另一只进行比较，毫无理论基础来选择任何一种估值方法。至少本章提出的模型已经拥有一个优点，它迫使分析师在考虑股票价值时使得基本观点更加明确。

> 严格的评估过程比最后的答案更加重要。

第二点是从第一点得到的。各种估值方法应该是互补的而不是竞争对手，这样做是有道理的。每种方法都能够提供一个价值的区间范围，并且运用判断来提供一个价值领域的新观念。

注　释

1. See discussion in Chapter 14 based on evidence from Lintner（1956）and 3i（1993）–

details of these sources are in Chapter 14 References and Further Reading.

2. If the dividends continue to grow at the rate g in perpetuity.

3. Warren Buffett seminar held at Columbia University Business School. "Investing in equity markets", 13 March 1985, Transcript, p.23. Reproduced in Janet Lowe (1997).

4. Quoted by Robert Outram (1997), p.70.

5. Warren Buffett developed this method. A modified version is shown here which incorporates the investment in value generating projects rather than a steady state owner earnings (see Arnold 2002 *Valuegrowth Investing* for more details).

6. Source: Robert Outram (1997), p.71.

7. Stephens and Funnell (1995), p.20.

第14章
应向股东派发何种股利?

引言

定义问题

在假想世界中的理论家们

另一个极端——剩余股利

我们生活的现实世界如何?

一些混乱的因素

临时股利

股票回购和特殊股利

争论聚焦

结论

股利政策经常报告给股东，但是很少解释。公司会这样说，"我们的目标是付出 40%~50%的收益，并且至少以 CPI 增长的速度来提高股利。"就是这样——没有分析依据来说明为什么这种特定的政策对公司所有者来说是最好的。然而，资本的分配对企业和投资管理来说是至关重要的。因此，我们认为管理者和股东应该认真考虑什么情况下收益应该予以保留，什么情况下收益应该被分配。

> 管理者和股东应该认真考虑什么情况下收益应该予以保留，什么情况下收益应该被分配。

资料来源：沃伦·巴菲特的《给股东的一封信》，摘自伯克希尔·哈撒韦公司，1982 年年报。

引　言

在观察管理者 50 年之后，沃伦·巴菲特的评论可以被视为股利政策问题上对管理质量的悲惨的控诉。关于是应该保留利润，还是分配给股东另做他用的核心问题上，似乎总有些含糊和混乱。巴菲特认为这个问题利用简单的经验法则并且不加分析地处理是很肤浅的。这个结论可能会很不公平——本章的目的不是要突出思想深度的管理失误。本章所要做的就是指出在任意一年股利政策决策水平上的主要影响因素。有些在经济学家的模型意识里是完全"合理的"，另外一些很少量化，更多的是来自心理学领域。

得出的结论是管理者必须权衡各种力量的范围——一些促使他们从收益中支付或高或低的比例作为股利，另一些促使他们提供一个稳定一致的股利，还有一些则提倡每年支付不同的股利。

当然，这些力量范围仅仅能影响到致力于股东财富最大化并且对于收益应该被保留的情况进行过充分思考的管理者。如果我们承认管理者有其他目标或者他们没有做出多少理性努力的可能性，那么年度或者半年度关于股利水平的会议讨论所可能产生的结果就会有广泛的影响。

定义问题

股利政策是对支付给股东的利润比例的确定——通常是定期制定。要解决的问题是，通过改变股利结构而不是股利的整体规模，是否能使股东财富增加。当然，如果一个公司在整个生命周期内股利规模较大，其价值也将会更大。因此在后面的分析中，我们假设：

- 相关投资机会和商业投资回报率是常数；
- 改变资本结构（负债与产权比率）可能产生的额外的价值是一个常数。

因此，支付股利的模式可能会增加或减少价值。举例来说，在不久的将来，也许一个高股利支付的模型，以及随之而来的股利增长的减少，比现在零股利或者小股利支付一段时间之后股利迅速增长的政策要好。

这种模式的另一个问题是，一个平稳固定的股利增长率是否比根据公司内部资金需求每年确定不同的增长率要好。

一些背景

英国上市公司通常每 6 个月支付一次股利。在每一个财政年度都有一个与当年上半年的交易额相关的中期股利,之后在财政年度末会有一个最终股利。董事会有权提议最终股利的水平,但是在年度大会上投票决定是否应该按此股利水平支付股利却是股东的权利。不是所有的公司都遵循这种每年两次股利的典型周期:有些公司按季度支付股利,还有一些公司选择根本就不支付股利。

支付的股利只来自累计利润,而不是资本。这就意味着已亏损多年的公司仍有可能支付股利,但是最多支付公司在以往年份保留的利润。这项规则为股东寻求从公司转移资金,从而收回原本由股东提供的资金储备设置了障碍,目的就是为了保护债权人的利益。在证券、优先股和银行贷款协议中包含的一些约束可以对公司关于股利水平的行动自由做出进一步的限制。

在假想世界中的理论家们

根据 1961 年米勒(Miller)和莫迪利亚尼(Modigliani)(MM)的一篇论文,如果能做出一些假设,那么股利政策跟股票价值是不相关的。价值的决定因素是从净现值为正的项目中所能得到的收益,股利模式对于接受这些都没有影响。不论公司宣布的是零股利政策还是高短期股利政策,股价都不会改变。这个结论在以下情况下成立:

- 没有税收。
- 不存在交易成本,比如:投资者购买或出售股票时没有经纪费用;公司发行股票没有交易成本。
- 所有投资者都能以相同的利息率借贷款。
- 所有投资者都可以免费获取所有相关信息。

鉴于这些假设,股利政策可能就无关紧要了。比如,一个拥有丰富的正净现值项目的公司,仍然每年都把所有利润用于支付股利,这样也未必会毁灭股东财富,因为在这个理想世界,任何支付出去的钱都能立刻被新的股票发行所弥补。由于能得到所有相关信息,这些股票的投资者会愿意以一个公平的价格支付。股票可以被公司发行,无须报销成本和商业银行的费用等,也可以被股东购买,无须经纪人的费用和填写表格的时间成本等。也就是说,没有任何交易成本。

如果一家公司选择不支付任何股利,而股东要求有一个固定的收入,那么在公司价值不变的情况下这是可以实现的。股东通过向其他投资者出售一定比例的股票可以创造出"自制股利"。同样的,因为没有任何交易费用也没有税收,这跟通过公司发放普通股利的形式得到现金的影响是一样的。

例如贝尔沃有限公司,一家全部来源于权益资本的公司,其政策是把所有的利润作为股利支付。该公司预计在无穷时限里将产生 100 万英镑的利润。由于股权资本成本是 12%,我们可以用股利价值模型(零增长的情况——见第 13 章的细节)来计算该公司的价值。

$$P_0 = d_0 + \frac{d_1}{k_E} = 1\text{百万英镑} + \frac{1\text{百万英镑}}{0.12} = 9.333\text{百万英镑}$$

这包括 100 万英镑的股利，应立即支付，加上 100 万英镑的永久持有权。

现在假设管理层已经发现了一个新的投资机会。从第一年开始每年都能产生 18 万英镑的额外现金流。但是公司必须现在就投资 100 万英镑。有两种办法可以筹集到投资需要的钱：第一，管理者可以不支付股利，保留 100 万英镑。第二，公司今年可以维持其股利政策，支付 100 万英镑，但是同时要发行新股票，称为股票发行，来获得必要的 100 万英镑。

现在我们要证明在这个完美的世界，没有交易成本，无论采取什么样的股利政策，股东价值都是一样的。能增加股东价值的就是项目的净现值。

$$NPV = -1\text{百万英镑} + \frac{180000\text{英镑}}{0.12} = 500000\text{英镑}$$

公司价值提高了 50 万英镑，是因为接受了该项目，而不是因为股利政策。如果项目是通过牺牲现有的股利来筹资的，对股东财富的影响就是：

英镑

年份	0	1	2	3 年及以后
向股东支付的现金流	0	1180000	1180000	1180000

$$\text{股东财富} = \frac{1180000}{0.12} = 9.833\text{百万英镑}$$

股东财富提高了 50 万英镑。

如果项目是通过增股发行（出手更多的股票给现有的股东——见第 7 章）筹资的，股利模式不变，那么对股东财富的影响也是一样的——增加 50 万英镑。

英镑

年份	0	1	2	3
向股东支付的现金流				
获得股利	+1000000 英镑			
发行配股	−1000000 英镑			
	0	1180000	1180000	1180000

$$\text{股东财富} = \frac{1180000\text{英镑}}{0.12} = 9.833\text{百万英镑}$$

股东财富增加是因为股东资金中的 100 万英镑被投资到了一个收益超过 12% 的项目上。如果增量现金流总量只有 10 万英镑，那么股东财富就会减少，因为 10% 的回报不足以弥补股东资金的机会成本：

$$\frac{1100000\text{英镑}}{0.12} = 9.167\text{百万英镑}$$

如果新项目产生 12% 的回报，股东既不会损失财富也不会增加财富。关键的一点是这是一个假想的、完美的世界，股利模型对股东财富没有影响。它完全由投资回报率来决定。如果一个公司选择一年不发股利，原因是它有无数高收益的项目去投资，这也不会减少股票价值，因为完全知情的投资者都会知道，任何留存的现金都将被用在净现值为正的项目上，这些项目会为股东产生未来股利的增加。

另一个极端——剩余股利

现在我们采取另外一种极端的立场。试想一下，外部资金筹集（如股权发行）是如此昂贵，以至于所有筹集外部资金的意图和目的都是不可能实现的。追加投资的唯一资金来源就是收入。反观贝尔沃的例子，很明显，在这种情况下，支付今年的股利将会使潜在的股东价值减少50万英镑，因为新的项目不得不被放弃。

在这种情况下，只有当公司已经资助所有其净现值为正的项目之后才会支付股利。一旦公司为所有超过涵盖最低必要回报的项目提供了资金，就应该把剩余部分支付给投资者。投资者应该得到这笔资金，因为他们可以将其投资于同样风险等级的其他公司，这些公司至少可以提供一个相当于权益资本必要回报率 K_E 的期望回报率。如果公司保留所有现金并持续增加投资项目数量，边际收益就会减少，因为回报率最高的项目将会第一个进行，然后是次高的那个，依此类推，直到回报变得非常低。

在这种情况下，股利政策成为了股东财富的重要决定因素：

(1) 如果现金被保留下来并且被公司以低于 k_E 的回报率投资，股东财富就会减少；因此最好是提高派息率。

(2) 如果留存收益不足以保证所有净现值为正的项目，股东财富就会流失，此时减少股利就会有好处。

我们生活的现实世界如何？

到目前为止，我们已经讨论了两个极端立场，并且得到了相反的结论。在理想世界中股利模型是不相关的，因为如果公司有净现值为正的项目，就总是能无成本地维持自身的资金运转，股东也能无成本地通过出售股票产生"自制股利"。在没有外部融资的情况下，股利模型对于股东财富就变得至关重要，因为过度的股利支付会减少吸纳净现值为正的项目；而过低支付股利则意味着价值毁灭，因为投资者错失了其他地区金融证券市场的投资机会。

现实情况下存在交易成本的抗衡。如果一家公司支付股利以维持其宣称的股利模式，然后为了资助项目，通过增股从股东那里获得资金，这就不是无阻力的：存在成本。该公司的费用包括组织配股或者其他发行股票的方式所产生的法律和行政成本；可能需要准备招股说明说并承担广告成本；仅包销费用就能达到股票增加总量的2%。股东一手拿钱另一手把钱给回去的费用可能包括经纪费用，以及涉及的时间和口角之争的成本。税收作为一项强加的额外成本使得这个问题更加复杂。

显而易见，股利政策可能会使股东财富有所不同有一个很重要的原因：公司内部投资显然有一些影响。这可能有助于解释为什么我们看到很多增长迅速又有金融投资需求的小公司采取低股利（或者零股利）支付方式，而成熟的"摇钱树"型企业则选择高派息率。

投资机会和股利政策的关系远未完善，而且有很多其他因素迫使管理者选择一个特定的政策。在经过一段来自沃伦·巴菲特的更加切合实际的论证（见专栏 14.1）之后，这些问题将会被考虑。

伯克希尔·哈撒韦公司

"只有当前景合理时——最好是有历史数据支持，或者当对未来的深思熟虑的分析很适当的时候——盈余才应该被保留，这样由公司保留的每一美元，至少市场价值的一美元将会被股东创造出来。只有当留存资本产生的增量收益大于或者等于那些一般投资者可用的收益时这才会发生。"

沃伦·巴菲特说，当下属要求高回报的时候，管理者像股东一样考虑问题，但是当制定股利分配决策时管理者就不会这样了：

"复合型公司的 CEO 要求平均每年只能产生 5% 增量资本的子公司 A 分配所有可用盈余，使得他们能投资每年可产生 15% 增量资本的子公司 B。这时他从不会忘记以前在商学院所学到的校训，但若母公司本身预期的报酬率只有 5%（市场上的平均报酬率是 10%），他顶多只会依循公司从前或同业平均的现金股利发放率来做而已，当他要求旗下子公司提出报告对其保留盈余的比例做出解释的同时，他却从来不会想到要对他公司背后的股东提出任何说明。股东们最好把钱包看紧，只留下必要的资金以扩充高报酬的事业，剩下的部分要么就当做股利，要么就用来买回库存股。"

专栏 14.1　巴菲特谈股利

资料来源：《给股东的一封信》，摘自伯克希尔·哈撒韦公司 1984 年年报，获得沃伦·巴菲特亲切授权后再次印刷©沃伦·巴菲特。

Arc 公司就已经遭到批判，因为其持有现金使得现金不能用于可以创造价值的投资（见专栏 14.2）。

Arc 公司同意交还 5000 万英镑

阿斯特丽德·温德兰（Astrid Wendlandt）

Arc 国际有限公司在其最大的股东所施加的压力之下，已经同意交还 5000 万英镑以上的现金。

昨天，总是亏损的芯片设计商宣布了一个计划，在明年上半年，返还投资者每股 17 便士。

这个计划是在至少一名法人股东威胁要召开特别会议之后才开始的，特别会议上如果股东对于现金回报的要求没有得到理会，就可以换掉管理层。

Arc 国际有限公司的首席执行官迈克·加利特（Mike Gullet）说："我们认为我们拥有的现金比需要的要多，于是决定返还一部分来增加股东价值。"

但是，一些股东已经在希望看到拥有 1 亿英镑现金的 Arc 国际有限公司能返还至少 7500 万英镑，或者每股 25 便士。昨天，该公司股票上涨 0.75 便士，收盘于 21 便士。

该公司最大的股东之一说："得到 17 便士已经是一场战斗了，但是他们做得远远不够。董事会不理解股东宁愿把现金拿在手中也不愿意放在公司的资产负债表里。"

西德意志银行潘默尔被任命在今年秋天审查该公司的财务状况，估计 Arc 国际有限公司只需要 1500 万英镑的现金就可以使自己通过盈利性审查，估计这一标准在 2003 年底就达到了。

专栏 14.2　Arc 公司同意交还 5000 万英镑

资料来源：《金融时报》2002.11.23/24

一些混乱的因素

客户的影响

有些股东喜欢符合他们想要的消费模式的股利模式。支付高比例收益的股票可能有一些天然的客户群,派息率较低的股票有另一些客户群。比如,靠自己的私人投资为生的退休人员可能更需要一个高且稳定的收入,所以他们往往会被那些派发稳定高股利的公司吸引。同样的,一些养老基金需要定期的现金收入来满足人们对养老金领取款项的需求。

当然,需要一份稳定收入的股东可以通过有规律地出售一定比例的股票来获得持续的现金流,而不是对一个高派息率的公司进行投资。但是这种方法存在交易成本(经纪费用,做市商的价差以及出售以后等待现金的利息损失)。而且定期抛售一定股票很费时又不方便;通过邮递收到一系列股利支票则轻松得多。

> 定期抛售一定股票很费时又不方便;通过邮递收到一系列股利支票则轻松得多。

另一种类型的客户群是对短期内得到高股利不感兴趣的人。这些人更愿意投资于具有良好增长潜力的公司,这些公司支付低股利并且用留存资金投资于公司里净现值为正的项目。这种做法背后的想法是,资本收益(股价上升)将会成为股东得到回报的主要方式。这种客户群的一个例子就是有钱的中年人,他们的薪酬足够满足自身消费的需要。如果这些人现在就从股利中得到一大笔收入,他们只可能会再投资于股票市场。得到股利然后再投资的循环效率是很低的。

似乎可以合理地认为,一部分股东选择购买特殊股至少有部分原因是股利政策适合他们。制定一个稳定又持续的股利政策可能会给管理制造压力,因为投资者需要知道特殊投资将来能继续适应他们的喜好。不一致性会导致任意客户群普及的缺失,而且会压低股价。因此,一定程度上来讲,管理就是针对特定客户群的。

作用在股利政策上的客户群压力起初看来似乎是与剩余方法相反。按照客户的观点,吸引特定类型的客户需要稳定性和一致性,而剩余的观点是股利取决于再投资的机会——再投资的量可能会以随机方式每一年都不同,这是由留存收益和股利的波动造成的。大多数公司似乎是在中期或者长期的收益和投资资本需要情况的基础上,通过制定一个一贯的股利政策来遵循这个循环。在特殊年份的短缺和过剩可以通过其他资金来源来调整。比如,保留盈余不足的年份就筹集借款或者通过发行股票筹资;储备量大于投资需求的时候就偿还债务或者储备现金。这种政策存在相关成本,例如发行股票的成本,这些都必须与稳定的好处进行权衡。

客户的影响往往会被我们将要研究的下一个因素"税收"所强化。股利的信息面支持持续的股利模型政策——下面会讨论。

税收

股利和股票资本收益的税收可能会影响股东接受现金的偏好,是以规律的方式从公司获得支付(股利)还是通过出售股票。如果股东获得股利所要缴纳的税款比获得资本收益要多,他们就更可能会选择派息率低的股票。过去,美国和英国从股利中征税是以一个比适用于资本收益要高的税率,此资本收益是需要缴纳税款的股东通过出售股票获得。然而,近年来,差异已经大大缩小。例如在英国,现金资本收益是以个人的边际税率征收的,资本收益仍然有税收优惠。投资者每年可以获得免税 8200 英镑的资本收益(在 2004 年 5 月)。此外,他们只有在实现收益后(当股票被卖出)才缴纳税款。这使得他们可以通过继续持有股票推迟支付税款,直到他们可以取得在将来的年份 8200 英镑资本补贴的优势。此外,如果持有股票几年后,税率可能会大幅下降。

埃尔顿(Elton)和格鲁伯(Gruber)(1970)发现的证据表明在公司的股利政策和股东的纳税等级之间存在着相关关系——所得税率较高的股东是与低派息率的股票联系在一起的,低所得税率的股东与高股利的股票有关。

英国首相戈登·布朗(Gordon Brown)明确地改变了税收制度,以鼓励公司内的低股利和高投资。他说:"现行的税收抵免制度鼓励企业支付股利,而不是用利润再投资。这不可能是上届政府认定的鼓励长期投资的最好办法。许多退休基金存在大量盈余,目前很多公司都享受退休假期,所以是时候进行早就需要进行的改革了。因此,即日起,我建议取消养老基金和公司的税收抵免。"

信息传递

> 股利似乎担当了公司信息的重要传输器。

股利似乎担当了公司信息的重要传输器。股利的意外变化被视为董事们对公司未来前景预测的征兆。股利不寻常地大幅增加往往表示董事对未来的盈利能力持乐观看法。而股利下降则预示着董事对未来比较悲观。

股利作为一种信息传输器的重要性在于市场存在巨大缺陷——信息不对称。也就是说,管理者对公司的前景的了解比金融机构多得多。投资者正在不断试图拼凑有关公司信息的碎片。股利是一个投资者可以借鉴的信息来源。它被用来作为一个公司收入可持续水平的指标。看来,管理者要在长期盈利趋势的基础上选择目标派息率。如果他们不期望改善业务前景,那么增加股利至高于正常增长的方式对管理者来说是很危险的。这会发出一个错误的信号,最终当收入并没有增长的时候他们就会发现这些。

正是期望股利水平的上升或者下降导致了股票价格的升降。这个现象可以从专栏 14.3 转载的有关汉森的文章中得到说明。这里,汉森被报道说利润下降,但是股票价格上升了,因为管理层通过上调股利发出了乐观信号。

总体上说,公司收益的波动比股利严重得多。表 14.1 中显示了吉百利史威士公司股利的平滑,该公司的每股收益在上涨和下跌,但是股利却在稳步上升。

> ### 汉森欢迎高派息率
>
> **露西·思迈（Lucy Smy）**
>
> 汉森股份，聚集的集团，昨天涨幅超过6%，因为投资者选择忽视正在下降的全年利润，反而关注10%的股利增长。
>
> 财务主管乔纳森·尼科尔斯说："这是我们信心的一份可见的陈述。我们听取了股东的意见，他们认为我们有足够的现金来支持这一决定。"

专栏14.3　汉森欢迎高派息率

资料来源：《金融时报》2003.2.21

表14.1　吉百利史威士的收益和股利，11年的记录

便士每股

年份	收益	股利
1993	14.7	6.9
1994	16.1	7.5
1995	16.2	8.0
1996	16.9	8.5
1997	34.0	9.0
1998	17.1	9.5
1999	32.0	10.0
2000	24.8	10.5
2001	27.0	11.0
2002	27.4	11.5
2003	18.2	12.0

资料来源：吉百利史威士公司2002年和2003年年报和会计账簿。

收益的减少通常不会伴随着股利的减少，除非这种收益的下降预计会持续很长一段时间。自从林特纳（Lintner 1956）在20世纪50年代做了管理者对股利政策态度的调查，研究已经表明董事会知道市场对于股利下滑有很严重的不良反应，他们会做出艰苦的努力来避免股利下滑。几乎每天都有报道说公司财务亏损，但是仍然支付股利。通过维持给股东的收入，管理层是在暗示收益下降是暂时的，未来的预期收益仍然是积极的。

经济状况好的时候，利润限制性上升，董事会倾向于对股利大幅上升持谨慎态度。在好的年份支付双倍或者三倍的股利会增加利润缩小时不得不减少股利的风险，并且会丧失股东希望的股利有可预见性和稳定性这些优点。

信号是有趣的东西。一大批美国科技公司第一次支付股息是在2000~2004年。在很多情况下，股价下跌了。原因是：投资者们把股利当做了一个信号，这个信号似乎预示着公司已经逐渐失去了增长的机遇。

> 信号是有趣的东西。

不确定性的解决方法

迈伦·戈登（Myron Gordon）（1963）曾经声称，投资者认为一个公司通过对目前现金流的保留和再投资，会把现阶段股东的股利转化为更遥远的不确定的现金流。因为，在投资行

为的回报通常在较远的将来才会到来。他们要承受更高的风险，并且对于再投资行为，投资者都要求得到一个比近期投资更高的回报率。在这种模型下，投资者用来计算股票价值的折扣率会随着时间的推进而升高；因此股利价值模型变为：

$$P_0 = \frac{d_1}{1+k_{E1}} = \frac{d_2}{(1+k_{E2})^2} + \cdots + \frac{d_n}{(1+k_{En})^n}$$

其中：

d = 股利

k_{E1} = 股东的权益资本必要回报率，明显的，$k_{E1} < k_{E2} < k_{E3}\cdots\cdots$

在 2 年、3 年、4 年收到的股利比那些在 7 年、8 年、9 年收到股利风险要小。

这里的关键因素可能不是在现在和未来之间实际的风险差异，而是知觉风险。很可能当前的股利更有价值，因为投资者对风险的看法是不精确的。他们高估了未来股利的风险性，因此就低估了未来股利的价值。但是，不管在未来股利上附加的额外风险真实与否，效果都是一样的——投资者希望在短时间内拿到更高的股利，而不是其他的想法，股东价值会通过改变股利政策适应这种偏好而上升——或者有待讨论。

也有一些令人印象深刻的反击，关于所谓的"在手之鸟谬误"。一家公司的风险性来自与基本业务有关的风险，而这种风险通过风险调整贴现率 k_r 已经被允许了。未来收入的折现率甚至会进一步的提高。例如一家公司预计会在两年内产生每股 1 英镑的股利，十年内每股 2 英镑股利。也就是说，15 的折现率确保了 2 英镑的股利按现值计算不如两年内已经收到的股利有价值，这种贴现率的很大一部分是对风险的补偿。

1 英镑股利的现值 = $\frac{1 \text{ 英镑}}{(1.15)^2}$ = 75.6 便士

2 英镑股利的现值 = $\frac{2 \text{ 英镑}}{(1.15)^{10}}$ = 49.4 便士

另外，例如另一个公司，它把所有收益作为股利支付，希望能提升股票价格，因为股东大概已经有了不确定性的决议。现在，下一步是什么？我们有一家公司需要投资财政，股东希望投资在公司的股票上——因为大部分股东利用股利收入。该公司就增发股票。在招股说明书中，该公司会解释筹得的款项怎么用：它们将会用于产生未来的股利。因此股东购买股票是为了未来股利的承诺；他们以一个风险调整的折现率来对股利贴现，该折现率是由可替代的有效回报率决定的，可替代就是指相同风险等级的投资，也就是说 15%（适用于所有未来的年份）。以更高的比率折现将会低估这些股票并且错过一个良好的投资机会。

代理效应

很多人认为，英国公司把收入中过大的比例用于支付股利。由于较低的保留率，这种观点演化为英国公司的这种做法扼杀了投资。然而，沿着这种顾虑我们应该观察到很多公司似乎都有支付高股利的政策，然而不久之后就发行新股来筹集投资所需要的资金。这是个令人费解的现象。发行股票的成本是很沉重的，一般股东都要为获得股利而纳税。一个可能的答案是，推行这种政策是股利价值的信号（信息）。但是，成本太高了以至于这个答案并不总是能解释这一现象。第二种隐含的解释在于代理成本。

管理者（代理人）的行为可能并不总是符合股东（委托人）的最佳利益。股东获得他们资金部分使用控制权的一个途径是坚持相对较高的派息率。那么，如果管理者需要投资资本他们就不得不要求。一个希望筹集外部资金的公司会有自己的投资计划，该计划会被很多专家审查，包括：

- 关于这个问题提供意见的投资银行家；
- 像投资银行家一样希望研究这个公司及其投资计划的承销商，因为他们很重视自己在这种问题上的声誉；
- 信用评级机构的分析师；
- 证券交易所的分析师，他们为股东和潜在股东提供建议；
- 股东。

通常情况下，公司的投资者只能通过在股东大会上投票（通常由于股东们的漠不关心以及董事们的代理投票而不起作用），或者通过出售他们的股票来影响管理决策。当一家公司不得不寻求新资本的时候，投资者就能得出更多的信息并且审查管理方案和提议方案。如果投资者对管理行为根本就持怀疑态度，他们能通过拒绝购买该公司的股票来对其资本储备进行一些控制。尤其令人关注的是为了建设一个更大的管理帝国，在净现值为正的项目上的投资问题。

临时股利

临时股利给了股东一个机会去获得与他们已经持有的股票成比例的额外股票，来取代正常的现金股利。股东可以持有股票，也可以出售换取现金。从公司的角度看，临时股利的好处在于公司不会损失现金。这对于处于经营困难时期或者想要调整负债比率（负债比股东权益）的公司可能是很重要的。股东们可能很欢迎临时股利，因为他们不用支付经纪费用和其他交易费用就能增加股票持有量。

一份增强的临时股利提供的股票明显比现金支付有价值得多。这样做的目的是鼓励购买股票，就像小型的股票发行一样。

> 从公司的角度看，期票股利的好处在于公司不会损失现金。

股票回购和特殊股利

在公司内部，返还资金给股东的另一种方式就是回购已发行的股份。2000年壳牌公司被注意到利润的保留正在造成资产负债水平太低。于是董事们选择了股票回购的方式返还的更多的现金。

当公司不确定正常的现金股利可能增加的持续性时，回购也许就是一个有效的选择。稳定的股利政策可能会被推行，然后，当出现现金盈余的时候，股票就会被回购回来。这种双管齐下的办法通过潜在的股利水平避免了发出对未来增长过于乐观的信号。

第二种既能返还现金又不暗示将来所有股利都会反常提高的可能的方法就是支付特殊股利。这跟正常的股利相同，但是通常特殊股利会更多而且一次支付。

> 这种双管齐下的办法避免发出过于乐观的信号。

在英国，自从 1981 年《公司法》开始生效，股票回购就已经获得了准许，但必须符合规定，即公司必须获得股东、认股权证持有人、购股权持有人或者可兑换持有人的批准。伦敦股票交易所（尤其是并购委员会）的交易规则也必须遵守。这些通常都旨在避免创造一个公司股票的人造市场。

特殊股利是向所有股东发放的。然而股票回购可能并不总是对所有股东开放，因为回购有三种方式：

- 购买股票市场中的股票；
- 邀请所有股东投标出售他们持有的全部或者部分股票；
- 特殊股东约定。

专栏 14.4 讨论了英国大东电报公司通过发放特殊股利和股票回购向股东返还现金的决定。

大东电报局关于股票回购和特殊股利的选择

丹·罗伯茨（Dan Roberts）

英国大东电报局昨天声称，在决定返还 18 亿英镑给股东之后，几乎没有具有吸引力的收购目标值得用剩余的现金来投资。

然而行政总裁格雷厄姆·华莱士（Graham Wallace）驳回了机会短缺暗示专注于互联网服务集团是一个错误的建议。

大东电报局将保持约 30 亿英镑的净现金的状态，并继续投资在其现有的互联网部门，全球大东电报局。

"在这个动荡的时代，我们的资产负债表实力是真正的竞争优势，"华莱士先生说，"这对我们的客户十分重要，并且使得我们可以为了未来的发展有选择性地进行投资。"……

这笔钱将返还给投资者，同时公司根据已经达成的回购协议买回其 15%的股票。

"我们的股东中有一些持完全相反的看法，在听取了他们的意见之后，我们认为一个回购和特殊股利的组合是最合适的。"华莱士先生说。

专栏 14.4　大东电报局关于股票回购和特殊股利的选择

资料来源：《金融时报》2001.11.15

争论聚焦

股利政策辩论的核心在两个问题上：

问题 1：通过改变多年来的股利模式能增加股东的财富吗？

问题 2：一个稳定的、固定的股利增长率是否比每年都根据公司内部资金需求制定的不同的增长率要好？

> 并不存在一个整齐、简洁又直接的公式，使得我们可以将很多无法量化的因素代入这个公式。

第一个问题的回答是肯定的。大量的证据表明股东总会为某种理由评估跨越时间的股利模式。但是并不存在一个整齐、简洁又直接的公式，使得我们可以将很多无法量化的因素代入这个公式，从而将公司试图吸引来改变税收系统的客户股东进行排列分类。

单从剩余理论看，问题 2 的答案是股利每年都有所不同，因为股利是公司已经保留了对所有净现值为正的可用项目的投资所需要的资金以后剩余下来的。在现金多而投资机会少的年份，股利会比较多，而当再投资的需求与内部产生的现金高度相关的时候，股利就会减少。但是，事实上，股东似乎更喜欢稳定一致的股利增长率。他们中的很多人依赖于可预测的股利收入来满足（或帮助）他们的消费需求。他们会觉得不确定的股利收入很不方便。投资者也视股利政策的变化为公司前景的一个预测。降低股利会发出一个不正确的信号，并且压低股价。

如此多的因素会影响股利政策，以至于很难想象有人能够制定一个普遍使用的模型来帮助企业找出最佳派息比率。图 14.1 展示了促使管理者采用高派息率或者低派息率的力量范围。同时，他们自己的意图是支持有波动的股利，而其他势力则推崇稳定的股利。

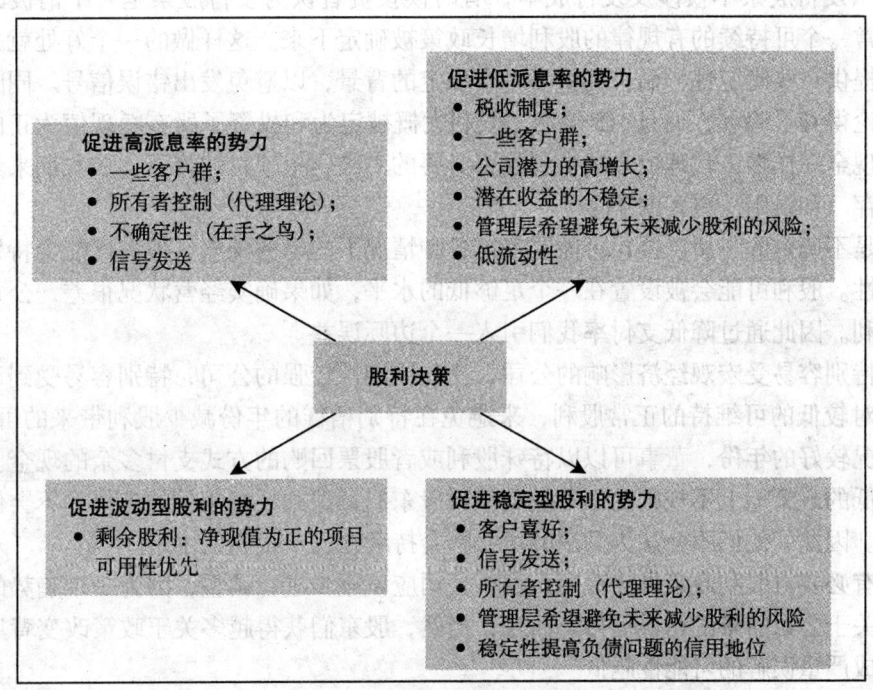

图 14.1　推动股利决策管理的势力

图 14.1 中的大多数因素已经解释过，但是这里有两点需要指出：流动性和信用情况。股利是从公司的现金流出，因此拥有丰富流动性资产，如现金和有价证券的公司比较有能力支付股利。其他有高盈利的公司也可能拥有极少的流动资产。比如，一个快速发展的公司，其大部分资金都是固定资产、存货或者债务，因此，一些公司支付现金股利可能比其他公司困难要大一些。

通常委托人喜欢把他们的钱投资到稳定的公司，而不是反复无常的公司，因为这样可以降低风险。据推测，可能持续一贯的股利政策有助于公司提高信誉，降低支付利率。债权人遭遇的信息不对称跟股东是一样的，他们可能也把这种股利决策看做对公司发展前景的管理信心的信号。

结　论

这个小结讨论一种可行的现实股利政策，同时也会考虑到本章所提出的各种观点。

大多数大型公司都会预测其今后几年的财务状况。他们的预测将包括固定资本开支、劳动力资本额外的投资、销售和利润等。这些信息，加上一个特定的目标负债权益比率，就可以对中期至长期的现金流量做出一个估计。

然后这些公司就可以决定一个股利水平，以满足他们投资项目的资金需要，而不必诉诸销售股份（发行股票不仅涉及发行成本，有时候投资者认为发行股票是一个消极的预兆）。因此，通常一个可持续的有规律的股利增长政策被确定下来。这样做的一个好处就是为特殊的客户群提供一些确定性，而且提供了一个稳定的背景，以避免发出错误信号。同时，剩余理论的结论得到了验证，而且（5年期）股利大概被定为和投资了所有净现值为正的项目之后余下的现金一样多。代理成本减少到除了必要的对高回报项目的投资，从长期来看，管理者没有储存（和误用）更多的现金。

未来是不确定的，所以公司可能要考虑各种情况下的财务预测。他们可能会特别关注消极的可能性。股利可能会被设置在一个足够低的水平，如果确实经营状况很差，公司不会被迫削减股利。因此通过降低支付率我们引入一个边际误差。

那些特别容易受宏观经济影响的公司，比如周期性较强的公司，特别容易受到诱惑去设置一个相对较低的可维持的正常股利，来避免在特别糟糕的年份减少股利带来的可怕后果。在经营状况较好的年份，董事可以以特殊股利或者股票回购的方式支付多余的现金。这种正常支付率低的政策加上不规则的额外股利使得股东们意识到，好年份的支付率不会保持在极端的水平。因此，他们不会认为利润的增长将会持续在这个很高的水平。

如果有必要对股利政策做出改变，那么公司应该逐步进行调整，因为一个趋势的中断会发出一个关于公司前景的错误信号。而且，当然，股东们获得越多关于政策改变背后原因的信息，造成严重误解的可能性越低。

不同环境下的公司可能会选择不同的支付比率。一般情况下，那些拥有丰富投资机会的公司将会选择相对较低的股利，与此形成对比的是那些投资机会较少的公司。每个类型的公司都很有可能制定出吸引客户的股利政策。例如快速增长、需要高投资的公司，其投资者就愿意接受低股利来获得将来更高的资本回报。

一个被推荐的行动计划

下面是一个被推荐的股利政策行动计划。

（1）预测中期至长期，由公司经营产生的现金扣除了投资项目需求以后"多余的"现金。

（2）基于这一预测支付可维持的正常股利。这可能是基于保守的偏见，以便应对未来现金流量的不确定性。

（3）如果某一年现金多于计划数，继续保持正常股利的稳定（就是说稳定增长），但是支付一些特殊股利或者执行一个股票回购的计划。如果现金流的改变是永久性的，就逐步改变持续的正常股利，同时尽可能多地提供有关政策变化原因的信息给投资者。

注 释

1. The CPI, consumer price index, is the main US measure of inflation.

2. The complicating effect of capital structure on firms' value is usually eliminated by concentrating on all-equity firms.

3. The following researchers present evidence on the clientele effect: Elton and Gruber (1970), Pettit (1977), Lewellen, Stanley, Lease and Schlarbaum (1978), Litzenberger and Ramaswamy (1982), Crossland, Dempsey and Moizer (1991).

4. Gordon Brown, Chancellor of the Exchequer, Budget Speech, 2 July 1997.

5. Lintner (1956) and 3i (1993) survey, in which 93 percent of finance directors agreed with the statement that 'dividend policy should follow a long-term trend in earnings'.

第三部分

融资

第15章
适用于各类规模企业的债务融资

引言

债务融资与权益融资的比较

银行借款

透支

分期偿还贷款

商业信用

保理

分期购买

租赁

汇兑票据

承兑信用证（银行承兑汇票）

结论

引 言

对于许多企业尤其是较小的企业而言,透支与贷款的结合、商业信用、租赁和分期付款解决了绝大部分的融资需求。大公司可以通过股票市场、债券市场和商业组合贷款等途径来筹集资金,但对于小企业而言这些途径是行不通的。因此,为了追求其扩张计划,小企业转求地方银行和小型金融机构(Finance House)以及其供应商以获得成长所需资金。大型公司可以通过数十种不同的途径融资,但是它们太多的对于本章所讨论的各种融资方式的特征、便宜性和灵活性进行评价。

本章所讨论的各种融资方式可以分为短期融资或者中期融资(除了一些银行贷款)。短期融资与中期融资的定义并不清晰。一般而言,在1年之内偿还的融资被看做短期融资,而偿还期限在1~7年的融资被看做中期融资,但这种划分并不十分严格。有规律滚动的、偿还期比如说半年或者1年的十分常见的透支工具,可以看成中期甚至长期资金来源。租赁常常被分类为中期融资,在某些情形下使用甚至可以长达15年以上;而有些租赁资产,如计算机或者复印机,可能只可以使用几个星期。本章所讨论的融资形式可以以图15.1来表示。

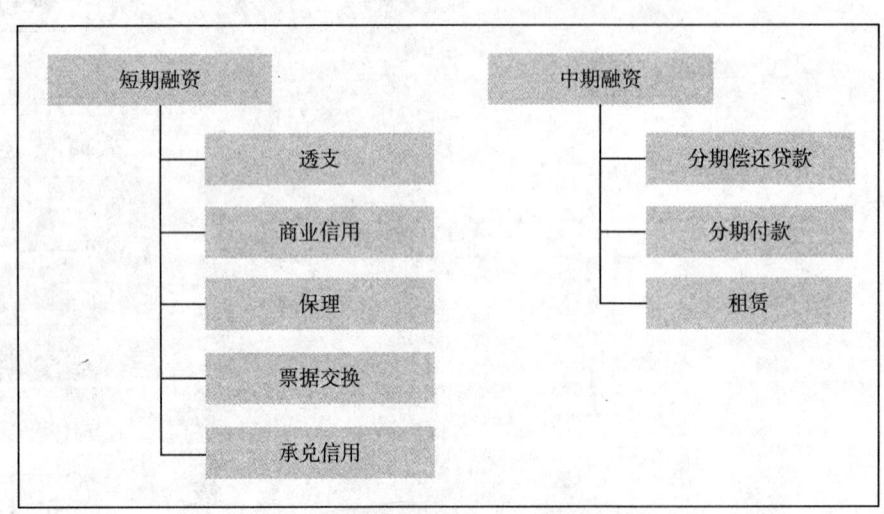

图15.1 主要的短期融资方式和中期融资方式

债务融资与权益融资的比较

什么是债务

简单地说,债务就是必须偿还的东西。企业债务偿还一般采取支付利息和本金的方式,但是也可以用一些诸如商品和股票之类特殊的抵债物来偿还。一般常用的偿付方式是定期付息，同时分期偿还本金或在借款期末一次性偿还本金。

> 债务就是必须偿还的东西。

债务的成本

对企业来说，债务融资的成本低于权益（普通股）融资成本，这不仅是因为债务筹资成本（如银行贷款手续费、债券发行费用等）较低，还因为其投资者所要求的回报率低于权益融资。这是由于投资者认为，通过债务融资方式投入企业的资金风险小于通过股权投入资金的风险，而投资债务的低风险又是源于利息相对于股权持有人对企业收益的优先索偿权——企业必须支付利息，即使意味着没有任何剩余资金用于支付股权持有人的股利。因此，债权人比股权持有人获得回报的确定性更大。此外，如果企业进入清算阶段，债务类金融证券的持有者能够优先于股东从资产出售所得中获得清偿。因此我们说，在年度分红和清算收益中，债权人比股权持有人享有更高的级别。

额外利润归股东

除去债务的这些优点（从债权持有人角度来看）之外，事实是，债权人一般来说无法分享成功企业所创造的价值，他们通常仅能收到合同约定的最低报酬。而股东则能获得远超过最低报酬的收益，因为他们是企业创造的所有盈余的接收者。在一些表现优异的企业中，这可能使一项几千英镑的初始股份投资增值为数百万英镑。

投票权

债务的另一个缺点是，通常情况下债权人没有任何企业决策权，例如董事选举、企业合并、股利支付等的投票权。话虽如此，但是债权人却可以通过严格的贷款协议在一定程度上保护自己的地位，如果企业违反合约、拖欠债款的话，债权人可能对企业实施控制。例如，这些贷款协议可能要求企业保持一定的、与企业股东权益相对应的负债水平，或是要求年息不能超过合同规定的年利润倍数。

冲击吸收

债务融资通常要求利息的定期支付以及本金一次性偿还的事实，意味着企业不论是否景气，都有承担本利支付的义务，也意味着企业面临债权人采取行动，通过强制企业资产拍卖或是进行破产清算以收回欠款的可能性。因此，高负债水平对企业的生存构成了风险——一个多年表现不佳的企业，很可能因为要使用权益基础来偿还债务负担而耗尽股东财富（关于债务水平过高的判定，详见第10章和第18章）。股份并非一定获得股利，抑或是一定能够收回本金的事实使股份可以作为公司的减震器。当亏损产生时，企业不存在必须寻找资金来支付股利的问题。

> 因此，高负债水平对企业的生存构成了风险。

税收抵扣

当企业支付利息时,税务当局会将利息支出看成企业的一项经营成本,企业可以用它来抵减应税利润。相对于不能抵税的权益资本股利成本(见第 10 章)来说,这使得企业用于债务的实际成本降低了。我们必须将税收抵减获得的利益也添加入债务低回报的吸引力中。

抵押和限制

提供债务融资的机构通常尽力使无法回收本利的风险最小化。首先,他们会查看企业的盈利能力,即贷款期间的息前利润。然后,作为备选,他们通常会要求企业拿自有资产为贷款提供担保。这样一来,如果企业无法以利润支付借款利息和本金,债权人能够强制拍卖这项资产以获得其合法权利。企业在借款之前应该仔细考虑抵押担保的问题,将一项特定资产——比如某一特定建筑物——固定抵押给银行,很可能给企业带来极大的不便。因为这样的话,企业以后随意使用其资产的灵活性将会受到限制。例如,企业将不能出售其抵押的建筑物,甚至也不能在未经银行或债券持有人同意的情况下出租该建筑物。

银行借款

对于许多企业和个体来说,银行依旧是外部(即非留存收益)筹资的主要来源。十年前,最普遍的银行借款方式是透支,但目前占据首要地位的则是分期偿还贷款,我们可以发现这一显著的变化。

对企业来说,银行借款的吸引力来自以下原因:

■ **快捷** 银行贷款的关键条款可以迅速拟定,而且融资在几个小时内就可以到位。与此相比,发行债券和安排保理(见下文)都需要耗费大量的准备。

■ **灵活** 当企业面对的经济环境在贷款期间发生变化的时候,银行通常比债券持有人更有准备——也更愿意——去改变借贷协议的条款。如果企业表现得比原本预期的要好,那么在偿还银行透支额(以及一些贷款)时可免去罚金。与此相比,很多债券都有固定的赎回期,而分期偿还付款/租赁合约也有固定期限。在发生危机时,与单一的债权人协商有着明显的优势(如果采取债券融资,则可能会有数以千计的债权人——详见下一章)。

■ **适用于小型企业** 银行贷款适用于几乎各种规模的企业,而债券或金融市场则仅适用于大玩家们。

■ **行政和法律费用低** 由于贷款是由放款方和借款方直接协商,因此避免了债券发行所涉及的市场、协议、监管以及包销费用等(见第 16 章)。

企业需要考虑的因素

在考虑银行借款时,企业需要考虑许多问题。

成本

在初始贷款时,借款方可能会被要求支付一笔银行贷款手续费,比如贷款额的1%。但是,这项费用是可以协商议价的。利息率既可以是整个贷款期间(或部分期间)的固定利率,也可以是浮动利率。如果使用浮动利率,那么该利率一般采用银行基准利率或是伦敦银行同业拆放利率(LIBOR)加成计算。伦敦银行同业拆放利率,是指在金融市场中银行之间相互拆借资金的安全利率。这一资金拆借可能仅有几个小时(隔夜伦敦银行同业拆放利率),也可能持续较长时间,如3~6个月。

处于有利谈判位置上的客户可能更具有议价能力,因此他们仅需在银行基本利率或是c月期伦敦银行同业拆放利率的基础上支付1%或2%的加成。在采用于月期伦敦银行同业拆放利率的情况下,应付利息金额跟随市场上一流银行之间于月期的资金借贷利率每三个月变化一次。因为借款企业的还款安全性低于在银行同业拆放市场上拆进资金的优质银行,所以借款企业都要比优质银行多支付1个百分点(或100个基本点)到2个百分点(或200个基本点),或一些其他数目的基本点的利息。而在采用银行基准利率的情况下,应付利息在银行宣布其基准利率变更后即刻发生变化。这一利率不定期发生变动以反映金融市场的状况,而金融市场的状况受英格兰银行控制经济行为的严重影响。

对于处于不利谈判地位、提出较高风险贷款申请的客户,借款利率很可能是在银行基准利率或是伦敦银行同业拆放利率的基础上加成5个百分点或更多。利息率不仅仅是由业务的风险和客户议价实力决定的,它还受到贷款安全度和贷款规模的影响。此外,贷款的规模经济意味着大额借款人支付的利息率更低。

在上个时代,商议固定利率贷款一直是较通常的事情,但是20世纪70年代和80年代的利率大幅变动意味着银行和借款人都不再那么愿意做出这种长期承诺。现今的大部分贷款使用的是"变动利率"。对于企业来说,浮动利率借款比固定利率借款更具优势:

- 如果利率降低,则贷款成本也会降低。
- 在签订协议时,固定利率通常会高于浮动利率(以预防贷方错误预测未来利率带来的风险)。
- 企业资产获得的回报会在利率较高时升高,在利率较低时降低,因此利率升高的风险就被抵消了。例如,企业会在高利率环境下兴隆起来,也就能够负担起其商业借款的高额利率。

然而,浮动利率也有一些缺点:

- 如果与大多数企业一样,企业的利润并未随着利率的上升而增加,那么利率的上升可能会给企业带来麻烦。许多企业都是因为利率不合时宜的上升而失败的。
- 应付利息对确切的现金流出的影响具有不确定性。企业需要预先做出计划,尤其是要对现金流入和流出数量做出预测,以便在一定程度上可以按时付账。如果企业有大量的浮动利率债务,那么这会给现金流的估算带来额外的不确定因素,也给企业的有效管理带来更大的困难。

安全性

在考虑为企业提供债务融资时,银行将会关注借款企业的能力和诚信度。他们需要评价提出的项目,并评估管理层对项目成功的承诺度。企业必须解释其需要资金的原因,同时提供贷款期间的详细现金预测。在企业和银行之间存在着被称为"信息不对称"的典型鸿沟。它指的是协议一方不知道，或者是无法获得一些签订合约以及决策过程中必不可少的信息。银行无法准确估测管理团队的能力和决心，也无法对其所计划经营的市场环境做全面了解。

> 在企业和银行之间存在着被称为"信息不对称"的典型鸿沟。

在某种程度上，企业可以通过从一开始就向银行提供尽可能多的信息，并随着项目进展不断告诉银行企业的状况来消除银行的不确定性。

企业的财务经理和总经理需要考虑向银行提供的信息流质量和数量。改善的信息流能够带来与银行更好、更多支持的关系。需要大量银行融资以资助其增长的企业，将会被建议培养和加强与银行的相互理解和融洽关系。企业在不需要资金的时候就应该为日后的借款打好基础。这样，当企业在需要进行贷款时，才有可能在可接受的条件下借入所需款项。

银行降低自身风险的另一方法是，确保企业能够为所贷款项提供足够的抵押品。抵押品可以在企业失败的情况下，为银行挽回其全部或大部分投资。银行贷款的抵押既可以是企业资产的固定抵押，也可以是企业资产的浮动抵押。固定抵押指的是将一特定资产作为抵押物，在企业违约时，债权人可以要求出售该资产，并用出售收入偿付债款。而浮动抵押指的是以企业的全部资产为贷款做担保。在这种情况下，企业有很大程度的自由可以随意使用其资产，例如可以出售或出租其资产，直至其违约行为使该浮动抵押固定化。浮动抵押固定化之后，将任命接管人负责资产的处置以及处置收入在债权人之间的分配。即使浮动抵押债权人可以迫使企业破产清算，但在资不抵债时，固定抵押债权人的受偿等级优先于浮动抵押债权人，即固定抵押债权人先获得偿付，如果之后还有剩余，浮动抵押债权人才能获得偿付。

抵押品包括存货、应收账款、设备、土地、建筑物以及其他公司股票之类的可交易投资。理论上，银行通常具有没收企业资产或是要求企业进入破产程序的权力。但实际上，它们并不愿意行使这些权力。这是因为抵押资产价值的充分变现有时是很难的，而且这种苛刻的措施会给银行带来不好的公众反应。

银行在要求企业为贷款提供充分的抵押物时，会谨慎地预留一个充裕的误差余地。因为在发生违约时，抵押资产的出售价格远低于其持续经营的价值。况且，清算资产的快速出售拍卖也会遭受买方的讨价还价。

银行采用的另一安全措施是，要求企业遵守其管理行为限制的若干契约。例如，在贷款尚未清偿时，要求企业每年的年利润至少是其贷款年息的4倍。

最后，债权人还可以转向企业经理要求额外的担保。他们可能要求企业经理签下保证企业不会违反合约的私人承诺，并用个人资产（例如住房）做担保。这违反了有限责任原则，而且可能对冒险性的生产活动产生阻碍。然而，对一些小型企业来说，这是为贷款做出担保的唯一手段，而且这至少表明了企业经理对企业成功的承诺。

偿付

企业必须根据其未来现金流量仔细考虑贷款期的长短计划和偿付计划。举例来说，如果企业从事一项在未来的5年有大量支出而在5年之后才有现金流入的资本项目，那么承担在近期内需要偿付大量本利的贷款则可能是灾难性的。对于这样的情况，可能要求银行提供还款停止期或债务宽限期，以便正的现金流足够大时再进行绝大部分的偿付。

企业可能通过抵押其永久业权的财产从银行获得本金和利息偿付期较长的贷款。所支付的利率将是银行基准利率或是伦敦银行同业拆放利率的很小加成。抵押借款的主要优点是资产的所有权依然在抵押人（借款企业）手里，因此与资产所有权相关的收益不会遭受损失。

利息和本金可以一定的比例按月或按年支付，也可以符合借款方现金流的各种方式支付。在整个贷款期都不偿还本金是很少见的，但是企业可能会要求在贷款期后期支付大部分本金。一般来说，银行更喜欢每年都高比例偿付本金的分期付款贷款。这种贷款具有通过对借款公司设定债务偿付计划，以降低银行风险的优点。

银行与借款方之间达成的偿付计划可以有多种类型——在表 15.1 中列出了其中 4 种类型。

表 15.1 贷款偿付计划的范例

借入 1 万英镑，还款期为 4 年，年利率为 10%（假定按年计算偿付额，不细分到月）

(a) 时间段（年）	1	2	3	4
偿付额（英镑）	3155	3155	3155	3155
(b) 时间段（年）	1	2	3	4
偿付额（英镑）	1000	1000	1000	11000
(c) 时间段（年）	1	2	3	4
偿付额（英镑）	0	0	0	14641
(d) 时间段（年）	1	2	3	4
偿付额（英镑）	0	1000	6000	6831

零售银行和商业银行并不是长期贷款的唯一来源。保险公司以及如 3I 集团之类的其他专业机构也会提供长期债务融资。

透 支

银行账户的取款额度通常被限制在其账户存款额内。然而，商业活动和一些其他金融活动在这一原则上往往需要更多的灵活性，因此签订协议以从银行账户取出超过账户余额的资金是非常有用的——这就是透支。

> 透支是对在账户上超额取出不超过规定限额的资金的许可。

透支通常以几个月或 1 年为还款期，并对实际透支额征收利息。

优点

透支有以下优点：

（1）灵活。银行不会要求借款企业在一开始就预报精确的借款数量和借款期限，企业具有在透支限额内借款的灵活性。同时，借款企业可以放心，它们能够在不再需要资金时，迅速而便捷地还款而没有罚金。

（2）廉价。银行通常会根据借款方的信誉、提供的担保和谈判地位，在银行基准利率（或伦敦银行同业拆放利率）的基础上以 2~5 个百分点加成计息。此外，银行还可能，比如说征收贷款金额 1% 的贷款手续费。这些费用可能看起来似乎很高,但是要知道透支是一些较小的、风险较高企业常用的贷款方式。对这些企业来说,其他贷款方式的成本只会更高。而拥有充足抵押品且具有低负债率的大型的、信誉良好的借款企业则可以以更低的利率进行透支贷款。银行仅按账户的每日未付结余额计算利息,企业主要的利息节约额就源于这一计息方式。因此,如果企业在一周内有大量现金流入,那么它可以以此抵减已透支额,暂时降低应付利息,同时也为下一周保留了更多的剩余可透支额。

缺点

透支的一个主要缺点是,银行保留了临时撤销透支工具的权利。负债严重的企业很可能收到银行要求其在几天之内偿付已透支额的催款通知。这一权利降低了贷款方的风险,因为贷款方可以迅速地从陷入困境的企业中取回资金,从而使贷款方降低贷款成本。但是这却会给借款人带来毁灭性的影响。因此企业通常会获得建议,需要彻底地全面考虑通过透支得来的融资资金做何用途。通常来说,将这些资金用于不易变现的资产是很不明智的。例如,将透支贷款用于要花费 3 年才能取得成果的桥梁建设工程,就可能会带来麻烦。

> 通常来说,将这些资金用于不易变现的资产是很不明智的。

将银行撤销透支工具的权力写入贷款协议是一项古老的惯例,而英国国民西敏寺银行(NatWest)在 2000 年打破了这一惯例——见专栏 15.1。

英国国民西敏寺银行删除透支条款

吉姆·皮卡德(Jim Pickard)

昨日,在国民西敏寺银行废除其临时撤销客户透支工具的权力后,代表小型企业利益的运动倡导者最终宣告胜利。

国民西敏寺银行表明,它将通过从小型企业透支服务中删除"即时偿还"条款这一举措,颠覆当前的行业惯例。

银行还表示,它将通过确保 3 月期、6 月期,或是 1 年期透支贷款名实相符,以终结中小型企业所面对的不确定性。这一决定同时适用于抵押透支和未抵押透支。

专栏 15.1 英国国民西敏寺银行删除透支条款

资料来源:《金融时报》2000.11.21

对于透支贷款,银行可能要求企业资产的固定抵押,也可能会要求浮动抵押。同时,银行还会注意其他形式的担保,例如,企业经理或企业所有人的个人担保(如果企业拖欠贷款,银行可以要求企业经理用个人资产来偿付贷款)。当理查德·布兰森爵士(Richard Branson)从劳埃德 TSB 银行(Lloyds TSB)借款时,该银行就收取了理查德爵士拥有的维珍大西洋航空公司(Virgin Atlantic)股份作为抵押。注意,在特殊情况下透支贷款的期限可以延至 3 年——见专栏 15.2。

布兰森获得 1700 万英镑的贷款增加额

弗朗西斯科·格雷拉（Francesco Guerrera）和梭罗德·巴克（Thorold Barker）

凭借维珍集团（Virgin Group）在维珍大西洋航空公司的控股权（——理查德爵士商业帝国中极富价值的一块瑰宝），理查德·布兰森爵士从劳埃德 TSB 银行获得了 1700 万英镑贷款增加额。

昨日，维珍集团表明，它以理查德爵士持有的维珍大西洋航空公司 51% 的股份作为抵押，交换劳埃德银行 6700 万英镑的 3 年期的信贷额度。

维珍集团已经在它的新业务中使用了 5000 英镑的透支贷款。这些新业务包括美国和澳洲的移动电话风险投资，以及南非连锁健康俱乐部的收购。

专栏 15.2　布兰森获得 1700 万英镑的贷款增加额

资料来源：《金融时报》2001.6.12

季节性企业

透支贷款对季节性企业来说特别有用，这是因为，每日未付结余额计算的利息和提前还款的零罚金意味着这种融资方式比贷款更加廉价。以果农（Fruit Growers）有限公司为例（见范例 15.1）。

范例 15.1

果农（Fruit Growers）有限公司

果农（Fruit Growers）有限公司的管理人员正试图在用贷款方式融资还是用透支方式融资中做出抉择。这两种融资方式的利率都为每年 10% 或每季 2.5%。来年的现金状况如图 15.2 所示。

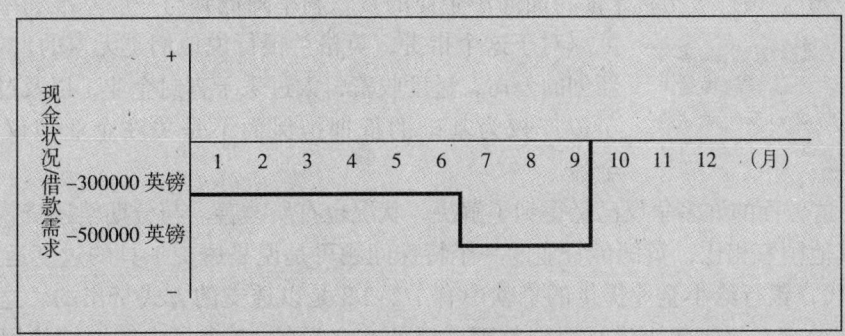

图 15.2　果农（Fruit Growers）有限公司的每月现金流余额

可选方案 1　1 年期贷款

1 年期贷款的优点是更具确定性，其所贷款项在全年中都保持到位。该公司需要的贷款总额为 50 万英镑，贷款本金和利息都在年末支付。年初，果农公司的账户上增加了这50万英镑的资金。当最后数月中公司不再需要这50万英镑时,多余资金会被用于投资,收益率为每季2%。

一年期贷款成本
贷款利息　500000×10%　　　　　　　　　　= 50000 英镑
减:剩余资金每季2%投资收益的应收利息
　1~6月　　　200000×4%　　　　　　　　= 8000 英镑
　10~12月　　500000×2%　　　　　　　　= 10000 英镑
借款总成本　　　　　　　　　　　　　　　= 32000 英镑

可选方案2　50万英镑的透支贷款

用透支来获取50万英镑这一融资方式的缺点在于,透支工具有可能在这一年内随时被撤销——但是,这种方式的成本确实较为低廉。

50万英镑透支贷款的成本
第一季(1、2、3月)　300000×2.5%　　　= 7500 英镑
第二季(4、5、6月)　300000×2.5%　　　= 7500 英镑
第三季(7、8、9月)　500000×2.5%　　　= 12500 英镑
第四季(10、11、12月)　　　　　　　　　= 0 英镑
借款总成本　　　　　　　　　　　　　　　= 27500 英镑

注:年内利息的复利计算过于复杂,我们将忽略不计。

对银行的批评

对大多数企业来说,银行突然撤销透支工具的风险并不大。任性而草率的撤销已达成协议的透支工具,银行将不能产生商誉和良好的公众形象。在20世纪90年代早期,传统银行遭受了强烈的抨击。"在1993年,对于银行与它们的小企业客户之间的关系,最好的描述莫过于,'他们双方正处于武装中立的状态中'"[霍华德·戴维斯(Howard Davies),英格兰银行副行长,1996]。银行被指责未能将面向小企业的贷款利率降低到与一般基准利率相同的程度(对于这个指责,英格兰银行说他们是无辜的),没有支持新创的公司,过度收费,太过乐于查封企业,以及过多的关注于以产权为基础的抵押担保而不是关注企业拟议业务的现金流。

> 对于银行与它们的小企业客户之间的关系,最好的描述莫过于"他们双方正处于武装中立的状态中"。

目前,这方面的许多争议已经得到了解决,状况也有所改善。与分期偿还贷款的运用更为广泛的其他国家相比,英国借贷业的一个特殊问题可是说是透支工具的过度运用。在20世纪80年代,银行给小企业提供的贷款中有1/2~2/3是以透支的方式贷出的。这些透支贷款中的大部分会在每年年末进行重新整理,以便在之后的12个月内能继续使用透支资金(贷款展期)。因此,该透支贷款方式实际上已经成为一项中期融资资源。这一政策的缺点在于:每次贷款展期都需要支付手续费,企业还面临协商失败的风险,以及由此风险引起的银行资金的撤回。显然,长期贷款协议更适合于多数企业,银行在这一业务的推广上做出了许多努力。最终,在1993~1998年间银行向小企业提供贷款的各种方式中,透支方式所占比例从49%降低到了30%,而分期偿还贷款所占比例上升到了70%。

在20世纪90年代中，银行和小企业之间的关系可以说是得到了很大的提升——见专栏15.3。

银行推进了与小企业之间的联系

研究认为向中期贷款方式的转型将会增强抵御经济波动

安德鲁·鲍尔斯（Andrew Balls）

小企业受经济周期波动的影响与以前相比减少许多，这是因为它们减少了对透支工具的依赖而增加了固定还款的中期银行贷款的使用。

……"当前银行更加愿意在整个经济周期中向小企业们提供资金。"银行面向小企业的行业准则和改进了的英国银行家协会行业标准，带来了银行和小企业之间"更加开放的双向关系"。

银行现在有了更好的预警系统以便找出陷入困境的企业，而小企业也更加愿意向银行分享信息。研究报告《英国小企业的融资》表明："更融洽的关系和更高度的合作将有助于避免之前的经济衰退带来的紧张局面（之前的经济衰退导致了企业倒闭数量的增加并严重影响了银行的声誉）"。

更好的信息共享也意味着银行降低了对利息的征收，减少了抵押的要求，同时提供了更多固定利率贷款，而不是适用短期利率的透支工具。

在1992年，透支贷款和分期偿还贷款的数量在贷款总额中各占一半。而截至1998年，分期偿还贷款已占据了贷款总额的70%。2/3的银行分期偿还贷款的贷款期间都超过了5年。

在小企业融资总额中，银行贷款所占比例已由1990年的61%下降到了1997年的47%。而分期付款和租赁所占的比例却在同期由16%上升到了27%。与1987~1990年的65%相比，1995~1997年间，仅有39%的小型企业寻求了外部融资。银行表示，小企业相比起以前也更加依赖于内部生成的资金。

专栏15.3 银行推进了与小企业之间的联系

资料来源：《金融时报》1999.5.17

分期偿还贷款

分期偿还贷款，是指在约定时间内以规定条款借入的、金额固定的款项。这类贷款的期限通常在3~7年，但是也可以是1~20年不等。在规定的条款中会包括关于偿付计划的条文。如果借款企业申请贷款用于头三年内无法产生现金流入的项目，那么银行将会为企业安排一段仅需偿付贷款利息的宽限期，而一旦项目产生足够的现金流入，才清偿本金。银行也可以设置一些其他的偿付计划以适应企业或项目的现金流模式。例如，漂浮式付款结构中，借款人只需在贷款期间大部分时间偿付少量本金而在贷款期末清偿大部分贷款本金。而一次性偿还方式则比这更进一步，在一次性偿还中，借款方仅在贷款期末一次性偿还所有本金。

并非所有的分期偿还贷款都是在协议签订以后一次性提清的。对于需要不断借入款项以满足不同阶段开发需求的建设工程来说，就可能需要设置分期提款计划。比如说，在贷款初期可以立即提取25%的资金，在工程基础阶段可以再提取25%的资金等。这种方式对那些没能获得未建成资产相关担保的贷款方有额外的吸引力。从借款方的角度来看，分期提款贷款比透支贷款更为有利，因为贷款方承诺在借款方达到预定状况后就向其提供资金。反之，如果使用的是透支贷款的话，贷款方很可能随时撤销协议。

分期偿还贷款收取的利息既可能是固定利率，也可能是浮动利率。除了利率之外，借款方还需要支付银行贷款手续费，手续费的高低取决于借贷双方的相对议价能力。

因为附有冗长的银行承诺，所以分期偿还贷款通常比透支贷款有着更多的附加文件。这些附件中包括了借款企业必须承担的一系列义务，例如向银行提供信息流、财务杠杆状况（资本负债率）和流动性（资金的偿债能力）的限制。如果这些财务比率的限制被突破了，抑或是本金和利息未在约定的时间偿付，银行就有权终止贷款协议。这时，银行可以决定不再向企业带出资金，甚至在极端的情况下，坚持要求企业偿还已经贷出的款项。即使企业确实违约，银行也通常更倾向于重新安排或调整对企业提供的融资（例如延长贷款偿还期），而不是采取严厉的强制措施。

商业信用

> 对多数企业来说，最简单也是最重要的短期融资来源是商业信用。

对多数企业来说，最简单也是最重要的短期融资来源是商业信用。商业信用指的是企业在收到用于生产的货物或服务时并不立即支付货款。在必须支付货单货款前，企业可以用这些货物和服务来创造收入。

笔者曾与一些小型商业企业有过往来，这其中有一家从事于陶器和玻璃器皿销售的小型零售企业——Crocks。图15.3中给出的就是该企业的一份真实货单（仅做了部分修改以隐藏供应商的身份）。在我们初次向某一供应商购买货品时，我们理所当然地会向其申请商业信用，而通常收到的回复是供应商要求得到两份关于我们信誉度的证明，其中的一份证明来自已向我们提供商业信用的其他供应商，而另一份来自我们的银行。一旦供应商收到了这些信用证明，就会给予我们一般同类零售商的正常信用条件，即货物交付后30天内付款。在商业往来中，你可以学到的东西之一就是这类商业信用应该具有一定灵活性。我们发现，如果你超过了30天的付款期而在第60天左右才付款，供应商似乎也不会有太多的困扰；即使你经常性的延迟付款，他们也依旧会以正常的信用条件给你提供货物。

每当供应企业交付货品后，我们都必须为何时付款做出决定。选项1是在第14天付款以获得2.5%的现金折扣——见图15.3中货单下方的注释。而选项2则是在60天后付款（注：在选项1中，这2.5%的现金折扣额包含在货物的不含增值税价格内，即217.30英镑内）。

选项1

217.30英镑 × 0.025 = 5.43英镑

因此，如果我们在货物交付后第14天付款，就可以少支付5.43英镑的账款了。这看起来似乎很不错，但是我们还不知道这一选择是否会优于选项2。

供应商 XYZ 公司					货单号		501360	
苏塞克斯郡（SUssex）西街（West Street）54号					日期		1998年2月29日	
货单寄送地址					货物移送地址			
Crocks 公司					Crocks 公司			
莱斯特郡（Leics）					林肯郡（Lincolnshire）			
梅尔顿·莫布雷（Melton Mowbray）					格兰瑟姆（Grantham）			
LE13 1XH								

货单

	账户	客户订单号	销货定单	承运人	AEP	发货编号	到期日	页数
	T02251	81535	T01537		090	000067981	1998年3月28日	1
	产品编号	产品描述	单位	发货数量	单价	%	金额	增值税代码
1	1398973	长玻璃杯	个	12	0.84	0.00	10.08	0
2	12810357	大玻璃杯	个	12	0.84	0.00	10.08	0
3	1395731	盘子	个	60	1.10	0.00	66.00	0
4	1258732	碗	个	30	4.23	0.00	126.90	0
5	1310102	杯子	个	1	4.24	0.00	4.24	0
		VAT 0: 217.30@ 17.5%						
						不含增值税价款		217.30
						费用		0.00
						增值税额		38.03
								255.33

注意我们的结算条款：在货物交付日之后14天内付款将会获得2.5%的现金折扣，在第15~30天内付款则须全额支付货款。

图15.3 一张典型的货单

选项2

这项业务附有透支贷款，因此，如果我们避免从银行借款的话，就可以省下许多利息费用。而通过46天（60天–14天）的延期付款，我们能够节省多少利息支出呢？假设透支贷款的年利率为10%，那么日利率是：

$$(1+d)^{365} = 1+i$$

其中：

d = 日利率，i = 年利率

$$d = \sqrt[365]{(1+i)} - 1$$

$$\sqrt[365]{(1+0.1)} - 1 = 0.00026116$$

46天的总利息应为：

$$(1+0.00026116)^{46} - 1 = 0.01208 \text{ 或 } 1.208\%$$

$$(255.33 - 5.43) \times 0.01208 = 3.02 \text{（英镑）}$$

因此，与提前还款可以获得的5英镑以上的现金折扣相比，延期至第60日再付款仅能得到3.02英镑的利息节省额。可见这一特定情况下，延期的商业信用并不是最廉价的融资来源，利用透支工具的成本相对来说更为低廉。

我们企业的许多供应商并未提供提前付款折扣，这使得我们认为商业信用融资是一项零成本的资金来源,所以一般采取的做法就是尽可能多地获取商业信用。这一制度因此而被滥用。但是供应商会疲于应付那些一贯推迟付款的购货企业,从而拒绝继续供货,或者是仅在预付账款的前提下供货。另一个需要注意的问题是,在商界获得的不良声誉很可能影响到与其他供货商之间的关系。

优点

商业信用有以下优点:

(1) 便捷/不拘形式/成本低廉。在大多数产品市场中,商业信用成为了商业活动的一个正常部分。

(2) 适用于各种规模的企业。小型企业,尤其是快速增长中的小型企业通常只能寻求到有限的资金来源。银行经常将透支额度和贷款额度限制在现有资产的价值以内。

决定商业信用条件的因素

行业惯例

在许多行业内都形成了向客户提供商业信用的惯例。个别供应商对这些惯例的背离通常是很不明智的,因为这会使他们失去市场。图 15.4 显示了在列示行业中企业客户的付款期限。不同的行业中付款期限是具有很大差异的:在零售行业中大多数的销售都不存在商业信用,整个行业的平均信用期限仅为几日;而在金属产品领域中,标准的商业信用付款期限为11 周。

		信用期限(日)	
		东米德兰兹	西米德兰兹
1	化工业	68	64
2	金属制品业	75	74
3	机器制造业	74	77
4	电力和电子工业	72	78
5	塑胶行业	72	71
6	纺织业	49	60
7	制衣业及 Footwear 业	42	48
8	食品、饮料、烟草业	37	39
9	造纸、印刷、出版业	68	66
10	建造业	44	46
11	批发业	56	70
12	零售业	19	20
13	商务服务业	80	64

图 15.4 东米德兰兹(East Midlands)和西米德兰兹(West Midlands)地区中型企业的客户信用期限

资料来源:G.C.阿诺德和 P.戴维斯 (1995)《西米德兰兹产业的盈利趋势》。Lloyds Bowmaker 的研究。爱丁堡:Uoyds Bowmaker。经劳埃德 UDT Limited 批准再版。

双方的谈判实力

如果供应商有为数众多的客户，而每个客户都想在特定的地区购买产品，同时供应商又希望只有一家折扣经销商，那么供应商很可能决定不再向那些要求获得额外商业信用的企业提供商品。同时，如果供应商面对的是竞争激烈的销售市场（在这一市场中购买方有许多货源可供选择），那么供应商就会用商业信用来获取竞争优势。

产品类型

拥有高水平营业额（相对于企业库存水平来说）的产品，例如食品，通常是以较短的信用期限出售的。其主要原因是这些产品通常是以较低利润率出售的，延迟支付会导致商业信用滞留的资金迅速增长至相当大的数目。这会对供应商的现金资源和利润率造成严重影响。

保 理

商业信用是购货企业所获得的额外好处，但这一普遍做法却给提供商业信用的企业带来了负担。对大多数企业来说，任何时刻客户所拖欠的款项总额（应收账项余额）都是他们每月营业额的倍数。在一家中型企业中这一数额能够达到数百万英镑。成本（例如工资）已经支付而客户却尚未付款——这会给企业的到期履约付款能力带来沉重的负担。

保理公司（或"未收款发票融资"公司）为拥有应收款项的企业提供三种服务，其中最为重要的就是即时将应收款项转换为现金。保理人提供这一服务的条件是，应收款项到期时收到的偿付资金由保理人获得。各类规模的企业都越来越多的使用保理业务以满足由销售增长和应收款项结余而引发的现金流量需求。保理业务成交量中大约有 80% 是由结算银行的分支机构处理的，例如汇丰银行保理公司（HSBC Invoice Finance）、ALEX LAWRIE 保理公司（隶属于劳埃德 TSB 银行）和苏格兰皇家银行商务服务公司。但是也存在着数十家较小的保理公司。保理人主要提供三项密切相关的服务，它们分别是：资金的提供、销售分类账管理和信用保险。

资金的提供

一家典型企业在任何时候都会有相当于其年营业额的 1/5 或以上的应收款项，一家年营业额为 500 万英镑的企业，可能拥有 100 万英镑的应收账项余额。这一大笔应收款项会导致企业资金周转困难，即使是业务发展健康的企业也会感到压力。这时保理公司开始介入，为企业提供支持库存水平以及向供货商支付货款所需的资金，同时对更具利润的贸易和成长提供一般援助。保理公司会以企业的未收款发票为抵押，向企业支付一笔预付款。通常企业能直接获得约为发票票面价值 80%（在某些保理公司这一比例能达到 90%）的预付款，剩余的 20% 将会在客户最终付清款项后由保理公司转回企业。当然，保理公司会收取一定的手续费用并征收预付款的利息。这一费用会根据销售额、所处行业类别以及发票的平均价值而在不同委托人之间有所区别。根据汇丰银行（HSBC）的标准，保理融资费用与透支贷款利率不相上下（在基础利率上加成 2~3 个百分点计算）。与透支贷款一样，保理业务利息基于借款企业转移至已方账户的资金的每日未偿结余额进行计算。除此之外，还要收取已开发票销售金额 0.2%~3% 的服务费用。对于小额发票较多、客户账户较多或是风险较高的保理业务，所收取的服务费用会基于较高比例计算。图 15.5 显示了典型保理业务的各个阶段：第一，向客户发出货物并寄送货单；第二，供应商将发票收款权出售给保理公司以获得比如说应收款项面值的 80%；第三，几周之后客户向保理公司付清所欠账款；第四，保理公司将剩余的 20% 货款扣除保理费用和利息后转回供应商。

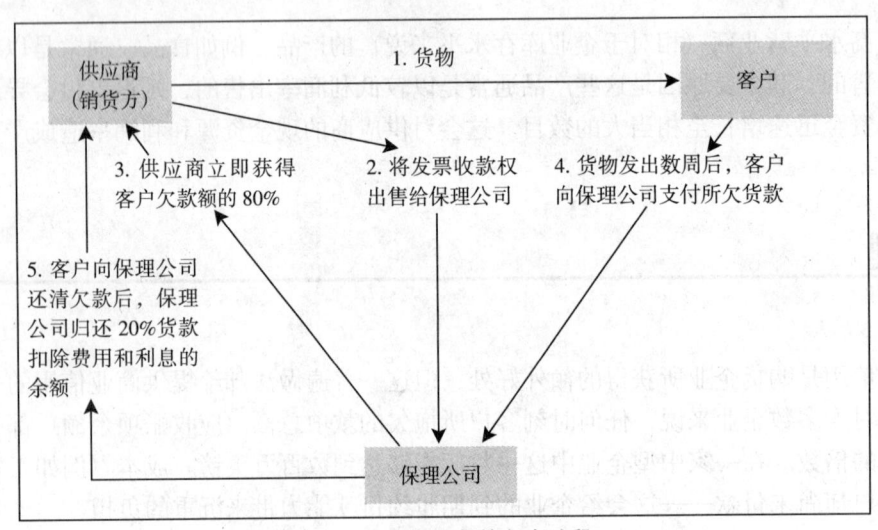

图 15.5　保理业务的各个阶段

保理公司经常会拒绝一些委托人的业务申请，因为这些委托人并不适合于他们的服务。保理公司寻求的是"干净而无负担的债务"，这样他们才能够确保收到发票的偿付款项。保理公司还希望了解企业的业务，并对企业管理层的能力感到满意。图 15.6 表明了保理公司是如何计算预付款金额的。

一家供应商有 100 万英镑的未收款发票。其中，4 万英镑的未收回账款为旧账，保理公司不予考虑；6 万英镑的未收回账款由于质量较差或是出口销售而被保理公司驳回；还有 3 万英镑的未收回账款在供应商和客户间存有争议。		
保理公司准备为合适的未付款发票支付 80% 的预付款。		
总发票金额		1000000 英镑
减去：		
过于陈旧的账款	40000 英镑	
未获批准的账款	60000 英镑	
存在争议的账款	30000 英镑	
		(130000)
		870000 英镑
保理公司愿意为供应商直接提供的资金金额为 870000 英镑的 80% 或者是 696000 英镑（即总发票金额的 69.6%）		

图 15.6　可从保理公司获得的预付款金额

这种形式的融资与银行借款相比有不少的优势。保理公司不会向企业施加财务比率保障条款（例如利润必须是利息的倍数），或者要求企业以固定资产作为保证。同时，委托人也不用害怕贷款会被临时撤销（像透支工具那样），因为保理业务中通常会有一个通知期限的存在。保理业务的缺点则在于成本较高，同时也不适用于一些小额交易较多的企业。

销售分类账管理

企业，尤其是快速增长中的新建企业，通常不希望承担因设立一套处理未偿债务的复杂系统而带来的麻烦和费用。只要支付酬金（营业额的0.5%~2.5%），保理公司就会为企业接管诸如记录赊销额、检查客户信誉度、寄送货单、向逾期付款人追讨欠款，以及确保债务已经清偿之类的工作。这一业务的费用似乎很高，比如一家年营业额为500万英镑的企业就要支付10万英镑的费用，但是企业却能由此避免设立专门管理团队的内部成本，并将注意力集中在核心业务上。此外，保理公司是富有经验的追款专家，他们知道商家的一切花招（例如"支票正在投递中"之类的借口），因此他们能够更早的追回欠款。与发票贴现不同，保理业务中金融机构通常会捆绑提供销售分类账管理和追债业务这两个服务。

信用保险

保理公司提供的第三项服务是为客户拒绝支付所欠货款这一可能性提供保险。这一服务收取的费用一般在发票面额的0.3%~0.5%。

附加追索权和不附加追索权

大部分的保理协议是不附加追索权的，这意味着保理公司接收了客户企业拒绝付款的风险。由于接收了这一风险，保理公司不仅会要求更高的回报，还会希望对信用评估、授信审批以及销售分类账管理的其他方面加以控制以确保款项的支付。有些企业更倾向于附加追索权的保理业务，这样他们虽然保留了客户违约的风险，但是却也能通过追债工作而保持与客户之间的关系，避免了保理公司有时甚至有些蛮横的干预。在隐秘的发票保理中，客户通常不知道保理公司已经成了最终收款人，因为供应商会充当保理公司的代理人继续向客户追讨货款。

发票贴现

在发票贴现中，供货企业将发票抵押给金融公司，以从金融公司获得多达票面价值90%的即时款项。供货企业承诺向金融公司支付发票标明的款项，并负责向客户追讨账款。客户一般不会知道发票已被贴现。在到期日企业会希望客户能够偿清欠款。但是不论到时客户是否支付了欠款，供货企业都必须先向金融公司移交全部发票款项，然后再从金融公司取回剩余10%款项扣除服务费用和利息后的余额。注意，即使是发票贴现也会受客户协议的具体情况所影响，有时发票贴现还会在不附加追索权的基础上进行。发票贴现和保理的关键区别就在于：前者通常附有对供货企业的追索权，而且对客户的追款工作也由供货企业进行。如果企业需要的是销售分类账管理和债务追讨服务，那么就应该申请保理业务。

如果供货企业具有良好的信誉和收益，那么资金提供者一般会仅在发票贴现的前提下向其预付款项。供货企业必须拥有有效又专业的信用控制和销售分类账管理系统，同时其营业额必须在25万英镑以上。发票贴现的费用通常会比保理低，因为在发票贴现中销售分类账管理是由供货企业负责的。所收取的费用为企业销售额的0.2%~0.8%加上以企业透支利率相似利率计算的利息费用。

专栏15.4表明了保理业务对一家包装公司的重要性。

在萧条期生存下来的重要因素

费尔干纳·伯恩（Ferga Byrne）

1991年，经济持续萧条，舒克拉包装公司（Shukla Packaging）总经理吉图·舒克拉（Jitu Shukla）已经束手无策了。数月来，他一直努力试图使客户支付所欠账款。除了这许多应收账款之外，公司在沃特福德的包装纸生产基地要进行改迁，同时旗下还有一家生产附件的公司需要50%的预付款项以开展国际化生产。这一切都意味着公司的现金流陷入了危机。

"我花费了所有的时间（跑遍了整个英格兰）去向债务人追讨欠款，而且我感到越来越有压力了。"舒克拉先生说道，"客户平均拖延15~20天付款，我们的现金流因此而走向危机。"

他的经历并不罕见。邓白氏（D&B）商业信息集团高级分析师菲利普·梅勒（Phillip Mellor）表示，在经济萧条中，购货企业会将其付款期延长10~15天，从而对供货企业造成灾难性影响。梅勒先生还指出，对小型企业来说，债务人在70天后付款会冲销供货企业的边际利润。

随着银行经理对公司的透支规模越来越感到紧张不安，舒克拉先生选择了伦巴德（Lombard）公司（目前为苏格兰皇家银行商务服务的一部分）提供的保理业务全套服务和信用保险。虽然他很担心客户会对此做何反应，但是这个风险值得一冒，否则公司将面临失败。

在当时的英国，保理业务相对来说很少，而如今已有3万家企业都在某种形式上运用了保理业务。"保理是企业令资产更努力发挥作用的一种有力手段。"安德鲁·派珀（Andrew Pepper），柏德豪会计事务所（BDO Stoy Hayward）合伙人指出，"比如说相对于50%透支贷款，保理公司一般会向企业预付应收账款分类账金额的80%~90%。对于一家规模与营业额一起增长的成长企业来说，保理业务格外有用。"

对于舒克拉先生而言，将应收账款申请保理的决定是至关重要的。"（它）改变了公司的流动资金周转状况。同时使我能够将注意力集中在更重要的地方，即与客户之间关系的建立（这在萧条期是极为重要的）和新产品的开发。"

并不是所有行业都适用保理业务的。在诸如建筑和工程之类的在较长时间内付款的部门中，保理服务就不可能会被提供。

保理业务一般更适用于那些资金周转不利的企业，而不是面对不良债务人的企业——舒克拉包装公司同时面临着这两种状况。除非企业选择了信用保险——仅有不足10%的企业采用了这一服务——否则保理业务不能消除坏账。"有时候，这还会使潜在的问题恶化。" Entrust（英格兰东北部的一家当地企业机构）的商业顾问约翰·安格林（John Anglin）表示，"我见过一些企业由于客户违约，而在向保理公司偿还预付款项——这笔款项已被使用——时陷入严重的财务危机。"

对舒克拉先生来说，与保理业务同时

办理的信用保险服务挽救了他的公司。因为在不到一年后，贺卡公司雅典娜（Athena）倒闭了，而该公司所欠货款占舒克拉公司应收账款总额的将近40%。

舒克拉公司的客户向保理公司的付款往往快于向舒克拉包装公司的付款，但是情况却并不总是这样。钢铁公司Magnemag的总经理迈克·萨维奇（Mike Savich）发现，他的客户向保理公司的付款速度低于他自己运作债务人分类账时的付款速度。由于Magnemag在未收款发票获得偿付之前不能为新的发票申请保理，这就为企业的增长造成了障碍。苏格兰皇家银行商业服务公司提供的信用管理和票据托收服务的费用为发票总额的1%~2%。对于这一费用，舒克拉先生表示："这仅仅是雇佣一位销售记账员和一位要在英国到处追债的信用管理员所要花费的成本的一小部分，更不用说可能涉及的法律费用了。"

企业从保理业务中获得的预付款的利率低于透支贷款的利率。舒克拉先生认为，这是由于保理公司对基本业务的更好理解使其能够做出比银行更为准确的风险评估。独立理财咨询服务（IBAS）公司的埃迪·韦瑟罗尔（Eddy Weatherall）说，一些企业在银行突然减少其透支额度时，会看到自身的营运资金状况恶化。

是否申请保理业务的决定以及保理公司的选择都是需要进行仔细考量的。萨维奇先生指出，他的保理合同很长，并且拥有很多的法律细节。"很多公司完全没有专业知识或时间去充分地了解交易的性质，"萨维奇先生说道，"那么之后的业务开展就可能会遇到困难。"

专栏15.4　在萧条期生存下来的重要因素

资料来源：《金融时报》，2002.1.24

分期购买

在分期购买中，金融公司会买下借款企业所需的设备。这些设备（厂房、机器、交通工具等）属于分期购买的公司（HP公司），但是金融公司会允许"租用"企业在一系列定期还款的前提下使用这一设备。这些还款总额足以支付利息和偿还本金。在每月的分期付款仍在持续时，HP公司保有作为设备合法所有人的义务和保障。因此，在租用方违约时，HP公司可以收回这项设备。在所有分期款项都支付完后，租用人会自动或者是在支付适度的承购费用后成为该项设备的所有人。现如今，购买电子产品或车辆的消费者已经开始熟悉销售助理在售货的同时出售HP协议的做法，协议可以使顾客在较长时间内分期付清货款。这一融资服务有时是由同一机构提供的，但在更多情况下是由独立的金融机构提供的。图15.7显示了一份HP协议的各个阶段。HP公司购买了这一耐用商品，并立即提供给租用方使用。租用方随后向HP公司定期付款，直至租用方获得该商品的所有权。

以下是一些可能采用分期付款方式购买的资产：

- 厂房和机器；
- 商务车；
- 商用车辆；
- 农用设备；

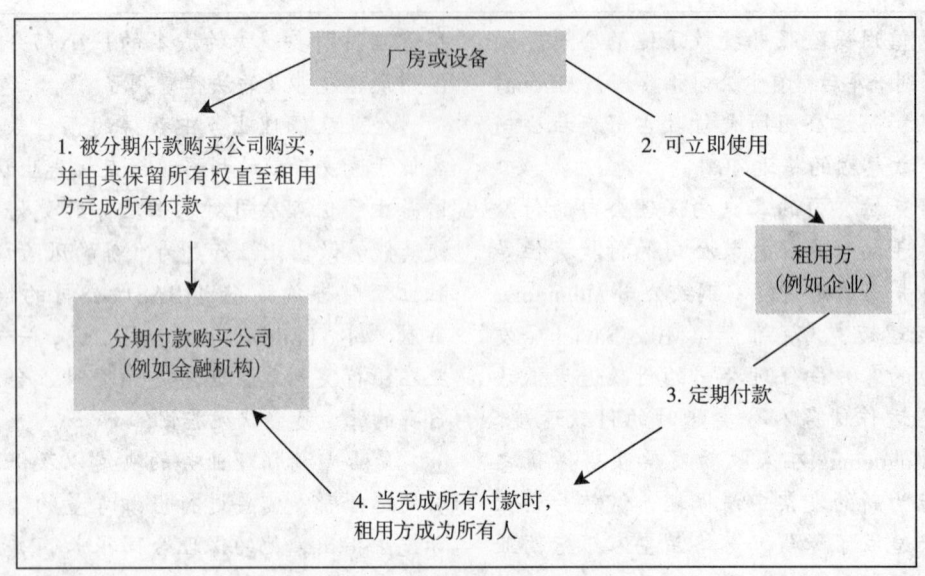

图15.7 分期付款购买的程序

■ 旅馆设备；
■ 医疗设备；
■ 电脑，包括软件；
■ 办公室设备。

显然，这种形式的融资有一些显著的优势。仅在英国国内，每年就能达成超过70亿英镑的分期购买协议。它的主要优点如下：

（1）初始投资小。企业在开始时不用筹集全部价款。仅在初期支付定金，随后定期分期付款，这样就减少了现金流的压力。企业通过仅仅支付定金而保留下来的资金可以用于其他生产性投资，但是与这一点相对立的是较高的利息费用以及额外的维修和保险费用。

（2）容易办理。通常在销售点直接办理。

（3）具有确定性。分期付款购货是一项中期融资资源。与透支贷款不同，假如企业按合约付款，这一融资就不可能会被撤销。同时，这一付款承诺一般是以若干年为期的，中止协议将会带来高昂的成本。

（4）在其他融资资源不可使用的情况下分期付款购买通常仍可使用。对一些企业来说，股票市场无法使用，而银行又不再向他们提供贷款。但是HP公司仍会为他们提供资金，因为这些HP公司拥有资产作为担保。

（5）固定利率融资。在大多数情况下，分期付款额在整个付款期间都是固定的。虽然利息费用不会在协议期间随着一般利率而变动，但是租用方必须认识到，HP公司采用的利率与真正的百分比年利率有很大的差异。HP公司往往采用的是统一费率。所以，举例来说，对于一项金额为9000英镑，要在30个月内等额分期付款的贷款，其统一费率可能是12.4%。这是通过先计算2.5年的总利息，再除以9000英镑的本金计算出来的。每月分期付款额为401.85英镑，因此付款期内总付款额为401.5英镑×30 = 12055.50英镑。统一费率为：

$$\sqrt[2.5]{(12055.50/9000)} - 1 = 0.1240 \text{ 或 } 12.4\%$$

如果全部利息和本金都在第30个月付清，那么这就是真正的年利率。然而，实际上在付款期内每个月都要支付部分本金和利息,因此百分比年利率(APR)要比统一费率高出很多。根据粗略的经验法则,ARP 一般会是统一费率的 2 倍。

(6)税负减免。租用方可以在两方面获得税负减免:

■ 资产可以在资本开支上扣除允许的账面价值冲抵折扣(Writing-down Allowance,WDA)。例如,如果某类资产适用 25% 的 WDA,且其原价为 1 万英镑,那么使用企业可以在购买当年的应税利润中扣减 2500 英镑;在购买次年的应税利润中扣减 7500 英镑 × 0.25 = 1875 英镑。如果应税利润的征税比例为 30%,那么第一年的应缴税金将减少 2500 英镑 × 0.30 = 750 英镑,而第二年的应缴税金将减少 1875 英镑 × 0.3 = 562.50 英镑。注意,尽管租用企业并不是该资产的法定所有人,但该税务减免仍然适用。

■ 利息支出可以抵减应税利润。

税务减免仅对盈利企业有价值。很多企业并没有足够的利润来扣除 WDA,这就会使分期付款购货成为一项高成本融资。另一种形式的融资可以避免这一问题(同时又能保有其他优势)——这就是租赁。

租 赁

租赁和分期购买相似,在这种融资方式中,设备的所有人(出租人)在协议期间将设备的使用权交付给设备的使用方(承租人),并从使用方获得定期的租金支付。这两种融资的主要区别在于,租赁中承租人不会成为设备所有人——租赁公司会保留设备的合法所有权。清算银行的子公司已经统治了英国的租赁市场,但是世界上最大的租赁公司是福特公司(Ford)、通用电气资本公司(GE Capital)和通用汽车金融服务公司(GMAC)(由通用汽车公司所有)。

租赁和分期付款方式占据了英国企业所有固定资产投资中的将近 1/4 的份额——而对小型企业来说,这一数值达到了 50%。图 15.8 展示了一项典型的租赁交易。这一交易中包括了需要使用资产的企业与购买资产并将其出租的金融机构之间的协商。

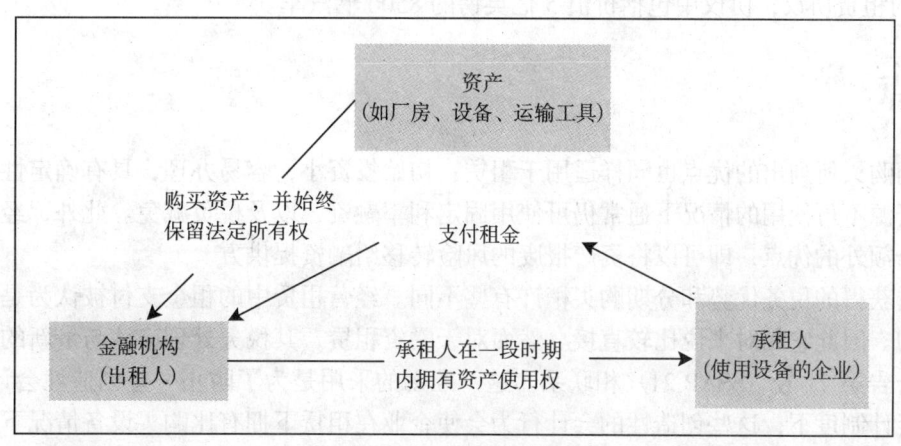

图 15.8 一项租赁交易

区分经营租赁和融资租赁是很重要的。

经营租赁

经营租赁允许承租人仅签订短期合约，或者是可即时撤销的合约。承租人当然不会希望这些经营租赁合约持续整个资产的使用寿命，因此当承租人不再需要资产时，金融机构承担了为资产安排其他用途的责任。这些资产可能在二手市场被出售，也可能被租给其他客户；但不论用哪种处置方式，金融机构要承担所有权所附带的风险。如果设备淘汰的比原先估计的更快，那么由出租人承担完全的损失。如果设备质量不如预期的可靠，那么出租人就必须承担维修费用。通常，在经营租赁中出租人保留了维修、保养和保险的义务。显然，这就是为什么过时较快和损坏频繁的设备通常都以经营租赁方式出租。例如，一个大学部门使用的复印机最好是通过租赁形式获得，这样，即使机器发生故障，学校职员也不必处理这一问题。除此之外，还可以快速地安装最新型号的设备以取代过时的设备。这一道理同样也适用于电脑、传真机等。

如果企业拥有短期工程，需要在有限期间内使用某一资产，那么经营租赁也是很有用的。例如，建筑公司经常会使用经营租赁提供的资产（有时也称为设备租赁）。经营租赁并不局限于小件设备。在短于资产经济寿命的期间进行租赁的飞机租赁市场和船舶租赁市场正在增长之中，这些交易都以经营租赁方式进行。波音公司的许多飞机都是出售给了租赁公司。

融资租赁

在融资租赁（也称为资本租赁或全支付租赁）下，融资提供者期望能够在租赁期间收回设备的全部成本（或几乎全部成本）和利息。在这种类型的融资中，承租人通常无权撤销或终止协议。尽管承租人并未获得资产的法定所有权，但是所有权通常所附带的风险和报酬却必须由承租人来承担：承租人通常担负了资产的保养、保险和维修责任，同时还必须承受需求低于预期，或者设备过时比预期更快的苦恼。绝大多数的融资租赁包括主要期间和次要期间。在主要期间中，出租人收回本金和利息。而次要期间中，承租人仅支付少许的象征性的租金。甚至军队也已将租赁作为筹资手段：在 2001 年，国防部与 Lex 汽车租赁公司签订了 10 年期的租赁协议，协议中包括价值 5 亿英镑的 8500 辆汽车。

优点

分期购买所列出的优点也同样适用于租赁：初始投资小，容易办理，具有确定性，在其他融资资源不可使用的情况下通常仍可使用固定利率融资，以及税负减免。此外，经营租赁还有一个额外的优点，即可以将资产报废的风险转移给融资提供方。

租赁获得的税务优势和分期购买稍许有些不同。经营租赁中的租金支付被认为是可以税收递减的，因此它相对来说比较直接。然而对于融资租赁，其税务处理应该与最新的会计实务准则公告第 21 号（SSAP 21）相联系。这一准则的采用是为了防止一些创造性会计行为。在旧的会计制度下，这些创造性的会计行为会使企业在租赁下拥有比购买设备情况下更好的财务杠杆（负债/权益比率）状况。在会计实务准则公告第 21 号（SSAP 21）出台之前，企业可以通过租赁来降低其账面的负债比例，从而增加其获得更多借款的机会。如图15.9，有X和Y两家企业，这两家企业起初有相同的资产负债表。

股东资金（净资产）		1000000 英镑
借入资本		1000000 英镑
总资产		2000000 英镑
现在，如果X企业又借入100万英镑去购买设备，而Y企业则租赁了100万英镑的设备，那么在旧准则下，两家企业的资产负债表会截然不同。		
	X 企业	Y 企业
股东资金（净资产）	1000000	1000000
借入资本	2000000	1000000
总资产	3000000	2000000

图15.9 企业X和企业Y的初始资产负债表

X企业的权益负债比为66.67%，而Y企业由于获得了"表外资产"的使用权，因此其账面的权益负债比仅为50%。比如说，一家银行对这两个企业进行表面分析后，它可能产生结论：Y企业更具备承担更多债务的能力。而事实上，在租赁下，Y企业在连续数年内都会有高程度的固定现金流出，它实际上拥有较高的负债比率。在这些规则下，Y企业还可以表现出更高的资产利润率。

如今，融资租赁必须被资本化以将其列入资产负债表。资产必须在资产负债表中予以列示，而租赁协议下的付款义务则被作为负债列入资产负债表。在随后几年中，资产要进行折旧，同时，随着资本的偿还，负债跟着减少。损益表也会受到影响，折旧和利息都被作为费用而扣除。

税务机关采用同样的规则，将利息费用从资产的资本成本中分离开来。租赁合同中隐含的利息费用可以在相关年度进行税务减免。而每年的资本成本则可以通过折旧分配率（资本免税额）计算分配至使用寿命内的每一年。

这些新规则仅适用于融资租赁，而不适用于经营租赁。融资租赁通常被定义为：租赁付款额的现值至少是资产公允价值（通常为其现货价格）90%的租赁。这导致了一些投机取巧的工程租赁协议将承租人付款额的现值限定在资产公允价值的89%，这样它们就可以被归类为经营租赁，从而避免了资产负债表的列示。然而，有关当局也进行了回击，见专栏15.5。这一专栏讨论了将经营租赁产生的负债记入资产负债表将会给产权公司带来的影响。不过，拟议的会计变更将会适用于所有企业。

加强对租赁的约束

道格·卡梅伦（Doug Cameron）

安然公司（Enron）的破产使投资者和监管机构的注意力集中到了特别目的公司（SPV）的角色和相关处理上。特别目的公司就是最终挤垮了这家美国能源商的金融机构。

对这些金融机构的关注，遮盖了在开发租赁——最常见的资产负债表外工具——新处理这一方面的缓慢进展。

会计机构之间对于包括诸如飞机、计算机之类的设备和诸如房产之类的固定资

> 产等租赁的会计处理方面存在的国际差异存在着广泛的不满。
>
> 主要的全球会计准则制定者——包括英国、美国的会计准则制定者和国际会计准则理事会（IASB）——当前在融资租赁和经营租赁中做出了区分，并要求对这两者采取完全不同的会计处理。
>
> 简单来说，融资租赁要被记入企业的资产负债表中，而经营租赁则不用。
>
> 对租赁的分类影响了一系列的业绩和报告指标：负债水平、财务杠杆、资产报酬率和利息保障倍数以及账面利润等。
>
> 在租赁协议中，即使是微小的差异也可能导致一项交易被认为是融资租赁，而另一项则被认定为经营租赁，从而使几乎相同的融资结构获得不同的会计处理。
>
> IASB 对于租赁的会计处理记载在国际会计准则第 17 号——租赁（IAS 17）中，这项准则于 1997 年进行了最新修订。与其他准则制定者一样，IASB 将融资租赁定义为：在租赁期间，所有权所附带的主要风险与报酬被转移给承租人租赁，而所有其他租赁都被定义为经营租赁。
>
> 1999 年 12 月，英国会计准则委员会（ASB）宣布的提案——并在国际范围内被分发至工业化国家的 G4+1 集团成员手中——承诺对租赁列报方式进行根本审查。
>
> 最基本的改变将是结束融资租赁和经营租赁之间的会计处理差异，经营租赁再也不能作为资产负债表外项目来进行处理。
>
> 其结果会是将数十亿美元的资产转移至企业的资产负债表上。
>
> 这一提案收到了各式各样的回应。其中有对平等对待这两类租赁以提升透明度这一观念的支持——但是也有对如何实现这一改变，以及这一改变可能带来的企业基本融资选择的减少表示的忧虑。
>
> ……经营租赁提供的财务弹性已经在许多公司部门的财务计划中根深蒂固，这些企业部门不太可能简单的改变并接受经营租赁原来会计处理方法的消失。
>
> 例如，经营租赁已经成为航空业发展最快的筹资资源。目前，几乎有 1/4 的全球商业机群是由运营商从出租人处租用的，这些出租人包括通用电气民用航空服务公司（Gecas）——通用电气资本公司（GE Capital）旗下单位，和国际金融租赁公司（ILFC）等——世界上最大的上市保险公司美国国际集团（AIG）的一个部门。
>
> 在英国，土地和建筑大约占据了经营租赁总额的 80%。一项针对英国 200 家企业所做的研究表明，企业经营租赁的总价值相当于其资产负债表上列示的长期负债总额的 39%。

专栏 15.5　加强对租赁的约束

资料来源：《金融时报》2002.5.30

因为资产不属于承租人这一法律状况，租赁能给一些企业带来非常重要的税收优势。恰好拥有足够利润的企业可以选择购买资产，这样他们就可以从每年的收入中扣除资产价值的一部分（比如递减余额的 25%）以减少应税利润。然而利润较低的企业或亏损企业就不能完全的利用这些投资减免额了，这些税务优惠会被浪费掉。但是如果设备由利润充足的金融公司来购买设备，那么资产的成本费用就可以被用来节省出租人的应缴税金。而这一好处同样可以通过降低租金费用这一方式来传递给客户（承租人）。这对新创企业来说特别有用，同样，对低利润或无利润的私有企业也有很大价值。例如，铁路运营公司常常会有亏损，不得不由政府进行补贴。他们从盈利的列车租赁公司租入铁道车辆（如火车等）会比自己购买要便宜得多。租赁的另一个优点是，租赁协议可以被设计成允许公司在营业执照期满或是被撤销时停止租约（比如列车运营牌照——大约 7 年后期满）。

专栏 15.6（巨额租赁）和专栏 15.7（国际金融公司）说明了租赁融资的使用在宏观层面中对大型企业，以及在微观层面中对数百万人的职业生涯的影响程度。甚至在地球上最贫困的国家，租赁融资也被视为在带领人民脱离贫困中扮演了重要的角色。

巨额租赁占据租赁融资总额的 1/3

租赁有时会被用于一些非常大的资产——通常价值在 1 亿英镑以上，这些资产包括的范围可与从整条生产线和船舶到购物中心以及大学生宿舍。例如 20 世纪 90 年代初，国民西敏寺银行投资银行部为 Humber Power 公司提供了价值 2.09 亿英镑的电力和天然气厂房设备的租赁。另一个例子是 Airstream 金融公司，该公司在六大洲共租出了 200 架商用飞机。在 2001 年，空中客车公司（Airbus）出售了总价值为 87 亿美元的 111 架飞机给国际租赁金融公司（ILFC），而国际租赁金融公司随后将这些飞机出租给了世界各地的航空公司。

专栏 15.6 巨额租赁

国际金融公司（IFC）向越南提供租赁援助

南希·邓恩（Nancy Dunne）

国际金融公司——世界银行集团的私营部门机构——宣布首次进军越南金融业，这家新金融公司的建立使得中小企业能够获得生产资料。

表面上，这 1500 美元的贷款和 75 万美元的注入资本看起来并不多。但是，这一公司却促进了租赁的发展，使租赁成为（企业迫切需要机器、办公场所和厂房设备的）新兴经济体中支持企业发展的最快速、最便宜以及最具灵活性的方式之一。

国际金融公司正计划在 11 月 12 日签署一项合资协议，以在埃及建立第一家租赁公司。

这家越南新公司——越南国际租赁公司（VILC）预计将与小型和微型企业签订 2 万~3 万美元的租约，与中型公司签订 10 万~15 万美元的租约。国际金融公司表明，通过扩大和改进信贷的提供，以及将新的金融产品引入当地市场以刺激集资和投资，越南国际租赁公司将会给越南金融业带来强烈的影响。

国际金融公司与政府进行了密切的合作：在租赁法规方面提出建议，招募赞助商和技术合作伙伴，并且对新的租赁公司进行了投资。

一份在 8 月公布的 IFC 报告指出，世界上 1/8 的私人投资都是通过租赁进行融资的。这一市场份额正在飙升中；在一些国家，租赁甚至为多达 1/3 的私人投资提供了融资。

国际金融公司帮助全世界过半的发展中国家建立了租赁公司。在 8 月，它资助了 560 万美元以帮助建立乌兹别克国际租赁公司——乌兹别克斯坦的第一家专业租赁公司。

该公司还帮助其拥有股份的租赁公司进行扩张。去年 3 月，它承诺向孟加拉工业发展租赁公司（建于 1986 年）提供价值相当于 300 万美元的当地货币贷款。

国际金融公司的介入使得该公司可以

在比其他融资方式更长的期间内借入当地货币。

国际金融公司于1977年在韩国投资了第一家租赁公司。这家韩国发展租赁有限公司目前已是世界第五大租赁公司。

专栏15.7 国际金融公司（IFC）向越南提供租赁援助

资料来源：《金融时报》1996.11.1

汇兑票据

票据是指承诺将在某一特定时点支付一笔款项的单据，最简单的一个例子就是自签发之日起两周后付款的普通银行支票。政府通过出售短期国库券以借入资金，而该国库券做出承诺，比如说将在3个月之后支付一笔定额款项。如同商业机构以商业票据的形式进行融资（见第16章）那样，地方当局也会发行类似的债务工具。

汇兑票据主要是用来使海外贸易顺利进行的。它们在帮助推动国际贸易方面有着很长的历史，尤其是在19世纪和20世纪。将货物销往海外的卖方经常会给予客户几个月的付款期。卖方将会起草一份汇票，即制定一份合法单据以证明买方所欠的账款。随后，该汇票会被转发给客户并被客户接收，这意味着客户签下了在到期日支付约定金额现金的承诺。汇票到期日通常在签发之日起90天后，但是30天、60天或者是180天的汇票也并非罕见。票据转回到卖方手中后，卖方有两个选择：一个是将其持有至到期后收回款项；另一个则是将其出售给银行或是贴现公司（即票据贴现）。在第二个选项中，银行为票据支付的现金将会低于比如说原本在90天后可以收到的客户付款额，这其中的差额就是银行的利息。

例如，如果客户接受了承诺在90天后支付20万英镑的汇票，那么售货方立即将该汇票出售给贴现公司或银行所能获得的款项则为19.4万英镑。90天后，银行将会基于这19.4万英镑的资产而实现6000英镑的利润，这3个月期的总利率为3.09%（6000英镑/194000英镑×100%）。由此得出的年利率约为：

$$(1.0309)^4 - 1 = 0.1296 = 12.96\%$$

通过这一协议，客户在这90天的信用期内获得了货物带来的收益，而供应商则确认了销售并立即从贴现公司处获得了货款总额的97%。至于贴现公司，如果其借入资金的利息率低于12.9%，那么就能获得可观的盈利。整个事件的顺序如图15.10所示。

汇票通常仅被用于金额大于7.5万英镑的交易。根据销售方和客户的信誉状况，贴现公司收取的实际利率会比银行间贷款利率（例如伦敦银行同业拆放利率）相对高上1.5~4个百分点。银行对销售方和客户双方都有追索权：如果客户拒绝付款，银行就会要求销售方偿付债款。有时销售方会通过获得信用保险来规避这一风险。尽管有图15.10做出的简化描述，但实际上很多汇票并未被贴现公司持有至到期，而是被置于活跃的二级市场（金融市场）上进行交易。

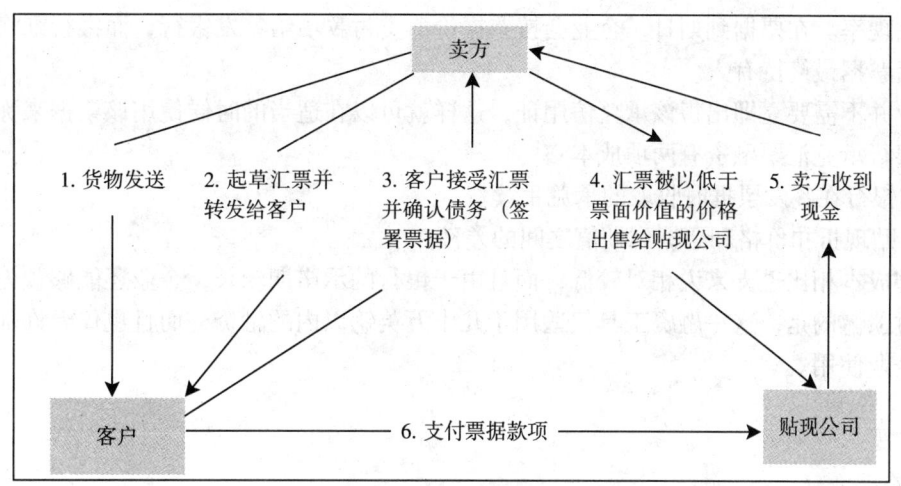

图 15.10　汇票的处理顺序

承兑信用证（银行承兑汇票）

在承兑信用证（银行承兑汇票）业务中，需要资金的企业会要求拟定一份单据，声明签署人将在未来某一确定日期支付一笔款项。这一单据被银行（而不是客户）接受（签字）。同时，企业也接受向承兑银行付款的义务。

随后，企业可以将这份银行承诺向票据持有人付款的承兑信用证在金融市场中出售给，比如说另一家银行（或贴现公司）以满足资金需求（另外，进口公司还可以将此银行承兑汇票交给其海外供应商以换取货物——而供应商则可在必要时将此票据折价出售）。

在供应方与购买方之间，承兑信用证与汇票相似；但是现在承诺付款的机构成了信誉良好的银行，这就降低了之后贴现公司的信用风险。因此，这些票据往往能获得比商业票据更

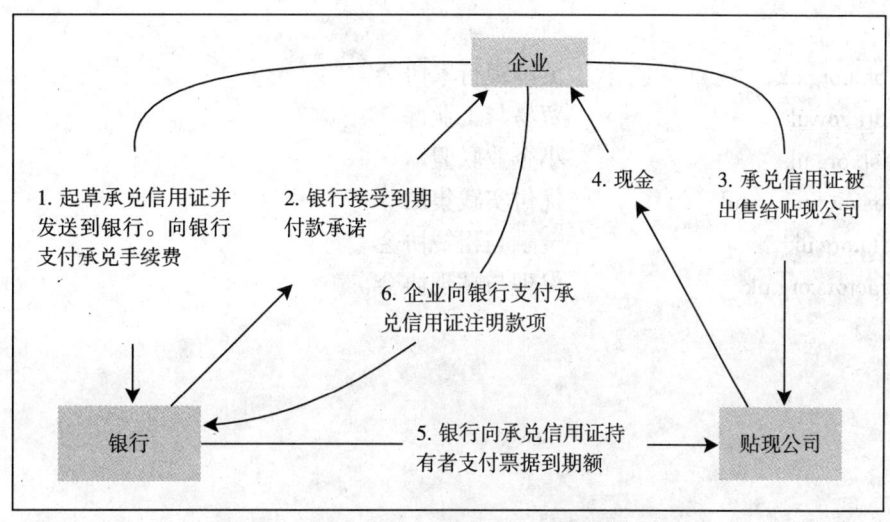

图 15.11　承兑信用证（银行承兑汇票）的处理顺序

优惠的贴现率。在票据到期日，企业会按票据价值支付款项给签发银行，而银行则将票据面额支付给票据最终持有人。

企业并不需要立即出售该承兑信用证，这样就可以在适当的时候使用该票据来弥补资金缺口。银行承兑汇票融资有两项成本：

（1）银行在签发票据时收取的承兑手续费；
（2）贴现折扣价格和票据到期值之间的差额。

这些成本相比透支来说相对较低，而且由于银行的承诺期较长，企业还能够预先做出计划。不过遗憾的是，这一融资工具仅适用于几十万英镑以内的融资，而且也仅允许那些信誉最好的企业使用。

结 论

现代企业都有一系列丰富的、相互替代的资金来源。我们在本章中只讨论了短期和中期融资。下一章，我们将研究长期债务融资，这种融资主要适用于能够利用金融市场的大型企业。而第17章介绍了成长企业的各种股份融资方式。

选择最合适的融资组合以及组合中各种融资方式的比例，是企业高层管理团队的职责。不同的组织所面临的环境有所不同，因此最合适的融资组合会因企业而异。为了帮助管理层做出判断，我们已经探讨了银行透支和贷款、商业信用、保理、分期付款和租赁以及商业和银行汇票这一系列融资方式的优点和缺点。接下来我们将继续介绍其他可用的融资方式，如债券、可转换债券、高风险垃圾债融资、欧洲债券、中期票据、商业票据、项目融资、售后回租、优先股和普通股等。

网 址

www.bba.org.uk	英国银行家协会
www.dti.gov.uk	贸易与工业部
www.fsb.org.uk	小企业联盟
www.payontime.co.uk	优付实践集团
www.fla.org.uk	金融与租赁协会
www.factors.org.uk	保理与贴现协会

第16章
来自金融市场的债务融资

引言

债券

银团贷款

信用评级

夹层债务与高收益（垃圾）债券

可转换债券

评估债券

债务融资的国际来源

中期票据（MTNs）

商业票据

项目融资

售后回租

证券化

结论

高级经理公司理财

引 言

对企业而言,借入资金以投资购买实物资产是一个简单而直接的概念。然而在如今这个存在着各式各样债务形式和金融工具的错综复杂的资本市场中,债务融资决策的制定可能使人混乱而迷惘。企业是应该选择国内债券市场还是选择欧洲债券市场?而选择银团贷款、夹层融资和高收益债券又如何呢?借贷融资有着无数的各式各样的方法。本章概述了金融市场中债务融资的主要类别,并阐释了一些企业在选择融资组合时可能考虑的基本问题。从葛兰素史克公司(GlaxoSmithKline plc)年报的摘录部分(见图16.1)中可以看出,企业需要对众多的不同债务工具有所认识与了解。摘录中提到的定期债券、商业票据、欧洲债券、中期票据和贷款股票等都在本章中有所阐释。除此之外,本章内容还涵盖了可转换债券、外国债券、项目融资、证券化以及售后回租等。

> 在如今这个拥有各式各样债务形式和金融工具的错综复杂的资本市场中,债务融资决策的制定可能使人混乱而迷惘。

	(2002.12.31) 百万英镑	(2001.12.31) 百万英镑
一年内到期的贷款和透支		
银行贷款和透支	(263)	(307)
商业票据	(1284)	(1269)
欧洲债券和中期票据	—	(542)
融资租赁债务	(1)	(2)
其他贷款	(3)	(4)
一年后到期的贷款		
银行贷款	(3)	(11)
欧洲债券、中期票据和私筹资金	(3054)	(2059)
债券	(14)	(16)
融资租赁债务	(12)	(12)
其他贷款	(9)	(10)

商业票据包含了一项100亿美元的计划,在2002年12月31日止,共发行了其中的12.84亿英镑。
2002年,有欧洲中期票据计划下发行了一只总面值5亿英镑、利率为4.857%的息票债券和两只以美元计价、总面值为4.95亿美元的浮动利息债券。集团还通过一项私筹资金协议增加了5亿美元的浮动利率负债。

图16.1 葛兰素史克公司(GlaxoSmithKlie Plc)的贷款和其他借款
资料来源:葛兰素史克公司2002年年报

债 券

债券是一项约定债券持有人将资金借给企业的长期合同。作为回报,企业通常承诺支付给债权持有人一系列的利息——通常所说的息票——直至债券到期。在到期日,债券持有人会收到一笔指定的本金,这笔本金被称为债券的面值或票面价值。在英国,一份债券的面值通常为 100 英镑；而在美国，则通常为 1000 美元。债券的偿还期一般在 7~30 年，不过一些企业，如迪斯尼、IBM 以及印度 Reliance 集团，发行过 100 年期债券。

债券可被看做仅仅是一份附有法律条文以保证承诺的 IOUs（我欠你）借据。有些公司债券是充分流通的（存在大量交易，所以可以在不调整价格的情况下出售），可以在伦敦证券交易所进行交易，但是大部分的交易还是发生在场外交易市场，直接在投资者和证券交易商之间进行。这样，最初向企业提供资金的投资者就不必再将债权持有至到期日（赎回日）。投资者从二级市场所取得的资金可能会多于或少于他/她原本所付出的资金。例如，假设一个投资者支付了 99.80 英镑以购买一份债券，该债券承诺对每份面值为 100 英镑的债券支付每年 9% 的息票，并在 7 年后偿还本金。如果该债券发行 1 年后，市场上的同类债券的年利息为 20%，那么没有人愿意支付 99.80 英镑去购买一份在未来 6 年内每年只提供 9 英镑利息，而在赎回日返还 100 英镑的债券。在本章随后的内容中，我们将会分析人们愿意支付的确切兑价的计算方法。

> 债券有可能会被仅仅看做是一份借据。

这些流通（即可在二级市场上交易）的工具有多种多样的形式，上文所描述的有固定票息（通常为半年期）和具体偿还期的那种类型是最常见的。它们被称为一般债券、传统债券或一次性偿还债券，而其他类型债券则是这类债券的变体。有些债券每 3 个月付息一次；有的完全不支付票息（这种债券称为无息债券——发行出售时在债券面值的基础上给予很大的折扣，投资者通过持有债券来获得资本收益）；有些债券不支付固定票息，而是根据短期利率水平来支付票息（浮动利率或变动利率债券）；还有债券将利率水平与通货膨胀率联系起来。实际上，债券的多样化和创新的潜力几乎是无穷的。近几年来所发行的债券将利率水平和本金支付与各式各样的经济事件联系了起来，例如银的价格、汇率变动、股市指数、油价、金价、铜价——甚至是地震的发生。这些债券一般是为了使企业在受到某些经济变量变化的不利影响时，能够将利息支付与管理水平相适应而设计的。例如，一家铜矿公司在铜价下跌时可以为其融资支付较低的利息。在 1999 年，桑普多利亚——一家意大利足球俱乐部发行了 350 万欧元的债券，如果该俱乐部晋升入意甲联赛，则会为债券支付高利率的回报。而如果该俱乐部进入了意甲前四名，那么债券的票息将会升至 14%。

信用债券和贷款债券票

最安全的债券类型被称为信用债券。这类债券通常由企业资产作为固定或浮动抵押以提供担保。固定抵押是指企业将具体的资产作为担保，一旦企业发生违约行为，在信用债券持有人的坚持下可以出售该资产，资产出售收益可用于向债券持有人偿付款项。拥有财产担保的信用债券可以称为抵押债券。浮动抵押是指以企业的全部资产来作为抵押担保。在这种情况下，企业拥有对被抵押财产的高度自由处分权，例如出售、出租等，直至其做出了使浮动抵押固定化的违约行为。浮动抵押固定化之后，将任命接管人负责资产的处置以及处置收益在债权人之间的分配。即使浮动抵押债券持有人可以迫使企业进行清算，但在资不抵债时，固定抵押债券持有人将会比浮动抵押债券持有人优先受偿。

债券、信用债券和贷款债券的条款经常可以交替使用，而信用债券和贷款股票之间的界线也很模糊。一般而言，信用债券是有担保的，而贷款债券则没有担保。但是也有不符合这一分类的情况存在。如果企业进入清算，那么无担保贷款股票持有人的受偿顺序将会排在信用债券持有人以及如税务机关之类的一些其他类别债权人之后。在美国，对这两种债券的定义有些许的不同，这可能会造成一些混乱。美国的信用债券是指无担保债券，因此其持有人成了只能对未抵押资产提出赔偿要求的普通债权人。在美国，提供担保的债券被称为抵押债券，而未提供担保的短期债券（少于15年）则称为票据。

信托契约和保证条款

如果能够使自己的资金回避高风险并对此感到放心，债券投资者们会愿意降低他们的利率要求。这种放心一般来源于施加给企业的风险降低限制。信托契约在债券持有人和企业之间建立了合同条款。受托人将在债券寿命期间确保合同承诺的履行，并有权任命接管人。贷款协议中包含许多肯定的条款。这些肯定条款通常包括提供定期财务报表的要求、利息支付和本金支付。契约中还应声明债权人应承担的费用，以及发生技术性违约事件（例如未支付利息）后的处理流程细节。

除了这些基本条款之外，还存在一些否定条款。这些否定条款能够限制借款方的行为，直至所有的债务都偿还完毕。下面是一些否定条款的范例：

- **限制进一步的债务发行**　如果债权人向企业提供融资，那么他们会基于对企业资本结构风险性的一些假设而进行。他们希望确保自己的贷款不会因为企业承担了远超过股本基数的债务负担而变得更具风险性。所以他们限制企业进一步发行债务的数量和种类——尤其是那些在利息支付和清算偿付中更具优先权的债务。次级债务——在清算偿付中索偿权排位较后——更有可能被接受。
- **股息水平**　债权人反对企业一方面通过举债借入资金，另一方面又将资金分派给股东。过多地从企业中抽回股东资金将会带来财务结构的不平衡，并削弱未来的现金流。
- **限制资产处置**　某些资产（如房产和土地）的保留对降低债权人的风险来说很可能是必不可少的。
- **财务比率**　典型的保证条款一般涉及利息保障倍数，例如，"息税前年利润必须保持在年度总利息费用的4倍"。而其他一些限制可能加诸营运资金比率水平和净资产负债率上。在Photobition的案例中，利息保障倍数的下限是3.25——见专栏16.1。

Photobition 在保证条款上的警示

弗洛里安·金贝尔（Florian Gimbel）

昨日，Photobition——一家位于萨里的图像公司——承认如果美国的广告支出继续减退，那么它可能会违背关于利息保障倍数水平的银行保障条款。

该公司公布了其急剧下降的半年度利润额，并声称其净负债在进行了数项美国公司并购之后已经上升到了1.035亿英镑（7730万英镑）。

6月，分析师们预测，该公司的利息保障倍数将于年底降至2.43，这一数字低于条款规定的最低下限3.25。

"如果他们违反了银行保障条款，那么他们将任凭债权持有人摆布，"一位分析师表示，"他们很可能不得不就债务重新磋商，或是进行某种形式的债权—股权转换。他们也有可能会采取配售新股来筹集资金。"

专栏16.1　Photobition 在保证条款上的警示

资料来源：《金融时报》2001.2.28

虽然否定条款不能提供完全无风险的贷款，但是它们可以通过影响管理团队的行为来降低违约的风险。债权人的风险还可以通过获得第三方的担保（如保证贷款股票）来进一步降低。通常，担保人都是债务发行企业的母公司。

尽管有许多的保障条款，但债券持有人仍暴露在一定程度的风险之下。1996年巴林银行债券的持有人就痛苦地认识了这一事实。他们以将资金用于标准商业银行活动为条件借给了巴林银行1亿英镑。当由于尼克·李森（Nick Leeson）在衍生性金融市场（见第20章）的超额交易而损失掉了所有的投资时，他们的反应是发布令状，要求3名证券经纪人和十数位前巴林银行董事给予赔偿，并声称巴林银行在1994年1月债券发行时给出的是虚假失实的信息。

款项偿还

许多债券的本金都是在到期日整体归还的。然而，也有些债券的本金可以在最后赎回日之前偿还。偿付债款的一种方法是设立偿债基金，企业定期向基金中放入足以赎回债券并支付利息的资金。而较普遍的做法是企业发行赎回期为一定时期范围的债券，因此，注明日期在2008~2012年间的一份债券可以允许企业灵活地在这4年中的每一年间偿还部分本金。另一种偿付债券的方法是发行企业向债券持有人支付高于或等于其原支付金额的资金来回购未清偿债券。企业还可以在公开市场上购买债券。

一些债券被称为"不偿还的"，因为它们没有固定的偿还期。从投资者的观点来看，这些债券虽然可能无法获得偿付，但是企业拥有回购的选择权，能够实际上赎回债券。

债券的变体

以远低于面值的价格出售的债券被称为高折扣债券，其中最极端的形式为零息债券。这一类债券提供给投资者的回报率很容易计算。例如，如果一家企业以60英镑的价格发行偿付额为100英镑的8年期债券，则其年均回报率为：

$60(1+r)^8 = 100$

$r = \sqrt[8]{\dfrac{100}{60}} - 1 = 0.066 \text{ 或 } 6.6\%$

（这类数学工具详见第2章附录。）

这些债券对于在近期内拥有较低现金流的企业来说特别有用，例如那些从事一项几年内都无法完工的较大型的房地产开发的企业。

近期发展的一个主要市场叫做浮动利率债券（FRN）市场（也称为可变利率债券市场）。有两个因素导致了浮动利率债券使用的快速增长。首先，在20世纪的70年代和80年代初期，振荡的不可预测的通货膨胀使大量投资者因利率低于通货膨胀率而在固定利率债券上遭受了巨额的实质损失。因此，许多债权人变得不愿意以固定利率贷出长期款项。其次，许多企业，尤其是金融机构，持有一些收益会随短期利率水平变动而变动的资产（例如银行贷款和透支）。因此，它们更愿意持有一些具有相似浮动率的负债。这些工具所支付的利息与伦敦银行同业拆放利率（LIBOR——可靠的银行之间相互拆借资金的利率）之类的基准利率相关。债券发行方将会在伦敦银行同业拆放利率的基础上增加，比如说，70个基本点（0.7个百分点）来支付利息。最初6个月的票息在发行时就予以确定，而之后，每6个月都要进行一次票息调整。因此，如果6个月期伦敦银行同业拆放利率为10%，那么浮动利率债券将会在该6个月中支付10.7%的利息。

对于基本的一般债权还有许多其他的变体，其中的两种——高收益债券和可转换债券——将在后文中详细介绍。现在，我们将转向长期债务资本的另一项主要来源——银团贷款。

银团贷款

对于巨额贷款，单一的银行很可能没有能力或者不愿意提供全部的款项。因为这样做的话，一个借款人的部分投资失败将会给银行带来无法承受的风险。银行家们乐于扩散他们的贷款，通过分散经营以获得风险降低收益。他们更愿意参与一些银团贷款，在这些银团贷款中，每家银行都只提供全部贷款额的一部分。因此，对于比如说5亿英镑的大型跨国企业贷款，一家银行可能只提供3000万英镑，而剩余的资金由其他的100家银行提供。发起贷款的银行被称为牵头银行（可以有一个或多个牵头银行），通常负责银团的管理。这一（或这些）银行可能会邀请一小部分其他银行来共同管理贷款，而这一小部分银行又会劝说其他的银行来提供大量的资金。也就是说，他们对一般银团组织的形成过程——令其他银行同意提供贷款的过程——提供了帮助。这些其他银行被称为参与银行。牵头银行还承担了贷款中的很大部分，并承诺在其他银行拒绝提供贷款时提供资金。

银团贷款可以没有准备地突然提供，也可能谨慎性地提供（例如，如果为企业并购筹集资金，银团贷款是很有帮助的）。银团贷款通常向债权人提供的回报低于债券，但是在清算偿付中它优先于大多数的债券，这意味着它有较低的风险。这些贷款也带有一些与债券协议类似的保证条款。目前，新的国际银团贷款量已经上升到了每年数千亿英镑。

1998年，培生集团（Pearson）需要60亿美元的银行贷款来为其收购西蒙舒斯特公司（Simon & Schuster）提供融资，这一金额过于巨大而不可能由任何一家银行单独提供。因此，高盛银行（Goldman Sachs）和汇丰银行（HSBC）联合组织了一项包含许多银行在内的银团贷款方案——见专栏16.2。一项周转信贷协定使得培生集团有权在需要时获得不超过20亿美元上限的短期贷款——该集团可以在5年内的任何一个时点提出这一要求。注意，银行会期望这些贷款能在二级市场上交易（买或卖），这样如果银行愿意就可以出售自己的一部分贷款。

信用评级

企业通常会向专业信用评级机构支付酬劳以使自己的债券获得评估。债务的信用评级依赖于企业不支付利息和（或）本金的可能性（即违约），以及发生违约时贷款协议能够为债权人提供保护的程度（债务的可回收程度）。英国政府债券违约的风险很小，但是无担保的

培生集团签署信贷协议为美国收购案提供融资

西蒙·戴维斯（Simon Davies）

培生公司（英国媒体集团、《金融时报》的所有者）签署了60亿美元的银行信贷协议，为其收购西蒙舒斯特公司（一家美国出版企业）提供融资，并为其未偿还银团贷款进行再融资。继德州公用事业公司借入110亿美元贷款用于收购能源集团并偿还向英帝国化学工业公司和英美烟草工业公司借入的巨额贷款之后，这是一起最新的因一系列重大收购事项而通过银团贷款市场进行的融资。

新的融资方案由高盛银行和汇丰银行联合提供。其中包括一项25亿美元的5年期贷款，一项20亿美元的5年期周转信贷和一项15亿美元的1年期贷款。投资者们期望这些贷款具有可交易性。这在美国很常见，但在欧洲贷款市场上却是在去年才因帝国化学工业公司为收购联合利华的专业化学药品事业借入的85亿美元贷款而引入的。欧洲的公司原本相当不愿意让这些银行卖出贷款。理论上来说，这些报酬是更具吸引力的融资。贷款合同条款细节昨日还未完成。在未来10日内，预计将会形成更广泛的承销集团。

标准普尔（Standard & Poor's，信用评级机构）为培生集团做出的信用评级表达了其对这项收购结果的消极看法。但是，培生公司的股票价格在昨日有大幅上扬。

专栏 16.2　培生集团签署信贷协议为美国收购案提供融资

资料来源：《金融时报》1998.5.19

次级公司贷款债券有着很高的风险。我们认为处于行业稳定，具有谨慎的会计、财务政策和厌恶风险的经营策略的企业会有较低的违约风险，因而会有较高的信用评级。而拥有较高的总体债务负担、现金流状况较差、处于不断恶化中且不稳定的企业将会有很高的违约风险和较低的信用评级。居于主导地位的信用评级机构有穆迪评级、标准普尔（S&P），而惠誉国际和多美年评级公司分居第三和第四位。

最高的评级为AAA或Aaa（三A级），这一等级代表了相当高的质量，偿付利息和本金的能力极强。单A表示具有很强的利息和本金支付能力，但是随着经济事态的发展对亏损也有一定程度的敏感性。BBB或Baa表示具有充分的偿债能力，但是易受不利的经济条件和变化的环境的影响。B或C级债务具有显著的投机性。最低的等级是D级，这一等级表示企业已经违约或很可能会违约。

BBB（或穆迪评级机构的Baa3）或以上等级被称为"投资等级"。这一等级很重要，因为很多的机构投资者仅被允许投资于投资等级债券（见图16.2）。低于这一等级的债券被称为高收益（垃圾）债券。评级主要是针对具体贷款而不是借款人。如果贷款没有获得评级，那么这很可能只是因为借款方并未付款委托评级，而并非暗示贷款有什么不妥。

债券的评级和重新评级会引起借款人和债权人的极大兴趣，并且能够引发某些激烈的争论——见专栏16.3。该专栏还显示了各个信用级别分类中的债券在5年内发生违约的比例。那些低于投资等级的债券发生违约的可能性会比较高等级的债券高出很多。例如，CCC级债券有着超过50%的违约几率。

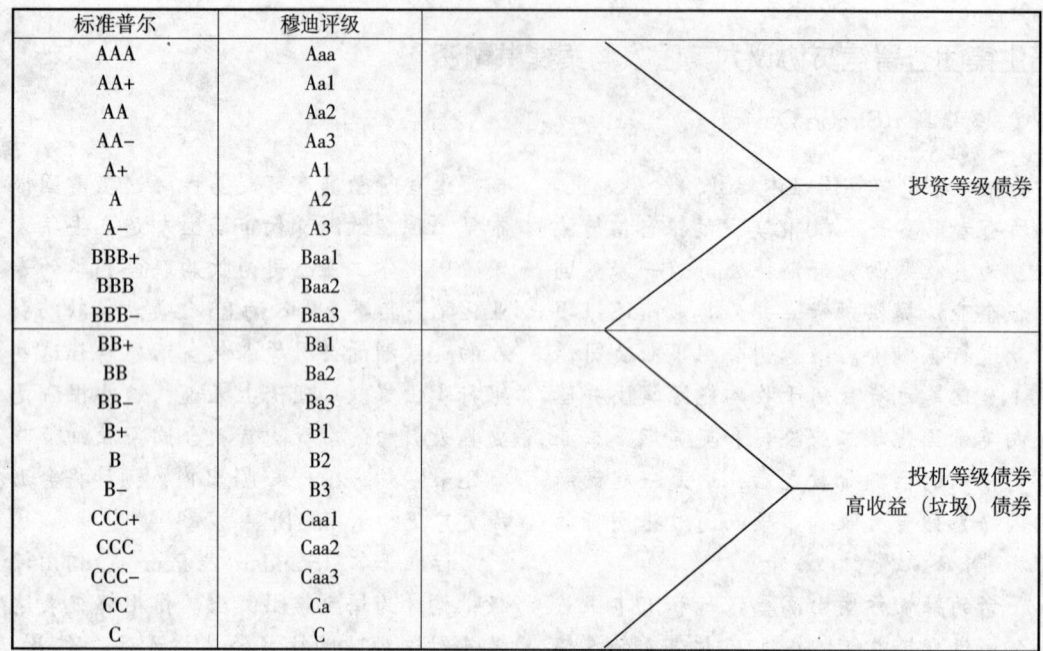

图 16.2 标准普尔和穆迪评级的评级量表对比

企业和监管机构在全球评级游戏中发动攻势

查尔斯·巴切勒（Charles Batchelor）

企业高管通常——至少在公众场合——不会就信用机构为其债务评定的等级而进行争论。但是，对于标准普尔在周二做出的将其长期贷款评级降至垃圾级别的决定，英国航空公司例外做出了反应。

英航财务总监约翰·里什顿（John Rishton）表示，他为评级机构在航空业命运似乎有所转机时却将英航信用降级而感到震惊。

"（伊拉克）战争已经结束；SARS（非典）也逐渐消退；美国的经济已经出现复苏的征兆，而运输量也从最差水平上开始回升，"里什顿先生恼怒地解释，"我们所提供的运输量已经超过了我们的总目标额。"

里什顿并不是唯一一个公开反对评级机构下调评级的人。德国蒂森克虏伯集团（Thyssen Krupp）在2月就表示了它的愤怒，当时它的债务因为其养老金赤字比例而被降级为垃圾债务。"标准普尔的决定令人费解，"这家德国钢铁生产商表示，"蒂森克虏伯的相关实际状况并没有发生变化。"

过去，委托评级机构为其提供信用评级的企业很少公开抨击评级机构。然而最近，这些机构因未识别出大型的金融灾难（如1997年的亚洲金融危机和2001年安然公司的垮台）而遭受猛烈的攻击。

举例来说，三家评级机构——标准普尔、穆迪评级和惠誉国际——都将安然公司置于投资等级之中直至这家美国能源商垮台的前4天。

标准普尔欧洲工业评级部门主管克里斯·莱格（Chris Legge）为机构有时会落后于事态发展这一事实辩护，指出他们对企业的前景所采取的是中期观点——一般在3~5年以上。

标准普尔在2000~2001年间将荷兰皇家电信集团（KPN）置于投资等级之中，然而金融市场中却普遍认为其债务实质上为垃圾债务。荷兰皇家电信将其融资进行了整理，就因此而获得了等级提升。

克里斯·莱格辩称，在时机的确定上会有困难。如果机构过早地将评级降等，就会有被指责触发企业问题的风险。而过迟，则又会被指责错过了时机。

评级机构认为他们成功的关键往往在于独立的评估。莱格说，"没有一家公司曾说过评级降级的时机是恰当的"。

信用评级游戏主要由两家机构主导：标准普尔和穆迪评级。这两家机构占据了80%的评级业务。

穆迪评级为总价值超过30万亿美元（折合17.928万亿英镑）的8.5万只证券提供了评级。而标准普尔则为总价值为30万亿美元的3.7万家发行商发行的债务提供了评级，这些发行商中包括企业和政府机构。

紧随其后的是法国国有评级机构惠誉国际，以及今年才跨入美国当局承认评级机构行列的第四家评级机构——多美年评级公司。它们与前两家存在一些差距。

标准普尔否认向接受评级的组织收取费用可能会带来的冲突。但是批评者们认为可能存在这样的诱惑，使得评级机构可能会为了赢得其他发行商的业务而对某些债务评级表现得较不具有进攻性。

一些债务市场的批评者甚至提出，美国评级机构为了打入欧洲市场而对欧洲发行人采取较为宽松的评级。"获得尽可能多的评级业务以打入欧洲市场是有压力的。"一名信用分析师表示。

莱格认为，"这会导致评级膨胀"。在这之后，评级机构不断将它们的信用级别下调到更为实际的等级。

莱格表示这是商业自杀。"我们的诚信是关键，在市场中每一天都会受到严格审查，"标准普尔欧洲工业评级部门主管克里斯·莱格说道，"我们评级的预测能力是优秀的：这是我们被选择的原因。"

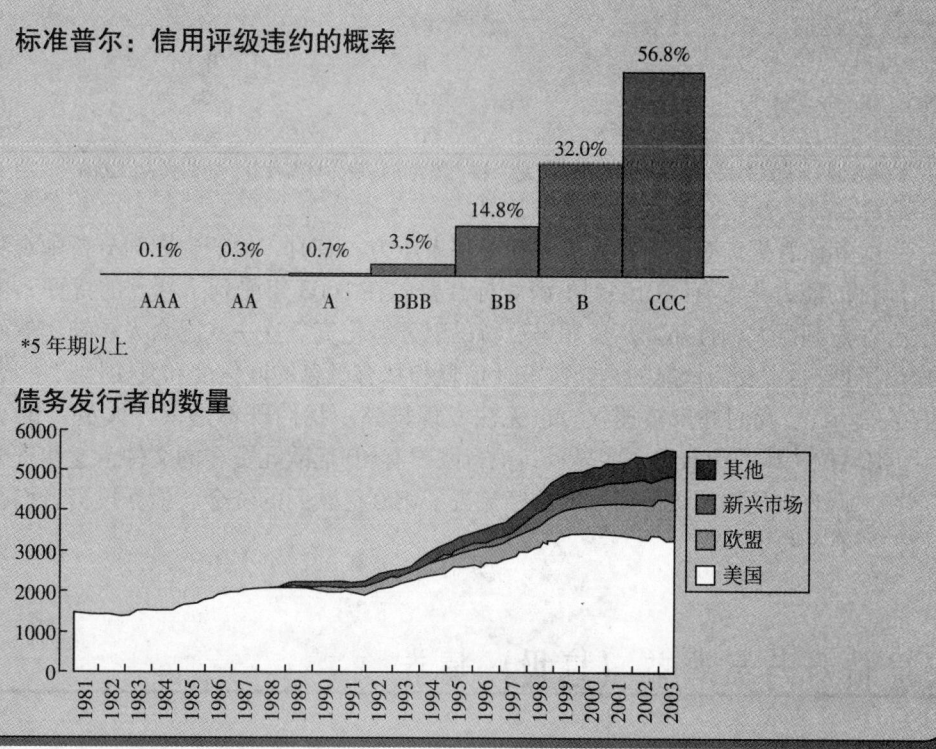

专栏 16.3　企业和监管机构在全球评级游戏中发动攻势

资料来源：《金融时报》2003.7.5/6

在调查关于违约率的数据时，认识到违约是一个含义广泛的词并且可能涉及从过期未付款到破产间的某些事件是很重要的。从投资者的角度看，这些事件中的某一些事件会导致全部资金的损失；而另一些事件中，很高比例的（如果不是全部的话）利息和本金都能够收回。希克曼（Hickman, 1958）注意到，那些发生了违约的公开发行的可交易债券往往以40美分价格出售。这一平均回收率的经验法则似乎一直延续了下来。标准普尔公布了其对1999年发行的违约债券的回收率进行研究的成果。他们获得了于1981年1月1日至1997年12月1日之间发生违约的533份由标准普尔评级的直接债券在违约发生月份的价格。大体上说，违约发生不久后在违约次级债券中享有清算地位的投资者能够期望收回（平均）36~37美分。

表16.1给出了为长期工具进行评级的示例。这是为2004年1月份所做的评级，在未来年份不一定适用，因为资信状况和特别债券发行都可能在短期内发生重大变化。

表 16.1 2004年1月的长期工具评级示例

	借入货币	标准普尔	穆迪评级	利息（买入收益率）
加拿大政府债券	美元	AAA	Aaa	3.26
丰田汽车	日元	AAA	Aaa	0.58
沃尔玛	美元	AAA	Aa2	3.86
杜邦	美元	AA−	Aa3	3.95
联合利华	美元	A+	A1	4.38
法国电信	英镑	BBB	Baa3	6.38
福特汽车	欧元	BBB−	A3	2.91
戴姆勒克莱斯勒	英镑	BBB	A3	5.51
俄罗斯天然气公司	美元	B+	N/a	7.59
英维思集团	欧元	B	Ba3	8.44
阿根廷	美元	D	Ca	27.50
阿根廷	欧元	D	Ca	45.55

资料来源：《金融时报》题为"全球投资贸易"和"新兴市场债券与高收益"的两张表，2004年1月9日

企业和监管机构对于债券评级施加了很大压力。有时，他们会因为分析师观测、判断违约可能性的能力非常有限而感到不满。标准普尔在2003年受到了严重的批评，主要原因是它没有注意到意大利食品业巨头帕玛拉特的财务恶化直至这一状况众人皆知。然而，标准普尔做出了回击："我们依靠的是公共审计信息和私有讯息的诚信度和真实性。"一名标准普尔发言人表示，"我们并未被授权，也无法发现舞弊。我们既不是审计人员，也不是监管人员。"帕玛拉特涉嫌伪造了一些显示其银行账户有40亿欧元资金的文件，这些资金实际上并不存在。调查人员相信该公司可能已经流失了100亿欧元的资金。债券投资者们很可能会失去他们所有的投资。

夹层债务与高收益（垃圾）债券

夹层债务是一种提供高收益的高风险债务。它可以是有担保的，也可以是无担保的，但

是其等级位于优先级贷款之后。这一类型的债务一般会提供比优先级债务高 2~9 个百分点的利息率，并且时常会在公司业绩良好时给予债权人一些分享权益价值的权利。夹层债务是一种偿付等级低于直接债务但高于股权的混合融资。因此，它也被认为是次级的、中层的或低等级的。这一类型融资对投资者的主要吸引力之一在于，它通常会附有能够用来获得企业股份的认股权证或认股期权（见第 19 章），即所谓的"股权诱因"。这些权证或期权会被诸如企业上市之类的事件触发。

> 夹层债务是一种偿付等级低于直接债务但高于股权的混合融资。

夹层融资往往会在银行贷款达到限额且企业不能或不愿发行更多股份时被企业所采用。这一融资的成本（在必要回报率方面）低于权益市场融资，并且它允许企业的所有人在不牺牲对企业的控制的情况下募集大量资金。这是一种允许企业突破一般可接受债务的必要条件——股东权益比率（杠杆比率或杠杆水平）——的融资方式。

具有高风险、高收益特点的债券被称为高收益（垃圾）债券（评级机构一般将它们评定为低于投资等级的 BBs、Bas、Bs 和 Cs 级）。这类债券可能会是在初期显得很安全，但现在却变得更具风险性的债券（"堕落天使"）；也可能会是专门为投资者发行的提供高风险融资工具的债券。后者是在 20 世纪 80 年代的美国开始崛起的。美国垃圾债券市场从 20 世纪 80 年代早期的几乎什么也没有发展到了如今的每年超过 1000 亿美元的发行量。这些资金的使用显著地影响了美国企业——最突出的事件就是 250 亿美元的雷诺纳贝斯克公司（RJR Nabisco）收购价款主要来自垃圾债券。美国垃圾债券市场的兴起意味着在收购的威胁下没有哪家企业（不论它有多大型）是安全的——见案例分析 16.1。

> 美国垃圾债券市场从 20 世纪 80 年代早期的几乎什么也没有发展到了如今的每年超过 1000 亿美元的发行量。

案例分析 16.1

垃圾债券大王：迈克尔·米尔肯（Michael Milken）

20 世纪 70 年代，就读于沃顿商学院的迈克尔·米尔肯确信，在已知的相对风险下，安全债券和高收益债券之间利率的差距过大。这为金融机构提供了一个很好的机会，能够在给定的风险水平上从垃圾债券中获得令人满意的回报。在投资银行德崇证券公司，米尔肯能够说服大群的机构投资者们为垃圾债券市场提供融资，并为希望通过使用垃圾债券来获得增长的的企业提供服务。小企业也能够筹集数十亿美元的资金来收购大型美国企业。这些垃圾债券发行者中的许多企业都有着 90% 以上的负债率，即每一美元的股本都对应着 9 美元的负债。在金融市场中这些杠杆比率影响到很多方面。人们认为这些企业过于冒险。事实上许多企业的确在债务的重压下崩溃了。当迈克尔·米尔肯因触犯多项法律而被判入狱，并同时判处 6 亿美元罚金时，这一市场受到了严重的打击。德崇证券也被宣判有罪，支付了 6.5 亿美元的罚金，并于 1990 年申请破产。在 20 世纪 90 年代初期，垃圾债券市场处于低迷期，有很高的违约水平和极少量的新发行债券。但是不久之后，这一市场就开始复苏。1993 年，市场中发行了 691 亿美元的垃圾债券。此后，垃圾债券保持了远远超过 400 亿美元的年发行量。

高收益债券在美国远比在欧洲流行，这是因为主要金融机构对该类工具的厌恶（受法律限制）。欧洲高收益债券市场还处于起步阶段。第一份以欧洲货币计价的高收益债券是在 1997 年发行的。当时，一家瑞士/英国制造商吉博力公司（GEBERIT）通过出售 10 年期债券筹集了 1.575 亿马克的资金，该债券提供的利率比 10 年期德国政府债券利率高出 423 个基本点（4.32%）。在这之后发行的高收益债券已超过 100 份。但是，欧洲高收益债券市场的规模仍然只有美国的 1/10。专栏 16.4 显示，虽然与欧洲投资等级市场和美国高收益债券市场相比这一市场仍然相对较小，但是欧元计价债券市场已经在向高收益债券方向转变。

> 日常管理需要意味着所有的中高级管理层都必须牢牢掌握基础财务问题。

债券发行的转变"可能导致违约事件"

查尔斯·巴彻勒（Charles Batchelor）

欧元计价的"垃圾"债券发行量近日猛增。如果之前的债务循环模式重复，这可能会导致约 3 年内的企业违约事件激增。

这一警告被包含在标准普尔（一家主要信用评级机构）编制的欧洲信贷趋势年度审查之中。

与非金融债券 24% 的发行增长额和 1910 亿美元的发行量相比，"垃圾"或投机级别的发行量——经机构评定不超过 BB+ 级——到今年 10 月中旬为止已经上升了 170%，总额高达 130 亿美元。

"欧洲投机级别发行的增长是市场成熟的健康标志，还是下一个信贷危机的征兆，尚有待观察，"标准普尔欧洲部首席信用官巴巴拉·里德帕斯（Barbara Ridpath）表示。

2003 年的信用降级数量有一定的减少，而且预计在下一年还会进一步减少。但是到本年的 10 月中旬为止，相比起仅有的 66 起信用升级，信用降级数量仍达到了 304。

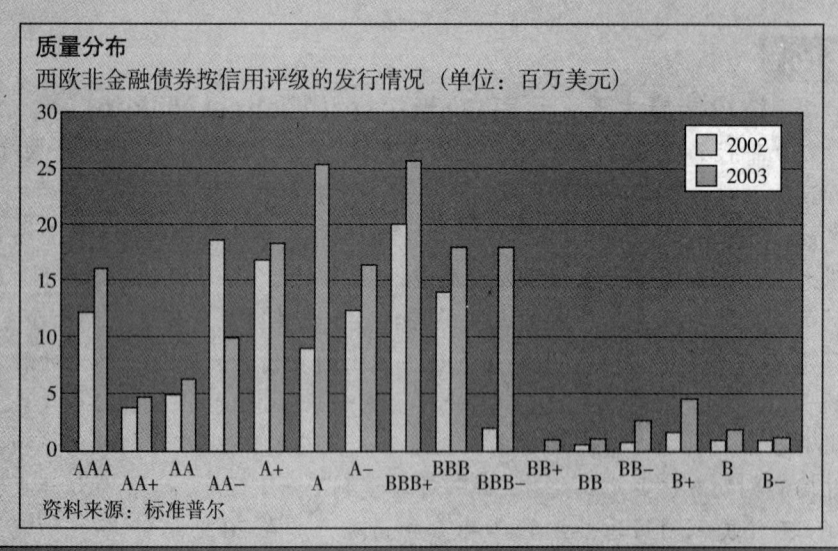

专栏 16.4　债券发行的转变"可能导致违约事件"

资料来源：《金融时报》2003.12.10

"夹层融资"这个词越来越多地被局限于私募的高收益/高风险债务范围，而不是公开上市交易的债券范围内。在过去的 15 年里，私募的夹层融资获得了迅猛的增长。对于要求高水平负债的管理层收购（MBO），即杠杆收购（LBOs）中的管理人员来说，这一融资方式尤其有用。一项典型的杠杆收购会有如下的融资结构：

- 60%来自高级银行或其他债务提供者；
- 25%~30%来自次级债务，例如夹层融资、未担保的低级债券和/或绩效股；
- 10%~15%的权益。

高速增长的企业也会使用夹层融资。对于那些短期内需要大量投资，但是长期内有稳定利润流入的有线电视公司、电信公司和一些媒体公司，夹层融资被证明是尤其具有吸引力的一项资金来源。

专栏16.5描述了夹层融资市场在欧洲的重要性。

灵活性吸引了投资者们的注意力

丽贝卡·布里姆（Rebecca Bream）

夹层投资者比债券购买者承担了更高的风险，但能获得更高的收益

债券市场近几个月来波动不定。而如夹层债务之类的自由市场则进入了繁盛期，它的灵活性给予了投资者们很深的印象。

夹层债务长期被欧美的中型企业用作高收益债券或银行贷款的替代品。在企业的资本结构中，这一融资产品的等级位于高级银行债务和权益之间。而且夹层融资的投资者虽然承担了比债券购买者更高的风险，但是却能够享有与股权相同的回报。

那些规模过小而不能进入债券市场的企业是夹层债务的传统用户，不过夹层债务已经越来越多的被大型杠杆收购交易的融资方案所采用。虽然对企业来说夹层融资的成本比垃圾债券要高，但是近日高收益债券市场的利差幅度不断扩大，使垃圾债券这一筹资资源被关闭，并使夹层融资看起来更具价值。

"在过去的几年中，有很多关于高收益债券将夹层债务挤出市场的报道，但是现在情况正在逆转，"毕马威（KPMG）债务咨询服务部主管西蒙·科林斯（Simon Collins）表示。

杠杆融资交易的结构正在向与增强了的市场波动性相适应的方向演变，而夹层债务的运用正是这一演变进程的一部分。

夹层市场的特质使得它在杠杆收购交易中非常的适用——由于直接和夹层资金进行协商，企业能够迅速而谨慎地筹集资金。保德信执行董事马克·布鲁诺尔特（Mark Brunault）说道："相对于高收益债券，使用夹层融资有着一些固有优势。夹层融资更加的灵活，有更安全的赎回保障，还能够为每项交易构造特定的融资结构。"

如今年飞速增长的新债券发行量所显示，欧洲夹层市场吸引了大量的新投资者进入市场来寻求更高的收益。6月，夹层管理机构发行了一只价值5.25亿美元的独立夹层基金，该基金是欧洲市场上最大的独立夹层基金之一，其首笔投资为一项总额1200万美元的夹层融资以及一笔投入英国媒体监测公司 Xtreme Information 的注资。

新发行的欧洲基金

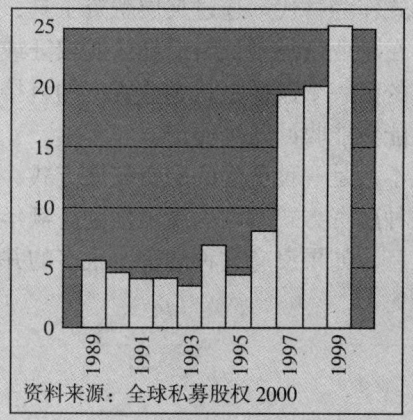

资料来源：全球私募股权2000

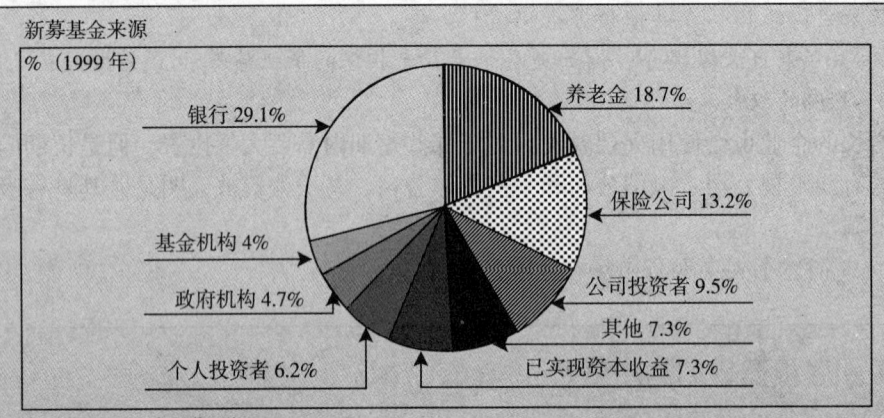

由于夹层融资产品的流行和目前重大投资机会的缺乏，夹层市场中的许多基金都现金充沛。

近期联想到夹层市场中隐含的风险，夹层基金管理者们不太可能会仓促地进行交易。10月初，Finelist公司——于3月被法国竞争对手Autodis公司收购的一家汽车部件供应商——进入破产。这项收购中，有5.05亿英镑的款项来源于杠杆贷款，而另2.75亿英镑的资金来源于夹层债务，这是欧洲夹层市场中最大额的交易之一。

Finelist公司在破坏了其债务所附有的财务限制条款后开始崩溃。破产管理方安永会计事务所自那时起就着手准备资产出售业务和审查对财务违规行为的指控。银行贷款方大有希望能收回他们的资金，而夹层融资贷款方则存在失去他们的次级投资的风险。高盛投资公司主要负责安排这项并购融资。据推测，它旗下的基金项目"夹层融资伙伴Ⅱ"持有超过半数的该项岌岌可危的夹层债务。

专栏16.5 灵活性吸引了投资者们的注意力

资料来源：《金融时报》2000.10.3

夹层融资不仅被用于那些"精心准备"为并购活动筹资的企业，还被应用于融资资本结构调整。例如一家企业可能遇到了麻烦，从而发生了违约。其资产目前正处于一群债权人（包括银行和债券持有人）的掌控之中。而能够使企业继续运营下去的一个办法，就是说服这些债权人接受以其他的金融证券来代替原有的债务证券从而使杠杆比率维持在合理水平。债权人们可能愿意接受包含股份和夹层融资的混合形式作为替代。通过夹层融资工具，持有人能够在认识到企业风险的前提下获得高额利率，并在企业恢复增长时借助认股权证或认股期权来获得极高的回报。如不接受债务调整，债权人的另一个选择是从企业资产的直接清算中获得偿付。这种情况下对于借出的每一英镑，很可能只能收回几个便士。

夹层融资和高负债水平会带给企业较高的固定成本，是一种危险的融资拓展方式，因而对其存在着一些批评。然而，也有一些评论家赞扬这种融资方式，因为高负债和高额年利息费用会迫使管理人员集中精力去创造出色的业绩。况且，如果没有这种融资，很多的并购业务和财务重组就不会发生了。

为杠杆收购筹资

如果预期现金流稳定合理,那么高度的杠杆收购可以给股东带来优异的回报。以 Hawk 公共有限公司的一家子公司——Sparrow 公司为例。管理者们接受了 1000 万英镑的收购价格,这一价格与 Sparrow 公司的资产价值相等。他们能够通过自有资源筹集 100 万英镑的资金作为股本投入,而剩余的 900 万英镑则通过举债获得。这项债务所支付的利息率为 14%,而企业的税率是 25%(在每年的年末支付)。并购后头一年的息税前利润预期为 150 万英镑,并且会在之后每一年度中以 25% 的比率增长。全部的所得都将保留在企业之中以偿还债务。

> 高度的杠杆收购可以给股东带来优异的回报。

表 16.2 Sparrow——损益表和资产负债表(千英镑)

	年 份					
	1	2	3	4	5	6
息税前利润	1500	1875	2344	2930	3662	4578
扣除利息	1260	1226	1144	999	770	433
	240	649	1200	1931	2892	4145
所得税	0	60	162	300	483	723
可用于偿债的利润	240	589	1038	1631	2409	3422
资产负债表						

	年 份						
	初始	1	2	3	4	5	6
权益	1000	1240	1829	2867	4498	6907	10329
负债	9000	8760	8171	7133	5502	3093	0
资产	10000	10000	10000	10000	10000	10000	10329

注:以前所欠的税款由 Hawk 公司承担。由于折旧而保留下的资金用于资产的替换以将资产总额始终保持在 1000 英镑。企业的折旧额与税法规定的资本免税额相等。

在最初的几年里,债务负担占据了急速增长的利润中的很大部分。然而,只花了 6 年,该公司就还清了所有债务。自此之后股东真正拥有了这家总资产超过 1000 万英镑的公司,他们的初始投资总共增值了 10 倍以上。该公司也还在创造着巨额的年利润,这能为企业在股票市场上市带来相当的吸引力。这样一来,管理者们所持有的股票价值将会远远超过 1000 万英镑。

可 转 换 债 券

可转换债券与传统债券一样带有利息率,但是它还能够给投资者在未来的特定时间、按特定条件将债权转换成普通股票的权利。这些债券的所有人并未负有行使转换权的义务,因此该债券可以被继续作为有息证券而持有至赎回日。通常,转换价格会比现有股价高出 10%~30%。因此,在当前股票的市场价格为,比如说,2.2 英镑的前提下,如果一份面额为 100 英镑的债券能够换得 40 股普通股,那么转换价格就是 2.5 英镑。也就是说转换溢价为:

$$\frac{2.50-2.20}{2.20}=0.136 \text{ 或 } 13.6\%$$

在看涨的股票市场中，大部分可转换债券在发行时所规定的股权转换价格都会有少量的转换溢价。不过情况并非总是如此。Nothern Foods（旗下拥有的品牌有 Express Dairies、Eden Vale、Fox's Biscuits、Palethorpe Sausages、Pork Farms 和 Bowyers）在 1993 年 2 月发行了可转换债券，共募集了 9128 万英镑的资金。如持有方不行使转换权，则该债券将在 15 年后按票面价值 100 英镑进行偿付。债券的券息设定为 6.75%，转换价格确定为每股 326 便士。从这些信息中，我们可以计算出换股比率：

$$\text{换股比率}=\frac{\text{债券面值}}{\text{转换价格}}=\frac{100 \text{ 英镑}}{3.26 \text{ 英镑}}=30.67 \text{ 股}$$

每一份债券都附有转换为 30.67 股股份的转换权，相当于以面值 100 英镑的债券为兑价来支付每股 326 便士的股价。

转换价格比普通股价高出了 18.11%，当时的普通股价为 276 便士 [(326−276)/276 = 18.11%]。在债券发行时，许多投资者可能会考虑到这一可转换债券的低利率（相对于 1993 年的 15 年期债券来说，6.75% 算是低利率），并暗中提醒自己：虽然这一利率会比股份的股息率（4%~5%）要高，但是却比正常的可转换债券利率要低。不过，预期将债券转换为股权而获得的资本增值可以弥补这一损失。如果股价上升到，比如说，4 英镑，那么每份面额 100 英镑的债券所换得的 30.67 股股票的总价值将是 30.67×4 英镑 = 122.68 英镑。然而不幸的是，到 2004 年为止该公司股价已经跌至 1.35 英镑，因此这一转换权已没有任何内在价值了——或许到 2008 年，将债权转换为股权会是值得的。不过在此期间，投资者们至少还能从每年 6.75% 的券息中获得些安慰。

- **换股比率** 一份可转换债券所能够换得的普通股数量：

$$\text{换股比率}=\frac{\text{债券面值}}{\text{转换价格}}$$

- **转换价格** 可转换债券所交换到的普通股的每股定价

$$\text{转换价格}=\frac{\text{债券面值}}{\text{每份债券所能换到的股票数量}}$$

- **转换溢价** 股票的转换价格和市场价格之间的差距，用百分比表示

$$\text{转换溢价}=\frac{\text{转换价格}-\text{市场股价}}{\text{市场股价}}\times 100\%$$

- **转换价值** 按当前股价转换成普通股时的转换债券价值

$$\text{转换价值}=\text{当前股价}\times\text{换股比率}$$

图 16.3 可转换债券专业术语概述

可转换债券（也称为股权联结型债券）的价值随着普通股价值的上涨而上涨，但是上涨比率会比普通股的低。如果股票上涨到了高于转换价的价格，那么在预期股价继续上涨（至少能够保持不变）的前提下投资者们会行使转换权；如果投资者们认为股价的上涨只是暂时的，那他们会更愿意保留债券；如果股票价格的上涨和下跌都是仅仅只是小幅变动，那么这一可转换债券的价值将等同于普通债券到期值。

大多数可转换债券是无担保的。但是在格林希尔（Greenhills）的案例分析中，事实却并非如此——这对 Hunter Ground 来说是件好事。

案例分析 16.2

有担保的可转换债券

格林希尔

第一家进入破产程序的另类投资市场（ATM 市场）上市企业是格林希尔，一家饭店经营企业。其主要投资人 Hunter Ground 于 1996 年 12 月 4 日指定了破产企业财产行政接管人。Hunter Ground 持有着格林希尔公司价值 50.6 万英镑的有担保的可转换债券。

资料来源：《投资年鉴》1996.12.20. 第 11 页，由《投资年鉴》授权重印

企业使用可转换债券的好处

对企业来说，可转换债券具有以下优点：

（1）利息率比类似债券低。在这一债务工具中，由于投资者对转换权的重视，企业能够要求他们接受较低的利率。对 20 世纪 90 年代后期出现的许多网络公司来说，可转换债券的这一特质是非常有价值的。诸如亚马逊（Amazon）、美国在线（AOL）等公司为他们的可转换债券支付的利率为 5%~6%——这一比率连他们为普通债券支付的利率的一半都不到。就兰克（Rank）公司在 2003 年发行的可转换债券来说，其利息率仅为 3.875%，而相对的同期普通债券的利率却为 7.25%。通过这一债券，兰克公司每年节省了 300 万英镑的利息费用——见专栏 16.6。

兰克公司 1.5 亿英镑的债券增强了企业财务

查尔斯·巴彻勒（Charles Batchelor）

兰克公司是一家娱乐休闲集团公司，旗下拥有滚石餐厅品牌（Hard Rock Cafe）。昨日，这家公司发行了一支总额 1.5 亿英镑的可转换债券以进一步强化其企业财务。

这支债券可以在 2009 年 1 月之前的任何时间转换为 4000 万股的兰克股票，或者说是兰克公司现有股权的 6.7%。它所筹集到的资金被用来偿还现有债务并减少财务费用。

近期债券利率的下跌推动了大范围的企业重新进行融资以替换利率较高的旧债务，而兰克公司也在这一行列中。可转换债券的发行可以使企业在不必发行股票的同时加强自身的财务。同时这也意味着，如果投资者的确想要购买股票的话就必须先支付溢价。

可转换债券将会替代现有的一项 1.25 亿英镑的回报较高的——7.25%——债券，并且将会为兰克公司节省大约一年 300 万英镑的利息费用，这相当于每股收益增加 1.5 个百分点。这支新的可转换债券的券息利率被定为 3.875%，它将会在兰克的股价上涨至比去年的 287 便士高出 31%——376 便士——时开始转换。

专栏 16.6 兰克公司 1.5 亿英镑的债券增强了企业财务

资料来源：《金融时报》2003.12.4

（2）利息可以抵税。因为可转换债券是一种债务，其所支付的票息可以作为企业的费用

而用来递减应税利润。

（3）自偿性。当股价上涨到一定的水平使得行使转换权有利可图时，投资者通常都会将债券转换成股权；因此企业不必再寻找现金以偿付借款本金，而是发行更多的股票作为替代。这一特征明显有利于企业的现金流。但是缺点却是，其他的股权持有人可能会遭到每股收益的减少以及投票权的稀释。

（4）较少的限制性条款。相比于担保债券，采用可转换债券企业经理在经营和财务上有较大的灵活性。投资者们接受可转换债券作为债务和权益融资的一种混合体，他们不会要求高水平的担保，不会给企业的管理行为施加经营限制，也不会坚持严格的财务比率界线——尽管在格林希尔的案例中并非如此。

（5）被低估的股价。如果企业希望在中期内采用股权融资，但是又认为当前的股票市场暂时性的低估了自己的股票，那么它会采用可转换债券。如果企业的业绩确实如管理层预计的那样好，并且股票价格上涨，那么投资者就会将可转换债券转换为股权。

投资者选择可转换债券的好处

对投资者来说，可转换债券有如下优点：
- 在进行股权投资之前，投资者可以先等待和观望企业股价的走势。
- 比起权益投资，可转换债券的本金在短期内会更有保障。而且可转换债券的利率通常会比股息率（年股票红利除以股价）要高。

可交换债券

这种债券在出售时所附带的可能不是对发行方股票的转换权，而是可以转换成发行方所持有的其他企业股票的权利——见专栏16.7中和记黄埔、意大利电信和法国电信的案例。注意，在这些案例中采用定期可交换债券是更加合适的。

可转换债券市场的制动器

欧洲证券发行最为活跃的时期之一因股市动荡而萧条下来

丽贝卡·布里姆（Rebecca Bream）

1月，香港大型企业集团和记黄埔出售了26.5亿美元的债券，该债券可以用于交换美国移动运营商沃达丰（vodafone）的股票。自去年9月完成一笔30亿美元的可交换债券交易之时起，和记集团就开始逐渐剥离其在该美国集团（沃达丰）的股份。

当月底，意大利电信也售出了20亿欧元的债券，这一债券可用于交换意大利电信移动子公司和互联网运营商子公司的股票。

2月，法国电信出售了33亿欧元的可用于交换Orange公司股票的可交换债券；在移动通信部门首次公开招股的同时，完成了这一欧洲市场上最大额的可交换债券交易。

专栏16.7 可转换债券市场的制动器

资料来源：《金融时报》2001.4.6

评估债券

债券，特别是在伦敦证券交易所之类的二级市场上交易的债券，是根据供给和需求定价的。影响债券价格的主要因素是在同一风险水平上具有同一赎回期的证券的一般利率水平。如果债券利息低于当前利率水平，那么债券的交易价格就会低于其面值（100英镑）。以不可兑换债券（永远支付一个固定年息的债券）为例，假设该债券每年支付的券息为票面价值的8%，即每年8英镑。在债券初次发行时，同一风险水平下的一般利率很可能就是8%，因此该债券能够以面值100英镑出售。但是利率会随着时间变化。假设当前投资者的利率要求为10%。那么投资者们将不再愿意支付100英镑以购买这份年息为8英镑的债券。该债券的当前市场价值将降至80英镑（8英镑/0.1），因为这是购买以当前10%利率支付票息的相似债券所需付出的最高价格。如果票息高于当前的市场利率，那么债券的市场价格会将会高于票面价值。因此，如果市场利率为6%，那么该不可兑换债券的市场价格将会是133.33英镑（8英镑/0.06）。

不可兑换债券市场价格、券息和市场利率之间的关系可由下式表示：

$$P_D = \frac{i}{k_D}$$

其中：

P_D = 债券价格

i = 票面年利息（票面利率×债券票面价值）

k_D = 市场贴现率，相似债券的所要求的年回报。

也可以表示为：

$$V_D = \frac{I}{k_D}$$

其中：

V_D = 所有债券的全部市场价值

I = 所有债券应付的全部票面年利息

我们可能会希望建立由债券的市场价格来表示的市场利率。例如，如果一份不可兑换债券提供的年利率为9.5%，而它当前的市场交易价格为87.5英镑（券息按年支付），那么它的回报率为：

$$k_D = \frac{i}{P_D} = \frac{9.5}{87.5} = 0.1086 \text{ 或 } 10.86\%$$

可赎回债券

可赎回债券的购买者所购买的是两份收益承诺：一份是券息；另一份是赎金。投资者们愿意为债券支付的金额取决于把这些收益按照相应债务风险水平所要求的回报率折现后的价值。下面的公式表述了这几个变量之间的联系：

$$P_D = \frac{i_1}{1+k_D} + \frac{i_2}{(1+k_D)^2} + \frac{i_3}{(1+k_D)^3} + \cdots + \frac{R_n}{(1+k_D)^n}$$

和

$$V_D = \frac{I_1}{1+k_D} + \frac{I_2}{(1+k_D)^2} + \frac{I_3}{(1+k_D)^3} + \cdots + \frac{R_n^*}{(1+k_D)^n}$$

其中：

i_1、i_2 和 i_3 = 单份债券在第1年、第2年和第3年……直到第n年的名义利息；

I_1、I_2 和 I_3 = 全部债券在第1年、第2年和第3年……直到第n年的所以名义利息；

R_n 和 R_n^* = 在赎回日（即第n年），单份债券的赎回价值以及所有债券的全部赎回价值。

Blackaby 公司的例题向我们展示了在给出市场利率的前提下如何为债券估值。

例题 16.1

BLACKABY 公司（Blackaby PLC）

Blackaby 公司在 2001 年 9 月发行了一只面额 100 英镑的债券。该债券可在 2007 年 9 月按票面价格赎回，券息为 8%，于每年 9 月支付。从上述信息中可以得出：

- 该债券的面值为 100 英镑，但是投资者所支付的买价却不一定是 100 英镑；
- 每年的现金支付额为 8 英镑（面值的 8%）；
- 在 2007 年 9 月，债券持有人可以获得 100 英镑的赎回金。

问题一：

假设同一风险水平下的债券的市场利率为 7%，那么在债券发行时，投资者们愿意为该债券支付的价款是多少？

答案：

$$P_D = \frac{8}{1+0.07} + \frac{8}{(1+0.07)^2} + \frac{8}{(1+0.07)^3} + \cdots + \frac{8}{(1+0.07)^6} + \frac{100}{(1+0.07)^6}$$

即：将 6 年内每年 8 英镑的现金流入按 7% 折现 = 4.7665 × 8 = 38.132

再加上 $\frac{100}{(1+0.07)^6}$ = 66.634

P_D = 104.766 英镑

问题二：

如果利息率在 2001~2004 年间上涨了 200 个基本点，那么 2004 年 9 月该债券在二级市场上的价值是多少？（假设下一次的利息支付是在 1 年后）

P_D = 将余下 3 年内每年 8 英镑的现金流入按照 9% 的折现率折现 = 2.5313 × 8 = 20.25

再加上 $\frac{100}{(1+0.09)^3}$ = 77.22

97.74 英镑

注意：随着市场利率的上升，债券价格会相对下跌。

如果在知道市场价格和券息的情况下，我们需要计算投资者对于特定债券的投资回报需求，那么我们就要推算内部收益率。举例来说，Bluebird 公司在许多年前发行了一份债券，这一债券将在 3 年后偿付，偿付额为其票面价值 100 英镑。它的券息率为 6%，市场价格是 91 英镑。通过计算 k_D 我们可以得出该债券在当前市场中的收益率。

$$P_D = \frac{i_1}{1+k_D} + \frac{i_2}{(1+k_D)^2} + \frac{R_n + i_3}{(1+k_D)^3}$$

$$91 = \frac{6}{1+k_D} + \frac{6}{(1+k_D)^2} + \frac{106}{(1+k_D)^3}$$

解决这一问题需要用到在第 2 章中所介绍的计算内部收益率的技巧。在利率（k_D）为 9%时，该方程式相应的解（P_D）为 92.41 英镑。而在利率（k_D）为 10%时，该方程式相应的解（P_D）为 90.05 英镑。

采用线性插值法：

9%	?	10%
92.41 英镑	91 英镑	90.05 英镑

利率
现金流折现值

$$k_D = 9\% + \frac{92.41 - 91}{92.41 - 90.05} \times (10 - 9) = 9.6\%$$

两种利息收入类型

固定利率债券有两种利息收入类型。债券利息收益率（income yield，又称 flat yield，interest yield 或 running yield）是指以债券每年的（税前）利息收入除以目前的市场价格而得的报酬率（以百分比表示）：

$$\frac{\text{利息总额（券息）}}{\text{市场价格}} \times 100$$

这样，对 Bluebird 公司债券的持有人来说，利息收益率为：

$$\frac{6}{91} \times 100 = 6.59\%$$

这是税前的毛收益率，税后收益率则会受到投资者税收状况的影响。

净利息收益率 = 毛收益率 × (1 - T)

其中：

T = 债券持有人所适用的税率。

其实，债券利息收益率并不是投资者购买债券所能够获得的真实回报率，因为利息收益率并没有考虑到投资者通过持有债券而获得的资本利得（或损失）。每当位于同一风险水平的债券所提供的回报率高于 6.59%时，很显然，市场中 Bluebird 公司债券的潜在购买者就会寻求券息之外的其他回报。这一额外回报会在 3 年后以资本利得（9 英镑）的方式获得。投资者以 91 英镑的价格购买了该债券，但是在 3 年后的赎回日却能按债券的面值 100 英镑获得偿付。粗略估计，这一利得的年收益率是 (9/91) ÷ 3 = 3.3% 每年。

将这一收益率加入利息收益率后，我们就得到了第二类收益率——到期收益率（也称为赎回收益率）——的近似值。债券的到期收益率是指可以使投资购买债券所获得的所有未来现金流入（利息加本金）的现值等于债券当前市价的贴现率。9.89% × (6.59% + 3.3%) 这一粗略估计值并没有考虑到投资者获得现金收入的确切时间。当针对这一点进行调整之后，到期收益率会是 9.6%，即之前所计算出的内部收益率。这样，到期收益率就同时包括了利息收入和到期日的资本利得（或损失）。《金融时报》为其所列示的债券标出了"买入收益率"——表 16.1 和专栏 16.11——以及总赎回收益率（GRY）——见专栏 16.10，这些都可以视为到期收益率。

债务融资的国际来源

较大且更有信用的公司要比小企业具有更广的融资渠道。这些公司可以发掘欧洲证券市场，这是个在其货币最初发行国之外拥有该货币的非正式（非管制）市场。例如，存在着巨大的欧洲美元市场，它是坐落在美国之外的银行管理的美元贷款和存款，具有不受美国管理当局监督与管制的明显优点。例如，一家意大利公司可以从一家位于英国的西班牙银行借入美元，而美国监管机构对该交易事项没有任何控制。

> 欧洲证券市场是指用存放在原属国境外的货币交易的非正式（不受管制的）市场。

在美国之外存在大量美元，这些美元被出借使用。同样的情形也适用于所有其他主要货币，即这种货币在其母国之外进行借贷，其母国监管机构对它鞭长莫及。当今看见某人在英国银行持有美元账户，即欧洲储蓄账户，以与一般美元利率相联系的美元来支付利息并非少见之事。这些货币可以被借贷给希望以欧洲美元形式借款以便准备用美元支付利息和本金的企业。欧洲马克、欧洲先令、欧洲日元等也存在着巨大的市场。"欧洲货币"（Euro）的称谓是一种误解，因为这种市场并不局限于欧洲的货币或者欧洲的银行，也不与欧洲单一货币——欧元（Euro）相联系。"欧元货币"（Euro）称谓的产生是因为 1957 年"冷战"高峰时苏联将美元从纽约转移到法国银行时现代市场的建立。转账的电汇挂号碰巧是欧洲银行（EUROBANK）。当时在热衷于欧洲统一货币人士（Euro-enthusiast）的眼中，欧元（Euro）甚至还不是一种意念。时至今日，欧洲证券天天都在与全球所有的主要金融中心进行交易。

大到足以利用欧洲证券市场的公司，相对于较小的公司，可以使自己处于更有利的竞争优势地位。这至少有四方面优势：
- 在欧洲证券市场获得的融资，无论在交易成本还是回报率方面可能有更低的成本。
- 有更少的规则与管制。
- 具有规避外币运动的可能性。例如，一家企业拥有以外币表示的资产，那么它可能具有优势，也拥有以同样外币表示的债务以降低汇率变动的不利影响。
- 本国的资本市场常常不能提供融资的需求量。某些企业的借款需求是如此巨大以至其所在国的资本市场无法提供。为避免扩展计划受阻，大企业可以转向国外资本市场进行融资。

对于那些国际知名公司而言，有三种债务融资渠道：
- 国内或者本国资本市场；
- 向国外公司开放的国外资本市场——国外债务市场；
- 并不基于任何一个国家，因而也不受任何一个国家管制的欧洲证券市场。

例如，对于某些企业开放的三种债券市场见图 16.4。

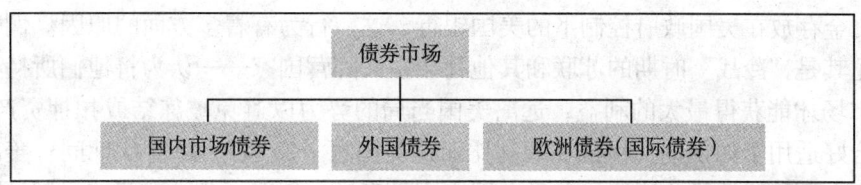

图 16.4 债券市场

外国债券

外国债券,是指以发行市场所在国的货币计价,但其发行方却并非发行市场所在国居民企业的债券。例如,非日本企业在日本市场上发行的以日元计价的债券就是外国债券(用日元进行利息支付和本金偿还)。一些外国债券被冠上了有趣的名字:东京市场的外国债券被称做"武士债券",而纽约市场和伦敦市场的外国债券则分别被称为"扬基(Yankee 即美国佬之意)债券"和"猛犬债券"。荷兰允许外国主体发行伦勃朗债券,而在西班牙则是"斗牛士债券"。外国债券都由发行市场所在地的政府当局进行规制。这些规则要求苛刻,对于需要快速、低成本筹集资金的企业来说是种累赘。这些规制机构还被指控扼杀金融市场中的创新。受限较少的欧洲债券市场的发展使曾经一度占据统治地位的外国债券市场相形见绌。

欧洲债券(国际债券)

欧洲债券是指在票面金额货币所属国家的控制之外出售的债券。因此,英国的金融监管机构对用英国货币计价的欧洲债券几乎没有什么影响,即使交易(例如利息支付和本金偿还)是以英镑进行的。欧洲债券多为中期到长期融资工具,它们不会受到外国债券所遭受的条规和管制(例如要求出具详细的发行章程等)。更重要的是,这些欧洲债券不用缴纳利息预扣税。在英国,大部分的国内债券都要上缴利息预扣税,即在向债券持有人支付利息前就预先按照所得税基本税率扣除债券持有人应向政府缴纳的税款。但是在欧洲债券中,投资者可以获得全部利息而不用扣除税款——这对热衷于延税、避税和逃税的投资者来说很有吸引力。此外,欧洲债券为无记名债券,这就意味着持有人不用透露自己的身份——只要拥有债券就可以获得利息和本金。相反,英国国内债券则是记名的,这意味着企业和政府都能够识别债券的持有人。无记名债券必须被存放在安全的地方,因为小偷若是拿到了无记名债券,也能从中获得极大的收益。

> 欧洲债券不会受到外国债券所遭受的条规和管制。

尽管不存在官方规制,但是国际证券市场协会(ISMA)——于 1969 年成立的,位于瑞士的一个自律组织——给欧洲债券的发行和交易设立了一些限制、规则和标准程序。

欧洲债券(Eurobond)和欧元债券(Euro bond)是不同的,欧元债券是指以欧元计价并在欧元货币区发行的债券。人们开始越来越多的通过将欧洲债券称为"国际债券",舍弃"欧洲"(Euro,在英文中和 1999 年出现的欧元同词)这一前缀来区别这两者。当然,也存在着在欧元区政府当局管制之外发行的欧元计价债券,这些债券被称为欧元欧洲债券。

欧洲债券市场的发展

在 20 世纪 60 年代,许多国家、企业和个人都将剩余的美金存放在美国境外。他们不愿意将这些资金存放在美国政府控制下的美国银行，这一行为有着多方面的原因。例如，一些国家——尤其是"冷战"时期的苏联和其他社会主义阵营国家——认为将他们所持有的美元投入国际市场才能获得最大的利益，远离美国当局的势力以避免被冻结或扣押资产。近来，这一逻辑恰好适用于如伊朗、伊拉克和利比亚这类国家。20世纪60年代期间，美国当局还存在很多令人不愉快的税收法律，并且在国内金融市场中创造了非常严苛的规制环境。这一切使得投资者和筹资方更乐于在美国境外用美元进行交易。伦敦作为金融中心的实力，英国管理当局对商业较为宽松的态度以及其在全球时区中的位置，使伦敦成为了欧洲市场中的"领头羊"。第一份欧洲债券是在20世纪60年代发行的，这一市场在整个70年代发展得很平稳，而在80年代迅速增长。那时尽管欧洲债券市场主要发行的是欧洲美元债券，也一直夹杂着其他欧洲主要货币表示的债券的发行。欧洲债券市场发展不仅受到可以带来比国内债券融资更低融资成本的税收和匿名好处的刺激，也受到来自需要大笔替代货币和具有潜在变革特征的跨国公司和政府日益增长需求的激励。它进一步受到来自石油输出国美元循环的促进。

在1979年，欧洲债券市场上仅发行了总价值不足200亿美元的各类以不同货币计价的债券。而从表16.3中可以看出，如今的新债券发行率已经超过了2万亿美元/年，而市场中现存的未偿债券总额已超过10万亿美元。在任何一年中，都有将近40%~50%的新发行债券是以美元计价的。欧元计价的债券发行量也占新债券发行总额的40%~50%。日元计价的新债券占发行总额的5%~10%，而以其他剩余货币计价的所有新债券发行量总共占新债券发行总量的10%~15%。尽管大部分的欧洲债券都是在伦敦进行交易的，但是英镑却并非主要货币之一。进一步讲，是坐落在伦敦的大的美国银行和其他外国银行主宰着欧洲债券市场。

> 英镑并非主要货币之一。

表16.3 国际债券发行量

年 份 (10亿美元)	1998	1999	2000	2001	2002	2003 前九个月
普通固定利率债券	847	1232	1129	1590	1455	1753
股权相关债权	47	52	57	72	43	61
浮动利率债券	293	485	518	643	603	382
合 计	1186	1769	1704	2305	2101	2195

资料来源：国际结算银行（BIS）季评，www.BIS.org，1993年3月、2000年2月、2001年5月、2001年6月、2000年10月、2002年12月、2003年12月。

虽然欧洲债券市场中，美元债券的发行在头39年内占据了统治地位，但是在2003年，欧元债券的发行量超过了美元债券——见专栏16.8。

欧洲的债券发行量不断成长壮大

这一切始于1963年发行的高速公路债券

查尔斯·巴彻勒（Charles Batchelor）

在单一欧洲货币产生正好5年之时，欧洲货币名义表示的债券发行第一次让长期建立的以美元名义表示的国际债券市场感到恐慌，这使得欧洲债券市场成立40年

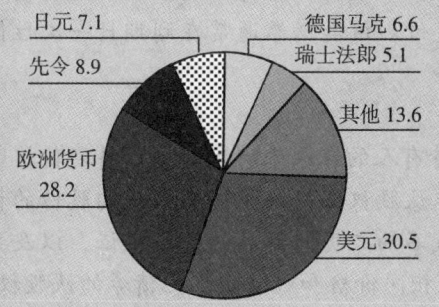

债券：40年历程
按照货币的欧洲债券发行市场份额 1963~2003 年*
市场份额，1963~2003 年（%）

日元 7.1　　德国马克 6.6
先令 8.9　　瑞士法郎 5.1
欧洲货币 28.2　　其他 13.6
美元 30.5

资料来源：《金融时报》2003.9.25
*总额上升到 8.248 万亿美元

庆祝更加圆满。

意大利高速公路经营者——高速公路特许公司（Autostrade）在 1963 年 7 月以一支 1500 万英镑的 15 年期债券启动了欧洲债券市场，创建了雇佣有数千人的市场基金会，并巩固了伦敦作为国际金融中心的地位。

"40 年前的这一事件为当前市场的创建提供了法律和金融基础，"花旗集团（Citigroup）欧洲信贷市场的联席主管查理·伯尔曼（Charlie Berman）表示："而自高速公路特许公司发行债券起 40 年后的故事则是，非美国资本市场与美国市场有了相同的规模和重要性。这真是相当的了不起。"

美国在第二次世界大战中一直统治着外国债券的发行市场。

美国周期性的国际收支逆差意味着美国境外银行的美元存款额没有短缺，而在 20 世纪 50 年代，离岸美元储量已经上升到 170 亿美元。

在 1962 年，花旗集团意识到这些美元可以用来支持欧洲银行主导的债券发行。于是由瑞士华宝银行（SG Warburg）带头与英国及一些别处的规制机构协商以使意大利高速公路债券得以发行。

两周半之后，肯尼迪总统（John F. Kennedy）宣布了一项新的利息平衡税的引入，使这一新兴市场获得了关键性的激励。征收这一税项的目的是为了改善国际收支的平衡，但结果却是增加了欧洲发行商在美国借款的成本。

伦敦凸显于欧洲大陆的金融中心当时绝不确定。几家美国银行以巴黎作为欧洲基地，而瑞士银行在早期控制着分销。对于英国来说幸运的是，欧洲大陆税务当局和银行所采取的受限制的进入，使得伦敦成为更加有效益的基地。

在 70 年代早期，美国当局废除了一些限制条规以保护美元收支平衡，但是此时欧洲债券市场建立得如此完善以致纽约不能再主宰国际市场。

伦敦可能从欧洲各国早期管制的不灵活中获益，但是它需要不断警觉以击退新的威胁。来自布鲁塞尔的一长列涉及发行章程、市场滥用以及投资服务等指令，已经提醒伦敦对更加严格管制的担忧。

国际证券市场协会的咨询师理查德·布里顿（Richard Britton）说，"欧洲正在经历着立法疯狂。但是它没有注意到这样的事实：市场是在全球范围运行，大约一半的欧洲债券发行来自欧盟国家之外。如果你实施严格的管制，他们可能会去别处。"

专栏 16.8　欧洲的债券发行量不断成长壮大

资料来源：《金融时报》2003.9.25

欧洲债券（国际债券）的种类

欧洲债券市场在推出各类票息支付和本金支付协议安排的债券方面一直不断地进行不同

寻常的创新。例如，债券期限中间票息货币的变更，利率在某一点从固定转变到浮动等。这里我们无法详细说明丰富多彩的各种债券，而是将这些债券做一大致分类。

- **普通固定利率债券** 债券的券息在整个债券生命期内都保持不变。相比起国内债券每半年付息一次，这一债券的券息则按年支付。该类债券通常在到期日一次性偿还全部本金。
- **与股权相关的债券** 主要有两种类型：
  - *附认股权证的债券* 认股权证是指给予持有人的在未来特定时刻以特定价格购买一些其他资产的选择权。例如，一项股本认股权证将给予持有人认购股份的权利而非义务。此外，还有一些关于如黄金或石油之类的商品的认股权证，以及关于同一发行方发行的与附权证的主债券具有相同价格和收益的其他债券的认股权证。认股权证可与主债券相分离。与可转换债券不同，这里的认股权证是自身就赋有权力的证券。
  - *可转换债券* 债券持有者有权利（但没有义务）按事先约定的价格将债券转换普通股。
- **浮动利率债券（FRNs）** 表16.3显示了浮动利率债券的重要性正在日益增长。这类债券的券息会定期发生变化，通常变动周期为3~6个月并与参考利率（如伦敦银行同业拆放利率）相关。伦敦银行同业拆放利率的变动幅度反映了发行方所感知到的风险。典型的浮动利率债券的偿还期在5~12年。

在这些广泛的类目中，各式各样的"花哨"（特质）都可以被绑定到债券上，例如，反向浮动债券——券息随伦敦银行同业拆放利率的上升而下降；上限债券——利息率不能超过一个特定的上限水平；零息债券——只向出借方提供资本利得。

欧洲债券中的绝大部分（超过80%）是AAA级或AA级债券，且其面额通常为1000美元、5000美元或10000美元（或是以其发行货币为单位的类似的大笔金额）。

从表16.4中可以明确，企业仅在国际债券市场中占据相对较小的比例，最大的发行商是银行。政府（主权债券）和国家公共事业机构发行量约占市场的1/5，而政府和国际机构（如世界银行、国际复兴开发银行和欧洲投资银行）也具有很强的代表性。

> 企业仅在国际债券市场中占据相对较小的比例。最大的发行商是银行。

表16.4 国际债券发行方

	年 份		
	2001年（十亿美元）	2002年（十亿美元）	2003年（前九个月）（十亿美元）
金融机构	1711	1633	1716
企业发行方	348	210	197
政府	171	173	200
国际组织	75	84	83
合计	2305	2100	2195

资料来源：国际结算银行（BIS）季评，www.BIS.org，2003年12月

欧洲债券发行

对于欧洲债券，作为发行方的一家银行（牵头管理者或者分配经办人）或者银行集团邀

请许多其他银行或投资者购买其中一些债券。管理银行集团负责承销债券发行（假如没人购买，它保证购买）并可能征邀一些较小金融机构——"销售集团"——利用它们广泛的接触面销售债券。

欧洲债券是通过作为证券经纪人的中间商在二级市场进行交易，这些证券经纪人按照他们准备买卖的价格提出报价。大多数欧洲债券在伦敦股票交易所或者卢森堡股票交易所进行挂牌上市，但是欧洲债券市场主要是"柜台交易市场"（over-the-counter），即大多数交易是在公认交易所之外发生的。交易者常常用电话、计算机、电报或传真而不是通过集中的交易场所进行交易。为了价格信息进入中心区是不可能的。许多几乎从不进行交易并且是在客户与债券交易者之间私下发生的欧洲债券发行，没有义务向公众披露交易信息。2000年国际证券管理组织（ISMA）建立了Coredeal——一个已发行的1.6万种欧洲债券中6000种欧洲债券的电子交易平台。它正与许多其他最近创造的电子平台进行竞争。电子交易平台将替代电话交易的程度尚未可知。图16.5呈现了欧洲债券的优点与缺点。

优点：	缺点：
1. 可以长期大量借款。 2. 通常比国内债券成本低廉。融资提供方可以获得不扣税的利息，并同时保持匿名，因此他们愿意提供较廉价的资本。 3. 可以对冲利率和汇率变动带来的风险。 4. 这一债券通常是未担保的。因此对企业管理方面的限制少于担保债券。 5. 较低程度的管制促进了这一市场的创新性和定制式金融工具的衍生。	1. 仅供大型企业使用——最小的现实可行的发行规模大约为5000万英镑。 2. 不记名债券对小偷很有吸引力，因此需要小心存放。 3. 因为利息和本金都是以外币支付，所以存在汇率变动风险。这一风险意味着购买外币时所需要的本国货币量会比预期的要高。 4. 二级市场可能流动性不足，债券难以变现。

图16.5 欧洲债券作为企业融资来源的优点、缺点

为了总结上述关于欧洲债券的讨论，我们下面来看一下这些案例并介绍一些术语。

从周二到周五，《金融时报》发表了一篇短文，对国际债券市场的新发行债券做出了简要评述。周五（2004年1月16日）发行的债券在专栏16.9中列示。注意："主权债券"是政府债券；"1亿英镑的交易"被认为是小额交易；不是所有债券的面值都是100英镑（还可能是1万英镑或1000英镑等）；而"通胀挂钩债券"则指回报率随着公布的通货膨胀数值变动而变动的债券。

《金融时报》周日出版的刊物又列出了50只英镑计价的流动债券——见专栏16.10。其中大约有一半是来自政府或半官方机构，剩下的则来源于英国企业。

《金融时报》还发表了一张表格（周一至周五），其中列示了一组精选的交易活跃的国际和新兴市场债券在二级市场中的标价。这可以使读者对当前市场的状况以及对偿还期、计量货币和风险水平不同的债券的回报率要求有所了解——见专栏16.11。

中期票据（MTNs）

通过所发行的票据，企业向持有人承诺在票据到期日向其支付一定数额的款项，在多数情况下还会同时支付利息。这些金融工具是未担保的，其利率可能是固定的，也可能是浮动的。中期票据（MTN）的偿还期一般最少为9个月，最长为30年，因此"中期"这个词有一点不太切实。这些票据的计价货币可以是借款方的本国货币（MTN），也可以是外国货币（Euro MTN）。一般来说，MTNs的利率会高于伦敦银行同业拆放利率（LIBOR），高出幅度通常为0.2%~3%。

戴姆勒（Daimler）交易发生后忙碌的汽车行业集团

阿德里安·罗伯特（Adrienne Roberts）

继戴姆勒—克莱斯勒公司（Daimler Chrysler）在本周早期进行的交易之后，昨日，随着丰田汽车（Toyota）和宝马汽车（BMW）进行的小型交易以及豪华汽车生产商保时捷（Porsche）发布的一份公告，更多汽车企业的名字出现在了债券市场上。

德国宝马担保的宝马美国资本公司（BMW US Capital）在其未偿付的利率为4.625%于2006年到期的债券中增发了1亿英镑的债券。这一债券被评定为A1级，并由荷兰银行和J.P.摩根（J.P. Morgan）联合主理。

被穆迪评级和标准普尔同时评定为3A等级的丰田汽车信贷公司发行了1亿欧元的债券，这些债券将在2008年1月到期。瑞士联合银行（UBS）是这次融资唯一的主理行。

保时捷公布了一项正在进行中的债券发行。这份已委托美林证券和荷兰银行着手发行的债券总价值为数亿美元，将被出售给美国的私人投资者。

这家在汽车行业中拥有最高利润率的德国公司（保时捷）表示，这份债券将被用于其长期融资需求，并将取代一份被戏称为"SUV债券"的价值2.56亿英镑的债券——发行于1998年，用于为其凯宴（Cayenne）系列运动型多功能车（SUV）的开发进行融资。

但是保时捷声明，这份新债券将不会被用于其今年广受期待的"9·11"运动车系列新车型的开发，也不会被用于其可能的第四车型系列。

在其他方面，德国化工集团拜耳公司（Bayer）通过瑞士信贷第一波士顿银行（CSFB）出售了价值为4.6亿欧元、利率为3.75%的5年期债券。

而在主权债券市场，法国财政部（French Treasury）出售了40亿欧元的15年期通胀挂钩债券。这一出售交易原本被预设为总额30亿欧元的中型规模，但在买方订单达到55亿欧元后，发行方将交易总额上升到了40亿欧元。

"这一交易弥补了通胀挂钩债券曲线上的缺口。法国提供了10年期部分和30年期部分，而意大利则恰好提供了5年期部分。其中缺失的一个基准正是15年期部分。"高盛投资公司集团经理齐亚德·阿瓦德（Ziad Awad）表示。高盛投资公司与法国巴黎银行、德意志银行以及法国兴业银行同为联席主理行。

货币基金管理公司购买了31%的债券。而养老保险公司则购买了另外的29%。中央银行则购买了这些债券中相对较大的10%的份额。

新发行的国际债券

借款方	数量	利率 (%)	价格	到期日	佣金 (%)	利率变动幅度	账簿管理人
■ 美元							
Sistema Capital SA (a)	350	8.875#	100.00	Jan 2011	undiscl	—	CSFB
Excelcoomindo Fin Co BV (b)	350	8.00#	99.495	Jan 2009	undiscl	—	CSFB/M Stanley/UBS
Braskem SA	250	11.75#	100.00	Jan 2014	undiscl	+775 $(4\frac{1}{4}$ Nov13)	CSFB/UBS Inv'ment Bank
Banco Bradesco SA*	100	3.625# (s)	99.93	Jan 2007	0.35	+155 $(2\frac{5}{8}$ Nov06)	BNP Paribas
■ 欧元							
Siena Mtgs 03-4 SrL, A1 (c1) ≠	220.4	(c1)	100.00	Sep 2005	undiscl	—	M Stanley/MPS Finance
Siena Mtgs 03-4 SrL, A2 (c2) ≠	1.16bn	(c2)	100.00	Mar 2011	undiscl	—	M Stanley/MPS Finance
BCP Finance Bank Ltd ≠	500	(c)	99.868	Feb 2009	0.15	—	BNPP/Deutsche Bank
Bradford & Bingley plc ≠	500	(g)	100.007	Jan 2009	0.15	—	ABN Amro/CSFB
Bayer Corporation	460	3.75	99.074	Jan 2009	undiscl	+45 (swaps)	CSFB
BFCM (h, S) ≠	300	5.00	101.87	Sep 2015	0.40	+66.6 $(3\frac{3}{4}$ Jul13)	Royal Bank of Scotland
KBC Ifima NV ≠	300	(j)	100.054	Jan 2009	0.15	—	Lehman Brothers
Banco BPI SA (k) ≠	250	(k1)	100.056	Jan 2007	0.125	—	Nomura International
Unibanca (m, S) ≠	100	(m1)	99.646	Jan 2014	0.20	—	Banca IMI
Toyota Motor Credit Corp	100	2.375 (1)	97.191	Jan 2008	0.20	—	UBS Investment Bank
■ 英镑							
BMW US Capital LLC (n)	100	4.625	99.417R	Dec 2006	0.20R	+38 $(7\frac{1}{2}$ Dec06)	ABN Amro/JP Morgan
ASIF III (Jersey) Ltd (o)	100	4.375	98.911	Dec 2008	1.875	—	RBC Capital Markets
■ 日元							
KBC Ifima NV ≠	21bn	(r)	100.02	Feb 2006	undiscl	—	Nomura International
■ 瑞士法郎							
ANZ Banking Group Ltd (t)	100	2.25	101.25	Dec 2008	0.25	+1 (swaps)	BNP Paribas (Suisse)

Bond issue details are online at www.ft.com/bondissues. Final terms, non-callable unless stated. Yield spread (over relevant government bond) at launch supplied by lead manager. *Unlisted. ≠ Floating-rate note. #Semi-annual coupon. R: fixed re-offer price; fees shown at re-offer level. a) Puttable on 28/1/07 at par. b) Callable from 27/1/07 at 104 falling 2%pa to par. c) Secured on Italian residential mortgages originated by Banca MPS. Callable from 16/3/11 at par; if not called, coupon margins double. c1) Av life: 1.7 yrs. 3-mth Euribor+10bp. c2) Av life: 5.6 yrs. 3-mth Euribor+23bp. c3) Also: Classes B of €51.4m and C of €36.7m. d) Spreads relate to German govt bonds unless stated. g) 3-mth Euribor+15bp. h) Fungible with €500m. Plus 126 days accrued. j) 3-mth Euribor+15bp. k) Fungible with €250m. Plus 14 days accrued. k1) 3ME+12$\frac{1}{2}$bp. l) Long 1st. m) Callable from 30/1/09 at par. m1) 3-mth Euribor+50bp to 30/1/09, then+120bp. n) Fung with £250m. Plus 31 days accrued. o) Fung with £350m. Plus 29 days accrued. r) 3-mth Libor flat. s) Short 1st, t) Fung with SF250m. Plus 58 days accrued. S) Subordinated.

专栏 16.9 戴姆勒（Daimler）交易发生后忙碌的汽车行业集团

资料来源：《金融时报》2004.1.16

英镑债券的价格

Issue	Fri price	Week chge	GRY	Inc yld	Moody rtg	S&P rtg	Issue size	Sprd to Gilts
EIB 7 8/12/03	100.00	0.00	0.00	0.00	Aaa	AAA	2100	—
Gecc 5 1/8 12/1/04	99.98	0.07	0.00	5.13	Aaa	AAA	1070	−403
Abbey Nat 5 1/4 12/1/04	100.03	0.12	3.77	5.25	Aa2	AA−	575	−26
Barclays 6 1/2 16/2/04	100.20	0.05	4.00	6.49	Aa1	AA	500	−2
RBS 6 5/8 2/3/04	100.33	−0.02	3.95	6.60	Aa1	AA	500	−8
Abbey Nat 6 1/2 5/3/04	100.35	−0.03	3.80	6.48	Aa2	AA−	650	−22
Lloyds 7 3/8 11/3/04	100.58	0.08	3.51	7.33	Aa1	AA−	400	−52
EIB 10 3/8 22/11/04	105.13	−0.06	4.19	9.87	Aaa	AAA	400	—
EIB 6 26/11/04	101.43	0.02	4.26	5.92	Aaa	AAA	2950	—
KFW 6 5/8 26/11/04	101.98	0.02	4.23	6.50	Aaa	AAA	450	—
World Bank 6 1/4 26/11/04	101.68	0.02	4.21	6.15	Aaa	AAA	400	—
Canada 6 1/4 26/11/04	101.65	0.05	4.24	6.15	Aaa	AAA	500	—
Ford 7 1/4 05	102.23	0.47	5.11	7.09	A3	BBB−	300	93
BMW 6 1/8 05	102.83	0.32	4.52	5.96	A1		150	33
Glaxo 8 3/4 1/12/05	107.45	0.25	4.52	8.14	Aa2	AA	500	33
EIB 6 1/8 7/12/05	103.10	0.27	4.38	5.94	Aaa	AAA	1750	19
NAT Grid 8 29/3/2006	106.35	0.25	4.88	7.52	A1	A	240	47
BT 12 1/4 06	115.10	0.20	4.95	10.64		A−	329	54
Halifax 8 3/4 10/7/06	108.88	0.34	4.86	8.04	Aa3	AA−	400	45
EIB 7 5/8 7/12/06	108.00	0.32	4.61	7.06	Aaa	AAA	1550	20
Daimler 7 1/2 06	105.60	0.37	5.36	7.10	A3	BBB	350	95
Carlton 7 5/8 07	106.70	0.57	5.40	7.15	Baa3	BBB−	200	88
Lloyds 7 3/4 18/6/07	108.78	0.40	4.89	7.12	Aa1	AA−	300	38

Issuer: Barclays
Coupon: 6.5 percent
Redemption date: 16.2.04

Bond price with par value set at 100

Gross (before deduction of tax) redemption yield

专栏 16.10 英镑债券的价格

Issue	Fri price	Week chge	GRY	Inc yld	Moody rtg	S&P rtg	Issue size	Sprd to Gilts	
World Bank 7 1/8 30/7/07	107.75	0.42	4.69	6.61	Aaa	AAA	675	17	Income yield (interest yield)
Tesco 7 1/2 07	107.80	0.52	5.03	6.96	A1		325	51	
BNG 7 3/8 6/8/07	108.35	0.45	4.76	6.81	Aaa	AAA	865	24	
EIN 7 5/8 7/12/07	109.83	0.14	4.80	6.94	Aaa	AAA	950	28	Credit rating
Toyota 6 1/4 07	105.35	0.55	4.71	5.93	Aaa	AAA	250	20	
Halifax 6 3/8 3/4/08	105.33	0.49	4.94	6.05	Aa2	AA	450	44	
BG Transco 8 7/8 08	114.50	0.55	5.16	7.75	A2	A	250	66	
Hitton 7 1/4 08	106.65	0.55	5.54	6.80	Baa2		175	104	
EIB 6 1/4 7/12/08	106.33	0.59	4.77	5.88	Aaa	AA	1300	27	Amount issued in million of pounds
Pru 5 1/2 09	101.68	0.62	5.13	5.41	A1	A+	250	60	
Boots 5 1/2 09	102.43	0.58	4.97	5.37	A1	A+	300	44	
EIB 5 1/2 7/12/09	103.43	0.77	4.82	5.32	Aaa	AAA	2300	29	
World Bank 5 3/4 7/12/09	104.60	0.77	4.83	5.50	Aaa	AAA	400	31	Spread to government bond rate (gilt). The extent to which the rate of interest (GRY) is greater than that on a UK government bond of the same length of time to maturity (in this case 0.84%)
EIB 9 1/2 9/12/09	123.80	0.82	4.82	7.67	Aaa	AAA	500	29	
Scot Pwr 6 5/8 10	107.53	0.58	5.14	6.16	A2	A–	200	61	
Tesco 6 5/8 10	108.35	0.80	5.12	6.11	A1		150	60	
EIB 6 1/4 15/4/14	110.28	1.38	4.94	5.67	Aaa	AAA	1500	27	
Safeway 6 1/2 14	107.63	1.64	5.52	6.04	Baa1	BBB+	150	84	
EIB 8 3/4 25/8/17	136.80	1.77	4.96	6.40	Aaa	AAA	1000	27	
Halifax 9 3/8 15/5/21	145.80	1.87	5.27	6.43	Aa3	AA–	500	59	
EIB 5 3/8 7/6/21	104.60	1.77	4.97	5.14	Aaa	AAA	1875	28	
Italy 6 4/8/28	113.10	2.00	5.05	5.31	Aa2	AA	1500	42	
EIB 6 7/12/28	115.60	2.35	4.90	5.19	Aaa	AAA	3600	27	

Latest prices for Friday 9th January. Bonds shown are a selection of those available on the Bondscape service. GRY Gross redemption yield.
Source: Bondscape

专栏16.10 英镑债券的价格（续）

资料来源：《金融时报》2004.11.10/11

全球投资等级

1月13日	到期日	利率	标普评级	穆迪评级	标价	出价收益率	日变动收益	月变动收益	与政府债券间的利差
■ 美元									
Conoco Inc	04/04	5.90	A−	A3	101.1410	1.25	−0.02	−0.14	+0.01
IBRD	04/04	4.75	AAA	Aaa	101.1300	0.82	−0.34	−0.23	−0.08
Ford Motor Cr	02/06	6.88	BBB−	A3	106.7600	3.42	−0.08	−0.33	+1.79
Walt Disney	03/06	6.75	BBB+	Baa1	109.4700	2.32	−0.02	−0.37	+0.65
Morgan Stanley	04/06	6.10	A+	Aa3	108.1200	2.37	−0.03	−0.25	+0.74
American Elec	05/06	6.13	BBB	Baa3	107.8580	2.63	−0.02	−0.28	+0.55
FHLMC	07/06	5.50	AAA	Aaa	108.1100	2.15	−0.05	−0.24	+0.09
Canada	11/08	5.25	AAA	Aaa	109.8000	3.04	−0.05	−0.22	+0.02
Wal Mart	08/09	6.88	AAA	Aa2	116.2170	3.63	−0.02	−0.23	+0.47
Du Pont	10/09	6.88	AA−	Aa3	115.9570	3.76	−0.02	−0.11	+0.45
Phillips Petr	05/10	8.75	A−	A3	126.1700	4.04	−0.02	−0.19	+0.59
Unilever	11/10	7.13	A+	A1	116.7400	4.26	+0.03	−0.11	+1.24
Bank America	01/11	7.40	A	Aa3	117.6400	4.44	−0.15	−0.24	+1.39
JP Morgan	02/11	6.75	A	A2	112.8000	4.60	−	−0.17	+1.55
France Telecom	03/11	9.00	BBB	Baa3	121.2900	5.36	+0.03	−0.31	+2.33
FNMA	03/31	6.75	AAA	Aaa	117.6400	5.49	−0.01	−0.14	+0.51
Goldman Sachs	11/14	5.50	A+	Aa3	103.3900	5.09	−	−0.17	+0.99
Italy	09/23	6.88	AA	Aa2	119.6600	5.26	+0.01	−0.10	+0.28
Pacific Bell	03/26	7.13	A+	A1	112.7780	6.07	−0.01	−0.04	+1.10
Lockheed	12/29	8.50	BBB	Baa2	132.5970	6.00	−	−0.15	+1.02
Daimier Chryster	01/31	8.50	BBB	A3	120.4600	6.83	−0.05	−0.38	+1.85
FHLMC	01/31	6.75	AAA	Aaa	117.6200	5.49	−0.11	−0.18	+0.51
AOL	04/30	7.63	BBB+	Baa1	116.3790	6.35	+0.04	−0.25	+1.37
GenMotors Acc	11/31	8.00	BBB	A3	113.1100	6.93	+0.01	+0.13	+1.95
■ 欧元									
Hypothekenbank	01/04	3.25	AAA	Aa1	99.9930	3.77	−0.09	+1.50	+1.75
Ford Motor Cr	02/04	5.63	BBB−	A3	100.1100	3.09	+0.45	+0.06	+1.07
EIB	04/04	5.25	AAA	Aaa	100.7500	2.10	−0.03	−0.07	+0.09
Olivetti Fin	07/04	5.83	BBB+	Baa2	101.7400	2.47	−0.05	−0.06	+0.46
BNG	04/05	5.00	AAA	Aaa	103.3600	2.28	+0.01	−0.22	+0.20
BASF	07/05	5.75	AA−	Aa3	104.8500	2.45	+0.01	−0.24	+0.05
Deutsche Telec	07/06	6.38	BBB+	Baa3	107.4500	3.20	+0.04	−0.26	+0.55
Eurohypo	02/07	4.00	AAA	Aaa	102.9900	2.96	+0.02	−0.24	+0.31
Depfa Pfandrbnk	01/09	3.75	AAA	Aaa	101.0900	3.51	+0.04	−0.22	+0.23
Mannesman Fin	05/09	4.75	A	A2	104.2100	3.86	+0.02	−0.27	+0.31
Deutsche Fin	07/09	4.25	AA−	Aa3	102.5700	3.72	−0.02	−0.20	+0.18
Repsol Int Fin	05/10	6.00	BBB	Baa2	109.0400	4.33	+0.03	−0.20	+0.58
Elce de France	10/10	5.75	AA−	Aa3	109.8800	4.05	+0.03	−0.21	+0.31
HVB	09/11	5.00	n/a	Aa3	105.6400	4.12	+0.02	−0.19	+0.21

专栏 16.11　全球投资等级

1月13日	到期日	利率	标普评级	穆迪评级	标价	出价收益率	日变动收益	月变动收益	与政府债券间的利差
■ 日元									
Nippon Teleg	03/06	3.35	AA−	Aa2	106.9297	0.15	−0.02	−0.04	—
Tokyo Elce	11/06	2.80	AA−	Aa3	107.2473	0.26	−0.03	−0.03	—
Toyota Motor	06/08	0.75	AAA	Aaa	100.8200	0.56	−0.01	−0.04	+0.17
KFW Int Fin	03/10	1.75	AAA	Aaa	105.8200	0.79	−0.01	−0.03	+0.04
Chubu Elce	07/15	3.40	AA−	Aa3	120.3921	1.35	−0.06	−0.05	—
■ 英镑									
Gen Elec Cap	05/05	5.75	AAA	Aaa	101.7800	4.33	−0.01	−0.11	+0.17
DaimlerChrysler	12/06	7.50	BBB	A3	105.6200	5.34	−0.01	−0.11	+1.02
Halifax	04/08	6.38	AA	Aa2	105.4200	4.91	+0.02	−0.03	+0.45
Boots	05/09	5.50	n/a	A1	102.3000	4.99	−0.01	−0.09	+0.47
France Telecom	03/11	8.75	BBB	Baa3	114.2800	6.24	—	−0.09	+1.66

纽约证券交易所按面值发行的债券，标准普尔

资料来源：Reuters

高收益及新兴市场债券

1月13日	到期日	利率	标普评级	穆迪评级	标价	出价收益率	日变动收益	月变动收益	与政府债券间的利差
■ 高收益美元债券									
Tyumen Oil	11/07	11.00	BB−	n/a	115.7500	6.28	+0.10	−0.55	+4.19
Gazinvest	10/08	7.25	n/a	Ba2	101.6300	6.84	+0.18	−0.37	+3.82
Gazprom	03/13	9.63	B+	n/a	114.0000	7.48	+0.09	−0.64	+3.38
Kazkommertsbk	04/13	8.50	BB−	n/a	108.0000	7.29	−0.34	−0.59	+3.20
■ 高收益欧元债券									
Messer Griesheim	06/11	10.38	B+	n/a	115.2500	7.78	−0.04	+0.02	+3.89
Invensys	04/05	5.50	B	Ba3	97.2800	7.91	−0.29	−0.39	+5.84

专栏 16.11　全球投资等级（续）

资料来源：《金融时报》2004.1.14

一项延展数年的中期票据（MTN）计划的设定可能会伴随着一整套的法律文件。然后，在未来年度间，众多的票据会按照计划发行。设定计划可以为企业在需要融资时能够发行中期票据提供更大的确定性，并能够使发行方绕过昂贵而费时的独立票据（债券）相关文件。同时，这一计划还可以顾及拥有不同质量、偿还期、计价货币和利息类型（固定或浮动）的债券。以后许多年，人们都能够以当时最适宜的形式向市场推出票据。例如，使用美元而不是英镑，或者赎回期是 3 年而不是 2 年。在这一市场中，发行商可以在持续进行的基础上定期分批发行小额债券（例如 500 万美元）。银行会为保留企业在 MTN 计划下借款的选择权而收取一定的"承诺费"（通常为 10~15 个基本点），即使企业最终选择不借款，这笔费用也仍需支付。同时，企业还应向组织这一 MTN 融资工具的银团支付管理费用。

商业票据

商业票据的发行和购买是大型商业组织避免向中间银行支付联系借款人和贷款人的中介费用的一种手段。这一票据能够向持有人承诺在数日之后向其支付一定数额的资金。贷款人购买这些平均寿命在 40 天左右（通常在 30~90 天范围内。但也有超过 270 天的）的短期票据 (IOUs)，并实际上提供借款给发行方。通常，这类金融工具是折价发行的，因而并不需要借款人支付利息——这样，票据的面值（即到期日偿付的金额）将会高于发行时票据的买价。有临时现金盈余的大型企业能够通过将资金以高于银行存款利率的实际利率出借给其他企业而有效利用这部分盈余。

这一融资资源往往仅适用于那些具有最高信用等级的最受尊敬企业，因为它通常是一种未担保的（无抵押）借款；但是偶尔也会有一些商业票据提供特定资产的抵押或是银行的担保。标准普尔和穆迪评级对短期融资工具使用的是一套不同的评级系统（例如，"A-1"或"P-1"是最高等级）。主要的购买者（如金融市场互助基金）通常将他们的大量投资组合局限于"一级"评级债券，即被信用评级机构评定为最高等级的债券。二级和三级债券也确实存在，但是需求极其有限。

虽然任何一份商业票据都是短期的，但是商业票据市场却能够通过"滚动"发行而被用做中期融资资源；也就是说，在一份商业票据到期后即刻发行另一份票据。商业票据计划（循环包销融通）可以由银行设定，而这一银行（或银团）会在 5~7 年内承购包销指定数额的票据。借款方则按照这一计划每隔数周或数月向其他贷款人发行商业票据。如果没有贷款人出价购买，那么承购银行会以指定的价格购买该票据。欧洲商业票据则是指在计价货币所属国的管辖权之外发行和安置的商业票据。

企业需要警惕对商业票据的过度依赖。许多企业已发现它们的信用评级出乎意料的下降了，这使得他们无法再获得商业票据市场的滚动融资，结果导致计划的严重破坏甚至是破产。

项目融资

典型的项目融资交易是由工业企业创立的，这一（些）工业企业会提供权益资本以成立一个独立的法人实体来建立和运营项目，例如石油管道和电力工厂。之后，项目融资贷款会以银行贷款的形式，或者是通过债券发行而直接提供给独立实体。项目融资的一个重要特征是，保证贷款偿还的依据是项目未来的现金流量和项目本身的资产价值，而不是母公司资产的担保。对于大多数普通贷款，银行在确定贷款条件时考虑的是借款方的信用状况。而对于项目融资，虽然母公司的资信也是考虑因素之一，但是银行主要关注的还是项目本身的财务前景。

> 而对于项目融资，银行主要关注的还是项目本身的财务前景。

为了利用项目融资，项目必须能够较为轻易地与企业其他活动相识别和区分开来，这样它的现金流和资产就能够给贷款方提供一些独立的担保。项目融资已经在全球范围内被广泛用于发电厂、公路、港口、污水处理设施和通信网络等建设项目。专栏 16.12 给出了一些近期发生的实例。

> **以项目融资筹资的项目**
>
> **一项电话基础设施**
>
> 2000 年，移动运营商 Hutchinson UK 3G 通过项目融资筹集了 30 亿英镑，为英国第五家移动网络的建设提供了部分资金。这是一项为期 3 年的不附追索权的债务。
>
> **一座铜矿**
>
> 2003 年，第一量子矿业公司（First Quantum Minerals）采用了项目融资以开展其位于赞比亚的 Kinsanshi 铜矿项目。这一项目需要 1.63 亿美元的资金。
>
> **印度尼西亚的一家电厂**
>
> 1994 年，在没有政府担保的情况下，银行向总价 18 亿美元的印尼帕伊通（Paiton）第一电厂建设项目提供了 1.8 亿美元的贷款。这一贷款的偿还期为 8 年，贷款利率比伦敦银行同业拆放利率（LIBOR）高出 2.25 个百分点。
>
> **维多利亚的一家发电站**
>
> 1996 年，银行同意向鲍尔根公司（PowerGen，一家英国公司）提供 20 亿澳元的贷款以进行维多利亚的雅洛恩（Yallourn）燃煤电厂开发项目。澳大利亚没有顾及当时并无适当的电力购销协议这一事实——这是很不寻常的，因为贷款人通常都想要在做出贷款承诺之前看到合理确定的项目现金流。在这里，贷款方承担了电价下跌的风险。

专栏 16.12　以项目融资筹资的项目

资料来源：整理自《金融时代》1996.8.21，《投资者编年史》2003.3.28

　　项目融资在之前的 20 年内有着迅速的发展。全球每年都有约 500 亿英镑的款项以这一形式贷出，其主要的促进因素在于石油勘探业的发展。在英国，北海提供了大量的项目融资机会。许多开发油田和管道的小企业没有能力依靠其现行现金流和资产负债表来参与这些项目，但是它们能够用日后生产的石油或收取的费用作为担保来获得项目融资。

　　在项目融资交易中存在着一系列的风险。在一种极端的情况下，项目的母公司会承担起担保责任；这样，万一项目的现金流量不足，贷款人还能够从母公司获得偿付。这种项目融资被称为"有追索权的融资"，因为债权人能够向项目的母公司寻求"帮助"。而另一种极端的情况则是贷款人接受协议，这一协议表明一旦项目失败，他们将失去所有的资金并无权向母公司进行追索。如果项目的现金流量不足，贷款人只能对项目本身的资产拥有要求权，而不能对项目的赞助商或开发商进行追索。

　　在这两个极端之间，还可能存在一些交易。在这些交易中借款方承担风险直至项目建设期结束（例如提供完工保证），而贷款方则在项目进入运营阶段后开始承担风险；或者是由商业企业承担一些如成本超支之类的风险，而由贷款方承担其他如政府没收项目资产之类的风险。

　　项目的规模和金额通常都很庞大而且还具有高度的复杂性，这就意味着较高的交易和法律费用。由于贷款方所要承担的额外风险，项目融资的利率往往高于常规贷款。知名的、高资信企业对于通常的母公司贷款所支付的利息率会超出 LIBOR 20 个基本点（0.2%），那么项目企业就不得不为其贷款支付超出LIBOR100个基本点（1%）的利息。

项目融资的优点

项目融资有许多优点：

（1）风险转移。通过使项目成为自筹资金的独立投资，母公司既能够在项目成功时获得收益又可以在项目失败时避免受到些波及，因为其他的资产和现金流会受到保护而不会被项目损失所影响。这会使企业更加愿意从事一些更具风险，但却能给企业和社会都带来利益的经营活动。当然，如果项目融资附有较强的追索权，那么这一利益的价值就比较有限了。

（2）资产负债表外融资。这一融资是基于项目的自有资产和现金流而进行的，因此并不一定会在母公司的资产负债表中作为负债列示。这类资产负债表外融资会被一些经理视为有用的"花招"或计策——比如，可以用来回避杠杆限制。不过，有经验的贷款人和股东并不会轻易地被这些会计"花招"所愚弄。

（3）政治风险。如果项目所在的国家政治不太稳定，并且有反对跨国商业的趋势和侵占企业资产据为己用的行为，那么更为谨慎的项目运营方法是与某些由银行界——尤其是东道国的银行——承担的风险建立正常关系（独立公司）。专栏16.13给出了这一风险的相关实例。

（4）简化了银行业务关系。假如一个项目有很多母公司，那么为独立的项目实体进行融资会比这些母公司各自进行融资要容易和方便得多。

> **美国安然**
>
> 在1995年，印度的马哈拉什特拉邦突然撤销了与美国安然公司签订的电力工程建设协议，对安然公司及其银行造成了极大的影响。

专栏16.13 "监管风险"存在于世界上的许多地方

售后回租

如果一家企业拥有房屋、土地或设备，它就可以将这些资产出售给另一家公司（例如银行、保险公司或专门的租赁公司），并同时在规定的期间内以事先约定的条件租回这些资产。这样销售方既能迅速地获得现金，又能继续使用这些资产。不过销售方也会给自身带来固定现金流出的债务。例如，在2000年，抵押银行阿比国民银行（Abbey National 故居）出售了其分支网络和贝克街总行（贝克街221b号——夏洛克·福尔摩斯 Sherlock Holmes 故居），总面积达650万平方英尺。722家分支网点和总行大楼被阿比国民银行租回使用，租赁期最短1年，最长20年。该银行这一举措的目的在于网点选址的灵活性，这样银行就能够随着客户和行业的变化而改变。这一举措使其能够"专注于银行业务而不是房地产开发——这并不是我们的工作"（约翰·布莱斯 John Price，物业主管，《金融时报》，2000年10月20日，第27页）。

> 销售方既能迅速地获得现金，又能继续使用这些资产。

在 2003 年，贾维斯酒店（Jarvis Hotel）出售并租回了总价 1.5 亿英镑的 9 座房产。此前，英国电信（British Telecommunication）与兰德证券（Land Securities）也达成了总价 20 亿英镑共 7000 份房产的交易。这些交易释放了固定资产所占用的资金，使这些企业能够专注于它们的核心业务。许多零售商利用它们丰富的物业资产来进行售后回租交易，以便将收益投入进一步扩张之中。

在许多国家中，税收制度是鼓励售后回租交易的。例如，一些房产所有人不能享受折旧或是其他税收减免（这通常是因为它们没有足够的应税利润）。那么将这些资产出售给一家正考虑通过持有可折旧资产来减少应税利润的组织是一种双赢策略。此外，资产的原所有人随后所支付的租赁费用是可以息税的。

售后回租的缺点在于，原企业不再拥有资产的所有权，因此必须放弃任何资本增值收益（但是也可能存在利益追回协议，这一协议可以使出售人分享资产增值收益，例如，如果说一个工厂厂址被授予了房屋建筑许可证）。这类的长期租赁协议还通常会规定租金要定期增长，例如，每 3~5 年增长一次。除此之外还有一些其他的因素限制了售后回租这一融资工具的使用。租赁中会包含复杂的文件和大额的法律费用，这通常会使金额在 2000 万英镑以下的租赁安排显得很不经济。此外，租赁还在一定程度上缺乏弹性，例如，如果租借方想要搬出该房产，那么解除交易的成本会很昂贵。售后回租的另一个缺点是，原资产再也不能用来为贷款提供担保抵押。

售后回租的吸引力之一在于其粉饰资产负债表的能力。作为一家缺乏现金的独立公司，MG 罗孚（MG Rover）集团于 2004 年出售并租回了其著名的长桥汽车工厂——见专栏 16.14。

MG 罗孚从长桥工厂获得现金注入

约翰·格里夫斯（John Griffiths）

MG 罗孚将会通过长桥汽车工厂（位于伯明翰附近）的售后租回交易而获得 4250 万英镑的现金增长。

这一交易包含了 228 英亩的房产以及 MG 罗孚的大部分生产设备。该汽车生产商签订了附有续约期权的 35 年期租赁合同。

昨日，交易双方都强调，这一交易不会影响 MG 罗孚的继续运营。不过协议中附有条款约定 MG 罗孚拥有获得土地增值额的合理让渡的选择权。

在长桥区雇佣了 6500 名员工的 MG 罗孚集团将会把收入主要运用于产品开发。在回租期初始阶段，MG 罗孚公司将每年支付 360 英镑的资金。

MG 罗孚去年亏损了 1.1 亿英镑，目前急需一些新的车型来替代原有的旧车型系列，尤其是要替换掉其中型罗孚 45/MG ZS 车型。

……在回租协议中包括了约 425 万平方英尺的建筑面积。……

……"这一交易为我们如今的汽车业务提供了现金，使我们能够继续对公司的许多产品开发活动进行投资。"MG 罗孚执行总监凯文·豪（Kevin Howe）表示，"这一交易利用了我们的资产之一，但是却不会影响到企业的日常管理。"

专栏 16.14　MG 罗孚从长桥工厂获得现金注入

资料来源：《金融时报》2004.1.7

售后租回的另一个优点是：它使经理们更加了解房产的持有成本，并能带来更佳的使用效率——见专栏 16.15。

> **与房产租赁相关的市场回报**
>
> 朱丽安娜·拉特娜 (Juliana Ratner)
>
> 最近研究表明，对某些房产采用租赁的企业会获得更好的股东回报。
>
> 这一研究在 1989~2002 年间调查了超过 5000 家英国上市公司。研究表明对那些租赁资产占 60%~80% 的企业的投资比对研究中所有其他企业的投资的收益率能够高出 71%。
>
> 根据伦敦卡斯商学院（Cass School of Business）的一项调查研究，相比于那些全部房产都属于租入资产或是全部房产都属于自有资产的企业，那些租入了 65% 的房地产的企业拥有最高的市场价格与账面价值比率。这一研究是由房地产顾问公司 Donaldsons 提出的。
>
> 市场看起来似乎会惩戒那些拥有所有房产所有权的企业，因为过多的资金被套牢在这些房产上。同时，市场也不偏向于那些租入全部房产的企业，因为一旦企业破产，房东会跳转至偿付队列的最前端。卡斯商学院金融学教授梅齐亚纳·拉斐尔（Meziane Lasfer）提出上述观点。
>
> 这一研究的最惊人的结论之一是，租赁资产越多的企业拥有越高的效率；这是因为它们能够关注到租赁费用在损益表中的变动，因而会更加了解它们的成本，拉斐尔教授表示。
>
> "租入房产会被作为支出对待，因此企业会尽力做到最大效率地使用这一房产以证明这一开支的合理性，"Donaldsons 公司部门负责人基斯·马丁（Keith Martin）表示。
>
> "企业一再地购入自有房产被视为理所当然，而这些房产也被当做免费资源。"

专栏 16.15　与房产租赁相关的市场回报

资料来源：《金融时报》2003.5.3

证券化

在这个奇特的现代金融世界中，你有时需要问问自己：在你每月支付按揭、信用卡账单或汽车的分期付款额时，究竟是谁最终获得了你的钱。在以前，你可能会发现是你最初借款的那些组织和每月结账单抬头上注明的组织获得了你的钱。如今，你就不能确定这一点了，因为现在有了一个繁荣的重新分包债务市场。在这一市场中，抵押贷款公司，例如，收集数千份它所有的抵押债权（贷款人从借款人处定期获得利息和本金的权利），然后将它们打包出售给其他机构或是市场中的普遍参与者。这就使得长期资产变成了现金，提高了流动性和杠杆比率，使企业可以产生更多的抵押贷款。借款人往往不会意识到抵押贷款不再属于原贷款方，而一切都表现得和原来一样，因为抵押贷款公司会作为抵押贷款购买方的收款代理人。抵押贷款公司通常会通过向其他机构出售资产担保证券来获取现金（这一"资产"是指利息

> 这就使得长期资产变成了现金，提高了流动性和杠杆比率。

和本金的要求权），因此这一形势的融资通常被称为资产证券化。这些资产担保证券（ABS）也可能是被许多市场玩家出售到市场中的债券。

> 资产担保证券包括将相对较小、同类且流动性不足的金融资产转变成流动证券的汇总和重包装。

这些金融权证的销售可以是不附追索权的（在这种情况下抵押贷款公司证券的购买方将承担借款人不偿付贷款的风险），也可以是附有对抵押贷款公司的追索权的。

证券化还曾经延伸到摇滚界。1999 年，铁娘子乐队（Iron Maiden）发行了一份总额为 3000 万美元的远期资产支持债券，这份债券以该乐队的未来的版税收入为抵押担保。在此之前，大卫·博维伊（David Bowei）曾以他早期专辑获得的收入为抵押发行了一份 5500 万美元的债券；而洛·史都华（Rod Stewart）则从野村（Nomura）借入了 1540 万美元的抵押贷款。杜莎集团（Tussauds）将其票据和商品销售进行了证券化，基尔大学（Keele University）将其学生宿舍租金收入进行了证券化，而纽卡斯尔联队（Newcastle United）和埃弗顿足球俱乐部（Everton）则将其未来的季票销售收入进行了证券化。

创新还在不断继续。2003 年，为香港出租车司机提供贷款而获得的收入也被进行了证券化，总价值达 30 亿港元；而同样证券化了的还有 502 家英国殡仪馆和 21 家火葬场的现金流入（共募集了 2.1 亿英镑）。

这种形式的证券化被认为是有益于金融体系的，因为它使银行和其他金融机构能够专注于那些具有竞争优势的贷款流程。例如，有些机构在发起贷款方面远比在筹集贷款资金方面更有竞争力。

结　论

在上一章，我们介绍了几乎适用于任何企业的中短期债务融资。而在本章中，我们则主要介绍了长期债务融资和来源于金融市场的中短期融资。但是，到目前为止，最为重要的一种融资来源却只被简略的提及——这就是股东权益资本。在下一章中，这种资本的股票市场募集方式和其他途径的募集方式将会被详细介绍。

本书随后涉及的话题吸收了本书资金筹集部分（第 15 章、16 章和 17 章）所获得的知识以便能够按照指导讨论诸如什么是适宜的债务与权益混合融资？如何降低某种融资（如浮动利率定期贷款）风险等重要的问题。

网　址

www.treasurers.org　　　　　　　公司财务长协会
www.bankofengland.co.uk　　　　英格兰银行

www.economist.com	经济学家
www.FT.com	金融时报
www.fitchibca.com	费奇国际
www.isma.co.uk	国际证券市场协会
www.moodys.com	穆迪投资者服务公司
www.standard and poors.com	标准普尔投资者服务公司

注　释

1. Quoted in the *Financial Times*. 23 December 2003, p.21 Charles Batchelor 'Agencies under fresh pressure on rating worth'.

2. This example is designed to show the effect of leverage. It does lack realism in a number of respects; for example it is unlikely that profits will continue to rise at 25 percent per annum without further investment. This can be adjusted for-the time taken to pay off the debt lengthens but the principles behind the example do not alter.

3. This 7.25 percent is the nominal coupon rate. The actual rate of return Rank would have to pay in Decmber 2003 on the issue of a new five-year bond was 6 percent.

4. Just to confuse everyone, the traders in these markets often refer all types of eurocurrencies, from eurosterling to euroyen generically as 'eurodollars', falling to reserve that title for US dollars.

第17章
筹集权益资本

引言

什么是权益资本

优先股

挂牌上市流通

经理们需要考虑的事情

发行方法

新股招募的时间表

在另类投资市场（AIM）上发行流通与挂牌上市流通有何不同？

新股发行成本

认股权发行

其他权益发行

分拆发行

认股权证

未上市企业的权益融资

对行市的失望与不满

结论

附录17.1 上市还是不上市的争论

案例分析 17.1

上市？还是不上市？

一些企业渴望在伦敦证券交易所上市……

2000年，易捷航空公司（EasyJet）制订了一项雄心勃勃的计划，准备以每年25%的增长率扩张其座位容量直至成为欧盟内部最大的航空公司。它以8.9亿英镑的报价订购了新的波音737飞机。易捷航空需要寻找大量的资金以支撑其野心，因此2000年11月，该公司向外部投资者出售了7245万份新股，并在伦敦证券交易所正式挂牌上市流通。新股定价为310便士，总共为公司筹集了1.95亿英镑的资金。这些新股占增股后总股本的27.8%，而其他股份则由易捷航空董事长斯特里奥斯（Stelios Haji-Loannou）、其兄波利斯（Polys）和妹妹西莉亚（Celia）以及公司总裁雷·韦伯斯特（Ray Webster）持有，其中韦伯斯特持有的公司股份为1.04%。斯特里奥斯是一名希腊企业家，1995年在其父亲的航运资产的支持下，他创立了这家航空公司。

一些企业渴望离开伦敦证券交易所……

理查德·布兰森（Richard Branson）、艾伦·休格（Alan Sugar）、安德鲁·劳埃德·韦伯（Andrew Lloyd Webber）、安妮塔·罗迪克（Anita Roddick）以及戈登·罗迪克（Gordon Roddick）都对他们企业股票的行情牌价表示了强烈的不满。布兰森先生在1986年将维珍集团挂牌上市，却又在1988年将其退市。劳埃德·韦伯爵士的真有用戏剧集团（Really Useful Theatre Company）也在1990年退市了，此前该集团股票仅上市流通了4年的时间。艾伦·休格明确地表示了他对花旗及其处事方式的厌恶，当投资者拒绝购买他在1992年发行的1.75亿英镑的阿姆斯特德集团（Amstrad）股票时，他尤其恼怒。美体小铺（Body Shop，于1984年上市）的创始人之一安妮塔·罗迪克多年来都毫不掩饰其急于摆脱City Folk对她的误解和约束的强烈愿望，City Folk曾一度被她描述为"斑纹恐龙"。

而还有一些企业则更愿意发行不在证交所挂牌的权益融资

史蒂夫·杨（Steve Young）教授是剑桥大学信息工程方面的专家。20世纪90年代初，他通过将一项语音识别软件商品化而成为了百万富翁，其项目在没有上市的情况下也进展得很顺利。

最初，他的发明被剑桥大学授权给了一家美国公司。1995年，这家美国公司和剑桥大学、史蒂夫·杨以及其研究伙伴菲力·伍德兰德（Phil Woodland）合伙创立了一家英国公司以进一步发展这一业务，其中由美国公司持有一半的股权，另一半股权则由剑桥大学与两位教授共同拥有。

为使业务更进一步的成长，他们需要"风险投资资金"。首先，美国和英国的两家公司进行了合并；然后，合并后的企业集团从风险投资公司阿玛迪斯投资基金（Amadeus Capital Partners）处获得了300万美元。1999年，这家拥有60名员工的公司——熵通科技（Entropic）对权益资本有了更大的需求。风险投资公司为其提供了2000万美元的资本，但就在这时，事情开始了出乎意料的转折。杨教授认为将一些股票出售给企业投资者是较为明智的。他们联系了微软公司，但收到的答复是微软对小企业投资不感兴趣。然而数周之后，微软却电话联系了他们，并提出要购买整个公司。这笔交易是秘密进行的，但是据猜测交易金额应该达到了数千万英镑。杨教授回到了全职的学术世界中，并且变得更加富有，他万分感激风险投资基金的存在。

资料来源：易捷公司：《金融时报》2000年10月25日和11月1、9、16日；理查德·布兰森等：《金融时报》1995年11月1日和2000年5月17日；杨教授：《金融时报》2001年6月14日

引 言

通过出售股票来筹集资金的方式有很多。本章着眼于最为重要的方面，将考虑企业在官方交易市场（OL）挂牌上市流通以及筹集新的股权所必须经过的程序。我们还将探讨各类顾问和其他专业人士所应该承担的任务和责任——这些专业人士帮助企业（如易捷航空）以合适的方式出现在投资者面前。

希望挂牌的企业很可能会选择在伦敦择类投资市场（Alternative Investment Market，简称AIM），而不是在官方交易市场（OL）上市融资。AIM也是由伦敦证券交易所进行运营管理，但是其规章制度较少，上市成本费用较低。

股票市场上"新发行"（也称为初次公开募集，IPO）常常涉及到向新的股东出售股份来募集资金。作为替代方式，公司可以进行配股发行，即向现有股东按照其现有持股比例发行新股。本章将解释配股发行或者其他诸如公开发售方法的机理和技术。

我们有必要将视野拓宽到股票市场之外，以考虑非上市企业使用权益融资的可能性。英国有超过100万家的有限责任公司，但是其中仅有0.2%的公司的股票在官方认可的交易所挂牌交易。几十年来，在中小型企业中存在着可以感知到的融资缺口，而这一缺口在很大程度上被迅速成长的风险投资业/私人股权投资业填补了。风险投资公司为数以千计的企业提供了股本和债务资本，这些企业与杨教授所创立的公司一样正处于快速成长期中。

> 英国有超过100万家有限责任公司，但是其中仅有0.2%的公司的股票在认可交易所挂牌交易。

许多（如果不是大多数的话）企业都不愿意在股票市场或风险投资的援助下成长。例如，制造地球行走机器的JCB（JC Bamford）公司，就在不需要引入外部股东的条件下，将自身发展成为荣获最佳出口奖的大型企业。那些由于挂牌上市股权被稀释的企业事例也更加强了这种满足感，使得企业更加缺乏上市的欲望。一些企业家［例如阿卡迪亚（Arcadia）和BHS的所有人菲利普·格林（Philip Green）］认为，上市的压力和负担是企业为使用权益融资所付出的过高的代价。为使本章内容更加圆满，我们会介绍一些关于上市的争论，并将其与成长企业为进入市场而可能发生的争论进行对比。

什么是权益资本

普通股

普通股代表了企业的权益股本，这类股票的持有者可以分享企业的日益繁荣。作为企业的所有者，这些投资人有权对企业实施控制。他们能够在股东大会上投票决议一些如董事会成员构成之类的重大事项，也能够对重大战略和政策问题（例如公司可能从事的经营活动类型或是与其他公司进行合并的决议）做出批准或不予批准。这些普通股股东有权获得相应份额的股利分配，同时，即使在最坏的情况下，也有权分享企业资产的清算出售收入。为了对企业进行有效的控制，股东们需要获得一定的信息。然而，管理人员并不愿意将大量可能会被竞争对手所利用的商业敏感信息公之于众，但他们必须给每位股东递送一份企业年报。

> 普通股代表了企业的权益股本。

在普通股股东与企业之间并不存在这样一份协议，约定投资者能够收回初始投资资本。普通股股东所能够获得的回报取决于企业的运营状况。要收回投入的资金，权益投资者要么将其拥有的股份出售给其他投资者（如果公司正在进行股份回购，可以将股份出售给公司，但是这种情形很少见），或者迫使公司进行清算。一旦公司进行清算，所有的资产被出售，清算收益进行分配。两种做法都可能使企业的投资者不再是原始投资者。董事们在提议年度股利分配或者半年度分配方面拥有高度自由裁决权，而个人股东对于从股份中获得收益常常无权给予有效影响。这不仅因为提供股利分配源泉的经营利润存在着不确定，而且因为企业中代表不同或者分散股东团体的董事们的权利不是绝对的。

普通股股东的要求权等级是最低的。当企业进行年收入分配时，债券持有人、优先股股东等相关人员会优先获得报酬。如果在向这些人员支付完报酬后还有盈余，那么普通股股东才可能获得分红。而当企业进行清算时，企业员工、税务机构、购销债权人以及贷款人也都会优先于普通股股东而获得偿付。由于这些不利因素的存在，普通股必须拥有极具吸引力的特质才能诱使个人购买并保留它们。这一吸引力在于，如果企业业绩良好，那么股东对于利润的要求就不存在规模上的限制。在众多实例中，一些投资者用不多的资金投资购买了新公司的股票，并因此而成了百万富翁。例如，如果你在1961年购买了1000英镑的雷卡（Racal）公司股票，那么到1999年你所持有的股票将价值数百万英镑（沃达丰Vodafone就是雷卡的杰作之一）。

从企业的角度出发，更多的发行股票是有好处的，就如在第16章中所提到的那样，其中最重要的益处就在于减震作用。然而，与通过债务募集资金相比股权筹资也有其缺点。

■ **高昂的成本** 发行股票的成本通常会高于由额外贷款来筹集同样数目资金的成本。发行股票主要有两类成本。首先是发行的直接费用，例如商业银行和/或经纪人的咨询费用，以及法律、会计和招股说明书的费用等。这些费用能够占到所募集的资金的10%。其次，同时也是最重要的是，为满足股东需求所必须支付的报酬；这一报酬比诸如企业所发行的债券之类的安全证券的回报要高（见第10章）。

- **控制权的丧失**　企业家们有时难以做出抉择——他们需要额外的股权融资来支持企业的发展，但是又不喜欢邀请外部股权投资者购买公司股票。有时，他们需要在减缓/停止增长或者稀释企业家的控制权之间进行抉择。外部股权投资者可能会提出一些附加条件，例如对重大经营决策的否决权，以及任命一些董事的权力。在许多情况下，企业创始人会决定放弃扩张以保留对企业的控制权。

  > 企业家们不喜欢邀请外部股权投资者购买公司股票。

- **股利不能用于抵减应税利润**　股利是用税后收入来支付的，而贷款利息却可以用来息税。这影响了企业使用有息证券融资和通过普通股融资的相对成本。

授权、发行以及面值

在企业创立之时，原始股东将会确定企业的法定股份数量（即注册资本）。这是企业能够发行股票总量的最高限额（除非股东投票表决同意更改这一限额）。在许多情况下，企业发行的股票数量不会达到这一限额。例如，Green 公司的注册资本为 500 万英镑，其中有 100 万英镑的优先股和 400 万英镑的普通股。该公司对外（平价）发行了全部的优先股，但是普通股只发行了 250 万英镑，留下了 150 万英镑作为已注册但尚未发行的普通股股本。这使企业董事能够在不必获得股东进一步授权的情况下发行剩余的 150 万英镑股本。

> 注册资本是企业能够发行股票总量的最高限额。

股票有规定的面值，例如 25 便士或 5 便士。这一面值通常与股票的出售价格以及其在股票市场上的牌价没有什么关系。我们假设 Green 公司发行了 1000 万股的普通股，每股面值 25 便士（250 万英镑的总面值÷每股面值 25 便士 = 1000 万股）；这些股票的最初售价为每股 2 英镑，共募集到了 2000 万英镑的资金，而其当前的市值为每股 3.8 英镑。

股票的面值并没有真正的意义，并且在多数情况下可以忽略。然而，在人们检查企业的账户时可能会遇到一个令人混淆的问题，因为发行的股本在资产负债表上是按面值列示的，因此往往看起来少得可怜。这一账项必须和股本溢价账户联合起来理解，股本溢价账户代表了公司出售股票所获得的价款和股票面值之间的差额。因此，在 Green 公司的案例中，每股溢价为 200 便士 - 25 便士 = 175 便士。资产负债表中的总股本溢价为 1750 万英镑。

> 股本溢价账户代表了公司出售股票所获得的价款和股票面值之间的差额。

有限责任公司、公共有限公司和上市公司

有限责任意味着普通股股东仅以出资额或承诺出资额为限承担法律责任。即使企业作为独立法人进行破产清算时资不抵债，贷款人和其他债权人也不能向普通股股东追索债务。这与合伙企业的情况形成了对比，在合伙企业中合伙人必须为企业的所有债务负无限责任，即房屋、汽车等个人财产也可能被出售以偿还企业债务。

附有"有限公司"（Ltd）后缀的私人企业是最普遍的企业形式（占全部企业中的 90%）。而数量虽少却具有更大影响力的企业形式是公共有限公司（或公众公司）。这些企业必须带有 plc 的后缀。一般的私人企业没有股本下限，但对企业提供股份的购买人类型有限制，而公共有限公司则有最低股本下限——5 万英镑，但是却能够将股票出售给广泛的潜在投资者。不是所有的公共公司都在股票市场上上市的。当报刊报道一家企业公开上市时可能会带

来极度的困惑——这家公司很可能是一家运营多年的公开有限公司,但是却刚刚决定公开挂牌上市。严格说来,"挂牌"这个词应该仅仅被用于那些在官方市场上正式上市的企业,但是目前这一词语的使用相当宽泛,在伦敦另类投资市场中交易的股票也通常会称为挂牌上市。

优先股

不同于普通股提供的无规律的股息,优先股通常会给它们的所有者每年提供固定利率的分红。如果企业利润不足,那么支付优先股的股利金额也会减少,有时甚至会减至零。因此,与债务资本不同,优先股并不能保证每年都能获得分红。优先股的股利会在普通股股东获得股利之前发放——实际上,在优先股的股利发放完毕后,很可能没有剩余利润用来分配给普通股股东了。优先股对一些投资者比较有吸引力,因为它们能够提供固定的收入,而且回报率会比如债券等固定利率证券更高。但是,这一高收益是伴随着高风险的,因为优先股股利的支付等级排在债券利息之后,而且在破产清算时,优先股持有者作为资产出售收入的接受者排位顺序较后。

优先股是股东资金的一部分,但是却不是权益股本。优先股持有人通常不能受益于企业的优异表现——任何超过预期的利润都会流入普通股股东的手中,而且优先股通常不带有选举权,除非是拖欠了股利或者是在破产清算的情况下。

图 17.1 显示了股东资金的基本组成。

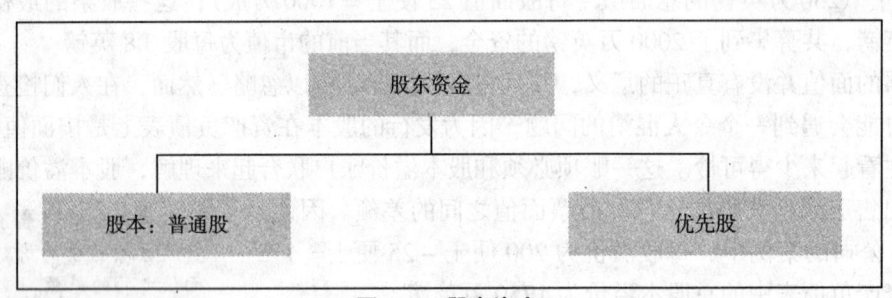

图17.1 股东资金

企业采用优先股资本的优势

优先股资本有以下优点:

- **股利"任选发放"** 优先股股利可以一年或者数年不发放,这可以给予董事们更大的灵活性,同时也能给业务下滑中的企业更多生存的机会。虽然企业可能没有法定义务每年支付股利,但是金融界却可能会对不支付股利的企业持悲观的态度——这会使投资者开始紧张并抛售股票从而对普通股股价造成不利影响。
- **对管理层的影响** 优先股是一种额外的资本来源,由于它一般不附有投票权,因此不会稀释普通股股东对企业决策的影响力。
- **超额利润** 对优先股股利的限制意味着普通股股东能够在企业运作良好时获得所有

的超额利润。
- **财务杠杆因素** 借款是有安全水平限制的。优先股是在普通股减震器效用减弱情况下的替代品，因为它能够避免由分红带来的每年现金流出。在一些情况下，企业可能会避免使用债务融资，因为这可能增加企业的财务风险，而股东也可能不再愿意提供更多的权益风险资本。如果该企业决定通过外部融资筹资扩张，那么优先股是一种选择。

企业使用优先股的缺点

优先股资本也有一些缺点：
- **较高的资本成本** 优先股的年报酬和资本附带有较高的风险，因此股东通常会要求比债权人更高水平的回报。
- **分红没有息税效应** 因为优先股被认为是股东资金的一部分，所以分红也被视为一种利润分配，所得税应在企业分配优先股股利之前的利润中扣除。对比之下，债权人则不被认为拥有企业的所有权，且不论企业是否有利润，其利息都必须支付。这一利息费用被认为是可以减少应税利润的合法开支。近几年来，优先股已经成为一种相对来说不怎么流行的融资方式了，这是因为债券、银行贷款以及其他长期融资都具有息税优势。这一点在企业 A 与企业 B 的案例中有所体现。这两家公司都募集了 100 万英镑的资金，但是企业 A 采用的是利率为 8% 的债券，而企业 B 采用的是股息为 8% 的优先股（在这里为了方便解说我们假设这两者的回报率是一样的——实际上，优先股的回报率可能比债券回报率高出几个百分点）。见图 17.2。

	企业 A	企业 B
息税前利润	200000	200000
债券应付利息	80000	0
应税利润	120000	200000
应交所得税(30%的税率)	36000	60000
	84000	140000
优先股股利	0	80000
普通股股东可以获得的利润	84000	60000

图 17.2 优先股和债券

企业 A 有着较低的税务负担，因为它的债券利息可以用来息税，这使得普通股股东可以获得额外的 2.4 万英镑（84000 英镑 – 60000 英镑）。

优先股的类型

在优先股这一总类下有很多各式各样的细分类型，下面是一些不同类型优先股的特征：
- **累计红利** 如果企业在某一年没有支付红利，那么优先股股东对红利的要求权最终会结转到以后年度。这些以前年度分红必须在普通股股东进行分红前发放。
- **参与盈余分配** 除了固定红利之外，优先股股东获得的红利还会在企业获得高利润时有所增长。
- **可赎回** 这类优先股的生命周期是有限的，在到期日优先股股东可以取回其初始投资资本，但不可赎回优先股是没有固定到期日的。
- **可转换** 这类优先股可以在指定的日期按预先设定的条款转换成普通股（例如每两份优先股可以转换成一股普通股）。这些股票往往带有较低的股息率，因为它们所蕴涵的潜在资本利得会有较大的吸引力。
- **浮动利率** 该股票所支付的股息是变动的，其股息率可能与一般利率（例如伦敦银行同业拆放利率或一些其他变动因素）相联系。

挂牌上市流通

"公开"并成为上市公司是企业迈出的重要的一步，由此而获得的大量的资金可以将企业带入一个全新的、加速增长的时期。获得挂牌上市并不是一个轻易的步骤，它是一项重要的法律承诺。英国上市监管局（UKLA，英国金融服务局的一部分）会严格地执行一系列要求的规则，而企业董事将会在企业挂牌上市时以及在以后年度中承担新的更大的责任。正如欧胜微电子（Wolfson）的例子（见专栏17.1）所示，新股发行能够为企业使用权益融资方式进行企业扩张和开发项目募集资金创造更大的可能性，它还可以使现有股东实现他们的投资份额。如果股东想要出售股票，他们就可以通过快捷、费用低廉的二级市场获得收益。股东们不但希望了解在他们想要出售股权时所能够获得的收益是多少，还可能会希望知道他们所持有股票的价值，即使他们当前并没有出售股权的意图。相比之下，未上市企业的股东往往会发现，他们所持有的股权的价值是很难确定的。另外，上市还能在金融界和企业的产品市场中提升企业的形象，从而使企业更具竞争力。挂牌上市还可能会使企业并购变得更加容易，尤其是在收购方以己方股票作为对价购买目标公司股票时，这一点格外明显。上市了的股票会有市场确定的价值，而未上市企业的股票则由于其在价值上较大的不确定性而失去吸引力。

> 获得上市并不是一个轻易的步骤，它是一项重要的法律承诺。

首次公开上市（IPO）将两名学者造就为百万富翁

克里斯·纳托尔（Chris Nuttall）

下月，当由两位苏格兰学者创立的科技公司在主要的伦敦交易市场上市后，他们将成为千万富翁。

位于爱丁堡的欧胜微电子（Wolfson）公司预期募集5000万~1亿英镑的资金，这将成为近两年半以来英国科技公司中最大的首次公开发行金额。

准备出售的股票规模还没有确定，但是出售份额很可能会多达25%，这将使该集团的市值至少达到2亿英镑。

欧胜微电子为计算机和消费电子产业生产芯片，它的产品在微软旗下的Xbox游戏机，苹果的iPod音乐播放器和数码相机，以及DVD播放器和数字电视中起到了重要的作用。它最大的客户——惠普公司（Hewlett-Packard）旗下的打印机中使用了它的芯片。

该企业的首席执行官大卫·米尔恩（David Milne）在1984年创立了这一公司，当时他是爱丁堡大学欧胜微电子研究所的主管之一。而首席技术官兼共同创始人吉姆·雷德（Jim Reid）也是欧胜微电子研究所的一员，同时还是格拉斯哥大学工业设计专业的客座教授。

这两位学者持有公司6%的股份，但是据说他们并没有通过首次公开上市（IPO）来变现的打算。

西德银行（West LB）、苏格兰勇敢的心（Braveheart）企业投资集团以及日本电子集团三洋（Sanyo）可能会出售一部分他们所持有的欧胜股票。该集团的120名雇员也拥有可以购买该企业20%股份的期权。

花旗集团被指定为唯一的账簿管理人，管理被出售给英国及海外机构投资者的新发行股票及原有股票。花旗集团和嘉诚集团（Cazenove）将成为主理银行以及联合经纪商。

米尔恩先生表示，挂牌上市的目的是优化欧胜的资产负债表并扩展其产品范围。

专栏17.1 首次公开上市（IPO）将两名学者造就为百万富翁
资料来源：《金融时报》2003.9.9

经理们需要考虑的事情

招股章程

为了建立一个稳定的市场并鼓励投资者将他们的资金投入企业，UKLA正努力确保上市企业能够符合高标准并遵守严格的准则以将投资风险最小化。举例来说，企业的董事必须准备一份详细的招股章程（上市细则）以向潜在的股东提供企业的相关信息。这一章程所包含的企业相关信息会远远多于企业以前在公共领域所敢于公开的信息。即使没有UKLA提出的这一严格规定，企业也会乐于制造一份时尚而又有信息含量的招股章程。成功的上市可能会取决于招股章程，因为招股章程是企业用来劝说投资者申购其股票的营销工具。

> 成功的上市可能会取决于被作为行销工具的招股章程。

董事们应为这一重要文件的内容与准确性负责。这一章程中必须含有3年的已审计报表、债务细节和一份证明营运资本充足的声明文件。专家们的报告往往也是必要的，企业需要评估人员来证实企业财产的价值，需要工程师来声明流程和机械的稳健性，也需要会计人员来评价其利润数据。过去两年内签订的所有重要合约都要详细的列示，任何拥有公司3%以上股份的个人都必须披露姓名。从地区销售分析和业务种类，到研发信息和对其他企业进行的重要投资，大量的运营数据都必须予以披露。

限制条件和新的责任

所有取得正式上市的企业（即在官方正式交易所上市而不是在另类投资市场 AIM 上市）必须保证有 25% 的股份掌握在公众的手中，以确保这些股票能够在市场中进行活跃的交易。如果没能建立适度活跃的二级市场，那么交易就可能变得徒劳无效而股票也可能变得流动性不足。"公众"指的是与企业董事和主要股东之间没有联系的个人和组织。

在开始支付股利的时候，董事们可能会发现他们做决定的空间受到限制。股票市场的投资者，尤其是那些主要机构往往会要求定期分红。他们通常不仅偏好于稳定的现金流，并且还会将股利支付政策作为企业健康的晴雨表（见第十四章）。这可能给企业带来保持股息增长方面的压力，这一压力是非上市企业所不会经受的。

企业董事购买和出售企业的股票是有严格的规则的，他们必须遵守 1993 年出台的刑事审判法（the Criminal Justice Act）和董事交易模范法典（the Model Code for Director's Dealings）。在发布年报之类的定期信息之前的一段最低期限内（通常为 2 个月），董事们被禁止进行股票交易。此外，在公告一些包含未公开信息（这些信息可能具有潜在的价格敏感性）的特殊性质事件之前，他们也被禁止进行股票交易。这些规则适用于掌握了这些信息的企业任何员工。所有由董事进行的企业股票交易都应该向市场做出公告。

你可能会因为不符合条件而被拒绝

UKLA 努力确保企业的质量足够高以吸引投资群体。管理团队必须要有必要的广度和深度，同时在近几年内还必须要有一定程度的稳定性和连续性。投资者们不愿意过于依赖个人的才能，因此他们会希望有一个由有才干的董事组成的包含非执行董事的团队，而且最好是能够分设执行总裁和董事会主席这两个职务。此外，投资者们还会期望看到一位胜任的财务总监。

UKLA 常常会坚持要求企业保留一份至少包括前 3 年数据的业绩记录（以会计数据的形式），但是自 1993 年起这一要求对基于科学研究的企业和承担了主要基本建设项目的企业变得宽松了。对于以科研为基础的企业，UKLA 的要求是他们已经有 3 年经营活动，即使没有创造任何收入。而一些重要基本建设项目企业（例如欧洲隧道集团 Eurotunnel）则被允许在没有商业活动或盈利记录的情况下进入市场。

只要拥有不少于 5000 万英镑的市值并且在上市时将至少出售 2000 万英镑新股或现有股份，那么即使只有一年的账目，技术导向的公司也可以获准在官方交易市场的技术板块上市。

另一个需要匹配的因素是上市的时机。投资者们往往渴望稳定的、合理开展的经营活动并希望核心业务能有潜在增长的迹象。如果企业的基本产品市场正处于动荡时期，那么企业最好还是延缓上市直至投资者们能够消除对企业的长期生存能力方面的疑虑。如果企业中存在占统治地位的股东，那么企业也会被认为是不适合上市的，因为这可能会导致企业为了占统治地位股东利益而与其他股东发生冲突。

其他需符合的因素有：健康的资产负债表、足够的营运资本、良好的财务控制机制以及清晰的会计政策。

发行过程

发行过程中涉及大量的专家顾问（在下文中予以讨论），这一流程在图 17.3 中予以了概括。

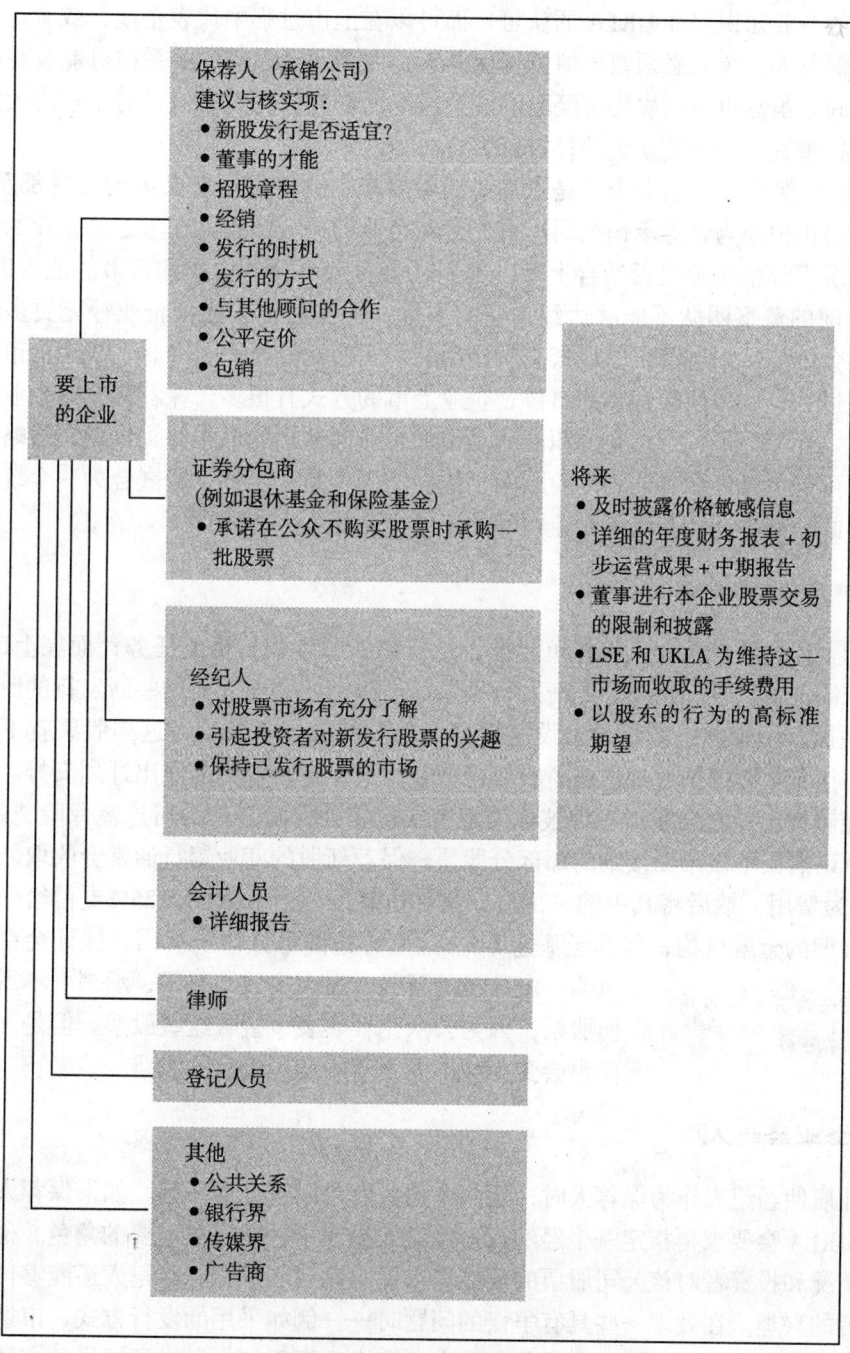

图17.3　正式上市的发行流程

雇佣保荐人

为了在正式交易市场上获取一席之地，董事们需要考虑很大范围的各种事项；很明显他们会需要一些专家来指导企业处理这些复杂的问题。上市过程中最为关键的顾问就是保荐人。他可能是商业银行、股票经纪人或者是其他的专业顾问。董事们，尤其是小企业的董事们，往往会先向他们现有的专业顾问——比如会计和律师——进行咨询。这些人员可能本身就拥有必要的专业知识（和 UKLA 的认可）而可以在上市过程中代表企业，或者是能够推荐更为合适的保荐人。企业必须要谨慎选择保荐人，因为两者之间的关系很可能会在上市之后延续很长时间。虽然也可以雇用有经验的股票经纪人作为保荐人，但是对于较为大型的或特别复杂的发行事宜，企业还是会选择投资银行。

UKLA 要求保荐人去证实企业是否满足监管要求，并确保所有必需的文件都及时归档。保荐人（有时也被称为证券承销公司）首先会对企业的进行核查，在考虑到企业的结构和所需资本的情况下评估企业是否适合上市。他们还会对董事会的构成和董事的能力进行评价。如果企业当前的董事团队不能够达到预期的质量，他们甚至会建议企业补充更多的董事成员。保荐人会制定一张时间表，这张表所涵盖的期间会比较长——有时，成功上市的计划期有可能会超过 2 年。从配售到要约出售，企业上市的方式有很多，保荐人会向企业推荐最为合适的方式。保荐人另一个重要的职能就是帮助企业起草招股章程并提供营销战略。在上市的进程中还可能包含许多其他的专业顾问，他们的工作是否能够互相嵌合为一个统一的整体是至关重要的，而协调所有其他专业顾问的工作正是保荐人的职责。

向承销商支付报酬

在挂牌上市之前，保荐人将担负起推荐最佳的新股申购价格的任务；而在上市发行时，保荐人将承销这些新股。大部分的新发行股票都是包销的，因为为这些新发行的股票进行准确的定价是极其困难的。如果价格设定过高，需求就会少于供给，这样股票就不能全部售出。企业往往希望有把握通过这些新股获得资金，这样它才能提前做出计划安排。为了确保这些股票能够售出，它会购买一种被称为承销或包销的保险。作为对这笔保险费用的回报，承销商会承诺购买不被市场接纳的那部分股票。保荐新股的商业银行通常会收取新股发行收入的 2% 作为费用，然后将其中的一部分，比如说新股发行收入的 1.25% 支付给分销商（通常是一些大型的金融机构，如养老基金等）。这些分销商都做出了承诺，保证会在被要求时承购一定数量的新股。在大多数情况下，承销商不需要购买任何股票，因为公众比较热衷于接收这些股票。但是，偶尔承销商也会受到冲击而不得不购买大量的股票。

> 承销商会承诺购买不被市场接纳的那部分股票。

雇佣企业经纪人

当企业雇佣经纪人作为保荐人时，这两个角色就可以重合在一起。如果保荐人是投资银行，那么 UKLA 会要求再指定一个经纪人。经纪人扮演了一个至关重要的角色，他们将对股票市场的情况和投资者对该公司股票的可能需求提出建议和意见。经纪人还能够代表企业去激发投资者的兴趣。在处理一些具有争议的问题时——例如采用的发行方式、市场战略、发行的规模、发行的时机或股票的定价等——企业将会重视经纪人所必须提供的市场资讯。经纪人还能够组织分销，而且他们会在上市之后的数年内与企业一起维持其股票存在一个流动的、有适当信息告知的市场。

会计人员和律师

企业上市的申报会计师不能是企业现有的审计人员，但是可以是企业内的一个独立团队。

保荐人将会要求会计人员准备企业的财务控制、业绩记录、筹资和预测（长篇报告）等有关详细报告。招股章程中不会包括所有的这些信息，而这些信息能够使保荐人确认企业是否适合上市。会计人员可能还有另一个职责，那就是为企业和它的股东做出纳税筹划。他们还要调查营运资本的需求。UKLA坚持要求企业出示证据证明他们拥有足够的营运资本以满足当前及今后至少12个月的需要。

上市的准备工作以及招股章程所提供的信息都必须满足所有的法律、法规要求。这些法律、法规问题的例子有：董事合约、重新注册为公共有限公司后公司章程的改动、承销协议以及股权认购计划。

> 董事们对这些文件的真实性负有最根本的责任。

律师们也进行着核实工作，以进一步确定招股章程中的每一份报告都符合事实。董事们对这些文件的真实性负有最根本的责任。

登记人员

随着股份购销的进行，股份所有权的记录由登记人员保存。他们保管着企业的登记册和发行证书。这些登记人员必须在交易发生后的两个小时以内调整企业股份所有权的记录——目前一般所使用的是电子记录（而非纸质文本）。

发行后的持续性义务

UKLA坚持要求上市公司履行"持续性义务"，其目的是为了确保所有的价格敏感信息都能够尽快地提供给市场，并且拥有"完整而准确的披露"。如果某一信息能够影响股票的价格或是影响股票的交易，那么它就是价格敏感性的信息。

投资者们需要确信自己不会因某些市场参与者拥有资讯优势而导致的市场扭曲而处于劣势。公开告示在许多实例中都是必要的，例如重要新产品的开发、重要合约的签署、收购的详情、大型资产的出售、董事的更换以及分红的决议。www.uk-wire.co.uk 这一网站上列示了这些企业在过去几年中发布的所有重大公告。

上市公司还必须在一年结束的6个月内提供详细的财务报表，这些公司往往会选择在审计报告公布的几周前做出未经审计的初步利润公告，每个会计年度上半年的中期报告也是很必要的（在上半年末的4个月内编制）。而对于不遵守这一规定的惩罚则是在交易所停牌。

其他的持续性义务还包括：必须将董事对企业股份的处置以及董事对于UKLA和交易所的行为要求准则的遵守情况通报给市场。这些信息在凯得伯瑞报告（Cadbury report）、格林伯瑞报告（Greenbury report）、亨普尔报告（Hempel report）以及希克斯报告（Hicks report）[现在这些信息统一在《公司治理联合准则》（Combined Code）中进行了列示]。虽然这些行为准则是受到鼓励的，但是UKLA并没有对其做出规定。

发行方法

保荐人将视企业的上市动机、筹资的金额、企业历史和声誉等，向其提供新股发行的最佳方法。从全额公开发售到相对简单的引入，股票发行有着多种多样的方式，而最终的选择往往基于各发行方法的成本，这些不同发行方法的成本可能会有相当大的差异。主要的新股发行方法有 5 种。

公开发售

企业保荐人通过邀请机构投资者和个人投资者认购股票将股票公开发售，有时报纸上会刊登其招股章程和申请书，然而大部分的投资者都需要与保荐人或经纪人联系以获得申请表（一些刊物，如《投资者年鉴》Investors Chronicle，会列示出每个正在上市的公司的联系电话。那些即将上市的企业的详细情况可以在 www.londonstockexchange.com/newissues 上查询。其他的相关网站有 www.hemscot.net，www.iii.co.uk/newissues 和 www.issuesdirect.com）。

通常，股票是以企业董事和他们的财务顾问制定的固定价格出售的。招标发售是这一发行方式的一个变体。在这一方式下，企业会邀请投资者们为股票出价投标（应高于最低保留价格）。保荐人将收集这些出价申请，并选出一个能够售卖出所有股票的价格——执行价。出价高于这一价格的企业将会以执行价格而不是投标价格认购股票。而那些出价低于执行价格的企业将无法获得股票。这一方式适用于难以确定企业价值的情况，例如，当没有已上市的同类可比企业时，或需求水平难以估测时。让公众来决定价格可能能够筹集到一大笔资金。但是，其管理执行会带来更大的成本，而估测股票价格这一繁重的任务也会让许多投资者反感。

> 保荐人将选出一个能够售卖出所有股票的价格——执行价。

引进

引进并不会为企业筹集到新的资金。如果企业的股票已经在其他证券交易所上市，或者是它拥有广泛的股东并有 25% 的股份掌握在公众手中，那么证券交易所就会允许企业被"引进"市场。这一方法可以使在 AIM 市场上进行交易的企业转移入官方交易场所，也可以使外国企业在伦敦证交所获得上市。由于不存在包销成本和相对较低的广告支出，它是成本最为低廉的一种上市方式。2004 年，英国独立电视有限公司（ITV plc.）被引入市场。该公司由卡尔顿（Carlton）和格拉纳达（Granada）兼并而成的，这两家企业都拥有广泛的股东并且之前也都在证券交易所上过市，因此独立电视有限公司及其管理团队都很有名。

公开招股

公开招股与公开发售相似，但公开招股是部分承销的。这一发行方式多被一些新企业采用，这些新企业会事先声明，如果新股的销售量没有达到一定的下限就会取消发行。对于新的投资信托公司来说这是一种特别流行的发行方式。

配售

在新股配售中，股票会被出售给公众，但是在这里"公众"这个词的定义比较狭隘。保荐人和股票经纪人不再忙于向普遍的大众做出广告宣传，而是将股票出售给本公司的私人客户——通常是一些如养老基金、保险基金之类的机构。这一发行方式的成本会比公开发售要低廉得多，它有着更低的宣传成本和法律成本。但是该发行方式的缺点在于股东的范围会受到更大的限制。为了缓和这一问题，证券交易所坚持要求在新股发行后要有很大数量的配售人持股。

在20世纪80年代，使用最为频繁的新股发行方式是公开发售。这一方式确保了企业拥有大范围的股东，这样企业股票在二级市场上的流动性才会更强，而且还可以使所有的投资者都能够参与新股发行。配售只被允许运用于公开发售成本过于昂贵的小额发行（小于1500万英镑）。在90年代，这一规定渐渐地放宽了，因此任何规模的新股发行都能够采用配售方式。由于这一方式比公开发售更为廉价也更为简易，大多数企业都自然地转向了配售。

中介人发行

常常与配售联系在一起的另一种发行方式是中介人发行。这种方式下，股票被发售给如股票经纪人之类的金融机构。然后这些中介机构的客户就能够通过它们来申购这些新股。

在专栏17.2中，奇尔集团（Kier Group）的上市说明了新股发行中的大量要点。首先，要注意到在新股发行中不是所有被出售的股票都来自企业本身。往往很高比例的（如果不是全部的话）股票都来自现有的股东。此外，还要注意企业上市的动机：它会允许雇员在事后根据自己的意愿出售所持有的股票，还将筹集2700万英镑来赎回优先股以调整其财务结构。继续持有股份的员工如果希望在将来出售这些股票，他们就会有了解市场价格的需要。这一新股发行包括了两个部分：一部分是通过配售将股票出售给机构投资者；另一部分则是向员工发售更多的股票。

新股招募的时间表

新股发行的各个阶段可以用易捷航空（EasyJet）挂牌上市的案例来诠释。这一时间表在图17.4中列示。

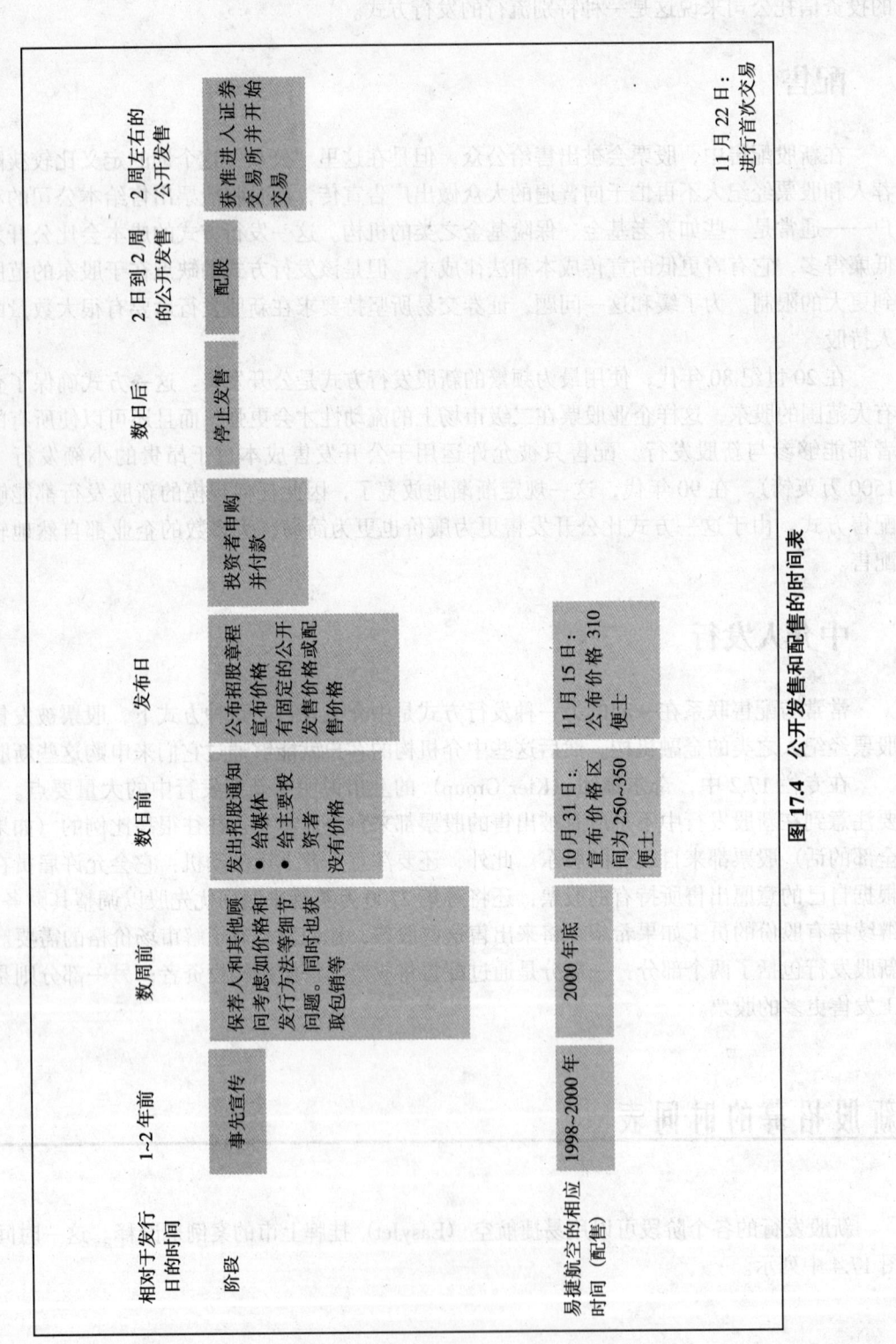

图17.4 公开发售和配售的时间表

> **170便士的上市价格将使奇尔集团拥有5380万英镑的市值**
>
> 安德鲁·泰勒（Andrew Taylor）
>
> 自1992年起，奇尔集团（英国最大的未上市建筑公司）员工股的价值已经上涨了10倍，基于昨日宣布的上市价格，奇尔集团的市值已经达到了5380万英镑。由于170便士的每股价格，原本价值为4800英镑的普通员工投资目前已增值为48000英镑。
>
> 奇尔集团通过配售和向员工发售的方式上市。
>
> 该公司于4年前被其雇员从一家英国企业集团——汉森（Hanson）手中购得。
>
> 奇尔集团将发行160万股新增普通股筹集到2700万英镑的资金，这些资金会被用来赎回由希尔塞缪尔银行（Hill Samuel）持有的优先股。
>
> 剩余的优先股由Electra Fleming拥有，该公司正准备以普通股换回其所持有的优先股。这些股票加上其他的一些购入股票，将会使Electra Fleming拥有9.8%的奇尔股份。
>
> 拥有的股份占扩张后资本4.3%的员工股东已经决定出售他们的股票。
>
> 但是，奇尔集团的董事长兼执行总裁——科林·巴斯比（Colin Busby）表示，职员、前雇员以及他们的家属将会保留企业共80.9%的股份。
>
> 配售价格代表了到6月底为止的12个月内，每股历史收益15.5便士的倍数，这一倍数约为11倍。
>
> 当年，税前利润增长了4%至730万英镑（700万英镑），成交量从5.857亿英镑增长到了6.146亿英镑。
>
> 当年的名义股息为6.5便士，收益率为配售价格的4.8%。

专栏17.2 上市价格估测

资料来源：《金融时报》1996.12.6

易捷航空

事先宣传

在上市前的许多年内，易捷航空就向公众宣传了企业的概况并公布了令人兴奋的新故事。它甚至让电视公司制作了一部关于该企业运营的纪录片，在连续数周之内，这一纪录片每周都有播放，就像是一部肥皂剧一般。

技术细节

投资银行瑞银华宝（USB Warburg）以及瑞士信贷第一波士顿银行（Credit Suisse First Boston）是联席保荐人，而美林公司（Merill Lynch）和施罗德所罗门美邦公司（Schroder Salomon Smith Barney）则作为协理承销商进行协助。易捷航空决定以配售的方式上市，因此让众多的重要的花旗机构来管理发行事宜是很有利的，因为它们与基金经理们有着广泛的接触。在11月9日，有消息指出此次发行股票的价格区间会在280~340便士。这一价格范围比前一周所公布的更加精确了（上周为250~350便士）。通过公布这一价格范围，保荐人和基金经理们就能在确定最终单价之前估测潜在购买者的反应。

该公司决定出售6300万份股票（占增股后股本的25.1%），而另外945万份股票将被保留以备超额配售或超额发行。这意味着该公司保留了在有足够需求的情况下出售这部分额外股票的权利。如果企业这样做的话，那么最终的公众持股量（由非关联人士持有的股票）能够达到增股后股本的27.8%（这些股票必须在上市之日起30天内以发盘价格发行）。

2000年，易捷航空聚集了一个由非执行董事组成的杰出团队以补充其董事会。他们的职责是关注所有股东的利益。远西公司（Telewest Communications）的前执行总裁托尼·伊尔斯利（Tony Illsley）在5月被雇佣，利洁时（Reckitt Benckiser）的财务总监科林·戴（Colin Day）在9月获得委任，而伦敦商学院院长约翰·奎尔奇（John Quelch）则在11月加入了该团队。

在股票发布日之前的一段期间里，审计人员非常繁忙，而保荐银行则是对新股进行强力的推销。

审计人员在努力的将数据图表整合编制成招股章程，而同时，易捷航空重大投资银行的分析师们也在向机构投资者们强力的推销他们的分析报告。

（《金融时报》2000年10月25日，第3页）

目前可以确定的是，现有股东不会出售手中的股份。

招股通知

招股通知会在股票销售的数天前发出，这其中涵盖了企业的背景信息，但是却不会向潜在投资者透露股票的发售价格。易捷航空的招股通知是在2000年10月31日发出的。

股票发布日

招股章程在这一阶段启动，同时股价也在此时公布。易捷航空的股价为310便士，该公司总市值为7.78亿英镑。

停止发售

在公开发售中，投资者需要将近两周的时间来考虑发售价格并确认付款购买。股票申购有固定的截止期限。在配售中，所需要的时间会明显更短，这是因为股票购买者已经向保荐人和经理人表达了他们对该股的兴趣，而且在花旗机构之间交易可以迅速完成。

配股

如果投资者申购的股票超过了现有发售的股票，那么企业就必须对这些股票进行分配。股票分配的实现有着多种方式，抽签方式意味着只有一部分的投资者可以获得股票（股票获得者是随机抽取的），而在按比例缩减方式中，所有申购人都可以获得股票，但是所获得的股票都会少于他们所申请的数额。此外，投资截止点也很可能会被强加于那些申购数量较小的投资者，那些未用于购买股票的资金会被还给投资者。易捷航空的股票发售获得了10倍的超额认购，但是目前尚不清楚这些股票是如何分配的。

交易开始

易捷航空的股票在证券交易所进行的正式交易开始于2000年11月22日，股票的交易价格为342便士，比配售价格高出了10%，为投资者带来了一笔直接的盈利。

询价圈购

在美国，通过询价圈购的方式出售新股是一种很流行的技巧。如专栏 17.3 所示，这一技巧在英国也逐渐流行起来。在这一方式下，新股发行方的财务顾问们会与主要的机构投资者进行联系，以获得他们对该股的投标报价。投资者们的订单会根据价格、数量和一些其他因素（如投标的稳定性）进行分类。这一数据会被用来确定股票的发售价格和分配。易捷航空的保荐人就采用了询价圈购（由"投资意愿建档人"负责组织）。

电力股发售中的投售登记

康纳·米德尔曼（Conner Middelman）

在今天早上的 8 点 30 分整，花旗办公大楼二层的一个小办公室将会爆发出一阵疾风骤雨般的行动，因为政府所保留的英国最大的两家电力企业——国家电力公司（National Power）和鲍尔根（PowerGen）公司——的 40% 股份将在此时开始发售。

"需求建档办公室"——这一发售行动的神经中枢——类似于星舰企业号（Starship Enterprise）的舰桥，它的计算机屏幕墙上显示着彩色的图表图形，标示出每一分钟的销售状况。厚厚的百叶窗遮挡住了内部的所有动静，使其免受外人视线的侵扰。

全球范围的机构投资者对这一股票的订购单会在下周内到达这里，该订单将指出他们针对不同的具体单价所愿意投入的资本金额。这批价值 40 亿英镑的股权发售是今年欧洲最大的一笔私有化交易，它的询价圈购期将截止到 3 月 3 日的下午 5 点。这些股票的国际发售价格和分配将在周末之后确定，而部分已缴款股份的交易将在 3 月 6 日开始。

询价圈购在英国以前的国有资产私有化中也曾被使用过，通过这一方式财政部能够在一系列价格的基础上来编撰出一份机构投资者的需求图表。其目的在于确保这些股票能够在大范围的优质投资者中进行传播。

这次的股票发售总额约为 40 亿英镑，它由两部分构成：一部分是针对英国个人投资者的英国公开发售；另一部分则是针对英国和世界范围机构投资者的两个独立的国际要约售股（一个是国家电力公司的股份；另一个是鲍尔根公司的股份）。

国际发售的路演已于上周举行，这两家企业在欧洲和美国的所有金融中心都分别进行了各自的路演。

这一发售将通过由 17 家投资银行组成的银团进行市场推广，银团由巴克莱德胜（BZW）和克莱沃特·本森（Kleinwort Benson）作为全球联合统筹行和薄记行。询价圈购的流程开始于"输入室"。这间屋子里放置着 9 台传真机，传送出投资者订购详表。这些文件表明了在什么样的价位上各个企业投资者愿意购买多少股票，他们愿意支付多少钱来购买按财政局规定比例配比的股票组合（行业类股投标），以及这一投标是买方实盘还是参考报价。

投资者投标的价格和质量是至关重要的，因为这会影响他们最终获得的分配。财政部比较喜欢来自那些被认为是二级市场中可能的股票购买者或持有者的投资者的投标；在发售初期发出的投标；买方实盘；以个别价格水平（而不是市场相对价格或执行价格）为基准的投标；以及行业类股投标。

> 所有的这些信息会被15名输入员录入电脑中，并被传送给需求建档室。在那里，24台电脑显示屏滚动着即时的数据图解分析，突出了在发售进程中股票分配销售的优势和劣势。
>
> 有一台显示器会显示出这两只电力股的需求随着时间的增长，而另一台显示器则体现了在不同的给定价格上的需求值。一个饼图代表了各个国家的需求量，另一个柱形图显示了各个财团成员的需求量。
>
> 还有一个图表将所有的订单分别归入了范围从非常重要的长期投资者到准备在相当短的期间内玩一票的高度投机者之间的6个不同质量的投资者类别。

专栏17.3　电力股发售中的投标登记

资料来源：《金融时报》1995.2.23

在另类投资市场（AIM）上发行流通与挂牌上市流通有何不同？

> 在AIM市场上市的企业没有规模下限，没有交易期间下限，也没有对公众持股比例进行的限制。

AIM背后的驱动理念在于，为新兴的、成长中的企业提供新的融资来源，同时也为投资者提供了在由伦敦证券交易所（LSE）运营管理的交易环境中购买和出售股票的机会。AIM市场努力保持着较低的成本费用和尽可能简单的规则。与官方交易市场相反，在AIM市场上市的企业没有最低规模、最少经营期间和公众持股比例的限制。

投资者们可以对AIM上市企业的质量放心，因为该市场规定上市企业必须委任并永久保留一个指定顾问和一个指定经纪人。该指定顾问是由AIM上市企业从证券交易所核准登记的企业中选取出来的。作为非正式"保荐人"调查并证实上市企业的财务健康情况，上市企业支付指定顾问一定费用。这些顾问已向证券交易所证明了它们具有足够的经验和资格来作为"质量控制员"，并向LSE证实上市企业能够符合相关的规定。

指定经纪人在股票买卖双方的配对之中扮演了重要的角色。企业的投资者们可以放心，因为至少会有一个经纪人准备进行股票交易，或是尽力将买方和卖方进行配对。企业在AIM的整个上市交易期间都必须保留有指定顾问和指定经纪人，这些顾问和经纪人有着很高的声誉，如果它们中的任何一个突然拒绝与某企业继续往来，那么这会被认为是一个非常坏的征兆。

AIM上市企业也被期望遵守有关于价格敏感信息的公布和年报及中期报告质量方面的严格规定。在上市时，详细的招股章程是必要的，有时甚至还会公布董事们的未完结裁决以及其曾经担任过董事的所有破产企业信息。

当指定顾问的时间费用也被加入证券交易费、会计费、律师费、发布费用等费用之中时，AIM上市筹资所花费的（管理）费用将可能达到所筹集总资本的10%~12%。这一比例已经可以与主要交易市场相比较，但是由于AIM市场上所筹集的总资本往往是比较少的，因此其绝对成本会较低。AIM被设计出来之后，加入这一市场的最低成本在4万~5万英镑的范围。但是如专栏17.4所示，当前的入市成本已经普遍上升到了30万英镑之上，这一数额远远高于AIM创始人的计划值。大部分的附加费用其实都是筹资成本，而不是单纯的AIM入场费用（入场费用一般在10万~20万英镑）。指定顾问们表示，由于证券交易所愈加强调了它们的管制角色增加了调研成本,因此它们不得不被迫提高对企业的收费。

AIM 招股章程(或 AIM 招股文件)并不如官方交易市场的招股章程那样细致,因此成本较低,而真正节省下来的成本来自以后期间持续的行情管理年费。例如,AIM 上市企业不必像官方市场上市企业一样公布那么多的信息。价格敏感信息是必须公布的,但是通常这些信息只需要由指定顾问向交易所发送一个电子文档即可,而不必向所有股东发送通告。

> AIM 被设计出来之后,加入的最低成本为 4 万~5 万英镑。当前的入市成本已经普遍上升到了 30 万英镑。

资产上市突出了 AIM 的收费

克里斯托弗·普莱斯(Christopher Price)

最近有一则新闻报道,一家地产公司进入另类投资市场后所筹集到的 30 万英镑的资金大部分被用在了初级市场费用上。这则新闻很可能加深了小型企业们在另类投资市场的进场费用方面的担忧。

一位 Inner City 公司的顾问表示,进入 AIM 的成本费用将超过 20 万英镑;准机构股东们也从企业处得知,企业的进场费用就已经相当于所筹集到的全部资金。

进入 AIM 的平均成本差异很大,但是支付给指定顾问、指定经纪人、律师、会计人员、和公关公司的基本费用很少会超过 10 万英镑。而其他附加费用则往往会与所筹集的资本数额有关。

上一周,会计公司内维尔拉塞尔(Neville Russell)发布了一项调查报告,该报告指出有 20% 进入 AIM 的企业支付了 10 万~20 万英镑的费用,而另有 25% 的企业支付了 30 万英镑以上的入场费用。所有的企业都筹集资金以作为部分入场费用。所支付的费用在 10 万英镑之下的企业基本都没有筹集到任何资金。

该报告所调查的所有企业中有 1/3 表示,它们的上市给它们带来了"严重的破坏"。据估测,上市"隐形"费用的金额在 5 万~200 万英镑。

English Trust 企业金融师兼 Inner City 顾问斯蒂芬·高斯乔克(Stephen Goschalk)先生表示,当前的高成本是由一些情有可原的事项导致的。

在这些事项之中,包括必须出示给该企业当前的 60 位机构股东的附加文件。此外,Inner City 的资产投资组合也必须进行评估并分别出具评估证。但是,该企业的顾问和经纪行 Teather & Greenwood 表示,这一成本也反映了进入 AIM 的价格正在上升。"价格正在上升,因为 AIM 当局加强了上市标准,给市场带来了压力。" Teather & Greenwood 的肯·福特(Ken Ford)先生声称。

去年夏天,AIM 遭受到一系列利润预警和退市除牌等企业变故的冲击,使管理当局不安,从而导致对一些顾问行为的监控。在 AIM 规则下,企业必须拥有一位顾问和一位经纪人,后者对企业在进入 AIM 时以及作为 AIM 成员期间的资格负有责任。

"当前存在着标准提升的趋势,这导致了成本的上升。"高斯乔克先生表示。他还提出,由于这一成本的增长,市值低于 700 万英镑的企业进入 AIM 市场都是不够经济合算的。

专栏 17.4 资产上市突出了 AIM 的收费

资料来源:《金融时报》1997.7.3

新股发行成本

当企业进行权益资本发行时，它主要承担了三种类型的成本：
- 管理费用/交易费用；
- 资本的权益成本；
- 市场定价成本。

这些成本中的第一项已经在本章的前面部分讨论过了。在官方交易市场和 AIM 市场中，费用占筹资总额的比例都会根据其发行规模而在 5%~12% 的比例区间内变动（见图 17.5）。

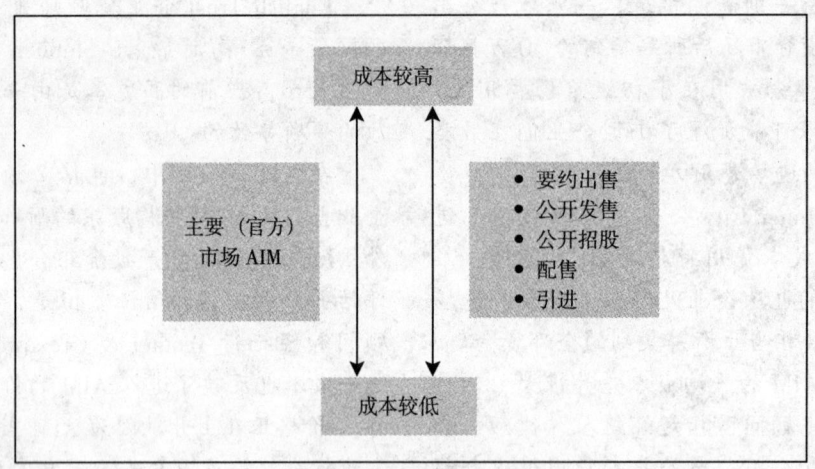

图 17.5 新股发行成本

第二项成本在之前的第 10 章中有着更为详尽的解释，它关系到投资者的机会成本。在持有某企业的股票时，投资者放弃了这笔资金的其他用途，因此企业需要向这些投资者提供一定比例的回报，这一回报至少应该等同于投资同一风险等级的其他股票所能获得的回报。由于普通股股东比债权人和优先股股东面对了更大的风险，因此他们所要求的回报率也会更高。如果企业不提供这一回报，那么投资者就会出售这些股票，而企业也将会发现筹集资本变得更加困难。

市场定价成本与发行新股定价过低的可能性相关，这一问题对新发行股票的定价发售和配售尤其有影响。企业往往会希望将股票全部出售给公众投资者。将剩余未售出的股票出售给承销商会影响企业的形象，因为人们会认为这是一次"失败"的发行。此外，承销商也会在将来的几个月中试图卖出这些股票，而这一行为会在很长时间内压低企业的股价。保荐人也存在着避免遗留下大量股票给承销商的动机。保荐机构是由一些专业分析师和专业的交易人员组成的，失败的发行也会对他们的形象带来很大的负面影响。这会显得他们不能准确地解读市场信息，而高估了市场需求。他们可能做出了不准确的企业风险评估，或者是没有能够将股票的优点很好地传达给投资者。这些负面的形象会一直存在，因此企业和保荐人都宁可谨慎地将发售价格定得较低以确保所有的股票都能够售出。这一降价折扣的确定存在着一个很重要的问题：在新股的公开发售中企业必须在募股结束前的1~2周内确定股票的发售价格，而在股票发布日至首次交易期间市场很可能大幅度的下滑。这会使潜在投资者因承诺支付固定的单价而感到紧张不安。为了消除这一附加的风险，发行价格很可能会大大的低于预期的首日交易价格。这一降价折扣使企业丧失了原本在无风险情况下可以获得的资金，因此它可以被认为是一种成本。在易捷航空的案例中，其股票的首日交易价格比发售价格高出了10%，这可以被认为是该企业的原有股东以过低的发行价格出售了这部分企业股权。

> 保荐机构是由一些专业分析师和专业的交易人员组成的；失败的发行也会对他们的形象带来很大的负面影响。

除了发行成本之外，在维持上市的期间也存在着高成本——见专栏17.5。

专业服务费用证明是企业继续留在股票市场的阻碍

伯特兰·贝努瓦（Bertrand Benoit）
但公转私交易的成本也会是相当可观的

Wyko公司的首席执行官理查德·约翰逊（Richard Johnson）提出了一个疑问：这工业流通与维护集团在上市的其10年间到底得到了什么？而这一问题的答案很可能非常简洁。

该企业于1989年上市，当时市值为5000万英镑。上市期间它一直表现良好，直至去年投资者们开始卖出这家小型企业股票。在不到6个月的时间内，它的股票价格从190便士下跌到了64便士。"这一事件发生时我们正在考虑一项6000万英镑的收购，"约翰逊先生表示，"但是随着市盈率降到了5，我们突然就变得很可能被收购了。"

在企业规模变得越来越重要的市场中，Wyko无法继续扩张，于是它在上周通过管理层购入全部股权来进行了私有化，结束了它与股票市场之间混乱的关系。这次股权买断所花费的金额为9220万英镑，是其最高价格的70%。

以上并非唯一的案例。到目前为止，今年已有将近40家企业退出了交易市场。去年有250家企业退出，而在1997年却只有仅仅7家企业退出。

某些交易很可能是因1998年小盘股指数在富时全股指数（FTSE All-Share Index）上升了10.9%的行情下仍下跌了10.5%而导致的。但是今年仍有许多小型企业跑赢大盘这一事实表明，某些小型企业的退出是由于不愿再忍受高昂的成本，也不愿再为维持上市而烦恼。虽然上市费用与企业的规模相关，但是一般还是会高达每年25万英镑。而恰恰满足交易所设置的最低要求的企业所支付的成本会少很多。尽管如此，罗伊·希尔（Roy Hill）——本月被交易买家收购了的一家图书出版企业的执行总裁——宣称，他的企业可以每年节省下高达40万英镑的相关成本。

这些成本包括支付给股票经纪人、登记人员、律师、商业银行和金融公关公司的费用，以及交易费用和报表的审计、印刷和分发成本。

另一个存在的问题是，一些小型企业被评定了较低的等级，它们事实上已经在投资者们的雷达屏幕中消失了。由于机构投资者们越来越不愿意投资小盘股，经纪人们也停止了对这些小型企业的关注，这样加速了股价的下跌。

"一些机构停止了对市值低于1亿英镑的企业的投资，"里昂信贷银行（Credit

Lyonnais)伦敦分行的小企业调研主管佩妮·弗里尔(Penny Freer)说,"一些业绩很好的小型企业可能只有个位数的市盈率。"

对毕马威交易服务部合伙人托尼·佛莱(Tony Fry)而言,"在股票市场上市的全部目的就在于获的融资渠道,如果你无法使用这一渠道,那么股票市场也就失去了吸引力"。

除了可以促进收购的风险投资基金之外,经理们还被提高企业股票份额的机会所吸引,进行了公转私交易。在由私人券商所支持的典型的管理层收购中,管理人员们最高可以获得20%的持股。一位银行家计算出,如果企业在被收购后以2倍的价格出售,这一股票的价格将会上涨10倍。

但是,由于管理层收购是一种高杠杆比率的运营方式,因此其所蕴涵的风险也很大。如果企业的出售价格低于最初的发盘价,那么这些管理人同样也会失去他们所有的投资。

与公转私交易相关的财务费用也是不可以忽略不计的。按照理查德·格兰杰(Richard Grainger)——咨询公司 Close Brothers 的执行董事——的说法,支付给银行家、登记人员、风险投资基金和公关公司的费用能够达到买价的4%或5%。

花费在合并交易上的时间也是很长的。"这些协议如此具有吸引力并且还包含如此之多的当事人,以至非常容易令管理层们转移视线,尤其是在他们没有一流顾问时,"约翰逊先生表示。他的Wyko管理层收购是在进行了7个月的谈判后才结束的。

在一些实例中,这些努力并没有得到成果。例如Liberfabrica公司,他的管理团队被一位交易买家以更高的出价击败。据希尔(Hill)先生估算,在这一事件中浪费了约50万英镑的费用。

上市成本

预计一家市值在1亿英镑左右的企业的年上市成本	
股票经纪人	2万~2.5万英镑
金融公关	2万~2.5万英镑
财务报告和账目	3万英镑
登记人员	0.5万~2.5万英镑
高知名度的商业银行	0.5万英镑
律师	0.5万英镑
其他成本	0.5万英镑
合计(每年)	25万~35万英镑

预计一家购买价格在1亿英镑左右的企业的私有化成本	
投标人顾问	买价的1%
投标人律师	10万~20万英镑
尽职调查会计人员	10万~40万英镑
市场报告尽职调查	3万~5万英镑
印花税	买价的0.5%左右
印刷商	1.5万~2万英镑
受理银行	1万~1.5万英镑
收购兼并委员会费用	2.5万英镑左右
资助人费用	买价的2%~3%
合计	378万~521万英镑

专栏17.5 专业服务费用证明是企业继续留在股票市场的阻碍

资料来源:《金融时报》1999.8.31

认股权发行

认股权发行是对现有的股东购买企业增发股票的一种邀请，这是一种非常流行的筹资方法。它操作简便，成本也相对低廉（与发行新股相比较）。企业董事们不必事先征求股东的同意，而伦敦证券交易所只会介入干涉较大的认股权发行（为了调整发行时机，避免市场在一段期间内承受过多的发行量）。对于优先认购权，英国有着尤其强烈的传统和法规。它们要求通过出售股票来筹集新的权益资本的企业必须先将这些股票发售给现有的股东。企业的所有人有权以其现有的持股比例来认购新股。这将使他们能够保持原有的企业所有权比例——唯一的差别在于，这一企业"蛋糕"的每一块都变得更大了，因为它拥有了更多可以控制的财务资源。

增发的股票会以企业现有股票的交易价格进行较大折扣后的折扣价进行发售——折扣一般为10%~20%。这会给人一种错觉，认为股东们得到了优惠，但实际上，我们将会看到，因折价出售而带来的利益很快就会由于旧股票的价格下跌而抵消。

股东们既可以自己购买这些股票，也可以将认购权出售给其他的投资者。为了进一步做出保证，企业将会进行预先融资，认股权证发行通常由机构进行承销。

案例

以虚构的上市企业 Swell 公共有限公司为例，假设该公司已发行的股票有1亿股。它想要再筹集2500万英镑的资金来进行扩张，但是又不愿意采取借款方式。已知该企业现有股票的市场价格为120便士，新发行股权将不得不以更低的价格发售以吸引股东，因为在宣布发行至新股购买之间的期间内股票的市场价格有下跌的风险（发售期必须持续至少3周）。Swell已经决定通过以100便士的价格发行2500万股的新股来筹集这2500万英镑的资金。这样新旧股比例则为25：100，换句话说，这是一种"4获1"的认股权发行，每位股东都可以凭其已持有的股票，每四股获得一股新股。

如果在认股权发行前的市场价格为每股120便士，那么该企业市值应为1.2亿英镑，而另外的2500万英镑将通过以每股1英镑价格出售2500万股来注入企业。理论上讲，在认股权发行后股票市价将无法保持在120便士（假设其他条件都不变）。一家原本价值为1.2亿英镑的企业在增加了2500万英镑的价值后（以现金的形式），其总价值应为1.45亿英镑。这家公司目前有1.25亿份股票，因此每股股价为1.16英镑（也就是1.45亿英镑除以1.25亿股）。

$$\frac{总市值}{股票总量} = \frac{1.45亿英镑}{1.25亿股} = 1.16英镑$$

另一种计算股票除权价格的方式如下：

4股现有的股票，股价为120便士每股	480便士
可以用100便士的现金换购1股新股	100便士
5股股票的总价值	580便士

除权后的每股价格	116 便士

股东们原来所持有的股票价格从 120 便士下跌到了 116 便士，这一程度的股价下跌是在新股以折扣价发行后的必然结果。然而这一损失实际上已经由新发行股票的所获得的价值而抵消了。这些新股的购买成本为 100 便士，但是市场交易价却为 116 便士。这一情况可以由 Sid 的例子来解释：在新股权证宣布发行前，Sid 拥有总价值为 120 英镑的 100 份股票。之后 Sid 在原有股票上损失了 4 英镑——它们目前的价值为 116 英镑。但是他又通过新股获得了 4 英镑的收益。

股权证的成本（25 × 1 英镑）	25 英镑
除权后的价格（29 × 1 英镑）	29 英镑
获得	4 英镑

当媒体大谈特谈认股权发行价格"对股东们来说极具吸引力"时，他们一般都是在胡说八道。不论新股发行的价格打了多大的折扣，原有的股份都会有相应的价值下滑，最终股东们都是不亏不赚的。实际上，价值并不会经由折扣的规模而被转让给投资者。在认股权发行前后，股东都拥有着企业的全部股份——他们不可能在不移走一部分价值的前提下，把价值传递给自己。当然，如果现在企业能够做出更为明智的资本开支，预期利润能够上升从而导致企业具有统治性市场地位的话，那么企业股票的价值也会上升——不论是原有股票还是新增股票。但是，这一价值创造与折扣水平无关。

如果股东不想接受这些认股权怎么办？

作为企业的所有人，所有的股东都应该被一视同仁。为了确保某些股东不会因为他们不愿意或不能够购买更多的股票而遭受损失，法律规定这些股东在购买或不购买这些股票之间还应该能有第三个选择。那就是——将这些购股权出售给股票市场中的其他人（即出售未缴款认股权）。以无法支付出 25 英镑股款的穷困的 Sid 为例，他可以直接将这些用于申购股票的认股权出售给另一个投资者，而不必自己先购入这些股票。实际上，由于优先认购权如此深入人心，即使股东什么都没做，企业也会代他出售这些新股的认购权，并将收益交付给他。这样，Sid 将会获得每股 16 便士的收益，或 4 英镑的总收益（如果市场价格保持稳定），这些收益足以补偿他原有的 100 股股票所遭受的损失。但是，他对企业的控制程度被削弱了——他的投票权份额比例降低了。

新股认购权的价值为：

股票除权后的理论市场价值 − 认购价格 = 116 − 100 = 16 便士

Swell 原有股份中每股所附的认购权价值为：

$$\frac{\text{每股除权后的理论市场价值} - \text{认购价格}}{\text{购买 1 份新股所需要持有的旧股数量}} = \frac{116-100}{4} = 4 \text{ 便士}$$

除权和附带认股权

在市场中购买的股票会标明其所附带的认股权，并将在认股权发行的认购新股的权利转移给新的股权人。而在截止日之后股票就会除权，这意味着在该日之后购买旧股票的投资者将无法获得认购新股的权利。

价格折扣决议

Swell 公司是基于"4 获 1"的基础以 100 便士的价格发行股票筹集这 2500 万英镑，还是基于"3 获 1"的基础以 75 便士的价格发股筹资，抑或是运用一些其他的基础，这一点其实并不重要（见表 17.1）。

表 17.1　不同的股权证发行基础对比

权证基础	新股数量（百万）	新股价格（便士）	总募集资金额（百万英镑）
4 供 1	25.5	100	25
3 供 1	33.3	75	25
2 供 1	50	50	25
1 供 1	100	25	25

如表 17.3 所示，不论认股权发行的基础是什么，该企业都将获得 2500 万英镑的资金，而股东们的原有股份也一定会贬值，但是这一股价下滑会被新股认购权的价值所弥补。但是，基于不同基础的除权价格还是不一样的。在"3 获 1"的基础上，除权价为 108.75 英镑。

价格为 120 便士的 3 股	360 便士
价格为 75 便士的 1 股新股	75 便士
4 股股票总价值	435 便士
每股价格（435 便士/4 股）	108.75 便士

如果 Swell 选择了"1 获 1"的基础，那么这一发行就被称为高折扣权证发行。在这一类的发行中，市场价格只有很小的可能会下降到权证发售价格以下，因此可以基本确定该股权证能够完全发售出去。在这一情况下，可以合理地认为，由机构提供的承销服务很大程度上是不必要的，而企业可以因此而节省相当多的资金。然而，所有的股权证发行中有 95% 的都采用了包销，这通常会涉及数量在 100~400 个分销商。包销费用在过去一般正好是发售收入的 2%。在这部分费用中，承销公司会获得 0.5%，经纪人得到 0.25%，而分销商则可以获得 1.25%（这一分配比例与新股发行一样）。但是，近来，这一费用开始降低了，在低风险的高折扣发行中最低可以降到 0.75%。

其他权益发行

一些企业声称，与认股权发行相关的漫长的流程和支出（例如发售期最短为 3 周）阻碍了董事们及时抓住机遇方面的努力。美国的企业在回避优先购买权方面有着更多的自由，他们能够出售大量的股票给证券公司以便在市场的其他地方进行分销。这种方式非常快速，并且交易成本也较低。但是现有的股东会担心自己可能遭受表决权的稀释，并且/或者股票可能以低价出售，以致企业的一部分所有权被以过低的价格转移给了新股东。

> 企业不能以超过 5% 的折扣将股票出售给外部投资者。

英国当局提出了一个折中的办法，即在年度股东大会或特别股东大会之中，企业必须获得股东的准许才能够通过取消优先购买权的特别决议（股东中大部分——75%都投票同意）。

但即使是这样，企业也不能以超过5%的折扣将股票出售给外部投资者。这是一个非常重要的条件。如果新股是被发售给原股东的，那么即使新股以高折扣发售，现有股东也不会受到影响；而如果外部投资者获得了折扣，那么现有股东的价值就会被转移到新股东身上。

配售和公开发售

在配售中，新股被直接出售给一小部分的外部投资者。机构为了保护现有股东的权益，发布了一个防止滥用配售的指引。在这一指引中，如果没有提供弥补，企业通常只被允许配售企业资本中的一小部分（每年允许的最大比例是5%，连续3年内总计不能超过企业资本额的7.5%）。在提供弥补的情况下，股东们有收回这些股票的权利，就如同他们在认股权发行中也有获得新股的权利一样，他们可以以提供给外部投资者的发售价收购这些股票。有了弥补，这一发行就变成了"公开发售"。它与认股权发行的最主要区别在于，如果不行使这一补偿权，那么就现有股价的下跌他们将无法获得任何补偿——不存在可以出售的未缴款认股权。

> 有了弥补，这一发行就变成了"公开发售"。

股权收购

企业经常会发行股票，并以此来收购其他企业和资产，这往往是需要获得股东批准的。

卖主安排出售

如果企业希望以新发行股票来换购一项资产（例如其他企业的子公司或者是整个企业），而卖主（们）却不想持有这些股票，那么购买方可以做出安排，将这些新股出售给机构投资者以换取现金。在这一方式中，购买方获得了资产，卖方（例如并购中被收购企业的股东）获得了现金，而机构投资者则进行了投资。在卖主安排出售中往往会附带一份补偿协议（如果这一发行的总金额超过了收购方市值的10%）。此外，新股发售价格的折扣额不能超过当前股价的5%。

买断承销

除了将股票出售给各个投资公司外，企业还可以与证券公司签订协议，该证券公司将以现金购买全部的股票。之后，证券公司会将这些股票出售给其业务网络中的各个投资者以获取利润。证券公司常常会在企业股票的买断中互相竞争，投标价格最高的一家将获得所有的股票。它们承担了无法售出股票的风险，这一风险的影响至少会达到他们所付出的资金数额。考虑到某些买断承销的交易金额超过了1亿英镑，这些证券公司需要有稳固的资金支持。买断承销受到了优先购买权规则的5%限制。

分拆发行

分拆发行不会筹集到新资金，企业只是简单地按股东的现有持股比例给予股东更多的股票。每位股东所持有股票的总价值不会发生变动，因为股价会按新股增发的比例下跌。分拆发行又被称为资本化发行或者是红利发行，其目的在于通过降价而使股票变得更具吸引力。在英国，投资者们通常认为价格为个位数的股票会比价格在 10 英镑及以上的股票更具市场性。因此，在交易所中每股交易价格为 15 英镑的企业可能会为现有每一股免费配送 2 股新股——"1 获 2"的分拆发行。由于企业的资金数额和经济发展潜力是稳定不变的，因此理论上股票的价格会下降到 5 英镑。

> 在英国，投资者们通常认为价格为个位数的股票会比价格在 10 英镑及以上的股票更具市场性。

除了维持稳定的每股红利之外，许多企业每年都还会有分拆发行，这有效地提高了企业的利润分配水平。例如，如果企业在支付每股 20 便士的常规分红之外，还发放"10 获 1"的红股。那么股东的年收入就会上升 10%（拥有 10 股股票的股东原本只能获得 200 便士的红利，而在红股分配后就能按持有 11 股股票而获得 220 便士的红利）。分拆发行通常会被认为是对未来收益增长的极具自信的肯定。如果这一乐观态度在股价中得到了体现，那么股价就不会下跌到理论值那么低。

> 分拆发行通常会被认为是对未来收益增长的极具自信的肯定。

与分拆发行相比，股票股利有些微的不同，股东可以选择是获得现金股利还是领取股票股利。这更像是认股权发行，因为如果股东们接受了股票红利，他们就得牺牲现金红利。

拆股（股票分割）是指通过减少每股的面值以相应的增加股票的数量，所以全部股票的账面总价值是不变的。因此，例如，一家企业拥有 100 万股的股票，每股的发行面额为 50 便士。它又向现有股东增发了 100 万股的股票，所有新旧股票的面值都因此下降为了 25 便士，但是所有股票的总面额仍然是 50 万英镑。当然，股票的价格也会减半——假设其他条件都稳定不变。

认股权证

认股权证可以给予持证人在一定期限内、以确定的价格购买一定数量普通股的权利。如果企业股票的当前交易价格为 3 英镑，那么它可能会选择出售认股权证，每份权证都会做出承诺，允许投资者在 5 年内以 4 英镑的价格购买一股股票。如果在第 5 年股票的价格上涨到了 6 英镑，那么权证持有者会行使权力，并迅速将行权所得的股票出售，以实现每股 2 英镑的收益，这相对于只有几便士的权证成本来说是一笔相当可观的收入。认股权证往往是和债券捆绑在一起以增加债券的吸引力的，因为如果企业表现平庸，那么投资者可以从债券上获得相对安全（但也很低）的收入，而如果企业表现出色、股价上升，那么投资者就会获得一些额外收益，这些额外收益是由认股权证提供的好处和附带股权带来的。

未上市企业的权益融资

我们已经谈过了在证券交易所筹集资金的一些细节，但在商界中还有成千上万的企业无法进入证交所。我们目前要讨论的就是一些未上市企业能够用来筹集权益资本的方法。

"天使投资人"（非正式风险资本家）

"天使投资人"是些富有的个人，他们通常拥有稳定的生意和创业的经历，也常常会向一些处于起步期、初期阶段或是扩张阶段的企业提供金额在1万~25万英镑的投资，这些企业还需要发展许多年才能够达到上市的标准。因此作为"天使投资人"，投资者们必须接受这一事实：即使被投资企业的业绩非常优秀，他们也难以出售手中持有的股权。投资者们还要接受相对来说较高的失败风险，但是如果一切都进展顺利的话，他们所能够得到的收益也是极大的。那些只投入了数千英镑到小企业的投资者们会随着小企业的上市或是被收购而变得非常富有。例如，英国美体小铺（Body Shop）的投资者伊恩·麦克格林（Ian McGlinn）先生是一家汽车修理厂的主人，他在1976年投资了4000英镑给美体小铺，拥有该公司1/4以上的股票，这些股票目前已价值数百万英镑。

大约有3/4的"天使投资人"投资额是低于10万英镑的，平均的投资额在2.5万~3万英镑。大部分的投资是以权益融资的形式提供，但是"天使"们会购买债务工具和优先股。他们所持有的股票量通常是不足以对企业实施控制的，而且相对于正式的风险资本家，他们更愿意投资给处于建立初期的企业（他们不喜欢"天使投资人"这个称呼，而更偏好非正式风险资本家这一称号）。

"天使投资人"一般会寻找一些有较高抱负和较大发展潜力的创业型企业，典型的"天使投资人"，常常会通过投资联合组织（由"大天使"领导）在3年的期间内会投出1~2笔的资金。他们所投资的企业一般会与他们的住所有合理的距离，因为他们中的大多数都希望成为"亲自参与经营"的投资者，在企业的管理和战略部署中扮演重要的角色——天使们在投资上所花费的时间平均为每周10小时。大部分"天使"都在董事会中占有一席之位。"天使投资人"是很有耐心的投资者，他们至少会愿意持有他们的投资5年。

虽然存在很多正式网站，但是企业和"天使"们寻找对方的主要方式还是通过朋友介绍和业务关联。在英国风险投资协会（Business Venture Capital Association）的网站 www.bvca.co.uk 上，你可以寻找到一系列的相关网站。其他的联系方式还有：国家商业天使网（National Business Angels Network——NBAN），www.bestmatch.co.uk 或 www.nban.com。天使交易所（Angel Bourse），www.angelbourse.com；浪潮2（Wave2），www.wave2.org；风险资本报告（Venture Capital Report），www.vcr1978.com；Katalyst 风险投资（Katalyst Ventures），www.katalystventures.com；温床（Hotbed），www.hotbed.uk.com；啤酒伙伴网（Beer & Partners），www.beerandparterners.com；信托网（Entrust），www.entrust.co.uk；英国贸工部（Department of Trade and Industry），www.dti.gov.uk。

全欧洲有着成千上万的"天使投资人"组织。专栏17.6着重叙述了一些围绕着剑桥发生的活动。

援助最值得投资企业的机会

菲尔·戴维斯（Phil Davis）

剑桥有一个完善的组织，该组织以一种颠覆传统的方式来帮助投资者和新创企业进行联系——通过一种类似于选美的比赛，在投资者面前直接展示这些新创企业。

大东部投资论坛（Great Eastern Investment Forum——GEIF）是在8年前由NW Brown（一家剑桥金融服务公司）建立的。该论坛的经理团队负责筛选由寻求资本支持的新创企业提交上来的商业计划，这样的计划每年都能收到上百份。

其中最优秀的一些新创企业可以赢得向GEIF的314个强大团体展示自身的机会，GEIF的这一团体中包括富有的个人、风险资本家、企业投资者和专业顾问。论坛每年都会举办4次演讲会，每个演讲的时长都只有10分钟，在演讲之后投资者们可以与那些给他们留下较深印象的企业进行详细的交流。

这一流程的透明度吸引了投资者，但是只有经验丰富的投资者才能成为"商业天使"，GEIF的主席奈杰尔·布朗（Nigel Brown）表示，"高科技泡沫总是使人们想到快速而巨大的回报，这种心态目前仍然存在"。

德里克·哈里斯（Derec Harris）是一位GEIF成员，在20年的"天使投资人"生涯中，他的名下有着8项重大的投资。他非常认真严肃地看待自己的"天使"职责。

哈里斯喜欢作为股东或董事长来充分参与他所投资的企业。他是Coffee Nation（一家自动贩卖机公司）的董事长，该公司自其首次在GEIF上做出演说后已经筹集到了24万英镑的资金。他的目的在于见证一家企业的成长，而不是作为董事长那"不算太多"的薪水。

"与年轻人一起工作并为企业运营提供稳定的帮助是一件很有趣的事，"哈里斯表示，"我讨厌办公室政治和那些不关注客户和市场的大企业，因此我绝不会回去做一名受薪雇员。"

通过GEIF寻求融资的企业范围从生物技术和IT到工程项目和餐饮集团。

大东部论坛（GEIF）：www.geif.co.uk

专栏17.6　援助最值得投资企业的机会

资料来源：《金融时报》2003.9.13/14

在天使网站活动中，创业者们能够选择潜在的投资者，而如果这些潜在投资者喜欢创业者对他们提出的问题的回答，他们就会投入上万英镑的资金。在举办活动之前，网站的组织者（或成员）一般会事先审查这些商业机会，以免将时间浪费在一些无成功希望的企业之上。想要成为网站的成员，投资者们应该至少有10万英镑的年收入，或者是至少能够有25万英镑的净资产（不包括主要住所）。但如果你可以提供特殊的技能，例如你是一位有经验的企业管理者或是注册会计师，那么即使你的收入或身价很低，你也可能会被允许成为网站成员。

主要的"天使投资人"交易都是采用可以利用税收优惠的结构的，例如通过企业投资计划、可以提供税收减免的企业投资计划（EIS）——见本章后面内容。

风险资本

在过去20年，风险投资行业获得了非常迅速的发展。相比起20世纪70年代的数百万英镑，如今正式风险资本家们每年投入到未上市英国企业中的风险资本超过了60亿英镑/年。风险资本这一惊人的成长在很大程度上弥补了"金融缺口"，这一金融缺口在20世纪70年代和80年代初期极大地困扰了政治家和商业人士（金融缺口是指，一些规模太大以致创立者或银行无法支持提供足够的资金来支持其成长，但是却也不准备股票上市的企业中存在的融资困难）。

风险投资基金为具备高增长潜力的未上市企业提供融资。风险投资是一项中长期投资，它能涵括债务融资和权益融资的组合。对一些只有有限（甚至是没有）业绩的新企业进行权益投资，风险资本家承担了很大的风险。他们中许多人的投资都是投给了仅仅拥有好创意的管理团队——他们可能还没有开始出售产品或者甚至还没有开发出样品。人们相信，一般在风险投资行业中，10项投资之中有2项将会完全失败，2项将会表现非常出色，而剩下的6项则位于失败与非常优秀之间。

> 10项投资之中有2项将会完全失败，2项将会表现非常出色。

高风险伴随着高利润。风险资本家们期望在5~7年的时间内获得初始权益投资额5~10倍的回报。这意味着获得权益融资的企业预计每年至少要为投资者创造29%的回报。除了以投资者角度而言的权益投资缺点之外（收入和破产偿付等级最低等），小型未上市企业的投资者们还承受着流动性的欠缺，因为这些股票并没有在证交所上市。风险投资有很多不同的种类（最后的三种有时是单独分类的——见本章后文的私人股本部分）：

- **谷种阶段**（Seedcorn） 这一投资类型是为某一商业概念的开发提供了资金。开发过程中还可能会包括样品生产和额外研究的费用。
- **开创阶段**（Start-up） 某一产品或理念已经获得了深入的发展，或已经实现了初始市场。企业还非常年轻，并且也还没有开始商业化得出售他们的产品。
- **其他初创阶段**（Other early-stage） 为初始的商业化生产和销售筹资。许多企业仍然处于无利润期。
- **扩张阶段**（Expansion） 这一阶段的企业只处于高速的增长之中，它们需要资金来支持增长中的生产能力，运营资本和产品及市场的进一步开发。史蒂夫·杨（Steve Young）教授的企业Entropic（见本章开头的案例17.1）就是该类型的一个例子。
- **管理层收购**（MBO） 在这一投资方式中，管理团队向他们的雇主出价收购整个公司、某一子公司或者是某一分部，这样他们就可以自己拥有并运营该公司了。大型企业的所有人往往愿意接受这些团队的收购，尤其是在企业业绩不好，且不符合战略核心业务时。通常管理团队自身只有有限的资金，因此风险资本家将会提供大部分的资金。
- **管理层换购**（MBI） 管理层换购是指由外部的管理团队收购现有企业的股票，这一收购通常是由风险投资基金支持的。管理层收购和管理层换购的组合叫做BIMBO——管理层联合收购——其中外部的新管理团队加入现有管理团队联合进行收购。

> 管理层收购和管理层换购的组合叫做BIMBO——管理层联合收购。

■ **公转私**（Public-to-private） 当前已上市企业的管理层在风险资本融资的支持下通过收购股票来重新恢复成未上市企业。

风险投资公司对谷种阶段、开创阶段和其他初创阶段的企业的投资兴趣要低于对扩张阶段企业、管理层收购和管理层换购的兴趣。这主要是由于初始阶段的企业存在的高风险，以及小额投资不成比例的时间和成本。金额至少在25万英镑以上的投资才能够被风险投资机构认为是值得的——他们每项投资的平均投资额一般在500万英镑左右。

由于初创的企业存在着较高的风险，所以风险投资基金可能会要求高达每年50%~80%的回报。而对于信誉良好、拥有经过考验的产品和千锤百炼的受尊敬的管理层的企业，回报率要求会下降到20%多。这些回报看起来似乎是很高的，尤其是对于那些必须提供这样回报的管理者来说，但是他们必须要认识到这一事实：许多风险资本的投资都是失败的，因此风险投资基金的整体业绩会远远小于这些数据所显示出的情况。事实上，英国风险投资协会（British Venture Capital Association，BVCA）的报告中声明，基金的回报并不会过高。总体来说，到2002年底，对于1980~1998年筹集的风险基金，投资者的净成本费用回报率为每年14.6%。相比于英国股市在1980~2002年8.8%的平均年回报率，这一数据还是不错的。

专栏17.7展示了风险投资鼓动人心的成功与失败。在11个月内3i公司通过对GO的投资将8350万英镑变成了2.31亿英镑，这是令人振奋的。它还通报了在科技投资领域的巨额损失，这又是令人遗憾的。

3i 投资和基金在 GO 股票上赚取了 2.31 亿英镑

凯瑟琳·坎贝尔（Katharine Campbell）

3i 投资和它的相关基金在不到一年的时间内就使它们所购买的 GO 股票价值达到了 2.31 亿英镑，使这项投资成为该私人股权集团历史上最为成功的买断投资。

在英国航空公司（British Airways）以1.1 亿英镑的价格出售了 GO 的 11 个月后，易捷航空以 3.74 亿英镑的价格收购了这家折扣航空公司。

即使在这笔交易之外 3i 还公布了本年第一季度共 9.6 亿英镑的损失，其股票依然止跌回升了 40 便士，达到了每股 762 便士。第一季度的损失主要是来源于 3i 在科技领域的失利。

3i 对 GO 的投资额总共为 8350 万英镑，这其中包括 3i 自身、3i 所管理的第三方基金以及其集团合作伙伴的资金。在 GO 出售中 3i 所获得的 2.31 亿英镑的收入意味着这一投资的现金增值倍数约达 2.7 倍。

在科技领域投资的损失额达到了 9.37 亿英镑，另外还有 730 万英镑的科技投资商誉贬值——在网络泡沫中购入的。

收购和成长型资本投资带来了 5000 万英镑的小额的收益。

在 3i 共有 809 项投资的投资组合中，有 65 家科技企业失败了，去年这一数据还只有 25 家。此外，还有 80 家非科技企业失败，这一数据与 2001 年相同。

今年的新投资水平从 19.7 亿英镑减半到了仅有 10 亿多英镑。

专栏 17.7 3i 投资和基金赚取了 2.31 亿英镑

资料来源：《金融时报》2002.5.17

由于许多基金现在已经开始利用各式各样的渠道进行筹资，风险资金提供者之间的界线已经变得越来越模糊了，但是目前仍有许多不同类型的风险资金提供者。独立公司（independents）可以是企业、基金或投资信托公司，不论上市或未上市，他们都利用了一种以上的资源进行筹资。最主要的资源是养老基金和保险基金，但是银行、企业投资者和个人也都有将资金投入这些风险投资基金之中。自保公司（Captives）是为了母公司（银行、养老基金等）的利益而建立的基金。半自保公司（semi-captives）既为母公司的利益而投资基金，也管理独立筹资的基金。

对于较大型的投资，尤其是管理层收购和管理层换购，风险资本家很可能只提供所需全部资金的一小部分。因此，在 5000 万英镑的收购中，风险资本家可能会（单独或与其他风险投资基金一起联合）以股本的形式（普通股和优先股）提供，比如说 1500 万英镑的资金，另外的 2000 万英镑则可能以债务融资的形式从银团获得，而最后剩余的资金则来自夹层融资——高风险、高收益债务。在企业表现优异的时候，它通常也可以分享企业的收益（见第 16 章）。在 Unipoly 的案例中（见专栏 17.8），收购该企业并支持企业扩张所需的资金为 6.2 亿英镑，其中 28% 为股权，64% 为银行贷款（28 家银行），还有 8% 的夹层债务（8 位债权人）。

银行更换了 Unipoly 的管理层

麦姬·尤利（Maggie Urry）

银行（它们在 1997 年出资支持了 Unipoly 总额为 6.2 亿英镑的管理层收购）为 Unipoly 引进了新的管理团队以提升这一工程公司的业绩状况。

"财团中的这 28 家银行和 8 家夹层融资提供商做出了保证，承诺会在'最近的一段不确定期'之后对这家公司提供支持。"Teacher 先生表示。

Unipoly 公司制造生产工业皮带和液体处理设备，并拥有施莱格尔（Schlegel）公司——一家美国的屏蔽设备生产商。它在 1997 年 12 月被 BTR 公司（之后更名为英维斯集团 Invensys）出售。当时，Unipoly 的多样化产品系列还包括雨鞋和给牛使用的水床。

最初的计划是：这家公司会在 3~5 年上市，或是被分拆出售。

BTR 通过出售 Unipoly 获得了 5.15 亿英镑，而 Unipoly 也进一步筹集到了 1.05 亿英镑以供扩张。

英国法律通用风险投资公司（Legal and General Ventures）领导着投入了 1.75 亿英镑的权益投资方和提供了 5000 万英镑的夹层融资提供方，而富士银行（Fuji Bank）则是 3.95 亿英镑债务融资的主理银行。

专栏 17.8　银行更换了 Unipoly 的管理层

资料来源：《金融时报》2001.6.12

风险资本家一般喜欢就最后"退出"（或"出售"）日而设立一个明确的目标，这是风险投资者能够收回部分或全部投资额的时刻。大部分的退出都是通过将所有公司出售给其他企业而实现的，但是目前流行的一个方式却是在股票市场上市。作为一些常规的退出方式的替代，企业还可以回购股票，或者风险投资商也可以将持有的股票出售给如投资信托公司等机构。

风险投资基金很少会希望得到某一企业的控股权，它们通常满足于 20%~30% 的股权。

风投基金可能也会通过购买可转换优先股来提供资金，这些优先股附带有转换为普通股的转换期权——如果企业业绩良好，那么行使转换权就会提高他们所持有的股权，并增加回报。在最初的投资协议中，风投基金还可能会坚持要求一些普遍的权利，例如，公司必须获得风险投资商的允许才能进一步发行证券，而且在收购其他企业时可能要举行表决。即使持股量一般低于50%，风投基金却往往会有委任部分董事的特殊权力。如果发生了一些特定的不利事件，例如业绩不佳，那么他们将会有权委派董事会中的大部分董事，并因此而获得对该公司的有效控制，而企业创立者却郁闷地发现自己已经被排除在了权力中心之外。这种情况已经不止一次的发生了（不过除了丧失权力之外，他们往往还是能够拥有该公司的大部分股权的）。他们经常会十分不满地把这些将他们与企业分离开的基金称为秃鹰资本家（Vulture Capitalist），但是这一称呼过于强调这些基金阴暗的一面了。当情况良好时，用商业行话来说就是，我们将会获得"三赢格局"：企业获得了成长所必需的资金，风险资本家获得了高额的回报，而社会则获得了新的产品和经济增长。

> 风投基金往往会有委任部分董事的特殊权力。

风险资本家可以对企业提供的帮助并不仅仅限于资金，他们一般拥有丰富的经验和人才资源来帮助成长中的企业家。在英国，许多值得关注的企业都接受过风险投资行业的帮助，例如：Waterstones Bookshops、Derwent Valley Foods（Phileas Fogg Crisps）、英国牛津仪器公司（Oxford Instruments）。而在美国，这样的企业则有苹果电脑（Apple Computers）、太阳计算机系统公司（Sun Microsystems）、网景公司（Netscape）、Lotus公司和康柏公司（Compaq）。

私募股本

随着证券交易市场场外股票投资的成长，私募股本已经变得多样化。在图17.6中列示了私募股本的主要范畴，私募股本这一名词中包含了所有的这些活动。它被定义为以股权的形式向具有高增长潜力的未上市企业提供的中、长期融资。在私募股本多样化的范畴下，风险投资一词被限定在了从零（至少是非常低的基础上）开始创建企业之上。而已建立企业（即已经起步）的管理层收购和换购则成为了专业人员的任务，并且还包含着许多的专项资金。这些专项资金中很多都是由一些富人以私人伙伴关系形成的，其中很大比例都归美国人所有。但是，像3i之类的基金仍然领导着传统的风险投资和MBO及MBI。它们常常被归类为创业和发展资本投资信托（VDCITs），VDCITs意指它们是致力于将股东的资金投入未上市的发展中企业的正式上市公司。VDCITs的缺点在于不能享受税收优惠，这就是创业投资

> VDCITs的缺点是没有税收优惠。

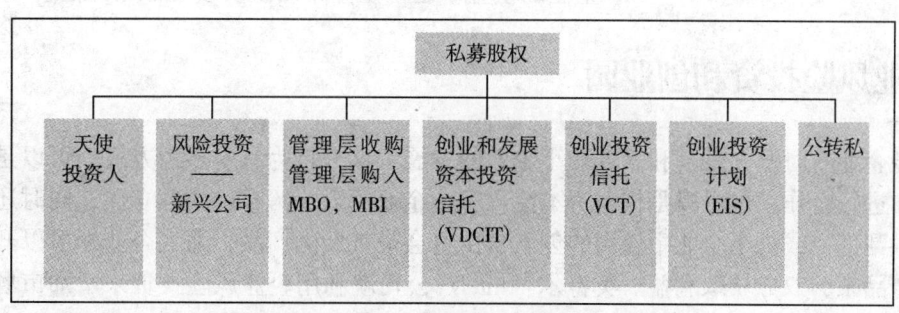

图17.6　私募股权及其组成

信托（VCT）和企业投资计划（EIS）开始发展的原因。这两者都能为未上市小型企业的投资者提供可观的税收减免。还有一些基金专门为想要退市——公转私交易——的上市企业提供财务和专业支持服务。

创业投资信托（VCTs）

区分创业投资信托和其他两类风险投资组织——创业和发展资本投资信托以及（前文介绍过）风险投资基金，是非常重要的。创业投资信托是一种为了鼓励向拥有重大税收优惠的小型快速增长企业进行投资而设计的投资工具。而创业和发展资本投资信托则是针对风险较高的发展中企业的一种标准投资信托。

将资金投入 VCT 的投资者可以享受到税收优惠，这会使他们不用损失当年收入的 40%（只要向 VCT 投资 1 万英镑，投资者就可以少支付 4000 英镑的税金，因此实际的成本只有 6000 英镑）。而通过 VCT 投资而获得的收益（收入和资本利得）则是免税的。投资者每年最多可以向 VCT 投资 20 万英镑。这些优惠只有购买了新 VCT 股票并持有该投资 3 年的投资者才能享受。VCT 经理们只能投资给价值低于 1500 万英镑的企业，而一家创业投资信托公司每年所能用于购买单一未上市企业股票的金额最高不能超过 100 万英镑（对于创业投资信托公司来说"未上市"一词的范围很广泛，甚至还包括另类投资市场上市企业）。VCT 能够投入某一企业的资金最多不能够超过自身资金的 15%。那些对合格企业的投资总额中最多能有一半可以是贷款形式的投资。这些创业投资信托公司都是在伦敦证券交易所上市了的。

企业投资计划（EIS）

另一个政府提倡的、能够推动风险资本流向较小型企业的投资方式是企业投资计划。在这一计划中，投资者对符合资格的企业直接进行的股权投资可以享受所得税减免，但是这一投资额最高不能超过 20 万英镑。此外，投资者还可以享受资本利得税减免。"直接投资"是指在企业发行股票时进行的投资。在二级市场上从其他投资者处购得的股票并不包括在内。如果投资者对该股票的持有期间不足 3 年，那么他就不能够享受到相关的税收减免。从这一来源筹资的企业必须持续经营符合资格的业务——一般不包括金融投资公司和房地产公司——满 3 年。通过 EIS 方式进行融资的企业必须是未上市企业，它每年所能够筹集到的最高资金额一般为 100 万英镑。此外，这类企业的资产总额还不能超过 1500 万英镑。市场上涌现出了一批专门投资于一些 EIS 企业的基金，这些基金帮助投资者分散了风险。

> "直接投资"是指在企业发行股票时进行的投资。

企业风险投资和创业园

大型企业有时候会鼓励和培养较小企业的发展。这一行为有着多种方式：可以是在产品开发方面进行合作，也可以是权益资本注入。小企业可以保留自己的独立性，同时还能向大企业提供帮助：或许小企业中较大的创新自由将会带来新的产品，而大企业则可以开发利用这一新产品来为双方获取利益。英特尔（Intel）公司就利用企业风险投资来增加市场对其技术的需求，例如它向中国的新创企业提供投资。诺基亚风险投资伙伴公司（Nokia Venture

> 小企业可以保留自己的独立性，同时还能向大企业提供帮助。

Partners）的创立，就是为了向新兴的无线互联网企业提供投资。英国电信（BT）也设立了明星公司（Brightstar）以从其1440项专利和实验室的2500个独创发明中获得价值收益。

在创业园中，新创企业不仅能够获得融资渠道，还能够获得其他多种形式的支持。其中包括对所有单调的运营管理工作的关照（例如会计、法律、人力资源）、企业计划的制订、企业发展各个阶段管理人员的供应、物业管理等。因此，创业团队可以专注于业务的创新和发展，即使他们不具备管理经验。

政府资源

一些当地政府机构设立了风险投资类基金以吸引和鼓励产业发展。有着类似目的的大型组织有苏格兰发展局（Scottish Development Agency）和威尔士发展局（Welsh Development Agency），这些机构可以向企业提供权益、债务和补助金。

对行市的失望与不满

附录17.1中包含了许多新闻报道，这些报道主要是关于一些因在伦敦证交所上市而感到不满的企业，和一些从未上过市也觉得没有必要上市的企业。在阅读这些材料后，你将会更广泛地了解到证券交易所的职责，它们对于一些企业的重要性，以及有多少企业能够在没有证券市场的情况下进行扩张并创造财富。这其中的一些要点已经在表17.2中进行了概括。这些争论则是直接引自这些报道的，并不代表争论一定是科学的、合理的。

表17.2 支持和反对进入证券市场的争议

支　持	反　对
• 可以为企业成长获取新的筹资渠道 • 现有股东可以获得资本流动性 • 在业绩管理上会更加自律 • 能够使用股权去收购其他企业 • 为创始人提供了多样化的可能性 • 可以更为容易地获得较低成本的借款 • 可以吸引更好的管理人员 • 可以迫使管理者以更为清晰、更有说服力的方式来表达企业战略 • 人员继任计划的设立会变得更为简单——采用专业的管理人员而不是家族成员 • 增加客户对企业的认可度 • 允许当地民众购买股票	• 和股市里的那些家伙做交易既费时又无聊 • 股市中大多是短期盈利主义者 • 股市不了解企业家 • 扼杀创新精神 • 过于重视资本回报 • 上市的后果是，通过在证券交易所收购股票而建立的企业帝国很可能只关注自身（或董事）的利益成长 • 在企业家眼中，股票市场低估了他的企业股票的价值 • 企业创立者（股东）可能会失去控制权 • 在德国、意大利和亚洲股票市场的利用程度较低，存在很多强大的家族控制企业 • 英国未上市的强大企业集团：班福德（Bamford）和罗斯恰尔兹贴现（Rothschilds）公司 • 新闻监察令人不快 • 市场份额的增加更有可能通过场外交易方式进行 • 离开了股票市场就可以避免受到过快扩张的诱惑 • 在不上市的情况下，如果企业所有者不愿意将股东的利益置于企业的核心目标中，他们就可以不必这样做（环境和道德问题可以成为核心） • 维持上市有很多成本，例如证券交易费、额外的披露成本、管理的时间成本

结 论

除了出售股票之外,还有许多其他的筹资方式。每一种筹资方式或类型的优、缺点意味着:企业必须结合自身的具体情况,经过仔细的思考才能够获得最为明智的行动方案。在这里失败可能意指不必要的管理失控、不平衡的资产结构、筹资所付出的过高成本或者是一些其他破坏性的结果。进入股票市场只是一种选择,它有着相当多的缺点,因此并不适合于所有的公司。许多最具知名度的英国企业偏好于通过股票市场以及银行融资、风险资本和留存利润的组合来向外拓展自己的业务。

网 址

www.bvca.co.uk	英国风险投资协会（Business Venture Capital Association）
www.businesslinks.co.uk	商业网络（Businesslinks）
www.enterprisezone.org.uk	企业区（Enterprise Zone）
www.evca.com	欧洲私有产权及风险投资协会（European Private Equity and Venture Capital Association）
www.fsa.org.uk	金融服务监管局（Financial Service Authority）
www.londonstockexxchange.co.uk	伦敦证券交易所（London Stock Exchange）
www.fsa.org.uk/ukla	英国上市监管局（United Kingdom Listing Authority）
www.uk-wire.co.uk	英国金融新闻网、监管新闻服务证券交易所公告
www.hemscot.net	品诚梅森（Hemscott）
www.iii.co.uk/newissues	交互式投资网（Ample）
www.issuesdirect.com	直接投资网（人）（Issues Direct）
www.bvca.co.uk	英国风险投资协会（Business Venture Capital Association）
www.bestmatch.co.uk 或 www.nban.com	国家商业天使网（National Business Angels Network——NBAN）
www.angelbourse.com	天使交易所（Angel Bourse）
www.wave2.org	浪潮2（Wave2）
www.vcr1978.com	风险资本报告（Venture Capital Report）
www.katalystventures.com	Katalyst 风险投资（Katalyst Ventures）
www.hotbed.uk.com	温床（Hotbed）
www.beerandparterners.com	啤酒&伙伴网（Beer & Partners）
www.entrust.co.uk	信托网（Entrust）
www.dti.gov.uk	英国贸工部（Department of Trade and Industry）

附录 17.1　上市还是不上市的争论

杰西博公司（JCB）不上市的理由

上市还是不上市？安东尼·巴姆福德（Anthony Bamford）先生毫不犹豫地做出了回答

保罗·贝茨（Paul Betts）

"是的，我们也考虑过这个问题，对于像 JCB 这样只有少数家族股东的企业来说，上市并不是一个很令人满意的选择。我们要么继续作为一家私人企业，要么就出售掉 100% 的股份；而我并没有这一打算。"

他承认这使他的公司看起来有点独特：一家私有制的、成功的、有着国际品牌的英国制造企业。

JCB 是 1945 年在英格兰中部地区成立的，目前它已是英国最大的私营制造企业，也是世界第四大建筑施工机械制造商。它有将近 75% 的产品被出口到了 145 个国家。

安东尼先生表示，JCB 一直将重心置于它的业务上，在市场地位的构建以及工农业设备市场上有着稳健的内部增长；它的这些经营活动所依靠的资金主要来源于公司自身，而不是贷款；此外，它还采用了"以产品和创新为主导的简单长期战略"。

公司的上市可能会毁掉这一切。"如果我们成为了公众公司，我们将不得不进入新的商业领域开展多元化经营，因为分析师和股票经纪人会说我们处于一个周期性行业中。他们将会推动我们去做一些我们不应该做的事。"

企业上市有若干的原因，他表示："他们拥有很多想要入股的股东，但是我们没有。或者他们需要更多的资金，而我们并不需要。抑或是他们需要发行证券来收购其他企业，但是我们始终坚持内部增长。"

专栏 17.9　杰西博公司（JCB）不上市的理由

资料来源：《金融时报》2003.2.4

法拉利（Ferrari）主管渴望通过首次公开发行（IPO）来推动增长

保罗·贝茨（Paul Betts）在马拉内罗（Maranello）报道

法拉利董事长卢卡·迪·蒙特泽莫罗（Luca di Montezemolo）热衷于看到这家跑车赛车公司在股票市场上通过公开发售方式发行上市。

他对《金融时报》的记者说，这将为法拉利公司向娱乐业的扩张（包括法拉利主题公园的开发）提供资金支持。法拉利公司还想要提升它的零售活动，并进一步发展它的玛莎拉蒂（Maserati）汽车业务。

蒙特泽莫罗先生需要得到法拉利主要股东的允许才能够进行他的首次公开发行，意大利菲亚特汽车集团（Fiat Automotive Group）拥有该公司 90% 的股票。而剩余 10% 的股票则属于皮耶罗·拉尔迪·法拉利

(Piero Lardi-Ferrari)——该公司创立者的儿子。

在一份被泄露的关于最近一次董事会议的文件中，菲亚特集团表示正在考虑法拉利的IPO，并将之归入一项旨在减少60亿欧元债务的项目构架之中。但是，根据昨日菲亚特知情人员提供的消息，法拉利公司的IPO在明年之前是不太可能实现的。其中一个关键的问题在于收入将如何在菲亚特和法拉利之间分配。

法拉利一直以来依靠的都是其自有的融资渠道，也将继续使用这些渠道。但是在以后的时期中，IPO将会为法拉利公司的发展提供新的融资渠道，他解释道。

IPO还会为玛莎拉蒂车型的开发提供帮助。法拉利公司在4年前重新推出了玛莎拉蒂车型。蒙特泽莫罗先生表示，他目前想发展法拉利的赛车活动。

专栏 17.10 法拉利（Ferrari）主管渴望通过首次公开发行（IPO）来推动增长

资料来源：《金融时报》2002.3.18

成熟、老练的维珍集团（Virgin）向股市寻求光明

帕特里克·詹金斯（Patrick Jenkins）

虽然已经坚持了14年，但是理查德·布兰森（Richard Branson）最终还是不得不承认这一点——如果他想要继续扩大他的维珍王国，他就需要获得股票市场的支持。

上一周，这位以行为异常而出名的先生——他在自己的婚礼服务公司开业典礼上打扮成了一位新娘，而在维珍饮料（Virgin Drinks）的推广活动上装扮成了个可乐罐子——将他的上市计划告诉了《金融时报》的记者。

他将在未来的8年内将8家公司推动上市，预计能筹集到20亿英镑的资金来支持新事业的发展。

这是一次颇具野心的转型。1998年，在忍受了23个月的股市低迷之后，尴尬的理查德·布兰森将维珍集团退市并重新转为了私有制。

布兰森因股市并不看好维珍这一如此成功的企业集团而感到愤怒，他怒斥了这些机构投资者们的短期盈利主义。维珍的股票在上市头一年内就下跌了40%，而在布兰森以发行价收购回所有股票之前，股价已经下跌了一半。

对于维珍集团的股票来说，它成功的消费者品牌似乎并没有起到什么作用。

那么，为什么理查德先生会转变心意呢？现年51岁的理查德先生表示，时间已经愈合了他内心的创伤。"我们已经成熟了。我本人成熟了，维珍集团也一样。"

情况可能如此，但事实是：理查德已经没有别的路可走了。即使是他所拥有的最大也最负盛名的企业——维珍大西洋航空公司（Virgin Atlantic）和维珍铁路公司（Virgin Rail）——也不一定能在短期内创造利润。

大西洋航空正在运营低利润航空业务，并且在去年因（"9·11"事件造成的）跨大西洋航班需求量的减少而遭受了巨额损失——这一损失的数额尚未公布。而维珍铁路公司虽然很可能在去年扭亏为盈，但却也面临着更为严峻的环境。

如果理查德先生准备靠这类业务来赚钱——更别提那无数从未创造过利润的小企业——他将不得不出售手中的股权。

近几年来，布兰森·理查德已经通过出

售股权给私营伙伴而开始了这一进程。他旗下所有的大型企业目前都已有一半的股权归他人所有。新加坡航空公司（Singapore Airlines）收购了大西洋航空49%的股权。交通运输公司Stagecoach购买了维珍铁路公司49%的股权，T-Mobile公司获得了英国维京移动（Virgin Mobile）50%的股权，而安宝（AMP）则获取了维珍金融公司（Virgin Money）一半的所有权。

这一战略取代了早期的业务完全出售战略——维珍唱片（Virgin Records）被出售给了百代唱片（EMI），而维珍电台（Virgin Radio）则被出售给了苏格兰媒体集团（Scottish Media Group）。

现在，理查德先生决定再也不像以前那样转让控制权了。"只保留30%~35%以下的股权是很不明智的。这样你会失去对这一品牌的控制权。不过幸运的是，它还没有损害到我们。但是我们未来的战略将会是保持对维珍品牌旗下公司合理的所有权份额。"

鉴于品牌的重要性，理查德先生准备预先消除可能存在的风险。在企业上市的同时保留大量的持股比例，这就是他准备采用的新模式。

在明年初将上市的第一家企业是维珍航空（Virgin Blue），这家澳大利亚航空公司有一半的股权归帕特里克公司（Patrick Corp）所有。

到2010年为止，维珍集团预计将由维珍移动（UK）、经营零售和电影业务的维珍娱乐公司（Virgin Entertainment）、维珍大西洋航空公司、经营火车票订购业务的Trainline.com、维珍行动（Virgin Active）健康俱乐部连锁公司、维珍铁路公司和经营个人理财业务的维珍金融公司组成。

那些怀疑论者们会愿意填补这一公司背后的黑洞么？他们认为，理查德先生需要数亿英镑资金的注入只是为了要阻止现金的不断流出。

随着维珍大西洋航空的亏损和维珍唱片的出售，维珍集团不再拥有现金牛型的子公司。其大部分的业务都在亏损。作为一个因冷酷的对待竞争者而名声在外的企业家，理查德先生对自己的企业所表现出的伤感令人意外。

他计划再贡献出5亿美元（折合3.424亿英镑）的资金来支持美国业务的发展，在此之前他已经斥资1.62亿美元来支持与美国运营商Sprint的移动电话合资企业。假如"开放天空"政策修订完毕，这笔资金中的大部分将用来建立一家美国国内航空公司。

澳大利亚的移动公司也在快速地吸收投资，因为它正在日本进行零售店扩张。

维珍集团在24世纪80年代中期的40%的股价下滑是恶兆的开端，而在这之后又发生了两件令人失望的事。胜利公司（Victory Corp）——由维珍集团持股83%的服装及化妆品公司——自它在1996年上市以来暴跌92%，而维珍快递（Virgin Express）这家在布鲁塞尔上市的航空公司已经在其1997年上市价格的基础上下跌了89%。

专栏17.11　经验丰富的维珍集团（Virgin）向股市寻求光明

资料来源：《金融时报》2002.5.7

独奏艺术家庆祝他的帝国

苏珊娜·沃伊尔（Susanna Voyle）

格林（Green）为他所获得的成就而感到骄傲——阿卡迪亚和BHS业务总共为他提供了27.5亿英镑的销售额，使他成为了商业大街上排名第二的服装大亨，仅次于玛莎百货（Marks and Spencer）36亿英镑的销售额。

"我创造出了大不列颠最大的私营零售企业，"他说，"回头看看历史上其所有其他伟大的企业家。人们将汉森（Hanson）那类人称为伟大的企业帝国缔造者。但是他们所做的一切实际上都是依靠了股市的资金。而我却像一名独奏艺术家一样，靠我自己缔造出了一切。"

"我认为私营企业要好于公共公司，"格林声称，"部分原因在于，这样你就可以花费所有的时间去关注你的公司，而不用分心去考虑怎样向那些股东做报告。"

专栏 **17.12** 独奏艺术家庆祝他的帝国

资料来源：《金融时报》2002.9.7/8

股票市场受到了冲击开始向私营化发展

诺尔玛·科恩（Norma Cohen）

在股市评论家们回首2003时，这年的股市显示出了显著的特征：在这一年中通过公转私交易退出股票市场的资本是首次公开上市资本的2倍。

更有甚者，私营制企业的吸引力——与公共股份公司形成了对照——在欧洲大陆上也一样的明显。根据迪罗基公司（Dealogic）提供的数据，当年共有96家企业退出了股市，这一数值已高于前一个峰值——1999年的83家企业。

事实上，不论是退市交易的绝对数量还是某些大额交易的规模都导致投资者们——这里指那些既投资给公共公司，又投资给私营企业的投资者——提出一个核心问题：为什么要草率地成为上市公司？

相对于私营企业来说，上市公司究竟有什么商业优势呢？而是不是在任何时候这些优势都足以胜过那些私营企业所能够避免的成本和罚金呢？

投资银行家们表示这些优势是十分清晰的，但是这些人的命运与上市公司的存在有着最紧密的联系。

"（公开上市）最关键的一点在于，它为企业的股票创造出了一个市场，"美林证券公司（Merrill Lynch）企业股票经纪业务部门负责人保罗·贝克（Paul Baker）表示，"它使现有的股东能够出售股票，而且还为企业筹资提供了相对简单的渠道。"

此外，公共股票市场的存在是资本主义经济存在的支柱。"如果你相信资本家，那么你就会相信股市，"他说。

还有一些银行家表示，公开上市有时是企业在困难时期避免破产的唯一选择。

所谓的援救型股权证发行——通常因其对资本的要求而被股东所厌恶——使濒临破产的企业们能够分别处理好自己的事务。

股东们表示，为了避免损失掉他们已

经投入的资本，他们会赞同这样的交易，但是他们指出，在这类交易中他们常常会做出一些妥协——例如更换高层管理人员等。

拉扎德投资银行（Lazard）董事长马库斯·阿吉斯（Marcus Agius）提醒人们注意，2003年所发生的一切只是一系列非常事件的结合，而不是对公有制价值的重新评估。

"当股价下跌时，管理层就会士气低落，"他说，"股东们会警告董事会'别做愚蠢的事，管好你的公司，把自己的事处理好'"。

事实上，他认为，那些曾经被飞涨的股价排除在股市之外的私人权益投资者们看到了他们的机会。

此外，还有一些银行家表示，权益投资者们见识到了股市多年未遇的暴跌，他们已经做好了抛售的准备，不论当前股价是多少，只要还存有溢价，他们就会出手——即使在春末的时候股市有了适度的回升。

但是其他投资者表示，去年发生的一切所反映出的远远不只是精明的买家抓住了机会这一点。事实上，前3年连续下挫的股市使得人们开始重新评估哪些企业值得上市，而哪些不应该上市。

投资者表示，有太多的公司是通过投资银行的积极推销而上市的，这些投资银行瞄准了那些没有提出充分的问题的、容易上当的投资者。

投资者们私下指明了企业上市的"自我价值"这一术语。他们指出，那些创造了巨额财富的企业家们将上市视为一种宣扬自己财富的手段，而不是向投资者们传递长期价值的途径；而另一些企业家则将上市视为抬高（自创）企业身价的途径，他们对企业的长期健康并没有太多的关注。

还有一些人声称，上市企业的管理层必须不断地向投资者讲述"成长的故事"，而这一要求有时会推动企业去进行一些不太适合的活动。

投资者引用了一些海外扩张失败而不得不采取某些行动——私营企业就不太可能会做出这些举动——的零售商的事例，如玛莎百货（Marks and Spencer）和WH Smith。

而且，管理需求以及以"获利报告"的形式满足投资者期望的需求会推动企业去从事一些股市危机中所暴露出的最糟糕的会计不当行为。

然而，M&G公司[英国保诚集团（Prudential）的一个分公司]的财务经理查德·休斯（Richard Hughes）表示，公众股票市场的存在推进了大众资本主义，传递了财富，也促进了社会团结。

"从英国储户的观点来看，英国上市公司的股利已经很令人满意了，"他说。当财富聚集在少数人手里时（例如阿卡迪亚和塞尔福里奇等企业的买断），民主财富的创造就会遭受更集中的风险和更多的限制。

"将股票划分成许多小份、分散到许多的企业之中会更好，"他表示。

专栏17.13　股票市场受到了冲击开始向私营化发展

资料来源：《金融时报》2003.12.31

私营企业有着更高的工作效率

彼得·史密斯（Peter Smith）

约翰·凯利（John Kelly）并不赞同"决定转让整个企业的私人权益集团无异于守旧派的冒险主义者"这一说法。

经营宾果游戏和赌场的加莱（Gala）集团首席执行官在他7年的总裁生涯中曾经与三组私人权益资助商进行过合作。他表示他可以指出在那段期间内创造出的巨大财富。

在今年康多富公司（Candover）和Cinven公司接手加莱公司的控制权时，加莱公司总价值为12.4亿英镑。但是在1997年，PPMV和皇家银行发展资金收购加莱的前身——贝斯（Bass）宾果游戏连锁公司时，仅支付了2.36亿英镑。这一价值差异中有部分是因为加莱3.8亿英镑的收购热潮，但这并不是全部的原因。

作为最初管理层收购团队的一员，凯利（Kelly）先生对于由私人股本所支持的企业的运营有着清晰的观点。

"私人股本存在于现有业务之中，管理团队们必须意识到这一点，这可能会是两年，也可能会是7年。如果你从一开始就能认识到这一点，那么就能够达成共识，"他表示。

"但是如果私人股本机构存在转换日程，那么你就有麻烦了。你将会绕着那些水仙兜圈子，而且一些会引起麻烦的事件也会发生。"

凯利先生承认有时会存在分歧和争吵，不论是在战略层面上还是在个人问题上。

作为第一波士顿银行（CSFB）重组的一部分（该银行收购了大量PPMV的股票），加莱集团的两位董事会成员被出其不意地替换了。

"这两位原CSFB成员热切地进行了对企业的尽职审查工作，渐渐地你变得比了解自己老婆还要了解他们。在这次的融合过程中，他们突然被调离了。"

凯利先生表示，两个集团都必须"重新构建两者之间的关系"，以确保公司不会遭受损害。

他还指出了在一项交易上所无法达成的共识，管理层想要进行这项交易，但私人权益集团中的一方却不愿意进行。

"（私人权益资助商中）有一方认为这一交易不合适，而生活就是这样。"

但是，这一发行导致了巨大的变动，推进了加莱公司再融资，使私人权益集团能够出售股权。

"这是一贯方针的分歧。在我的观点中这是非常困难的，如果我们拥有100%的后知之明，那么这就可以避免。"

但是对于公众公司来说，与企业的所有人保持亲近的关系并不总是能够带来好处。

在2000年3月，加莱公司完成了4亿英镑的再融资；3天之后，它又以9000万英镑的价格完成了对Riva公司（加莱公司的竞争对手，同样运营宾果游戏业务）的收购。而在3个月内，加莱还与立博（Ladbroke）公司就购买其赌场业务进行了谈判，并在该年末以2.35亿英镑的价格收购了这一业务。

"在公众公司之中是不可能在如此短的期间内连续进行这3笔交易的。这些交易都极大地增加了股东的价值，"凯利先生表示。

"我们不必向机构做路演，不必向经纪人和分析师做演说，但是我们必须要说服一个集团——那就是CSFB。在这之后，流程就会变得快速而清晰。"

在一份近期的美国调研中，80%接受

调查的企业家都表示，相比起公众企业他们更愿意做私营企业的CEO。

克拉克顾问咨询（Clark Consulting）公司是执行该调研项目的薪酬顾问。该公司的执行总裁汤姆·万博格（Tom Wamberg）表示，很多高级主管都不想在市场的热点关注中进行经营管理活动。

"许多主管认为，上市在如今已经不再代表某种特权，而是成为一种麻烦了。"他表示。

凯利先生可能会发现自己正在朝着另一个方向行进。虽然他声称"以个人观点来说，我并没有想要成为一家大型上市企业CEO的雄心"，但是加莱的下一个大动作很可能就是上市。

"这很有意义，"凯利表示，"（今年年初）我们一路走到了最前方。"此外，他还声明加莱并非由于估值方面的问题而得以向前发展的。

"但是随着IPO市场的关闭，在过去的两年内许多公司除了向私人股本寻求帮助之外别无他法。"

专栏17.14　私营企业有着更高的工作效率

资料来源：《金融时报》2003.9.10

登上离开股市的航班

菲利普·科根（Phillip Coggan）

再见，股票市场。几乎每一周内都有一些小企业宣布它正在和它的创始股东或风险投资集团进行收购谈判。相比之下，新股发行议程则显得相当萎靡。

在股票市场挂牌上市的申请似乎正在逐渐减少。当然，在很大程度上这是因为股价连续3年的下跌。而在4年前，申请上市的企业的数量是绝不会存在短缺的，因为当时在世界股票市场上市的企业可以获得相对稳定的价值保障。

然而如今，企业家们则担心股市无法给自己企业的股票提供恰如其分的评定。他们已经厌倦了那些无礼的股东对企业战略细节和账目细节的反复盘问。他们觉得处于公众的视线之外，生活会更加美好。

但是他们可能会发现这只是个幻想，风险投资集团可能会是严厉的监工。毕竟，它们有着庞大的非流动股票份额和严格限定的收益目标，它们甚至会比富达投资（Fidelity）和道富银行（State Street）还要注意细枝末节。

然而，退市行为确实就股市的未来提出了一些重要的问题。在英国，总共有2000多家上市企业。但富时100指数（FTSE-100 Index）排名前100的大企业就占据了80%以上的市场价值；而霍尔戈维特小型公司指数（Hoare Govett Smaller Companies Index）则包含了1248家成员——该指数涵盖了共占据主要市场价值10%的所有最小型企业。

换句话说，大多数的投资者都将注意力集中在了市场中数量很少的一部分企业上。而市场中的小鱼们往往由于规模过小而无法得到大型机构投资者的注意；这些投资者大多不会关注价值低于1亿英镑的企业。同理，这些小鱼们也不可能会吸引到投资银行分析师的关注；因为这类企业所进行的业务能够产生的利润很小，不值得分析师们在它们身上花费时间。在其他的市场中也存在同样的问题。事实上在美国，想引起认真的投资者们的兴趣，企业所要跨越的门槛可能会比在英国要高得多。

那么，这些小企业上市的意义何在？股票市场的理论在于，它们可以帮助企业筹集新的资本以进行扩张，这一点增加了它们的价值。在数年前，许多进入市场的上市企业获得了筹资的最佳机会。但是，当前的市场中缺乏认真的机构投资者和分析的兴趣，这意味着上市企业很难再筹集到新的权益资本。

有一些小企业总是能够利用股市，但是这些企业一般都属于快速增长行业，至少能够说服投资者们相信它们属于快速增长行业。如果是一些来自英国中部的或美国中西部的工程公司，那么它们绝不会有任何希望。

在20世纪90年代，企业上市是一种吸引雇员的绝佳手段，因为它们可以为新员工提供股票期权奖励。但是，自从2000年互联网泡沫破碎之后，认股期权的吸引力就远远不如现金了。

上市还使得企业的创立者们能够将他们的股权转换为现金。对许多企业家来说，这是股市尚存的最大吸引力了。

但是私营路线也给企业家提供了另外两大机会。首先，在风险资本家的资金支持下，他/她现有股权的价值会在收购溢价中获得增长；其次，数年之后，他/她还有机会以更高的评估价值将企业重新上市。

在前10年中，自由市场爱好者们令欧洲大陆和日本明白了他们的银行融资系统存在着致命的缺陷。银行和管理层之间的关系过于融洽，他们表示，这使得效率低下的管理者能够保住他们的职位。相比之下，英美模式（Anglo-Saxon model）则赋予了股东通过收购机制来替换不称职的管理层的权力。

但是，如果市场参与者对数量如此众多的企业完全不感兴趣，那么这一基于市场的选择是否真的有效呢？股票市场的主要职能不再是为企业部门筹集资本了；事实上在美国和英国，企业近几年来一直在通过股票回购来将资本还给市场。而作为替代，股市已经成为了私营企业的救助工具和投资银行家致富的手段。它的股票交易能力所受到的重视要远远多于它的筹资能力。

专栏17.15 登上离开股市的航班

资料来源：《金融时报》2003.9.6/7

那些想要上市的企业家的判断值得怀疑

乔纳森·古思里（Jonathan Guthrie）

成功的业主兼管理者似乎能够获得令人羡慕的自由。如果你想要由于鳟鱼咬钩而延长你的假期，那么你完全可以这样做。

因此，当我从毕马威企业财务有限公司（KPMG Corporate Finance Limited）的新股发行部门主管内尔·奥斯汀（Neil Austin）处得知，有一大群私营企业正在翘首以待股市的上涨信息以备重新起用上市方案时，我感到非常震惊。那些风险资本家所拥有的企业迫不及待地想要退出股市是可以理解的，但是对于那些仍然想要上市的企业业主兼经理人，你不得不怀疑他们是否神志清醒。

运营一家小型上市企业无异于一个彻底的悲剧。有关当局给这些不幸的企业施加了过多的繁琐手续。而同时，股市也变得更加冷漠，就像是看出服务对象并不慷慨的傲慢服务生。

然而当股市走势上升使得IPO的发起变得更加容易时，经纪人公司会对私人企业业主表现得非常友善。但是，当他们能够促成机构去收购小型企业新发行股票时，如果他们在收取到服务费后还保持着对这些小企业的兴趣，我会感到非常惊奇。

"我真正所担心的是，"奥斯汀先生表示，"很多企业都转换了经纪人，这是因为它们觉得自己不被原经纪人所喜爱。但是，市场上有太多的这类企业了，它们必须有所选择。"

尽管存在大量的兼并收购，但是新上市企业意味着目前市场中依然存在约2300家英国上市企业，仅比1998年少了70家。这意味着仍然有很多小型企业的老板加入了这场（被老手讽刺地称为）"马戏表演"——这种向更多的关注蓝筹股的大型投资者们示好的行为毫不值得。

这位执行总裁表示："每一年我们都花费了好几周的时间去为伦敦的结果公布日做准备，这其中包括8个机构会议。但我们总是被彻底地击败。这其中通常存在着共同的主题。有一年，他们说我们在海外曝光过度。而下一年他们又声称我们的国内市场份额受到了威胁。"

另一位我认识的执行总裁则不屈地决定去满足他的那些股市评论家们不断变化的要求。他这边并购，那边剥离；但是他所做的一切对企业的股价没有造成一丁点儿的影响。最终，他失去了他的工作。这就像是在看一只年老的马戏团狮子跳跃过一个个又紧又小的铁圈以希望得到一块多汁的牛排，但是最后却什么也没有得到。

私营钢铁集团卡帕罗（Caparo）的董事长保罗勋爵（Lord Paul）表示："公众企业的价值与它的业绩表现没有什么关系。但是这并不意味着市场失灵，而意味着（它的主要目的是）反映时尚。在时尚行业中，古驰（Gucci）制造的产品价格会是相似的无品牌产品的四倍，但是没有人会认为这奇怪。"

那些甘心于接受显然不合事实的企业评估的老总们仍然不惜忍受越来越繁琐的手续也要进入股市。一位前上市公司董事将他的5年的股市生涯描述为"非常糟糕"。每一年都会有新的政策要执行，如果你没有设立一个秘书处，那么这些手续会花费你相当多的时间。而如果我愿意将我的日子花费在填写表格上，那么我早就加入行政部门了。"

即使是汉森勋爵（Lord Hanson）——他仍然是个股市狂热分子——也认为当前的英国股市变得管制过度了。"我们受到的规制越多，私营企业获得发展的机会就越少。"在依照希格斯（Higgs）报告的倡议，对大批新任非执行董事就草案的价值进行了询问之后，汉森勋爵表示。

保持私营制可能存在的不足就在于筹资来源会更少。但是，保罗勋爵认为，如果你拥有上市的抱负和胆量，那么你也就完全有能力通过借款来获得这笔资金。

而汉森勋爵也表示："你真的应该先问问自己是否需要这笔公众资金来支持企业发展。"同时，同行买卖会是一种更为简单的企业转售方式。

保持企业私营有一个古怪的缺点，那就是没有那些脾气暴躁的股东和分析师去刺激他们的自尊，企业老板们会变得令人厌恶的傲慢和无礼。当这些无礼者之一给我电话时，我会告诉附近的接线员尽量避免争执。

保罗勋爵和汉森勋爵一致认为，"制度"是上市企业的老总所能够获得的最主要收益之一。保罗勋爵在1991年将卡帕罗私有化，他表示："经营上市企业使我获得了很好的公司管治意识，了解了坚持按月结账的重要性，也意识到了做决策时召开董事会会议的作用。"

专栏 17.16　那些想要上市的企业家的判断值得怀疑

资料来源：《金融时报》2003.5.13

鼓励小企业寻求投资做大

戴维·布莱克维尔（David Blackwell）

小型企业——在伦敦股市中有800家小型上市企业，而它们的市场资本价值却不到5000万英镑——正在被机构投资者边缘化。

同时，他们也没能激起私人投资者的兴趣。他们只有几个有限的选择：继续默默无闻地呆在股市中、转回私营制度或者是将自己出售给大型集团。

贸易工业部发布的该部门最新报告中的惊人数字反映了这些小企业和机构投资者之间的鸿沟。

研究表明，有超过60%的小企业认为基金经理们不了解它们的业务。相反，超过70%的基金经理人则认为小企业完全不了解是什么决定了股票的价值。

随着金融服务行业的合并，（机构的）规模正在扩大。在欧元被引入之后，基金经理们也开始采取泛欧洲的观点来看待小型企业。因此，许多机构投资者开始将市值在8亿英镑以下的企业划分为小型企业。

在许多方面，这些总市值小于5000万英镑的800家小型企业被完全忽视了，保罗·迈纳斯（Paul Myners）表示。保罗是国民西敏寺银行（Natwest）的执行董事，兼贸易工业部报告撰写者——股市行业工作组的成员之一。他表示："小型企业必须做点改变；它们必须离开现状，并且提起一点士气。"

专栏17.17 鼓励小企业寻求投资做大

资料来源：《金融时报》1999.2.9

注　释

1. Except that it shows proportional voting and income rights.

2. Responsibility for governing admission to listing, the continuing obligations of issuers, the enforcement of those obligations and suspension and cancellation of listing was transferred from the LSE to the UKLA in 2000.

3. Having said this, many business angels (generally those with investments of £10000 – £20000) have infrequent contact with the company.

4. Source: British Venture Capital Association.

第四部分
管理风险

第18章
企业管理者必须处理的财务风险

引言

风险类型

财务结构风险

杠杆风险

杠杆的含义

代理成本

"啄食顺序"

对借贷融资的进一步思考

结论

引 言

企业管理不可避免地需要承担风险，这是商业活动的内在本质。风险消除战略不会产生令人满意的利润，因为某些风险是不可避免的。虽然如此，公司管理者有责任甄别可接受与可避免的风险。我们可以英国葛兰素史克公司在研发项目中接受高风险为例，它是否还应承担因全球市场销售带来的汇率风险？或者它是否应该将此类风险最小化？

> 商业活动的本质就是承担风险。

降低风险需要付出沉重的代价。例如，支付保险费用或衍生市场的交易费用。对于这种额外成本，公司管理者必须认真考虑降低或消除风险的益处。公司为减少某些不利影响必须牺牲一些潜在的利益，具体原因有三：

- **有利于财务规划** 有效预见特定领域的资金流可增加公司规划与投资的信心。未来资金流会因汇率、利率或重要原材料价格的变动而发生巨大波动，这会给业务组织带来一定的影响。
- **减少因财务困境招致的担忧** 某些事件可严重扰乱或损坏公司运营，甚至危及它的生存。例如，一些涉及石棉生产的公司接到大量索赔要求，如果它们不将此类风险转嫁至保险公司的话，随时有破产清算的可能。同样的道理也适用于超级油轮预防海洋油料泄漏的保险。通过限制公司可能遭受的损失，不仅管理者与股东会从中受益，其他融资者，如银行，也会增加信心，由此可降低资金成本。
- **某些风险毫无回报** 没有财务回报的风险也可减少。例如，如果英国航空公司与波音公司签订10年购买12架飞机的合同，它必须为每架飞机支付大量美元，由此需要承担国际航空业衰退和其他众多风险，但在当代成熟的外汇市场中，至少有一种风险它可避免。英国航空公司不必为飞机成本折合成英镑的不确定性担心，因为它可在签订飞机购买协议时同银行订立未来特定日期英镑置换美元的协议（远期协议）。如此，英国航空公司可明确未来10年购买波音公司飞机具体所需置换美元的英镑金额（详见第2章了解货币风险套期保值战略）。

风险类型

一家商业组织必须处理多种不同类型的风险，在此我们讨论其中最为重要的风险：运营风险、可保风险、货币风险及利率风险。

运营风险

企业管理者在高度竞争环境下必须或多或少地面对某些运营风险。销售业绩可能因为如衰退或竞争对手技术革新而下滑，运营成本会因如工会权力或政府税务的增长而上升。在这些风险因素中，有些是公司管理层无力对付的，但在许多方面他们也可采取积极措施降低风险。举例而言，烤制公司严重依赖于市场上麦子的销售，因此管理者会担心麦子的价格会在今后几个月内上升，由此导致公司盈利减少。同时，农民会担心麦子价格的下滑。鉴于此，双方都渴望一种确定性。解决这一问题的方法就是烤制公司与粮农签署小麦期货协议，根据协议规定，烤制公司可在未来特定日期按照协议规定价格购买小麦。由此协议，双方可明确具体的小麦销售量并提前做出安排。

降低运营风险还有其他方法。举例而言，公司常会在两种机器中做出选择：第一种机器专门从事例如特定零配件的生产；第二种机器价格略高，可加工同样的零配件，生产范围较前者广泛。有时可选择的机器设备使用产生的价值较高，所以有必要支付额外的初始安装费用，甚至更高的生产成本。

又如建设发电厂时安装发电机。建设一家火电站的成本为1亿英镑，而发电机产生的利润依赖于煤炭价格的波动。另一家发电厂为燃气型，成本较前者多出3000万英镑。管理层应根据多出的建设成本评价与权衡发电厂转型的价值。

同样，当一条轿车生产线可生产不同车型时，它的成本自然较高。但是，多种车型的生产可通过降低车企对单一车型的依赖性减少其运营风险。上述为实物期权的实例，在第19章中将做出深入分析。

可保风险

公司运营中的许多风险可通过向保险公司支付保险费用加以化解，其中包括厂房火灾、车辆与机械设备的污染损害和意外损害。保险公司较普通商业公司拥有更强的风险承受能力，因为：

- 保险公司拥有丰富的受保风险盈利性分析与估价经验。
- 保险公司有较多降低风险的方法。它们可将这些方法传授给受保公司，由它们采取预防措施。
- 保险公司可汇集风险，或称划分风险。某家公司发生事故的概率无从确定，但某些特定受保风险的索赔几率是可预见的。

保险是一种昂贵的选择，因为保险公司总是收取较可能赔偿金额高的费用。举例而言，你价值1万英镑的轿车一年中被盗的概率为1%，那么保险公司就会希望一年中每100辆私家车中只有一次金额为1万英镑的索赔，而每个私家车主须支付的保费将略高于100英镑（10000英镑/100），这样可带来些许利润。尽管如此，保险费用的实际金额要比预测更高。保险公司不仅要承担开立保单的管理费用，而且需处理大量索赔。经常同保险公司打交道的人很快就发现，它们每年的书面作业量大得惊人。另外，保险公司还须通过征收高额保费解决"逆向选择"问题。你可能是一位明智的私家车车主，对自己爱车的泊位特别关注，总是记着锁车门，而且居住环境较好。但是，其他许多偷盗险客户就没那么讲究和走运了。如此，好坏风险的组合就增加了良好保险客户的保险成本。如果越来越多的身处高度风险的车主购买此类保险，那么这种情况将持续恶化。

> 好坏风险的组合可增加保险成本。

保险费用的上升还可源自使保险客户疏忽大意的"道德风险"（怂恿不良行为），这就是"不用担心，绝对没问题"综合征。一个极端的道德风险实例源自电子产品以旧换新政策，按照规定，一台旧电视遭受损害时可换得全新的一台，但问题是，有些人会故意"不小心"摔坏自家的电视。

上述三种额外费用可能使保险费用超出公司可承受的水平，但某些大型企业仍决定为许多风险投保。它们可能只为危及公司运营连续性的风险投保，但诸如机器故障与工作事故等之类的风险自行承担。连续性低收益的投保毫无意义。

货币风险

公司财务主管的另一大职责就是管理汇率浮动风险。这里，我们以 Acarus 按照 6 个月赊销付款条件出口电子产品为例。按照发票所示，进口商应支付 2000 万澳元。如果当前 2 澳元兑 1 英镑的汇率在今后 6 个月不变，Acarus 将会收到 1000 万英镑。如果汇率变为 1.8 澳元兑 1 英镑，那 Acarus 可收到 1111 万英镑，多出 111 万英镑的收益。尽管如此，事情也可能变得比预期糟糕。例如，如果汇率变为 2.2 澳元兑 1 英镑，那 Acarus 将只能得到 909 万英镑。如果公司管理层不愿承受风险，他们便会意识到："额外收益自然好，但少于 1000 万英镑的下滑风险更可怕。"Acarus 可通过许多方式取得至少 1000 万英镑的收益，对此第 21 章也将专门介绍汇率风险管理，这里我们只做些许领会。Acarus 可通过购买期权在今后 6 个月内获得 2 澳元兑 1 英镑的权利而非义务。如果澳元升值，转为 1.8 澳元兑 1 英镑，那么 Acarus 可不必执行期权规定，而只需在 6 个月后的即期市场兑换 1110 万英镑。反之，如果澳元贬值，Acarus 可执行期权规定获得 1000 万英镑的收益，而非在即期市场按照 2.2 澳元兑 1 英镑的汇率得到 909 万英镑。通过购买期权，Acarus 可保证在收益增长不受限制的前提下至少获得 1000 万英镑的收益，然而，它必须支付高额的期权费用，即收益总额的 2%~4%。真正的问题是如何针对收益权衡降低风险措施的成本。

利率风险

利率根本无法预测。如果某家公司存有大额浮动利率债务，那么它随时可能遭受利率上升的风险。相反，一家背负固定利率债务的公司也可能因为利率下降承担较高的债务费用。

许多方法与财务产品可帮助财务主管降低公司的利率风险。第 20 章对此已做出详细的介绍，这里我们只介绍一种方法——上限。

艾斯（Ace）公司希望借款 2000 万英镑用于公司业务拓展，该贷款利率为伦敦同业拆借利率加 150 基点的浮动利率。伦敦同业拆借利率为 8%，所以 Ace 公司需要支付 9.5% 的利率。本次借款相对于 Ace 公司的资本基础与利润来讲数额较大，且公司管理层担心伦敦同业拆借利率高于 10% 后会使公司陷入财务危机。为规避这一风险，Ace 公司同银行签订上限协议，据此规定银行在伦敦同业拆借利率超过 10% 时支付多余利息。如果 2 年后伦敦同业拆借利率升至 11% 且 Ace 公司未签订上限协议，那么它必须支付 12.5% 的利息；如果 Ace 公司同银行签订了上限协议，那么银行须按规定支付多余 1% 的利息。Ace 公司支付利息的比例不会超过 11.5%。另外，如果借款利率下降，Ace 公司自然可从中获益。这种形式的利率保险需要高额费用，但这种费用可以通过某些方法，如售出下限协议，加以抵消，具体方法将在第 20 章作介绍。简言之，妥善管理利率风险非常重要。

财务结构风险

合理的财务结构对每家公司来讲都很重要。关键问题是：你的公司应该通过签订短期借贷协议透支借款，还是接受长期融资［你是否应该增加长期融资（债务加股权）直至同公司资产价值对接或仅仅覆盖长期资产价值？你是否应该增加短期融资用于购买短期资产？］；你应该进行本币借款还是多种货币借款，从而与公司资产与收入来源币种对接；固定利率是否较围绕某一基准上下浮动的利率更为合适，如伦敦同业拆借利率？最后，我们需要在权衡低债务资本低利率和更多借贷风险的关系后搞清楚相对于公司权益资金的借贷水平。

长期借贷好还是短期借贷好？

一旦公司决定借贷融资，它就必须决定：
- 短期债务，一年内偿还的借款；
- 中期债务；
- 长期债务，10年、25年甚至100年内偿还的借款。

决定债务性质时需考虑许多因素。

- **债务到期结构** 一家公司需要避免所有债务在同一日或临近日到期。如果一家公司被要求在6个月内偿还所有不同类型的债务资金，那将是灾难性的一刻。即使公司盈利不菲，如此突然的资金外流也会使其元气大伤。20世纪90年代初期，许多英国零售商就曾经遭受这种灾难。20世纪80年代晚期，他们的销售业绩极佳，似乎管理层已完美无缺。受这种过度乐观思潮的冲击，他们开设了数十家新门店，接受了大量中期融资。随后的90年代初期，这些银行贷款与债券全部到期，而新开门店却因经济衰退和多余成本基础遭受了严重损失。鉴于贷款协议被破坏且企业破产临近，同银行和其他利益方的谈判便提上了日程。这些公司大多最终存活下来，但它们终于懂得了分散还款日期的重要性。

泰晤士水务公司特别重视这一事例，它据此在年度账目中制作了展示债务到期结构的图表。详见图18.1。
公司重视分散债务到期日的实例——泰晤士水务公司。

- **发放贷款成本** 透支贷款与其他一次性融资较长期借贷更为经济，但连续数年的资金需求会使短期借贷比长期借贷更为频繁地接续，如此前者的优势荡然无存。举例而言，20年内短期贷款的发放成本要远远超过20年期的借贷成本。
- **灵活性** 短期贷款比长期贷款具有更大的灵活性。如果某项业务存有波动性借款需求，如季节性业务，那么几个月内它根本无须借贷，而其他几个月内它却需要大量借款。因为即使有多余资金，公司也须用其偿还利息，故而长期贷款不够划算。的确，多余资金可用于投资，但收益不一定抵消贷款利息。短期或透支贷款与需求同步，而且可在公司资金流充足时得以及时偿还。
- **未来融资的不确定性** 如果一家公司需要多年借贷用于投资长期项目，那么它使用

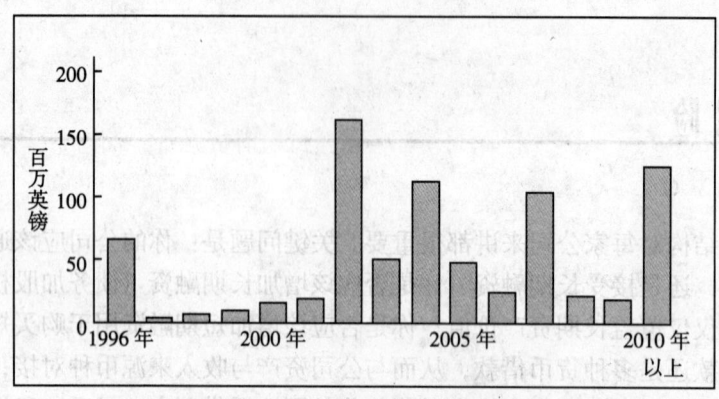

图 18.1 债务到期结构略图
资料来源：泰晤士水务公司 1995 年年度报告与账目

一年贷款会承受较大的风险，而且每年年底还需同银行重新协商发放新贷款，银行很可能停止借贷。也许，例如，银行政策或借款者资信评价方式有所改变，金融市场信心不足或政府限制贷款发放。不管是何原因，项目随时可能停滞，公司也随时可能蒙受损失。

从某种意义上来讲，项目或资产类型决定借贷的类型。如果项目或资产为短期流动型，那么最好选择短期融资；若为长期项目或资产，则需长期贷款，且融资量与利率更为明确。

■ **利率的期限结构** 利率的期限结构描述的是同一个借贷者如何偿还 1 年期、2 年期、3 年期、4 年期、10 年期或 30 年期贷款的利息。在图解中，x 轴表示贷款到期年限，y 轴表示利率。我们可以发现，随着贷款到期年限的增长，利率也会不断增加或下降，这被称为收益率曲线。通常情况下，短期借贷的利率要低于长期贷款 1，如此公司管理者会更加偏爱短期借贷，很多情况下的确如此。我们可以以迈索蒂斯（Myosotis）公司为例，该公司需要为一个为期 10 年的项目融资 1000 万英镑。公司财务主管希望长期贷款利率来年下降，所以他没有在一开始就选择 10 年期借贷，而是选取的 1 年期低利率贷款。他希望本次贷款在年底到期后，再按照下降后的利率进行为期 9 年的固定利率借贷。

某些情况下，公司管理者发现短期借贷并不合理。举例而言，他们选择短期借贷后收益率曲线持续上升，所以最后不得不在短期贷款利率超过长期借贷利率时转向长期贷款。我们可以以罗萨（Rosa）公司为例，该公司希望取得为期 5 年的贷款，但面临着如图 18.2 下方线条所示的利率期限结构。如果该公司选择 1 年期借贷，那么利率将是 7%，4 年期和 5 年期借贷利率分别为 8% 与 8.3%。公司最后选择了 1 年期借贷，并希望来年签订 4 年期借款协议。然而，融资替换期来临后，即初次借贷 365 天后，收益率曲线却因宏观经济的变化而上升。现在 Rosa 公司不得不在未来 4 年内支付 10% 的利息，这远比 5 年期借贷利率要高。

Rosa 公司的案例表明，虽然初始长期贷款利率比短期借贷高，但利率位于低点时选择长期借贷更为划算。

"对接"与"不对接"？

通常，公司认为有必要根据到期日长短进行妥善的债务融资组合：短期借贷与长期贷款的融合。为达成平衡,如下几个重要因素必须加以考虑:①成本(利率与手续费等);②风险(无法续借,收益率曲线上升,以及贷款同时到期后的大量资金外流)。一些公司遵循"对接"原则,即融资到期结构同项目或资产到期日期对接。固定资产和具有永久性需求的流动资产(例如资金、最低库存或负债水平)通过长期借贷融资,而融资需求变动较大的流动资产通过短期借贷融资。后者资产可为,举例而言,年内特定时期的烟火库存,或购买复活节彩蛋的资金。

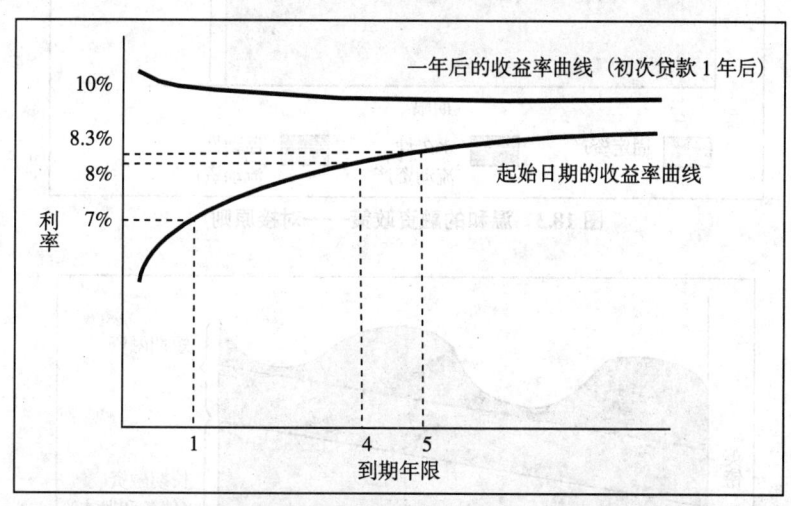

图18.2 收益率曲线的移动影响着Rosa公司长、短期借贷的相对成本

三种资产需要融资:
■ 固定资产;
■ 永久性流动资产;
■ 波动性流动资产。

采取到期日对接策略的公司属于温和派。如图18.3所示,若全部资产主要依靠长期融资增长,则适用于固定资产与永久性流动资产;浮动性流动资产,如季节性资产,则适用于短期融资。

更加积极的方法如图18.4所示。这种方法存有较大的风险,因为需要多次为永久性流动资产和浮动性资产再融资。如果一家公司依靠透支贷款,那么一旦到期它将极易遭受损失。如果公司以股票和资金偿还该透支贷款,那么它的经营会受到严重破坏,销售与产出蒙受损失,而且会因无法维持最低营运资金获取最佳收益而增加额外开支。

低风险政策旨在明确长期融资能够覆盖全部资产。如果年内某些时段存有多余资金,其将被投入短期金融工具。这类政策可见图18.5。

许多公司管理者因为低风险而更加青睐这种保守政策。然而,这种政策却并不符合公司所有者的最佳利益。投入短期证券的多余资金相对于长期融资成本来讲收益未必理想。比较合适的选择是,公司通过退还股东资金或清偿长期贷款减少长期融资,如此股东获利更多。

维持长、短期融资平衡并没有可靠的理论指导。虽然许多公司管理者遵循资产与债务到期日对接原则,通过避免多余可投资资金降低了风险,但它并未广泛使用,例如微软公司拥有500亿美元资金与短期投资。

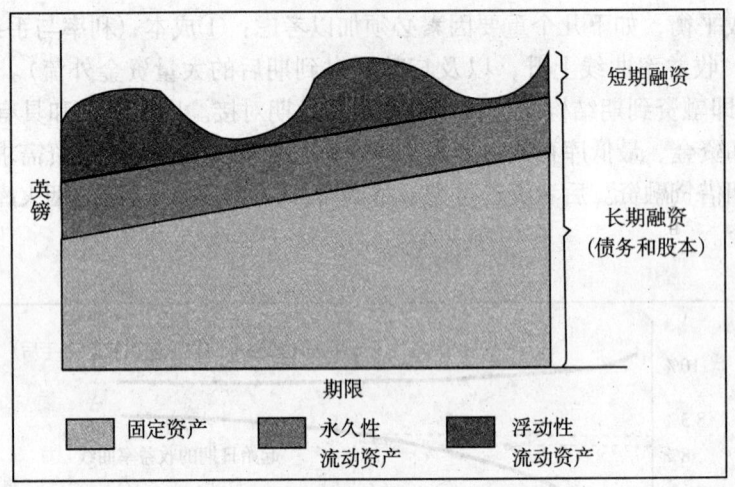

图 18.3 温和的融资政策——对接原则

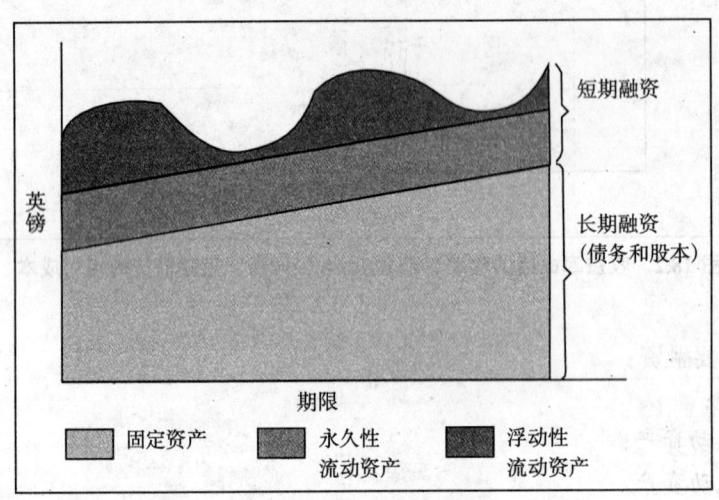

图 18.4 积极的融资政策

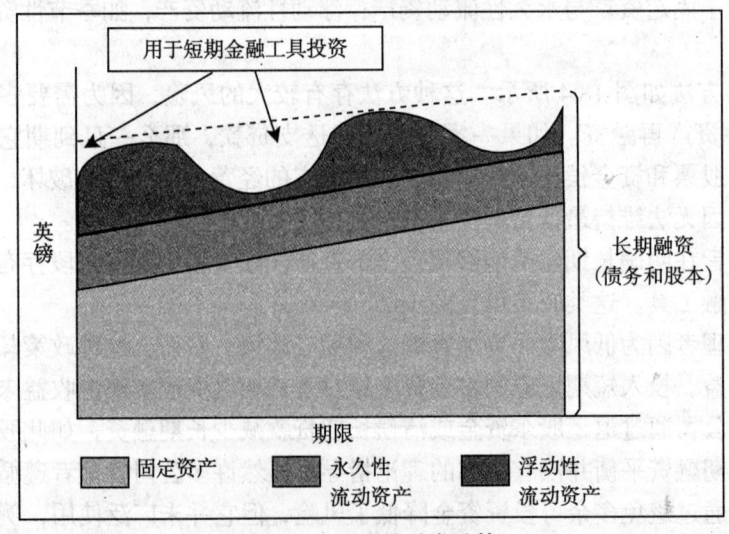

图 18.5 保守的融资政策

借款币种

制定公司债务到期结构只是融资决策的一个方面，另一方面是选择借款币种。跨国公司经常以投资所在国货币借贷，如此可降低外汇汇率波动风险。举例而言，设想联合杰克（Union Jack）公司借贷 1 亿英镑用于投资，并按照 1.5 美元兑 1 英镑的汇率将这 1 亿英镑转换为 1.5 亿美元。随后几年的净资金流有望达到每年 3000 万美元。如果汇率不变，Union Jack 每年将获得 2000 万英镑用于支付融资费用并产生一定盈余。如果汇率升至每英镑兑换 2 美元，那么年度英镑资金流入将仅为 1500 万英镑，即该投资项目虽然美元收益不变，但英镑受益却比最初预期少 500 万，这并非 Union Jack 渴求的收益率。该项目所存风险可通过债务与收益使用同种货币化解。因此，如果 Union Jack 借款 1.5 亿美元用于项目投资，即使汇率变为 2 美元兑 1 英镑，该项目仍旧可行。货币风险将在第 21 章做详细介绍。

利率选择

债务组合还需维持固定与浮动利率贷款之间的平衡。许多情况下，两种借贷的组合更为妥当。如果所有借贷选择浮动利率，那么公司将极易因利率上升而蒙受损失，这种情况常在困难时期发生。例如，经济衰退初期，利率通常较高，而销售业绩却在下滑。

包含较多固定成本因素的行业需要大量的销售维持盈利性，它们特别反对浮动利率，因为那样会增加成本基础并招致更多的风险。虽然固定利率贷款最初的成本较高，但公司管理者至少可以不必再为某种风险因素担心了。

反之，如果所有贷款全部为固定利率，那么公司便无法在利率下滑时受益。

杠杆风险

借贷水平必须根据公司权益资金基础加以确定。考虑到不断增加的贷款会招致一系列有利或不利影响，这种抉择的确很难做出。因为分红前需要支付巨额利息，所以公司债务的增加会使股东收益具有更大的不确定性，最终结果是公司财务因利息支出而元气大伤，极端情况下甚至会破产。如果杠杆率过低，股东价值就会因为错过合适的债务股权置换而丧失升值机会。专栏 18.1 充分证明了这一点在高层管理决策中的重要性。

债务与普通股本的平衡

2001 年，BT 公司管理层陷入了很大的麻烦。该公司在全球性收购狂潮与基础设施投资中积累了超过 300 亿英镑的债务，但其净资产仅为 140 亿英镑，约为债务总额的一半。这家城市机构对高水平负债表达了深切的忧虑。首席执行官皮特·邦菲尔德（Peter Bonfield）先生承认，公司债务水平的确过高。他说，"我们当初觉得有必要引进新的权益资金用于减少集团非持续性债务"（BT2001年度报告）。公司通过增股筹集了59亿英镑资金，同时在全球范围内销售资产，削减投资以及售出电信业务股份。另外，该公司还停止了分红。

作为资产负债表重组的一部分，布里斯托水务在2003年宣布，公司计划向股东返还5000万英镑的资金。当时，该公司的市值仅为9000万英镑。公司最大股东的代表约翰·穆雷（John Murray）讲道："布里斯托水务接受的投资过多，所以是时候为股东们做些事情了。"

奈科斯特公司（Next）在2000~2002年通过股份回购返还股东43500万英镑的资金后又于2002年制定实施了一个回购19%股份的股份回购计划。公司董事会主席大卫·琼斯（David Jones）认为，股份回购是提高每股收益的最佳途径。同年，Next的高级对手玛莎公司"在经过数年业绩不佳的经历后为重组资产负债表"也公布了返还股东20亿英镑资金的计划。这家零售商表示："我们认为，通过增加债务减少股本，公司的资产负债表将更加合理。"另外，外包集团凯皮特（Capita）为降低资金成本也于2002年公布了类似的回购计划。

专栏18.1　债务与普通股本的平衡

债务融资虽然经济但风险较大

借贷融资的成本较权益融资低。第一个原因是因为贷款者比股东要求的收益率低。对于融资者来讲，债务证券同股票相比风险较低，因为前者可以提前确定年度收益。另外，债务证券还可受契约规制。

债务资本较权益资金更为经济的第二个原因是：计算公司税金前借贷利息可由税前利润抵消，由此可减少税额。

第三个原因是贷款成本与利息比股票价格低。

既然公司借贷融资有诸多益处，那为什么还要规避高杠杆率呢？原因之一就是财务风险，这种风险可由无视公司资金状况的利息开支导致。如果公司出现经营困难，那么它将无力支付债券持有者、银行及其他债权人的应得收益。如图18.6所示，随着财务杠杆率的增加，财务失败的风险也在上升。

请注意图18.6的核心猜想。如果权益收益率稳定，或上升空间不大，那么整体融资成本就会下降。这种猜想明显不现实，因为随着财务风险的上升，股东可能要求更高的收益率。因此，这是一个重要的问题，我们会在完成一些基本的财务杠杆概念的介绍后重新对其进行讨论。

> 如果权益收益率稳定，或上升空间不大，那么整体融资成本就会下降。

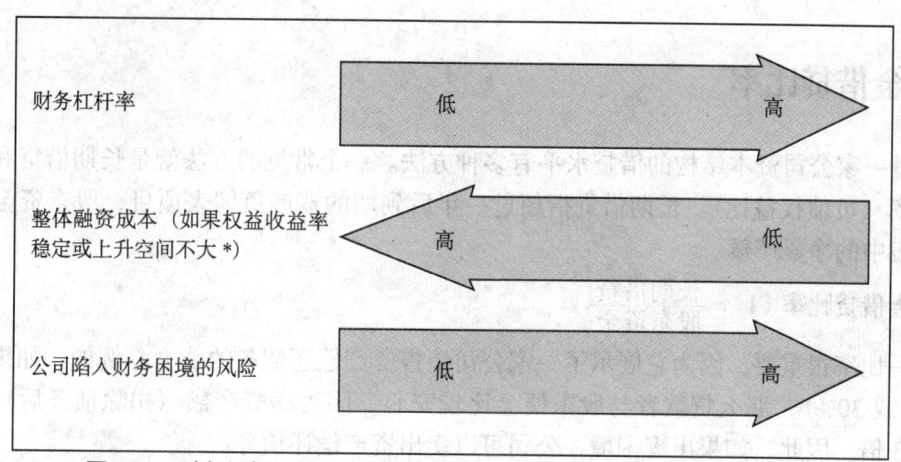

图 18.6 财务杠杆处于低水平时，财务风险相对较低，但资金成本较高，这一情况在杠杆处于高水平时会发生逆转

注：*正文中将对本猜想详加讨论。

杠杆的含义

对于"杠杆"一词，我们需要消除某种误解。首先，我们必须明白经营杠杆与财务杠杆的区别。

经营杠杆反映的是一家公司固定成本的多寡。拥有较高经营杠杆率的公司，如汽车或钢铁生产商的利润同销售水平存有紧密的联系。它们拥有较高的收支平衡点（决定盈利的营业额），当销售水平增长且可变成本较低时，公司利润也相应增多。

财务杠杆指资本结构中债务的比例。对于拥有较高财务杠杆率的公司来讲，其股东的净收益与经营利润的变化有着极其紧密的联系。

大多数情况下，"gearing"和"leverage"可以互换使用，但后者在美国较为常见。

计算财务杠杆率（以下简称"杠杆"）有许多种方法。财务分析师、报刊及公司管理者通常参考资产负债表数据衡量财务杠杆率，但有一点必须搞清楚，财务理论主要关注的是债务与股本的市值。因此，根据分析用途的不同，账目法与市场法均有用武之地。

衡量一家公司的负债水平有两种方法。资金借贷比率主要指一家公司全部资本中债务所占的比例。收入杠杆则关注年度收益（即息前利润）中用于偿还债务的部分，换言之，利润中作为利息扣除的部分。

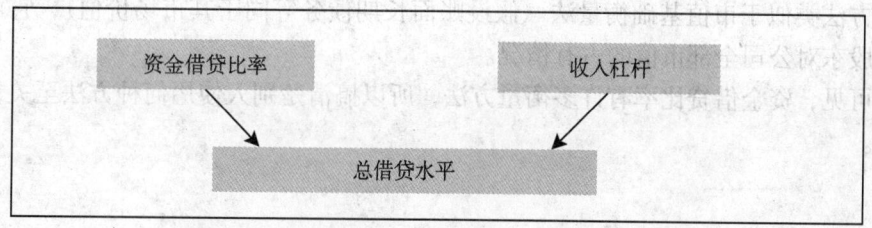

图 18.7 公司财务杠杆率可通过两种方式加以衡量

资金借贷比率

衡量一家公司资本结构的借贷水平有多种方法。一个常见的方法就是长期借贷和股东资金的比率（负债权益比）。长期借贷指超过一年后到期的资产负债表项目，股东资金则是资产负债表中的净资产额。

$$\text{资金借贷比率}(1) = \frac{\text{长期借贷}}{\text{股东资金}}$$

这一比率很重要，因为它展示了一家公司销售资产偿还债务的能力。例如，如果该比率为0.3（或30%），那么贷款者与股东便会比较安心，因为净资产额（扣除债务后）是长期债务的3倍。因此，如果出现困境，公司可以卖出资产偿还债务。

依靠这种衡量方法有一个较大的问题。资产账面价值可能与销售价值不同，因为资产账面价值只是历史价值，可能随着时间的流逝未经过二次估价。另外一个原因是，急于偿还债务的公司在慌乱之中常常贱卖资产。

再者，这种衡量方法涉及由小到大多种价值，这就使公司内部比较特别困难。如下所示的这种衡量方法将资金借贷比率划为一个由零至百分百的区间，其中债务作为所有长期资本的一部分。

$$\text{资金借贷比率}(2) = \frac{\text{长期债务}}{\text{长期债务} + \text{股东资金}}$$

这一比率还可通过加入"准备金"和延期税款发生变动。准备金是公司为预防将来可能出现的支出或损失预先提列的资金，如呆账或并购成本。延期税款可作为将来的债务。

第三种资金借贷比率衡量方法是指除包括长期贷款意外，还加入了短期借贷。

$$\text{资金借贷比率}(3) = \frac{\text{所有债务}}{\text{所有债务} + \text{股东资金}}$$

许多公司依靠透支贷款和其他短期借贷融资，如商业票据，从专业角度来讲，这些应划归短期工具。但事实上，许多公司将透支贷款与短期借贷作为长期资金来源。另外，如果我们担心出现财务危机，那就必须意识到，无力偿还透支贷款同丧失支付长期贷款利息能力一样严重。

> 无力偿还透支贷款同丧失支付长期贷款利息能力一样严重。

为使资金借贷比率更为精确，公司库存资金（或可售证券）有必要考虑进去，如此可在一定程度上抵消债务风险。

另外一种备受推崇的衡量方法就是公司所有权益市值与债务的比率（也称为债务权益比率）。

$$\text{资金借贷比率}(4) = \frac{\text{所有债务}}{\text{所有权益市值}}$$

这种方法类似于市值基础衡量法（假设账面长期债务等同于其市场价值），它可反映出债权人与股东对公司全部市值的占有情况。

由此可见，资金借贷比率有许多衡量方法，所以搞清楚别人使用何种方法至关重要，这才是难点。

收入杠杆

衡量资金借贷比率主要依靠对资产负债表或二次估价中的净资产额进行合理的评估，成功做到这点极其困难。你可尝试着对厂房、机器或原材料进行估价。另外，资金借贷比率的衡量背景主要是困难时期："我们销售资产所为何来？仅仅为偿还债务吗？"

评估一家公司偿还债务的能力时仅仅关注其资产额是不够的。我们可以以一家成功的广告代理商为例。除了几张桌椅外，该公司几乎一无所有，但它可以筹得成千上万英镑的资金，原因何在？因为该公司业绩良好，有能力支付利息。因此，一个合理的衡量方法应该更多的关注一家公司相对于其应付利息的收益额：

$$利息偿付倍数 = \frac{税息前利润}{利息额}$$

利息偿付倍数越低，那么无法支付利息的可能性就越大。利息偿付倍数事实上在衡量偿付利息利润所占比例，这就是收益杠杆。

表18.1是一份报告摘录。它描述了英国东米兰兹、西米兰兹地区中型企业（营业额在100万~5000万英镑）的几种典型杠杆比率。该表收集了超过1200家公司的信息，已列明10年期均值。

表 18.1 偿债能力与流动资金均值

	速动比率		所有债务/资本净值 (%)		长期债务/资本净值 (%)		利息/息前利润 (%)	
	东米兰兹	西米兰兹	东米兰兹	西米兰兹	东米兰兹	西米兰兹	东米兰兹	西米兰兹
化工	2.24	1.00	140	67	137	24	28	23
金属制品	1.08	1.00	90	175	40	70	19	27
机械工程	1.08	0.94	76	145	28	55	18	29
电气与电子工程	0.87	0.90	118	186	35	83	27	20
橡胶与塑料	0.86	0.85	131	108	45	37	30	36
纺织	0.85	0.80	131	86	51	23	38	28
鞋类与服装	1.00	0.66	89	80	21	15	24	42
食品、饮料及烟草	0.95	0.67	76	164	32	34	33	29
造纸、印刷及出版	0.96	1.05	109	84	63	30	29	24
建筑	0.78	0.88	75	81	23	18	23	20
批发	0.89	0.79	145	206	27	32	33	38
零售	0.56	0.54	158	132	40	26	51	40
商业服务	1.06	1.09	125	166	40	98	24	19

偿债能力与流动资金比率

速动比率（酸性测试）指扣除股票后的流动资产同全部流动负债的比率。它旨在衡量偿付短期债务的短期资产充足率。鉴于股票转为资金需要数月时间，所以股票金额特此扣除。

全部债务/资本净值指全部债务（长短期贷款）在资本净值（股东资金）中所占比例。它表达了公司资产接受融资的程度，所以也常被称为借贷比率。

长期债务/资本净值指长期债务在资本净值（股东资金）中所占比例。它是一种比全部债务/资本净值更为精细的杠杆率衡量方法。通过这两种比率的比较，我们可以明确长短期债务各自的比重。过分依靠短期债务将导致经营困难。例如，银行透支贷款可在短期内收回。

利息/息前利润指利息总额在税息前利润中所占比例，它反映了公司偿付利息的能力。公司利润中利息支付额所占比例越高，公司经营风险就越大。如果该比率为100%，那就意味着所有息前利润必须用于偿付贷款利息，而公司股东将一无所有。该比率可反向称为"利息偿付倍数"。

资料来源：阿诺德（Arnold G.C）和戴维斯（Davis P.）（1995）：《西米兰兹行业盈利趋势》，罗伊德·薄美克：（Lloyds Bowmaker）《企业融资》，经罗伊德 UDT（Lloyds UDT）有限公司批转后转载。

《金融时报》莱克斯（Lex）专栏对当代产业最佳财务杠杆衡量法进行了讨论（见专栏18.2）。

告别财务杠杆

长期以来，投资者将财务杠杆作为衡量公司负债水平的手段，因为在过去资产负债表是公司资本价值的合理体现。虽然如此，现今的资产负债表却很少用于公司资本价值评估。随着全球经济由加工业转至服务业，人类智力价值的地位越发重要。诸如微软、迪士尼和马克斯斯班塞之类的公司之所以取得成功，全部依赖于知识产权、媒体创新以及品牌效应。和物质财务或机器不同，这些智力产品一般不被列入资产负债表。即使在加工行业，通货膨胀和任意折旧政策也使资产负债表对公司资本价值的反映不再准确。

如果资产负债表中的财务杠杆毫无用处，那么该使用何种衡量方法呢？其中一个选择就是偿付利息倍数，即利息金额同营业利润或运营资金流的比率。这一比率反映了公司偿付利息的难易程度。不同的偿付利息倍数适用于不同类型的企业。很明显，周期性公司较公用事业公司需要更高的偿付利息倍数。

另一种方法是公司市值同公司债务的比率。评估公司市值可消除资产负债表衡量公司股本的不确定性。某些情况下，这一比率类似于传统的财务杠杆，即该比率越高，股东收益就越发受制于公司基本经营的影响，同时公司经营风险也越高。今后，债务与市值比率以及偿付利息倍数将成为莱克斯（Lex）的首选。

专栏 18.2 告别财务杠杆

资料来源：《金融时报》1995.10.9

财务杠杆的影响

含息借贷"增加"了股东收益。同不曾举债经营的公司相比，借贷经营的企业在股东收益方面较基础收益存有更多的变数。如果营业利润较高，举债经营的公司的股东会比未曾借贷运营的公司的股东获得更大的收益。若利润率较低，举债经营的公司的股东将蒙受巨大损失。

财务杠杆的影响可通过实例加以诠释。哈比（Harby）公司不久即将成立，该公司管理者正在考虑三种均可筹资1000万英镑的资本结构。

(1) 所有股本。发行1000万票面价值为1英镑的股票；
(2) 300万英镑债务（利率为10%）和700万英镑股本；
(3) 500万英镑债务（利率为10%）和500万英镑股本。

为简化分析过程，公司管理者对这三种模式的经营效果进行了概率分析（见表18.2）。

现在我们可以观察各种财务杠杆对公司股东收益的影响。

请注意，如图18.3所示，随着杠杆率的提高，股东收益变化加大。举例而言，当息前收益上升500%，由50万英镑增至300万英镑时，30%借贷部分的收益上升了1200%，由3%增至39%。这种扩大效应具有两面性。如果息前收益仅为50万英镑，全股本结构可为股东带来些许收益，但50%借贷结构却一无所获。若杠杆率过高，哈比公司股东的风险将更大，他们可能无利可图。

表18.2　经营效果预测

顾客对公司产品的反应	息前收益*	概率（%）
略显成效	50万英镑	20
反映良好	30万英镑	60
巨大成功	40万英镑	20

注：*不计税款

表18.3　财务杠杆的影响

顾客反映	一般	较好	极佳
息前收益	50万英镑	300万英镑	400万英镑
全股本结构			
贷款利率为10%	0	0	0
股东收益	50万英镑	300万英镑	400万英镑
股份收益	$\frac{50万英镑}{1000万英镑}=5\%$	$\frac{300万英镑}{1000万英镑}=30\%$	$\frac{400万英镑}{1000万英镑}=40\%$
30%借贷结构（300万贷款，700万股本）			
贷款利率为10%	30万英镑	30万英镑	30万英镑
股东收益	20万英镑	270万英镑	370万英镑
股份收益	$\frac{20万英镑}{700万英镑}=3\%$	$\frac{270万英镑}{700万英镑}=39\%$	$\frac{370万英镑}{700万英镑}=53\%$
50%借贷结构（500万贷款，500万股本）			
贷款利率为10%	50万英镑	50万英镑	50万英镑
股东收益	0	0	0
股份收益	0/500万英镑=0%	250万英镑/500万英镑=50%	350万英镑/500万英镑=70%

随着Harby公司杠杆率的上升，预期股东收益（加权均值）也会增加，但伴随着更多的风险。公司管理层需要通过认知预期收益增长的益处和股东收益分散的坏处对两者加以权衡。

运营风险与财务风险

运营风险指公司运营收益，即息前收益的变化，我们可通过观察Harby公司全股本资金结构收益的分散对此加以理解。所述收益分散完全是由商业因素导致，例如行业特征和企业竞争优势。这种风险将受到诸如销量或周期价格、投入成本变化、市场势力和增长速度等因素的影响。

一家电力、燃气或饮水垄断供应商的运营风险相对于一家互联网光纤开关公司来讲不值一提。公用事业公司的需求与价格水平变动幅度要比高科技企业小。运营风险由整体经营和经济条件决定，同企业财务结构毫无关联。

财务风险指因财务结构中债务招致的公司股东收益变化。

表18.3反映的是存有较低运营风险的企业将面临较高的财务风险，但其股东不会受过多影响，因为预期收益的增长抵消了股份价格上涨导致的高水平变动。

财务困境

一家公司提高借贷水平的一个不利之处就是增加了财务风险,甚至可能导致破产,这对于股东和债权人都具有灾难性影响。

> 财务困境:无法偿还债务或难以偿还债务。

财务困境会给企业价值带来负面影响,将抵消税务减免的债务缓解作用——第 10 章讨论的是债务的税盾效应。当杠杆率较高时,财务困境越发明显。即使公司避免了破产,它同供应商、客户、员工及债权人的关系也会严重受损。赊账销售产品与服务的供应商很可能减少优惠条件,甚至中断供应,因为它们认为该企业在今后几个月内的存活几率越来越小。相同的道理也适用于客户。多数客户希望和供应商建立紧密的联系,并通过依靠这种关系的连续性促进生产的发展。如果某家企业可能破产,那么它们之间的合作便会疲软无力。举例而言,汽车组装公司需要同零配件供应商建立紧密联系,但它不会和一家出现财务波动的供应商合作。在消费者市场中,客户总希望公司可以按约办事,例如,承包旅游公司提前 6 个月接受预定。当电缆商全国通信公司(NTL)在 2002 年因债台高筑无力偿付利息进行财务重组时,一天就有 800 多客户弃它而去。不仅剩余的客户为该公司的生存担忧,而且因资金短缺,广告与其他支出减少,进而赢得新客户的能力被大大减弱。一家残弱的公司会使员工失去工作的积极性,因为他们没有职业安全感和任何发展前景。优秀的员工会跳槽到其他更加稳定的公司。银行和其他贷款人对一家出现财务困境的企业提出的融资要求会慎之又慎,采取安全第一的措施,这种情况会在财务危机过后多年内持续下去,并且公司管理会备受限制。2003 年,瓦德福·玮致活公司被其融资银行要求降低库存水平,停止现有基础上的任何资金支出,代替银行贷款发行高收益债券,以及停止临时分红。公司管理层发现,他们多数时间在"救火",即处理日常流动资金问题和关注短期资金流,而非股东长期收益。很多情况下,企业被迫销售盈利性较强的业务用于筹集资金。举例而言,2003 年,菲亚特公司被迫售出其最佳业务(如菲亚特艾维欧),借以筹资继续生产汽车。

财务困境的间接成本要远超过诸如律师费和会计费及再融资费用之类的直接成本。我们可借助于表 18.4 了解某些直接与间接成本。

表 18.4 财务困境成本

间接成本	直接成本
客户同该公司合作的不确定性——销售下降,利润下滑及商誉丧尽	律师费、会计费
供应商同该公司合作的不确定性——投入减少和交易条件增多	诉讼费、管理时间
如果资产销售过快,价格会比较低	
财务重组的迟误,法规和琐碎事项会限制管理工作的顺利开展	
管理层可能过分关注短期流动资金,如减少研发和培训费用,可降低商业信用和库存水平	
销售最佳业务,筹集最多的资金	
员工士气低落,可能跳槽	
为保留资金,同客户之间的赊销付款条件收紧,如此可影响销售	

因为财务困境风险随着杠杆率不断增加，公司股东（和贷款人）要求更大的收益。但问题是，如果出现财务困境，股本与债务成本的增长如何能够超过涉及债务的税务减免福利呢？如图18.8所示，杠杆率存有最佳水平。当债务水平较低时，资本成本（加权平均资本成本）所受的主要影响来自税后借贷成本的下降。随着杠杆率的上升，投资者越发关注财务风险，因此他们需要更高的收益率。此时，担心损失成为高杠杆率的主要特征（第10章对此做了详细介绍）。

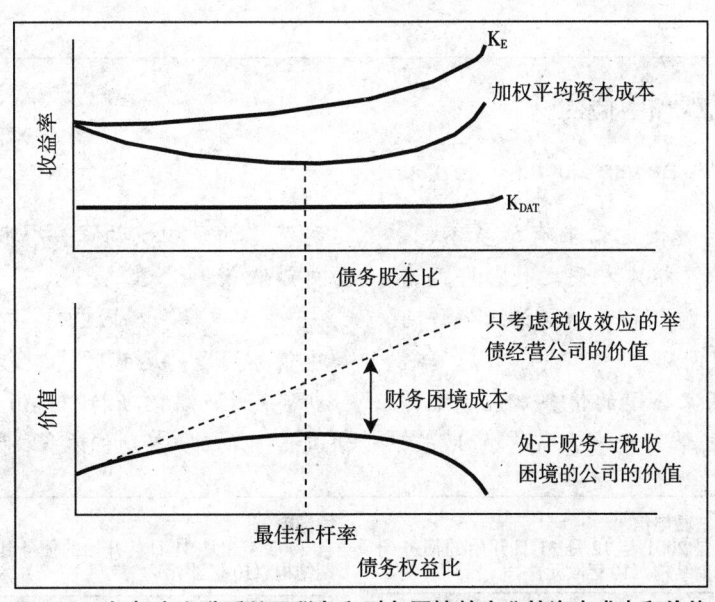

图18.8　杠杆率上升后处于税务和财务困境的企业的资本成本和价值

影响财务困境成本的几个因素

对财务困境的免疫能力因企业不同而不同。以下所列为几个影响因素：

- **公司营业额对整体经济形势的敏感度**　如果公司对经济波动反映强烈，其股东与贷款人就会因为较大的破产和/或困境风险而要求比经济灵敏度低的公司股东更高的收益。
- **固定成本与可变成本的比例**　一家举债经营程度高的企业的股东和贷款人在风险增加时要求更多的收益。
- **公司资产的流动性与可售性**　某些公司的资产可在其破产后以明确高价售出。这对金融证券持有者来讲的确是好消息，所以他们不会要求很高的风险费用。举例而言，一家连锁酒店集团，如果出现盈利下滑，可在地产市场售出酒店。但是，一家广告代理商的投资者，因为可售资产少，就没那么乐观了。
- **业务盈利能力**　相对于资金流较为不稳定公司，有些公司盈利性强，可以容忍较高的杠杆率。

表18.5所示为根据公司基础业务的主要特征确定的最佳杠杆率。

专栏18.3反映了两家公司由于过多地借贷用于投资移动通信业而使股票价格急速下跌。无法明确资金流的高风险项目应配有高比例的权益资本而非债务。

表 18.5　基础业务特征影响破产/困境风险的大小，加权平均资本成本以及最佳杠杆率

特征	食品零售商	钢铁生产商
经济敏感度	对经济波动敏感度较低	依赖于宏观经济环境
运营杠杆	多数成本可变性强	多数为固定成本
资产流动性	店铺与库存等较容易出售	资产毫无替代用途，二手市场狭窄
盈利能力	较高或稳定的资金流	资金流不稳定
可接受杠杆率	较高	较低

债务问题困扰欧洲电信巨头

艾琳·范·戴恩（Aline van Duyn）

法国电信与德国电信虽有诸多不同，但两家公司有一个根本相同之处，即两者均曾解决过因并购潮和移动电话三代许可招致的债台高筑问题。

现在，这两家公司的债务本应逐渐减少，但却因不断攀升的利息而不断增长。这种沉重的负担使两家公司股票价格跌至历史最低点。

"法国电信和德国电信是唯一两家尚未解决债务问题的运营商，"巴克莱资的电信分析师劳拉·温彻斯特（Laura Winchester）讲道，"我们都认为他们该采取防范措施了。"

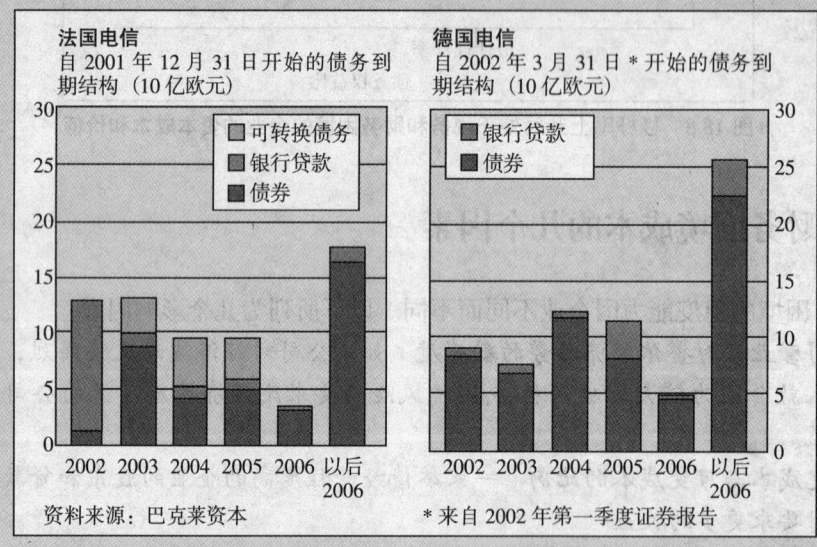

资料来源：巴克莱资本　　＊来自 2002 年第一季度证券报告

去年年末，法国电信净负债为 607 亿欧元（390 亿英镑），现在将近 670 亿欧元。去年 12 月份，德国电信净负债为 635 亿欧元，但截至今年 3 月末已达到 673 亿欧元。

因为必须如约购买分支机构或合作伙伴的股份，两家公司的借贷水平不断上升。同时，权益市场的疲软也使销售资产的计划一拖再拖。

两家运营商的资信评级展现出较多的不确定性，尤其是法国电信。

两家公司被穆迪投资者服务公司评为 Baa1，而被标准普尔评为 BBB+。穆迪不看好德国电信，但认为法国电信也存在下滑走势。穆迪还表示，它将对法国电信的评级下调两个等级，降至投资标准底线。

> 具体决策有望在未来几周内出台。
> 虽然许多分析家预测法国电信因为有55%的政府股份仍将位于投资等级之列，但它面临的流动资金问题仍很严重。该公司今年与来年到期的债务达到130亿欧元，其中包括债券市场的120亿欧元。这意味着一个困难时期的到来。
> 法国电信曾经表示过，如果情况糟糕，公司净负债将在来年末达到583亿欧元。但是，许多分析家并不赞同这种预测。
> 瑞银华宝的电信资信分析师邓肯·沃维克（Duncan Warwick-Champion）预测，法国电信的债务将在2003年达到693亿欧元。曾经作为标准普尔分析师的沃维克（Warwick-Champion）表示，法国电信去年年底债务为632亿欧元，并非报告所述的607亿欧元，因为还需加入地产租赁成本。同时他还预测，出售位于意大利的机构，即Wind的股份和处理公司财产不会带来高收益。他说："只有宣布增股才有可能阻止评级机构贬低法国电信。"

专栏18.3　债务问题困扰欧洲电信巨头

资料来源：《金融时报》2002.6.14

代理成本

另一个影响大举借贷决策的因素是代理成本。代理成本来自众所周知的"委托代理"问题。对于多数大型企业来讲，融资者（委托人）无法直接参与公司管理，所以他们就聘请"代理商"（管理者），但这些代理商并非处处为股东和贷款人的利益考虑。

> 避免代理商（如管理者）以牺牲委托人（如股东）的利益来追求自身利益的成本，例如，契约成本与监督成本。此外还有因防范措施效果不佳和管理者持续追求非股东利益导致的代理损失费用。

如果管理层追求股东利益最大化，那么贷款人就会担心代理问题，因为有时股东利益可能建立在牺牲贷款人利益的基础上。贷款人很可能被管理者愚弄或误导。举例而言，公司管理层借贷时对债权人表示，该借贷风险较低（利率自然也要低），因为公司杠杆率较低且借贷资金用于低风险项目。如果该公司管理者将借贷资金投入高风险项目且公司负债率提高，那么债权人便无法取得和风险水平保持平衡的收益，但是该公司仍可享受低利率融资。

我们还可以以一家陷入财务困境的公司为例。从股东的角度来讲，高风险项目就如一场赌博，随时可能造成不可估量的损失。如果这场赌博获胜，股东们将得到很大的利益，但债权人除了固定的利息外却分不得一杯羹。如果赌博失败，股东也不会遭受太大的损失，然而债权人却可能失去全部贷款。

上述问题可归纳为信息不对称，即公司管理者拥有不为债权人所知的信息。解决这一问题的方法之一就是监督支出，贷款人可以贷款利息偿付这部分费用。同时，借贷协议中也可加入相关限制性条款。举例而言，协议可限定分红水平，如此股东就不至于获取公司全部资金。另外，公司整体负债水平也可加以限制，即具体资本量和收益杠杆率。公司管理者在处理重大资产或参加商务活动上也应加以限制。

贷款人的许多规定会使股东付出沉重的代价，因为它们降低了公司经营自由度和投资灵活性。一个具有高净现值的项目很可能因为贷款人的谨慎而丧失。对于增长潜力巨大的企业来讲，机会成本也是一项重大支出。

因此，代理成本包括作为利息一部分的监督费用和限制管理自由度的价值损失。它将和杠杆率一同增长，由此增加债务隐性成本并降低企业价值。

还有一种心理因素和代理成本有关。企业管理者为抵制贷款人对其行动自由度的限制，总会严格控制借贷资金量。由此我们可以明白，现实中企业总是保持适度的杠杆率，原因可能就在于此。

融资能力

融资能力同代理成本之间有着密切的联系。贷款人比较喜欢抵押贷款，这种贷款通常会设置杠杆率上限。他们希望在公司无力偿付利息时，可以售出其资产偿还债务。正因为如此，公司杠杆率一般不会太高，因为无法得到可以足够偿还债务的资产。杠杆率并未通过学识渊博、消息灵通和深思熟虑的管理层决策决定，而是依靠贷款人对融资水平的限制情况。

如果一家公司的资产拥有发达的二手市场且不易贬值，如地产，那么它的融资能力就会比资产用途单一的公司高。

"啄食顺序"

企业融资存有"啄食顺序"。一般来讲，企业比较喜欢使用内部资金开展融资活动。如果投资项目盈利性强，那么公司就会通过以往积累的利润，即留存收益，进行该项目的融资。如果资金量不够，它才会求助于资本市场。虽然如此，债务市场仍是首选，企业只有在最后才会转向权益融资。对此，迈耶斯（Myers）做了如下解释："我们无法找到明确的目标债务股本组合，因为股本有两种，即内部与外部，一个位于啄食顺序的顶部，而另一个位于底部。"

底层发行新证券的一个原因可能是，证券市场将证券发行视为问题信号，即一次冒险行动。伯奈特·斯图尔特（Bennett Stewart）解释道："增加股本会使疑团增大。投资者可能会认为管理层在通过高价销售股份支撑公司脆弱的财务状况。""啄食顺序"理论有助于澄清盈利性强的企业借贷较少的原因，即并非它们的目标负债率低，而是它们不需要外部融资。如果他们的盈利性强，那么所得利润完全可以满足增长机遇的要求，因此公司债务较少，自然也就没有发行股票的必要。

盈利性较弱的企业常需借贷用于项目投资，因为它们的内部资金不够充足且债务处于外部融资"啄食顺序"的首位。

现在存有一种争论，那就是企业并不想构筑理论指导的"合理"资本结构，因为管理者喜欢最便当的方法。因为使用留存收益同外界投资者没有任何关系，所以内部资金常成为首选，如此可以避免外部融资的诸多麻烦。举例而言，权益融资经常是耗时耗力，拥有较多的繁文缛节，而且额外融资还需经历严格的审核过程。鉴于此，企业管理者还是使用手头资金较为安心。虽然如此，如果他们确实需要外部融资，借贷便成为最佳选择，因为银行贷款或债券发行所需履行的程序要远比发行股票简便。

另一个原因就是股票发行对债务资本而言成本较高，而后者要比使用留存资金昂贵。发行新股和增发股票成本较高，而使用留存收益不包括任何交易费用。

如专栏18.4所示，金融市场中增发股票（专门为避免企业破产而设计的"救急"增股）效果并不理想。

企业使用基本筹资方法

阿卡迪·奥斯特洛夫斯基（Arkady Ostrovsky）

昨日，两家法国集团加入了欧洲企业增股筹资的长列。法国再保险公司计划增资4亿欧元（2.512万英镑），等同于其市值，但该举动并未得到足够的响应，而且该公司股价还下滑了1/3。同时，布伊格电信表示，公司计划增股筹资6.19亿欧元以便获得第三代移动电话网络经营许可。

根据股东所持股份分比例增发新股在本年特别流行。股东可以接受增股也可拒绝，这主要依赖于他们对公司前景的看法。当证券市场疲软，其他融资方式无济于事时，增股便成为企业的生命线。

瑞银华宝欧洲权益资本市场部主管詹姆斯·伦维克（James Renwick）讲道："对许多举债率较高的公司来讲，债券市场事实上已经不可指望，首次公开发行市场业已干涸，银行也不愿为负债率高的企业提供贷款，所以企业只有向股东伸手要钱了。"

美林证券全球权益资本市场部联合主管丹迪·罗西尼（Dante Roscini）讲道：

"增股是最基本的筹资方式，企业在充分开拓资本市场前经常使用此法。但是，当世事维艰时，它们仍未求助于这种基本方式。"

因证券市场衰退而使投资组合遭受打击的保险公司和债台高筑的电信企业常使用增股这种方式筹资。

通过这种方式筹得资金的企业包括爱立信、索内拉电信、苏黎世金融服务公司以及法通保险。

伦威克（Renwick）先生讲道："欧洲企业正面临现实的考验。市场波动性空前强大，所以短中期内重组资产负债表只有增发新股这一根救命稻草了。"

并非所有增股都属于救急融资。英国零售商翠丰集团和皇家烟草公司曾通过该方式进行并购活动。

毫无疑问，增股量增长事实上是许多企业孤注一掷的表现。虽然如此，它却是重组资产负债表和降低负债率的第一步，其最终将使权益资本市场得到复苏。

专栏18.4 企业使用基本筹资方法

资料来源：《金融时报》2002.10.1

财务宽松

企业价值的决定性因素是经营与战略决策，而非融资决策。因为机遇稍纵即逝，所以迅速反应极其重要。如果一家公司负债率较高，那么它会发现，再次筹资会十分困难。财务宽松指拥有资金（或准资金）和/或多余的债务空间。这种宽松相当重要，据此，企业可以将负债水平限制在"最佳"杠杆率

> 财务宽松指拥有资金（或准资金）和/或多余的债务空间。

之下，最终降低失去优秀投资项目的风险。

财务宽松在应对不可预见的情况中也相当重要。一般情况下，企业管理者会谨慎地留存部分资金或融资空间以防不测。

发出信号

企业管理者与员工总是希望公司能够不断发展，因为一旦企业破产，他们将成为最痛苦的群体。鉴于此，管理者只有在对公司前景充满信心时才会提高杠杆率。股东比较在意对公司发展前景的了解，而融资变动就成为一种未来收益评估的信号。罗斯（Ross）（1977）表示，通过企业管理者发出乐观信号，股价会随着杠杆率的提升不断上涨。因此，管理者在杠杆率发生变动、向市场发出未来收益的信号时，必须慎之又慎。

企业控制力

融资来源的选择会受到企业控制的影响。举例而言，如果某个股东掌握公司一半的股份，且无力购买新股，那么他或她就不愿让公司通过增股方式筹资，尤其是公司向对手出售股份。这种影响限制了公司融资来源并可导致负债率的攀升。

对借贷融资的进一步思考

更好地利用公司资本结构中的债务有多种方法。这里我们将讨论以下三种方法：

激励

高负债率可激励管理者更好地工作和更好地为股东服务。试想，如果一个企业家（公司所有者兼管理者）希望通过融资进行业务拓展，那么从企业家和社会的角度来讲，借贷融资将成为首选。我们可以这样理解，如果求助外界投资者，企业家对公司的掌控及其对公司利益的分成便会大打折扣。如此，公司运营就会因为关键人物地位的下降而稍显乏力。

另一种观点是，伯奈特·斯图尔特（Bennett Stewart）认为，没有支配性股东，股东数量多和资本重组为以债换股的企业可使股份集中在相对较小但更有积极性的集团手中。这些股东会更加严格地监督公司运营（如果管理者为这一股东集团中的一部分，那么股东和管理者就会更加同心协力）。大型上市公司有成千上万的股东，他们当中的任何人都不愿意对一些侵犯股东利益的管理行为提出异议，因为协调投资者的支出远超过个体利益所得。虽然如此，如果经过以债换股使股东基础缩小，剩余股东便可更为积极地处理管理不当问题。这种集中的极端体现为企业管理层通过杠杆收购并购了一家公司，然后分散，低效率的股东集团被一个规模较小但知识渊博和做事专注的股东团体所替代，他们可以更快、更高效地保证公司经营成功。

再投资风险

高负债率需要企业定期向债权人偿付利息，因此管理者无法得到"富余"资金。如此一来，企业便可避免管理者受到某种诱惑而投资于负净现值项目和做出灾难性的收购决定。故意使管理者缺乏资金可以规避股东资金被滥用的问题。如果确实需要资金，管理者可求助于债务融资者和权益融资者，而非公司内部资金，如此可确保他们所指定的计划接受必要的内部和市场监督。

如果管理者所持资金过多，那么在盈利性投资项目有限的情况下，将出现各种各样的问题，届时当事人就只剩下事后聪明的本事了。举例而言，20世纪90年代，通用电气在阿诺德·温斯托克（Arnold Weinstock）的管理下资金充足，但随后新的管理者将公司名称改为马可尼并花费几十亿元用于收购高科技通信基础设施公司，该公司虽然技术尖端，但其商品与服务的未来需求却无法确定。如此大的资金支出，外加借贷款项，被投入一种幻想当中，当需求预测结果不佳时，这家公司险些破产，股东价值也急速下滑。

> 如此大的资金支出，外加借贷款项，被投入一种幻想当中。

盈利性强但增长机遇少的企业最易受到不合理投资决策的侵害。现有战略事业单位年度富余资金常被投入盈利性较弱的项目或多元化战略。不幸的是，所投资金远远不够。据斯图尔特（Stewart）（1990）、哈特（Hart）（1995）和杰森（Jenson）（1986）等人讲，管理者应该定期对资金使用进行监督。公司可以提高借贷水平，将富余资金用于偿付贷款本息，而贷款则应避免被野心勃勃的管理者利用。

经营与战略效率

"股本为软性，债务为硬性；股本较宽容，债务较苛刻；股本是枕头，债务是匕首。"伯奈特·斯图尔特（Bennett Stewart）的这一陈述旨在强调，经营与战略问题和低效很难通过主要为股本的资本基础加以解决。然而，举债经营的公司管理者却能够正视效率低下和利润下滑的问题。高负债率和高股本率的缺点基本相同，每月偿付的高额利息如同一场灾难。举债经营的公司无力开展任何损害性商业活动（战略事业单位或新产品），因此管理者不得不在定期偿付利息的环境中奋发图强。

> 股本为软性，债务为硬性。

美国出现大规模杠杆收购，垃圾债券和股份回购浪潮（20世纪80年代和90年代）时曾有许多赞同高借贷率的争论。这些争论看似有理，但减少多于贷款也很重要。介绍财务困境成本的表18.4可给我们一些启示。另外，许多企业因为债台高筑出现经营困难和竞争力减弱的问题。举例而言，马可尼集团、英国大东电报局以及维旺迪集团全球出版公司。

归纳资本结构特点

整体资本中的借贷比例可影响企业全部资本成本、企业价值和股东收益。如果杠杆率上升，加权平均资本成本便会下降，未来融资将更为容易。通常情况下，随着杠杆率的增长，加权平均资本成本会因借贷成本的下滑而逐渐下降。如果配有税务减免，这种下滑趋势将更为明显。

但是，随着杠杆率的提升，财务困境的风险会越来越大，这就使股东（债权人）要求更大的收益。杠杆率的不断提升最终可能导致低借贷成本福利荡然无存，而加权平均资本成本开始上升。这一风险因素很难量化，因此加权平均资本成本曲线的精确位置和形状暂且无法得知。虽然如此，我们可以猜想，该曲线可能如图18.9所示呈U型变化。

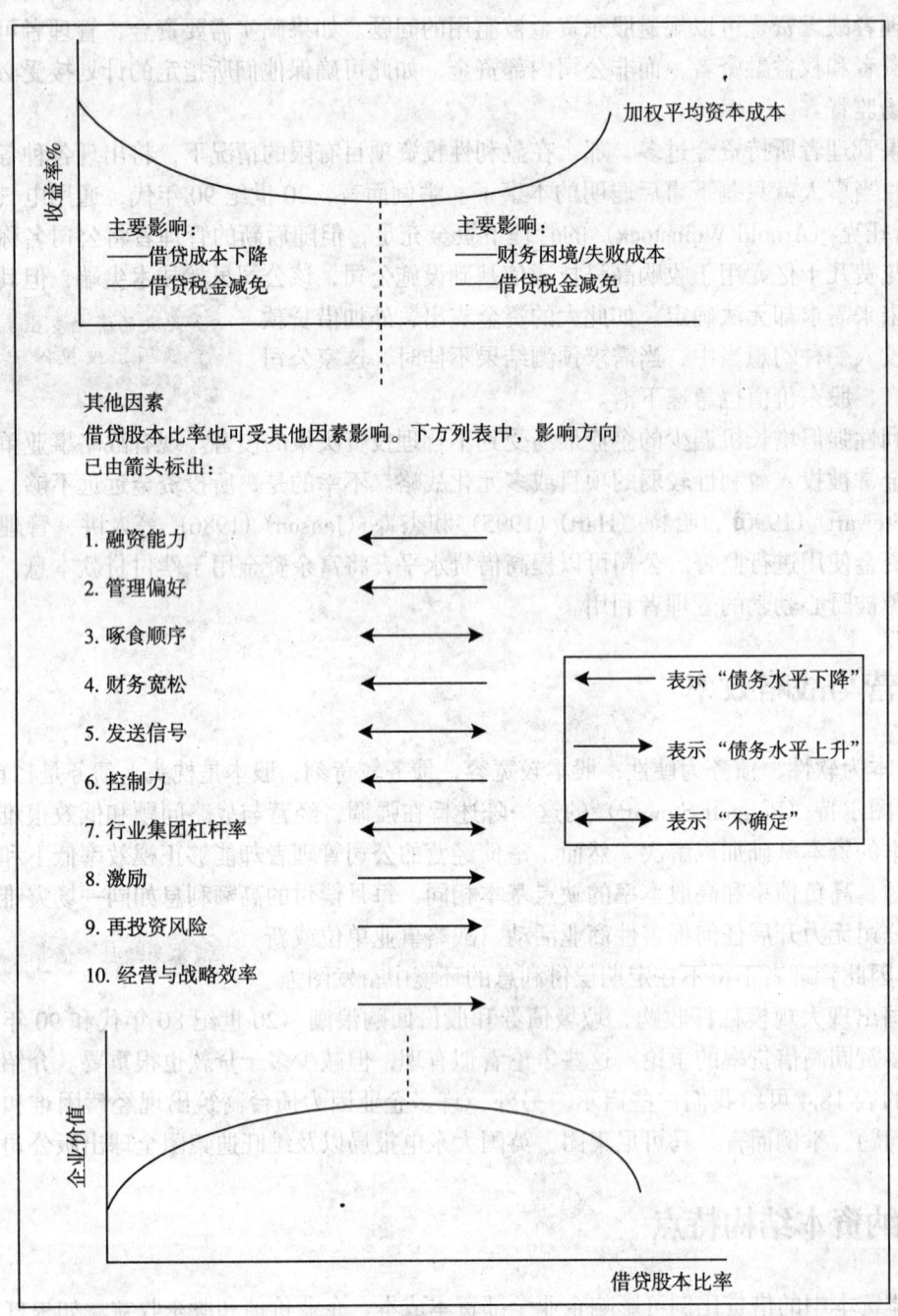

图18.9 加权平均资本成本呈U型变化，而资本价值随杠杆率变化而变化

目前，我们还无法科学地设置最佳借贷股本比率。决定一家公司杠杆率的因素有很多而且比较复杂。因为这些不确定性因素，我们就只能说，虽然在通常情况下公司加权平均资本

成本呈 U 型发展，但何为最佳杠杆率暂且无法确定。

综上所述，我们不难明白杠杆率变动的原因。某些企业可能比其他公司受特定因素的影响较深；某些企业融资能力可能较弱。当然，还有些企业可能对前景充满希望；有些不愿轻易借贷且股东分散，协调性不强。某些企业因为市场波动性强，破产可能性较大，而有些公司行业稳定，可售有形资产较多。其他企业可能因为领导者沉浸在 20 世纪 80 年代末 90 年代初的高杠杆率思潮之中，坚信只有在高负债率的环境中才可使管理者更为积极有效地利用所有资源。

对于一家企业能否设定使股东收益最大化的杠杆率的问题，答案是肯定的，但难度可想而知。

专栏 18.5 介绍了调整债务水平的重要性。

通过调整账目解决债务遗留问题

阿德里安娜·罗伯特斯（Adrienne Roberts）

在圣诞节后许多狂饮患病者争相寻求"戒酒"秘方的同时，企业界已经花费了 2 年时间解决其债务遗留问题。2002 年，面对着病态债务水平引发的一系列资信评级下降问题，"资产负债表修复"被提上日程，许多企业也接近破产边缘。即使对于负债率较低的企业，重新调整资产负债表也很必要。

何为修复资产负债表？

企业融资顾问经常谈及资产负债表修复、革新、重组，甚至"重塑"。整体来讲，它们均可归纳为，根据商业目标和市场环境寻求最佳资本结构。

毕马威企业融资部的西蒙·科林斯（Simon Collins）说："首先我们要明确，是业务决定融资结构还是融资结构决定业务？"

何为融资结构决定业务方式？

其中一个例子就是资本支出限制，这是企业在控制借贷时首先要解决的问题之一，这一问题很可能阻碍企业发展。

资信评级下降是另外一个问题，因为过多的债务增加了信誉风险。

企业借贷协议会限制借贷类型。

借贷协议对借贷者设置了各种限制性条规。

如果一家公司因担心毁约认为下半年有必要节制开销，那就意味着其资本结构不够合理。

修复资产负债表包括哪些内容？

修复资产负债表可指偿还贷款、替还贷款，甚至更多借贷。它还包括诸如开拓何种债务市场和同债权人签订何种协议之类的决策。

企业借贷率极低是否可行？

过去两年中，修复资产负债表的当务之急就是削减债务，但可能出现杠杆过低的情况。

借贷率过低的企业的加权平均资本成本较高，这是因为债务融资成本较权益融资低，偿付利息可以减税，但分红就没有如此福利。总之，杠杆率过低的资产负债表享受的税收优惠较少。

其他低杠杆标识有拥有毫无意义的高资信评级。

资信评级较高不好吗？

没必要。这要根据债务和股本的相对成本而定。许多评级顾问建议他们的客户寻求资产负债表的"最佳点"。

所谓"最佳点"，就是企业将加权平均

资本成本降至最低，股本运作水平较高，但考虑到信誉问题，一般借贷水平不会太高。有研究表明，"最佳点"就是一种BBB评级，接近"投资等级"底线。

虽然如此，具体情况因企业种类而有所不同。对于某些公司，高评级很必要。举例而言，长期项目的承包商或设施管理者就需要高水平资信评级据以展示自身长期稳定的发展前景。

企业应选择何种债务市场？

企业应根据业务种类和长期发展目标确定融资来源。

举例而言，公用事业公司为建设电厂可发行10年期低利率债券。零售连锁店的融资需求由其营运资本周期决定。

如果一家零售商欲从8月积攒库存，然后在圣诞节前售罄所售产品，选择银行融资工具为宜。

开拓债券市场成本较高，因为如此意味着需要为6个月的资金偿付全年的利息。

关于借贷协议

借贷协议旨在保护贷款人利益，但前提是不得无礼干涉借款人经营与战略决策。

相对于债券，借贷协议常见于银行融资方式。虽然如此，债券投资者也越来越注重协议保护。

如果某家企业破坏借贷协议，例如，该公司收益缩水，没有通过偿付利息倍数测试，它将被视为违约。这就意味着加以罚息或立即偿还所有债务或贷款。

专栏 18.5　通过调整账目解决债务遗留问题

资料来源：《金融时报》2004.1.27

结　论

本章重点为设定合理的债务股本比例和寻求企业最佳借贷融资类型。所列观点与原则须连同第15、16和17章有关各融资类型特点的介绍加以理解，另外还需理解资本成本的计算（第10章）。各企业情况不同，因此包含风险的最佳融资组合也不尽相同，即使同处一个行业也是如此。本章所介绍的融资工具可为设置最佳借贷水平和融资组合提供宝贵的参考。

网　址

www.treasurers.org　　　　　企业财务主管联合会
www.ft.com　　　　　　　　金融时报

注　释

1. However there are long periods (years) when yield curves show interest rates lower 'at

the long end' than 'at the short end'.

2. Assume no hedging in the derivative or money markets.

3. Quoted in 'Bristol Water plans to return £50m cash' by Rebecca Bream, *Financial Times*, 22 July 2003.

4. From 'Next shines brighter as a high street star' by Susanna Voyle, *Financial Times*, 13 September 2002.

5. 'M&S gives details of cash return' by Susanna Voyle, *Financial Times*, 24 January 2002.

6. Paul Pindar, chief exeeutwe, quoted in 'Capita shares recover on buy-back plans' by James Politi, *Financial Times*, 8 October 2002.

7. These problems also apply to capital geering measures (2) and (3).

8. To make this discussion easier to follow it will be assumed that there are only two types of finance, debt and ordinary shares. However, the introduction of other types of finance does not fundamentally alter the analysis.

9. Net worth (or shareholders' equity) divided by Debt plus equity there is another popular capital gearing ratio.

10. On the other hand Jensen (1986) has argued that if managers have less free cash flow they are less likely to invest in negative NPV projects, and this restraint is better for shareholders.

第19章
期 权

引言

何为衍生工具？

历史悠久

何为期权？

股票期权

股指期权

期权在企业界的运用

实物期权

结论

引　言

衍生工具,如期权、期货和远期等,是本章和后续两章的重点。20多年来,衍生工具在企业界的地位越来越重要,公司管理者可通过这些有力的工具降低风险或增加收益。一般来讲,高收益来自高风险,所以企业管理者在使用衍生工具之前必须明白它们可能招致的风险。许多企业,因为管理者未能充分了解衍生工具便大肆购买,最终损失惨重,它们是无形中或一时疏忽,跳进了亏损的深渊。随后的三章将详细介绍衍生工具的类型以及它们如何遏制风险(套期保值)和增加收益(投机)的方法。

> 高收益来自高风险。

何为衍生工具?

衍生工具是一种根据基础性资产(常被称为"基础资产")价值运营的资产。最常见的基础资产有商品(如茶叶或猪肉)、股票、债券、股票指数、货币和利率。衍生工具是一种基础资产价值上升或下降时购买或销售一定数量基础资产或某种福利的权利或义务。法定权利成为有价资产和交易标的。

衍生工具市场在近些年里备受媒体关注。这并不稀奇,因为已有大量公司因为购买衍生工具而损失惨重甚至濒临破产。以下为使用衍生工具不当的实例:

- 德国金属制品与服务集团德国金属工业集团在1994年因购买能源衍生工具损失超过23亿马克,濒临破产;
- 宝洁公司在1994年因期权利率投机损失1.02亿美元;
- 加利福尼亚的橙县(Orange County)因购买杠杆利率产品至少损失17亿美元;
- 英国历史最悠久的商业银行巴林银行因购买日经(日本股票指数)指数期货、新加坡和大阪衍生工具而于1995年破产;
- 住友公司在截至1996年的10年里因购买铜和铜产品衍生工具损失11.7亿英镑;
- 长期资本管理公司想通过期权定价理论从金融工具市场差价中牟利。该公司在1998年宣布破产,纽约联邦储备银行通过14家银行和经纪行筹资36亿美元才使其财务系统没有瘫痪。

在许多财务丑闻中,衍生工具常被用于投机,而非预防风险。随后三章将对衍生工具的使用加以介绍,但重点是它们的保值功能(风险化解)。衍生工具是强有力的工具,企业管理者可在不经意间或投机中对其加以滥用。虽然如此,这些工具本身并没有错,如果使用得当,它们可有效防治风险。

历史悠久

衍生工具拥有超过 2000 年的历史。在古希腊，橄榄种植者为避免产品价格过低，会在收获前数月签订远期协议，据此规定今后特定日期的橄榄价格。这种方法可同时减少种植者和购买者的不确定性因素。在中世纪的欧洲，远期协议开始在一种二级市场交易，尤其是针对小麦。17 世纪，日本大阪稻米市场出现了期货市场。另外，阿姆斯特丹在 17 世纪开始出现郁金香种球期权交易。

商品期货在 17 世纪芝加哥商会对粮食和其他期货与期权交易进行规制后迅速发展。在伦敦金属交易所，金属交易也异常发达。

鉴于此，我们可知，衍生工具并非新生事物，但和当代不同之处在于其规模和重要性。20 世纪最后 25 年就见证了衍生工具交易量、类型、使用者数量与范围及用途的飞速增长。截至 2003 年的 30 年中，未到期衍生工具协议表面价值已飞速增长至 120 万亿美元，而英国全年所有商品与服务的价值才为 1 万亿英镑。

> 衍生工具并非新生事物，但和当代不同之处在于其规模和重要性。

何为期权？

期权是一种在特定日期或特定日期前按照规定价格购买或销售某种金融工具、商品或其他基础资产的权利，而非义务。期权购买者可行使该权利，亦可放弃，选择权在他们。

一个简单的期权就是一家企业为在今后 5 年内建立零售公园向土地所有者支付一定数额的不可退还权利金（如 1 万英镑）作为按照规定价格（如 100 万英镑）购买土地的权利的酬金。地产商会在全国各地向土地所有者支付期权权利金。如果特定地块获得规划许可，他们便可行使期权所赋予的权利。换言之，地产商将按照期权协议规定的时间与价格（如 100 万英镑）购买土地，其他地块期权可以放弃，随后失去价值。通过期权，地产商可随时保持土地购买和开发，以及是否建立零售公园的选择权。

期权也可被交易。购买性期权可售至另一家更有意向的公司，但期权费用即使在规划许可下发前仍可超过最初的 1 万英镑。

一旦规划许可下发，绿化土地价值将达到 150 万英镑。如果某期权购买价格为 100 万英镑，那么期权权利内涵价值为 50 万英镑，即在 1 万英镑的基础上获得了 4900% 的收益。由此可见期权的杠杆效应：小额投资可在短期内获取大量收益。

股票期权

股票期权拥有数百年历史，随着芝加哥、阿姆斯特丹和1978年的伦敦建立场内期权交易市场，它的用途得到极大扩展。1992年，股票交易成为伦敦国际金融期货和期权交易所（简称LIFFE）的一部分。2002年，泛欧证交所收购伦敦国际金融期货和期权交易所，现其名称为泛欧证交所伦敦国际金融期货和期权交易所。

股票期权是一种购买者在未来某一时刻按特定价格购买一定数量股票的权利，而非义务。在泛欧证交所收购伦敦国际金融期货和期权交易所的场内期权交易中，一份股票期权协议包括1000股。收取费用的期权出售者被称为期权卖方。认购期权时的卖方必须在未来某一时刻按照特定价格销售规定数量的股票。美式期权的买家可在期权到期前任何时间行使购买权，而欧式期权买家的权利须在提前规定的日期行使。虽然两者有所不同，但这不会带来任何地域差异。现在欧洲大多交易的是美式期权。

期权持有者（期权买方）

现在，我们可以观察一下2004年2月4日同基础股票吉百利史威士配套的期权。该股票有许多不同的期权，其中有些没有包括在《金融时报》所列的表19.1中。

表19.1 2004年2月4日的吉百利史威士股票期权

	期权价格（权利金）：便士		
执行价格	4月	6月	9月
390便士	33.5	33.5	40.5
420便士	13.5	17.5	24.0
2004年2月4日股票价格			

资料来源：《金融时报》2004.2.5，经批准后转载。

这些数字代表什么呢？如果你希望得到在2004年6月末或6月末前认购1000股，那么需要支付权利金175英镑（1000×17.5便士）。如果你希望认购期权可以延长3个月，那么可以选择9月期权，但是，这种要求卖方在9月末的某一天或某一天前以420便士固定价格售出股票的权利会增加65英镑的成本（整个期权权利金将变为240英镑，而非175英镑），这多出的65英镑代表额外的时间价值。时间价值会随同基础股票内涵价值的上升而增长。内涵价值指如果期权到期后基础股票价格处于现行水平时所得收益。据此，当前（2月4日）内涵价值为零，因为购买权所指价格为420便士，而股票价格是416.5便士。如果期权执行价格为390便士，那么就会产生内涵价值，因为按照390便士的价格购买的这1000股可在市场上以416.5便士售出，即内涵价值为每股26.5便士，或全部1000股为265便士。期权执行期限越长，价格产生内涵价值的可能性就越大，据此我们可知，长时效期权价格较高的原因就在于此。时间价值是权利金超出内涵价值的部分。

表19.1所示两种执行价格（也称为敲定价格）水平分别代表价内期权（390便士认购期

权）和价外期权（420便士认购期权）。因为基础股票价格高于390便士的敲定价格，这一期权的内涵价值为26.5便士，所以它可称为价内期权。420便士购买权属于价外期权，因为股票价格低于执行价格，因此毫无内涵价值。因为股票在交易市场的价格为416.5便士，所以期权买方不会行使420便士购买权（有时可购买平价期权，即股票市场价格与期权执行价格相同）。

重点是，期权权利金因其执行期限的长短有所不同（例如，9月期权比6月期权的权利金高）。另外，执行价格较低的期权在购买时需要较高的权利金。

例证

假设你认为吉百利史威士股票价格将在今后四个半月上涨至700便士，然后按照每股35.5便士的价格购买了6月390便士的期权2。这种1000股购买权成本为355英镑（35.5便士×1000股）。如果股价如预期所料上涨，你可按照3900英镑的价格执行购买权，然后在市场以7000英镑的价格售出，如此毛利3100英镑扣除355英镑的权利金后可在去除交易费用（经纪费用一般在20~50英镑）前取得2745英镑的净利润，这就意味着有773%（2745英镑/355英镑）的大幅度增长。

然而，未来情况无法确定，股票价格也可能不会上涨。我们可以考虑另外两种可能性：首先，股价可能在期权时效内始终为416.5便士；其次，证券市场可能全盘飘绿，吉百利史威士股价可能跌至300便士。这两种可能性如表19.2所示。

表19.2 （2004年）2月4日所购6月390便士期权的损益

	假设6月期权到期后的股票价格		
	700便士	416.5便士	300便士
执行期权后股票购买成本	3900英镑	3900英镑	3900英镑
所购股票价值	7000英镑	4165英镑	3000英镑
执行股票期权和股票上市销售后所得利润	3100英镑	265英镑	未执行
扣除期权权利金	355英镑	355英镑	355英镑
扣除交易费用前利润（损失）	2745英镑	−90英镑	−355英镑
四个半月后收益率	773%	−25%	−100%

如果股价在直至到期的四个半月内保持不变，期权将丧失时间价值，仅留每股26.5便士的内涵价值。股价降至300便士可展现出期权较其他衍生工具所拥有的优势之一：买方可选择放弃期权，没有必要按照执行价格购买基础股票，如此可节省900便士。如果按照3900英镑购买股票，然后以3000英镑售出，再加上355英镑的权利金，无疑是雪上加霜。

通过比较图19.1和图19.2，我们可以理解购买期权如何在股价变动中获取收益。2004年2月4日，你可按4165英镑的价格购买1000股。如果股价升至7000英镑，收益率将达到68%；如果购买期权，该收益率可升至773%。相比而言，我们更愿意得到购买期权后的收益，而非单单基础股票的收益，但问题是，我们是否能够接受购买期权后股价下滑的风险呢？我们可以讨论以下可能性：

- 如果股价保持为416.5便士：
  - 股票购买后收益：0；

▶ 购买六月的390便士期权后收益：-25%（支付355英镑权利金后，期权内涵价值仅为265英镑*）。

期权到期后内涵价值为265英镑，即（416.5便士 - 390便士）×1000 = 265英镑

■ 若股价降至300便士：
▶ 股票购买后收益：-28%；
▶ 购买六月的390便士期权后收益：-100%（期权价值为零）。

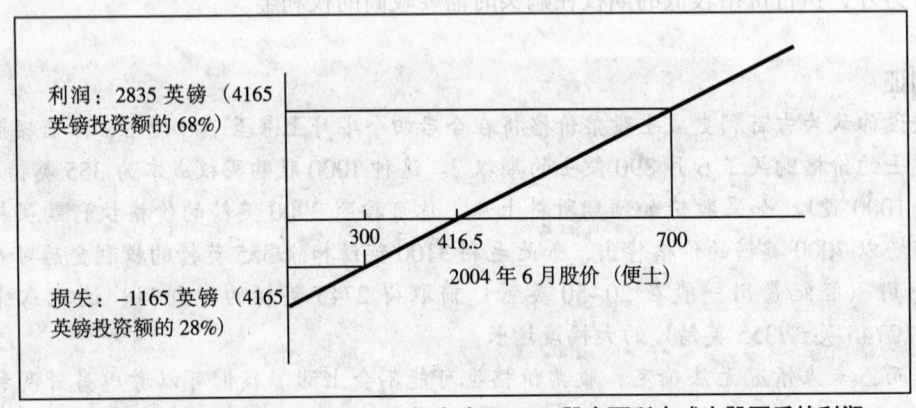

图19.1　2004年2月4日以416.5便士购买1000股吉百利史威士股票后的利润

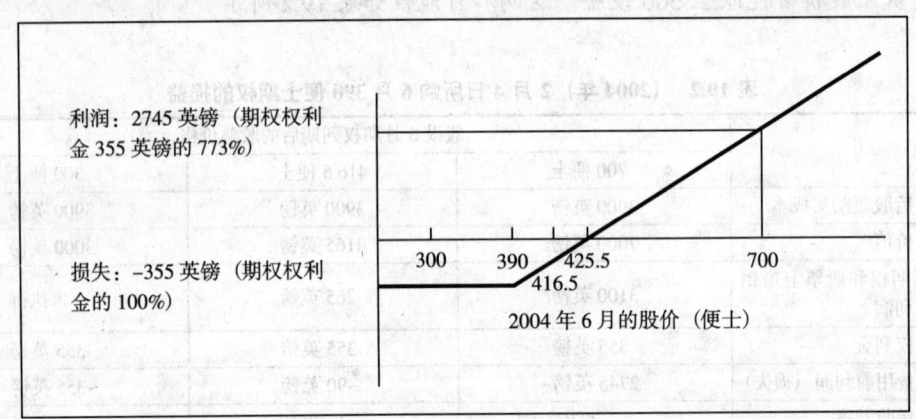

图19.2　2004年2月4日购买吉百利史威士股票11月390便士期权（1000股）到期后的利润

除非股价至少为390便士，否则期权买家不会采取执行价格。如果按照执行价格购买股票，那么1000股的价格相对于市价而言就比较低。如果股价为425.5便士，那么扣除期权权利金后（390便士+35.5便士）后可达到收支平衡。期权价值随股价的上涨而上升，且股价下滑风险将限制在期权权利金金额之内。

期权卖家

吉百利史威士股票期权卖家的收益也可加以图解（见图19.3）。通过这些实例，我们可以猜想一种期权持仓自始至终保持不变的可能性。

如果6月股票市场价格低于执行价格（390便士），期权将不会被执行，期权卖方也只有权利金作为收益（每股35.5便士）。如果市场价格高于执行价格，可执行期权，而卖方不

得不以390便士的价格售出1000股股票,这就意味着卖方须在证券市场为买方购买股票。随着股价上涨,卖方的损失将与日俱增。

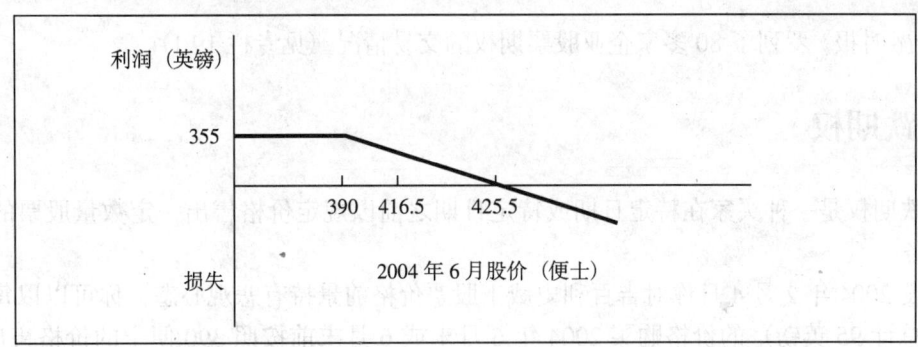

图19.3 2004年2月4日售出6月390便士期权合约后的收益

值得注意的是,当今场内期权交易中很少有期权持仓自始至终保持不变的情况。大多数情况下,期权买方会将期权出售并最终获利或亏损。期权卖方也经常在期权到期前采取措施抵消化解风险,如购买在到期日以相同价格购买同等数量股票的期权。

期权销售战略实例

约瑟夫持有价值10万英镑的股票组合,虽然证券市场逐步升温,但他认为所持股票在今后数月内不会上涨。于是,他制定了定期售出场外期权赚取权利金的战略。现在(2004年2月4日),约瑟夫已按照420便士的执行价格(当前股价为416.5便士)售出一份9月吉百利史威士股票期权合约。换言之,约瑟夫需要在2004年2月4日至2004年9月末之间的任何时候以420便士的价格售出1000股吉百利史威士股票。如果股票市场价格涨至——如500便士——约瑟夫将深受打击,如果那样,期权买方就会要求他以5000英镑的价值售出原本仅为4200英镑的股票。虽然如此,约瑟夫已采取两种措施预防可能的风险:首先,他收取了每股24便士的权利金,相当于每股价值的5.8%和每股年度分红的2倍。这240英镑可以减小将来可能出现的风险;其次,约瑟夫持有1000股吉百利史威士股票,所以如果股价真的大幅上涨,他无须在市场中购买然后卖给期权买方。鉴于此,我们可以说,约瑟夫所售期权为备兑期权,因为他持有基础股票作为保障。如果期权执行当日股价高于期权敲定价格(4.2英镑)与权利金(24便士)的总和,约瑟夫便不得不承受损失。通过收取权利金,即使股价高于执行价格,他亦可抵消些许损失;同样,如果股价低于执行价格,权利金也可作为一种缓冲。

某些投机者会选择出售无备兑期权。如果你一次售出多份期权合约但出现价格不利因素,大量损失在所难免。假设约瑟夫存有10000英镑的资金,并且售出30份2004年9月420便士吉百利史威士股票期权合约获得7200英镑权利金(24便士×30×1000=7200英镑)①如果股价涨至5英镑,约瑟夫就必须按照5英镑的价格购买股票,然后以4.2英镑的价格售至期权买方,由此每股损失80便士,30份1000股股票的期权合约将总计损失24000英镑(80便士×30×1000=24000英镑)。鉴于此,约瑟夫虽然收取权利金,但仍旧血本无归。

注释:①该公式经过简化。事实上,约瑟夫需要支付经纪行部分费用借以保证股价不利时的支付能力。因此,期权权利金应包括经纪行费用(下一章将介绍经纪行)。

伦敦国际金融期货和期权交易所股票期权

《金融时报》罗列了 80 多家企业股票期权的交易情况（见专栏 19.1）。

看跌期权

看跌期权是一种买家在特定日期或特定日期之前以规定价格售出一定数量股票的权利，而非义务。

假设 2004 年 2 月 4 日你对吉百利史威士股票价格前景持有悲观心态，你可以以每股 9.5 便士（总计 95 英镑）的价格购买 2004 年 6 月末或 6 月末前按照 390 便士的价格售出 1000 股吉百利史威士股票的期权合约（见专栏 19.1）。如果股价下滑至——如 350 便士——你可按 390 便士的执行价格售出股票。虽然看跌期权买家可以以 350 便士的市价购买股票，但卖家必须以 390 便士的价格购买该股票。由此，买家每股获利 30.5 便士（390－350－9.5＝30.5），收益率达 321%（未扣除交易成本）。

对看跌期权买家来讲，如果股票市价超过执行价格，那就最好不要以执行价格出售，因为按照市价售出获利较多。由此可见，买家最多损失所支付的权利金。对卖家来讲，如果股票市价高于执行价格，他可获得权利金收益，但若市价严重下跌，他就不得不面对大额损失的现实（见图 19.4 和图 19.5）。

同认购期权一样，大多数情况下看跌期权买家可通过将该期权在伦敦国际金融期货和期权交易所售至另一家投资者获取利润。

传统期权

虽然伦敦国际金融期货和期权交易所与其他交易所的基础股票种类有限，但传统期权却适用于任何证券，不过敲定价格（执行价格）毫无可选性，即购买期权当日的股票市价（或接近该市价）。另外，所有期权时效不超过 3 个月（场内期权时效最多为 9 个月）且期权不可售至其他投资者。这类期权只有被初始买家执行和被放弃（到期前无法执行）两种处理方式。期权买家可在所购期权有效期内采取相反的措施（举例而言，购买期权后可以同等价格售出另一份期权合约）借以达到平仓作用。

使用股票期权降低风险：套期保值

期权套期保值极受欢迎，因为它可预防基础股价发生不利变动所招致的风险，同时亦可从有利股价变动中获利。假设你在 2004 年 2 月 4 日购买了 1000 股吉百利史威士股票，价值 4165 英镑。后来市场传闻，该公司可能被收购。如果传闻为真，股价将飞速上涨；若传闻为假，则股价将一落千丈。你将何去何从？一种避免股价下滑风险的措施就是售出所持股票，但问题是如果传闻真的成为现实，你便丧失了一次大举获利的机会，结果悔之晚矣；另一种方法就是保留股票，购买看跌期权。如此在股价下滑时便可显现其升值作用；如果股价上涨，你亦可从基础股价中盈利。

股票期权

期权		看涨期权			看跌期权			期权		看涨期权			看跌期权		
		4月	6月	9月	4月	6月	9月			2月	3月	4月	2月	3月	4月
3i集团	600	47.5	58.0	67.0	12.5	22.0	31.0	沃达丰	130	6.75	8.75	10.25	1.25	3.00	4.00
(*631.0)	650	19.5	30.5	40.5	34.5	46.0	55.0	(*135.25)	140	1.75	3.50	4.75	6.25	7.75	8.50
阿比国民银行	550	26.0	33.5	42.5	26.5	34.5	45.0	期权		2月	3月	4月	2月	3月	4月
(*558.5)	600	6.0	13.5	22.0	60.5	66.0	74.5	爱丽丝·莱斯特公司	850	24.5	40.0	53.5	6.0	33.5	54.0
联合一道麦克	420	32.5	41.0	46.0	6.0	12.0	18.5	(*867.0)	900	2.5	15.0	28.5	34.5	65.0	8.25
(*443.0)	460	10.5	18.0	25.0	24.5	29.5	37.5	英美资源集团	1200	47.5	81.0	111.0	11.5	55.0	79.5
景顺集团	390	42.0	50.5	62.0	19.0	28.0	39.5	(*1234.0)	1250	20.0	56.0	85.5	33.5	81.0	104.5
(*414.0)	420	25.0	35.5	47.0	33.0	43.0	54.0	英国航空航天公司	160	57.5	11.50	16.75	3.25	12.00	16.00
英国航空协会	500	36.0	42.5	46.5	6.0	13.0	17.0	(*162.0)	180	0.25	3.75	8.75	18.00	25.00	28.25
(*527.5)	550	8.5	14.5	20.5	28.5	38.5	42.0	英国氧气公司	850	38.5	67.0	81.0	5.0	25.5	48.5
英美烟草公司	750	45.0	48.0	52.5	10.5	16.5	26.5	(*882.5)	900	9.0	38.0	53.0	25.5	47.0	73.0
(*792.0)	800	10.0	18.5	25.5	37.0	42.5	52.0	凯皮特公司	240	11.0	18.5	25.0	1.0	8.5	13.5
必利必拓	420	41.5	48.0	57.0	11.0	17.0	25.0	(*249.5)	260	1.0	9.0	15.0	11.0	19.0	24.0
(*447.5)	460	18.0	24.5	33.0	27.5	34.0	41.5	卡尔顿公司	280	11.5	23.5	33.5	7.0	17.5	26.0
博姿(Boots)集团	700	27.0	34.0	40.0	19.5	33.0	41.0	(*284.0)	300	3.5	15.0	24.5	19.0	28.5	36.5
(*702.5)	750	7.5	13.0	19.0	51.0	66.5	72.5	加拉赫集团	600	24.0	29.5	36.5	1.5	17.0	26.0
英国航空公司	280	27.00	33.25	42.00	17.50	24.75	31.50	(*621.0)	650	1.5	7.5	14.5	30.0	51.0	56.0
(*287.5)	300	17.25	23.25	31.50	28.00	34.50	40.75	希尔顿	220	10.5	16.0	22.0	1.5	10.5	16.0
吉百利史威士	390	33.5	35.5	40.5	4.0	9.5	14.5	(*228.5)	240	1.5	7.0	13.5	12.5	22.0	27.5
(*416.5)	420	13.5	17.5	24.0	14.5	23.0	28.5	皇家烟草公司	1100	41.0	71.5	94.0	4.0	25.0	45.5
森特理克集团	200	15.0	16.0	19.0	4.5	6.5	8.5	(*1135.0)	1150	12.0	42.0	66.5	25.0	47.0	69.0
(*209.0)	220	5.5	6.0	9.0	15.0	17.0	19.0	英维思	20	4.25	6.00	7.25	0.50	2.00	3.00
克洛斯公司	35	6.00	7.00	8.75	2.00	3.00	4.25	(*23.75)	25	1.25	3.25	4.75	2.50	4.25	5.50
(*38.75)	40	3.25	4.75	6.25	4.25	5.50	6.75	翠丰集团	260	20.0	25.5	31.5	0.5	7.5	12.0

*38.75：交易日收盘股价
220：本系列期权敲定或执行价格
47.0：看跌期权费用——期权执行日为2004年3月
25.5：2004年4月执行的看涨期权每股的权利金

专栏 19.1 伦敦国际金融期货和期权交易所股票期权

资料来源：《金融时报》2004.2.5

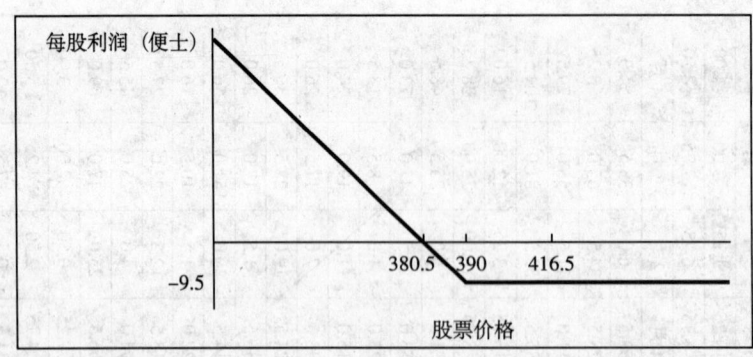

图 19.4 看跌期权买家获利情况（2004 年 2 月 4 日所售 6 月 390 便士吉百利史威士看跌期权）

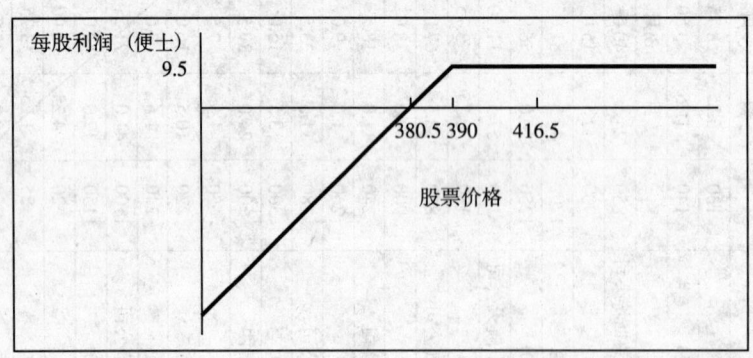

图 19.5 看跌期权卖家获利情况（2004 年 2 月 4 日所售 6 月 390 便士吉百利史威士看跌期权）

假设你以 145 英镑的费用购买了一份 9 月 390 便士看跌期权合约（见专栏 19.1）。如果九月末股价下滑至 330 便士，你的基础股票将损失 865 英镑 [（416.5 便士 – 330 便士）× 1000]。虽然如此，所购看跌期权拥有 600 英镑 [（390 便士–330 便士）× 1000] 的内涵价值，由此你可减少损失并降低下滑风险。若股价低于 390 便士，那么股价中每损失 1 便士便可在看跌期权中挽回，所以损失最大额可限制在 410 英镑（265 英镑的内涵价值与 145 英镑期权费用的综合）。

这种套期保值可降低最终结果的分散性。如同损失存有底线，股价上涨获利空间也将因为支付权利金而受到限制。

我们可以举一个简单的降低风险实例。一名投资者相信股价会上涨但又不敢完全排除下滑的可能性。假设该投资者欲以当前（2004 年 2 月 4 日）702.5 便士的价格购买 1 万股 Boots 集团的股票——见专栏 19.1。他可直接在证券市场购买股票，也可以期权形式购买。如果股价下跌，直接购买股票的损失将比较大，而期权损失最多为所支付的权利金。

假设你花费 1300 英镑（13 便士 × 1000 × 10）购买了 10 份 6 月 750 便士股票期权合约。如表 19.3 所示，因为可选择放弃以 750 便士的价格购买股票，所以该期权风险较小。

表 19.3 替代性购股战略的损失

博姿（Boots）集团股价下跌至：	1 万股股票损失	所购 10 份期权合约损失
700	250 英镑	1300 英镑
650	5250 英镑	1300 英镑
600	10250 英镑	1300 英镑
550	15250 英镑	1300 英镑
500	20250 英镑	1300 英镑

股指期权

有关股票指数的期权也可购买，例如，标准普尔 500 指数、英国富时 100 指数、法国股价 40 指数及德国 DAX 指数等。通常，大型投资者的股票组合种类多样，并非依靠单个股票套期保值，而是通过购买股票指数期权套期保值。另外，投机者亦可根据整个证券市场的发展形势建仓。

> 大型投资者通过购买股票指数期权套期保值。

股指期权与股票期权的主要不同在于前者为"现金交易"，英国富时 100 指数就是如此。股指期权最终交易标的并非 100 种不同的股票，而是以现金差额为表现形式的股价变化。

如专栏 19.2 所示，股指被视为一种价格，每一指数点代表 10 英镑。如果购买 6 月 4425 点期权合约，你需支付 1305 英镑的权利金（130.5 指数点 × 10 英镑 = 1305 英镑）。假设第二天，即 2004 年 2 月 5 日，英国富时 100 指数由 2 月 4 日收盘时的 4398.5 点上涨至 4450 点而且 4425 点期权价格也升至 210 指数点（25 点内涵价值和 185 点时间价值）。你可以以每点 10 英镑的价格出售该期权从而获取现金（210 指数点 × 10 英镑 = 2100 英镑）。短短 24 小时，1305 英镑升至 2100 英镑，收益率达 61%。如果市场发展对你有利，这种收益将更加出乎你的意料。相反，如果市场与你背道而驰，短短数小时你就会遭受巨大的损失。

专栏 19.2 中所有执行价格低于 4398.5 点的看涨期权（由 C 表示）（另外还有 4025 点、4125 点、4225 点和 4325 点）属于价内期权，它们既有内涵价值也有时间价值；执行价格高于 4398.5 点的看涨期权没有内涵价值，属于价外期权。相对而言，执行价格低于 4398.5 点的所有看跌期权（由 P 表示）毫无内涵价值，属于价外期权。

期权

■ 英国富时 100 指数期权（伦敦国际金融期货和期权交易所），每一指数点为 10 英镑

2004 年 2 月

	4025		4125		4225		4325		4425		4525		4625		4725	
	C	P	C	P	C	P	C	P	C	P	C	P	C	P	C	P
2月	373	3	275	4.5	179.5	8.5	93.5	22.5	32	60.5	7	135.5	1	229.5	0.5	329
3月	365	15.5	274.5	24.5	188.5	38	115	64	58.5	107.5	24	172	9	257	3	350.5
4月	383	31.5	295.5	43.5	213.5	60.5	141	87.5	84	129.5	44	189	20	264	7.5	351
5月	406.5	49	321	63.5	242	84.5	170	112.5	110.5	153	66	208.5	35.5	278	16.5	359
6月	415	61	334	78.5	257	100	188.5	129.5	130.5	170.5	84	222	49	286	28	363

看涨期权 19428 点，看跌期权 49555 点。* 基础指数价值。期权费用基于结算价格计算。

专栏 19.2 英国富时 100 指数期权价格

资料来源：《金融时报》2004.2.5

预防市场下滑

一名代表老年人团体管理 3000 万英镑股票组合的基金经理担心今后数月内市场会出现下滑。一种降低风险的策略就是购买股指看跌期权。如果市场当真下滑，股票组合的损失可被股指看跌期权收益抵消。

首先，该经理必须计算基础股票套期保值所需期权合约数量。如果 2004 年 2 月 4 日股指为 4398.5 点，每点 10 英镑，那么每份合约价值将达到 43985 英镑。由此可知，价值 3000 万的股票组合所需合约数量为：

$$\frac{3000 \text{ 万英镑}}{43985 \text{ 英镑}} = 682 \text{ 份}$$

该经理选择购买 682 份 6 月 4425 点看跌期权合约，每份价值 170.5 点股指。由此可知，应付期权费用为：

170.5 点 × 10 英镑 × 682 = 1162810 英镑

这相当于 3.9% 的市场下滑风险"保险费用"（1.1628 百万英镑/3000 万英镑）。

假设市场在 2~6 月大幅度下滑，如 15%，股指降至 3739 点，股票组合损失为：

3000 万英镑 × 0.15 = 4500000 英镑

若股票组合未经套期保值，这些老人们将因市场下滑而损失惨重。虽然如此，看跌期权却随着市场下滑升值，因为它承载着以 4425 点售出的权利。如果该经理选择在 3739 点买入，然后以 4425 点售出，686 点的差异可产生收益：

期权收益（4425−3739）× 682 × 10 英镑	= 4678520 英镑
扣除所付期权费用	−1162810 英镑
	3515710 英镑

通过购入看跌期权，因股票组合市价下滑导致的损失得到了补偿。

阿加莎阿姨（Aunt Agathas）与衍生工具

虽然成千上万的小型投资者（行语称为"阿加莎阿姨"）将资金投入衍生工具市场，但他们可能并没意识到这些代表他们的"诱人"交易正在进行。我们可以以权益类债券为例。担心下滑风险的投资者得到一种保证：即使股市下滑，他们仍可至少做到收支平衡。如果市场升温，他们自然可从中收益（除分红外的资本收益因素）。所投资金为固定利率，并且另配有期权和其他衍生工具借以保证收益。随着巴林银行的破产，使用昂贵的杠杆工具是否合理引发了一片争议。虽然如此，金融服务业仍旧通过发现产品风险降低的可能性平息了这场争论。

专栏 19.3 阿加莎阿姨（Aunt Agathas）与衍生工具

期权在企业界的运用

企业界中期权的运用有许多形式：
- **股票期权制度**　现在许多公司向员工授予或售出股票期权作为实现劳资双方恪尽职守与协同奋进的手段。公司员工被授予在未来某一时刻按照规定价格购买股票的权利，如此他们便会在期权时效内努力工作借以提升股价，以便最后执行期权从中获利。
- **认股权证**　认股权证是一种由公司发行的期权，可赋予持有者在规定期限内以特定价格购买一定数量股票的权利，它不是一种责任。这种期权由公司发售，而非投机者或套期保值者。
- **可转换债券**　可转换债券可视为两种权利的组合。首先是债券常有的权利，如本金与利息支付；其次是执行期权，将债权作价购买股票的权利，而非义务。
- **增发新股**　增发新股时，股东被授予购买多余公司股票的权利，它并非一种义务。这种权利存有价值，可授予其他投资者。
- **股票承销**　投资者未购买全部股票时，承销商应购买剩余部分。公司购买一份看跌期权合约并加以承销费用后便可拥有要求承销商按规定价格购买未能出售股票的权利。
- **商品期权**　许多企业需要面对商品风险。销售或购买某种商品借以满足生产目的公司可选择套期保值，预防相关产品市场波动所招致的风险。这些企业可能是航空公司、食品加工商、汽车制造商或巧克力生产商。以下为一些商品期权实例：
  - 石油；
  - 铝；
  - 铜；
  - 咖啡；
  - 可可豆。
- **公司控股**　一种新的期权运用方法在2003年出现。当时，零售连锁企业季候风的创始人向拥有公司19.5%股份的股东售出看跌期权，该期权买方购买了按照140便士售出股份的权利。如果股价低于140便士，买家便会执行所购期权。当时公司创始人持有72.5%的股份，他将此次看跌期权销售视为将股份提升至90%以上的绝佳机会（如此较整体收购更为经济）。
- **预防汇率损失**　第21章将做详细介绍。

实物期权

企业管理者常会发现，期权在不知不觉地嵌入他们的决策中。以下为若干实例：

扩张期权

企业有时会开展净现值明显为负的项目。它们之所以这样做是因为一种公司扩张的选择权。这种选择权的价值高于项目价值损失。举例而言,许多西方企业在中国开展运营、生产和营销活动,由此所致损失可想而知。虽然如此,它们并没有一并退缩,因为这片世界最大的市场拥有长远的诱惑力。如果它们选择退出,再次进入就并非易事,最终不得不选择放弃。正因为这种选择权弥足珍贵,所以某些企业宁愿面对数年的损失。

> 正因为这种选择权弥足珍贵,所以某些企业宁愿面对数年的损失。

另一实例就是一家公司对是否进入一个新的技术领域制定决策的问题。如果该公司决定选择该技术领域,损失在所难免,但至少多了一种选择。如果经过净现值的粗略计算后选择放弃,那该公司将失去一次扩张的大好时机。大型医药公司有许多研发项目,它们自然知道其中的资金消耗量,但它们仍然会开展这项工作,因为输赢双方尚未可定。

放弃期权

某些投资项目一经开始便无法停止。举例而言,一家公司同政府部门签订建桥合同后就有责任交付一座完整的桥。某些项目可在一定阶段选择放弃(看跌期权),由此亦可产生不菲的价值。举例而言,某地产商在市中心附近购得一绝佳地块,那么在制定规划和获取规划许可的过程中,他可选择出售该地块。这种灵活性亦可运用到施工进程中,例如,如果最初选择的建材价格上涨,可使用替代性材料。同样,建筑的设计应便于迅速合理的用途转变,如从办公楼转至公寓,或从酒店变为商店。在每一阶段,方案 A 均可转换为方案 B,而方案 B 同样具有价值。如果拘泥于方案 A,企业将无法跟进形势的变化。

时间期权

在上述地产商的实例中,通过使企业在某一阶段停止投资可产生更多的选择权。如果有 1 年或 2 年的时间,那么相对于酒店、公寓和商店而言的办公楼租赁业务将得到飞速发展,由此可制定更为明智、更有价值的决策。

真实净现值

本书第一部分介绍的净现值公式需要加上期权价值。

真实净现值 = 粗略净现值 + 扩张期权净现值 + 放弃期权净现值 + 时间期权净现值 + 其他期权净现值

此处难点是如何将每种期权的价值量化。这里面包含了复杂的数学模式,主要集中在研究人员对以往所做收益预测的最大精确,不过大多数情况下这些精确出的数值和猜测并无两样。一般来讲,实物期权价值的数学表达比不得粗略计算,因为后者可制定更为明智的决策。如果完全忽视期权价值,那将对企业发展造成不利影响,因为期权价值有时在净现值中占有较高的比例。

> 大多数情况下这些精确出的数值和猜测并无两样。

> **例证**
>
> 　　假设你公司拥有的油田即将枯竭。经过你的预测，公司净资金流转贴现现值为1亿英镑。如果恢复油田产能，投入资金需达到10500万英镑。由此可见，通过简单的净现值分析就可证明该项目净现值为-500万英镑，毫无可行性。
>
> 　　我们可采用实物期权法，即油田拥有期权价值。这种价值会随着今后油田开发权的越发宝贵而上升。举例而言，油价可能大幅度增长，因此我们该如何使用数字表达各种油价上涨可能性呢？分析家一般会把目光投向过去市场油价，据此得出开发油田价值变动的数字表达（他们认为历史油价变动可代表未来变动）。
>
> 　　目前，油田开发期权尚无内涵价值。虽然如此，它却含有时间价值。根据历史油价变动预测的价格上涨将赋予油田内涵价值，即净现值为正。
>
> 　　当然，石油价值受制于诸多并非价格的不确定性因素。举例而言，专家需要预测出油难度，所以任何有关该决策的模式必须有精密的投入变量和足够的透明度，如此管理者便可明白许多数值的主观性并据此做出审核。
>
> 　　现在我们可重新考虑1.05亿英镑恢复油田产能支出的可行性。坐观油价变动包含一种期权价值，这项支出可根据形势加以安排。

结　论

　　自20世纪70年代出现以来，衍生工具现已发展成为一个重要角色。几乎所有大中型工商企业都在使用衍生工具管理风险，或偶尔投机和套利。通常情况下，银行作为衍生工具交易的中间人代表客户行使经纪人职责，但有时它也会自行交易。其他金融机构也开始越来越多地运用这些工具化解风险或投机。它们可全球通用，全天候交易。

　　这种变化表明，衍生工具的重要性将与日俱增，不可再被视为经济与金融系统的边缘产物。它对于企业组织、金融机构、监管方和政府部门的意义将更为深远。衍生工具是强有力的工具，它同所有强有力的工具一样，可以产生有利影响和不利影响。忽视风险性质加以内心的贪婪业已导致了诸多不幸事件。虽然如此，日常生活中企业对该市场的开发与风险防范增加了社会财富并促进了宏观经济的发展。

> 衍生工具不可再被视为经济与金融系统的边缘产物。

　　下一章我们将介绍期货、远期和互换。

网　址

www.bloomberg.com	彭博通讯社
www.reuters.com	路透社
www.money.cnn.com	有线新闻网（CNN）金融新闻

www.wsj.com	华尔街日报
www.ft.com	金融时报
www.fow.com	期货与期权世界
www.liffe.com	伦敦国际金融期货期权交易所
www.liffeinvestor.com	伦敦国际金融期货期权交易所小型投资者信息与学习工具
www.liffe-style.com	伦敦国际金融期货期权交易所价格明细
www.ukcitymedia.co.uk/tradedoptions.html	英国城市传媒
www.cdot.com	芝加哥商会
www.cboe.com	芝加哥期权交易所
www.amex.com	美国证券交易所
www.nyse.com	纽约证券交易所
www.eurexchange.com	欧洲衍生工具交易所
www.isda.com	国际互换与衍生工具联合会

注 释

1. Expiry date is third Wednesday in expiry month.

2. For this exercise we will assume that the option is held to expiry and not traded before then. However in many cases this option will be sold on to another trader long before expiry date approaches (probably at a profit or loss).

3. This is not a perfect hedge as there is an element of the underlying risk without offset-ring derivative cover.

第20章
运用期货、远期和互换管理风险

引言

期货

短期利率期货

远期

远期利率协议(FRAs)

期权、期货和远期利率协议(FRAs)的比较

最高限额

互换

衍生工具使用者

场外、场内交易(OTC)及在交易所买卖的衍生工具

结论

引 言

衍生工具合约主要有两大类：第一类是你在未来某一时刻开展交易的权利而非义务，即期权。考虑到未来诸多不确定性因素和这种权利的价值，你必须支付期权卖家一定数额的权利金。期权卖家在交易后会处于不利地位，因为如果该期权对你有利，你可行使规定权利；若有更大的收益，你亦可选择放弃该期权。第二类衍生工具，即本章主题，可使你在未来某一时刻开展规定交易，不管基本情况如何变化。但是，你无权放弃该交易。

期 货

期货是一种缔约双方在规定日期以特定价格开展某种交易的合约。相对于可选择放弃的期权交易，期货必须坚持到底，这是两者最大的不同。期权交易中你的损失上限仅为权利金，但期货交易可为你带来数倍于期货费用的损失。

> 相对于可选择放弃的期权，期货必须坚持到底。

我们可举一个简单的例子。假设一名农户想要固定 6 个月内所收获小麦的价格，而你同意在收获前 6 个月以每吨 60 英镑的价格收购他的小麦。你所希望的是，小麦在到货后市价上涨，你可趁机赚取一定的利润。该农户则担心，你只是给予了他以 60 英镑收购小麦的承诺，但如果小麦价格下跌，你可能会退出该交易。为消除他的担忧，你需要支付农户所称的保证金。在他的要求下，你按照每吨小麦 6 英镑的标准将这笔费用存入指定账户。如果你爽约，该农户可取出这笔资金，然后将小麦以时价出售。因此，即使小麦在收获时降至每吨 54 英镑，他每吨仍可获取 60 英镑：6 英镑是你存入保证金账户的费用，剩余 54 英镑是农户的即期交易所得。

但是，如果小麦价格低于 54 英镑呢？届时该农户将面对某种期货交易可以规避的风险。这种风险就是农户要求你每日向保证金账户汇款的原因，他可通过设定每吨 6 英镑的维持保证金来减轻损失。

你必须保证上述账户余额至少为 6 英镑。购买该期货后，如果第二天小麦在期货市场的价格降至 57 英镑，那么农户在保证金账户中只留有 3 英镑作为风险缓冲。因为你同意按照每吨 60 英镑的价格收购小麦，但时价为 57 英镑，所以你必须为每吨另存入 3 英镑。如果第二天小麦价格下跌至 50 英镑，你就需要另存入每吨 7 英镑的费用。正是因为你同意按照 60 英镑每吨的价格收购小麦，你需要在市价为 50 英镑时向保证金账户存入总计每吨 6 英镑+3 英镑+7 英镑=16 英镑的费用。通过这种充值方式，农户可随时得到至少每吨 6 英镑的保障，即使你破产或爽约，他仍可在即期市场或按照下滑价格加保证金的方式以每吨 60 英镑的价格出售小麦。如果小麦市价跌至每吨 50 英镑，10 英镑的差价将促使你退出同该农户的交易，但那是你愚蠢到无视可供农户支取的 16 英镑保证金的情况。如果小麦价格在期货合约到期后跌至 50 英镑，且你已存入 16 英镑保证金，你将有权获得多余的 6 英镑。

通过保证金账户，我们可以找出期货市场损失的缘由。假如你有 10 英镑的储蓄资金并且相信小麦在下次收获后将出现短缺和干旱灾害。鉴于小麦价格将升至每吨 95 英镑的预测，你购买了 1 吨小麦的期货合约。按照该合约规定，你将在 6 个月内以每吨 60 英镑的价格购买小麦，然后按照预期的 95 英镑售出（农户并不认为小麦价格会如你所愿上涨）。

为获取每吨 60 英镑的购价，你只需支付 6 英镑的初始保证金。如果小麦价格低于 60 英镑（按照你的观点），另外 4 英镑可用于支付追加保证金。若小麦价格当真升至 95 英镑，35 英镑的利润便可收入囊中（不包括上述 6 英镑和其他费用），6 个月的收益率达 583%。如果小麦价格跌至 40 英镑该当如何？因为你同意按照 60 英镑的价格购买小麦，所以你全部储蓄被一扫而光，损失 3 倍于初始保证金。这就是期货杠杆效应的不利之处。

上述实例阐明了期货交易的基本特征，但事实上，期货市场参与者并非彼此间直接开展交易，而是通过受监管的交易所。你的相对方，即订约方，并非农户，而是充当所有期货交易者，买家或卖家相对方的一种被称为经纪行的组织。这种交易方式可大大降低期货买家或卖家违约的风险，因为经纪行不大可能违约。

期货交易所可在高流动性市场提供一种标准化的法定协议。这种标准化协议具有较强的吸引力，因为买卖双方均可明了交易内容，即期货合约是一种在规定日期交付特定数量某种基础商品的协议。我们以泛欧证券伦敦国际金融期货交易所的糖交易（见专栏 20.1）为例，每 1 份特指某种规格糖的合约规定在 8 月、10 月、12 月、3 月和 4 月末的特定日期交付标准 50 吨糖。

商品价格

		变动
明矾汞（现金，t）	1645.5–1646 美元	+8.3
明矾合金（现金，t）	1510–1511 美元	+8.0
铜 Gr A（现金，t）	2577–2577.5 美元	+30.0
铅（现金，t）	829.5–830 美元	+25.0
镍（现金，t）	15100–15150 美元	+230
锡 99.85%（现金，t）	6500–6510 美元	+82.5
锌 SHG（现金，t）	1045–1045.5 美元	+1.5
金 close（金衡 oz）	399.50–400.00 美元	−3.3
金 amfix（金衡 oz）	399.60 美元	−2.2
金 pmfix（金衡 oz）	399.25 美元	−2.2
金-GOFO, 3mth	0.07	无赊欠
银 fix（金衡 oz）	608.00c 美元	−9.5
铂金（金衡 oz）	826.0 美元	−6.0
钯（金衡 oz）	237.0 美元	+7.0
原油混合物（Mar）	29.25–29.31 美元	−0.8
无铅天然气（95R）	324–326 美元	−6
柴油（德国 Htg）	262.3–264.3 美元	−0.7
重燃油	120–122 美元	−6
挥发油	296–300 美元	−13
航空煤油	324.8–326.8 美元	−13
柴油（法国）	278.3–280.3 美元	−4.8
国家平衡点（Mar）	21.25–21.35	+0.1

		变动
欧版天然气（泽布勒赫）	21.25–21.45	+0.1
英国电力交易所现货指数£/Mwh	19.22	−2.3
Conti 功率指数/Mwh	30.3037	无赊欠
全球煤炭 RB 指数 TM	$43.33	无赊欠
玉米（3 号黄色）	66.9	无赊欠
小麦（美国黑色 Nth）	100.9	无赊欠
橡胶（KL RSS 1 号，c/kg）	472.5	无赊欠
棕榈油（马来西亚）	505.0	无赊欠
大豆（美国）	204.0	无赊欠
棉花 A 指数（每磅）	74.05c	+0.0
毛条（Super, p/kg）	468.0	无赊欠
咖啡 fut（Jan）	$758	−19
可可 fut（Mar）	931	−14
糖 fut（白色，Mar）	$187.0	−4.00

资料来源：LME/混合金属交易、Lbma.org.uk/NM Rothschild、石油 Argus、英国短期现货交易、普拉茨、全球煤炭、路透社和欧洲证券交易所伦敦国际金融期货市场。$每公吨，周累计，CIF 鹿特丹。CIF 英国. tm 每公吨。

专栏 20.1　商品价格

资料来源：《财务时代》2004.2.4

在检查专栏 20.1 中的图表中，重要的是，记住合同本身是在市场中的一种安全买卖形式。因此，3 月期货价格定为 187 美元每吨的是一种糖的衍生物而不是糖本身。购买这种期货是为了针对某些权利达成协议。这些权利被用于买卖，但它们不是商品。当行使权利时，则表示糖被购买了。但是，与其他大多数衍生物一样，通常期货头寸在权利行使之前就通过补偿交易而被取消。

市场与保证金的标记

随着清算所作为期货合同中的每个买方和卖方的正式交易对方，巨大的潜在信贷风险强加于机构之上，给予期货交易量和他们所代理的标的物的规模（欧洲证券交易所伦敦国际金融期货市场日交易量大约为 5000 亿英镑）。如果仅有很小一部分的市场参与者未能交付，则可能涉及数以百万计英镑。为了保护自身，清算所运行了一种保证金系统。期货买方或卖方必须提供一笔初始保证金，通常为现金。需要提供的现金额度由期货市场标的物的波动水平以及故障潜在可能性来决定；虽然，它很可能处于标的物价值的 0.1%~15% 的区间中。初始保证金不是标的物的"预付定金"；基金不会流向标的物的任何买方或卖方，而只是保留在清算所中。这只不过是一种保证方式，确保买方或卖方会付清标的物价格波动时的款项。这笔保证金将在期货交易部位关闭时重新返还。

清算所同时也运行一个逐日盯市的系统。在每一个交易日结束时，每一个交易对方的盈利或损失被创建为当天价格的结果，并被计算出来。损失了的交易对方则把他的会员的保证金账户记入借方。在接下来的早上，如果损失方在账户上的保证金跌至最低限定额以下，则损失方需注入更多现金来填补损失，这叫做维持保证金。如果无力填补日损失而引起的失误和将导致合同关闭，由此来保护清算所免于交易对方可能累计了进一步日损失而不能提供现金填补的可能性。交易对方的保证金账户每日获得的利润将记入贷方。这可能在第二天的时候撤销。会员保证金账户的日信贷和借贷被称为价格变动保证金。

样例显示保证金

想象一个期货的买方和卖方在周一时拥有一个 50000 英镑的基本价值,则均要求提供 10% 的初始保证金或 5000 英镑。如果价格升高,则买方将获得盈利,而当价格降低时,则卖方将会盈利。在表 20.1 中,假定交易对手双方都必须永久保留整个初始保证金作为缓冲资金(现实中,这可能会因交易而放宽)。

在周二结束的时候,合同规定的买方从他/她的会员账户中有 1000 英镑的借账。这将必须在第二日被移交出去,或交易将自动关闭会员位置和使损失具体化。

如果买方不提供变动保证金,则交易头寸将保持平仓直到周五账户保证金累计信贷达到 5000 英镑。买方有权利在账户达到 50000 英镑时买入,但只能在账户金额达到 55000 英镑时才能够卖出。如果买方或卖方在周五关闭交易头寸,买方则有权利收回初始保证金以及累积利润,5000 英镑 + 5000 英镑 = 10000 英镑,然而,买方则有可能一无所获(5000 英镑初始保证金减去损失的 5000 英镑)。

表 20.1 初始保证金、变动保证金和市场标记的样例

英镑	交易日				
	周一	周二	周三	周四	周五
期货价值(基于日交易关闭时价格)	50000	49000	44000	50000	55000
买方头寸					
初始保证金 [1]	5000				
变动保证金 (+信贷) (−借账)	0	−1000	−5000	+6000	+5000
累积盈利或损失	0	−1000	−6000	0	+5000
卖方头寸					
初始保证金	5000				
变动保证金 (+信贷) (−借账)	0	+1000	+5000	−6000	−5000
累积盈利(损失)	0	+1000	+6000	0	−5000

注:[1] 在此案例中,初始保证金等同于维持保证金。

此案例举例说明了在期货合同中的杠杆效应。初始保证金支付同标的物的价值有很小的关系。当标的物价值发生微小百分比的变化时,其对期货的影响将加大,大百分比的盈利和损失将出现在交易中:

标的物变化(周一至周五) $\dfrac{55000 \text{英镑} - 50000 \text{英镑}}{50000 \text{英镑}} \times 100\% = 10\%$

买家期货回收的百分比 $\dfrac{5000 \text{英镑}}{5000 \text{英镑}} \times 100\% = 100\%$

卖家期货回收的百分比 $\dfrac{-5000 \text{英镑}}{5000 \text{英镑}} \times 100\% = -100\%$

很明显,投资期货市场能给你造成严重的财产损失。这是由巴林银行的尼克·里森(Nick Leeson)通过一项报复性行为得出的证明。他在日经 225 指数中购买期货——日本主要股票指数——同时在大阪和新加坡的衍生交易所内。他当时打赌股市会升,因此他投入银行以某一价格购买了指数。当指数下跌时,则必须支付保证金。里森(Leeson)采取了一种"加倍或退出"的态度,"我发现很多期货投资者在市场对其不利的时候都或选择将其赌注加

倍，"尼克·里森（Nick Leeson）在《金融时报》记者大卫·弗罗斯特（David Frost）对他做访谈时指出（1995年9月11日）。他继续购买期货，生成现金，支付变动保证金，他撰写了认购和期权的结合（跨式组合）。这在日经225指数在1994年继续下跌的时候将问题进行了整合。看跌期权变成了对于卖空者的一个价格逐渐增加的昂贵委托——交易对手双方有权将指数以高出现有价格很多的价格卖给巴林银行。由此损失了8亿英镑。

> 很明显，投资期货市场能严重地损坏你的资产。

交割

在历史上，期货市场是在标的物的实物交付的基础上发展起来。因此，如果你订立合同购买40000磅瘦猪肉，你将收到猪肉作为交割。但是，在现今的大多数期货市场（包括瘦猪肉期货市场），只有很小的一部分真正涉及签订合同实物交付。大多数都是在合同到期之前就关闭了，资金周转则成为现金，或者成为盈利或损失。投机商人当然不会想要以5吨咖啡或15000吨橙汁而结束，因此，他们会在合同到期之前转换他们的交易。例如，如果他们原本购买50吨白糖，之后，他们在同样的期货交付日期卖出50吨白糖。

赫德格斯（Hedgers）说，一名糖果制造商，可能有时在交易中以实物交付，但是，在大多数情况下，他只会建立糖果、可乐等的交易渠道。在这些情况下，他们运用期货市场可能不是作为获得商品的一种渠道，而是作为抵消商品价格有害波动所造成的风险的一种方式。因此，一名糖果制造商可能仍然在6个月内或同时计划从其长期供应商处以特定价格购买糖果，以避免价格升高的风险，也将购买6个月的糖果期货。那么，头寸将在到期之前关闭。如果标的物的价格升高，制造商支付更多给供应商，但是，将在期货市场上得到补偿。如果价格降低，将向供应商支付更少，因此，糖果制造商就得到盈利，但是，在一个完美的对冲下，期货损失了相应的价值。

> 他们可能不将期货市场作为一种获取商品的方式，而是作为抵消因商品价格有害波动而产生的风险的一种方式。

随着期货市场的发展，变得很明显的是，大多数期货参与者都不想要实物交付的复杂化程序，这引导了期货合同的发展，在这里，产生了现金交付。这允许了一个更宽范围内的期货合同的创立。期货合同基于无形的商品，例如，股票指数或利率成为现在最重要的金融工具。通过这些，即使合同已经到了应付款日期，合同一方都能支付现金给另外一方（通过清算所系统）。

例如，英国富时100指数（FTSE100）期货（见专栏20.2）是概念期货合同。如果在到期之前它不关闭，则他们将基于英国富时100指数（FTSE100）在合同的最后一天交易日的既定时间之间的平均水平以现金交割。每个指数点价值为10英镑。

《金融时报》的股价指数期货表（专栏20.2）显示了2004年2月4日全世界股票市场的指数中的期货。我们将重点关注英国富时100指数（FTSE100）期货线。这正是一个对于交易方可用的削减版本的期货。和3月交付期货显示的一样，欧洲交易所、伦敦国际金融期货交易所也为交易方提供买入和卖出在11月、6月和9月"交付"的期货。

表格显示，在交易首日开始的交易初始价格（开户），以市值计价的交割价格（通常为最后的交易价格），从前一天开始做出的变动，在整天中的最高价格和最低价格，当天交易的合同数量（EST. vol）以及平仓的合同总数量（这些都是在最后几个月平仓的，还没有被同等和对方期货交易关闭的交易合同）。

范例 20.1

股票指数期货对冲

2004年2月4日，FT100为4398.5。一名基金经理人希望在市场上对冲1300万英镑以预防指数下降。3月富时100期货可用为4376——见专栏20.2。投资者在投资组合中获得股票并卖出296指数期货合同。每份期货合同价值为43760英镑（4376点×10英镑），因此，297份合同需要占1300万英镑（1300万英镑/10英镑×4376 = 297英镑）。

3月的结果

为了争论假设指数下降了10%达到3959，剩下投资组合价值为11700000英镑。期货头寸的关闭通过购买在3959的297期货补偿1300000英镑的损失，产生的盈利为*：

在 4376×297×10 英镑 = 12996720 英镑　　　　能够卖出
在 3959×297×10 英镑 = 11758230 英镑
　　　　　　　　　　　1238490 英镑　　　　　能够买入

这些合同均为现金交割，因此，将支付1238490英镑，加上投资者收回保证金，减去经纪人的佣金。

*假设期货价格等于富时100的当前价格。这将会在临近期货到期日时发生。

股票指数期货

2月4日		平仓	交割	变动	高点	低点	Est.vol.	平仓 int.
道琼斯指数	3月	10446.0	10475.0	-3.0	10507.0	10418.0	8722	36831
道琼斯欧元区斯托克50指数	3月	2834.0	2821.0	-27.0	2841.0	2820.0	368716	1226828
标准普尔500指数	3月	1132.90	1127.50	-5.50	1133.60	1123.00	44306	585763
迷你标准普尔500指数	3月	1133.00	1127.50	-5.50	1133.50	1122.00	594482	539366
纳斯达克100指数	3月	1488.50	1468.00	-19.00	1488.50	1462.00	9985	72861
迷你纳斯达克指数	3月	1488.00	1468.00	-19.00	1489.00	1461.50	256983	249320
罗素2000	3月	576.50	567.00	-11.15	576.50	565.25	969	22953
法国CAC-40指数	2月	3626.0	3614.0	-29.5	3632.5	3608.0	64999	346178
德国DAX指数	3月	4050.0	4029.5	-31.0	4056.0	4018.0	110890	286286
荷兰AEX指数	3月	351.20	349.35	-2.85	351.70	349.10	12758	60152
米兰MIB30指数	3月	27595.0	27750.0	+65.0	27795.0	27565.0	12567	14098
西班牙IBEX35指数	3月	7940.0	7891.5	-79.0	7945.0	7878.0	9406	52906
瑞士市场指数	3月	5703.0	5759.0	+55.0	5768.0	5695.0	32159	128756
富时100指数	3月	4340.0	4376.0	+10.0	4386.5	4339.5	58244	426861
恒生	2月	13060.0	13036.0	-11.0	13161.0	12990.0	19775	92557
日经225	3月	10600.0	10420.0	-210.0	10640.0	10410.0	65291	228737
东证股票价格指数	3月	1043.5	1020.0	-24.5	1043.5	1018.0	28119	260356
韩国KOSPI指数	3月	109.60	109.60	-0.35	110.25	109.20	173389	95218

北美最新数据。显示的合同是前20位最高成交量的，基于2002年前半年的平均量的估价来算的。
前期的未平仓量。大阪合约，欧洲期货及期权交易所合约。

专栏20.2　股票指数期货

资料来源：《金融时报》2004.2.5

期货买入与卖出

期货交易者必须通过注册经纪人来进行交易。欧洲证券交易所.伦敦国际金融期货市场提供了一份指定经纪人名单（进行操作的这些遵从规则和标准是由调节者和市场交易来强制执行的）。

在英国，开放式场内交易和那些穿色彩鲜艳外套的日子已经一去不复返了。在欧洲证券交易所伦敦国际金融期货市场（伦敦国际金融期货市场 LIFFE CONNECT™），交易现在都是通过电脑系统来进行操作的。你可以为你的交易设置一个价格限制——当你买入时，设置你愿意交易的最高价格；当你卖出时，设置你愿意交易的最低价格。或者，你能够制定一个"遵照市价的订单"，也就是说，在价格由目前供求情况来决定时立刻执行。合同的买方被认为是处于一种长期的地位——他/她同意接受标的物。同意交付标的物的卖方则被认为是处于一种短期地位。

> 在英国，开放式场内交易和那些穿色彩鲜艳外套的日子已经一去不复返了。

如果交易商账户上的金额低于维持保证金的金额，交易商将被要求注入额外的资金。这种情况有可能在每天发生，因此，交易商不能在忽视市场的情况下买入/卖出某一期货（除非他/她在经纪人处留有足够的现金以保证满足保证金的需求）。价格是由伦敦国际金融期货市场 COMMECT TM 的竞争性市场庄家来决定的。实时市场价格同历史价格一样，都可在网络上随时显示（例如 www.liffe-style.com）。

> 交易商不能在忽视市场的情况下买入/卖出某一期货（除非他/她在经纪人处留有足够的现金以保证满足保证金的需求）。

短期利率期货

每年都会有价值亿万英镑的交易发生在短期利率期货市场中。它们都是概念上的定期存款，通常为期 3 个月，从期货中的某一特定时间开始。合同的买方是在某一特定的利率下购买了存入一笔概念性款项的权利，为期 3 个月。因此，如果现在时间是 2 月，你就能够准备 1 份期货合同，比如 100 万英镑，"存入"和"得到利息"，存款是从 6 月开始，一直到 9 月结束。这 3 个夏季月份中，你将"得到"的利率在 2 月得到承认（这是在概念上得到利息，因为这些合同是以现金交割的，而没有实际的储蓄以及利息的获取——见下例）。因此，现在你拥有了存入 100 万英镑的权利并获得 3 个月 x% 的利息（至少是在概念性的层面上来讲）。

短期利率期货将利用 3 个月的英镑市场来举例说明。也就是说，英镑储蓄获得 3 个月的概念利息，开始于未来的某一点。但是，注意，你仍然可以同时进行许多其他为期 3 个月的储蓄。例如，你可以存入为期 3 个月的欧元，其中的利率是通过参考"欧元同业拆借利率 3 个月"来计算的，这样，利率将获得很高的估价，银行为欧洲大陆上新流通货币，欧元的 3 个月存款对其他银行支付利息。其他 3 个月储蓄通常是那些脱离原始国家货币控制权的货币（也就是说，"欧元"货币，在作为国际货币以及非欧元地区新货币的意义上来说）包括瑞士法郎在伦敦的储蓄（欧元/瑞朗）、欧元/美元和欧元/日元（见专栏 20.3）（欧元货币在第 16 章有讨论到）。

3个月英镑储蓄交易的单位为50万英镑。通过关闭期货头寸的现金交付时交割的一种方式，因此，买方可能不会实际要求在期货价格指示的利率上将卖方期货存入50万英镑为期3个月。虽然"交付"条款对于标的物不再具有重要性，但是它确实定义了合同过期的日期和时间。这发生在9月、11月、3月和4月底（精确的定义和交付日期请见伦敦国际金融期货市场网站）。

短期利息合同是在指数基础上进行报价而不是基于利率本身。价格被定义为：

$P = 100 - i$

在此：

$P =$ 价格指数；

$i =$ 在百分比条款中的期货利率。

因此，在2004年2月4日，6月的3个月英镑期货交割价格为95.56，这暗示了6~9月的利率为100英镑 – 95.56英镑 = 4.44%——见专栏20.3。同样的，9月报价可能暗示2004年9~12月，这3个月的利率为100英镑 – 95.36英镑 = 4.64%。

在这两个案例中，暗示的利率指的是适用于在合同满期上的50万英镑的3个月概念储蓄的利率——6月期货合同在6月时期满，而9月的期货合同则是在9月期满。从2004年6月的3个月英镑货币的4.44%的利率是利息的年利率，即使交易只是针对一年中一个季度的储蓄。

95.56的价格并不是通常意义上的价格——它并不意味着是95.56英镑。它用来获取价格和利率之间标准的相反关系。例如，如果这一市场的交易商在一周之后，也就是2004年2月11日，调整供求情况，因为他们期望到2004年中能普遍地提高通货膨胀以及提高利率，他们可能会抬高2004年6月的3个月英镑储蓄利率，也许达到5.0%。然后，期货的价格有可能会跌至95.00。因此，3个月货币储蓄利率的升高导致合同价格的下降——同由长期债券提供的利率和那些债券价格之间的相对关系相似。

当利率变化时，也就是在资本价值中的这种相对变化，对于掌握短期利率期货具有非常的重要性。这比试图设想在未来某时间储蓄500万英镑更加重要。

利率期货

2月4日		开户	交割	变动	最高值	最低值	Est.vol.	开放利率
欧元同业拆借利率3个月*	3月	97.94	97.94	+0.01	97.95	97.93	64639	562698
欧元同业拆借利率3个月*	6月	97.91	97.90	+0.01	97.92	97.89	107643	511614
欧元同业拆借利率3个月*	9月	97.77	97.76	+0.02	97.78	97.75	99905	428741
欧元同业拆借利率3个月*	12月	97.55	97.55	+0.04	97.57	97.53	149711	436055
欧元同业拆借利率3个月*	3月	97.32	97.31	+0.03	97.34	97.30	59811	301516
欧元/瑞士法郎3个月*	3月	99.73	99.73	–	99.74	99.72	1790	95989
欧元/瑞士法郎3个月*	6月	99.61	99.57	–0.02	99.61	99.56	6593	81441
英镑3个月*	3月	95.76	95.76	–	95.77	95.75	21865	188159
英镑3个月*	6月	95.57	95.56	–	95.58	95.54	26292	201882
英镑3个月*	9月	95.38	95.36	–	95.40	95.34	28033	153843
英镑3个月*	12月	95.21	95.20	–	95.24	95.19	22615	139045
英镑3个月*	3月	95.10	95.08	–	95.13	95.06	10782	83684
欧元/美元3个月	3月	98.84	98.84	–	98.85	98.84	85990	827925
欧元/美元3个月	6月	98.69	98.69	–	98.70	98.67	105193	838794

2月4日		开户	交割	变动	最高值	最低值	Est vol.	开放利率
欧元/美元 3 个月	9 月	98.42	98.41	—	98.43	98.38	123159	794586
欧元/美元 3 个月	12 月	98.05	98.04	—	98.07	98.00	165779	600750
欧元/美元 3 个月	3 月	97.65	97.64	—	97.67	97.59	100338	419479
欧元/美元 3 个月	6 月	97.24	97.23	—	97.27	97.19	36116	330839
欧元/美元 3 个月	9 月	96.88	96.87	—	96.91	96.82	35044	260971
联邦基金 30 天	2 月	99.000	99.000	—	99.000	98.995	781	64359
联邦基金 30 天	3 月	98.995	98.990	—	98.995	98.990	1381	48219
联邦基金 30 天	4 月	98.995	98.990	—	98.995	98.990	2792	71817
欧元/日元 3 个月	3 月	99.915	99.910	−0.005	99.915	99.910	19481	207689
欧元/日元 3 个月	6 月	99.920	99.920	—	99.920	99.915	7733	183104
欧元/日元 3 个月	9 月	99.895	99.900	—	99.900	99.895	733	124973

2001 年，合同是以交易量为基础的。
资料来源：*伦敦国际金融期货市场+CME++CBOT++++TIFFE

专栏 20.3　利率期货

资料来源：《金融时报》2004.2.5

范例 20.2

对冲 3 个月存款

这些使用中的衍生性金融商品的一例可以帮助理解他们的对冲质量。想象一下，一个大公司的财务主管预测 2004 年 12 月，也就是 10 个半月后，有 1 亿英镑的收据。她期待这钱在 2005 年的春季生产项目目标上被需要，但是在 12 月底接下来的 3 个月里面，这钱就可以存储起来。这里就存在一个风险：那就是在现在（2004 年 2 月）到 2004 年 12 月期间，这段时间，利率可能会从 12 月底开始的 3 个月存款按照每年 4.80% 计算，下跌（在专栏 20.3 中英镑 12 月份 3 个月存款的期货将会展示 95.20 的价格，这就显示了利率是 4.80，也就是 100 − 95.20 = 4.80）。

公司财务主管并不太想要采取被动的措施，只是想等待资金的流入，然后将其以任何即将盛行的利率存储起来，而不用采取一些步骤来保证一个良好的收益。

在 2 月，为了达到 2004 年 12 月肯定的事情，财务主管以 95.20 的价格购买 12 月终止 3 个月英镑利率的期货。每一股期货都有着概念上的 50 万英镑的价值，因此，她必须要买 200 只，以对冲 1 亿英镑的流入。

假设在 12 月，3 个月存款利率已经降至 4%，接着这实际 1 亿英镑的收据，财务主管可以将其存起来，在接下来的 3 个月里得到的收益是 1 亿英镑 × 0.04 × 3/12 = 100 万英镑。这就大大地少于如果经过这十个半月的等待期后，2004 年 12 月，3 个月存款利率依然保持在 4.80% 时所获得的收益。

$$\text{收益在 4.80\% 时} \quad (1 \text{亿英镑} \times 0.048 \times \frac{3}{12}) = 120 \text{万英镑}$$

$$\text{收益在 4.00\% 时} \quad (1 \text{亿英镑} \times 0.040 \times \frac{3}{12}) = \underline{100 \text{万英镑}}$$

$$\text{少了} \qquad\qquad\qquad\qquad\qquad\qquad \underline{20 \text{万英镑}}$$

然而，财务主管的小心行事得到了回报，因为当利率降低的时候，期货在价值方面就上升了。

这 200 只期货是以 95.20 买下来的。在 12 月开始的 3 个月存款利率是 4%，那么 12 月，这些期货就有着 100-4=96.00 的价值。这样的话，在 2 月以 95.20 买进，在 12 月，以 96.00 卖出，因此所得到的利润就达到了这样的一个值：96.00-95.20=0.80。

在这里一个证券价格的增额需要被介绍进来。"证据价格增额"就是在期货上面浮动的最小价格。对于一个 3 个月存款英镑利率，证券价格增额浮动式 0.01%，其交易单元数是 50 万英镑。

50 万英镑的 0.01% 的 1% 就是 50 英镑，但是这并不是一个证据价格增额的价值。进一步的复杂化是每一只期货的价格是以年度利率为基础的，即使合同是 3 个月的。因此在 3 个月英镑利率期货合同里，50/4 英镑=12.50 英镑才是证券价格增额浮动的价值。这样的话，我们就会有一个 80 笔增额的收益，而整个价值就会是 80×12.50 英镑=1000 英镑每份合同，或者是 200 份合同带来的 20 万英镑。期货的利润可以恰当地抵消预期利润的损失，当 1 亿英镑在 12 月以 3 个月期限存起来的时候。

注意到 2 月所做的交易并没有进入合同当中而实际存储 1 亿英镑与泛欧交易所及伦敦国际金融期货交易所市场上的交易对手。这 1 亿英镑在 12 月被存储在成百上千家银行当中的一家里面，其与财政主管曾进入的期货合同没有任何联系。实际的存款以及想象中的存款（在泛欧交易所及伦敦国际金融期货交易所上）是两个独立的交易事务。然而这些交易被非常聪明地安排，目的是在这两者之上的价值浮动能够准确地抵消掉彼此。从泛欧交易所及伦敦国际金融期货交易所收到的所有的东西就是增额的不同，其以期货合同买卖价格的价格改变为基础，无利润可收获。

范例 20.3

对冲一项贷款

在 2004 年的 2 月，霍利威尔公司（Holwell plc）计划在一个后面的日子里买进为期 3 个月的 500 万英镑。此事将开始于 2004 年 6 月。担心短期利率将会上升，霍利威尔公司通过卖出 10 份在 6 月到期的为期 3 个月的英镑利率期货合同来进行对冲。每一份期货合同的价格是 95.56，因此 Holwell plc 已经锁定一个年度利率为 4.44% 或者是 3 个月的 1.11%。因此买入的成本如下：

500 万英镑 × 0.0111 = 55500 英镑

假设利率上升到年度 6%，或者是每季度 1.5%，对于霍利威尔公司而言，买入成本即将是：

500 万英镑 × 0.015 = 75000 英镑

然而，霍利威尔公司能够买入 10 份期货合同来终止交易上的这种状态。每一份合同价值从 95.56 降低到 94.00×（100-6），这就是 156 的价格浮动。归于霍利威尔公司的泛欧交易所及伦敦国际金融期货交易所保证金账户上的利润现在将会是：

156 笔 × 12.50 英镑 × 10 contracts（合同）= 19500 英镑

霍利威尔公司以 6% 的年利率支付利息给他的贷款人从 6 月至 9 月为期 3 个月。多余的利息就是 75000 英镑 – 55500 英镑 = 19500 英镑。然而，衍生的利润抵消了霍利威尔公司在 6 月取出的贷款所带来的额外的利息成本。

注意到如果利率下跌，霍利威尔公司将通过在实际贷款中被收取更低的利息而获益，但是这将被期货带来的损失抵消掉。霍利威尔公司牺牲了在利率方面潜在的、有利的浮动带来的利润以来降低风险。

在专栏 20.4 中所呈现的是，当他们给出一个关于此后几个月短期利率水平的市场观点指示之后，短期利率期货价格是被紧随其后的。

在利率上打赌

格拉汉姆·波利（Graham Bowley）
短期英镑市场由它自己的建议来提供

当英国银行的大臣与总裁在每个月的货币会议上坐下来仔细考虑利率政策时，一个一天价值 400 亿英镑的工业即将宣布出它自己的关于在哪里利率将继续下去的判断。

在所谓的"短英镑"期货市场里，打赌就是指政策制定者们会让利率保持不变直到良好地进入下一年。银行和公司利用这个市场来保护他们自己免受利率的不利变动，而投机商们利用它在利率变动上碰运气。

短英镑期货是在伦敦国际金融期货交易所及期权交易场所来进行交易的。他们当前的价格暗示了一个预测：那就是基础利率直到年底会一直是在 6.75%，到下一年年底将会升至 7%。每一年有超过 10 万亿英镑的钱来支撑这些打赌，这是政策制定者们危险地忽略掉的一个预测。

"短英镑吸纳了所有最近的经济、政治消息来给出一个指示：就是货币市场认为在将来短期利率将会走向何处。"尼格尔·理查德森（Nigel Richardson）先生，供职于京华山一国际有限公司（Yamaichi International）的一个经济学家如是说，该机构是一家日本银行。

购买了短英镑期货的公司和银行正在进行一场简单的博弈打赌。短英镑合同的价格相当于减去 100，无论什么样的利率被期待，当为期 3 个月的合同终止的时候，所以当利率下降的时候，合同的价格就上升了。

如果一个公司认为利率将会在 12 月的时候是 6.75%，它将期待 12 月合同价格是 93.25。如果 12 月份当前合同价格低于 93.25——换句话说，市场期待利率将会是在年底高于 6.75%——然后公司就将会购买合同，从而期待当它在 12 月终止的时候而获得利润。这将允许一个短英镑交易商保护她自己免受于一个可能的利率浮动，有效地将利率固定在它买进和卖出的水平。一个更具进攻性的投资者能够使用短英镑来对利率变动进行赌博投机。

想象一下，一个公司有一笔钱投资在银行里面。但是却又害怕利率会下降。这个公司可以买一个短期英镑合同在 3 个月后终止。如果到那个时候，利率没有下降，公司将不会有任何损失；如果利率确实跌了，公司将会得到一个对于它的投资来说更低的回报，但是这个将因期货合同的涨价而被抵消掉。

> 另外一个公司也许想要借钱，但是害怕利率被设定会上升。它可以通过出售短英镑期货来对冲掉这样的风险。如果利率确实上升了，那么公司的购买成本将会更高，但是它能够以一个更低的价格将合同买回来，然后使用这份利润抵消掉成本。
>
> 这对于提供固定利率的抵押的银行是有用的。他们使用短英镑市场来固定他们购买时的利率，而他们也能够将其传递给他们的顾客。
>
> 这个城市的经济学家使用短英镑市场所提供的预测，作为他们自己估测的基础"它非常的有用，它可以告诉你市场正在预测什么，然后当你做自己的预测时候，你就会将市场考虑在内"，斯图亚特·汤姆逊（Stuart Thompson）先生，日经（Nikko）的经济学家这样说道，日经（Nikko）是一家日本银行。
>
> 但是也存在这样的时候，预测非常的不同——短英镑不总是正确的。12月，这一年短英镑市场期待利率会接近于9%。经济学家则预测了一个更加温和的增长，而在这件事情上，他们被证明是更加准确的。
>
> 相似的，在英镑在1992年从欧洲交易率机制中退出之后，短英镑预测利率将会保持在高位，结果是他们被猛烈地削减。
>
> "如果你想要每一个活跃在市场中的人所持观点的平均数，那么短英镑是可以的"，汇丰（HSBC）经济学家伊恩·谢波德（Ian Shepherdson）这样说道，"但是如果你想要一个意见，你需要一个经济学家。短英镑给出的是共同意见，而共同意见并不在总是正确的。"
>
> 政策制定者们毫无疑问会从这样的事实中寻求安慰，那就是市场有时候也是会错的。

专栏 20.4　在利率上打赌

资料来源：《金融时报》1995.11.1

远　期

想象一下，你负责购买马铃薯为你的公司——一个零食生产商——制作薯片。在马铃薯的自由市场里，价钱的上升或下降，依赖于买者与卖者之间的平衡度。这些浮动可能是很巨大的。很明显，你想要以一个尽可能低的价格购买马铃薯，而马铃薯生产商则希望是以尽可能高的价钱出售它们。然而，双方皆有可能在降低不确定方面拥有相似的利润。这将协助双方有效地计划生产和预算。可以被采纳的一种方法就是与生产商们达成一个协议，以现如今谈妥的价钱购买大量的马铃薯，而在将来的某个特定时间出售。

本森斯（Bensons），一家英国土豆片生产商，会在19个月以前购买到他所需要的马铃薯的80%。一旦前面的合同被签和盖章，如果当前的价格（即立即运送的价格）后来减低到低于几个月前所达成的价格，Bensons也许会有一些后悔。与期权合约不一样，远期合约承诺双方来完成这笔交易。然而，Bensons很明显满意于与这种可能的后悔共存，目的是消除与如此重要的原材料相关的风险。

与期权合约不一样，远期合约承诺双方来完成这笔交易。

> 一份远期合约是双方达成的协议，在相互同意的未来某天，在相互同意的当下价格下，共同承担一项交易。

在广泛的商品世界里，存在着远期市场，但是今天最重要的远期市场是对外交易，在其中成百上千亿美元，以及相应的流通货币在每个工作日中被交易——这个将在第 21 章中被考虑进来。

远期合同是尾制的以来满足双方的要求。这就给予了数量以及运送日期的灵活性。远期合同不是以一个交换来进行贸易的，而是一种"超越柜台"的工具——一种交易规定之外的私人达成协议。这就使得它们与期货不一样，后者是标准的合同，在交换上进行交易。这样的协议让双方暴露在失败的风险之下——其中一方未能够按照协议递送。这样的风险根据当下价格与远期价格不同的程度按比例增长着，而当其时违约的刺激增加了。

远期合约要取消是困难的，因为来自双方的协议是被需要的。早期终止合同可能导致收取罚款作为惩罚。尽管有这些缺点，远期市场持续繁荣着。

远期利率协议（FRAs）

远期利率协议是有用的工具，来对冲掉期货利率风险。他们是关于利率未来水平的协议。利率在某些时候与达成一致的水平相比较，当前期比率协议被建立起来、建立在差异基础上的由一方给予另一方的赔偿已经被偿付的时候。

例如，一家公司需要在 6 个月内借入 600 万英镑，为期 1 年，他与银行 X 在一个可变的利率之下商量安排此事。目前的借入利率在 6 个月后开始时 7%（为了达到讨论的目的，假设 6 个月以后开始的借入利率是伦敦银行同业拆借利率，而该公司可以以伦敦银行同业拆借利率借进），这家公司所关心的是，到贷款被引进的时候，利率将会上升至高出 7%，从而增加借进的成本。

公司与另外一家公司（Y）达成了一项单独的协议——一份远期利率协议。它以利率是 7%"购买"一份 FAR，而这将从现在开始 6 个月内有效，其与 12 个月的贷款相关。银行 Y 将不会借任何钱给该公司，但是如果利率（伦敦银行同业拆借利率）涨至超过 7%，它自身承诺将支付补偿。

假设一下 6 个月点一年的利率是 8.5%，这家公司将不得不支付给银行 X 比率为：600 万英镑 × 0.085 = 510000 英镑；这就比如果利率保持在 7% 时，多支付了 90000 英镑。然而，与 Y 银行的 FRA 让公司有权利要求补偿，其等同于远期比率协议所达成的利率与实际利率所带来的差异。也就是 (0.085 - 0.07) × 6 百万英镑 = 90000 英镑。所以高于 7% 所带来的任何利率成本的增加皆准确地与赔偿金额等值，后者由 FRA 的另一方来支付承担。

然而，如果利率降低值低于 7%，公司将做同样的支付给银行 Y。举例来说，如果 6 月后的当前利率是 5%，公司将获利，因为其被银行 X 收取了更低的比率，但是公司同样承担着一个等额的抵消赔偿须支付给银行 Y：(0.07 - 0.05) × 6 百万英镑 = 120000 英镑公司对于未来借进的有效利息成本就产生了确定性，利率不论以哪种方式浮动，公司将支付的是 420000 英镑。

这样的一个例子是一个粗略的简单化例子。实际上，远期利率协议的达成一般用于3个月的日期。所以这家公司为着这一年，需要有着4份单独的远期利率协议对于每一个3个月，它可以达成不同的利率。如果3个月的伦敦银行同业拆借利率结果是高出了所达成的利率，银行Y将给公司支付其中产生的差价；如果伦敦银行同业拆借利率低于所达成的利率，那么公司将向银行Y支付该款项。公司"出售"一份前期比率协议将保护其免受利率下降之不利。比如，一家公司在3个月后期待将1000万英镑放入银行一年期存款，这家公司可通过出售一份远期比率协议给银行，从而在现在锁定一个比率。假设达成的比率是6.5%，3个月后的当时比率是6%，那么存款者将从银行获得的利润是6%，再加上另外的0.5%将会从远期利率协议中的银行中获得。

上面所提到的例子是6对18（或者6×18），以及3对15（或者3×15）。第一是6个月后开始的一份12个月的合同，第二就是在3个月后开始的为期一年的合同。更多普通的FRA期限是3对6和6对12。很典型的，500万英镑-100万英镑的金额，在市场的单笔交易中被对冲掉。公司不需要拥有一个基本的借出或者借进的交易——他们可以单独进入一项前期比率协议，只用支付或者接受补偿的金额。

期权、期货和远期利率协议（FRAs）的比较

我们已经讨论了衍生物领域中很多的东西。现在是时候来总结一下目前为止所涉及的衍生物们的主要优势与劣势了——见表20.2。

最高限额

一个利率最高限额是一种合同，它给予了购买者有效地设定对于可支付利率的最高水平的权利。如果利率增长至高出了一个原本达成的水平，那么将对持有最高限额权的购买者支付补偿。这是一种对冲手段，用于覆盖长期借进时（常常是2~5年）所承担的利率风险。在这样的安排之下，借钱的公司便可以从利率下降中获益，但是如果利率上升时，公司应该能够对于所支付的利息做出一个限额。

范例 20.4

利率最高限额

举例来说，奥克汉公司（Oakham plc）可能希望借进5年期20亿英镑。它与银行A以一个可变动的比率商量安排此事，该比率是以伦敦银行同业拆借利率再加1.5%为基础的。以3个月的伦敦银行同业拆借利率为基础，这样的利率每一个季度将被重新设定。最近，它是处在了年利率7%的水平上。公司关心的是，5年的时间过去了，利率可能上升到一个危险的程度。

> 奥克汉（Oakham）买了一份利率最高限额，设定在伦敦银行同业拆借利率8.5%。为了达到论证的目的，我们将假设，此将花掉本金数额的2.3%，或者是2亿英镑×0.023＝460000英镑可立马支付给最高限额的出售者。如果在接下来的5年时间里，伦敦银行同业拆借利率在任意一个3个月的时期里面增长至超过8.5%，Oakham将会收到来自最高限额出售者的足够的补偿金额，其恰好可以抵消掉由于利率上涨至8.5%所带来的额外的利息。所以，如果在总共的3年时间内，伦敦银行同业拆借利率涨至9.5%，Oakham将会对银行A支付以9.5%加1.5%进行计算的利息，但同时亦会从最高限额出售者那里收到1%的补偿（以每3个月为基础，每一个季度将被重新设定），这样就限制住可支付的利息。如果利率降低了，Oakham将会因为支付给银行A更少而获益。
>
> 这个前面支付的酬金（460000英镑）可以让买者在整个5年的时间里面而不用做更进一步的支付。

表20.2 期权、期货、远期合约以及远期利率协议的一个比较

期权	期货	远期合约及远期利率协议
优势		
下跌风险是有限的，但是买主可以在下面参与到有利的浮动当中	可以产生确定性，可以锁定在具体的比率上	可以产生确定性，可以锁定在具体的比率上
在交换上可用或不可用，交换规则与票据交易所可以降低对方的错误风险 对于那些交易在交换上的期权来说	仅仅是互换交易，互换规则以及票据交易所可以降低对方的错误风险	尾制，非互换型；在规模、期限以及形式上是非标准化的，对于有着非标准风险暴露的公司有好处
	不需要支付先期酬金（然而保证金支付是需要的）	不需要保证金支付（偶尔在一项远期合同中良好的信念展示保证金是需要的。信誉限度是必须的）
对于许多期权来说，存在着高度流动的市场，导致敏锐的期权支付酬金价格和以低价格快速扭转一个位置的能力。对于他人而言，贸易是单薄的，但是先期可支付酬金也许会变得扭曲，抵消交易是昂贵而又困难的	非常流动的市场，能够快速而廉价地扭转交易	
劣势		
可支付的先期酬金降低了回报	没有权利让合约失效。下面有利的浮动带来的利润被放弃了	没有权利让合约失效。下面有利的浮动带来的利润被放弃了
	处在对冲的位置，如果下面的交易没有实现，导致了一个从隐蔽位置到公开位置的扭转，潜在的损失是无限的	处在对冲的位置，如果下面的交易没有实现，导致了一个从隐蔽位置到公开位置的扭转，潜在的损失是无限的
	有很多的限制——对于合同的规模、持续时间（比如仅仅是一年中的几个月时间）、交易时间（比如当泛欧交易所及伦敦国际金融期货交易所开放的时候）	对手错误会有着更巨大的风险，不是交易上的互换。因此对手不是票据交易所
当写期权的时候需要保证金	追缴保证金通知要求为"后勤办公室"每天工作	通过创造能够取消状况的抵消交易，清算状况更加困难

最高限额预付款的规模依赖于在当下利率与最高限额变得有效的水平之间的差异、所覆盖的时间长度，以及被期待的利率变化性。最高限额出售者不需要评估购买者所值得的信誉度，因为它提前收取了保证金支付。这样的话，最高限额尤其适合于高度相互配合的公司，比如说融资合并机构。

最低额与水平拉杆

利率最高限额的购买者们有些时候渴望在最初的时候降低大笔的现金支付。他们可以通过同时出售掉一个最低额来达成这样的事，这将导致对方支付一笔保证金。有了最低额，如果利率降低至曾达成的水平之下，卖者（最低额的做出者）将会对最低额的购买者进行补偿性支付。这些支付款额是由当下的比率与最低额比率之间的差值来决定的。

再说奥克汉公司，财政主管可能会购买一个利率设置在 8.5% 伦敦银行同业拆借利率，而支付酬金为 460000 英镑的最高限额，以可接受 6% 伦敦银行同业拆借利率的利率卖掉一项最低额，是 200000 英镑。在这项 5 年贷款的任意一个 3 个月的时期里，如果伦敦银行同业拆借率上升至超越 8.5%，那么最高限额的出售者将会对 Oakham 进行补偿支付；而如果伦敦银行同业拆借利率降低至低于 6%，那么 Oakham 在对于银行 A 的支付上会有所节约，而它也将对最低限额的购买者做出支付，这样的话，就限制了源自伦敦银行同业拆借率下降而带来的利益。Oakham，为了净支付酬金为 260000 英镑，保证了它自己有效的利息支付金不会从这个范围偏离：在更低端 6% + 1.5% = 7.5% 到更高端 8.5% + 1.5% = 10%。以一个低的成功比率卖出一项最低额，以一个高的成功比率买进一项最高限额，把两者相结合的方法就叫做水平拉杆。

> 以一个低的成功比率卖出一项最低额，以一个高的成功比率买进一项最高限额，把两者相结合的方法叫做水平拉杆。

互换

互换就是现金支付合约的一种相互交换。一项利率互换就是在公司与对方进行商量的地方进行利率交换。举例来说，第一家公司也许将支付固定利率的利息，但是他更愿意支付浮动的比率。第二家公司也许将支付的是浮动的利率，后者随着伦敦银行同业拆借率上升或下降，它将从向一个固定义务的扭转中获利。想象一下，公司 S 有着一笔 2 亿英镑的 10 年贷款，支付的固定利率是 8%；而公司 T 有着一笔 2 亿英镑的 10 年贷款，支付的利率是与伦敦银行同业拆借率相联系的每 6 个月重新被设定的伦敦银行同业拆借率，加 2%。在一项互换协议安排下，公司 S 在这 10 年时间里同意在每一个到期日支付公司 T 的浮动比率利息，而公司 T 则有义务支付公司 S 的 8% 利率利息。

> 互换就是现金支付合约的一种相互交换。

进入一份互换合约安排的一个动机就是减少或者消除利率的增长风险。在短的时间之中，期权、期货以及前期比率协议等可以被用于对冲利率风险。然而对于长时间贷款而言（两年以上），互换常常更加适合，因为它们可以运转于贷款的整个期限。所以如果一家有着一大笔在浮动利率之下的贷款的公司的财政主管预测利率将会在接下来的 4 年里上升，他或她将会安排在接下来的 4 年里，与一家有着固定比率利息的支付者进行交换利息支付。

使用互换的另外一个原因是利用市场的不完美性。有些时候，在固定利率借进市场所收取的利率风险金额会与浮动利率市场对于一个特殊的借进者来说金额不同。

范例 20.5

互换

以两家公司——坎特公司（Cat plc）和多哥公司（Dog plc）为例，两家公司皆想要借进为期 8 年的 1500 万英镑贷款。坎特公司想要以固定比率基础借进，因为这将更好地与它的资产状况匹配；而坎特公司更愿意以浮动比率借进，因为其乐观地估计将来的利率会下降。两家公司的财务主管皆收到了在市场上运转的银行关于 8 年贷款固定以及浮动比率的报价。坎特公司可以得到借进的固定比率是 10%，浮动比率是伦敦银行同业拆借率，加 2%。坎特公司能够以固定比率为 8% 借进，而浮动比率是伦敦银行同业拆借率，加 1%：

	固定的	浮动的
坎特公司借进为：	10%	伦敦银行同业拆借率 + 2%
多哥公司借进为：	8%	伦敦银行同业拆借率 + 1%

如果没有互换市场的存在，坎特公司将可能以利率 10% 借进贷款，而多哥公司则需支付伦敦银行同业拆借率 libor + 1% 的利率。然而，如果在互换合约的安排之下，两家公司都能够取得更低的利率。

注意到多哥公司因为有着更高的信誉评价，在固定以及浮动比率市场，它都能够以比坎特公司更低的比率进行贷款，很明显，在两者当中它都有优势。然而在两个市场中所收取的风险金额不是持续不变的。坎特公司在浮动比率市场将不得不支付额外的 1%，而在固定比率市场则是额外的 2%。坎特公司在两者中均是劣势。但是在浮动比率市场有着相对的优势。

为了达到更低的利率，两家公司应当在有着相对优势的市场上进行贷款借进。所以坎特公司应当借进浮动比率的资金，即伦敦银行同业拆借率再加 2%；而多哥公司则应当借进固定比率贷款，支付利率为 8%。然后他们彼此达成同意互换利息支付，而其将会通过以下两种方式让双方受益：(a) 达到最合适的利息支付的形式（固定的或者浮动的）；(b) 达到可支付的这样的利率，其低于如坎特公司以固定利率借进的利率和坎特公司以浮动利率借进的利率。达到这种状态的一种方法就是按照如下的方式安排交换：

- 坎特公司以 9.5% 固定利率支付给多哥公司；
- 多哥公司以伦敦银行同业拆借率再加 2% 支付给坎特公司。

图解 20.1 中做出了阐释。

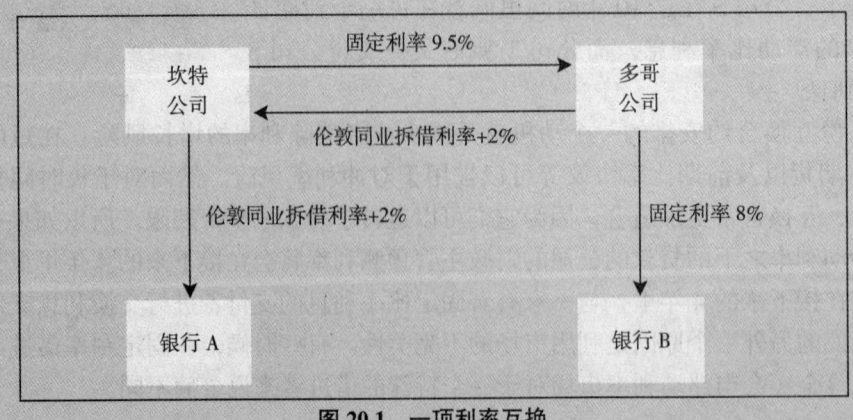

图 20.1　一项利率互换

> 现在让我们来检查一下每一个公司的位置。
> 　　坎特公司支付伦敦银行同业拆借率再加 2% 给银行，但是同时从多哥公司那里收到了伦敦银行同业拆借率再加 2%；坎特公司支付 9.5% 固定利率给多哥公司，而这要比坎特公司如果直接从银行以固定利率借进贷款低出 50 个点（即 0.5%），对于 1.5 亿英镑来说，这将是每年的 750000 英镑。
>
> **坎特公司**
> | | |
> |---|---|
> | 支付 | 伦敦银行同业拆进利率+2% |
> | 接收 | 伦敦银行同业拆进利率+2% |
> | 支付 | <u>固定利率 9.5%</u> |
> | 净支付 | 固定利率 9.5% |
>
> 　　多哥公司承担起以 8% 的固定利率偿还银行贷款的责任，而在定期的支付日子，从坎特公司收到固定利率为 9.5% 的支付。净效果就是接收 1.5%，比起支付给坎特公司的伦敦银行同业拆借率再加 2% 要少——浮动比率倾向是伦敦银行同业拆借率再加 0.5%。
>
> **多哥公司**
> | | |
> |---|---|
> | 支付 | 固定利率 8% |
> | 接收 | 固定利率 9.5% |
> | 支付 | <u>伦敦银行同业拆进利率+2%</u> |
> | 净支付 | 伦敦银行同业拆进利率+0.5% |
>
> 　　再一次，每年都可以节约 50 个点，或者是每年 75 万英镑。在交易成本支付之前，每年净节省 150 万英镑。

　　在高度流动的互换市场广泛发展之前，每一个对手在使合同变得严密方面都遭受了大量的消耗。即使在那个时候，对方之一不能够完成义务的风险也是一个潜在的风险。今天，中间商（比如银行）在互换中占据了对手的位置，而这降低了风险以及避免了一个公司要去寻求另一个有着相应互换条款的公司的必要性。中间商一般会在后面的一个日子里为互换找到一个对面的对手。更进一步，标准的合同将会减少安排互换的时间和精力，以及允诺不断繁荣的二度市场的发展，这也将有助于流动性。

　　在互换的主题上，有很多变化。比如说，"互换期权"是一种在后面的日子里可以选择交换的期权；在一项货币互换中，在两种不同的货币间，两方互换利息责任（或者发票）以及双方互相同意的一段时间内的基本金额。当互换到了成熟的日子，基本金额将会在前面达成一致的一个日子里再次被互换。这样协议的一个具体例子被展示在专栏 20.5 当中。

衍生工具使用者

　　在衍生物市场，有三种类型的使用者：对冲者、投机者以及套利者。

对冲者

> 对冲就是指进入一场交易当中，该交易能保护生意或者资产免受一些下面的变化之害。

对冲就是指进入一场交易当中，该交易能保护生意或者资产免受一些下面的变化之害。作为对冲而买进的工具倾向于与一些基础有着相反价值的运动。金融以及物质市场被用于将风险从个人或者公司转移至另一个更加愿意或者更能够承受此风险的一方。

美国田纳西流域管理局（TVA）和欧洲投资银行（EIB）找到了成功模式

理查德·拉帕（Richard Lapper）

田纳西流域管理局和欧洲投资银行连续议定的对换交易可给他们双方带来比从传统债券发行获得的更廉价的资金。

田纳西流域管理局——美国政府拥有的电力公司，在法兰克福上市发行了10年15亿德国马克的债券，而欧洲投资银行在美国市场增加了10亿美元的10年期证券。

昨天在伦敦，这两个组织的财务主管表示，这种安排——现在在交易市场是比较不寻常的——使他们能降低借贷成本，虽然他们没有具体说明是多少数额。

两个交易因素在这方面非常重要。首先，欧洲投资银行相对于田纳西流域管理局在美元资金方面的优势比在德国马克方面的优势相对较大。雷曼兄弟公司，双方交易的投资意愿建档人表示，欧洲投资银行对美元钞票的定价比对珍宝的定价高17个基点，比田纳西流域管理局的低6~7个基点。

在德国市场，欧洲投资银行享有较小的优势，它可以把债券的基点提高到比田纳西流域管理局所得到的17个基点低约4个基点。

其次，通过在对开基础上互换收益，而不是通过交易双方，可消除买/卖价差并降低交易成本。

所得的储蓄会聚在一起，为双方借款人提供收益。

双方还可使他们的资金来源多元化。雷曼说，约占65%的TVA的债券被安置在欧洲，20%在亚洲，15%在美国。约有一半的欧洲投资银行股票被安置在美国，35%的在欧洲以及15%在亚洲。

专栏20.5 美国田纳西流域管理局（TVA）和欧洲投资银行（EIB）找到了成功模式
资料来源：《金融时报》1996.9.12

有个公司想要在肯尼亚发掘丰富的铂矿床。管理者不敢开发这块地方，因为他们没有把握在实际开发中是否能实现收入。不确定的根源有：①铂金价格可能会下降；②如果利率上升，用于开发这片场地的浮动利率贷款可能会变得更加昂贵；③货币价值可能向不利方向波动。高级管理人员或多或少决定将公司的资金用于一个风险较小的产业。一位年轻的高级管理人员，自愿提出并建议说，这将是一个遗憾的事情，他说："该公司正在放弃绝好的机会，肯尼亚和世界经济将因此而更加贫困"。此外，该公司不必承担由于现代金融市场的复杂性所给予的这些风险。这些风险可以对冲，以限制其下降趋势。例如，可以在期货市场上出售

白金，这样可提供一个合同约定价格。该利率负债可设定回报上限或转化为固定利率贷款。其他可能措施包括使用期货利率协议和利率期货市场。货币风险可以使用货币远期或期权进行控制。董事会决定推进矿山发展，从而表明，通过转移风险，可以用衍生工具来促进经济健康繁荣。

炒家

炒家在金融资产和其他资产中建仓，根据价格变动以获取利益。炒家通常接受高风险投资以获取高额回报。衍生工具的杠杆效应，使这些投机生意特别有利可图，或特别具有毁灭性。炒家也被吸引到了衍生工具市场，因为他们往往比标的市场更具流动性。此外，炒家可以在购买前（短期市场）出售，从下跌中获利。也可能采取更复杂的交易策略。

> 炒家在金融资产和其他资产中建仓，根据价格变动以获取利润。

照一般的说法，短期炒家经常用于比较重要的流行股。这通常是无保证的。金融市场需要炒家来帮助创建交易流动性。由于炒家的活动，价格稳定的可能性较大，而不是较小。通常炒家对期货市场走势有不同的看法，这可提供双向流动性，使其他市场参与者，如具有标的产品的套利交易者，被允许购买或出售衍生工具。每天进行很少的交易。如果一个公司想进行大的套头交易，这种行为在市场中是可以观察到的，且衍生工具的价格将会受到很大的影响——向不利于交易者的方向波动。炒家也可提供套头交易保险——他们承担风险，得到保险费。

套利商

套利行为是指利用同类资产和相似资产的价格差异以获取利润。因此，例如，尼克利森声称他对日经225指数期货进行了套利。同样的期货在大阪和新加坡也进行了交易。从理论上讲，两个市场的价格应该是相同的，但实际上并非如此，可能的情况是在一个市场同时购买该期货，而又在其他市场卖掉，从而获得无风险利润。套利商总是等待这些机会并充分利用市场的低效性。对于巴林银行的问题是，尼克利森从两个市场获得利润，悄悄地从套利活动转向高风险的投机活动。真正的套利商有助于确保定价效率，其购买或销售行为也有助于减少定价异常情况的出现。

> 套利行为是指利用同类资产和相似资产的价格差异以获取利润。

场外、场内交易（OTC）及在交易所买卖的衍生工具

场外交易衍生工具是一种特制的、双方之间的个人交易，通常是公司及银行。（交易所买卖的衍生工具的）标准化合约适用于世界各地的几十个衍生工具，例如芝加哥交易所（CBOT）、芝加哥期权交易所（CBOE）、芝加哥商品交易所（CME）、伦敦国际金融期货期权交易所、法国国际期货及期权市场，德国和瑞士的欧洲期货交易所。大约1/2的尚未平仓的衍生工具合约在交易所上市交易。

> 场外交易衍生工具是一种特制的、双方之间的个人交易，通常是公司及银行。

许多衍生工具市场主要是，如果不是专属于，场外交易衍生工具：远期利率协定、掉期交易、利率上限期权、领子式期权、利率下限期权、货币远期和货币掉期。图20.2对场外交易和交易所交易的衍生工具进行了比较。

场外交易的衍生工具

优点

■ 合约可以度身订造，可进行完美的套利交易，并允许对更多的不寻常的标的产品进行套利交易。

缺点

■ 存在双方无法履行交易的风险（信贷风险）。
■ 低层次的市场调节，具有因透明度和价格发布所造成的损失。
■ 一旦该协议已经形成，往往难以扭转对冲。
■ 更高的交易成本。

交易所交易的衍生工具

优点

■ 信贷风险降低，因为该票据交换所属于交易双方。
■ 高水平的调节有助于最近交易价格的透明度和公开性。
■ 流动性通常比非场外交易衍生工具高——由于每日交易量高，大订单可迅速结算。
■ 通过迅速关闭期权头寸可以得到扭转——数量相等和方向相反的交易可在几分钟内完成。

缺点

■ 标准化可能是有限制性的，例如标的质量、数量和交割日期标准化条款。
■ 有限的交易时间和保证金要求可能会引起不便。

图20.2 场外交易和在交易所交易的衍生工具

结　论

由于衍生工具变得越来越重要，我们需要注意的是误用它们所引致的可能损害。但是，这些危险不应导致我们完全拒绝对它们的使用。在一些情况下，它们可以帮助一些企业创造价值。在其他公司它们可以成为——如沃伦·巴菲特称呼它们为——大规模毁灭性金融武器。鉴于这本书的内容广泛性，我们在这里只能简略地谈一下衍生工具的主要特点。但我们希望，即使这些有限的讨论已经可以使你们了解到它们作为财富创造和财富毁灭的能力。接下来的章节介绍有关衍生工具的主要类型的知识，以说明它们可以用来降低跨国经营公司的风险。

网　址

www.bloomberg.com	布隆伯格公司
www.reuters.com	路透社
www.money.cnn.com	有线新闻网（CNN）金融时报
www.wsj.com	华尔街日报
www.ft.com	金融时报
www.fow.com	世界期货及期权

www.liffe.com	伦敦国际金融期货及期权交易所
www.liffeinvestor.com	用于帮助私人投资者的 LIFFE 信息和学习工具
www.liffe-style.com	伦敦国际金融期货及期权交易所的价格
www.cbot.com	芝加哥交易所
www.cboe.com	芝加哥期权交易所
www.amex.com	美国证券交易所
www.nyse.com	纽约证券交易所
www.eurexchange.com	欧洲期货交易所，欧洲衍生工具交易所
www.isda.org	国际掉期及衍生工具协会

注 释

1. Caps, floors and collars are usually consturcted from options on interest rates and so, in truth, belong in the option category. However, they are included in this chapter because they are another tool for managing interest rate risk, a major theme of this chapter.

2. All figures are slightly simplified because we are ignoring the fact that the compensation is received in six months whereas interest to Bank X is payable in 18 months.

3. Under a swap arrangement the principal amount (in this case £150m) is never swapped and Cat retain the obligation to pay the principal to bank A. Neither of the banks is involved in the swap and may not be aware that it has taken place. The swap focusses entirely on the three-monthly or six-monthly in terest payments.

The page appears to be scanned upside down and mirrored, with very faint text. Readable content (inverted) includes a list of website URLs and brief numbered notes:

www.bis.org
www.lifeinvestor.com
www.life-style.com
www.cboe.com
www.cboot.com
www.amex.com
www.nyse.com
www.carexchange.com
www.isda.org

1. Caps, floors and collars are usually constructed from options on interest rates and so, in truth, belong in the option category. However, they are included in this chapter because they are another tool for managing interest rate risk, a major theme of this chapter.

2. All figures are slightly simplified because we are ignoring the fact that the coupon attached is referred in six months whereas interest to Bank X is payable in 15 months.

3. Under a swap arrangement, the principal amount (in this case $100m) is never swapped and can retain the obligation to pay the principal to bank A. Neither of the banks is involved in the swap and may not be aware that it has taken place. The swap foregoes entries on the three monthly or six-monthly in terest payments.

第21章
汇率风险管理

引言

货币汇率变化对公司的影响

外汇波动

货币市场

汇率

远期市场的抛补

外汇风险的类型

交易风险的策略

折算风险管理

经济风险管理

结论

引 言

本章讨论了汇率变动如何导致国外经营或与外国公司贸易的收入增加的不确定性。外汇汇率的变化有可能会逐渐削弱企业的竞争地位和破坏其利润。本章描述了用于降低与总部外业务往来相关风险的一些技术。

案例分析21.1

汇率几个百分点的波动造成了多么大的差别

直到1992年秋天，英镑成为欧洲汇率制（ERM）的成员，这意味着它相对于其他货币在欧洲汇率制中的值的变动程度受到严重限制。然后"黑色星期三"来临，为了支撑英镑的价值，英国政府把银行基准利率增加至15%，并指示英国央行购买数十亿英镑，以弥补市场的抛售压力。所有这些都无济于事。英镑跌出了欧洲汇率制，政府放弃了斗争，并到今年底，1英镑只能购买约2.35德国马克，相比于在夏天的2.90德国马克，下降了19%。

乔治·索罗斯是一位炒家，当他意识到经济重心的变化时，他下了一个赌注，通过买进其他货币兑换100亿美元等值的英镑。在下降后，在短短的数天内他持有的其他货币金钱可以转换回10亿美元。他被称为"击败英格兰银行的人"。虽然这并不完全属实，他和其他人确实造成了尴尬的局面。

当英镑兑换其他货币的价值直线上升时，出口商发现生活对外汇买家非常困难，这是因为英国商品变得昂贵——每一德国马克、法郎或荷兰盾只能购买几磅。然而，在"黑色星期三"之后的4年内，由于国外客户购买了更多的英国商品，英国出口商很好地推动并拉动经济帮助其走出衰退。在另一方面，其他欧洲公司却在痛苦地抱怨。经济困顿的进口商促使法国政府就其邻国的竞争性货币贬值，向欧洲联盟委员会提出补偿请求。然后情况有了好转。1996~2001年，英镑兑换其他货币的价值升高。举例来说，在1996年初每英镑你仅能购买到2.2德国马克，而到了2001年你就可以购买3.09德国马克。从德国进口商的角度来看，英国货物的价格相对于国内商品上升了30%~40%。

英国公司排队等候谈论英镑对利润的巨大影响。英国钢铁公司（康力斯Corus集团）针对英镑的崛起削减了几千个就业机会，并开始以惊人的速度亏损。它还痛苦地告诉其700家英国供应商需要进行降价。

詹姆斯·戴森，真空吸尘器企业家，在2000年宣布，因为英镑的实力，他计划在东亚地区建厂，而不是在英国。在过去的一年戴森出口商品的损失达到6000万英镑。日本汽车制造商，在英国设立工厂的丰田、本田和日产尼桑，也抱怨英镑的水平太高。他们建立工厂的目的是出口汽车。他们因不得不降低价格以及承诺从英国供应商购买其70%的零部件而深受伤害（因为英镑的价值价高，欧洲大陆的供应商受益于30%~40%的价格优势）。

然后情况再次发生变化。在2002~2004年，欧元对英镑的价值暴涨。欧洲公司出口商品，特别是进入美国市场非常艰难，因为美元兑欧元的价值已下跌了约30%，使得在美国消费者眼中欧洲商品要贵30%。更糟的是，由于欧元价值的上升，当美国出口商向亚洲国家和其他地方销售产品时，可以与他们的欧洲对手进行更有效的竞争。欧洲航空防务及航天公司（EADS）拥有空中客车公司80%的股份，在2004年宣布，美元的疲软可能毁掉了30亿英镑的利润。所有商业飞机的收入以美元入账，而其50%的成本基数是以欧元计算。作为应对措施，它正在考虑从美元区国家寻觅更多的进口货源和新产品制造厂的迁移；这些举动可能对欧洲大陆和英国的就业产生深远的影响（如向空中客车公司供应机翼的英国航空防务及航天公司供应商）。

在过去的12年里来自英镑和其他货币的波动的信息是，外汇变化以及相关风险管理的签发并没有被分离，且仅放入机上盒市场，以引起金融专家的注意。就业、竞争力、国家经济增长和企业生存的深远的影响意味着所有的管理人员需要知道的外汇汇率波动的后果以及如何让公司做好应付它们的准备的后果。

货币汇率变化对公司的影响

外汇价值的变化，从现在开始简称为"外汇"（外币汇兑），能影响一个公司各方面的活动：

- **从国外收到的收入** 例如，如果一家英国公司在6个月的信用内向加拿大出口的商品，并以加元支付，实际收到的英镑的数目是不确定的，这是因为在此期间美元相对英镑波动。
- **在未来某个日期进口商品的实际支付的数额** 例如，一家日本公司从美国进口木材，它就具有数月后支付美元的责任。在未来的某一时刻用于交换美元的日元数量在该交易达成时是不确定的。
- **外汇资产和负债的估值** 在当今的全球化市场中许多公司拥有自身的海外资产并发生外币负债。由于外汇的流动，这些本币条件下的价值可以进行简单的兑换。
- **国外业务经营的长期生存能力** 在一些国家设有子公司，长远的未来收益可以提高通过有利的外汇价值变化得以提高。同时，公司可以被摧毁，如果他们在错误的时间内使用错误的货币进行经营。
- **海外投资项目的可接受性或不可接受性** 在评价新主要投资价值创造潜力时企业必需要认识到，未来可能的汇率变化可以对估计净现值产生重大影响。

总之，汇率波动造成的风险，以及管理不善的风险可以导致股东财富的损失。

外汇波动

图21.1和图21.2表明了外汇汇率在短达数周内的波动高程度，–5个或10个百分点的

变化是相当普遍的。

图 21.1　汇率变动，英镑兑美元，1989 年 3 月至 2004 年 3 月（每月）
资料来源：汤姆森金融数据流

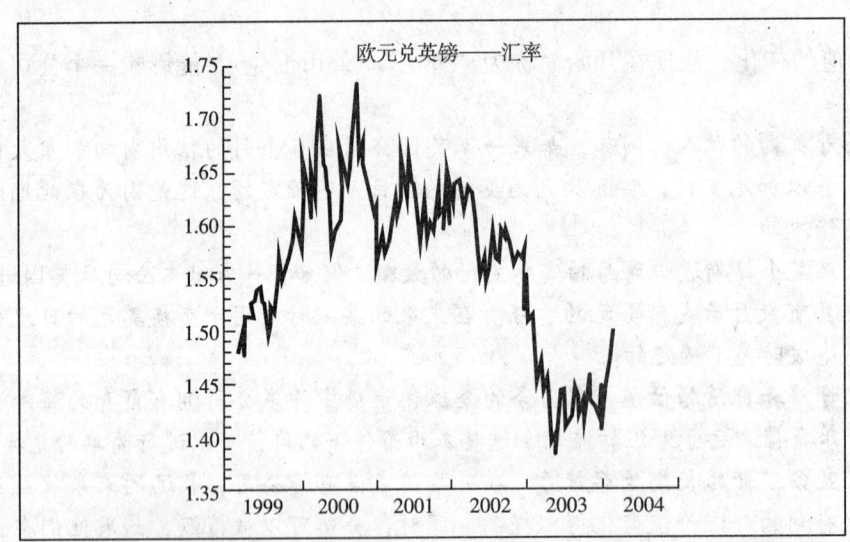

图 21.2　汇率变动，欧元兑英镑，1999 年 3 月至 2004 年 3 月（每月）
资料来源：汤姆森金融数据流

在 20 世纪 70 年代中期，（一般）浮动汇率制取代了 20 世纪 40 年代已经形成的固定汇率制。今天大多数货币至少在一定程度上竞相波动。

如果一家英国公司持有美元或以美元计价的资产，并且美元对英镑的价值上升，该公司就会获得外汇利润。反之，如果英镑相对美元的价值上升，外汇损失将会增加。这些潜在的收益或损失可能非常大。例如，在 1992 年 3 月至 1993 年 2 月之间，英镑兑美元的汇率为 17.8%，因此你可以通过持有美元而获取巨额收益，甚至在这些钱投入使用前，例如，赚取利息。在其他时期，外汇汇率波动可以毁掉一个项目，出口交易或证券投资（例如用养老基金购买外国股票）的利润。

货币市场

外汇市场的功能是便于一种货币兑换成另一种。这个市场现已大幅增长。1973年，全球每天的平均交易量相当于100亿美元左右。到1986年这个数字已增加到3000亿美元，仅3年后的1989年，这个数字已经超过1倍达到5900亿美元。1998年，每天的营业额超过14900亿美元。在2001年，该营业额估计为12100亿美元。伦敦是世界上最大的货币交易中心，在2001年每天的交易额达到5040亿美元。美国每天的交易额为2540亿美元，日本每天的交易额为1470亿美元，新加坡位居第四位，每天的交易额也达到1010亿美元。

> 伦敦是世界上最大的货币交易中心。

要正确认识这些数字，请考虑所有的英国人一天的产量（国内生产总值）：这相当于40亿美元左右——不到伦敦一天易手货币价值的1/5。在美国的外汇交易额是每天产量的9倍。

2001年，欧元进入38%的所有外汇交易的一边，而美元在一边进入90%的交易实例。日元一方涉及23%的交易，而英镑只涉及13%的交易。

谁在进行交易？

外币买家和卖家有：
- 出口商/进口商；
- 旅游者；
- 基金经理（养老金、保险公司等）；
- 政府（例如支付国外的活动）；
- 央行（减少波动）；
- 炒家；
- 银行。

前五组只占交易的一小部分。大玩家是那些大型的商业银行。除了以客户的名义或作为市场庄家进行交易外，他们还进行自营性交易，目的是通过其在市场上的地位牟取利润——也就是说，推测未来走势。公司和个人通常从银行获得他们的外国货币。

> 大玩家是那些大型的商业银行。

外汇银行同业之间经纪人往往充当大买家和卖家之间的中介机构。他们允许银行进行匿名交易，从而避免在交易中仅仅因为一个银行名称的揭露而引起的价格波动。

大多数交易仍然是通过电话进行，然后再进行书面确认。然而，在新的电子交易系统中，计算机自动匹配交易使交易份额迅速增加。

24小时交易

交易24小时进行，交易由一个主要金融中心转移到另一个金融中心。大多数交易在欧洲和纽约市场开放时发生——这时在法兰克福、苏黎世、伦敦正好是下午，而在美洲东海岸正好是上午。然后贸易转到旧金山和洛杉矶，其次是惠灵顿、悉尼、东京、香港、新加坡和巴林。

大部分银行都把它们的庄家集中在 3~4 个区域中心。这些区域中心通常包括伦敦和纽约，在亚洲的两个地点，这里，东京、香港和新加坡都渴望建立自己的统治地位。

在世界各地每一个工作日都交易大量的资金，这意味着银行所面临的风险是，他们可能在获得其他货币回报前必须无可挽回地向一个订约方支付货币，因为其他货币结算系统是在不同的时区运作。银行在接受它的外汇交易的一段后但在支付另一段交易前可能会失败。一家德国银行在 1974 年把其拥有的未付的美元放置在它的外汇交易中，这种现象就被称为 Herstaff 风险。交易失败在外汇市场可引起恐慌和陷入僵局，且需要几个星期才能得以解决。一个新组织，持续联系结算银行（CLS），将允许交易的两段同时支付，消除了一家银行在中途失败的风险。在 CLS 银行的监督下，交易将由银行根据在一个有序的计划在交易当天的 5 小时的空当内支付。这个系统的第二个主要优点是，结算的是该交易的净值，而不是交易的总金额。因此，如果银行出售 10 亿美元，而且还买了 9 亿美元，那么只需结算 1 亿美元。

> 在持续联系结算银行（CLS）的监督下，交易将由银行根据在一个有序的计划在交易当天的 5 小时的空当内支付。

汇率

现在，我们仔细观察汇率，从外汇市场中使用的一些术语开始。

> 首先，我们提出汇率的定义：汇率是指一种货币的价格用另一种货币表示。

因此，如果与美元和英镑之间的汇率为 1.89 美元 = 1 英镑，这意味着 1.00 英镑值 1.89 美元。取其倒数，那么 1.00 美元就值 52.91 便士。标准化的表达形式为：

1.89 美元/英镑

或者

美元/英镑：1.89

汇率可表示为每单位的第二种货币的第一种货币的单位数量。此外外汇利率通常会给出 5 个或 6 个重要的数字。因此，对于美元/英镑的汇率，在 2004 年 2 月 19 日更准确率是：

美元 1.8995/英镑

但是这仍然不够准确，因为货币汇率通常不用单个的"中间汇率"表示，而是作为你购买第一种货币（买入汇率）的汇率，以及作为你销售第一种货币（卖价汇率）的汇率给出。在美元/英镑汇率的情况下，2004 年 2 月 19 日的市场汇率为：

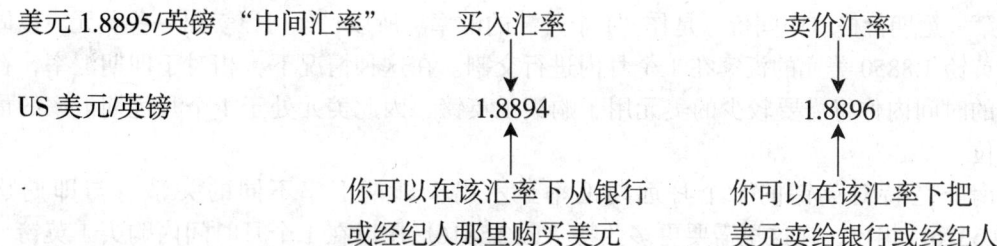

所以如果你想购买 100 万美元，那么其费用为：

$$\frac{1000000 \text{ 美元}}{1.8894} = 529269 \text{ 英镑}$$

但是，如果你想卖出 100 万美元，您将获得：

$$\frac{1000000 \text{ 美元}}{1.8896} = 529213 \text{ 英镑}$$

外汇交易商赚取利润的方式有两种。第一，他们可收取的交易佣金。根据交易额的大小，该佣金可以有所不同，但它通常是远低于 1%。第二，这些机构每天与众多买家和卖家进行交易，并通过买入出价和卖出报价（买卖差价）之间的差价获得利润。在上面的例子中，如果一个交易商卖出 100 万美元，购买 100 万美元，买卖差价为每分 0.002，获得的利润为 529269 英镑 − 529213 英镑 = 56 英镑。

即期外汇市场和远期外汇市场

有两种主要的外汇市场：

- **即期外汇市场** 在即期外汇市场中发生的交易结算速度很快。这种交易被正式描述为即时交割，但是这通常需要在交易达成后两个工作日内完成。然而，这可把通过 CLS 的交易时间减少到第二天早上（格林尼治标准时间）。
- **远期外汇市场** 在远期外汇市场，交易是以现在的议定价格在未来的某个日期进行货币兑换。时间的期限一般为 1 个月、3 个月或 6 个月，但它有可能安排用预先确定的利率从现在开始到许多年后进行货币兑换。远期交易约占外汇交易的 1/3~1/2。

但是，有很多提出报价的货币很难获得。所谓的外来货币一般没有交易商报价的汇率。很少的交易需要这些货币来支持国际贸易业务等。同时，即期外汇市场存在着世界上大多数的货币。

《金融时报》报道在外汇市场上前一天的交易。表 21.1 所示的数字涉及对 2004 年 2 月 19 日的交易。当然，当报纸读者收到此表中的信息时，汇率已经发生了变化，这是因为世界各地的 24 小时的市场遵循太阳的变化过程。

> 即期外汇市场存在着世界上大多数的货币。

列载于表 21.1 的英镑价格是外汇的中间价格，根据伦敦市场前一天下午的汇率折算成 1 英镑。因此，例如，1 英镑即时交割的中间价格为 2.3953 澳元，对于美元栏，英镑和欧元的价格为每单位美元的货币数量，或者是每英镑的数量，或者是每欧元的数量。但是对于其他货币，所示的汇率是每一美元的其他货币单位的数量——例如一些货币单位，1 美元兑 1.3325 加元。对于欧元栏，所示的汇率为每欧元其他货币单位的数量——例如兑换英镑的即期中间汇率为每欧元 67.09 便士。

第一远期价格（中间价）是作"1个月"的汇率。所以，你可以卖出一些美元，以固定的每英镑1.8850美元的汇率在1个月内进行交割。在这种情况下，相对于即期汇率，在一个月的时间内你将需要较少的美元用于购买1英镑，因此美元处于1个月远期汇率的最优惠价位。

南非兰特对英镑的1个月远期汇率显示出了即期汇率不同的关系。与即期购买（R12.5326）相比，在这里需要更多兰特（R12.5816）用以在1个月时间内购买1英镑，所以1个月的远期交割所需的兰特打了折扣。

《金融时报》报表列出的报价长达一年，但是，因为这是一份场外交易市场（见第20章），你可进行你所希望的尽可能长期的交易——只要你能够找到一个订约方。对于一些用于3个月和1年期的货币，远期市场如此薄弱，并不能保证表中的报价。但对主要货币如美元、英镑、欧元、瑞士法郎和日元，远期市场可以延伸至10年。航空公司购买飞机期待多年，因此可以利用这个遥远的远期市场购买他们需要支付制造商的外币，以便于在交付飞机时他们能确实知道有多少本国货币。

图21.1中显示的时间为远期汇率的标准时间周期。这些都是立即可用的，可经常交易的。但是远期汇率并不仅限于这些未来的特定日期。也可能在未来的任何一天得到汇率，比如说，74天或36天以后。但是，这需要银行的具体报价。

在专栏21.1的底部所示的国际货币基金组织（IMF）的特别提款权（SDRs）是指由其他货币篮子组成的全球货币。

汇率

2月19日	货币	美元 收盘中间价	一天的变化	欧元 收盘中间价	一天的变化	英镑 收盘中间价	一天的变化
阿根廷	（比索）	2.9400	−0.0025	3.7271	−0.0471	5.5551	−0.0499
澳大利亚	（澳元）	1.2677	+0.0092	1.6071	−0.0071	2.3953	−0.0020
1个月		—	—	0.6004	−0.0074	2.3981	−0.0021
1年		—	—	1.6655	−0.0078	2.4273	−0.0030
巴林	（第纳尔）	0.3770		0.4780	−0.0056	0.7124	−0.0058
玻利维亚	（玻利维亚）	7.8560		9.9591	−0.1174	14.8439	−0.1206
巴西	（雷亚尔）	2.9465	+0.0083	3.7353	−0.0334	5.5674	−0.0295
加拿大	（加元）	1.3325	+0.0196	1.6893	+0.0053	2.5179	+0.0171
1个月		1.334	+0.0197	1.6898	+0.0055	2.5149	+0.0177
3个月		1.3368	+0.0198	1.6904	+0.0054	2.5069	+0.0169
1年		1.3458	+0.0199	1.6924	+0.0053	2.4665	+0.0162
智利	（比索）	578.550	+4.7000	733.428	−2.6210	1093.17	+0.0700
哥伦比亚	（比索）	2693.90	−5.90	3415.06	−47.84	5090.12	−52.59
哥斯达黎加	（克朗）	423.890	+0.1300	537.365	−6.1710	800.940	−6.2590
捷克共和国	（克朗）	25.8046	+0.2871	32.7125	−0.0175	48.7578	+0.1509
1个月		25.8236	+0.2851	32.7102	−0.0186	48.6784	+0.1537
1年		26.0626	+0.2841	32.7756	−0.0268	47.7649	+0.1250
丹麦	（丹麦克朗）	5.8780	+0.0686	7.4516	+0.0001	11.1065	+0.0403
1个月		5.8834	+0.0684	7.4523	+0.0001	11.0904	+0.0415
3个月		5.8936	+0.0686	7.4529	−0.0003	11.0524	+0.0384
1年		5.9299	+0.0700	7.4573	+0.0007	10.8678	+0.0382

续专栏

2月19日	货币	美元		欧元		英镑	
		收盘中间价	一天的变化	收盘中间价	一天的变化	收盘中间价	一天的变化
埃及	(埃及镑)	6.1801	—	7.8346	-0.0923	11.6773	-0.0949
爱沙尼亚	(克鲁恩)	12.3424	+0.1438	15.6465	—	23.3210	+0.0845
中国香港	(港币)	7.7737	+0.0025	9.8547	-0.1130	14.6884	-0.1146
1个月		7.7676	+0.0031	9.8390	-0.1115	14.6422	-0.1108
3个月		7.7547	+0.0028	9.8064	-0.1123	14.5426	-0.1146
1年		7.7074	+0.0069	9.6927	-0.1059	14.1254	-0.1055
匈牙利	(福林)	206.054	+1.6140	261.215	-1.0100	389.340	-0.0880
1个月		207.974	+1.5040	263.4363	-1.1649	392.03	-0.2680
1年		228.859	+2.4840	287.8072	-0.2490	419.431	+1.0780
印度	(卢比)	45.2400	-0.0350	57.3508	-0.7212	85.4810	-0.7611
1个月		45.24	-0.0175	57.3045	-0.6951	85.279	-0.7132
1年		45.4225	+0.0100	57.1221	-0.6641	83.2458	-0.6788
印度尼西亚	(卢比)	8432.50	+30.50	10689.90	-86.90	15933.20	-71.40
1个月		—	—	10681.26	-86.30	15895.55	-68.85
1年		—	—	10604.48	-86.83	15454.23	-73.14
伊朗	(里尔)	8365.00		10604.30	-125.10	15805.70	-128.40
以色列	(谢克尔)	4.4480	+0.0120	5.6387	-0.0512	8.4045	-0.0454
日本	(日元)	107.300	+1.0300	136.024	-0.2830	202.743	+0.3150
1个月		107.205	+1.0350	135.7951	-0.2665	202.088	+0.3600
3个月		107	+1.0250	135.3084	-0.2882	200.658	+0.2850
1年		105.875	+0.9950	133.1455	-0.3114	194.038	+0.2150
肯尼亚	(先令)	76.4000	—	96.8523	-1.1422	144.358	-1.1730
科威特	(第纳尔)	0.2947	+0.0001	0.3736	-0.0043	0.5568	-0.0044
1个月		0.2949	+0.0001	0.3735	-0.0043	0.5559	-0.0043
1年		0.2972	+0.0001	0.3737	-0.0044	0.5446	-0.0046
马来西亚	(令吉)	3.8000	—	4.8173	-0.0568	7.1801	-0.0584
墨西哥	(新比索)	10.9605	+0.0515	13.8947	-0.0977	20.7098	-0.0702
1个月		11.0002	+0.0494	13.9338	-0.1002	20.7358	-0.0714
3个月		11.089	+0.0570	14.0228	-0.0928	20.7953	-0.0638
1年		11.5255	+0.0545	14.4941	-0.1024	21.1227	-0.0763
新西兰	(新西兰元)	1.4296	+0.0132	1.8123	-0.0045	2.7012	+0.0031
1个月		—	—	1.8171	-0.0049	2.7042	+0.0029
1年		—	—	1.8780	-0.0045	2.7368	+0.0028
尼日利亚	(奈拉)	136.600	—	173.168	-0.0045	258.106	-2.0970
挪威	(挪威克朗)	6.9684	+0.0951	8.8338	+0.0177	13.1667	+0.0740
1个月		6.9735	+0.0947	8.8331	+0.0176	13.1452	+0.0749
3个月		6.9811	+0.0949	8.8280	+0.0170	13.0917	+0.0713
1年		7.0051	+0.0940	8.8094	+0.0153	12.8383	+0.0662
巴基斯坦	(卢比)	57.3100	-0.0300	72.6519	-0.895	108.287	-0.9370
秘鲁	(新索尔)	3.4720	-0.0026	4.4014	-0.0554	6.5602	-0.0585
菲律宾	(比索)	56.2250	+0.1150	71.2764	-0.6931	106.237	-0.6440
1个月		56.599	+0.1405	71.6927	-0.6616	106.691	-0.5840
3个月		57.2875	+0.1205	72.4441	-0.7020	107.432	-0.6580
1年		60.4755	+0.1270	76.0524	-0.7395	110.833	-0.6940
波兰	(兹罗提)	3.8563	+0.0453	4.8886	+0.0005	7.2864	+0.0272

续专栏

2月19日	货币	美元		欧元		英镑	
		收盘中间价	一天的变化	收盘中间价	一天的变化	收盘中间价	一天的变化
1个月		3.8693	+0.0446	4.9011	−0.0003	7.2937	+0.0268
1年		4.0193	+0.0447	5.0545	−0.0030	7.3661	+0.0211
罗马尼亚	(列伊)	31912.10	+313.50	40455.00	−75.00	60298.00	+107.30
俄罗斯	(卢布)	28.4950	+0.0101	36.1231	−0.4131	53.8413	−0.4182
沙特阿拉伯	(亚尔)	3.7502	—	4.7542	−0.0560	7.0860	−0.0576
1个月		3.7508	—	4.7511	−0.0557	7.0705	−0.0563
1年		3.7623	+0.0001	4.7314	−0.0559	6.8952	−0.0576
新加坡	(新元)	1.6846	+0.0078	2.1356	−0.0152	3.1831	−0.0111
1个月		1.684	+0.0078	2.1330	−0.0151	3.1744	−0.0105
1年		1.6771	+0.0083	2.1090	−0.0145	3.0736	−0.0105
斯洛伐克	(克朗)	31.9350	+0.4299	40.4840	+0.0740	60.3412	+0.3287
1个月		32.054	+0.4244	40.6021	+0.0673	60.423	+0.3247
1年		33.183	+0.4394	41.7300	+0.0647	60.8145	+0.3026
斯洛文尼亚	(托拉尔)	187.285	+2.0650	237.421	−0.1510	353.875	+1.0590
南非	(兰特)	6.6327	+0.0539	8.4084	−0.0298	12.5326	+0.0011
1个月		6.6744	+0.0504	8.4544	−0.0345	12.5816	−0.0043
3个月		6.7602	+0.0586	8.5488	−0.0259	12.6776	+0.0066
1年		7.1427	+0.0651	8.9825	−0.0234	13.0906	+0.0111
韩国	(韩元)	1164.50	+12.35	1476.24	−1.57	2200.32	+5.65
1个月		1166.65	+13.05	1477.77	−0.62	2199.17	+7.26
3个月		1170.35	+12.85	1479.99	−1.05	2194.77	+6.19
1年		1187.45	+14.55	1493.30	+0.82	2176.24	+8.66
瑞典	(瑞典克朗)	7.2466	+0.0884	9.1865	+0.0050	13.6924	+0.570
1个月		7.2553	+0.0880	9.1901	+0.0048	13.6763	+0.0577
3个月		7.2722	+0.0886	9.1962	+0.0047	13.6376	+0.0548
1年		7.3346	+0.0880	9.2238	+0.0027	13.4421	+0.0499
瑞士	(瑞士法郎)	1.2440	+0.0152	1.5771	+0.0010	2.3506	+0.0099
1个月		1.2432	+0.0153	1.5747	+0.0010	2.3436	+0.0105
3个月		1.2414	+0.0152	1.5699	+0.0009	2.3282	+0.0096
1年		1.2329	+0.0152	1.5504	+0.0008	2.2595	+0.0091
中国台湾	(台币)	33.0700	+0.0250	41.0229	−0.4623	62.4858	−0.4600
1个月		33.03	+0.0750	41.8384	−0.3950	62.2627	−0.3539
1年		32.415	+0.0750	40.7642	−0.3876	59.407	−0.3589
泰国	(泰铢)	39.1800	+0.1700	49.6685	−0.3677	74.0306	−0.2777
1个月		39.195	+0.1750	49.6474	−0.3586	73.884	−0.2566
1年		39.275	+0.1700	49.3912	−0.3689	71.9793	−0.2888
突尼斯	(第纳尔)	1.2139	+0.0119	1.5389	−0.0028	2.2937	+0.0041
土耳其	(里拉)	1331000	+9500	1687309	−7713	2514925	−2335
阿联酋	(迪拉姆)	3.6730	—	4.6563	−0.0550	6.9401	−0.0565
1个月		3.6732	—	4.6527	−0.0547	6.924	−0.0553
1年		3.6755	—	4.6222	−0.0548	6.7361	−0.0565
英国 (0.5292)*	英镑	1.8895	−0.0153	0.6709	−0.0025	—	—
1个月		1.885	−0.0150	0.6720	−0.0025	—	—
3个月		1.8753	−0.0154	0.6743	−0.0024	—	—
1年		1.8326	−0.0153	0.6862	−0.0024	—	—

2月19日	货币	美元 收盘中间价	一天的变化	欧元 收盘中间价	一天的变化	英镑 收盘中间价	一天的变化
乌拉圭	(比索)	29.4150	—	37.2894	-0.4398	55.5797	-0.4514
美国	(美元)	—	—	1.2677	-0.0150	1.8895	-0.0153
1个月		—	—	1.2667	-0.0149	1.885	-0.0150
3个月		—	—	1.2646	-0.0149	1.8753	-0.0154
1年		—	—	1.2576	-0.0149	1.8326	-0.0153
委内瑞拉	(博利瓦)	3157.36	+54.66	4002.58	+22.90	5965.82	+55.64
越南	(盾)	15723.00	-3.00	19932.00	-239.00	29708.60	-247.10
欧盟 (0.7888)	(欧元)	1.2677	-0.0150	—	—	1.4905	+0.0054
1个月		1.2667	-0.0149	—	—	1.4882	+0.0055
3个月		1.2646	-0.0149	—	—	1.4829	+0.0051
1年		1.2575	-0.0150	—	—	1.4573	+0.0050
特别提款权		0.66720		0.84585	-0.0044	1.260800	

汇率来自 WM/路透社在下午 4 时（伦敦时间）发布的现行汇率。*欧元和英镑兑美元的收盘中间价则列于括号内。在欧元和英镑行美元列中的其他数字是在与市场惯例一致的反型。†委内瑞拉政府的官方汇率为每美元 1917.60 的中间价；WM/路透社汇率可用于资本资产估值。有些值由《金融时报》进行了四舍五入。http://www.FT.com 互联网上也提供了该表中的汇率。

欧元锁定汇率：奥地利先令 13.7603、比利时/卢森堡法郎 40.3399、芬兰马克 5.94573、法国法郎 6.55975、德国马克 1.95583、希腊德拉克马 340.75、爱尔兰镑 0.0787564、意大利里拉 1963.27、荷兰盾 2.20371、葡萄牙埃斯库多 200.482、西班牙比塞塔 166.386。

专栏 21.1 《金融时报》中的汇率表

资料来源：《金融时报》2004.2.20

远期市场的抛补

假设在 2004 年 2 月 19 日，英国出口商以 5000000 挪威克朗的发票价格销售货物给挪威顾客。欠款应在 3 个月之后支付。即期汇率为每英镑 13.1667 挪威克朗（见专栏 21.1），决定出售该商品，已在考虑销售货物的出口商想要的销售价格为：

$$\frac{5000000}{13.1667} = 379746 \text{ 英镑}$$

英国公司根据以英镑表示的交易盈利情况做出决定。

然而，汇率在 2~5 月可能会有所不同：大小和波动方向是不确定的。如果英镑兑换挪威克朗的能力加强，那么英国出口商需要等待 3 个月，且在 5 月以即期汇率把收到的美元兑换成英镑，就会造成货币损失。如果说，在 5 月 1 英镑值 15 挪威克朗，那么英国出口商只能得到 333333 英镑：

$$\frac{5000000}{15} = 333333 \text{ 英镑}$$

因货币波动造成的损失为：

  379746 英镑
  333333 英镑
  46413 英镑

如果英镑减弱，比方说，每英镑 11 挪威克朗，货币就会取得收益。如果以即期汇率兑换美元，在 5 月获得的英镑：

$$\frac{5000000}{11} = 454545 \text{ 英镑}$$

货币收益为：

$$454545 \text{ 英镑}$$
$$\underline{379746 \text{ 英镑}}$$
$$74799 \text{ 英镑}$$

与其冒交易中货币方面可能损失的风险，出口商可以决定在出口时（2月19日）在远期市场进行抛补。根据这一安排，出口商承诺在 3 个月内销售 5000000 挪威克朗兑换成英镑（该协议是 2 月 19 日达成在 5 月交付货币）。仅在 2004 年 2 月 19 日有效的 3 个月期远期汇率为每英镑 13.0917 挪威克朗（见专栏 21.1）。该远期合约意味着，出口商应保证在 5 月收到 381921 英镑的货币，不论在这 3 个月内即期汇率以何种方式变化：

$$\frac{5000000 \text{ 挪威克朗}}{13.0917} = 381921 \text{ 英镑}$$

5 月发生的交易如图 21.3 所示。

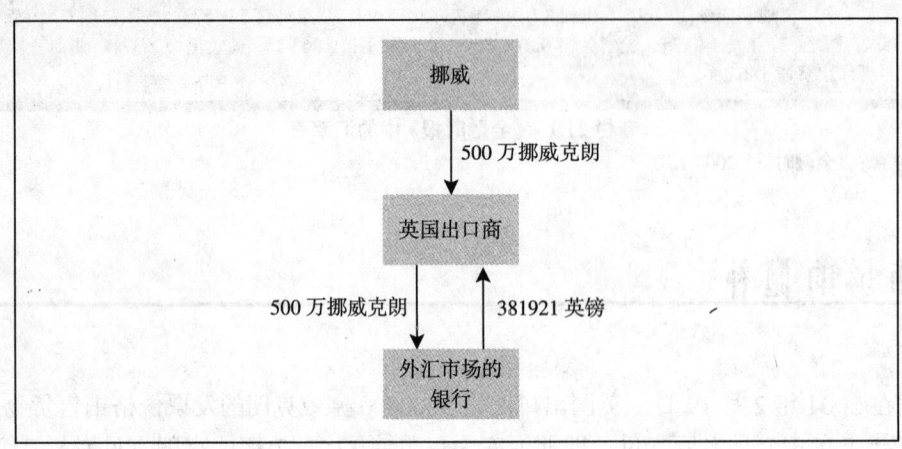

图 21.3　远期市场交易

从一开始出口商就知道在 5 月所能收到的金额（假设无信用风险）。也许，现在回头再看，最好不要使用远期外汇市场，而是以即期汇率兑换美元，也就是说，每英镑 11 挪威克朗。这可能会使该公司获得较大的收入。但今年 2 月进行交易时并不能确定在 5 月时的即期汇率。如果在 5 月即期汇率为每英镑 15 挪威克朗，那么出口商的收益将大为减少。远期市场的抛补是一种保险，可以对获得价值更加确定。

外汇风险的类型

企业在国际市场上进行操作存在三种风险类型：
- 交易风险；

- 折算风险；
- 经济风险。

交易风险

交易风险是指，交易已经开始，或者所交易的公司很可能具有一定数量的外国货币，但由于汇率的波动，本国货币的价值发生变化。

这种风险主要与进口或出口有关。如果公司通过信用交易出口货物，那么在其账户中就包含债务人的金额。如果客户以外币支付，收到的对本国货币的这笔款项具有不确定性。

同样，一个公司通过信用交易进口货物，在其账户中也会包含债权人的金额。如果货价票是以外国货币为单位，最终的以本国货币计算支付的金额取决于外汇的走势。当企业在海外投资，也就是成立新的办事处或工厂，交易风险也会出现。如果建设成本是在一段时间内支付，公司可能要将本国货币兑换为外国货币进行支付。如果汇率遭受波动，所需要的本国货币的数额是不确定的。流回母公司的现金也会带有汇率风险。

雷亚尔货币资产负债表的困顿

乔纳森·惠特利（Jonathan Wheatley）

这是巴西公司异乎寻常的一年。不管他们是否支持当选总统路易斯·伊纳西奥·卢拉·达席尔瓦的竞选运动——其中许多公司是支持的——高级管理人员都感受到了他的选举的影响，即使他到明年1月1号才开始就职。

投资者关注的是，卢拉左派政府——因为他是举世皆知——可能预示着不偿还巴西公司的债务。这导致货币至9月底流出超过40%的价值，也给公司的资产负债表造成沉重打击。

对于大多数大公司，其中许多人借的是美元，但以雷亚尔获得收入，贬值已近乎是灾难性的。

"他们是非常脆弱的，"金融咨询公司Economatica的佛南德·伊克塞尔（Fernando Excel）说，"即使一家公司的债务只有一小部分是未套期保值，如此大规模的货币贬值也会导致巨大灾难。"

在第二季度当雷亚尔开始下滑，许多巴西企业开始套期保值他们的美元债务，正如民意调查所示的卢拉领导的总统竞选。但很少有人想到，雷亚尔会下降到至今。

随着形势的恶化，国际银行开始减少与巴西的接触，套期保值的成本日益高昂。许多结论是结果证明是不正确——套期保值并不够费用。

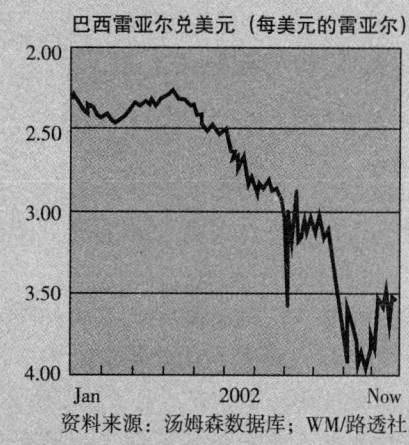

巴西雷亚尔兑美元（每美元的雷亚尔）
资料来源：汤姆森数据库；WM/路透社

米纳斯吉拉斯钢铁公司（Usiminas），巴西最大的钢铁生产商之一，发现第三季度它的销售比上年增长了37%，达到16.8

亿雷亚尔。然而，记录的净亏损为 168 万雷亚尔，因为经营公司，特别是保利斯塔黑色冶金公司（Cosipa）子公司，并没有完全套期保值。

"保利斯塔黑色冶金公司（Cosipa）是该行业中负债对资产比率高的公司之一。套期保值只是变得更加昂贵，"一名圣保罗市的经纪人——联合银行的卡提亚·布鲁洛（Corretora Unibanco）说。

专栏 21.2 雷亚尔货币资产负债表的困顿

资料来源：《金融时报》2002.11.26

此外，当企业借贷外币，定期支付利息和那种货币的本金，他们就具有外汇风险。在 2002 年这个问题困扰了许多巴西公司。他们承诺使用硬性货币（如美元、英镑）还清借款。仅仅是因为他们的货币对硬性货币的贬值，他们的债务就增加了 40%，这已成为一个严重的问题——见表 21.2。

折算风险

折算风险的产生是由于财务数据以一种货币计价，然后用另一种货币表示。在结算日期间这些数字可能受到汇率波动的影响，大大扭曲了可比性。海外业务单位的财务报表通常折算成本国货币，使他们可与本集团的财务报表合并。请注意，这纯粹是基于纸张的东西，它通过折算而来，而不是真正的现金从一种货币转换为另一种货币。如果汇率保持稳定，子公司绩效和和资产状况的比较将会变得很简单。但是，如果汇率波动明显，那么结果可能会受到严重扭曲。例如，科茨（Courts）公司，一家家具和电器零售商，其中有 60% 的海外营业额，它发现，即使在海外销售额按当地货币计算增长了 8%，当数字被折算成英镑时，据报道下降了 4 个百分点。这主要是因为英镑兑美元的增值。见专栏 21.3。

> 这纯粹是基于纸张的东西，它通过折算而来，而不是真正的现金从一种货币转换为另一种货币。

Courts 公司开始限制外汇损失

索菲·巴克雷（Sophy Buckley）报道

Courts 公司昨天发布了圣诞及初冬销售期间令人失望的交易情况并带有全面的战略回顾。

眼前的重点是有消息称，疲软的美元在今年将使利润减少 400 万英镑，以及融资 500 万英镑增加 100 万英镑的借贷成本。

这种情况促使分析师下调了家具和电器集团盈利预测。西摩·皮尔斯（Seymour Pierce）公司把其盈利预测从 2400 万英镑减少至 1400 万英镑，毕森·格雷高里（Evolution Beeson Gregory）公司则从 3000 万英镑减少至 2200 万英镑。

对于这 6 个星期至 1 月 11 日，美元的疲软致使海外利率 8% 的上升变成 4% 的下降。类似的，4% 的销售增长当折算成英镑时就变成了 8% 的下降。

专栏 21.3 Courts 公司开始限制外汇损失

资料来源：《金融时报》2004.1.20

折算风险有两个因素:
- **资产负债表效应** 以外币计价的资产和负债,其以本国货币计算的价值可随外汇市场的变化而波动。例如,如果一家英国公司在汇率为每英镑2.2澳元时在澳大利亚收购100万澳元的资产,这可以进入英国集团的账户且其价值为454545英镑。如果在未来的一年中,澳元兑英镑的价值下降到每英镑2.7澳元,在制定合并账户且资产以年底的现行汇率进行折算时,只值37.037万英镑(1000000/2.7),损失84175英镑。然而,资产换算为澳元的价值根本没有变化。这些"损失",通常是通过资产负债表进行处理。
- **损益表效应** 由于外国子公司的利润折算,货币的变化可能对集团的盈利产生不利影响。Courts公司的实例表明(见专栏21.3),即使子公司的经理们管理得特别好,并以他们所运作的货币计算增加了利润,这种情况往往也会出现。

经济风险

由于外汇波动而造成支付给所有者的现金流量减少,因此一个公司的经济价值可能会下降。这可能是汇率的调整可能减少了国外子公司的长远的现金流量和国内生产(且并不仅仅影响交易暴露中近期的现金流量)。外汇波动削弱竞争地位的方法有两种:
- **直接方法** 如果你公司的本国货币强势,那么外国竞争者就能够以你们的成本为代价得到你的销售额和利润,因为在国内和国外的顾客看来,你的产品更加昂贵(或者你已经减少了差价)。
- **间接方法** 即使你的本国货币不会向不利于客户货币的方向波动,你也可能会失去竞争地位。例如,假设一家南非公司销售到香港,其主要竞争对手是一家新西兰公司。如果新西兰元兑港元贬值,南非的这家公司就失去了竞争优势。

另一种间接影响甚至会出现在那些完全国有化企业中。例如,一家以出口为主的制造厂由于不利的外汇波动而关闭,其周围的咖啡馆和商店可能会受到严重影响。

交易风险的策略

这部分说明的一些策略,可通过着眼于另一种开放于出口商的赊销的方法,来处理交易风险。

假设一家英国公司出口在即期汇率为2.20加元/英镑时向一家加拿大公司出口100万英镑的货物。加拿大公司享有3个月内支付款项的权利,当然在3个月内即期汇率在货物装运时是未知的。该公司该怎么做呢?

以本国货币给客户开发票

绕过汇率风险的一个简单方法是,坚持所有的外国客户以你们的货币进行支付以及以你们的本国货币支付所有进口货物。在这个实例中,加拿大进口商将被要求在3个月支付100

万英镑。

然而,汇率风险并没有消失,它只不过是被转移给了客户。这项策略有一个明显的缺点:你的顾客可能不喜欢这样做,你的产品销路将会减少以及你的客户可能会寻求其他供应商。如果你是一个垄断供应商,你可能会通过该策略逃避风险,但对大多数公司来说这可能行不通。

什么也不做

根据该项策略,英国公司给加拿大公司开具 220 万加元的发票,等待 3 个月,然后以那时任何可用的即期汇率兑换成英镑。或许能获得汇率收益,也许会造成损失。许多公司采用这一策略,并抱着"有得必有失"的态度。由于一些套期保值策略具有费用和其他交易成本,所有该项策略具有一定的意义。

在这里管理者要考虑两点:第一点,他们对较高的现金流量波动的风险厌恶程度,以及股份持有人对外汇收益和损失所造成的收益波动报告的敏感性。第二点,与第一点也有关,就是该交易的规模。如果 100 万英镑占年营业额的比例较大,且比利润还要多,那么管理者可能更担心外汇风险。然而,如果 100 万英镑仅占营业额和利润的一小部分,且该公司有大量的外汇交易,它可以选择节省套期保值成本。

> 预测汇率是一个危险的游戏。

有一个一致的看法,如果预计加元在 3 个月内将会升值,那么什么也不做是可以接受的。要小心。预测汇率是一个危险的游戏,许多专家都出现过严重的错误判断。

净额结算

跨国公司常常在不同的国家设有子公司,销售给该集团的其他成员。净额结算是指,子公司以一种货币结算净额的组织内部货币的债务,而不是总额的组织内部货币债务。例如,一家英国公司可在集团内部转让 70 万加元的净额,而不是要转移 370 万加元的总额(见图 21.4)。

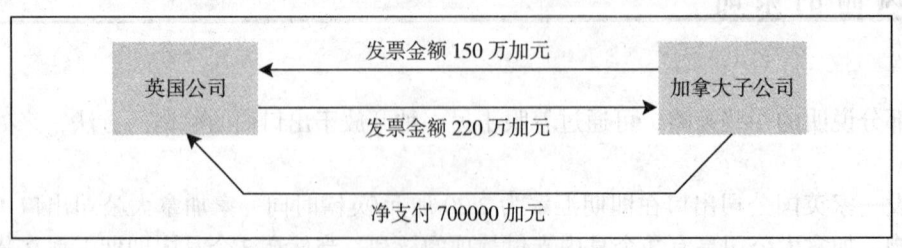

图 21.4 净额结算

通过抵销货币的流入和流出降低货币的流动规模,从而削弱了可能需要套期保值的净风险。它也减少了费用和佣金方面的货币转移的交易成本。

这种类型的净额结算,涉及集团内的两个公司,被称为双边净额结算,并易于操作没有中央财政的干预。但是对于一个组织,其在世界不同地区的众多子公司之间的货币负债形成了矩阵,那么多边净额结算是必须的。在这种情况下通常需要中央财政,可在该公司及其组成部分的整体风险的任何时间点提供知识。子公司须向该集团报告其在海外的交易情况，可以扣除公司内部债务，然后统筹支付。所节省的由银行收取的货币转移费用可能相当多。

配对管理

净额结算仅适用于公司集团内部的转让。配对既可用于集团内部的交易，也可用于那些涉及第三方的交易。该公司对由贸易引起的不同货币的流入和流出进行配对管理，因此，它只需要在外汇市场上对总交易中未配对的部分进行交易。

所以，如果说，加拿大进口商并不是一个集团公司，且英国公司还从另一家加拿大公司进口价值 200 万加元的原料，只需要对冲平衡 20 万加元即可（见图 21.5）。

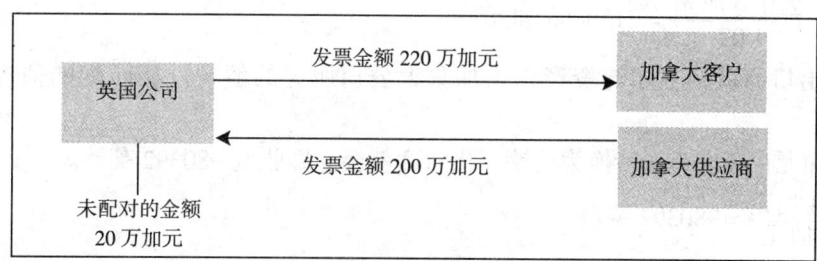

图 21.5　配对管理

当然，净额结算和配对得当，预期的收益和付款时间必须是相同的。

提前与滞后

提前是指从原到期日提前付款。滞后是指超过到期日期的推迟付款。这种加速或延迟付款方法是特别有用的，如果你相信从现在起至到期日汇率将显著波动。

因此，如果英国出口商给一家加拿大公司开具价值 220 万加元的发票，赊销 3 个月，它预计未来 3 个月内加元将会下降，那么它可能会尝试立即获得付款，然后即期汇率兑换成英镑。当然加拿大公司需要事先获得支付的激励，这可以通过提供即时结算折扣来实现。

如果货物进口商预计货币价值会下降，那么他可能试图尽可能地拖延付款。这种情况可以通过协议或过期赊销付款条件予以解决。

期货市场套期保值

虽然提供了其他形式的汇率风险管理策略，但远期抛补是最常用的套期保值方法。双方应达成协议，在将来固定时间内以预定的汇率进行两种货币的兑换。外汇波动的风险就被去除。

因此，如果 3 个月的远期汇率为 2.25 加元/英镑，那么英国出口商可以通过在 3 个月内销售 220 万加元，锁定 977778 英镑的款项。

$$\frac{220 \text{ 万加元}}{2.25} = 977778 \text{ 英镑}$$

这样就不存在外汇汇率风险，因为从进口商收到的加元用兑换成英镑的资金进行了匹配

(其中确实仍然存在进口商不支付的风险,全部或以分期付款方式,以及在外汇市场交易对手不履行其义务的风险)。

货币市场套期保值

货币市场套期保值涉及在货币市场的借款。

货币市场套期保值涉及到在货币市场的借款。例如,出口商在出口时,可以在货币市场借贷3个月期的加元。借贷的金额加上3个月的利息就等于从进口商收到的金额(220万加元)。

如果3个月收取的利息为2%,则合理的贷款金额是为:

220万加元=？加元×(1+0.02)

$$?加元 = \frac{220万加元}{1.02} = 2156863 加元$$

因此,出口商就建立了与资产(由加拿大公司所欠的债务)相匹配的债务(借来的资金)。

借贷的加元在即期市场转换为英镑,出口商就会立即收到980392英镑。

$$\frac{2156863 加元}{220万加元} = 980392 英镑$$

出口商已去除了外汇风险,因为它现在持有英镑现金。

3个月后从进口商收到的220万加元正好完全匹配的未偿债务:

借贷金额+利息=期末的欠款

2156863加元+2156863加元×0.02=220万加元

980392英镑的款项为19608英镑,低于原先预计的100万英镑。

然而,如果在3个月前收到该款项,可以赚取利息。

在货币市场套期保值的步骤如下:

(1)给客户开220万加元的发票。

(2)借款2156863加元。

(3)现在在现场出售2156863加元以获得美元。

(4)在3个月内从顾客那里收到220万加元。

(5)支付出借者220万加元。

进口商也可以利用货币市场进行套期保值。因此,一家瑞士公司进口日本汽车在3个月内以日元付款,它现在可以借入瑞士法郎并以即期汇率将该资金转换成日元。把这笔钱存入银行以赚取利息,其结果是,经过3个月后的本金加利息就等于发票金额。

期货

外国货币期货合约是一项协议。根据该协议,把一定数量的某种货币在固定的未来日期内以预先确定的价格兑换成另一种货币。期货在许多方面类似于远期。但是,它们是在受监管交易所进行的标准化合约。在货币数量和交付日期方面,远期可用一系列的货币度身订造,而期货只用于有限范围的货币和一些具体的远期时间。

芝加哥商品交易所(CME)和纽约金融交易市场(纽约期货交易所)运作期货市场所用

的货币有：美元/英镑、美元/日元、美元/瑞士法郎、美元/欧元。单个期货合约是货币数量固定的合约。例如，在芝加哥商品交易所的英镑合约为 62500 英镑。不可能买进或卖出比该数更小的金额，也不可能交易该数值的整数倍以外的金额。在芝加哥商品交易所（CME），购买英镑期货合约就是承诺交付一定数量的美元而获得 62500 英镑的金额。2004 年 2 月 19 日芝加哥商品交易所在 3 月下旬和 6 月（在这之间没有）为交货合约进行了报价——见专栏 21.4 的最后两行。例如，6 月的合约价格为 1.8766（即"开盘"列显示的 2 月 19 日的开盘汇率）。这意味着，如果你买了一份合同，那么你就承诺以每英镑 1.8766 美元的价格购买 62500 英镑，且你将在 6 月下旬收到该项资金，交付的金额为 117287.50 英镑。如果你以 1.8766 的汇率卖出一份合约，那么你就要交付 62500 英镑的资金，获得 117287.50 美元的资金。

货币期货

2月19日		开盘	最新	变化量	高点	低点	当天成交量	未平仓数
欧元-英镑 *	3月	0.6730	0.6713	−0.0020	0.6726	0.6714	513	11894
欧元-美元 *	3月	1.2710	1.2690	+0.0010	−	0.0000	302	734
欧元-日元 *	3月	135.15	135.99	+0.72	135.48	135.48	859	10652
美元-加元↑	3月	0.7550	0.7522	−0.0016	0.7557	0.7483	7658	58873
美元-欧元↑	3月	1.2690	1.2692	−0.0004	1.2728	1.2639	14112	114529
美元-欧元	6月	1.2674	1.2662	−0.0004	1.2695	1.2611	195	1980
美元-瑞士法郎↑	3月	0.8061	0.8056	−0.0012	0.8085	0.8026	5116	46593
美元-瑞士法郎↑	6月	0.8090	0.8074	−0.0012	0.8091	0.8045	27	433
美元-日元↑	3月	0.9377	0.9330	−0.0044	0.9412	0.9313	11921	146746
美元-日元↑	6月	0.9421	0.9357	−0.0044	0.9426	0.9343	106	9110
美元-英镑↑	3月	1.8860	1.8911	+0.0077	1.8944	1.8831	3835	69250
美元-英镑↑	6月	1.8708	1.8766	+0.0076	1.8801	1.8695	17	553

资料来源：* 纽约金融交易所；英镑：€100000，美元：€200000 以及日元：€100000。† 芝加哥商品交易所：加元：C$100000，欧元：€125000；瑞士法郎：SFr125000；日元：Yen.5m（$ 每 100 日元）；英镑：£62500。
芝加哥商品交易所交易量，高点及低点是抛售时人工喊价及电子交易的货币期货；所示的合约是根据 2001 年的交易量。

专栏 21.4 芝加哥商品交易所和纽约金融交易所的货币期货
资料来源：《金融时报》2004.2.20

一个公司使用货币期货进行套期保值通常会试图具有一个期货头寸，其应具有一个平等的和相反的利润，用于基本交易。常见的期货头寸将在交割支付前关闭，给予现金利润或亏损，以抵消现货市场的利润或亏损（关于期货的更多细节见第 20 章）——尽管货币实物交割是可能的。例如，如果一家美国公司在 2 月出口价值为 62500 英镑的货物给一家英国公司，赊销 4 个月，在 6 月下旬支付，而目前的即期汇率为 1.8895 美元/英镑，那么外汇风险就会存在。如果 6 月的期货以 1.8766 美元/英镑的价格进行交易，出口商的头寸可通过在芝加哥商品交易所抛售 1 英镑的期货合约进行套期保值。

如果在 6 月，英镑兑美元的价值降至 1.60 美元/英镑，计算如下：
当在 6 月以即期汇率转化成美元时从客户那里
　　收到的 62500 英镑的价值（62500 英镑 × 1.6）　　　　　　　100000 美元

在汇率恒定为 1.8895 美元/英镑时的金额	<u>118094 美元</u>
外汇损失	18094 美元
但是在期货合约上获得了抵消增益	
以 1.8766 美元/英镑的汇率的售价（62500 英镑 × 1.8766）	117288 美元
在 6 月以 1.60 美元/英镑的汇率购买（62500 英镑 × 1.60）	<u>100000 美元</u>
期货增益	17288 美元

或者出口商也可以简单地把从进口商收到的 62500 英镑转交给芝加哥商品交易所以换取 117288 美元的回报（请注意，在 6 月外汇期货合约利率都集中在期满时的即期汇率，例如 6 月下旬的 1.60 美元/英镑）。

上面的实例并不能实现完美的套期保值，因为期货合约的增益并没有完全抵消基本头寸（即从英国客户收到的英镑）。因为它们的标准化性质，利用期货完美的套期保值通常是不能得到的。也许需要套期保值的金额并不等于合约的所有金额，例如 10 万英镑，或基础交易在 11 月进行（当没有期货可用时）。

> 因为它们的标准化性质，利用期货完美的套期保值通常是不能得到的。

当在纽约金融交易所进行交易时，实践证明期货在英国并不非常流行。这主要是因为存在更加灵活和方便的货币套期保值方式，例如远期和货币期权。

货币期权

将在本章讨论的最后可能用于减少外汇交易风险的做法是利用货币期权市场。

货币期权是一种合约，它可赋予买方（即持有人）权利，但不是义务，在一个特定的未来日期，以特定的汇率（执行价）购买或出售一定数量的货币。

> 看涨期权可赋予购买特定货币的权利。
> 看跌期权可赋予卖出某种货币的权利。

如果选择权买方选择行使权利，那么选择权卖方可保证以预定汇率交换货币。由于选择权卖方承担了风险，所以选择权买方必须支付保费给选择权卖方——通常是在选择权购买后的两个工作日内（有关期权的更多细节请参照第 20 章）。

《金融时报》所示的货币期权保费为美元和欧元，美元/日元及美元/英镑之间的货币汇率的保费——见专栏 21.5。此数据取自芝加哥商品交易所（CME）的交易系统。对于美元/英镑的看涨期权，买方有权利但没有义务为美元购买英镑。该看涨期权的持有者具有开放给他/她自己的一些可能的汇率。《金融时报》（1.8700~1.9000 美元/英镑）所示的汇率仅代表可能汇率的一小部分。该表所显示的应缴纳的保费是以美分/英镑定价。一个合约的价值为 62500 英镑，你在交易时只能购买合约的整数。如果你购买了 4 月到期的 1870 看涨期权，那么你将支付每英镑 2.64 美元的保费（可支付的总保费为 0.0264 美元 × 62500 = 1650 美元）。赋予你的权利是，你可在 4 月以 1.8700 美元/英镑的汇率用美元购买英镑。请注意，一个不太有利的汇率，例如 1880，只能赢得较低的保费，只有每英镑 2.16 美分。

购买看跌期权可赋予你卖出英镑以获得美元的权利，而不是义务。同样的合同的金额为 62500 英镑。

货币期权

■ 美元/欧元期权（芝加哥商品交易所）

执行价	看涨期权			看跌期权		
2月19日	3月	4月	5月	3月	4月	5月
12500	2.44	3.03	—	0.46	1.35	—
12600	1.72	2.46	—	0.82	1.80	—
12700	1.15	1.95	—	1.32	2.21	—
12800	0.74	1.48	2.00	1.80	2.86	—

前一天的数据：交易量，2359；看涨期权，5250，看跌期权，7609；未平仓合约数量，80162。资料来源：路透社/芝加哥商品交易所

■ 美元/日元期权（芝加哥商品交易所）

执行价	看涨期权			看跌期权		
2月19日	3月	4月	5月	3月	4月	5月
9200	1.50	2.38	2.58	0.19	0.46	0.58
9300	0.87	1.65	—	0.47	0.78	1.00
9400	0.31	1.02	—	0.96	1.09	1.40
9500	0.12	0.61	—	1.43	1.90	—

前一天的数据：交易量，1742；看涨期权，1033，看跌期权，2775；未平仓合约数量，43064。资料来源：路透社/芝加哥商品交易所

■ 美元/英镑期权（芝加哥商品交易所）

执行价	看涨期权			看跌期权		
2月19日	3月	4月	5月	3月	4月	5月
1870	2.48	2.64	—	0.71	2.74	—
1880	2.16	2.26	—	1.14	—	—
1890	1.44	1.90	—	1.56	—	—
1900	1.24	—	—	2.74	—	—

前一天的数据：交易量，1007；看涨期权，278，看跌期权，1285；未平仓合约数量，11826。资料来源：路透社/芝加哥商品交易所

专栏 21.5 《金融时报》所示的货币期权

资料来源：《金融时报》，2004.2.20

根据合约，美元/欧元的看涨期权和看跌期权的保费是以美分/英镑进行定价。一个合约的价格是 250000 欧元。日元合约有所不同，它的保费是以美分/100 日元进行定价。每个合约的价格是 1250 万日元。

芝加哥商品交易所比《纽约时报》引用更多汇率的期权价格——见 www.cme.com。

期权与远期相比的关键的优势是没有购买或出售的义务。完全由期权购买者决定是否行使期权以及是否决定坚持以执行价进行交易或让期权终止。

使用远期可以对外汇汇率的有利和不利波动进行套期保值。这意味着，在你承诺于远期合约时，如果汇率发生有利于你的波动，你也不能利用这一波动的任何优势。从上面我们可以看到，如果远期汇率为 2.25 加元/英镑，那么出口商在 3 个月内将获得 97778 英镑，所以出口商希望放弃协议以 2.25 加元/英镑的汇率出售美元，但由于法律承诺，他不能这样做。如果加拿大公司放弃这一交易并以即期汇率进行交易，在它支付后出口商将获得收入为：

$$\frac{220\text{万加元}}{1.9} = 1157895 \text{ 英镑}$$

这是一笔额外的 180117 英镑收入。

期权可以允许：

- 对不利的货币波动进行套期保值；以及
- 从有利的货币波动中获得利润。

范例 21.1

货币期权合约

现在，可以想象，英国公司财务主管买了 3 个月期的英镑看涨期权进行套期保值，赋予的权利但不是义务，在 2 月向加拿大公司交付货物时，有权以 2.25 加元/英镑的执行价交付加元，兑换英镑。

为了诱使银行做出承诺按照期权持有人的委托进行交易，需要预先支付保费。假设所涉及的数量为 2%，该笔不可退还的保费为 0.02 × 2200000 加元 = 44000 加元，应在期权交易达成后两个营业日内支付。

3 个月后

进口商在到期交付加元。财务主管现在必须决定是否行使权利，以 2.25 加元/英镑的汇率将这些加元兑换为英镑。让我们考虑两个方案。

方案 1

美元兑换英镑的汇率已增到 1.9 加元/英镑。如果财务主管行使权利，以 2.25 加元/英镑的汇率进行交易，那么英国公司将获得：

$$\frac{2200000 \text{ 加元}}{2.25} = 977778 \text{ 英镑}$$

如果财务主管采取另一种措施，并让该期权失效——"放弃权利"——在即期市场上兑换加元，将获得的金额为：

$$\frac{2200000 \text{ 加元}}{1.9} = 1157895 \text{ 英镑}$$

显然，在这种情况下，最好的做法就是不兑现期权，但是以即期汇率进行交易。请注意，由于早期支付的 44000 加元保费，这种做法的收益有些许的减少。

方案 2

现在假设美元兑换英镑的汇率已减弱到 2.5 加元/英镑。如果财务主管联系银行（期权卖方），以确认出口商希望兑现期权，财务主管将安排向银行交割 220 万加元，获得 977778 英镑的回报。

$$\frac{2200000 \text{ 加元}}{2.25} = 977778 \text{ 英镑}$$

另一种做法是放弃期权，在即期外汇市场上抛售 220 万加元，这种做法是没有吸引力：

$$\frac{2200000 \text{ 加元}}{2.25} = 880000 \text{ 英镑}$$

同样，期权保费需要予以扣除，以提供更全面的了解。

使用期权，所发生的最坏的情况是，出口商仅收到977778英镑，较少的保费。不过，升值潜力是不受约束的。

在证券交易的场外市场上（与银行直接交易），期权合约一般用于100万美元以上的金额，例如，在芝加哥商品交易所1份合约的价格为62500美元。使用经交易所进行的衍生工具的缺点是可用货币范围较小和不能度身订造套期保值头寸。

专栏21.6讨论了一些财务主管和分析师对外汇风险套期保值的态度。

套期保值还是不套期保值

有一系列的期货、互换和货币期权可供选择

西蒙·库珀（Simon Kuper）

为了实现出口15%的增长，公司可能要付出大量的心血、汗水和泪水。但是，当它把其外汇收入转换成本国货币时，就要碰上一件非常糟糕而震惊的事。如果本国货币已上升了15%，所有的额外利润都会被毁掉。

这种现象被称为货币风险。公司的财务主管，为公司管理的风险的人员，现在过着比10年前更为复杂的生活，约翰先生——罗斯特伦·帕里（Rostron Parry）公司的董事——金融市场和衍生工具的专业顾问说。

10年前，财务主管进行风险套期保值所做的事情很少超过购买货币远期所做的事情——也就是说，现在设定一个他同意在未来一段时间内购买货币的价格。现在有一系列的期货、互换和货币期权可供选择。

也许是增长最快的套期保值形式是货币期权。它赋予公司在未来一段时间内以设定的价格购买或出售货币的权利。这可能要花费用户购买货币所用英镑数额的4%。

但是，甚至财务主管在研究风险套期保值方法前，他们都面对一个大问题：他们应该这么做吗？有些公司没有选择套期保值，而是选择忍受货币风险。他们认为，虽然汇率会波动，但有时对他们是有利的。举例来说，如果英镑下跌，当英国公司把外汇收入转换成英镑时，他们会发现其外汇收入的价值反而上升了。如果已经套期保值，这意味着就会失去这些丰厚的收益。

近年来，英国和美国公司通过把他们的货币置于未套期保值的风险中，使他们大多获得了增益，这是由于英镑和美元趋于下降。但是近几个月来当英镑飙升打击了英国出口商时，这种情况发生了逆转。根据外汇顾问提供的情况，大多数公司从来没有进行套期保值。许多公司的利润被分拆。

货币风险套期保值的批评者经常引用那些涉足衍生工具而栽跟头的公司。联合里昂斯公司——英国的一家食品公司——在1991年由于货币期权持头寸发生错误而失去了1.5亿英镑。加州奥兰治县，比利时政府，巴林银行的不幸的利森也是没有购买衍生工具的广告。"在圆桌周围提到'衍生工具'这个词，每个人都会打冷颤，"杰里米·瓦格纳先生，英国财资管理协会秘书长说。

根据银行家提供的情况，联合里昂斯公司事件使英国公司比他们在法国、美国和斯堪的纳维亚的对手更担心他们的衍生物。即使是像英国钢铁公司这样的大型公司也自豪地宣称，它从来没有使用货币期权。"我们不喜欢任何需要高度技巧的东西，"它说，"我们只买简单的远期。"

"英国以外的公司往往把他们的货币管理作为利润中心，"莉萨·达尼诺女士，美国银行的一名销售人员说。她还补充说：在复杂程度方面，英国的不少企业比较落后。

小企业往往是那些最害怕套期保值的公司。"他们往往没有财务主管以及没有关于这个问题的想法，"瓦格纳（Wagener）先生说。马克·斯蒂法诺（Michele di Stefano）先生，巴克莱德胜的外汇销售主管说："在大多数情况下，财务业务的人员配备不足。"即使自己了解复杂的套期保值产品的财务主管，必须能够向他们的董事解释这些产品，往往也是一个棘手的任务。客户也不能总是信任银行给予他们公正推荐衍生工具。毕竟银行也在试图出售自己的产品。比尔·麦克拉斯基（Bill McLuskie）先生，英国金丝雀码头有限公司的财务主管声称：我认识一些银行家，他们说："考虑到一些财务主管的水平，联系他们是很容易。"

麦克拉斯基（McLuskie）先生和瓦格纳（Wagener）先生仍然鼓吹货币风险套期保值的优点。"一家公司购买的最主要的东西是肯定的，"他们说。其现金流的停止与开始不再取决于外汇市场波动的方式。"套期保值就是买保险，"瓦格纳（Wagener）先生说。风险厌恶型公司应当进行套期保值，但风险偏好型公司可以考虑不这样做。

"许多人注重购买货币衍生工具，如'投机'，"麦克拉斯基（McLuskie）先生说。事实上，他认为，事实恰恰相反。不购买这些产品就是在外汇市场上投机。且大多数公司都没有特别深入了解货币波动的方式。帕里先生说："你作为商品生产者，服务工作并不是猜测外汇市场。"

帕里先生说："最终的问题是当市场到处波动时，你定位在什么样的价值下你能够在晚上睡得着觉。"

专栏 21.6　套期保值还是不套期保值

资料来源：《金融时报》1997.4.8

折算风险管理

通过配对平衡资产和负债的货币，可以降低折算风险对资产负债表的影响。例如，格拉福特（Graft）股票上市有限公司已决定将在美国开拓 19000 万美元的项目。融资的方法之一，这是借贷 100 万英镑，然后以当前 1.9 美元/英镑的汇率把它兑换成美元。这样在年初进入合并账户的额外款项如范例 21.2 所示。

> **范例 21.2**
>
> **折算风险**
>
> **期初资产负债表**
>
> | 债务 | | 资产 | |
> |---|---|---|---|
> | 贷款 | 1 亿英镑 | 美元资产 | 1 亿英镑 |
>
> | 债务 | | 资产 | |
> |---|---|---|---|
> | 贷款 | <u>1 亿英镑</u> | 美元资产 | <u>1 亿英镑</u> |
> | | 1 亿英镑 | | 8261 万英镑 |
> | 外汇损失 | −1739 万英镑 | | |
>
> 　　用另一种方法，格拉福特（Graft）股票上市公司可以通过美元贷融得起美元资产。因此，当美元贬值，在折算成英镑计价时无论是资产价值还是债务价值都会变得更少。
>
> 　　现在想象，在未来的一年中，美元兑换英镑贬值到 2.30 美元/英镑。在合并分类账户中仍有 1 亿英镑的贷款，但用该贷款购买的资产，尽管仍然值 19000 万美元，但在折算成英镑后总价值仅为 8261 万英镑。以母公司的货币计算，1739 万英镑需要注销：
>
> | 债务 | | 资产 | |
> |---|---|---|---|
> | 贷款 | 1 亿英镑 | 美元资产 | 1 亿英镑 |
>
> **年终资产负债表**
>
> | 债务 | | 资产 | |
> |---|---|---|---|
> | 贷款 | 8261 万英镑 | 美元资产 | 8261 万英镑 |
>
> 没有要处理货币损失。

对范例 21.2 载明的解决方法的条件约束是，一些政府坚持认为在他们国家内获得的资产的一部分应由母公司提供资金。另一个条件约束是，在一些国家的金融市场不够发达，不允许大规模借贷。

许多经济学家和企业经理人认为折算套期保值是不必要的，因为翻译的对冲，在一段时间内平均计算，外汇波动造成的收益及损失，甚至会平衡为零。专栏 21.7 考虑了大多数公司对利润折算风险没有采取任何套期保值措施的原因。

当套期保值不是财务主管的问题时

理查德·亚当斯（Richard Adams）

　　由于半年公司报告季节已经开始进行，所以也有来自英国公司的抗议认为，英镑的坚挺正在削减利润。

　　英国氧气公司，一家天然气生产商预计，由于把外汇收入折算成英镑的成本，英镑的偿付增加在过去 1 个月内将使其每年的利润削减 4600 英镑。

　　但是，正如最近写给《金融时报》的一

封信问道,英国公司通过对他们的货币风险进行套期保值,利用金融工具,防止汇率波动,确实能够避免这些问题吗?

事实上,出口商使用的一些技术可以降低货币风险。例如,某工程公司出口机械到德国,可以用英镑定合约的价格,把汇率风险转移给客户。出口商也可以购买未来日期固定汇率的远期合约。

记录财务管理,一家伦敦顾问公司所做的未发表的公司财务主管调查发现,77%的受访者使用货币远期合约和其他衍生产品。

但是RTM的首席执行官哈尔平(Les Halphin)表示,虽然许多公司很高兴使用衍生工具来对其现金头寸进行套期保值,几乎没有人准备使用类似的金融工具来保护海外盈利。

结果是拥有大量海外业务的,如英国氧气公司、帝国化学工业集团、路透社,已报道在转换外币收益时产生了外币折算损失。帝国化学工业集团说,由于英镑的急速上涨,中期税前利润下降了9000万英镑。这可归于把3000万英镑的折算。

那么为什么不利用衍生工具来对折算费用进行套期保值呢?根据Halpin先生的说法,英国的公司很少这样做,因为他们往往不相信它们。

RTM的调查发现,30%的财务主管说"复杂"是使用衍生性工具的主要风险。"大多数公司高管认为,他们要得到的套期保值是由他们的财务主管进行处理的东西,"一名市股票分析师抱怨说。

另有35%的财务主管说,"缺乏控制"是一种重要的风险——担心尼克·里森精神可能隐藏在财务部新毕业实习生的心理。由于期货的利润水平是未知的,所以决定套期保值多少是一个障碍。

山特维克(Sandvik)——一家瑞典的工业集团,最近陷入了货币套期保值中,因为它报道,上半年的利润下降了18%。在这种情况下,克朗的疲软意味着其套期保值的头寸遭到了损失。

英国金融董事不愿进行套期保值有几个原因。折算中的利润损失通常为"账面损失"——它只有在利润折算成英镑时才产生损失。且在资产负债表上代表的衍生工具有复杂的会计问题,特别是金融工具跨越数年。

但最重要的限制条件可能是心理上的问题。

如果一位公司的财务主管获得许可,对海外收入进行套期保值,以及货币的折算也会使得套期保值并不必要,那么成本和做出决定的责任就可以很容易的识别,但如果财务主管决定不进行套期保值,然后该公司在外汇市场中,处于无人负责的天灾中。

具有讽刺意味的是,许多公司财务主管很乐意让他们的组织涉足货币投机——尽管没有任何人比财务主管能更好地预测汇率走势。

在1996年,RTM要求他们预测英镑兑换德国马克在一年时间内的汇率。答复的最高汇率是2.50德国马克。1年后,英镑上升到超过3.02德国马克——比平均预测值2.40德国马克高出25%。

套期保值不能保护一个公司免受长期的货币走势的影响。英国钢铁公司的财务总监约翰·雷诺克斯(John Rennocks)说:"套期保值是任何出口商的业务活动的重要组成部分,但只能延缓急剧货币波动的影响。"

但是,哈尔平(Halpin)先生说,判断正确的套期保值可以给公司提供"喘息空间",使之在感觉到货币波动的全面影响之前能够做出决定转移产品或资源。

专栏21.7 当套期保值不是财务主管的问题时

资料来源:《金融时报》1997.8.18

经济风险管理

经济风险涉及长期外汇走势对企业的竞争和增值能力的影响。这些影响非常难以预先估计，这赋予了它们的长期性，因此，所介绍的交易风险的套期保值技术使用性有限。在某种程度上，远期市场也可以使用，但对大多数货币只能短期延长。也可以采用相配原则，其中海外资产应尽可能地与海外负债相配。使公司远离经济风险的主要方法是，用一种方法使公司处于一种能保持最大的灵活性的位置——使其能够根据可能给公司造成损害的外汇汇率变化做出反应。在国际上一个多元化的公司可能比总部设在一个或两个市场的公司具有更大程度的灵活性。例如，在许多国家具有生产设施的公司可以把其产品转移到那些汇率变化有利的工厂。在这里国际汽车装配公司相对纯粹的国内生产者具有一定的优势。

外汇的变化可能会影响原材料和其他投入的成本。在采购物资中保持灵活性，公司可以通过慎重策划业务，以便能够低成本、快速地更换供应商，实现竞争优势。

> 外汇的变化可能会影响原材料和其他投入的成本。

在决定在哪个国家推出一项广告活动时跨国公司可能考虑到了外汇的波动。例如，在一个最近货币迅速贬值的国家，增加营销花费，使国内生产的同类产品相对便宜，这种做法可能是毫无意义的。预先计划对货物定价有关的外汇波动的反应，以便能迅速采取行动，这种做法也可能是明智的。例如，一家英国公司出口货物到挪威，当时英镑处于上升趋势，它可以保持以英镑计价的产品价格，以维持利润，并且面对市场份额潜在的损失，或降低英镑价格维持克朗交割保持不变，从而保持其市场份额。做好准备可避免下意识的错误决定。在2003年当欧元兑英镑的价高时，标致—雪铁龙（PSA Peugeot Citron）选择减少在英国的销售额，而不是选择降低价格。

> 做好准备可避免下意识的错误决定。

应急计划的原则可允许对外汇变化快速做出反应，适用于市场和生产策略的许多方面。这种观念与第20章所描述的实物期权的概念有联系。可转换供应和产品来源或改变市场营销重点的期权可能有很高的价值。尽管建立一个适应的组织，而不是专门的固定的组织的成本较高，但在世界局势不明朗的情况下，可转换期权要值钱得多。

专栏21.8介绍了一些英国公司通过在一系列国家设立生产经营活动降低经济风险所做的一些措施。

公司策略的检验

彼得·马什（Peter Marsh）

工业消声器公司的美国雇员，温彻斯特企业，在制造隔音罩用于安装在喷气测试中心和发电站方面出于领先地位，可能很快将成为美元疲软的受益者之一。

该公司的首席执行官布莱恩·科维朗登（Brian Quarendon）说，他正在考虑把防噪音产品的制造转向拉丁美洲和加勒比的纽约工厂，以满足美国公司比英国和欧洲大陆公司的工厂更便宜的强劲需求。我们希望在未来两年在中东地区成立另一家价值2500万美元的企业。"美元移动的方式，我预计大多数产自美国，"科维朗登（Quarendon）先生说。

LAC对美元脆弱性的反应说明了公司经理的考虑问题的方式改变了他们的策略，现在的想法是现在这几年货币相对稳定似乎要结束了。如果美元继续下跌，欧元保持其新发现的鲁棒性，这种情况还会给英国企业多少机会去改变他们的经营方式呢？

从短期来看，获胜者是英国出口到欧洲其他国家的一些公司。失败者是那些向美元计价地区销售的公司，包括中国和在东南亚的其他国家。

但根据大卫·李先生（David Lees）所述，吉凯恩（GKN）工程集团的董事长的观点，许多英国公司分布如此国际化，以至于他们不可能紧跟着短期货币转化而再做出很大的策略变化。

"在GKN的情况下，我们绝不会决定把我们在德国工厂的生产转到美国，理由是美元已疲软，"大卫先生说，"在6个月内，情况可能会发生逆转，我们又不得不转回来了。"

帝国化学工业公司的实例表明，全球化战略可提供内置的货币波动保护。20年前，大陆的任何英镑兑欧洲货币的任何突然疲软将会推动ICI的发展，当时仅是一个大型日用化学品制造商，在全球销售，主要产于英国。今天，帝国化学工业集团（ICI）主要产品为小体积、高价值的材料，由世界各地的工厂生产。因此，该公司表示，美元的疲软对其寻求如何运行其业务影响很小。

JCB，英国最大的工程机械制造商，是另一个例子。直到4年前，公司所有的工厂都设在英国，使其业务更多地暴露于汇率变化的风险之中。杰西博工程机械有限公司（JCB）现在有几个工厂设在英国以外，包括一家雇用200名工人的美国工厂。

在一定程度上我们可以预测我们在过去几个月里看到的美元疲软的变化，约翰·帕特森，JCB的行政长官说："拥有我们自己的美国工厂使我们在货币以意想不到的方式波动时处于一个更好的位置进行回应。"

在过去的几年中，许多英国的制造商也从欧洲大陆的公司购得更多的零部件，利用当时欧元相对疲软进行资本化。

由于英国工业通过这种方式已经把它们的货币波动风险分散开，哈里·罗林森，肯特的淋浴制造商的总经理表示，由于英镑兑欧元强势或弱势，英国工业是否处于最大利益是现在一个争论未决的问题。

如果英国工业比以往具有较少的理由担心货币波动，大部分工业管理人员认为，这是它应该是这样；而不是把时间花在为跌宕起伏的货币烦恼，他们可以在更好地制造和销售产品方面获得成功。

专栏 21.8　公司策略的检验

资料来源：《金融时报》2004.1.10/11

结　论

管理者必须意识到，并对他们公司遭受到的风险进行评估。由于汇率在一段时间内的波动而产生的风险是管理者要考虑的最重要的事情之一。一旦知道风险的程度，经理则需要判断，如果有的话，需要对此采取什么样的措施。有时对公司的威胁和股东的回报是如此之大，以至于被称为强健风险——减少行动。在其他情况下，套期保值成本可能大于效益。分析和评估问题的严重程度和权衡替代应对措施时，管理判断就凸显出来了。

> 管理者必须意识到，并对他们公司遭受到的风险进行评估。

衍生工具市场和货币市场的知识，以及柔性制造、营销和融资结构所需的知识，是一些有用的经历，但所需要的关键的管理技巧是评估公司风险以应付外汇风险的能力。

有时需要的能力是，不介入亏损，客观地评估每一个降低风险期权的成本并且说："不，这个风险现在要采取措施，因为根据我的判断风险管理的成本使股东财富少量降低。"

网　址

www.bis.org	国际结算银行
www.bloomberg.com	布隆伯格公司
www.reuters.com	路透社
www.ft.com	金融时报
www.bankofengland.co.uk	英国银行
www.ecb.int	欧洲中央银行
www.nybot.com	纽约期货交易所（FINEX）
www.cme.com	芝加哥商品交易所

注　释

1. It is also shortened to FX.

2. The figures for 2004 will be published by the Bank For International Settlements in its triannual survey in the autumn/winter of 2004. See www.bis.org.

3. The *Financial Times* takes a representative sample of rates from major dealers in London at 4 p.m.

4. If we ignore the marketmakers' bid/offer spread and transaction costs.

5. The CME and FINEX trades later months than those shown by the FT, but these, again, are usually at three-month intervals.

6. With some currency option contracts the exercise can take place any time up to the expiry date, rather than only on the expiry date.

7. Assuming, for the sake of simplicity, no diminution of asset value in dollar terms.

附录 I 复利终值系数表

利率 (%)

时期	1	2	3	4	5	6	7	8	9	10	11	12	13	14	15	
1	1.0100	1.0200	1.0300	1.0400	1.0500	1.0600	1.0700	1.0800	1.0900	1.1000	1.1100	1.1200	1.1300	1.1400	1.1500	1
2	1.0201	1.0404	1.0609	1.0816	1.1025	1.1236	1.1449	1.1664	1.1881	1.2100	1.2321	1.2544	1.2769	1.2996	1.3225	2
3	1.0303	1.0612	1.0927	1.1249	1.1576	1.1910	1.2250	1.2597	1.2950	1.3310	1.3676	1.4049	1.4429	1.4815	1.5209	3
4	1.0406	1.0824	1.1255	1.1699	1.2155	1.2625	1.3108	1.3605	1.4116	1.4641	1.5181	1.5735	1.6305	1.6890	1.7490	4
5	1.0510	1.1041	1.1593	1.2167	1.2763	1.3382	1.4026	1.4693	1.5386	1.6105	1.6851	1.7623	1.8424	1.9254	2.0114	5
6	1.0615	1.1262	1.1941	1.2653	1.3401	1.4185	1.5007	1.5869	1.6771	1.7716	1.8704	1.9738	2.0820	2.1950	2.3131	6
7	1.0721	1.1487	1.2299	1.3159	1.4071	1.5036	1.6058	1.7138	1.8280	1.9487	2.0762	2.2107	2.3526	2.5023	2.6600	7
8	1.0829	1.1717	1.2668	1.3686	1.4775	1.5938	1.7182	1.8509	1.9926	2.1436	2.3045	2.4760	2.6584	2.8586	3.0590	8
9	1.0937	1.1951	1.3048	1.4233	1.5513	1.6895	1.8385	1.9990	2.1719	2.3579	2.5580	2.7731	3.0040	3.2519	3.5179	9
10	1.1046	1.2190	1.3439	1.4802	1.6289	1.7908	1.9672	2.1589	2.3674	2.5937	2.8394	3.1058	3.3946	3.7072	4.0456	10
11	1.1157	1.2434	1.3842	1.5395	1.7103	1.8983	2.1049	2.3316	2.5804	2.8531	3.1518	3.4785	3.8359	4.2262	4.6524	11
12	1.1268	1.2682	1.4258	1.6010	1.7959	2.0122	2.2522	2.5182	2.8127	3.1384	3.4985	3.8906	4.3345	4.8179	5.3503	12
13	1.1381	1.2936	1.4685	1.6651	1.8856	2.1329	2.4098	2.7196	3.0658	3.4523	3.8833	4.3635	4.8980	5.4924	6.1528	13
14	1.1495	1.3195	1.5126	1.7317	1.9799	2.2609	2.5785	2.9372	3.3417	3.7975	4.3104	4.8871	5.5348	6.2613	7.0757	14
15	1.1610	1.3459	1.5580	1.8009	2.0789	2.3966	2.7590	3.1722	3.6425	4.1772	4.7846	5.4736	6.2543	7.1379	8.1371	15
16	1.1726	1.3728	1.6047	1.8730	2.1829	2.5404	2.9522	3.4259	3.9703	4.5950	5.3109	6.1304	7.0673	8.1372	9.3576	16
17	1.1843	1.4002	1.6528	1.9479	2.2920	2.6928	3.1588	3.7000	4.3276	5.0545	5.8951	6.8660	7.9861	9.2765	10.7613	17
18	1.1961	1.4282	1.7024	2.0258	2.4066	2.8543	3.3799	3.9960	4.7171	5.5599	6.5436	7.6900	9.0243	10.5752	12.3755	18
19	1.2081	1.4568	1.7535	2.1068	2.5270	3.0256	3.6165	4.3157	5.1417	6.1159	7.2633	8.6128	10.1974	12.0557	14.2318	19
20	1.2202	1.4859	1.8061	2.1911	2.6533	3.2071	3.8697	4.6610	5.6044	6.7275	8.0623	9.6463	11.5231	13.7435	16.3665	20
25	1.2824	1.6406	2.0938	2.6658	3.3864	4.2919	5.4274	6.8485	8.6231	10.8347	13.5855	17.0001	21.2305	26.4619	32.9190	25

续表

时期	利率 (%)														
	16	17	18	19	20	21	22	23	24	25	26	27	28	29	30
1	1.1600	1.1700	1.1800	1.1900	1.2000	1.2100	1.2200	1.2300	1.2400	1.2500	1.2600	1.2700	1.2800	1.2900	1.3000
2	1.3456	1.3689	1.3924	1.4161	1.4400	1.4641	1.4884	1.5129	1.5376	1.5625	1.5876	1.6129	1.6384	1.6641	1.6900
3	1.5609	1.6016	1.6430	1.6852	1.7280	1.7716	1.8158	1.8609	1.9066	1.9531	2.0004	2.0484	2.0972	2.1467	2.1970
4	1.8106	1.8739	1.9388	2.0053	2.0736	2.1436	2.2153	2.2889	2.3642	2.4414	2.5205	2.6014	2.6844	2.7692	2.8561
5	2.1003	2.1924	2.2878	2.3864	2.4883	2.5937	2.7027	2.8153	2.9316	3.0518	3.1758	3.3038	3.4360	3.5723	3.7129
6	2.4364	2.5652	2.6996	2.8398	2.9860	3.1384	3.2973	3.4628	3.6352	3.8147	4.0015	4.1959	4.3980	4.6083	4.8268
7	2.8262	3.0012	3.1855	3.3793	3.5832	3.7975	4.0227	4.2593	4.5077	4.7684	5.0419	5.3288	5.6295	5.9447	6.2749
8	3.2784	3.5115	3.7589	4.0214	4.2998	4.5950	4.9077	5.2389	5.5895	5.9605	6.3528	6.7675	7.2058	7.6686	8.1573
9	3.8030	4.1084	4.4355	4.7854	5.1598	5.5599	5.9874	6.4439	6.9310	7.4506	8.0045	8.5946	9.2234	9.8925	10.6045
10	4.4114	4.8068	5.2338	5.6947	6.1970	6.7275	7.3046	7.9259	8.5944	9.3132	10.0857	10.9153	11.8059	12.7614	13.7558
11	5.1173	5.6240	6.1759	6.7767	7.4301	8.1403	8.9117	9.7489	10.6571	11.6415	12.7080	13.8625	15.1116	16.4622	17.9216
12	5.9360	6.5801	7.2876	8.0642	8.9161	9.8497	10.8722	11.9912	13.2148	14.5519	16.0120	17.6053	19.3428	21.2362	23.2981
13	6.8858	7.6987	8.5994	9.5964	10.6993	11.9182	13.2641	14.7491	16.3863	18.1899	20.1752	22.3588	24.7588	27.3947	30.2875
14	7.9875	9.0075	10.1472	11.4198	12.8392	14.4210	16.1822	18.1414	20.3191	22.7374	25.4207	28.3957	31.6913	35.3391	39.3738
15	9.2655	10.5387	11.9737	13.5895	15.4070	17.4494	19.7423	22.3140	25.1956	28.4217	32.0301	36.0625	40.5648	45.5875	51.1859
16	10.7480	12.3303	14.1290	16.1715	18.4884	21.1138	24.0856	27.4462	31.2426	35.5271	40.3579	45.7994	51.9230	58.8079	66.5417
17	12.4677	14.4265	16.6722	19.2441	22.1861	25.5477	29.3844	33.7588	39.7408	44.4089	50.8510	58.1652	66.4614	75.8821	86.5042
18	14.4625	16.8790	19.6733	22.9005	26.6233	30.9127	35.8490	41.5233	48.0386	55.5112	64.0722	73.8698	85.0706	97.8822	112.4554
19	16.7765	19.7484	23.2144	27.2516	31.9480	37.4043	43.7358	51.0737	59.5679	69.3889	80.7310	93.8147	108.8904	126.2422	146.1920
20	19.4608	23.1056	27.3930	32.4294	38.3376	45.2593	53.3576	62.8206	73.8641	86.7362	101.7211	119.1446	139.3797	162.8524	190.0496
25	40.8742	50.6578	62.6686	77.3881	95.3962	117.3909	144.2101	176.8593	216.5420	264.6978	323.0454	393.6344	478.9049	581.7585	705.6410

附录 II 复利现值系数表

利率 (%)

时期	1	2	3	4	5	6	7	8	9	10	11	12	13	14	15	
1	0.9901	0.9804	0.9709	0.9615	0.9524	0.9434	0.9346	0.9259	0.9174	0.9091	0.9009	0.8929	0.8850	0.8772	0.8696	1
2	0.9803	0.9612	0.9426	0.9246	0.9070	0.8900	0.8734	0.8573	0.8417	0.8264	0.8116	0.7972	0.7831	0.7895	0.7561	2
3	0.9706	0.9423	0.9151	0.8990	0.8638	0.8396	0.8163	0.7938	0.7722	0.7513	0.7312	0.7118	0.6931	0.6750	0.6575	3
4	0.9610	0.9238	0.8885	0.8548	0.8227	0.7921	0.7629	0.7350	0.7084	0.6830	0.6587	0.6355	0.6133	0.5921	0.5718	4
5	0.9515	0.9057	0.8626	0.8219	0.7835	0.7473	0.7130	0.6806	0.6499	0.6209	0.6935	0.5674	0.5428	0.5194	0.4972	5
6	0.9420	0.8880	0.8375	0.7903	0.7462	0.7050	0.6663	0.6302	0.5963	0.5645	0.5346	0.5066	0.4803	0.4556	0.4323	6
7	0.9327	0.8706	0.8131	0.7599	0.7107	0.6651	0.6227	0.5835	0.5470	0.5132	0.4817	0.4523	0.4251	0.3996	0.3759	7
8	0.9235	0.8535	0.7894	0.7307	0.6768	0.6274	0.5820	0.5403	0.5019	0.4665	0.4339	0.4039	0.3762	0.3506	0.3269	8
9	0.9143	0.8368	0.7664	0.7026	0.6446	0.5919	0.5439	0.5002	0.4604	0.4241	0.3909	0.3606	0.3329	0.3075	0.2843	9
10	0.9053	0.8203	0.7441	0.6756	0.6139	0.5584	0.5083	0.4632	0.4224	0.3855	0.3522	0.3220	0.2946	0.2697	0.2472	10
11	0.8963	0.8043	0.7224	0.6496	0.5847	0.5268	0.4751	0.4289	0.3875	0.3505	0.3173	0.2875	0.2607	0.2366	0.2149	11
12	0.8874	0.7885	0.7014	0.6246	0.5568	0.4970	0.4440	0.3971	0.3555	0.3186	0.2858	0.2567	0.2307	0.2076	0.1869	12
13	0.8787	0.7730	0.6810	0.6006	0.5303	0.4688	0.4150	0.3677	0.3262	0.2897	0.2575	0.2292	0.2042	0.1821	0.1625	13
14	0.8700	0.7579	0.6611	0.5775	0.5051	0.4423	0.3878	0.3405	0.2992	0.2633	0.2320	0.2046	0.1807	0.1597	0.1413	14
15	0.8613	0.7430	0.6419	0.5553	0.4810	0.4173	0.3624	0.3152	0.2745	0.2394	0.2090	0.1827	0.1599	0.1401	0.1229	15
16	0.8528	0.7284	0.6232	0.5339	0.4581	0.3936	0.3387	0.2919	0.2519	0.2176	0.1883	0.1631	0.1415	0.1229	0.1069	16
17	0.8444	0.7142	0.6050	0.5134	0.4363	0.3714	0.3166	0.2703	0.2311	0.1978	0.1696	0.1456	0.1252	0.1078	0.0929	17
18	0.8360	0.7002	0.5874	0.4936	0.4155	0.3503	0.2959	0.2502	0.2120	0.1799	0.1528	0.1300	0.1108	0.0946	0.0808	18
19	0.8277	0.6864	0.5703	0.4746	0.3957	0.3305	0.2765	0.2317	0.1945	0.1635	0.1377	0.1161	0.0981	0.0829	0.0703	19
20	0.8195	0.6730	0.5537	0.4564	0.3769	0.3118	0.2584	0.2145	0.1784	0.1486	0.1240	0.1037	0.0868	0.0728	0.0611	20
25	0.7795	0.6095	0.4776	0.3751	0.2953	0.2330	0.1842	0.1460	0.1160	0.0923	0.0736	0.0588	0.0471	0.0378	0.0304	25
30	0.7419	0.5521	0.4120	0.3083	0.2314	0.1741	0.1314	0.0994	0.0754	0.0573	0.0437	0.0334	0.0256	0.0196	0.0151	30
35	0.7059	0.5000	0.3554	0.2534	0.1813	0.1301	0.0937	0.0676	0.0490	0.0356	0.0259	0.0189	0.0139	0.0102	0.0075	35
40	0.6717	0.4529	0.3066	0.2083	1.1420	0.0972	0.0668	0.0460	0.0318	0.0221	0.0154	0.0107	0.0075	0.0053	0.0037	40
45	0.6391	0.4102	0.2644	0.1712	1.113	0.0727	0.0476	0.0313	0.0207	0.0137	0.0091	0.0061	0.0041	0.0027	0.0019	45
50	0.6080	0.3715	0.2281	0.1407	0.0872	0.0543	0.0339	0.0213	0.0134	0.0085	0.0054	0.0035	0.0022	0.0014	0.0009	50

续表

时期	利率 (%)														
	16	17	18	19	20	21	22	23	24	25	26	27	28	29	30
1	0.8621	0.8547	0.8475	0.8403	0.8333	0.8264	0.8197	0.8130	0.8065	0.8000	0.7937	0.7874	0.7812	0.7752	0.7692
2	0.7432	0.7305	0.7182	0.7062	0.6944	0.6830	0.6719	0.6610	0.6504	0.6400	0.6299	0.6200	0.6104	0.6009	0.5917
3	0.6407	0.6244	0.6086	0.5934	0.5787	0.5645	0.5507	0.5374	0.5245	0.5120	0.4999	0.4882	0.4768	0.4658	0.4552
4	0.5523	0.5337	0.5158	0.4987	0.4823	0.4665	0.4514	0.4369	0.4230	0.4096	0.3968	0.3844	0.3725	0.3611	0.3501
5	0.4761	0.4561	0.4371	0.4190	0.4019	0.3855	0.3700	0.3552	0.3411	0.3277	0.3149	0.3027	0.2910	0.2799	0.2693
6	0.4104	0.3898	0.3704	0.3521	0.3349	0.3186	0.3033	0.2888	0.2751	0.2621	0.2499	0.2383	0.2274	0.2170	0.2072
7	0.3538	0.3332	0.3139	0.2959	0.2791	0.2633	0.2486	0.2348	0.2218	0.2097	0.1983	0.1877	0.1776	0.1682	0.1594
8	0.3050	0.2848	0.2660	0.2487	0.2326	0.2176	0.2038	0.1909	0.1789	0.1678	0.1574	0.1478	0.1388	0.1304	0.1226
9	0.2630	0.2434	0.2255	0.2090	0.1938	0.1799	0.1670	0.1552	0.1443	0.1342	0.1249	0.1164	0.1084	0.1011	0.0943
10	0.2267	0.2080	0.1911	0.1756	0.1615	0.1486	0.1369	0.1262	0.1164	0.1074	0.0992	0.0916	0.0847	0.0784	0.0725
11	0.1954	0.1778	0.1619	0.1476	0.1346	0.1228	0.1122	0.1026	0.0938	0.0859	0.0787	0.0721	0.0662	0.0607	0.0558
12	0.1685	0.1520	0.1372	0.1240	0.1122	0.1015	0.0920	0.0834	0.0757	0.0687	0.0625	0.0568	0.0517	0.0471	0.0429
13	0.1452	0.1299	0.1163	0.1042	0.0935	0.0839	0.0754	0.0678	0.0610	0.0550	0.0496	0.0447	0.0404	0.0365	0.0330
14	0.1252	0.1110	0.0985	0.0876	0.0779	0.0693	0.0618	0.0551	0.0492	0.0440	0.0393	0.0352	0.0316	0.0283	0.0254
15	0.1079	0.0949	0.0835	0.0736	0.0649	0.0573	0.0507	0.0448	0.0397	0.0352	0.0312	0.0277	0.0247	0.0219	0.0195
16	0.0930	0.0811	0.0708	0.0618	0.0541	0.0474	0.0415	0.0364	0.0320	0.0281	0.0248	0.0218	0.0193	0.0170	0.0150
17	0.0802	0.0693	0.0600	0.0520	0.0451	0.0391	0.0340	0.0296	0.0258	0.0225	0.0197	0.0172	0.0150	0.0132	0.0116
18	0.0691	0.0592	0.0508	0.0437	0.0376	0.0323	0.0279	0.0241	0.0208	0.0180	0.0156	0.0135	0.0118	0.0102	0.0089
19	0.0596	0.0506	0.0431	0.0367	0.0313	0.0267	0.0229	0.0196	0.0168	0.0144	0.0124	0.0107	0.0092	0.0079	0.0068
20	0.0514	0.0433	0.0365	0.0308	0.0261	0.0221	0.0187	0.0159	0.0135	0.0115	0.0098	0.0084	0.0072	0.0061	0.0053
25	0.0245	0.0197	0.0160	0.0129	0.0105	0.0085	0.0069	0.0057	0.0046	0.0038	0.0031	0.0025	0.0021	0.0017	0.0014
30	0.0116	0.0090	0.0070	0.0054	0.0042	0.0033	0.0026	0.0020	0.0016	0.0012	0.0010	0.0008	0.0005	0.0005	0.0004
35	0.0055	0.0041	0.0030	0.0023	0.0017	0.0013	0.0009	0.0007	0.0005	0.0004	0.0003	0.0002	0.0002	0.0001	0.0000
40	0.0026	0.0019	0.0013	0.0010	0.0007	0.0005	0.0004	0.0003	0.0002	0.0001	0.0001	0.0001	0.0001	0.0000	0.0000
45	0.0013	0.0009	0.0006	0.0004	0.0003	0.0002	0.0001	0.0001	0.0001	0.0000	0.0000	0.0000	0.0000	0.0000	0.0000
50	0.0006	0.0004	0.0003	0.0002	0.0001	0.0001	0.0000	0.0000	0.0000	0.0000	0.0000	0.0000	0.0000	0.0000	0.0000

附录Ⅲ 年金现值系数表

时期 \ 利率(%)	1	2	3	4	5	6	7	8	9	10	11	12	13	14	15	
1	0.9901	0.9804	0.9709	0.9615	0.9524	0.9434	0.9346	0.9259	0.9174	0.9091	0.9009	0.8929	0.8850	0.8772	0.8696	1
2	1.9704	1.9416	1.9135	1.8861	1.8594	1.8334	1.8080	1.7833	1.7591	1.7355	1.7125	1.6901	1.6681	1.6467	1.6257	2
3	2.9410	2.8839	2.8286	2.7751	2.7232	2.6730	2.6243	2.5771	2.5313	2.4869	2.4437	2.4018	2.3612	2.3216	2.2832	3
4	3.9020	3.8077	3.7171	3.6299	3.5406	3.4651	3.3872	3.3121	3.2397	3.1699	3.1024	3.0373	2.9745	2.9137	2.8550	4
5	4.8534	4.7135	4.5797	4.4518	4.3295	4.2124	4.1002	3.9927	3.8897	3.7908	3.6959	3.6048	3.5172	3.4331	3.3522	5
6	5.7955	5.6014	5.4172	5.2451	5.0757	4.9173	4.7665	4.6229	4.4859	4.3553	4.2305	4.1114	3.9975	3.8887	3.7845	6
7	6.7282	6.4720	6.2303	6.0021	5.7864	5.5824	5.3893	5.2064	5.0330	4.8684	4.7122	4.5638	4.4226	4.2883	4.1604	7
8	7.6517	7.3255	7.0197	6.7327	6.4632	6.2098	5.9713	5.7466	5.5348	5.3349	5.1461	4.9676	4.7988	4.6389	4.4873	8
9	8.5660	8.1622	7.7861	7.4353	7.1078	6.8017	6.5152	6.2469	5.9952	5.7590	5.5370	5.3282	5.1317	4.9464	4.7716	9
10	9.4713	8.9826	8.5302	8.1109	7.7217	7.3601	7.0236	6.7101	6.4177	6.1446	5.8892	5.6502	5.4262	5.2161	5.0188	10
11	10.3676	9.7868	9.2526	8.7605	8.3064	7.8869	7.4987	7.1390	6.8052	6.4951	6.2065	5.9377	5.6869	5.4527	5.2337	11
12	11.2551	10.5753	9.9540	9.3851	8.8633	8.3838	7.9427	7.5361	7.1607	6.8137	6.4924	6.1944	5.9176	5.6603	5.4206	12
13	12.1337	11.3484	10.6350	9.9855	9.3936	8.8527	8.3577	7.9038	7.4869	7.1034	6.7499	6.4235	6.1218	5.8424	5.5831	13
14	13.0037	12.1062	11.2961	10.5631	9.8986	9.2950	8.7455	8.2442	7.7862	7.3667	6.9819	6.6282	6.3025	6.0021	5.7245	14
15	13.8651	12.8493	11.9379	11.1184	10.3797	9.7122	9.1079	8.5595	8.0607	7.6061	7.1909	6.8109	6.4624	6.1422	5.8474	15
16	14.7179	13.5777	12.5611	11.6523	10.8378	10.1059	9.4466	8.8514	8.3126	7.8237	7.3792	6.9740	6.6039	6.2651	5.9542	16
17	15.5623	14.2919	13.1661	12.1657	11.2741	10.4773	9.7632	9.1216	8.5436	8.0216	7.5488	7.1196	6.7291	6.3729	6.0472	17
18	16.3983	14.9920	13.7535	12.6593	11.6896	10.8276	10.0591	9.3719	8.7556	8.2014	7.7016	7.2497	6.8399	6.4674	6.1280	18
19	17.2260	15.6785	14.3238	13.1339	12.0853	11.1581	10.3356	9.6036	8.9501	8.3649	7.8393	7.3658	6.9380	6.5504	6.1982	19
20	18.0456	16.3514	14.8775	13.5903	12.4622	11.4699	10.5940	9.8181	9.1285	8.5136	7.9633	7.4694	7.0248	6.6231	6.2593	20
25	22.0232	19.5235	17.4131	15.6221	14.0939	12.7834	11.6536	10.6748	9.8226	9.0770	8.4217	7.8431	7.3300	6.8729	6.4641	25
30	25.8077	22.3965	19.6004	17.2920	15.3725	13.7648	12.4090	11.2578	10.2737	9.4269	8.6938	8.0552	7.4957	7.0027	6.5660	30
35	29.4086	24.9986	21.4872	18.6646	16.3742	14.4982	12.9477	11.6546	10.5668	9.6442	8.8552	8.1755	7.5856	7.0700	6.6166	35
40	32.8347	27.3555	23.1148	19.7928	17.1591	15.0463	13.3317	11.9246	10.7574	9.7791	8.9511	8.2438	7.6344	7.1050	6.6418	40
45	36.0945	29.4902	24.5187	20.7200	17.7741	15.4558	13.6055	12.1084	10.8812	9.8628	9.0079	8.2825	7.6609	7.1232	6.6543	45
50	39.1961	31.4236	25.7298	21.4822	18.2559	15.7619	13.8007	12.2335	10.9617	9.9148	9.0417	8.3045	7.6752	7.1327	6.6605	50

续表

利率(%) 时期	16	17	18	19	20	21	22	23	24	25	26	27	28	29	30	
1	0.8621	0.8547	0.8475	0.8403	0.8333	0.8264	0.8197	0.8130	0.8065	0.8000	0.7937	0.7874	0.7812	0.7752	0.7692	1
2	1.6052	1.5852	1.5656	1.5465	1.5278	1.5095	1.4915	1.4740	1.4568	1.4400	1.4235	1.4074	1.3916	1.3761	1.3609	2
3	2.2459	2.2096	2.1743	2.1399	2.1065	2.0739	2.0422	2.0114	1.9813	1.9520	1.9234	1.8956	1.8684	1.8420	1.8161	3
4	2.7982	2.7432	2.6901	2.6386	2.5887	2.5404	2.4936	2.4483	2.4043	2.3616	2.3202	2.2800	2.2410	2.2031	2.1662	4
5	3.2743	3.1993	3.1272	3.0576	2.9906	2.9260	2.8636	2.8035	2.7454	2.6893	2.6351	2.5827	2.5320	2.4830	2.4356	5
6	3.6847	3.5892	3.4976	3.4098	3.3255	3.2446	3.1669	3.0923	3.0205	2.9514	2.8850	2.8210	2.7594	2.7000	2.6427	6
7	4.0386	3.9224	3.8115	3.7057	3.6046	3.5079	3.4155	3.3270	3.2423	3.1611	3.0833	3.0087	2.9370	2.8682	2.8021	7
8	4.3436	4.2072	4.0776	3.9544	3.8372	3.7256	3.6193	3.5179	3.4212	3.3289	3.2407	3.1564	3.0758	2.9986	2.9247	8
9	4.6065	4.4506	4.3030	4.1633	4.0310	3.9054	3.7863	3.6731	3.5655	3.4631	3.3657	3.2728	3.1842	3.0997	3.0190	9
10	4.8332	4.6586	4.4941	4.3389	4.1925	4.0541	3.9232	3.7993	3.6819	3.5705	3.4648	3.3644	3.2689	3.1781	3.0915	10
11	5.0286	4.8364	4.6560	4.4865	4.3271	4.1769	4.0354	3.9018	3.7757	3.6564	3.5435	3.4365	3.3351	3.2388	3.1473	11
12	5.1971	4.9884	4.7932	4.6105	4.4392	4.2784	4.1274	3.9852	3.8514	3.7251	3.6059	3.4933	3.3868	3.2859	3.1903	12
13	5.3423	5.1183	4.9095	4.7147	4.5327	4.3624	4.2028	4.0530	3.9124	3.7801	3.6555	3.5381	3.4272	3.3224	3.2233	13
14	5.4675	5.2293	5.0081	4.8023	4.6106	4.4317	4.2646	4.1082	3.9616	3.8241	3.6949	3.5733	3.4587	3.3507	3.2487	14
15	5.5755	5.3242	5.0916	4.8759	4.6755	4.4890	4.3152	4.1530	4.0013	3.8593	3.7261	3.6010	3.4834	3.3726	3.2682	15
16	5.6685	5.4053	5.1624	4.9377	4.7296	4.5364	4.3567	4.1894	4.0333	3.8874	3.7509	3.6228	3.5026	3.3896	3.2832	16
17	5.7487	5.4746	5.2223	4.9897	4.7746	4.5755	4.3908	4.2190	4.0591	3.9099	3.7705	3.6400	3.5177	3.4028	3.2948	17
18	5.8178	5.5339	5.2732	5.0333	4.8122	4.6079	4.4187	4.2431	4.0799	3.9279	3.7861	3.6536	3.5294	3.4130	3.3037	18
19	5.8775	5.5845	5.3162	5.0700	4.8435	4.6346	4.4415	4.2627	4.0967	3.9424	3.7985	3.6642	3.5386	3.4210	3.3105	19
20	5.9288	5.6278	5.3527	5.1009	4.8696	4.6567	4.4603	4.2786	4.1103	3.9539	3.8083	3.6726	3.5458	3.4271	3.3158	20
25	6.0971	5.7662	5.4669	5.1951	4.9476	4.7213	4.5139	4.3232	4.1474	3.9849	3.8342	3.6943	3.5640	3.4423	3.3286	25
30	6.1772	5.8294	5.5168	5.2347	4.9789	4.7463	4.5338	4.3391	4.1601	3.9950	3.8424	3.7009	3.5693	3.4466	3.3321	30
35	6.2153	5.8582	5.5386	5.2512	4.9915	4.7559	4.5411	4.3447	4.1644	3.9984	3.8450	3.7028	3.5708	3.4478	3.3330	35
40	6.2335	5.8713	5.5482	5.2582	4.9966	4.7596	4.5439	4.3467	4.1659	3.9995	3.8458	3.7034	3.5712	3.4481	3.3332	40
45	6.2421	5.8773	5.5523	5.2611	4.9986	4.7601	4.5449	4.3474	4.1664	3.9998	3.8460	3.7036	3.5714	3.4482	3.3333	45
50	6.2463	5.8801	5.5541	5.2623	4.9995	4.7616	4.5452	4.3477	4.1666	3.9999	3.8461	3.7037	3.5714	3.4483	3.3333	50

附录 IV 年金终值系数表

利率 (%)

时期	1	2	3	4	5	6	7	8	9	10	12	14	16	18	20	25	30	35	40	45	50
1	1.0000	1.0000	1.0000	1.0000	1.0000	1.0000	1.0000	1.0000	1.0000	1.0000	1.0000	1.0000	1.0000	1.0000	1.0000	1.0000	1.0000	1.0000	1.0000	1.0000	1.0000
2	2.0100	2.0200	2.0300	2.0400	2.0500	2.0600	2.0700	2.0800	2.0900	2.1000	2.1200	2.1400	2.1600	2.1800	2.2000	2.2500	2.3000	2.3500	2.4000	2.4500	2.5000
3	3.0301	3.0604	3.0909	3.1216	3.1525	3.1836	3.2149	3.2464	3.2781	3.3100	3.3744	3.4396	3.5056	3.5724	3.6400	3.8125	3.9900	4.1725	4.3600	4.5525	4.7500
4	4.0604	4.1216	4.1836	4.2465	4.3101	4.3746	4.4399	4.5061	4.5731	4.6410	4.793	4.9211	5.0665	5.1254	5.3680	5.7646	6.1870	6.6329	7.1040	7.6011	8.1250
5	5.1010	5.2040	5.3091	5.4163	5.5256	5.6371	5.7507	5.8666	5.9847	6.1051	6.3528	6.6101	6.8771	7.1542	7.4416	8.2070	9.0431	9.9455	10.9456	12.0216	13.1875
6	6.1520	6.3081	6.4684	6.6330	6.8019	6.9753	7.1533	7.3359	7.5233	7.7156	8.1152	8.5355	8.9775	9.4420	9.9299	11.2588	12.7560	14.4834	16.3238	18.4314	20.7813
7	7.2135	7.4343	7.6625	7.8983	8.1420	8.3938	8.6540	8.9228	9.2004	9.4872	10.0890	10.7305	11.4139	12.1415	12.9159	15.0735	17.5828	20.4919	23.8534	27.7255	32.1719
8	8.2857	8.5830	8.8923	9.2142	9.5491	9.8975	10.2598	10.6366	11.0285	11.4359	12.2997	13.2328	14.2401	15.3270	16.4991	19.8419	23.8577	28.6640	34.3947	41.2019	49.2578
9	9.3685	9.7546	10.1591	10.5828	11.0266	11.4913	11.9780	12.4876	13.0210	13.5795	14.7757	16.0853	17.5185	19.0857	20.7989	25.8023	32.0150	39.6964	49.1526	60.7428	74.886
10	10.4622	10.9497	11.4639	12.0061	12.5779	13.1808	13.8164	14.4866	15.1929	15.9374	17.5487	19.3373	21.3215	23.5213	25.9587	33.2529	42.6195	54.5902	49.8137	89.0771	113.330
11	11.5668	12.1687	12.8078	13.4864	14.2068	14.916	15.7836	16.6455	17.5603	18.5313	20.6546	23.0445	25.7329	28.7551	32.1504	42.5661	56.4053	74.6967	98.7391	130.162	170.995
12	12.6825	13.4121	14.1920	15.0258	15.9171	16.8699	17.8885	18.9771	20.1407	21.3843	24.1331	22.2707	30.8502	34.9311	39.5805	54.2077	74.3270	101.841	139.235	189.735	257.493
13	13.8093	14.6803	15.6178	16.6268	17.7130	18.8821	20.1406	21.4953	22.9534	24.5227	28.0291	32.0887	36.7862	42.2187	48.4966	68.7596	97.6250	138.485	195.929	276.115	387.239
14	14.9474	15.9739	17.0863	18.2919	19.5986	21.0151	22.5505	24.2149	26.0192	27.9750	32.3926	37.5811	43.6720	50.8180	59.1959	86.9495	127.913	187.954	275.300	401.367	581.859
15	16.0969	17.2934	18.5989	20.0236	21.5786	23.2760	25.1290	27.1521	29.3609	31.7725	37.2797	43.8424	51.6595	60.9653	72.0351	109.687	167.286	254.738	386.420	582.982	873.788
16	17.2579	18.6393	20.569	21.8245	23.6575	25.6725	27.8881	30.3243	33.0034	35.9497	42.7533	50.9804	60.9250	72.9390	87.4421	138.109	218.472	344.897	541.988	846.324	1311.68
17	18.4304	20.0121	21.7616	23.6975	25.8404	28.2129	30.8402	33.7502	36.9737	40.5447	48.8837	59.1176	71.6730	87.0680	105.931	173.636	285.014	466.611	759.784	1228.17	1968.52
18	19.6147	21.4123	23.4144	25.6454	28.1324	30.9057	33.9990	37.4502	41.3013	45.5992	55.7497	68.3941	84.1407	103.740	128.117	218.045	371.518	630.925	1064.70	1781.85	2953.78
19	20.8109	22.8406	25.1169	27.6712	30.5390	33.7600	37.3790	41.4463	46.0185	51.1591	63.4397	78.9692	98.6032	123.414	154.740	273.556	483.973	852.748	1491.58	2584.68	4431.68
20	22.0190	24.2974	26.38704	29.7781	33.0660	36.7856	40.9955	45.7620	51.1601	57.2750	72.0524	91.1049	113.380	146.628	186.688	342.945	630.165	1152.21	2089.21	3748.78	6648.51
25	28.2432	32.0303	36.4593	41.6459	47.7271	54.8645	63.2490	73.1059	84.7009	93.3471	133.334	181.874	249.214	42.603	471.981	1054.79	2348.80	5176.50	11247.1990	24040.7	50500.3
30	34.7849	40.5681	47.5754	56.0849	66.4388	79.0582	94.4608	113.83	136.308	164.494	241.333	356.787	530.312	730.948	1181.88	3227.17	8729.99	23221.6	60501.1	154107	383.500
35	41.6603	49.9945	60.4621	73.6522	90.3203	111.435	138.237	172.317	215.711	271.024	431.663	93.573	1120.71	1816.65	2948.34	9856.76	32422.9	1041.36	325400	987794	2912217
40	48.8864	60.4020	75.4013	95.0255	120.800	154.762	199.635	259.057	337.882	442.593	767.091	1342.03	2360.76	4163.21	7343.86	30088.7	120393	466960	1750092	6315152	22114663
45	56.4811	71.8927	92.7199	121.029	159.700	212.744	285.749	368.504	525.859	718.905	1358.23	2590.56	4965.27	9531.58	18281.3	91831.5	447019	2093876	9412424	40583319	167933233
50	64.4632	84.5794	112.797	152.667	209.348	290.336	406.529	573.770	815.084	1163.91	2400.02	4994.52	10435.6	21813.1	45497.2	280256	1659761	9389020	50622288	260128295	1275242998

术语表

绝对优势 如果一个公司、个人、组织或国家获得相同利润所耗费的成本低于其他公司、个人、组织或国家,我们称前者具有绝对优势。比如,在香蕉生长方面,哥斯达黎加与欧洲相比具有绝对优势。

承兑信用证(银行汇票) 某机构(如银行)在承兑信用证文件中承诺在未来偿还一定数额的款项。借款人保留此文件以期在到期之日从该机构获取该数额的款项。持有人可以在贴现市场上出售承兑信用证以获取资金。

会计收益率 衡量项目战略事业单位或公司获利能力的标准。用利润除以投入项目(或整个企业)的资产。

会计准则 由会计行业制定的用来计算会计数据的一整套正式规则及惯例。

酸性测试比率 见速动比率。

相加性 能够合计的特性。

管理部门 一个管理机构负责陷入困境的公司的运营以使其能够维持下去并避免被清算。

肯定性条款 贷款协议的条件,例如声明债券将支付定期利息。

账龄分析表 将债务总额分解以便查明未收回的应收账款(或未支付的发票)。

代理 经他/她/他们的授权后,以其名义或代替他们进行经营。

代理成本 为主旨代理人(比如经理人)以牺牲他们的委托人(比如股东)的利益为代价追求自身利益而付出的成本。包括契约成本以及监督成本。另外,代理成本还包括由于预防措施无效,经理人继续追求非股东财富最大化目标所带来的不同程度的财富损失。

代理人 经另一人授权后,以其名义或代替其进行经营的人。

高风险股票 β值大于1的股票。

AGM 见"年度股东大会"。

资本配置 社会选择相互竞争的投资项目以致能够生产提供不同商品和服务的机制。它们受市场供求力量以及中央政策方向的影响。

市场配置效率 市场在真正的竞争性投资项目中配置社会稀缺资源的流程的效率。

分配 在股票首次公开发行中,如果在现行价格上供给量少于需求量,这些股票将被合理地分配给经销商。

可选择的投资市场(AIM) 由伦敦证券交易所运营的管制较少的市场,特别专注于小额、资质较浅的公司。

股票支付交易 当投标人要约购买某一目标公司的股票时,全部以股票的形式进行支付。

美国存托凭证(ADRs) 在美国发行的存托凭证。

AMEX 美国证券交易所。提供行业股票、期权、汇兑和买卖基金等服务。

美式期权 购买者可以在期权到期日之前任何时间执行选择权的期权。

摊销 通过一系列的分期来偿还债务。

固定资产摊销 诸如商誉等无形资产的账面价值的减少。

分析师 一个对公司前景以及公司股价表现进行预测研究的人。

天使 见企业天使。

等值年金 以现值方式计算的与另一套现金流等值的固定年金。

年度股东大会（AGM） 上市公司必须在每个自然年举行一次年度股东大会。在大会上，股东之间可以相互会面进行讨论并且与代替他们经营公司的经理人进行交流。经理人要提供关于管理的记录。所有的股东都有参加以及投票的权利。

年利率（APR） 贷款人索要的真实年利率。它充分考虑了利息和本金的时间价值。

年度业绩 年度公司账目。这个术语通常用于初步结果。

年金 在一个给定的期间内持续的现金流入（每期支付数额相同）。

套利 利用相同或相似的金融工具及证券之间的价格差异，同时卖出高价的证券并买进低价的证券的行为。

套利定价理论（APT） 一种多因素模型，它将证券报酬率和大量的不可分散风险因素联系到一起，即对于任意一种风险证券来说，其预期报酬率和这些因素的整合成线性相关。

算术平均值 人口平均值等于观察值的总和除以观察的总人数。

公司章程 管理公司的内部条例。每个公司都不尽相同。

资产 在金融市场中，资产指任何可以被当做证券进行交易的东西，比如股票、期权、商品、债券。

资产配置 一种投资方法，即明确资金投资与不同的资产类别中的比例，包括房地产、股票、债券等。

资产支持型证券 见证券化。

资产支持 企业所拥有的资产总价值——通常在每股的基础上进行测量。

资产类别 资产类型，比如债券、股票。

资产流动性 资产以较低的转换费用被转换为现金的快慢程度。

资产锁定 在恶意并购事件中，目标公司将其最有价值、最吸引竞标者的业务部分出售给另一个友好公司。

资产变压器 中间人通过创造一种全新的证券——中间证券——使得存款流动起来并鼓励投资。初级证券由最终借款人向中间人发行，中间人则向初始投资人发行中间证券。

关联公司 一个投资人（通常是一个控股公司）拥有另一个公司的参与利益分配权并且对该公司实体实行重大影响力。"利益"包括股票、期权和可转换证券。"参与"是指在长期经营的基础上对利益的产生有重大影响。通常控股比例大于或等于20%则被认定为参与。

信息不对称 在谈判或者合作过程中，一方由于疏忽，或者不能够全面观察某些对签订合同和决策制定有实质性作用的信息，造成其与另一方处于不对等的位置。

等价期权 当前的基本价格与期权的行使价格相等。

审计委员会 公司董事会的一个下属委员会，负责确认公司的财务数据，比如通过制定外部审计使进行审计。

审计师 审计师决定公司的财务报表是否有歧义以及是否真实公允地反映了所有账户。

法定股本 一个公司能够发行的股本的最大数额。该限额可以通过股东投票进行修改。

平均收款期（ACP） 从客户手中收回账款的平均天数。即所有应收账款除以日平均销售额。

后台服务 财务部门的一部分，解决合同的签署、会计和管理等进程信息。

坏账 收不回的应收账款。

国际收支平衡 关于国家为获得商品和服务而付出的资金、境外货币汇、出口商品或服务所获发票的记录。一定时期内国民收入和国民支出的不同在于活期存款账户的平衡（有形贸易和无形贸易）。资本账户则是由一些项目组成的，比如由投资和国际工厂及贷款所导致的资金流入和流出。

资产负债表 提供了公司在过去一个时期的某一特定日所拥有及所借贷的财务状况。概括表示了资产和负债。

气球型还款 在还款付息日或还款付息日之前的临近时限内偿还大部分贷款，这样后期的还款额要大大高于初期还款额。

抽签 在一个股票首次公开发行的进程中，公司做路演的时候如果发现股票的需求量大于供给量，则将通过随机选择的方式在认购者中进行股票分配。

银行保险业 既提供银行业服务也提供保险业服务的公司。

银行公约 见公约。

国际结算银行（BIS） 由中央银行控制，BIS 是为了帮助国际财务合作和建立的。它促进了国际基金合作，为政府间贷款提供了研究和统计数据、协调和托管服务，并且担当了国家中央银行的中央银行，吸纳存款，发放贷款。

英格兰银行 英国的中央银行，负责制定货币政策。它监管其他金融机构事务、发行纸币和硬币、管理国家贷款和汇率。它是最终发放贷款的机构。

英格兰银行指数 显示了自 1990 年以来某一种货币相对于英镑来说升值或贬值的程度。

进入壁垒 一个公司要想初次进入一个市场并且发展很好，需要克服的障碍。

基准战略 现行战略的延续。

基础利率 一种参考利率，在此利率基础上制定银行贷款利率、透支利率和存款利率。

基本每股收益 扣减性项目包括来自一次性特殊项目和商誉摊销中的扣减性科目，从而得出的利润。

基点 1%，通常被用来表示利率。

卖空者 认为股价将会下跌的投资者。

熊市基金 被设计用来在股价下跌的时候使其运营良好的基金。

无记名债券 债券的所有者无须进行注册登记。拥有该种债券，通过利息来获取收益。

产品附加特色 在金融衍生品和证券上附加的性能，使其更加吸引投资者。

标杆指数 一种股票或其他证券的指数，它为基金经理的管理经营设立了标准，比如一个管理一定比例的制药股份的基金经理应该用制药业指数进行衡量。该指标是由对部门负责的独立人员计算得出的。

效益成本比 对每投入 1 英镑所产出的价值的衡量。效益成本比＝净现值÷初始投资额。

β 系数 该系数衡量了一种金融证券的系统风险。在资本资产定价模型中，β 系数衡量了一种金融证券的报酬率对市场波动的敏感性。它的计算是：用该证券的资产报酬率和市场组合的报酬率的协方差除以市场组合报酬率的方差。在实务中，我们经常用一种估计值（比如富时 100 指数）来代替市场组合。

收购溢价 收购方为了成功收购目标公司而必须支付的高于投标前股价的数额。

买入价 股票经纪人购买股票的价格，或者在其他市场上，交易者购买证券或商品的价格。

买卖差价 股票经纪人购入和卖出股票的价格差。

汇票 该票据承诺在未来某一特定时点向其持有者支付一定数额的现金，比如进口商承诺向供应商付款。当汇票未到期时，可将汇票以低于票面价值的价格卖出，即汇票贴现。

管理人联合收购 管理层买断和买进的联合。公司外的管理层和公司内现存管理层收购一个公司、子公司或者业务单元的方法。

黑色星期一 1987年10月19日，那一天证券交易所的股价大幅下跌。

黑色星期三 1992年9月16日，这一天有严重的货币动荡，英国英镑和意大利里拉大幅贬值，被迫离开汇率机制。

蓝筹股 最具投资价值的股票。被认为是最安全的股票（经常判断错误）。

董事会 由公司众股东选举出的管理公司的股东。

债券 一种还款期较长的债务义务，通常由公司和政府发行。

债券条款 见条款。

派送红股 见发行红股。

询价圈购 在股票首次公开发行和增发新股的时候，包销商邀请来主要的机构投资者，以获知这些投资者愿意购买的股票数以及购买价格。这有助于确定发行价格和发行数量。

净值市值比 一个公司资产负债表所显示的价值与股票所显示的总市值的比率。

账面价值 资产负债表所示价值。可以通过每股价值表示。

拔靴法 见市盈率法。

融资能力 受限于放贷人规定的总借款的最高限额，通常由可抵押物的价值决定。

最低收益率 股东应占利润率。

买断承销 一个投资银行从进行融资的客户公司手中购入其全部证券（如股票）发行额。投资银行通常将在几小时之内将这些股份卖给机构客户。

证券交易所（Bourse） 证券交易所（Stock Exchange）的另一称谓。通常在欧洲使用该单词。

盈亏平衡分析 一种销售量的分析方法，即要使一个项目、部门或者企业的利润（会计利润）为零时的销售量。

盈亏平衡净现值 为了不使一个前景很好的项目的净现值从正值变为负值（或开始减小），某一单变量能够变化的最大程度。

经纪人 作为在金融证券的买卖中的助理，经纪人扮演了"跑腿人"的角色，他可以降低研究和信息获得成本。

泡沫 金融证券价格的爆炸式增长，但是该增长不是以基本的合理因素为基础的，通常会带来股价暴跌。

预算（国家级） 确定下一财年中政府的支出和收入。在英国，该预算由财政大臣呈给英国议会。

缓冲储备 公司为降低存货的非经常性大额支出所带来的负面影响（缺货成本）而持有的一定量的存货。

建屋互助会 英国的一种金融机构，其基本作用就是提供按揭贷款。建屋互助会是非营利性质的互助组织。基金大部分是通过个人的小额存款形成的。

华尔街投资银行领导集团　一个行业领先的投资银行。

买空者　认为股票价格会上涨的投资者。

猛犬债券　在英国发行的外国债券。

子弹型债券　该种债券的所有贷款本金都在期末一次性偿还。

布告栏　为非经常交易的股票建立的一个基于计算机的网页,在布告栏上投资者(通过经纪人)可以列示他们未被认购的股份,从而可以寻找合适的买家。

企业天使　指那些富有的个人,他们通常向最新成立的公司或者处于初创期和发展期的公司投资1万~25万英镑的资金。他们往往向公司管理团队提供管理或技术经验以及股权和债务融资。这些人投资于中长期的高风险项目。

经营风险　与企业的营运相联系的风险。公司的经营收入、付息前收入的来源的多样性:这些风险分散措施完全是由与企业经营相关的因素引起的,而不是来自债务负担。

BVCA　英国风险投资协会。

凯德伯瑞报告　由艾德里安·凯德伯瑞爵士担任主席的关于公司治理的财务方面的委员会向董事和审计师的职责提出的建议,该报告出版于1992年。

认购期权　它给予了其购买者一种权利,而不是一种义务。即购买者可以决定是否在某一特定日期之前以给定的价格购买固定数量的商品、金融工具或一些其他的资产。

实收股本　某一公司以面值或名义价值出售其股票所获得的全部资金。

利率上限　利率上限是一种契约,它为购买者有效地提供了确定需付利率的最高水平的权利。如果利率上升超过了一个可接受的水平,就需要按利率上限向购买者支付赔偿金。

资本资产定价模型(CAPM)　一种资产(比如股票)定价理论,该理论假设在均衡条件下,金融资产可以由补偿投资者所承受系统风险的报酬率来定价。而系统风险则是由资产报酬率和市场组合报酬率的协方差(即β)来衡量的。

资本预算　选择长期资本投资项目的过程。

资本支出　长期(时间大于一年)资产(即固定资产)的购置支出。

资金借贷比率　公司负债占公司全部资金的比例。

融资租赁　见租赁。

资本市场　公司可以在资本市场上通过向投资者出售金融投资(比如债券、股票)来融资。

资金配额　当资金不足以满足每个能够创造财富(正的NPV值)的项目的资金需求时,需要应用资金配额。

资本结构　权益资本和债务资本占公司总资本的比例。

资本化　(1)某一支出项目被资本化,视为一项资产记入了资产负债表,而不是用来冲减当期利润;(2)市场资本化的简称。

资本化因子　一种贴现率。

资本化证券　见发行红利股。

资本化率　由风险等级所要求的报酬率。

具上限付息债券　浮动利率不能上升至超过某一特定利率水平。

卡特尔　某些公司达成一种协议,即为他们的产品制定相互能够接受的价格。

资金周转期　股票周转期加上负债周转期减去由供应商提供的信用周期。它关注于公司在生产上投入费用到从卖出商品获得现金之间的时间长度。

现金牛 一种盈利能力很强的公司，该种公司的增长率低、市场地位稳定并且投资需求低。公司的竞争能力使其能够产生过剩的现金。

现金结算 在衍生金融工具市场中，一些合同是在到期日采用实际交割的方式进行结算的（比如在衍生工具合约中猪腩发货后应获取现金）。然而，许多衍生金融工具并不是实际交割的，而是通过现金的差异来代表以关闭交易的衍生工具在经过几轮交易后的收益或亏损。

CBOT 芝加哥期货交易所。

中央银行 一个银行的银行，是最终放贷人，它控制着一个经济体的信用制度，比如控制货币发行、发挥政府的银行的职能、控制利率以及监管国家的银行体系。

存单 （CD）存款人在银行有一笔存款，存单是为了证实存款确实存在而交给存款人的证明。通常存单是无记名证券。当企业需要现金时，可以在二级市场上出售存单。

CHAPS （英国伦敦票据交换所银行同业支付系统）在英国用英镑支付的同一天银行间的支付系统。

证券特征线 一条描述某一证券的收益率和广泛的市场指数的收益率之间关系的最佳直线。

芝加哥期货交易所（CBOT） 美国芝加哥的期货期权交易所，是世界上最早成立的期货交易所（成立于1848年）。

芝加哥期权交易所（CBOE） 世界最大的期权交易所，从事股票、指数以及利率的期权交易。

芝加哥商业交易所（CME） 该交易所的业务范围广泛，包括外汇期货和期权、利率期货和期权、商品期货和期权以及股票指数期货和期权。

首席执行官审查（业务活动审查） 公司年报和报表中包含的一份关于业绩、战略和管理意图的评价。

CHIPS（纽约清算所银行同业支付系统） 银行间用美元进行支付的系统。

公司收购合并守则 为合并活动中的参与公司提供了主要的管理条例。由并购委员会自我调节及管理。

金融城 对位于伦敦圣保罗大教堂以东金融区的各种金融机构的统称（也称平方英里）。然而，该名次也用来泛指所有的金融机构，不管其位于何地。

补偿性收入 现存股东通常拥有在某一价格下回收股份的权利，此种权利与股东在股权股发行中所享有的权利相似。

洁净价 一种债券的价格通常说为"洁净"，是指该价格不包括自上期支付票面利息以来的应计利息。

结算银行 英国银行家结算所的成员，它负责结算支票、结清双方债务。

票据结算所 用来结清许多个人或组织之间相互债务的机构。票据交易所也可以是交易方。

客户效应 在股利理论中，股利支付水平是受股东对股利形式的偏好影响的，而股东对股利形式的偏好又与其消费形式和课税状况相匹配。

封闭式基金 一种集合投资工具（比如投资信托），该种基金不会因为需求的增加和减少而持续地创造或赎回基金股份。在一个相当长的经营期间内，基金拥有固定的股份数量。

结清期货头寸 在期货市场上执行第二步操作（即卖出期货），与第一步操作（即买入期货）完全相对。也被称做扭转贸易。

决定系数，R^2 在单变量线性回归中，该系数表示了独立变量的变化量与非独立变量的变化量的相关比例。

抵押物 为了保护贷款人的利益，借款人提供的财产保证。

商业汇票（银行汇票或贸易汇票） 该文件表示借款公司承诺将在未来某一固定时间点偿还该短期债务。

商业票据（CP） 一种无担保票据，该票据承诺在近期（平均到期时间是40天）向票据持有者（贷款人）支付一定数额的货币。如果该票据用外国货币计价并且在该种货币的管理当局管辖范围外的地域发行，则该种票据为欧洲商业票据。

保证金 为得到银行借款而需支付的费用。

制式化产品 与竞争对手所提供的产品在一些诸如性能、外貌、服务支持等客户重要角度的因素无差别的产品。

普通股（Common Stock） 公司普通股（Ordinary Shares）的美国用词。

公司法 由管理企业建立和合并活动的国会制定的一系列法律。1985年颁布的《公司法》集合了之前的所有法律条例。

公司注册署 记录所有英国公司的部门。这些记录对于普通公众是可查询的。

公司注册管理局 见注册局。

相对优势 当一个国家和另一个国家进行比较，或者一个公司和另一个公司进行比较时，如果该公司或国家以放弃生产其他产品为代价而生产产品X的机会成本比另一公司或国家低，则该公司或国家在产品X的生产中具有相对优势。

竞争委员会 关于一些与竞争有关的可能造成垄断等阻碍竞争的需要进行审查的行为，委员会会获取其信息，并且对阻碍竞争的行为进行制止。

竞争优势 公司拥有特殊资源，使得其能够在行业其他公司中脱颖而出，并且能为公司所占用资金持续长久地带来杰出的报酬率。

竞争门槛 当某行业中两公司间的竞争相当激烈时，公司为了吸引股东向自己投资并持有该投资，则会向股东支付一定的报酬率。

竞争能力 在商品市场中，公司与对手面对面竞争的力量。

互补性产品 通常与正在讨论的产品一起购买的产品，即称为互补产品。

复利 将本金和以前所获利息相加计算得出的利息。

复利报酬 从某一投资项目中获得的收益又重新投资于该项目，因此未来的收益是初始资金和在投资的资金共同产生的。

合伙人 一组投资人，他们在一起进行投资或者由一人进行管理，他们购买某一公司的股票。

偏爱矛盾 初始投资人偏爱低成本的资产流动性和低风险的投资基金，而最终贷款人偏爱长期风险高的资金，两者偏爱存在矛盾。

企业集团银行 活动、产品和市场都很广泛的银行。

混合兼并 两个来自不同业务领域的公司进行合并。

对价 为获得某种事物而必须支付的价格。

合并报表 合并报表将来自集团内所有公司——不管是独资公司还是参股公司的收入、成本、资产以及所有负债都集合起来。

股份合并 公司发行在外的股份数量减少，剩余股份的名义价值上升。

消费者价格指数（CPI） 美国对普遍通货膨胀的主要衡量指标。

持续义务 由英国上市管理局颁布实施的，在伦敦证交所上市的公司都必须遵守的行为和活动准则。

契约理论 该理论认为公司是由实际的和内含的各种契约组成的网络，这些契约规定了多种参与者的不同角色。大多数参与者都为了低风险和可观的报酬率讨价还价。而股东为了得到在其他所有参与者进行分配后的预期剩余收益，则需承担高风险。

控股股东 控股股东拥有公司具有表决权的资金的30%或以上，或者能够控制董事会的组成。

传统现金流 一次现金流出后往往伴随着一系列的现金流入，而一次现金流入后往往伴随着一系列的现金流出。

趋同 在期货合同中规定的最后交易日，未来价值和内在股价趋于一致。

转换溢价 现行股票价格和转换价格的差异，对于可转换债券来讲，用占当前股价的百分比来表示。

转换价格 可转换债券转换成股票时的股票价格。

换股比率 可转换债券的名义价值（面值）除以转换价格。每一股可转换债券所能转换得到的股票数量。

转换价值 如果以现行股价将可转换债券转换成普通股所得到的价值。

可转换债券 该种债券支付利息，并且按照预先方案规定，其持有者有权在未来的某个时间将债券转换为普通股。

可转换股的债券股额 与可转换债券的定义相同。

可转换优先股 该种优先股可以被转换为其他种类的证券，比如普通股。

核心交易所 由国际证券市场协会（ISMA）所有的，提供与债务相关的国际证券服务的国际证交所。

公司债券 由公司发行的一种债券。

公司经纪人 代表在证交所上市的公司进行运作的股票经纪人。例如，就市场条件提出建议或者在市场中代表公司。公司经纪人对股票和其他金融市场拥有丰富的知识。他们向公司募集基金（比如发行新股）提出建议，并且努力使公司证券在投资者中更具吸引力，同时时刻准备买入或卖出公司股票。

投资银行公司财务部门 该部门在公司募集资金（比如发行股票、债券）以及公司财务管理中提供帮助。

公司治理 公司的管理和控制体制，比如独立非执行董事的人数和权利。

公司狙击手 对上市公司进行恶意收购的组织。

公司价值 在规划时限之内的现金流现值加上规划时限之后的现金流现值，还要加上没有产生现金流的那部分可变卖资产的价值。

企业风险投资 大型公司通过合资或者提供股权资本等方法，促进小型公司的发展。

企业所得税 向公司的利润所征收的一种税。

相关系数 用来衡量两个变量间关系的数，数值在-1~+1变动。

成本领先战略 提供标准的廉价产品，注重于规模经济和其他成本优势。

资金成本 公司为了吸引资金提供者购买和持有本公司的金融证券而支付的报酬率。

交易对方 与买方相对的卖方，或者与卖方相对的买方。

交易对手风险　交易对方违约或不履行义务的风险。

息票　债券或贷款票据文件的一种附件，可以用来交易或者作为领取利息的票据。目前多用来指利息。

协方差　两个变量共同变化的程度。

契约　一个正式的协定。

持保看涨期权　当立合同人拥有期权中所包含的底层股票时，可以就该底层股票订立一个看涨期权。

备兑权证　与认股权证的意义基本相同，只是金融机构不能通过发行备兑权证，出售买卖工业和商业公司股票的权利。

伪造账目　违反法律条例和会计机构准则而伪造会计科目，其目的在于利用巧妙的会计手段显示丰厚的利润和良好的资产负债表。

信用期限　从购入原材料到还清欠款所用的平均时间。等于债权人的平均信用期除以每日赊购额。

信用评级　从贷款人的角度对贷款质量进行评估，即从贷款的本金和利息不被偿还的可能性以及违约发生时贷款人的被保护程度对借款人的信用进行评估。信用评级机构向公司或政府机构等收取费用。公司进行信用评级目的在于吸引贷款人。

信贷风险　在金融交易中，交易对方未能履行义务的风险。

信用合作社　一种非营利性组织，它吸纳存款并提供贷款，是一种合作银行。

债权人　有其他人欠其债务未偿还的一方。

Crest　当一个股票在伦敦证交所出售以后的股票结算以及注册登记的电子手段。

皇冠上的明珠防御　在恶意收购中，目标公司将其业务中最具吸引力的部分出售。

附带红利　如果一个投资人所购买的政府债券被定义为附带红利债券，则他/她在获得最后一期利息以后仍然有权获得应付利息。附有红利的股票是指购买者有权获得公司上期宣布分配的利润。

附带权利　在除权日之前从股票市场中买入的股票都有附带权利，并且赋了其购买者对一种新股票发行的认购权。

累计红利　如果债券或股票的购买者错过了某一期利息或股利的分配，那么这些证券有权在下期优先获取利息或股利。这些欠款必须在股东获得股利前被偿还。

货币互换　见互换交易。

流动资产　现金以及其他能快速转变成现金的资产。包括原材料、半产品、完工产品、应收账款以及预计在一年内出售的投资。

流动资产价值（净值）　流动资产（现金、应收账款、存货）减去流动负债（也称做营运资本）。

流动负债　公司所拥有的应在 1 年内偿还的债务。

流动比率　企业的流动负债除以流动资产所得比率。

周期性公司（股票）　该种公司的利润对经济水平的增长非常敏感，因此会呈现周期性。

周期性产业　该种产业的利润对经济水平的增长非常敏感，因此会呈现周期性。

每日公定牌价（DOL）　一种每日记录，列明了每日在伦敦证券交易所进行交易的各行业证券的价格。

宠儿　股市宠儿指备受关注并且具有很大吸引力的公司。

突击掠夺股权 兼并者迅速买入目标公司的股票，速度之快使得目标公司的管理层在做出反应之前即已达到了收购目标公司大量股票的目的。

金融债券 偿还期在未来若干年后的债券。通常以具体资产做保证（抵押债券）或以公司的资产做浮动抵押。

债权资本 所筹集的资本通常要支付利息并偿还本金。

债务人转换期 从客户手中收回应收账款所需的平均时间，等于平均应收账款除以平均每日现销额。

债务人 债权所有人。

余额递减折旧法 资产的折旧额逐年递减的折旧方法，每年折旧额是用固定的折旧比率乘以每年年初的资产净值计算得出的。

高贴现债券 售价远低于面值的债券。

高折扣股权证 该种股权证的发行价格远低于现行市场中已发行股票的股价。

违约 未按照合同支付利息或本金。

防御性行业 该种行业的利润对经济水平的发展不十分敏感。

防御性股票 β 值小于 1 的股票。

延期付息的普通股 在股利分配中仅次于优先普通股的股权。因此如果利润较低，延期付息的普通股则可能无法获得股利。

非物质化 传统的，我们用写在纸上的声明证明金融证券的所有权（比如股份证明书）。随着信息技术的飞速发展，该种纸质证明被取消，已被电子记录替代。

企业分拆 公司或业务单元间的分离是在当前母公司的控制下进行的。该种方法特别适用于解除合并。

存托凭证 该凭证证明了保管人对公司股票的所有权，保管人有权买入或卖出股票。

衍生工具 一种金融资产，其表现以基础资产的价值表现为基础。

德意志证交所 位于法兰克福市的德国证券交易所。

差异化产品 在某些重要方面与其他公司的产品有差异的产品。

差异化战略 产品/服务的独特性能使公司能够制定一个优势价格。

稀释每股收益 对当年每股收益的一种衡量方法，其股份数包含了在行政股票选择权方案或其他声明中说明的任何可能在未来发行的股份。

直接对外投资 出于生产目的，在另一个国家购置工厂、工业设施等商业资产。

董事买卖 买入或卖出自由公司的股份。这种行为是合法的（除非在公司财年的某些特殊时点或在发布公告之前）。一些投资者通过审查董事买卖来决定是否买入或卖出该公司股份。

董事会报告 在公司年报和账簿中包括的有关公司业绩和其他事项的信息以及说明。

脏价 对于某一债券，购买者支付的价格是洁净价与自上期付息之后的应付利息之和。

持股披露 在英国上市公司中，如果单一股东的持股比例达到3%及以上，则该股东需要向公司申报所持股份。

贴现 ①金融债券卖出时售价低于面值的部分，比如汇票或零息债券。②一个信托投资公司的股票售价低于其资产净值的程度。③某一种通货的未来价值低于其现汇价格的程度。④购买金融工具的活动，比如票据贴现。⑤在二级市场中，证券以低于其发行价的价格出售。

贴现公司 该机构买入本票，在本票到期前将其卖出或持有至到期。

贴现市场存款　交存伦敦贴现公司的资金。通常在存款人需要时或间隔很短时间内即被偿还。其存款人通常是结算银行。

贴现率　①在对未来现金流进行贴现时所用的报酬率。即根据未来现金流的风险水平确定的资金的机会成本。②一些中央银行向银行体系放贷所采用的利率。

现金流量贴现　通过调整货币的时间价值，将未来现金流量转变为具有零时间价值的现值。

折现回收期　以资金的机会成本为折现率对现金流入进行折现所计算得出的收回期初现金流出额所需要的时间。

折现　采用一种合适的折现率对未来现金流进行折现，计算出现值的过程。

非中介化　借款公司跳过金融机构，直接从市场获取债务融资。

可分散风险　见非系统性风险。

多元化　投资于不同的项目、公司、金融证券等。

剥离　从某一公司或个人手中移出某项资产。

股利　支付给普通股东的利润，通常是定期支付的。

股息保障倍数　能够参与分配的净利润超出已经派发或宣布派发的股利的倍数。每股收益除以每股税前股利，或者税前总利润除以总的股利支出。

每股股利　年度（中期或期末）所付股利或应付股利除以发行在外的总股本数。

股利政策　向股东支付的股利占公司利润的比例，股利通常是按期支付的。

股利再投资计划（DRIP）　股东获取股份，用来代替现金股利。这样做避免了股东获取现金股利再进行投资期间的成本和麻烦。

红利收益率　每股所获股利占股价的比例。

股利估价模型（DVM）　该种股票估价模型假设普通股票的市场价值代表了预期在无限远的未来股利流入现值的总和。

可拆分项目　可以承担项目的一部分。

所有权和控制权相分离　在大型公司中，股东拥有公司但是不对公司进行管理。由于分散和分立的股东个体往往采用委托投票并对公司漠不关心，因此管理者拥有控制权。

优势　对于抗拒风险的投资者来说，在同等风险水平下，如果一个项目的潜在价值高于另一个项目，则该项目具有优势，因为它拥有更好的报酬率。

道琼斯指数或道琼斯工业平均指数　关于英国股票和证券波动的最知名的指数。该指数中包含了30只股票。

拨款安排　借款人建立借款合同，根据每阶段的资金需求使用借款。

提前付款折扣　如果欠款人提前偿还债务则可以得到的债务减免额。

早期资本　初始生产所需资金以及新创公司的销售额。这些高风险的资金通常由企业家、企业天使投资人和创业投资基金提供。

收益外购　一个公司的购买价格与其在未来的利润表现相联系。公司售价在未来的分期付款额也会随着公司的实际表现随预期的好坏发生变化。

盈利能力　在一个正常年份里公司赚取利润的能力。如果公司的经营状况持续不变，则盈利能力就是公司每年预期收益。

获利报告　由公司向分析师发布的当期利润预测数据。

盈余倍数　市盈率。

每股收益（EPS） 息税后利润除以发行在外的股本数。

赢利率 每股收益除以股票的现行市价。

EASDAQ （伊斯达克，欧洲证券商自动报价协会）一个覆盖全欧洲的证券交易所，旨在促进创新的、年轻的、快速增长的公司的发展。现已关闭。

EBIT 公司扣除利息和税负之前的收益（利润）。

EBITDA 公司扣除利息、税负、折旧和摊销之前的收益。讽刺者也称其为：用来欺骗愚蠢的审计师的收益。

经济特许权 定价权力通常与强大的进入壁垒相联系。经济特许权的强度和持久性由以下因素决定：①产业结构；②公司超越本产业竞争对手的能力以及形成独特的持久的资本回报的能力。

经济账面价值 斯特恩·斯图尔特有限公司应用的一个术语。它是以资产负债表中所显示的占用资金为基础，经过一系列调整得到的。

经济订购量（EOQ） 能够使订货成本和存货成本之和最小的每次采购存货（比如原材料）的数量。

经济利润（EP） 对于某一期的经济利润，就是用公司的营业收入减去所有的营运支出，再减去公司占用资金的机会成本。

经济风险 由货币波动带来的公司经济价值的减少，使得公司竞争力减弱的风险。

经济增加值（EVA） 由斯特恩·斯图尔特有限公司提出的，一种以价值为基础的对公司绩效的衡量手段。计算方法是用投入资本（调整后）乘以实际资本报酬率（调整后）和平均资本成本的差值。对于利润的调整就是使其采用的是实际资本报酬率，对资产负债表进行的调整即使其获取投入的资本总额。

规模经济 大规模的产出往往会带来单位产出的成本降低。

范围经济 在许多生产线中共享成本可以降低某一项目的单位成本，比如用同一辆卡车向商店运送番茄酱和豆类产品。

Ecu（欧洲货币单位） 以欧盟各成员国的产出为权重，由各成员国的货币组合而成的货币单位。

伦敦证券及衍生工具交易所 由伦敦和瑞典证券交易所所有。

高效率投资组合 在同等风险水平（标准方差）下能提供最高期望报酬的投资组合，或者是在同样期望报酬的水平下风险最低的投资组合。

有效的股票市场 （有效市场假设，EMH）价格合理地反映了能够获得的信息。有效市场假设（EMH）内在含义即新获取的信息也在股票价格中得到迅速而合理的体现。在有效股市中，除非是偶然情况，任何交易人都不会拥有获得非正常报酬的机会。

EGM 见特别股东大会。

电子结算 只需使用电脑无须任何证件即实现股票从卖方到买方的转换。

销售时点资金电子过户（EFTPOS） 一种计算机系统，可以实现在销售时将买方为产品或服务所付金钱自动过户给卖方。

新兴市场 指资本市场处于发展的早期阶段的新兴工业化国家的证券市场。

员工持股计划（ESOP） 鼓励员工持有本公司股份的计划。

养老政策 这种保险政策规定，在政策期的期末或者如果在政策期中当事人死亡，则会向其（继承人）一次性付款。

养老储蓄计划　一项人寿保险计划，如果投保人在保期结束时依然存活则会收到一笔大额的一次性付款。一项重要的应用，就是用该项资金去偿还购房按揭。

授权　使持有无投票权股份的股东具有投票权。

企业投资计划（EIS）　投资者投资于公司股票上市可以得到税负减免（非上市公司不涉及金融投资和金融资产）。

企业价值　公司股票市值总额和借款的总和。

企业家　被经济学家定义为公司的所有者兼经理人。他们通常提供资金、组织生产、制定战略方向并且承担风险。

市场均衡　当市场供给和需求相平衡时则达到市场均衡。

权益　企业的所有者股份，每一股权益股都代表了公司相同的股份。

股份化　目前世界上的各经济体都越来越重视权益（股份）融资以及股票市场。这是一种持续成长的股份文化。

股权附带　在中介融资中使用的，债券或其他债务融资的一些附带权利，购买人可以在债券或其他债务融资的表现良好的时候参与进来或分享收益（比如执行换股期权）。

与股票相关的债券　见可转换债券。

权益股东的资金　见股东资金。

欧元　新的欧洲单一货币的名称。

欧洲中期债券（EMTN）　见中期票据。

欧洲共同市场　该市场不受任何国家司法权的管辖，通常被称为国际证券市场。与欧元区的新货币没有联系。欧洲共同市场起源于20世纪50年代。

欧洲商业票据　见商业票据。

欧洲证券市场　不受欧洲地区任何国家司法管制的非正式的（未加监管的）货币市场，比如，不受瑞士政府控制地借出瑞士法郎——也许该瑞士法郎在伦敦。

欧洲债券　在某国的管辖范围之外发行的以该国货币为票面金额货币的债券，比如，在日本以外的地区发行以日元为票面金额货币的债券。

欧洲货币　在欧洲一国国境以外流动的该国货币资金。比如，在澳大利亚境外流动的澳元。注意：该市场在欧元区形成新货币之间已长期存在。它与欧元没有联系。

欧洲美元　在美国政府监管范围之外流动的美元存款或贷款，比如，东京、伦敦或巴黎。与欧元区的货币没有联系。

欧洲汇率机制（ERM）　由欧盟成员国建立的，旨在限制成员国货币汇率变动的机制。

欧洲货币联盟（EMU）　由欧盟成员国建立并且加入的联盟，由一个中央银行控制所有成员国的利率，发行一种货币。建立一个货币联盟的进程始于1999年。

欧洲证券交易所　由法国、荷兰、比利时和葡萄牙的证交所合并而成的金融股票市场。

欧洲交易所衍生品市场　由法国、荷兰、比利时和葡萄牙的股票市场合并而成的欧洲证券交易所买下了伦敦国际金融期货市场，并将其命名为欧洲交易所衍生品市场。

欧式期权　购买者只能在预先决定的未来某个时点执行期权。

欧元区　联合在一起将欧元作为本国货币的国家。

事件风险　未来发生的事件会增加金融投资风险的可能性，比如一次地震会影响日本债券的报酬率。

采取措施前　某一事件前的意愿、愿望或预期。

除息票　该种债券出售时没有对下期应付利息的索取权。

除股息　一种股票或债券被定义为除股息的,是指其购买者不能获得最近宣布派发的股利或者是继上期支付利息之后的应计利息,这些股利或利息应由卖出方获得。

采取措施后　事件后一些变量的价值。

除权　当一个股票"除权"后,其任何购买者在除权日后都无权在股权股发行的时候认购新股。

股票除权价　股权股发行后股票的理论市价。

特殊项目　这些收益和成本属于公司日常活动的一部分,但是要么项目本身不常发生,要么对本年度利润产生了特殊的巨大影响。

外汇管制　一国对其公民买卖货币的控制。

可交换债券　该种债券赋予其购买者在以后某一时间点将债券转换为某一公司股票的权利。转换为某一公司的股票与发行债券的公司不同。

汇率　用另一种货币来表示某一种货币的价格。

独家特许权　见经济特许权。

独家专用经纪人　该股票经纪人可以以较便宜的价格买入或卖出公司股份,但是不会向公司提供建议或其他服务。

行权价格（协议价格）　合同规定的资产买入或卖出的价格。

退出　该术语用来描述风险投资家能够收回部分或全部投资的时点。

退出壁垒　阻止一个公司停止生产,从某一特定行业推出的因素。

舶来品　该术语用来描述一项不常见的金融交易,比如第二期权组合、异国通货（即很少进行贸易的异国通货）。

扩张资本　指处于快速发展阶段的公司提高生产力所需的资金,产品和市场深入发展所需的资金和营运资本。通常从风险资本处获得资金。

预期收益　以每项可能的产出发生的可能性为权重进行加权计算得出的平均收益。

利率期限结构的预期假说（收益曲线）　长期利率反映了关于短期利率变化的市场共识。

外汇的期望理论　目前的远期汇率是对在未来的某个时点的汇率的无偏差预测。

经验曲线　在重复作业的过程中获得的经验能够降低执行该作业的成本。

期权到期日　终止买入或卖出期权的日期。

外部融资　由公司筹集的外部资金,即不是通过收益留存等内部形成的资金实现融资。

外部指标　公司之外的个人能够获得的对公司绩效的衡量,它将公司绩效作为一个整体进行考虑。

特别股东大会（EGM）　一种公司会议（股东和董事们参与）,但并不是年度股东大会。当董事们认为合适的时候均可召开。然而,拥有10%以上具有投票权的实缴股本的股东都可以申请召开会议。

专用资源　它赋予了公司竞争优势。该种资源同其他（普通）资源相结合使公司能够超越竞争对手,并且形成机会产生新价值。关键性的独特资源决定了公司能够在哪方面取得成功。

票面价值　见面值。

因子模型　将证券收益同证券对多种因子变动的敏感性联系起来的模型。这些因子是所有股票的共同因子。

要素风险/非要素风险 多因素模型为充分多样化的投资者描述了风险和报酬之间的联系，要素风险指模型的系统性风险；非要素风险指模型的非系统性风险。

保理 以应收账款为担保的借款。保理公司也提供诸如销售分类账管理以及信用保险等服务。

公平博弈 在股票市场中，一些投资者和筹集资金者不能够以牺牲其他参与者的利益为代价来获取自身利益。市场在监管下不允许出现诽谤、过时以及诈骗等行为。在市场中进行交易，成本低并且流动性高。

公平价值 在双方均掌握信息且自愿的公平交易中，一项资产可以换得的资金额。

堕落的天使 原本被评定为投资级的债券，现在被评定为垃圾债券、间型融资或者高收益融资。

过滤方式投资 利用历史价格趋势对股票进行审查的一种技术。交易者通过过滤出短期变动来关注于股票的长期趋势。

最终股息 在年度报表中宣布的股息。对于每 6 个月报告一次业绩的公司，年度总股息就是最终股息加上中期股息。

金融公司 金融机构以分期付款购买、租赁以及其他形式的分期还款信贷等方式提供资金。

融资租赁（也被称为资本型租赁或全支付租赁） 在租赁期内出租人承担全部（或者几乎全部）的资产以及利息费用。

金融资产（证券） 声明在未来某一时点将其转换为现金的合同。

财务困境 不能或很难向贷款人履行义务。

财务杠杆（杠杆作用） 见"杠杆比率"。

财务风险 由资本结构中的负债所引起的公司的股东报酬的额外变动性。

金融服务管理局（FSA） 英国首要的金融服务监管机构。

金融服务及市场法案 2000 法案（法令即依其建立），为英国的金融监管奠定了基础。

财务松弛 拥有现金（或现金等价物）以及/或者剩余的举债能力，使得在机会出现的时候能够抓住机会。

资金缺口 快速发展的中型公司的财务提供中的缺口。通常这些公司太大或者发展太快以至于个人股东无力提供更多资金，并且也无法获得充足的银行贷款。同时，这些公司也没有做好进军股市的准备。

产成品库存期 产品从完工到等待被发送到客户手中所用的天数。等于存货中产成品的平均价值除以平均每日销售量。

费雪方程式 现今报酬率 m 与实际报酬率 h 以及预期通货膨胀率 i 的联系如下方程式所示：$(1+m) = (1+h)(1+i)$。

固定资产 公司持有的不是为了再出售而是用于经营的资产。

固定费用 （比如固定付息债券或贷款）被指定为某一负债的附属抵押品的某一或某些特定资产。

固定汇率制 为保证两种货币之间汇率是固定的，政府所采取的行为。

固定利息证券 该种证券——比如债券——的持有者以预先确定的利率按照其面值获取利息（比如金边债券、公司债券、欧洲债券）。

固定利率贷款（固定利息贷款） 在整个贷款期利率都是不变的。

统一费率 由租赁信贷公司（或其他贷款人）向借款人制定的利率。该费率不能适当地反映出以年利率衡量的实际利率。

固定收益率 见收益率。

浮动 公司支票簿与银行账户中所示的现金均衡之间的差异。是由银行账户间资金转账的延迟造成的。

浮动抵押 把某一公司或个人的全部资产作为一项贷款的附属抵押品。

浮动汇率制 汇率没有被国家政府固定，而是随着货币需求量和供给量的变化而波动。

浮动利率票据（FRNs） 发行的该种票据的利率随基准利率（比如伦敦银行同业拆借利率）而波动。在欧洲市场发行，期限通常为 7~15 年。反向浮动：当伦敦银行同业拆借利率上升时，票据利率下降。

浮动利率贷款 贷款利率根据标准参考利率进行调整，比如伦敦银行同业拆借利率。

利率下限 在协议中规定，如果利率下降到某一规定水平之下，卖方（利率下限制定者）将向买方支付补偿金。

挂牌买卖 公司在证券交易所首次发行股票。

聚焦化战略 在行业中选取一个细分市场为其提供服务而放弃其他市场。

"Footsie" 英国富时 100 指数的昵称。带引号使用。

外国银行业务 与非本国居民以本国货币进行的交易。

外国债券 在债券发行国发行的以该国货币为票面金额货币的债券，其发行人为非该国居民。

外汇管制 政府对买卖外国货币的限制。

外汇市场（Forex 或者 FX） 方便一种货币转换为另一种货币的市场。

Forex 词组"外汇"（foreign exchange）的缩写。

包买票据 银行大量购买出口公司的销售发票或者期票，通常这些发票由进口公司保障支付。

远期交易 交易双方目前就货币在未来某一天的汇率达成一致意见所签订的合同。

远期利率协定（FRA） 关于未来利率水平的协定。根据未来实际市场利率与"协定"利率偏差的程度来确定由协定一方向另一方支付的赔偿金数额。

发起人股份 当所有其他类别的股东都获得固定利率的股息后，发起人才可以获得股利。他们往往对于某些公司事务拥有特殊投票权。

自由现金流 由公司产生的不用于营运或再投资的现金。即公司的税后净营业利润加上折旧、摊销和准备金，减去长期项目的资本支出，减去为了维持公司的竞争地位并且采纳所有可以创造价值的投资所需的营运资本的增加额。

公众持股 与公司无密切关系的人所持股占上市公司股份的比例，与公司有密切关系的人（比如董事、发起人家庭成员）不会卖出他们的股份。

频率函数（可能性或频率分布） 用来表示某一数值出现的可能性的数据组合。

善意兼并 两公司就兼并达成协议。

互助会 涉及存款和放贷的互助（合作）组织。

富时 100 指数 代表英国最大的 100 家上市公司股票的指数。

富时精算师全股指数（全股） 对英国股票最具代表性的指数，反映了超过 700 家上市公司的股票。

富时国际 （《金融时报》和伦敦证券交易所）该组织定期（通常是每日）计算并发布一系列股票指数。

全额支付租赁 见租赁。

基金管理 基金的投资以及基金质量的管理，比如代表基金所有人利益的养老基金、保险基金。

资金募集 公司可以通过发行股票等方式募集资金。

基本面分析师 以公司的未来收益为基础，试图评估股票真实价值的人。

基本 β 系数 由巴尔·罗森堡及其助手提出的对股票平均风险溢价的调整，该系数将所研究的特定公司的多种营运活动和财务特征整合到一起。

替代品 可互换的证券，在相同条件下替代品之间可互相转换。

期货 交易双方达成协议，在未来某一特定时点以协定价格完成交易。

GAAP 公认会计准则。美国会计准则委员会发布的会计条例。

GDP （名义、实际）国内生产总值，由一个国家所产出的所有产品和服务的总和。名义 GDP 包括通胀因素，而实际 GDP 则剔除了通胀影响。

杠杆比率（财务杠杆） 在总体资本结构中债券资本所占的比例。也称做杠杆作用。如果公司运营良好，高杠杆比率会带来很高的收益，如果公司运营恶化，高杠杆比率则会加速经营恶化。

杠杆比率（经营杠杆） 公司全部成本中固定成本的比例。它影响了盈亏平衡点以及利润对销售水平变化的敏感度。

通货膨胀 对于一笔名义金额一定的款项，随着价格的稳步上升而使得该笔款项的购买力降低的过程。通过综合价格指数加以衡量，该指数跟踪了同样一组产品或服务随时间的价格变化。

普通保险 针对具体应急事件的保险，比如火灾、盗窃和事故。

几何平均数 对于一个有 n 个正数的集合，几何平均数指对 n 个数的乘积开 n 次方。复合报酬率即几何平均数。比如 2 和 5 的几何平均数为 3.16。

金边证券 在伦敦证券交易所交易的固定利息的英国政府证券（债券）。是英国政府从存款人手中筹集资金的一种手段。他们通常支付定期利息并在未来几年后偿还本金。

全球化 交易特别是金融产品的交换日趋国际化。全球经济体和资本市场的融合。

目标一致 公司高级管理层行为和股东利益的一致性。

持续经营 对公司是否有充足的财务力量再继续经营至少一年的判断。会计账户都是在公司持续经营的假设上建立的。

上市 公司在证券交易所上市的过程（在上市之前，公司可能已是公共有限公司）。

买涨 购入一项金融证券（比如股票），期望价格上涨。

做空 见卖空。

黄金手铐 吸引现有员工继续为公司工作的金钱吸引措施。

黄金降落伞 在恶意收购中如果目标公司被收购成功，目标公司的管理人员将会得到一笔巨额支付。

黄金股份 在公司拥有极端特殊权力的股份，比如：否决兼并的权力。

优质增长 公司投资于所有面都业绩良好的经营活动时，就实现了优质增长。

商誉 一个会计术语，指一个公司购买另一个公司时所支付的价格与目标公司资产的市场价值的差异。商誉就是代表公司品牌和员工技能价值的无形资产。

宽限期 贷款人允许借款人延期支付利息或者将贷款协议的起始日期延期。

格林伯瑞报告 对公司治理的建议。

绿票讹诈 关键股东以不向恶意竞标者出售公司或者自己竞标购买公司为筹码，企图获取的补偿金（比如以溢价再购入他们所持的股份）。

超额配售选择权 允许承销公司在帮助公司发行新股中发行比原计划更多的股份的期权。如果需求量非常大则承销公司会行使该权利。

$$股息毛收益率 = \frac{每股税前收益}{股价} \times 100$$

国内生产总值 见"GDP"。

毛利率 见毛利润率。

毛利润 营业收入减去销售成本。

毛利润率（毛利率） 销售收入减去销售成本占销售收入的比例。

毛现值 现金流入的现值总和减去初始投资额。

成长行业 几乎不受经济状况影响而增长的行业。

有担保贷款的股票 由一个组织而不是借款人向贷款人担保偿还本金和支付利息。

汉普尔报告 继凯德伯瑞报告和格林伯瑞报告之后又一针对公司治理的报告。由罗纳德·汉普尔管理于1998年发行。

恒生指数 关于香港股票的主要指数。

刚性资本配额 尽管公司的投资项目产生正的NPV值，公司外部的机构也不会向公司提供大量的投资资本。

硬通货 在外汇市场上交易的、需求量持续高涨的货币。

标题（内在、调整或标准）每股收益 董事会通过剔除一次性支出费用、剔除性项目以及商誉摊销得到这些每股收益的数据，用来显示公司的内在每股收益发展趋势（或者仅仅为了管理业绩看起来更好）。

对冲基金 运营不受管制的集合投资工具，它使得基金经理可以采取其他基金经理人不能采取的管理投资组合的措施，比如贷款投资、卖空市场。

对冲 进行具有抵消性的交易以减少或降低风险。

赫斯塔特风险 1974年德意志联邦银行关闭了德国赫斯塔特银行。该银行涉足外汇交易业务，以欧洲时间从交易对方手中收入德国马克，但是并没有及时地按照纽约时间将其转换为美元。因此当外汇交易发生在不同时区的时候，这种风险就产生了。

希格斯委员会报告 发表于2003年的关于公司治理的建议书。

高收益股票 该种股票提供很高的现行股息支付率，因为对公司利润及股利低增长的预期导致了股价很低。

高收益债券 见间型融资或垃圾债券。

分期付款购买（HP） 在几个月的期限内，产品的使用者（分期付款者）定期、分期向租赁信贷公司支付利息和本金。在期满时产品的全部所有权将转移给分期付款者（从合同签订时起分期付款者就可以使用该产品）。

控股公司 见母公司。

持有期收益 一项金融资产的全部持有期收益包括：①收入，比如股利收入；②资本利得——资产价值的升高。

自制股利 股东通过卖出自由股份的一部分来创造收入。

横向兼并 在价值链中从事类似活动的两家公司进行兼并。

恶意收购 目标公司（被收购公司）的管理层反对的收购。

傲慢 过分自信。

要求报酬率 所要求的最低报酬率，即资金提供者所提供资金的机会成本。

冲击日 指在公司发行新股路演过程中宣布股价的那一天，由招股说明书公布并且征求购买。

收入杠杆 年度利润（即付息前利润）对优先债权债务人所贡献的比例。是利息保障倍数的倒数。

利润表 损益表的另一称谓。

所得收益率 见收益率。

组建公司 成立一个公司，包括必要的法律手续。

固定资产投资增加额 追加到资产存量上的，不仅仅为了代替已消耗资产的固定资产投资。

独立董事 不受主导执行董事控制的董事。比如，公司的客户、供应商或者组建者的家庭成员都不是独立的。

独立变量 两变量无任何联系，没有协同变动。

指数 见市场指数。

指数期权 关于股票指数的期权，比如富时100指数或者标准普尔500指数。

指数跟踪 集合投资基金（比如单位信托基金）试图复制一种股市指数而不是在积极管理的基金中寻找成功者。

行业吸引力 行业现存公司间的联合竞争程度，行业内公司同供应商和客户的议价能力，以及新公司进入利用替代品吸引客户的潜力。产业结构决定了行业资本的长期报酬率。

通货膨胀 价格上升的过程。

非正式风险资本家 企业天使的另一称谓。

知情投资人 熟知金融证券及其基本股价的投资人。

初始保证金 第一次签订衍生工具合约时，签订人须向票据交换所提供的资金额。

首次公开发行（IPO） 公司第一次向公众发行权益股份。

税务局 英国主要的政府税收部门。

内幕交易 利用一些公众无法获取的信息进行股票等交易。

分期付款信贷 一种购买产品或服务的方式，在一定时期内定期分期支付本金和利息。

机构忽视 股票分析师，特别是大型机构的股票分析师，可能不会花费足够的时间去研究小型公司，而更愿意关注于排名前100或类似的公司。

工业化 与个人投资证券相对的，组织投资日益增多的趋势（比如养老基金以及投资信托公司吸纳个人存款投资与股票）。

可保风险 通过向保险公司支付保费来转换的风险。

无形资产 不能触摸到的资产。

银行同业经纪人 在外汇市场中充当卖家和买家中间人的经纪人。经纪人对双方都是匿名的。

银行同业英镑交易 银行间借入和出借英镑的货币市场。

利息保障倍数 企业利润超出贷款资金应付利息的倍数。

汇率制定的利率平价（IRP）理论 当即期汇率和远期汇率的差异数等于两种货币的利率差异数时，利率评价理论是正确的。

利率风险 利率的变动对公司产生相反影响的风险。

利率互换 见"互换"。

利息收益率 见收益率。

中期股利 与上半年业务相关的股利。

中期利润报告 在上半年结束后不久发布的关于上半财年未经审计的利润数据。

中介人发行 新股发行市场中销售股票的一种方法。股票首先提供给诸如股票经纪公司等金融机构，然后中介人的客户可以向他们申购股票。

中间债务 见中间型债务或垃圾债券。

内部指标 对公司内部绩效的衡量。可以应用于公司、战略业务单元或者产品生产线。

交易内部化 在纵向兼并中将生产链上位于不同阶段的两个公司合并起来，兼并者可以获得不同水平间更高效的合作。

国际石油交易所（IPE） 伦敦的能源期货和期权交易所。

国际证券市场协会（ISMA） 旨在促进有序交易和欧洲市场共同发展的自制组织。

价内期权 关于内在价值的期权。对于买入期权，其现行价格要高于期权执行价格。对于卖出期权，其现行价格要低于期权执行价格。

内在价值（公司） 在公司经营期内可以产生的现金的贴现价值。

内在价值（期权） 当期权到期时，以现行水平交易所获得的支付额。

定向发行 一个公司如果已经在其他股票交易所上市，或者已拥有大量股东，可以向这些股东定向发行股票。这样其股票可登陆二级市场。

存货 参见"存货"。

投资银行 提供多种金融服务的银行，通常不提供热门的街头银行服务。通常针对向公司提供兼并建议等服务进行收费。

投资级债券 具有足够高的信用等级，被认为较安全且适合机构投资者进行投资的债券。

发票 对所发货物的详细清单，通常注明了销售额和价格。

发票贴现 要求金融机构承兑独立的（或者选择的一些）发票，目的是立即获得现金，通常所获现金是面值的80%。

IOU 是"我欠你"（I owe you）的英文缩写。对负债的确认。

不可赎回 没有固定到期日，无法获得本金偿还的金融证券。

股利无关论（莫迪格利安尼和米勒提出） 在一些假设成立的条件下，股利政策与股票价值无关。

已发行股本 已经由股东申购的那部分公司股份。这些股份或者已经全额支付资金或者提供了部分资金。

发行公司 见发起人。

股份制企业 公司资本被划分为许多小单元，允许许多投资者出资不同比例以构成总资本。利润按照股东的持股比例进行分配。

次级债券 见次级债券。

垃圾债券 质量低、信用度低的公司债券。评级在投资级之下，风险和收益率都较高。

准时制生产库存量 原材料及工序所耗产品在需要的时候才被送到，或者产成品在要发送至客户前才被生产出来。

延期 超过约定日期，支付的推迟。

放任政策 对经济事务不干涉的政府原则。

主承销人 在新发行证券（比如股票、债券、银团贷款）时，主承销人管理并组织发行。此外可能还有联合主承销人、合作承销人以及区域主承销人。

前置期 从发出订货单到收到货物的时间间隔。

到期还贷 在贷款到期日前偿还贷款。

租赁 在一特定时期内，某项资产的所有人（出租人）将资产的使用权给予另一方（承租人），定期获取租金。租赁期满，资产的所有权不划归给承租人。金融租赁（协议租金占资产价值的 90%）；经营租赁（租期较短，远远短于资产的使用期）。

杠杆作用 见杠杆比率。

杠杆收购（LBO） 主要通过借贷进行融资，实现对另一公司、子公司或业务单元的收购。

杠杆资产重组 通过这种方法，公司的资本结构将会变得比杠杆比率更高。

LIBOR（伦敦银行同业拆借利率） 伦敦银行同业市场中，在特定期限内（比如 3 个月）向高度联系（低风险）的银行提供贷款的利率。是其他贷款利率的参照利率。

价值创造的生命周期阶段 竞争优势和良好的产业经济的寿命可以用生命周期的四个阶段表示：发展期、成长期、成熟期和衰退期。在早期阶段，由于拥有持久的竞争优势以及长期有利的产业经济，因此通常有卓越的长期价值表现。

人寿保险 对死亡的保险。投保人或其他政策所涉及的人死亡以后，受益人可以获得赔偿。养老保单既提供储蓄服务也对死亡进行保险。

LIFFE CONNECT™ 欧洲交易所衍生品市场进行衍生品交易所用的电脑系统。

LIFFE（伦敦国际金融期货和期权交易所） 伦敦的主要衍生品交易所——现在称为欧洲交易所衍生品市场。

有限公司（Ltd） 非上市公司对权益资本无最低额限制，但是对权益资本的提供人有人数限制。不能在伦敦证券交易所上市。

有限责任 股份所有人对企业亏损所负责任有限，以他们对企业的出资额为限。

公司清算 公司终止业务开始停业清理事务。当公司无法支付到期债务或者股东自愿选择结束公司时，公司才会被清算。变卖资产后，偿还债务（如果资金充足），剩余资金（如果有）则在股东间进行分配。

流动性 资产能够不承受价值损失被快速且容易地出售的程度。

流动性风险 当一个组织需要现金时，没有现金或无法获得现金的风险。

利率期限结构的流动性偏好假设 当投资者投资于长期项目时其会获取多余报酬，收益曲线主要是倾斜向上的。

上市公司 在伦敦证券交易所正式上市的公司。

上市协议 英国上市公司管理局规定公司上市之前签订上市协议，承认公司的股东行为符合标准，达到了向股东的报告水平。

上市细则 见招股说明书。

劳合社保险市场 英国一家成立已超过200年的中型保险公司。Names提供保险政策的支持资金。Names现在是一家有限公司，而不是受保险政策有无限追索的公司。

LME 伦敦金属交易所。

债券股额 一种固定利率的金融债券。可能没有担保。

地方政府贷款 将钱借给英国地方政府机构。

伦敦清算所（LCH） 解决许多组织间相互债务的机构。比如它结算（清算）LIFFE的交易，并且保护所有的合同。它是交易所中所有交易的参与方。

伦敦金属交易所（LME） 在远期和期权市场上交易金属（比如铅、锌、锡、铝及镍）。

伦敦证券交易所（LSE） 伦敦的证券买卖市场。

伦敦期权交易市场（LTOM） 一个期权交易所，1992年并入LIFFE。

详细查账报告 由会计师向准备上市的公司的发起人呈交的报告。该报告是详细且保密的。它帮助发起人再次确定何时上市，并且为包含在招股说明书中的简式查账报告建立基础。

多头 认为股价会看涨。拥有证券或商品，空头（卖空）的对立面。

长期结构分析 预测某一行业长期报酬率的过程。

低等级债券 见中间型债券或垃圾债券。

低报酬率股票 该种股票的股利收益率相对低于其增长率。通常是标记成长股。

Ltd 私人有限公司。

M&A 兼并收购。

宏观经济 研究各国经济总量间关系的学科，经济总量有国民收入、储蓄、投资、收支平衡、通货膨胀、税率等。

最低保证金（期货） 在一个期货账户（通常建立在清算所）中必须保留的保证金水平。对市场地位的每日标记会显示向账户中存入足够最低保证金的必要性。

管理层换购（MBI） 一个新的管理团队向公司支付资金，购买整个公司、一个子公司或公司的一部分，并且有自我经营的意愿。风险资金通常会提供收购的主要资金。

管理层收购（MBO） 公司的管理团队向其员工支付资金，购买整个公司、一个子公司或公司一部分自我管理经营。风险资金通常支付购买价格的大部分资金。

管理主义 管理因追求吸引管理团队的目标，而不为股东的最高利益服务。有三种等级：①不诚实的管理者；②诚实但无能力的管理者；③诚实且有能力，但受利益冲突影响的管理者。

强制要约收购 如果拥有一个公司30%及以上的股份，则持股人就会被接管审查小组要求收购公司的全部股份。

保证金（期货） 用来支持期权购买或卖出交易的资金。保证金用来保证在交易的买方/卖方违约时，交易方仍有资金支持其期货交易。

MATIF 法国期货期权交易所。

市场资本化 公司发行股票后，以股票市场价值计算的总价值（或者一个股票市场，或者是股票市场的一部分）。

管理市场 互相竞争公司资产管理权的管理者团队，比如通过兼并活动。

市场指数 用一个股票样本来代表整个股票市场的水平和波动情况。

做市商 在股票交易中，位于伦敦证券交易所报价驱动系统中心位置的，出于自身利益，时刻准备从投资者手中买入或卖出股票的组织。

市场组合 包括所有资产的组合。每个资产所持比例与该种资产股份占全部资产的市场价值的比例相同。通常使用代理,比如富时 100 指数。

市场力量 控制产品价格的能力。

市场风险 见系统性风险。

利率期限结构的市场分部假设 收益曲线是由用成熟期定期的许多次级市场的供求水平来决定的(或者至少受其影响)。

市价与账面价值比率(MBR) 公司的市场价值除以账面资产价值。

市场价值增加值 资金提供者(负债和权益)投入企业的资金总额与公司的股票和债券的现行市场价值之间的差异。

斗牛士 在西班牙发行的外国债券。

匹配 公司将海外贸易产生的不同货币的现金流出及流入进行匹配,使得公司只需在货币市场上对总交易的不匹配的部分进行交易即可。

配比原则 公司所有的债券期限结构应该与项目或资产的期限结构相匹配。短期债务提供短期资产所需资金,长期债务提供长期资产所需资金。

匹配的交易体系 见指令驱动交易系统。

到期日 金融证券(比如债券)被赎回,按面值偿还给贷款人的日期。

债务期限结构 公司偿还不同债务的期限组合。

期限转换 中介提供具有流动性的证券以吸引初始投资人购买基金或向基金存款。所筹集的资金将会以较低流动性、长期的方式出借给最终借款人。

长期股东财富最大化 是公司财务的假设目标。它考虑了资金的时间价值以及风险。

平均数 ①算术平均值:将一系列数加和,除以数字个数;②几何平均数:对 n 个数的乘积开 n 次方,比如 2 和 5 的几何平均数是 $\sqrt{2\times5}=\sqrt{10}=3.16$。

均值方差规则 如果两个项目的预期收益相同,但是第二个项目的方差(或标准差)更高,则应优先选择第一个项目。同样的,如果两个项目的方差相同,但是第二个项目的预期收益更高,则应优先选择第二个项目。

中期票据(MTN) 由借款人提供的承诺在到期日向其持有者支付确定数额的货币及其利息的证明。期限从 9 个月到 30 年不等。如果以外国货币计量,则被称为欧洲中期票据。

公司章程 确立了管理公司及其对外关系的条例,比如陈述公司目标。

商业银行 见投资银行。

兼并 将两个公司实体合并在一起,拥有共同所有人。

指标 衡量的方法。

少数股东 控股占公司股份少于 50% 的股东。

间型融资 提供高收益并且承担高风险的无担保债券或优先股。等级位于担保债券之后,位于权益之前。通常它会附带股权参与。

储蓄调动 基本储蓄从居民部门流动到投资于真实资产的最终借款人。这个过程受金融中介促进。

股东交易模型规定 伦敦证券交易所对股东交易其手中公司股票的规定。

修正后内部收益率(MIRR) 使初始投资与项目的最终价值相等的报酬率,而现金流的未来价值以所要求的报酬率(资金的机会成本)组成了最终价值。

货币政策 中央银行对货币的供应量以及利率的有目的地控制。

货币现金流 所有的未来现金流都用现金流产生时的预期价格表示。

货币市场 大量借入和借出短期资金（<1 年）发生的金融市场。

货币报酬率 包括通货膨胀因素的报酬率。

垄断 在一个行业中只有一个生产商。然而竞争委员会将垄断定义为占市场份额的 25%及以上。

道德风险 目前的安全状态（比如参与保险）鼓励了消极行为（比如粗心）。

抵押债券 将财产作为抵押品进行担保的债券。

共同基金 一种联合投资工具，其股份卖给了投资者——在美国是一种非常重要的投资手段。

共同拥有的组织 该组织的运营是为了成员（就如组织的客户）的利益而不是股东利益。例如一些保险组织、建屋协会以及合作协会。

净买入期权 见无担保买入期权。

NASDAQ （国家证券经纪商协会自动报价系统）一系列基于电脑的信息服务，是美国场外证券（比如股票）交易市场的订单执行系统。

国民储蓄 通过购买债券、向储蓄账户存钱等方式向英国政府提供资金。

准现金（准货币） 流动性很高的金融资产，但是通常不用做交易，因此不能被完全认为是现金。

否定性条款 在贷款被全额偿付前，贷款协议中对借款人行为和权利的限制。

流通性 ①转换为另一种资产——可在金融市场中自由交易；②可以根据交易双方的协议进行解决。

净资产（资本净值）净资产价值（NAV） 总资产减去所有负债。固定资产加上存货、应收款、现金以及其他流动资产，减去长期和短期借、贷款。

净流动资产 流动资产减去流动负债。

净经营现金流 折旧前利润，或者是净营运资本减去定期投资。

净现值（NPV） 与项目有关的预期现金流按照贴现率贴现后的限制，贴现率反映了资金的另一用途能产生的价值。

净利润 税后利润。

可变现净值 出资方愿意给出的合理的价格减去销售成本。

净额结算 当处于不同国家的子公司进行组织内货币债务的结算时，以所欠的货币净额进行结算，而不是总额。

新进入者 一个公司进入一个市场与现存公司竞争。

首次发行 公司在证券交易所上第一次出售证券——比如债券或股票——以筹集额外资金或者盘活现有证券。

Newstrack 一个小型通讯社，公布在英国未上市证券市场上交易的公司的股价。

利基公司 从事利基业务具有巨大潜力，增长迅速的中小型公司。

日经 225 股票平均指数 根据在东京证券交易所上市的 225 个股票计算的股票指数。

未缴股款股权 在股权股发行中，股东可以卖出购买股份的权利，而不用为这些权利支付任何费用。

噪音交易 不知情的投资者以不合理的价格买入或卖出金融证券，这样会对证券价格造成干扰（异常波动）。

名义报酬 一项投资包含通胀因素在内的报酬。如果我们减去用来补偿货币购买力下降（通货膨胀）所需的必要报酬，得到的就是实际报酬。

名义价值 见面值。

指定顾问（Nomad） 在另类投资市场中交易的公司都必须拥有一个指定顾问。他们是质量控制者，向伦敦证券交易所保证公司符合条例规定。

指定经纪人 在另类投资市场中交易的公司都必须拥有一个指定经纪人，他帮助撮合买主和卖主，并且对公司前景进行评价。

非执行董事 对公司的日常运营不负责任的董事。

无表决权股份 公司可能发行两种或两种以上种类的普通股，其中一种就是没有任何投票权的股份。

正常报酬率 足够吸引股东向公司投入资金并一直持有的报酬率。

标准每股收益 见标题每股收益。

票据（本票） 一种金融证券，承诺在某一确定日期支付一笔确定资金，比如商业票据、浮动利率票据。通常无担保。

NYSE 纽约股票交易所。

客观概率 有理论支撑或来自历史数据的概率。

OFEX 提供了二级市场交易便利的无管制股票市场。

表外融资 通过不在资产负债表中加以反映的负债融资获取资产的方式，比如一些租赁协议允许负债不在账户中进行反映。

要约文件 由意图购买目标公司所有股份的公司向目标公司所有股东发送的提出要约的正式文件。

要约出售 首次发行中出售股票的一种手段。牵头公司通过邀请投资人出资的方式向公众提供股票。①以固定价格要约出售——牵头公司在要约前即确定价格；②以招标方式要约出售——投资人提出他们愿意支付的价格。牵头公司在获得所有竞标价之后宣布中标价格。所有投资者都按照中标价格申购。

公开招股 首次发行中出售股票的一种手段。如果没有从投资者处筹集到足够的资金，则此次招股就会被终止。

要约价 拥有该股票的做市商出售该股票的价格，或者其他市场中的交易者出售证券或资产的价格。

公平交易局 公平交易局的总局长有很宽泛的管理权力，可以调查贸易活动，向竞争委员会提交垄断或反竞争情况。

官方牌价 允许在伦敦证券交易所交易的证券的每日价格。它不包括在另类投资市场（AIM）中交易的证券。

海外投资 在英国司法管辖及金融管制之外，通常投资于租税天堂。

寡头垄断 在一个行业中生产商数目很少。

境内基金 受投资者本国政府管理和监督的基金。

开放式基金 基金规模以及基金单元数目取决于投资者愿意交由基金管理的资金数目。

未平仓量 在期货期权契约中，多方所持有或空方所抛空的契约口数。

公开售股 将新股份出售给广泛的外部投资者（不是现存股东）。然而，回补条款中所涉及的现存股东也可以售价自愿购买新股。

公开喊价 市场成员中的买方和卖方通过口头议论的方式确定交易价格。

开放式投资公司（OEIC） 为投资者定价的集合投资工具。与信托投资公司不同，当投资者的需求上涨时，OEIC 可以发行更多的股票。OEIC 利用从证券市场，最基本的是通过股票筹集来的资金进行投资。

经营杠杆 见杠杆比率。

经营租赁 租赁期远远低于资产的预期使用期限。

营业利率 见营业利润率。

经营利润（营业利润） 在支付除利息以外的所有成本费用后所生的利润。

营业利润率（营业利率、业务利润率） 营业利润占销售额的比例。

市场运作效率 买卖双方在交易所中进行证券交易的成本。

机会成本 由选择的行为引起的价值损失，通常是次优金融资产的价值。

资金的机会成本 将资金投资于一种资产而不是投资于处于同一风险等级的另一种项目，比如金融证券，由此所牺牲的收益额。

期权 该种契约赋予交易方一种权利，即可以在某一特定日或特定日之前以给定的价格买入或卖出金融工具、商品或一些其他基础资产，这是一种选择权而不是一种义务。

期权溢价 在期权契约中，期权购买人（持有者）为了获取权利所支付的价格。

订单系统 见订单驱动交易系统。

订单驱动交易系统 证券的买入和卖出订单被输入一个中央计算机系统中，投资者可以根据他们输入的价格和数量进行自动匹配（也被称做配对交易系统）——证券交易所电子交易服务就是一个例子。

普通资源 赋予公司与竞争对手相等的竞争力的资源，提供了基准胜任能力。

普通股 公司的权益资本。普通股的持有者是公司的所有人，因此他们可以在债券和优先股的持有人获得利益分配以后获得剩余利润的索取权。

内部增长 源自公司内部而不是兼并所取得的增长。

无价期权 没有内在价值的期权。对于买空期权来说就是基础资产的现行价格低于执行价格。对于卖空期权来说就是基础资产的现行价格高于执行价格。

超额配售发行 见超额配售选择权。

产能过剩 一个行业或公司的生产力大大超出了满足需求量所需的生产力。

透支 允许在账户（比如银行账户）已声明的额度内进行透支，即从银行账户中的取款额大于存款额。

悬存股票 由于一次性出售大量的股票，使得股价下跌。

间接成本 不能分摊于某一具体部分的生产或产品的业务支出。

超额认购 在证券首次发行中，投资者要约购买的证券数（比如股票）超出了可以购买的数目。

场外交易 在正规交易所外进行的证券交易。它允许量身定做的交易。

过量交易 企业没有足够的资金支持交易水平。如果企业涉足与多种业务所需的资金超出了投资于营运资本的资金所允许的范围，那么企业就是过量交易。这种情况甚至会在盈利状况良好的时候发生。

所有者盈余 报告利润加上折旧、损耗、摊销和其他的非付现成本，减去工厂及设备支出额、营运资本等公司为了全面维持其长期竞争地位、维持单位业务以及投资于价值创造项目所需的资金。

帕克曼策略 在恶意收购中，目标公司对恶意收购者进行反收购。

面值（名义或票面价值） 一种股票或债券所声明的名义价值。与市场价值无联系。

合伙公司 由两个或两个以上的人共担风险，共享利润，组成的一个自雇的非股份制组织。

母公司（控股公司） 部分拥有或全部拥有其他公司的公司。

招股说明书 在股票首次发行过程中，公司会在发行价公布前几天准备一份公司的详细报告并向潜在投资者进行公布。

回收期 收回对一个项目的初始成本所用时间。

投资回报率 股东股利占税后利润的比例。

财务杠杆的"啄食顺序"理论 公司对融资来源所表现出的偏好。最受欢迎的融资方式是留存收益，其次是借款，最后是发行权益股。

养老基金 该基金代替其成员对资金进行管理，在成员退休时提供年金。大部分的基金都投资于股票。

养老基金假日 当养老基金暂时不需要额外资金投入的时候，它会使其资金提供者一段期限内不用支付资金，比如公司或者个人成员。

完全竞争（完善的市场） 可以自由进入该行业，现存公司对供应商和客户无议价能力。由于产品无差异，因此现存公司间的竞争很激烈。有如下假设：

①购买者的数量巨大；

②出售者的数量巨大；

③个人交易中的商品购买量相对于全部交易量来说是很小的，因此个人交易不会对市场价格产生影响；

④不同商家卖出的商品单元是相同的，产品是同质的；

⑤完美信息论——所有的卖家和买家对正在交易的产品以及在市场上交易的其他产品的价格完全知晓；

⑥市场没有退出壁垒。

完全对冲 消除风险。

完美市场 见完全竞争。

业绩偏差 投资实际报酬率与该风险等级要求的报酬率之间的差异。

永续年金 定期收到的数额一定的现金，无期限限制。

个人公平计划（PEP） 具有纳税优势的个人投资工具。主要是指导鼓励个人投资于上市股票。

实物交割 通过基础资产的交割来执行期货契约。

配售 在初级市场出售股票或其他证券的方法。证券被出售给了发起公司或经济公司的自有客户或者一个小范围的机构团体。

计划期 一项投资在经过未来某一时点后，将会产生最低要求报酬率。

Plc 股份公开有限公司。

毒丸计划 使得公司不容易被敌意收购的已经采取的或将要采取的措施。

政策风险 政府或政府政策的变化对收益的影响及波动。

联合基金 将投资者手中的无数个少量资金聚集在一起，大范围投资于金融证券的组织

(比如单位信托)。

组合 投资的集合。

投资组合 在其他国家进行的债券和股票投资。对外投资的另一种形式是直接投资、购置商业资产，比如工厂及建筑物、工业设施。

组合优化 用来选择在风险和收益方面优化组合的计算机程序。

投资组合理论 在证券业中权衡计算风险和收益的正式的数学模型就是一个投资组合。

投资组合规划 从破坏价值的项目中撤回资金，配置于那些提供最高价值创造的战略业务单元及产品或客户领域。

事后审计 通过比较实际现金流和其他利润与批准投资时的预测利润，对资本投资的过程进行管理和评估。

优先承购权 英国公司的股东可以申购公司日后再发行的股票的优先权。见股权股发行。

优先股 通常其持有者会获得固定比率的股利，但是不是保证获得的。优先股持有人的分配权在普通股持有人之前，但是在债券持有人及其他贷款人之后。参与优先股：享有剩余利润的索取权。累积优先股：公司在某个或某几个时期内所盈利不足以支付优先股股息时，则累计到次年或以后某一年盈利时支付。可赎回优先股：有期限的优先股。可转换优先股：可以转换为普通股。

优先普通股 对一固定的股息支付率，比后取普通股排名更高的股份。

预告年度报告、预告利润报告（Prelims） 在年末发布全面报告及账目之前，在伦敦证券交易所上市的公司会提供一份关于当年利润及其他信息的报告。

溢价（或期权） 购入一种期权所支付的价格，目的是获得买入或卖出一种基础资产的权利。

现值 未来现金流折现到当前时间起点的价值。

税前边际利润率 见税前利润率。

税前利润 日常经营活动所获得的在扣除税款之前的利润。

税前利润率 扣除包括利息在内的所有成本费用后的利润占销售收入的比例。

价格发现 在交易所中无数个买入和卖出订单相互作用后形成价格的过程。

兼并整合的保全方法 被收购公司的文化、体制和人事都没有变动。综合管理技术则会按照母公司的严格的财务绩效标准以及需求刺激计划进行变动。

出版物 新闻报纸和期刊的集合称呼。

市盈率（PER） 股价除以每股收益。历史市盈率：股价除以最近报告的年度每股收益。预测市盈率：股价除以预期年度每股收益。

市盈率法（拔靴法） 公司通过收购其他市盈率低于自己的公司来增加每股收益。虽然经济价值没有增加，但是股价会上升。

价格敏感信息 会影响股价和股票交易的信息。

市价与账面价值比率 股票的价格是每股账面（资产负债表）价值的成绩。

定价能力 当产品需求量平缓没有丧失巨大销售量或市场份额的危险的时候，公司提升价格的能力。

一级（初级）投资者 在社会中扮演存款人的户主部门是为商业部门提供投资所需资金的最主要的部门。

一级（初级）市场 证券初次发行的市场。

本金、当事人　①债务的资金总额，不包括利息；②为了自己的目的在金融交易中承受风险的人，而不是为其他人经营的代理人。

委托代理问题　代理人（比如经理人）不以委托人（比如股东）的最高利益而经营。

私募股本　没有在交易所上市的公司股权资本投资。

私人有限公司（Ltd）　不能向广泛的公众提供股份的公司。

民营化　将国有产业或其他商业公司中的国有权益（股份）出售给私人投资者。

盈利性指标　对每一英镑投资所产生现值的衡量。

损益表　关于公司的销售收入是否大于其成本的记录。

利润率　利润占销售额的比例。

预计盈利　计划或预期收益。未经审计不是完全可信的。

项目评估　对公司内的有良好前景的长期真实资产投资的可行性评估。

项目融资　对特定项目筹集的资金。贷款及权益的收益与现金流和项目的未来发展紧密相关，而不是依靠于公司/母公司的发展。

本票　借款人发行的票据，承诺在到期日支付一定数额的现金。在到期日之前可以出售进行贴现。

自有资金交易　金融机构为了直接产生利润而在金融市场上进行交易，比如外汇市场的投机交易，同时它也可以作为其客户的代理公司。

公开说明书　提供企业及其经营细节，为帮助首次发行（首次公开上市）而发布的包含企业（单位信托/OEIC）信息的文件。

准备金　为了支付预期损失或支出而在账户中提取的资金。

委托选举　无法参加股东大会的股东将会授权给另一人，比如一个董事或主席，代替自己投票。投票意愿或者是受指挥的，或者是代理人决定。

公众有限公司（Plc）　没有股东人数限制可以向公众提供股份的公司（与有限公司不同）。最低股本额必须达到5000英镑。一些公众有限公司在伦敦证券交易所上市。

汇率制定的购买力平价理论（PPP）　两种货币的汇率应该等于两国国内购买力水平。

看跌期权　在到期日或到期日之前，购买者可以选择用确定的价格出售金融工具、商品或一些其他基础资产。这是一项选择权，而不是一项义务。

配额　对特定商品进口量的限制。

配额资产价值（净值）　流动资产减去存货减去流动负债。

速动比率（酸性测试）　流动资产减去存货以后占流动负债的比例。

报价　公司股票在经过认证的投资交易所中进行报价，比如伦敦证券交易所的官方牌价。

报价驱动交易系统　做市商在一个计算机系统中输入竞标和出售价格。

随机走势理论　股票价格的变动是相互独立的，某日价格的变动不能通过前日价格的变动进行预测。

评级（债务）　履行偿还义务的优先级别。高级债务在次级债务之前获取年度利息以及本金偿还。因此，如果公司没有履行义务的充足资源，那么次级债务的债权人将所获很少或毫无收获。

拉帕波特的价值驱动因素　决定价值的7种关键因素是：①销售增长率；②经营利润率；③税率；④固定资产投资增量；⑤营运资本投资增量；⑥计划期；⑦必要报酬率。

原材料库存期　原材料未被使用的期限。等于原材料存货的平均价值除以每日购入的原材料的平均值。

实际动产 用于业务经营的资产。这些资产可以是有形的，也可以是无形的。

实际现金流 用即时购买力表示的未来现金流。

实物期权 在实际资产市场中采取各种不同行动的期权（战略的以及经营期权），与金融证券或商品类期权相对应。

实际报酬率 扣除通货膨胀影响后的报酬率。

资本结构调整 关于资本结构的变动，比如债务权益比率。

破产管理官 如果债权人成功地提出破产申请，破产管理官将会接管公司，变卖公司资产，将剩余资金在债权人中进行分配。

认可投资交易所（RIE） 被授权可以规范英国证券交易的主体，比如伦敦证券交易所。

追索权 如果一项金融资产被出售（比如债务交易），购买人可以向卖主索要偿付以防借款人不偿付债务。

偿还 在到期日归还证券（比如债券）本金额或者面值。

偿还收益率 见收益率。

注册局 对公司股份所有情况进行记录的组织。它也代表公司同股东们进行沟通。

监管新闻服务（RNS） 由伦敦证券交易所经营的用来发布重要的公司公告以及其他价格敏感性财务新闻的系统。

关系银行业务 在公司及其银行间建立起了一种长期、密切及相对开放的关系。银行通常会提供一系列量身定做的服务而不是一次性服务。

伦勃朗 在荷兰发行的外国债券。

无须偿还期 见优惠期。

重新安排 重新安排借款人向贷款人的支付——通常是在一个长时期内。

剩余股利理论 当公司的利润满足了所有NPV为正值的项目后才可发放股利。

价格线 在价格表上起草的显示在一段时期内市场参与者所能接受的最低或最高价格线。

决议 在股东大会上进行投票的提案。

股利的不确定性决策理论 市场对提供较高近期股利的股票赋予较高的价值，因为这样比远期股利支付更具确定性。

重组成本 与企业重新组织有关的成本，比如关闭工厂、进行裁员。

小额银行业务 面对个人客户和小型公司的银行业务，通常是小额的，高业务数/低值银行业务。

零售服务供应商（RSPs） 一些做市商也作为零售服务供应商向投资者提供自动计算机交易服务——见实时交易。

留存比率 本年留存收益占能向普通股东分配的税后净利的比例。

已投入资本回报率（ROCE）、投资报酬率（ROI） 对盈利性的传统衡量。利润回报除以投入活动中的资源总额。资源通常包括股东资金、净负债以及准备金。累积商誉、以前摊销额应该也加回计入总资源。也见会计报酬率。

股本回报率（ROE） 可由股东支配的利润占股东权益资金的比例。

重估价准备 记录固定资产累积重估价值的资产负债表条目。

反向浮动利率票据 见浮动利率票据。

循环信贷 一个协议，借款人可以在几年的期间内按照需求借入短期贷款，但是借款总额不能超过一定限制。

循环包销便利（RUF） 在协议期内，银行在短期金融市场中以特定利率对借款人的证券进行包销。

收益对风险的比率 夏普指数的另一名称。

收益对变动性比率 特雷诺指数的另一名称。

股权认购发行 邀请公司现有股东以所持有的股份比例增持公司股份。

风险 未来的收益会在一系列可能值之间变动。有时用标准方差衡量。

风险厌恶者 更倾向于确定收益，而不喜欢同等收益中风险更高的项目的人。

风险爱好者 与较低风险的同等收益相比，更喜欢风险较高的收益的人。

风险管理 对公司所面临的风险进行选择，决定哪些是应该承担的，哪些是应该避免或减少的，通常还伴随着避免或降低风险的措施。

风险转换 中介公司向初始投资者发行低风险证券以吸引资金，然后购入最终借款人发行的高风险证券。

无风险报酬率（RFR） 无风险投资的报酬率，用 r_f 表示。通常用借款给信誉良好的政府的利率作为合理的代替。

风险收益线 在二维图表中的一条线，显示了两种资产的所有组合结构能够产生的所有预期收益，即标准方差组合，也可以称为两种资产的机会组合或者可行性集合。

路演 公司及其顾问为了吸引潜在投资者购买新发行的证券，而向潜在投资者做的一系列巡讲。

滚动透支 通过短期贷款的定期延期，将其延续成为中期及长期贷款。

滚动结算 在距成交日相同营业日天数的某一日进行股票和现金结算——通常是3天后——而不是特定账户日。

RPI（零售物价指数） 英国对一般通货膨胀的主要衡量标准。

R^2 见决定系数。

经营收益率 见收益率。

安全区 在金融风暴等困境中投资于安全的投资项目。英国或美国的政府债券以及国库券通常被认为是安全的。

售后租回 将资产（比如土地和建筑物）出售给另一公司（比如银行、保险公司），同时签订一个协议，在特定条款下在声明的期限内由卖主将卖出的资产租回。

销售分类账管理 对销售债务人的管理：记录赊销、检查客户信贷等级、发出发票以及催收欠款。

武士债券 在日本发行的一种外国债券。

标准普尔500 对美国排名前500位的股票的标准普尔指数。

满意报酬率 组织的投资人获取他们维持投资足够的报酬率，比如银行会获得合同规定的利息和本金，没有其他收益。

缩小规模期权 在首次发行中，公司会在证券交易所中浮动，如果当前发行价的需求量大于供应量，那么申购者所获得的股票将少于他们的申购额。

情景分析 NPV 分析中的许多关键输入值发生变化的同时，对其所造成 NPV 变化的分析。典型的有"最差情况"，即所有的变量都在恶化，以及"最好情况"，即所有的变量都在朝积极方向发展。

票据股利 股东获得的是额外的股份而不是现金股利。

增发股票 以现有股东的持股比例向其增发股份。

SEAQ（证券交易所自动报价系统） 一种用计算机屏幕显示的证券报价系统，伦敦证券交易所的做市商在上面公布买卖价格及交易量，经纪人可以观察价格和交易。

SEAQI（交易所国际自动报价系统） 一种计算机屏幕显示的证券报价系统，伦敦证交所中的国际股票的做市商可以在上面公布价格和交易量。

季节性资产净值出售（SEOs） 已在证交所上市的公司每隔一段时间会出售新股，比如股份认购发行。

SEATS plus（交易所可选择的交易系统） 在只有一个或没有做市商的情况下，交易流动性较低的证券的伦敦证交所系统。它显示做市商价格或者现行公众售价。

二级市场 已经发行的证券在投资者间进行交易的市场。

证券交易委员会（SEC） 负责监管证券市场（交易所、经济公司、投资顾问等）的美国联邦机构。

证券公司 可能仅仅指一个发行公司。然而，有时该词语被广泛地用来指与证券买卖相关的机构，或者为证券买卖做代理的机构。

证券化 不能交易的金融支付（比如一系列按揭付款的获得权）可以经过重新打包成其他证券（比如债券）而被出售，被称做资产打包证券。

证券、抵押物 ①一种金融资产，比如股票或债券；②被担保的，当贷款违约时将被收走的资产。

证券市场线 （SML）显示系统性风险和单个资产（证券）的预期报酬率之间关系的曲线（直线）。根据资本资产定价模型，一项风险资产超过无风险报酬率的收益率等于市场投资组合的风险溢价乘以 β 系数。

SEDOL 证券交易所每日官方牌价。一种每日发行的期刊，显示在伦敦官方列表中的股票价格及交易量。

种子基金 企业概念中的发展资金。高风险，通常由风险投资家、企业家或企业"天使投资人"提供。

自制 在英国对金融服务的管制大多是由自制组织（SROs）进行的，即在轻度的法律框架内，行业的参与者对他们自己进行监管。

半年度 相同时间间隔的一年两次。

半强势效率 股价完全反映了相关的公众都可获得的信息。

高级债券 见次级债券。

敏感性分析 当关键变量的假设值发生变化时对项目 NPV 值的影响的分析，比如销售量、劳动成本。每次只有一个变量发生变化。这是一种"假设"分析，比如假设原材料成本上升 20%，影响如何？

重大舞弊调查局（SFO） 在英国对重大舞弊案进行调查取证的机构。

Sequence 由伦敦证交所于 1996 年引入的计算机股票交易平台。

SETS（交易所电子交易服务） 伦敦证交所基于电子订单的交易系统。经纪人直接向系统中输入购买或出售订单。英国一些最大的股票都在使用该系统，而且证交所计划增加使用该系统的股票数目——最终完全取代证券交易所自动报价系统（SEAQ）。

结算 交易完成，比如在期货到期日，发出基础资产获取现金支付。

结算价格　由衍生品交易所在每次交易结束计算所得的价格，作为收盘价被用来确定利润账户中的进入市场以来的收益或损失。

股份　公司将所有权划分成普通股份。每一股份的所有者都有相同的投票及获取股利的权利。

股票回购　公司从其股东手中回购一定比例的股票。

股权证　证明对公司的部分股权资本所有权的文件。

股票市场　方便股票的正规买卖的机构，包括初级市场和二级市场。

股票期权计划　员工可以在未来某一时间以优惠的价格购入公司股票的权利。

股票溢价账户　一个资产负债表项目，显示了公司出售股票的价格与股票面值之间的差异。

股份回购　公司买回自由股票。

股票分割　股东获得公司的额外股份。每股的名义价值将以股东数目增加的比例进行减少，因此股份的总账面价值是保持不变的。

股东权益　资产负债表中列示的企业净资产（总资产减去所有的短期长期负债以及少数股东权益）。

股东价值分析法　拉帕波特为研究价值创造提出的一种方法。它等于计划期内的经营现金流现值，加上计划期后的经营现金流现值，加上市场化证券的现值及其他非经营性投资减去公司负债。

股东财富最大化　股东购买力的最大化。在一个有效市场中，它就是现行股价的最大化。

夏普指数　将风险和收益联系起来的衡量指标。一个投资组合（或者股票）的收益高于无风险资产收益的值除以它的标准方差。

壳公司　已在证券市场上市但实际经济活动很少的公司。它可能拥有现金但没有生产。

看跌　在衍生品契约中，看跌的交易方是指协议发出基础资产的一方。

卖空　将尚未拥有的证券（比如股票）卖出，以期在日后以更低价格买入。

短期利率期货　在LIFFE中加的3个月期英镑利率期货契约。在未来某时点开始的3个月名义定期存款。

短期盈利主义　金融机构对由其提供资金的公司所要求的预期报酬率。有人认为公司由于有短期绩效的压力，会丧失长期利益。

短期证券　小于5年期的英国政府债券（金边债券）。

活期往来账户　可以不加事先通知进行取款的账户。

西格玛　σ对收益的分散程度的衡量指标，标准方差。

征兆　一些财务决策被认为是管理者向市场发出的信号，比如杠杆比率上升或者股利政策改变。

单利　只就原始本金支付利息，不对累积利息支付额计算利息。

偿债基金　定期向该基金支付资金，目的是在最后清还债务。

小公司效应　小型公司提供反常高额回报的趋势。

软资本配额　内部管理对投资支出的限制。

偿债能力　偿还法定债务的能力。

南海泡沫事件　在18世纪早期的过度乐观主义的浪潮中，南海公司的股价被推向一个离奇高的水平，因此带来的金融泡沫（见泡沫）。

特别红利 一次性的大额股利支付。

特殊目的实体 公司为了特定目的而建立的独立组织。这些公司的账户不与集团内的其他公司进行合并。

特别决议 在年度股东大会或特殊股东大会中由公司股东投票,超过75%的股东赞成才能通过的决议。通常,特殊决议都涉及公司章程的重要变化。其他事务通过普通决议解决(达到或超过50%的股东赞成)。

通货膨胀 单种产品或服务的价格变化。

特别提款权（SDRs） 一种由国际货币基金组织（IMF）创设的组合货币单位。每个IMF成员国都按照配额比例获取SDRs。

现金持有的投机动机 意味着可以立即抓住未预期的机会。

投机者 在金融工具及其他资产的交易中,通过价值变化获取利益的人。

保荐人 在一个证券的首次上市发行中以自身信誉为担保,为客户公司（与发行经济公司）一起承担推荐职责并统筹首次发行流程。保荐人通常是商业银行或者股票经济公司。也被称做证券公司。

即期市场 即时交易的市场（比如即期外汇市场、即期利率市场）,与协议在未来某个时点进行交易相对（比如远期、期权、期货）。

差价 金融证券买入价和卖出价的差异。做市商报告股票的买卖差价。较低价格（买价）是投资者将证券卖给做市商的价格。较高价格（卖价）是投资者从做市商手中购买证券的价格。

利益相关者 与某一组织有利益关联的一方,比如员工、客户、供应商、当地团体。

标准普尔500（S&P 500） 美国股票的一种指数。

标准方差 一组数据对其平均数的分散程度的数据衡量指标。对波动性的衡量。标准方差是方差的平方根。如果未来与过去的情况相同,那么某一基金或股票的收益有2/3的概率落入平均值左右一个标准方差的范围内。

启动资金 新创公司在未销售所生产的商品之前所需的资金。高风险,通常由风险投资家、企业家或企业天使投资人提供。

法令 由立法机构,比如议会,建立的符合法律规定的,并进行监管的法令。

英镑债券 以英镑为货币支付利息和本金的公司债券。

Stock 原材料存货、半成品和完工产品的另一称呼。

Stocks 和 Shares Stocks 和 Shares 两词之间的差别不是很明晰。Shares 指公司权益。Stocks 指支付利息的金融工具,比如债券。然而,在美国 Shares 也被称做"Common Stocks",并且 Stockholders 有时就是指 Shareholders。所以当一些人使用 Stocks 这个词时,他所指的可能是债券,也可能是股票。

证券交易所 证券买卖的市场。在欧洲大陆,用单词"Bourse"表示。

证券交易所自动报价 见 SEAQ。

证券市场 见证券交易所。

缺货成本 不能够动用原材料、半成品或完工产品存货所带来的成本（销售、利润和商誉以及生产混乱的损失）。

普通债券 定期支付固定利率,并且没有转换权（例如转换成股票）的债券。

战略业务单元（SBU） 在整个公司实体内部区别于其他业务单元的业务单元,因为它服务于一种定义上的外部市场,在该市场中管理就是对产品和市场执行战略计划。

战略分析 对公司所在行业以及行业内公司竞争地位的分析。

战略 选择进入/退出哪种产品生产或市场,以及如何确保公司在这些市场/产品中的有优势的竞争地位。

战略飞行器图 从产业吸引力、竞争优势和价值潜力所处生命周期阶段等方面描绘出的公司、战略业务单元或者产品线的定位。

成交价 ①在卖主提供的销售单中,卖出所要求的数量的股票的价格;②当/如果期权的持有者行使期权,需要支付的价格。见执行价。

强势有效 股价能够反映所有的相关信息,包括内幕信息。

主观概率 基于个人对一系列输出结果及其发生的可能性的判断得出的概率。

次级债券 在对利息及本金的清偿顺序上位于另一种债务之后的债权。高级债券在清偿顺序上排在次级债券之前。

子公司 一个公司是另一个公司的子公司,指母公司拥有该公司多数的投票权,或者虽然拥有少数股份但有权指定或排除一位持有对全部事务或实质上对全部事务持有股东会议的多数投票权的董事,或者能够产生重大影响的董事。

认股权 认购股份的权利。

财务报表摘要 公司通常向小型投资者寄送财务报表摘要而不是详细报告及报表。这样做适合于许多投资者,而且节约了公司资金。然而,对于有权获得详细年度报告及报表的投资者,则有必要提出要求。

沉没成本 公司必须承受的成本,或者是不能被转换的成本。这些成本不影响后续决策,在项目评估中可以被忽略。

超正常报酬率 高于正常比率的报酬率。

生存偏差 在股价表现的实证研究中,只对生存至研究期末的公司进行分析则会使结果产生扭曲。特别是样本中剔除了业绩糟糕的公司(即被清算的公司),使得结果向积极方向偏差。

互换 对现金支付义务的交易。利率互换就是一个公司和另一交易方交易利息支付率。在货币互换中,交易双方在协定期内互换两种不同货币的付息债务(发票)。

掉期期权 在较晚的一日获取一个掉期交易的权利。

共生型兼并后整合 被并购的公司与母公司在文化、体制等方面的巨大差异仍然存在。然而,鼓励了交流中的协作以及新想法的交叉。

银团贷款 由一家或多家银行贷款给一个借款人。

协同效应 联合起来的主体(比如两个公司兼并)将会产生大于两部分之和的价值。

系统性(不可分散或市场)风险 这种资产的收益变量不能通过风险分散措施被消除。通过贝塔(β)值进行衡量。它由对所有公司都普遍存在的风险组成。

收购(Takeover/Acquisition) 许多人将这两个词同 Merger 互换使用。然而,收购(Takeover)的差异在于,一个公司购买了另一个公司,同时伴随着控制其财务和战略的深层含义。

收购委员会 遵守收购和合并城市法令负责监管的委员会。

有形资产 有物理外形的资产。

关税 对进口产品征收的税。

税额减免　不用缴税的收入或资本利得额。

避税　在法律允许的情况下所采取的减少税负的措施。

偷税　故意给出一个错误的报表或省略相关事实。

避税乐园　税率很低的国家或地区。

应税利润　作为课税主体的利润的组成。不同于报告利润。

技术板市场　伦敦证交所在1999年推出了技术板市场。它是官方牌价中所示股票的一部分，是一组科技公司。该市场对公司寻求上市的管理条例与官方牌价中列示的其他公司所使用的管理条例不同（比如只要有一年的报表即可）。

收购要约　购买证券的一种公共要约。

定期贷款　针对某一特定项目，在协议时期内借入固定金额的贷款，通常会有定期支付。大多数是由银行提供的。

利率期限结构　拥有不同的偿还期限但风险水平相同的债券的利率模式。严格地说，是零息债券对不同时间长度的内在利率。也见收益率曲线。

终值　有一个共同的时间起点，一系列的资金在未来某个时点所组成的未来价值。

最低价格变动　一个期货或期权契约的最低价格变动值。

核心资本的一级比率　银行资本的这一部分被定义为股东权益加上不可赎回的非累积优先股。

老虎经济体　亚洲领先的四个新型工业化经济体：中国台湾、韩国、新加坡和中国香港（也被称为"四小龙"）。

时间价值　期权价值的这一部分代表了在未来到期日行使期权而不是现在行使期权的价值。到期日期限越长，期权在到期日之前变为价内的可能性就越大。即期权溢价超出内在价值的部分。

货币的时间价值　在未来获得的一英镑价值要低于今天获得的一英镑——一笔资金的价值取决于获得它的时间。

股东总回报（TSR）　在一定时期内一股的股份所获得的全部收益：每股股利加上资本利得除以初始股价。

商业信用　公司获取生产所需的产品及服务却没有立即支付货款。

应收账项　公司的某个客户仍未对公司发出的产品及服务付款。

交易大厅　市场中的交易双方（或者他们的代表）可以面对面协商交易的场所，然而投资银行通常会在其他交易大厅和他们的交易对方"见面"，通过电话或计算机完成交易。

交易利润率　见经营利润率。

传统期权　一种证券的期权，执行价是固定的，即购买期权当日的市场价格。所有这些期权都将在3个月后到期并且不能出售给第二投资者。

交易风险　交易已经进入公司，或者公司将要承诺一项外国货币交易时，由于汇率变动而引起的本国货币价值变化的风险。

营业部　银行间彼此竞争，力争以最低的成本为公司提供服务。

持有现金的交易动机　现金是交易的一种工具，发票和付款很少是同步发生的，因此一个个人或者企业通常需要持有一定的现金存量以满足支出需求。

翻译风险　以一种货币计价的财务数据在以另一种货币进行表示的时候所产生的风险。

英国财政部　一个英国政府部门负责制定财政政策和经济政策。

短期国库券 由中央银行发行（出售）的短期货币市场工具，通常在英国和美国发行，以支持政府的短期融资需求。

资金管理 对现金和借款的计划、组织和控制，以使得资金的利息及货币流入最大化，并且成本最小化，也包括计划并执行与投资者的交流活动，目的是增强投资者对公司的信心。

特雷诺指数 联系收益和风险的衡量指标。等于某一投资组合（或股票）的收益率减去无风险报酬率以后除以 β 值。

TRRACK 系统 从以下几方面帮助公司分析其独特资源的系统：有形、关系、名誉、态度、能力以及知识。

信托契约 明确代表信托受益人对资产管理进行监管的文件。

受托人 遵守信托契约书，被赋予担保责任的人。

郁金香狂热 17 世纪发生在荷兰的一场泡沫。见泡沫。

最终借款人 投资于实际资产的公司需要最终来自初始投资者的资金。

不确定性 严格地说（从经济学角度来说），不确定性是指一个行为可能产生了多于一种的结果，每一种可能的结果的形式都是已知的，但是获得某种结构的可能性是未知的。然而，本书中忽略了风险（能够辨别可能性）和不确定性的区别。

无条件性 在兼并中，一旦无条件性条件已经声明，收购方就必须履行购买义务。同意收购的目标公司的股东就不能再收回他们的承诺。

无备兑购买期权 订立某种相关资产的购买期权时订立者并不拥有期权中涉及的相关证券。

非传统性现金流 在标志性指标方面有多余一种变化的一系列现金流——不止一次的现金流入转为现金流出或者现金流出转为现金流入。

相关资产 衍生产品契约的主体。

每股相关资产 见标题"每股收益"。

包销商 保证购买公司首次发行的没有被市场认购的那部分证券的公司（通常是大型金融机构），同时获取一定费用作为补偿。

无差异化产品 与其他公司所提供的产品相同。

不可分散风险 见系统性风险。

不知情投资者 对金融证券及其价值的基本评估信息不知情的投资者。

单位信托基金 通过发行可以投资的投资单位，比如股票或债券，来获取来自个人投资者的资金的投资机构。它是开放式的，投资单位的数目可以增加以满足需求量。

英国上市监管局（UKLA） 该组织是金融服务监管局的一部分，它严格地制定了公司加入证券市场时以及以后的连续年份中必须遵守的条例。

全能银行 经营多种不同的金融服务的金融机构，包括小额银行业务以及大额银行业务。

非上市 未在伦敦证券交易所的官方牌价中列示的股票或其他证券被称为非上市的。

非上市券种交易市场（USM） 在 1996 年成立的对股票约束较低（管制较少）的伦敦市场。

非挂牌股票 没有在已认证的证券交易所，RIE（比如伦敦证交所的官方牌价或 AIM）挂牌的股票。

无担保 没有担保物或者贷款人无权获取任何资产的金融债权。

非系统性（特有或可分散）风险 这种关系到资产收益的变量的因素可以通过持有能够

良好分散风险的投资组合进行消除。

效用 在消费一定量的产品或服务后所产生的满意感、幸福感及需求的满足感。

估价风险（价格风险） 当一种金融工具到期或在市场上出售时，其卖价比出卖人在获得它的时候的价格低的可能性。

价值创造五边形 它描述了创造价值的五个活动：①增加现存资金的收益率；②投资于能够创造价值的业务单元；③从减损价值的业务单元中撤出资金，为更多的业务单元释放资金；④扩大计划期；⑤降低资本成本。

价值链 在一个组织或若干组织间将其投入转化为产出的相互联系的活动。公司获得相对于竞争对手的竞争优势的方式就是识别这些活动，并且找出使他们更具效率的方法。

价值创造的四个关键因素 四个关键因素是：①投入资本额；②资本的实际报酬率；③资本成本；④计划期（对于持续的经营期来说）。

价值创造图 对公司内部产品和市场分部的价值创造来源的分析，它在资本投资比例之上标出了价值创造值。

价值创造指标（VCQ） 由 Rory Knight 提出的外部价值指标。权益的市场价值加上负债的资产负债表价值之和除以所抽离的累积资金（负债加上权益）。

价值驱动 关键的组织能力，赋予了公司竞争优势。与拉帕波特的价值驱动不同。

价值投资 识别并持有那些被市场低估价值的但是很有前景的公司股票。

基于价值的管理 一种管理理论，其基本目的就是长期股东财富最大化。公司体制、战略、流程、分析技术、绩效衡量以及文化的目标都由符合于长期股东财富最大化的指导目标。

单纯债券 见普通债券。

可变成本 随着公司产出和销售量变化的成本。

浮动债券（贷款） 债券的应付利率随短期利率的变化而波动（比如伦敦银行同业拆借的6个月期利率）。

方差 对偏离平均值程度的衡量，是标准方差的平方值。

追加保证金 当交易所或清算所对一项期权或期货进行重新估值后，为保证期权或期货，在支付初始保证金之后仍需支付的资金。

供应商配额 为获得某公司资产而向其发行的股份，或者在收购中向股东发行的股份以获取整个公司，并且对希望持有股票然后转换为现金的投资者实施配额。供应商可以获得现金。

创业和发展资本信托投资基金（VDCIT） 关注于更具风险性的发展公司的标准信托投资基金（没有税负减免）。

风险资本（VC） 由特殊金融机构向非上市公司提供的资金。它可以为企业家做支撑，为初创期或发展期公司提供资金，或者协助管理层收购以及管理层换购。通常它是权益、债券和间型融资的融合体。被利用于高风险情况下的中长期投资项目。

风险投资信托（VCTs） 英国于1995年引入的旨在股利向小型以及快速发展的公司投资的投资工具。VCT投资于一系列的小型企业。VCT的资金提供者都获得了许多税负减免。

纵向兼并 两个兼并的公司处于生产链的不同阶段。

蓝筹股交易所（Virt-x） 一种经营电子化的股票市场。它大部分都是针对大型瑞士公司股票进行交易（部分所有权属于瑞士证券交易所）。它是由英国的金融服务监管局监管的认证投资交易所。

波动性　价格随时间变动的速度和变化量,通过标准方差或者方差进行衡量。

转化量　中介公司从无数的储蓄人手中吸引大量的小额资金,然后将这些资金重新打包成较大额资金用于商业部门或其他部门的投资。

认股权证　赋予持有人在未来某时间点、以固定价格认购既定数量的股票或债券的金融工具。

弱势有效性　股价反映了所有信息,包括过去的价格变动。

加权平均资本成本(WACC)　加权平均资本成本(贴现率)是以负债和权益占公司总资本的比例作为权重对公司的成本进行计算得出的总成。

财富增值指数(WAI)　由思腾思特咨询公司开发并进行商标注册的价值指标。它用一定年限内的股利和资本利得减去权益资本成本来衡量股东财富增加值,权益资本成本被定义为同一风险等级股票的要求报酬率。

白衣骑士　竞标收购目标公司,并受目标公司的董事欢迎的友好公司,通常该目标公司是敌意收购中的目标公司。

批发银行　见投资银行。

批发金融市场　仅支持大额交易的市场。主要由银行间交易构成。

清算　关闭一个公司,变卖其资产、偿还债务,将剩余现金在股东间进行分配的过程。

赢者诅咒　在赢得一场兼并战后,由于并购公司支付的价格过高而承受的价值损失。

预扣税　对非本国居民所获得收入所征收的税。

营运资本　流动资产和流动负债的差异值——净流动资产或净流动负债。

营运资本周期　典型的,投资于原材料、半成品以及完工产品以后将会通过销售赚取现金或赊销款。赊销货款通常在日后可以收回。每个阶段都需要金融流动资产投资。周期可以用原材料或其他投入发生日和销售商品获得现金流的日期之间的天数来表述。

在建项目建设期　将原材料转化为完工产品所需要的天数。等于在建项目的平均价值除以每日销售产品的平均成本。

减记(注销)　当资产的价值低于先前表述的价值的时候,公司将会变动资产的记账价值。

期权订立人　期权契约的出售人,赋予购买人一项权利而不是义务。

资产减值税金减免(WDA)　(资本免税额)对与公司的资本支出相关的应纳税利润(比如工厂、机器设备、工具)的减免。

扬基债券　在美国发行的一种外国债券。

收益率　某种证券的收益占其市场价格的比率。某种固定利息率证券的固定收益率(利息收益率、经营收益率以及所得收益率)即利息收入总额除以现行市场价格,以百分比的形式表示。偿债收益率或者到期债券收益率就是能够使债券的所有现金流入(利息加上本金)的现值与债券的现行市场价值相等的贴现率。

收益率曲线　显示债券到期期限与利率之间关系的图像。

增益股　见高收益率股票。

零成本期权　期权购买和出售的结合。出售期权的价格(溢价)等于购买期权的价格(溢价),因此净成本是零。

零息债券(优先股)　不会定期支付利息(股利)的债券,但是在发行的时候是折价发行的(即发行价低于面值),并且可以按面值要求赎回。如此可以向购买者提供一种资本利得。

扩展阅读

Chapter 5

Arnold, G. C. (2002) *Corporate Financial Management*. London: Financial Times Prentice Hall. Chapter 6 examines the issue of risk in more detail than presented here.

Arnold, G. C. and Hatzopoulos, P.D. (2000) 'The theory-practice gap in capital budgeting: evidence from the United Kingdom', *Journal of Business Finance and Accounting*, 27 (5) and (6), June/July, pp. 603-26. Discussion on the use of alternative risk adjustment methods is provided.

Chapter 6

Arnold, G. C. and Davies, M. (eds) (2000) *Value-Based Management*. London: Wiley. A collection of research monographs focusses on this emerging field.

Copeland, T., Koller, T. and Murrin, J. (2000) *Valuation*. 3rd edn. New York: Wiley. The management of value-based organizations and the principles behind the techniques are explained well

Davies, M., Arnold, G. C., Cornelius, I. and Walmsley, S. (2000) *Managing for Shareholder Value*. London: Informa Publishing Group. An introductory overview of VBM.

Investors Chronicle (1997) 'A week in the markets' 18 April, p. 10. The value destruction by T & N is discussed.

McTaggart, J. M., Kontes, P.W. and Mankins, M. C. (1994) *The Value Imperative*. New York: Free Press. A superb book showing the application of value-based techniques to strategy and other disciplines.

Rappaport, A. (1998) *Creating Shareholder Value*. New York: Free Press. (Revised and updated version.) A landmark book. Presents an important value metric-shareholders' value analysis (SVA)

Reimann, B. C. (1989) *Managing for Value*. Oxford: Basil Blackwell. Useful because it brings together strategy and value.

Stewart, G. B. (1991) *The Quest for Value*. New York: Harper Business. Written by a founding partner in Stern Stewart and Co., the US consultancy which has so successfully promoted MVA and EVA. Some useful insights.

Stewart, G. B. (2001) *Market Myths*. In *The New Corporate Finance*. 3rd edn. Edited by Donald H. Chew, McGraw-Hill/Invin. New York. An easy to read discussion of the differences between accounting measurement and economic value metrics.

Chapter 7

Arnold. G. (2004) *The Financial Times Guide to Investing*. London: Financial Times Prentice Hall. Examines company valuation and management from the perspective of shareholders.

Arnold, G. (2002) *Valuegrowth Investing*. London: Financial Times Prentice Hall. An integration of strategic analysis with equity market investment principles.

Arnold, G. C. and Davies, M. (eds) (2000) *Value-Based Management*. London: John Wiley. A collection of research monographs describing practical and theoretical issues in this field.

Buffett, W. (1984) *Berkshire Hathaway Annual Report*. Omaha, Nebraska: Berkshire Hathaway. As with all reports by Buffett, this one is full of profound and witty insight. www.berkshirehathaway.com.

Collis, D. J. and Montgomery, C. A. (1997) *Corporate Strategy: Resources and the Scope of the Firm*. New York: McGraw-Hill. A very important and easy to read book on the subject of resources of companies.

Copeland, T., Koller, T. and Murrin, J. (2000) *Valuation*. 3rd edn. New York: Wiley. The management of value-based organizations and the principles behind the techniques are explained well.

Davies, M. (2000) 'Lessons from Practice: VBM at Lloyds TSB', in G. C. Arnold and M. Davies (eds) *Value-Based Management*. London: Wiley. Insights into a company making use of VBM principles.

Davies, M., Arnold, G., Cornelius, I. and Walmsley S. (2001) *Managing for Shareholder Value*. London: Informa. An overview of shareholder value management for practitioners.

De Wit, B. and Meyer, R. (1998) *Strategy: Process, Content, Context*. 2nd edn. London: International Thomson Business Press. Some interesting sections in a very long book.

Johnson, G. and Scholes, K. (2001) *Exploring Corporate Strategy*. 6th edn. Harlow: Pearson Education. A well-regarded introductory textbook to the strategic management of firms.

Kay, J. (1993) *Foundations of Corporate Success*. New York: Oxford University Press. A study of corporate strategy.

McTaggart, J. M., Kontes, P.W. and Mankins, M. C. (1994) *The Value Imperative*. New York: Free Press. A superb book showing the application of value-based techniques to strategy and other disciplines.

Porter, M. E. (1980) *Competitive Strategy*. New York Free Press. One of the most important books on strategy ever written.

Porter, M. E. (1985) *Competitive Advantage*. New York: Free Press. More valuable insight into strategic analysis.

Rappaport, A. (1998) *Creating Shareholder Value*. Revised and updated edition New York:

Free Press. A landmark book. Presents an important value metric-shareholder value analysis.

Reimann, B. C. (1989) *Managing for Value*. Oxford: Basil Blackwell. Useful because it brings together strategy and value.

Stewart, G. B. (1991) *The Quest for Value*. New York: Harper Business. Written by a founding partner in Stern Stewart & Co., the US consultancy which has so successfully promoted MVA and EVA. Some useful insights.

Chapter 8

Arnold, G. C. and Davies, M. (eds) (2000) *Value-Based Management*. London: Wiley. A collection of research monographs.

Barker, R. (2001) *Determining Value: Valuation models and financial statements*. Financial Times Prentice Hall. Harlow, Essex. Provides a fairly detailed discussion of economic profit, EVA and shareholder value analysis and CFROI. Good if you are keen on model proofs and theoretical linkages between the metrics.

Copeland, T., Koller, T and Murrin, J. (2000) *Valuation*. 3rd edn. New York: Wiley. The management of value-based organizations and the principles behind the techniques are explained extremely well.

Davies, M., Arnold, G., Cornelius, I. and Walmsley, S. (2001) *Managing for Shareholder Value*. London: Informa. An overview of shareholder value management for practitioners.

Martin. J. D. and. Petty J. W (2000) *Value Based Management: Corporate response to the shareholder revolution*. Boston, Massachusetts: Harvard Business School Press. There are good chapters on free cash flow and CFROI.

McTaggart, J. M., Kontes, P.W. and Mankins, M. C. (1994) *The Value Imperative*. New York: Free Press. A superb book showing the application of value-based techniques to strategy and other disciplines.

Rappaport, A. (1998) *Creating Shareholder Value*. Revised and updated edition. New York: Free Press. A landmark book. Presents an important value metric-shareholder value analysis.

Solomons, D. (1965) *Divisional Performance: Measurement and Control*. Reproduced in 1985 by M. Weiner Publishing. An early formulation of residual income (economic profit).

Stern, J. M., Stewart, G. B. and Chew, D. H. (2001) The EVA® Financial Management System in *The New Corporate Finance* by D. H. Chew (ed.) New York: McGraw-Hill/Irwin. The case for the use of EVA for motivating operating heads is presented in an easy to read fashion

Stewart, G. B. (1991) *The Quest for Value*. New York: Harper Business. Written by a founding partner in Stern Stewart & Co., the US consultancy, which has so successfully promoted MvA and EVA. Some useful insights.

Stewart, G. B. (2001) Market myths, in *The New Corporate Finance* by D. H. Chew (ed.) New York: McGraw-Hill/Irwin.

Tully, S. (1993) 'The real key to creating wealth', *Fortune*, 20 September, pp. 38–50.

The application of EVA to US corporations is described in an accessible style.

Young, S. D. and O'Byrne, S. F. (2001) *EVA® and Value-based Management: A practical guide to implementation.* New York: McGraw-Hill. An easy to follow description of EVA with a critical edge.

Chapter 9

Stern Stewart's website provides some additional literature: www/sternstewart.com

Stewart, G. B. (1991) *The Quest for Value.* New York: Harper Business. Written by a founding partner in Stern Stewart and Co., the US consultancy which has so successfully promoted MVA and EVA. Some useful insights.

Chapter 10

Arnold, G. C. and Hatzopoulos, P.D. (2000) The theory practice gap in capital budgeting: evidence from the United Kingdom, *Journal of Business Finance and Accounting*, 27(5)and(6), June/July, pp. 603-26.

Barclays Capital (2003) *The Equity-Gilt Study.* London: Barclays. Source of data on historic returns.

Black, F. (1993) Beta and returns, *Journal of Portfolio Management*, 20, 8-18, Fall. Estimating the relationship between beta and return on US shares 1926-91. Relationship is poor after 1965.

Blume, M. and Friend, I. (1973) A New Look at the Capital Asset Pricing Model, *Journal of Finance*, March. 'The evidence in this paper seems to require a rejection of the capital asset pricing theory as an explanation of the observed returns on all financial assets.'

Blume, M. E. (1975) Betas and their Regression Tendencies. *Journal of Finance*, Vol. XXX, No. 3 June, pp. 785-95. Betas tend to 1 over time.

Blume, M. E. (1971) On the assessment of risk, *Journal of Finance*, Vol. XXVI March, No. 1, pp. 1-10. Betas change over time.

Chan, L. K. C. and Lakonishok, J. (1993) Are the Reports of Beta's Death Premature?, *Journal of Portfolio Management*, 19, Summer, pp. 51-62. Reproduced in S. Lofthouse (ed.) *Readings in Investment*, Wiley, 1994. Readable discussion of CAPM's validity in the light of some new evidence.

Corhay, A., Hawawini, G. and Michel, P. (1987) Seasonality in the risk-return relationship: some international evidence. *Journal of Finance*, 42, pp. 49-68. Evidence on the validity of the CAPM in the UK, France, Belgium and USA. Not good news for CAPM.

Damodaran, A. (1999) *Applied Corporate Finance: A User's Manual.* New York: Wiley. An excellent book prepared to deal with the difficult practical issues of WACC calculation and employment.

Dimson, E., Marsh, P. and Staunton, M. (2002) *Triumph of the Optimists: 101 Years of*

Global Investment Returns, Princeton, NJ: Princeton University Press. Fascinating evidence on risk premiums.

Fama, E. F. and French, K. R. (1992) The cross-section of expected stock returns, *Journal of Finance*, 47, pp. 427–65. A study casting doubt on beta and showing size of company and book-to-market ratio affecting returns on shares.

Francis, G. and Minchington, C. (2000) Value-based metrics as divisional performance measures, in G. C. Arnold and M. Davies (eds) *Value-Based Management*. London: Wiley. Empirical evidence and discussion.

Friend, I. and Blume, M. (1970) Measurement of portfolio performance under uncertainty, *American Economic Review*, September, pp. 561–75. A discussion of the usefulness of market-line theory and its ability to explain market behavior.

Gordon, M. J. (1962) *The Investment, Financing and Valuation of the Corporation*. Homewood. IL: R. D. Irwin. Dividend growth model.

Gordon, M. J. and Shapiro, E. (1956) Capital equipment analysis: the required rate of profit. *Management Science*, III, pp. 102–10. Dividend growth model.

Gregory, A. and Rutterford. J. (1999) 'The cost of capital in the UK: a comparison of industry and the city'. *CIMA Monograph*, May. Evidence on UK practice.

Levy, R. A. (1971) On the short-term stationarity of beta coefficients. *Financial Analysts Journal*. Nov-Dec. pp. 55–62. Betas change over time.

Lockett, M. (2001) '*Calculating the Cost of Capital for the Regulated Electricity Distribution Companies*', Aston University MBA Project. A through analysis of the theoretical and practical issues.

Lockett, M. (2002) Calculating the cost of capital for the regulated electricity distribution companies. *Power Engineering Journal*, October, pp. 251–63. An excellent summary of this issue with particular emphasis on regulated companies.

OFGEM (1999) 'Review of public electricity suppliers, 1998–2000. Distribution Price control review: Consultation Paper', May.www.ofgem. gov. uk/public/pqarc. htm. Discussion of cost of capital.

Pike, R. H. (1983) 'A review of recent trends in formal capital budgeting processes', *Accounting and Business Research* (Summer), pp. 201–8. Evidence of practitioner approaches.

Rosenberg, B. and Rudd, A. (1986) The corporate uses of beta, in J. M. Stern and D. H. Chew (eds) *The Revolution in Corporate Finance*. Basil Blackwell. Using CAPM to find discount rate for projects. Incorporates other risk factors: growth, earnings variability, leverage and size. Easy to read article aimed at the novice.

Rutterford, J. (2000) 'The cost of capital and shareholder value', in G. C. Arnold and M. Davies (eds) *Value-Based Management*. London: Wiley. Some fascinating evidence of UK practice.

Shiller. R. J. (2000) *Irrational Exuberance*. Princeton, NJ: Princeton University Press.

Solomon, E. (1963) *The Theory of Financial Management*. New York: Columbia University Press. WACC presented for the first time.

Solomons, D. (1985) *Divisional Performance, Measurement and Control.* 2nd edn (1st edn 1965). Connecticut: Weiner Publishing. An early use of the concept of economic profit.

Strong, N. and Xu, X. G. (1997) Explaining the cross-section of UK expected stock returns. *British Accounting Review.* More evidence of the poor relationship between beta and returns.

Chapter 11

Ambrose, B. W. and Megginson, W.L. (1992) 'The role of asset structure, ownership structure, and takeover defences in determining acquisition likelihood', *Journal of Financial and Quantitative Analysis*, 27 (4), pp. 575–89.

Bhide, A. (1993) 'The causes and consequences of hostile takeovers', in D. H. Chew, Jr (ed.), *The New Finance. Where Theory Meets Practice.* New York: McGraw-Hill. Target firms are poor performers.

Buffett, W. (1982) Letter to shareholders accompanying the Berkshire Hathaway Annual Report. Omaha, Neb. www.berkshirehathaway.com. Words of wit and wisdom forged by business experience.

Buffett, W. (1995) Letter to shareholders accompanying the Berkshire Hathaway Annual Report. Omaha, Neb. www.berkshirehathaway.com. Words of wit and wisdom forged by business experience.

Buono, A. and Bowditch. J. (1989) *The Human Side of Mergers and Acquisitions.* San Francisco: Jossey-Bass. Explains the importance of the management of people during and after merger.

Cartwright, S. and Cooper, C. (1992) *Mergers and Acquisitions: The Human Factor.* Oxford: Butterworth Heinemann. Cultural and other 'soft' issues of mergers are discussed.

Coopers & Lybrand and OC & C (1993). *A review of the acquisition experience of major UK companies.* London: Coopers & Lybrand. An interesting survey of the top 100 firms' reasons for difficulties and triumphs in post-merger management.

Copeland, T., Koller, T. and Murrin, J. (2000) *Valuation.* 3rd edn. New York: McKinsey & Co. and Wiley. Provides some useful and easy-to-follow guidance on merger management.

Devine, M. (2002) *Successful Mergers: Getting the people issues right.* London: The Economist/Profile Books. An accessible introduction to the 'soft' managerial issues.

Economist (2000) 'Merger Briefs' (two-page post-merger analysis of successes and failures) in the following editions: DaimlerChrysler, 29 July 2000; HypoVereinsbank, 5 August 2000; Boeing, 12 August 2000; Compaq, 22 July 2000; AOL Time Warner, 19 August 2000; Citicorp, 26 August 2000.

Firth, M. (1980) 'Takeovers, shareholders' returns and the theory of the firm', *Quarterly Journal of Economics*, 94, March, pp. 235–60. UK study. Results: (a) the target share-holders benefit; (b) the acquiring shareholders lose; (c) the acquiring firm's management increases utility; (d) the economic gains to society are, at best, zero.

Firth, M. (1991) 'Corporate takeovers, stockholder returns and executive rewards', *Managerial and Decision Economics*, 12, pp. 421-8. Mergers leading to increased size of firm result in higher managerial remuneration.

Franks, J. and Harris, R. (1989) 'Shareholder wealth effects of corporate takeovers: the UK experience 1955-85', *Journal of Financial Economics*, 23, pp. 225-49. Study of 1800 UK takeovers. Gains of 25-30 percent for targets. Zero or modest gains for acquirers. Overall there is value created for shareholders.

Franks, J. and Mayer, C. (1996) 'Hostile takeovers and correction of managerial failure', *Journal of Financial Economics*, 40, pp. 163-81.

Gregory, A. (1997) 'An examination of the long-run performance of UK acquiring firms', *Journal of Business Finance and Accounting*, 24 (7-8), Sept, pp. 971-1002. More evidence on the poor performance of acquirers.

Haspeslagh, P. and Jemison, D. (1991) *Managing Acquisitions*. New York: Free Press. A thorough and well-written guide to the management of firms that engage in mergers.

Higson, C. and Elliot, J. (1993) 'The returns to takeovers-the UK evidence', IFA Working Paper. London: London Business School. More evidence on the poor performance of the shares of acquiring firms.

Hunt, J. W., Lees, S., Grumber, J. and Vivian, P. (1987) 'Acquisitions: The Human Factor'. London: London Business School and Egan Zehnder International. Forty UK companies investigated. Merger motives, success or failure rates and success factors (particularly people factors) are explored.

Jensen, M. C. (1986) 'Agency costs of free cashflow, corporate finance and takeovers', *American Economic Review*, 76, May, pp.323-9. Dividend payouts reduce managers' resources and lead to greater monitoring if they go to the capital markets for funds. Internal funding is thus preferred and surplus cash flow leads to value-destroying mergers. Easy to read.

Jensen, M. C. and Meckling, W.H. (1976) 'Theory of the firm: managerial behavior, agency cost and ownership structure', *Journal of Financial Economics*, October, pp. 305-60.

Kuehn. D. (1975) *Takeovers and the theory of the firm: An empirical analysis for the United Kingdom 1957-1969*. Basingstoke: Macmillan. Acquiring firms that engage in multiple acquisitions display profitability, growth rates, etc., that are no different from those of firms which engage in few takeovers.

Lev, B. (1992) 'Observations on the merger phenomenon and a review of the evidence'. Reprinted in J. M. Stern and D. Chew (eds), *The revolution in corporate finance*. 2nd edn. Oxford: Blackwell. Merger motives, and who wins from mergers, are discussed in an introductory style.

Levine. P. and Aaronovitch, S. (1981) 'The financial characteristics of firms and theories of merger activity', *Journal of Industrial Economics*, 30, pp. 149-72.

Limmack, R. (1991) 'Corporate mergers and shareholder wealth effect, 1977-1986', *Accounting and Business Research*, 21 (83), pp. 239-51. 'Although there is no net wealth decrease to shareholders in total as a result of takeover activity, shareholders of bidder firms do suffer wealth decreases.'

Loughran, J. and Vijh, A. M. (1997) 'Do long-term shareholders benefit from corporate acquisitions?' *Journal of Finance LII* (5) pp. 1765-90.

Lynch. P. (1990) *One Up on Wall Street*. New York: Penguin. One of the greatest investors comments on companies and managers in a witty fashion.

Manson, S., Stark, A. and Thomas, H. M. (1994) 'A cash flow analysis of the operational gains from takeovers', *Research Report 35*. London: Chartered Association of Certified Accountants. Post-merger and pre-merger consolidated operating performance measures are compared. Operational gains are produced on average. A study of 38 companies.

Meeks, G. (1977) *Disappointing Marriage: A Study of the Gains from Mergers*. Cambridge: Cambridge University Press. Evidence on merger failure from the acquiring shareholders' point of view.

Mitchell, M. L. and Lehn, K. (1990) 'Do bad bidders become good targets?', *Journal of Political Economy*, 98 (2), pp. 372-98. 'Hostile bust-up takeovers often promote economic efficiency by reallocating the targets' assets to higher valued uses ... In aggregate, we find that the returns to acquiring firms are approximately zero; the aggregate data obscure the fact that the market discriminates between "bad" bidders which are more likely to become takeover targets, and "good" bidders, which are less likely to become targets.'

Morosini, P. and Steger, U. (eds) (2004) *Managing Complex Mergers: Real world lessons in implementing successful cross-cultural M & As*, Harlow: Financial Times Prentice Hall. Provides an accessible overview of thinking on the issue of merger failure and merger management.

Palepu, K. G. (1986) 'Predicting takeover targets: a methodological and empirical analysis', *Journal of Accounting and Finance*, 8, pp. 3-35.

The Panel on Takeovers and Mergers, *The City Code on Takeovers and Mergers and Rules Governing Substantial Acquisitions of Shares*. London. The complex set of rules are laid out in reasonably easy-to-follow fashion. Updated regularly.

Powell, R. G. and Thomas, H. M. (1994) 'Corporate control and takeover prediction', Working paper 94/07 (Department of Accounting and Financial Management, University of Essex).

Powell, R. G. and Stark, A. W. (2004) Does operating performance increase post-takeover for UK takeovers? A comparison of performance measures and benchmarks. *Journal of Corporate Finance*. Forthcoming.

Rappaport, A. (1998) *Creating Shareholder Value*. New York: Free Press. Revised and updated. Chapter 8 provides a shareholder value perspective on mergers.

Rau, P. R. and Vermaelen, T. (1998) Glamour, value and the post-acquisition performance of acquiring firms, *Journal of Financial Economics*, 49 (2), pp. 223-53.

Ravenscraft, D. and Scherer, F. (1987) *Mergers, Sell-Offs and Economic Efficiency*. Washington, DC: Brookings Institution. An overview of mergers: rationale, activity, profitability, economics. US based.

A review of monopolies and mergers policy: a consultative document (1978). London: HMSO, Cmnd. 7198 (Green Paper).

Roll, R. (1986) 'The hubris hypothesis of corporate takeovers', *Journal of Business*, April, 59 (2), Pt. 1, pp. 197-216. 'Bidding firms infected by hubris simply pay too much for their targets.'

Singh, A. (1971) *Takeovers*. Cambriage: Cambriage University Press. Provides evidence on the type of firms which become targets.

Sirower, M. L. (1997) *The Synergy Trap: How Companies Lose the Acquisition Game*. New York: Free Press. A practical, easy-to-read guide to mergers and the reasons for the failure to create value.

Sudarsanam, S. (2003) *Creating value from mergers and acquisitions: The challenge*. Harlow: Financial Times Prentice Hall. An easy-to-read comprehensive guide to all aspects of mergers-well worth reading.

Sudarsanam, S., Holl, P. and Salami, A. (1996) 'Shareholder wealth gains in mergers: Effect of synergy and ownership structure', *Journal of Business Finance and Accounting*, July, pp. 673-98. A study of 429 UK mergers, 1980-90. Financial synergy dominates operational synergy. A marriage between companies with a complementary fit in terms of liquidity slack and surplus investment opportunities is value creating for both groups of shareholders. But high-rated acquirers taking over low-rated firms lose value.

Sudarsanam, S. and Mahate, A. (2003) 'Glamour acquirers, methods of payment and post-acquisition performance: The UK evidence,' *Journal of Business Finance and Accounting*, 30 (1 & 2), pp. 299-341. Acquirers underperform post merger.

Van de Vilet, A. (1997) 'When mergers misfire', *Management Today*, June. An excellent, easy-to-read, overview of merger problems with plenty of examples.

Chapter 12

Buffett, W. (1982) Letter to shareholders accompanying the Berkshire Hathaway Annual Report. Omaha, Neb. www.berkshirehathaway.com. Words of wit and wisdom forged by business experience.

The Panel on Takeovers and Mergers, *The City Code on Takeovers and Mergers and Rules Governing Substantial Acquisitions of Shares*. London. The complex set of rules are laid out in reasonably easy-to-follow fashion. Updated regularly.

Sudarsanam, S. (2003) *Creating Value from Mergers and Acquisitions: The Challenges*. Harlow: Financial Times Prentice Hall. An easy-to-read and comprehensive introduction to all aspects of mergers.

Chapter 13

Arnold, G. (2002) *Valuegrowth Investing*. London: Financial Times Prentice Hall. An integration of strategic analysis with equity market investment principles.

Arnold, G. (2004) *The Financial Times Guide to Investing*. London: Financial Times Prentice Hall. A much fuller discussion of the vital qualitative factors in valuing shares is provided.

Barker, R. (2001) *Determining Value*. Harlow: Financial Times Prentice Hall. A somewhat theoretical consideration of valuation, but relatively easy to follow.

Blake, D. (2000) *Financial Market Analysis*, 2nd edn. New York: Wiley. Chapter 6 contains a valuable discussion on share valuation. Good mathematical skills required.

Copeland, T., Koller, T. and Murrin, J. (1996) *Valuation*, 2nd edn. New York: Wiley. Some valuation issues are presented in all accessible style.

Damodaran, A. (1999) *Applied Corporate Finance: A User's Manual*. New York: Wiley. Chapter 12 of this good book is particularly useful for share valuation.

Lofthouse, S. (2001) *Investment Management*, 2nd edn. Chichester: Wiley. A practitioner assesses the theoretical models and empirical evidence on investment issues, including valuation. Very accessible yet intellectually rigorous.

Lowe, J. (1997) *Warren Buffett Speaks*. New York: Wiley. A knowledgeable, witty and wise financier's comments are collected and presented. An excellent antidote to theoretical purism.

Outram, R. (1997) 'For what it's worth', *Management Today*, May, pp. 70-1.

Rappaport, A. (1998) *Creating Shareholder Value*. New York: Free Press. Revised and updated. Describes cash flow valuation models clearly.

Sharpe, W. F., Alexander, G. J. and Bailey, J. V. (1999) *Investments*, 6th edn. Upper Saddle River, NJ: Prentice-Hall. A wider range of valuation issues is discussed in an accessible introductory style.

Stephens, G. and Funnell, J. (1995) 'Take your partners...', *Corporate Finance*. London: *Euromoney* monthly journal, July. Discusses the difficult issue of valuation of telemedia companies.

Chapter 14

Black, F. (1976) 'The dividend puzzle', *Journal of Portfolio Management*, 2, pp. 5-8. A consideration of the issue by a leading writer in the field.

Brennan, M. (1971) 'A note on dividend irrelevance and the Gordon valuation model'. *Journal of Finance*, December, pp. 1115-21. A technical discussion of the opposing theories of MM and Gordon.

Crossland, M., Dempsey, M. and Moizer, P. (1991) 'The effect of cum-to ex-dividend changes on UK share prices', *Accounting and Business Research*, 22 (85), pp. 47-50. 'Our statistical analysis provides evidence of the clientele effect in the UK stock market' –shareholders in the high income, low capital gains tax bracket hold shares in high-growth companies and shareholders with low income and in the high capital gains tax bracket hold shares in low-growth companies.

Damodaran, A. (1999) *Applied Corporate Finance*, New York: Wiley. Chapters 10 and 11 consider dividend policy in a practical exposition.

Elton, E. J. and Gruber, M. J. (1970) 'Marginal stockholder tax rates and the clientele effect', *Review of Economics and Statistics*, February, pp. 68–74. Evidence is found which supports the clientele effect–shareholders in higher tax brackets prefer capital gains to dividend income.

Gordon, M. J. (1959) 'Dividends, earnings and stock prices', *Review of Economics and Statistics*, 41, May, pp. 99–105. Discusses the relationship between dividends, earnings and share prices.

Gordon, M. J. (1963) 'Optimal investment and financing policy', *Journal of Finance*, May. A refutation of the MM dividend irrelevancy theory based on the early resolution of uncertainty idea.

Keane, S. (1974) 'Dividends and the resolution of uncertainty', *Journal of Business Finance and Accountancy*, Autumn. Discusses the bird in the hand theory of dividend policy.

Lewellen, W. G., Stanley, K. L., Lease, R. C. and Schlarbaum, G. G. (1978) 'Some direct evidence of the dividend clientele phenomenon', *Journal of Finance*, December, pp. 1385–99. An investigation of the clientele effect.

Lintner, J. (1956) 'Distribution of income of corporations among dividends, retained earnings and taxes', *American Economic Review*, 46, May, pp. 97–113. An empirical study and theoretical model of dividend policy practices.

Litzenberger, R. and Ramaswamy, K. (1982) 'The effects of dividends on common stock prices: tax effects or information effects?', *Journal of Finance*, May, pp. 429–43. A technical paper which presents 'evidence consistent with the Tax–Clientele CAPM'.

Miller, M. H. and Modigliani, F. (1961) 'Dividend policy, growth and the valuation of shares', *Journal of Business*, 34, October, pp. 411–33. In an ideal economy dividend policy is irrelevant–algebraic proofs.

Pettit, R. R. (1977) 'Taxes, transaction costs and clientele effects of dividends', *Journal of Financial Economics*, December. Discusses the clientele effect.

Rozeff, M. (1986) 'How companies set their dividend payout ratios'. Reprinted in J. M. Stern and D. H. Chew (eds), *The Revolution in Corporate Finance*. Oxford: Basil Blackwell. A discussion of the information effect of dividends, the agency problems, industry rules of thumb. Easy-to-follow arguments.

Smith. T. (1995) 'Many happy returns', *Management Today*, May, pp. 56–9. An easy-to-read consideration of dividend policy in practice.

Solomon, E. (1963) *The Theory of Financial Management*. New York: Columbia University Press. Chapter 11 contains an interesting early discussion of the dividend policy debate.

3i (1993) 'Dividend Policy'. Reported in *Bank of England Quarterly Review* (1993), August, p. 367. The most important factor influencing dividend policy is long-term profit growth. Cuts in dividends send adverse signals.

Chapter 15

Accounting Standards Committee (1984) *Accounting for leases and hire purchase contracts*, SSAP 21. London: Accounting Standards Committee. Details on the accounting regulations.

Arnold, G. C. and Davis, P. (1995) *Profitability trends in West Midlands industries. A study for Lloyds Bowmaker*. Edinburgh: Lloyds Bowmaker. Data and analysis combining accounting, finance and economics. Historical trends in ratios.

Arnold, G. C. and Davis, P. (1996) *Profitability trends in East Midlands industries. A study for Lloyds Bowmaker*. Edinburgh: Lloyds Bowmaker. Data and analysis combining accounting, finance and economics. Historical trends in ratios.

Bank of England Quarterly Bulletin. Up-to-date analysis of corporate financing methods.

Buckley, A. (2000) *Multinational Finance*, 4th edn. Financial Times Prentice Hall. Discusses, in an accessible style, a range of types of finance.

Finance and Leasing Association (FLA) Annual Report. London: FLA. Gives some insight into HP and leasing in the UK, www.fla.org.uk.

Chapter 16

Arnold, G. and Smith, M. (1999) The *European High Yield Bond Market: Drivers and Impediments*. London: Financial Times Finance Management Report. A comprehensive exploration of the potential of the junk bond market in Europe—a history of the US market is also given.

Association of Corporate Treasurers. *The Treasurer's Handbook*. An annual publication with up-to-date information on credit ratings and other financial matters.

Bank for International Settlements Quarterly Review. Available online—free (www.bis.org). Terrific source of information on the international debt market (and much else besides).

Bank of England Quarterly Bulletin. Comprehensible, illustrated and up-to-date discussions of financial markets, events and statistics.

Blake, D. (2000) *Financial Market Analysis*. 2nd edn. Chichester: Wiley. A technical and detailed examination of long-term debt markets.

Buckley A. (2000) *Multinational Finance*. 4th edn. London: FT Prentice Hall. Some additional detail on some of the issues discussed in this chapter—easy to read.

Corporate Finance Magazine. London: Euromoney. This monthly publication has some excellent articles describing corporate activity in the bond and other financial markets targeted at senior financial personnel.

The Economist. This excellent weekly publication has a section devoted to finance. A good way of keeping up-to-date.

Eiteman, D. K., Stonehill, A. I. and Moffett, M. H. (2001) *Multinational Finance: International Edition*. 9th edn. Reading, Mass: Addison Wesley. Some useful, easy-to-follow, material on international debt markets.

Financial Times. Details of recent syndicated loans, Eurobonds and bank lending can be found almost every day in the *Financial Times*.

Hickman, B. G. (1958) 'Corporate bond quality and investor experience'. *National Bureau of Economic Research*, Princeton, 14. Early research into the returns and default rates on bonds.

Pilbeam, K. (1998) *International Finance*. 2nd edn. London: Macmillan Business. An introductory treatment of debt markets.

Standard & Poor's (1999) *Ratings Performance 1998: Stability and Transition*, January. Evidence on returns and defaults on bonds of different ratings.

Valdez, S. and Woods, J. (2003) *An Introduction to Global Financial Markets*. 4th edn. London: Palgrave Macmillan. Easy-to-read background on international bond markets.

Chapter 18

Arnold, G. C. and Davis, P. (1995) *Profitability Trends in West Midlands Industries. A study for Lloyds Bowmaker*. Edinburgh: Lloyds Bowmaker.

Brealey, R. H. and Myers, S. C. (2003) *Principles of Corporate Finance*. 7th edn. New York: McGraw-Hill. A more detailed treatment of the theoretical material is provided.

Corporate Finance. Monthly journal. London: Euromoney. Provides insight into high-level corporate finance issues of a practical nature.

Damodaran, A. (1999) *Applied Corporate Finance*. New York: Wiley. An accessible introduction to the practical estimation of optimum capital structure.

Hart, O. (1995) *Firms, Contracts and Financial Structure*. Oxford: Oxford University Press. High debt helps to align the interests of owners and managers.

Jensen, M. C. (1986) 'Agency costs of free cashflow, corporate finance and takeovers', *American Economic Review*, 26 May, p. 323. Discusses the problem of encouraging managers to pay to shareholders cash above that needed for all positive NPV projects.

Jensen, M. C. (1989) 'Eclipse of the public corporation', *Harvard Business Review*, September-October, pp. 61-74. High debt levels impose a discipline on managers. In particular they are forced to distribute cash, reducing the potential waste of free cash flow investment. Also in LBOs managers are incentivized by becoming owners.

Journal of Economic Perspectives (1988) Fall. A collection of review articles on MM propositions.

Lowenstein, L. (1991) *Sense and Nonsense in Corporate Finance*. Reading, MA: Addison-Wesley. A skeptical approach to the over-elaborate algebraic examination of financial structure.

Miller, M. H. (1977) 'Debt and taxes', *Journal of Finance*, 32, May, pp. 261-75. A further contribution to the theoretical debate-technical and US-focussed.

Miller, M. H. (1991) 'Leverage', *Journal of Finance*, 46, pp. 479-88. An interesting article by a leader in the field.

Modigliani, F. and Miller, M. H. (1958) 'The cost of capital, corporation finance and the theory of investment', *American Economic Review*, 48, June, pp. 261–97. The classic original economic modeling approach to this subject.

Modigliani, F. and Miller, M. H. (1963) 'Corporate income taxes and the cost of capital: A correction', *American Economic Review*, 53, June, pp. 433–43. A technical account of the important correction to the 1958 article—allows for taxes

Modigliani, F. and Miller, M. H. (1969) 'Reply to Heins and Sprenkle', *American Economic Review*, 59, September, pp. 592–5. More on the economic model approach.

Myers, S. C. (1974) 'Interaction of corporate financing and investment decisions—implications for capital budgeting', *Journal of Finance*, 29 (March), pp. 1–25. The adjusted-present-value method is developed in this article.

Myers, S. C. (1984) 'The capital structure puzzle', *Journal of Finance*, 39, July, pp. 575–82. Easy-to-read consideration of capital structure theory—particularly of pecking order theory.

Ross, S. (1977) 'The determination of financial structure: The incentive-signalling approach', *Bell Journal of Economics*, 8, pp. 23–40. The signaling hypothesis of debt increases is advanced.

Stewart, G. B. (1990) *The Quest for Value*, New York: Harper Business. Chapter 13 is written in praise of capital structures with high debt levels.

Treasurer (a monthly journal). London: Euromoney. Up-to-date consideration of Treasurer matters.

The Treasurers Handbook. London: Association of Corporate Treasurers. An annual publication. A useful reference work.

Chapter 19

Bank of England Quarterly Bulletins. An important and easily digestible source of up-to-date information.

Black, F. and Scholes, M. (1973) 'The pricing of options and corporate liabilities', *Journal of Political Economy*, May/June, pp. 637–59. The first useful option pricing model—complex mathematics.

Blake, D. (2000) *Financial Market Analysis*. 2nd edn. Chichester: Wiley. Some very useful material—but your maths has to be up to scratch!

Eales, B. A. (1995) *Financial Risk Management*. Maidenhead: McGraw-Hill. Introductory material on derivatives.

The Economist (1996) 'A survey of corporate risk management', 10 February. A survey of practice and thinking in the field—very accessible.

Financial Times. An important source for understanding the latest developments in this dynamic market.

Galitz, L. (1998) *Financial Engineering*. 2nd edn. London: FT Prentice Hall. A clearly written and sophisticated book on use of derivatives. Aimed at a professional readership but some sections are excellent for the novice.

Miller, M. H. (1997) *Merton Miller on Derivatives*. New York: Wiley. An accessible (no maths) account of the advantages and disadvantages of derivatives to companies, society and the financial system.

Taylor, F. (2000) *Mastering Derivatives Markets*. 2nd edn. London: FT Prentice Hall. A good introduction to derivatives instruments and markets.

Vaitilingam, R. (2001) *The Financial Times Guide to Using the Financial Pages*. 4th edn. London: FT Prentice Hall. Explains the tables displayed by the *Financial Times* and some background about the instruments—for the beginner.

Valdez, S. and Woods, S. (2003) *An Introduction to Global Financial Markets*. 4th edn. Basingstoke: Palgrave MacMillan. Very good introductory description of instruments, with a description of markets around the world.

Winstone, D. (1995) *Financial Derivatives*. London: Chapman & Hall. An easy-to-follow introduction to derivative instruments and markets—great clarity.

Chapter 20

Bank of England Quarterly Bulletins. An important and easily digestible source of up-to-date information.

Blake, D. (2000) *Financial Market Analysis*. 2nd edn. Chichester: Wiley. Some very useful material—but your maths has to be up to scratch!

Buckley, A. (2000) *Multinational Finance*. 4th edn. FT Prentice Hall. Contains some easy-to-follow chapters on derivatives.

Eales, B. A. (1995) *Financial Risk Management*. Maidenhead: McGraw Hill. Introductory material on derivatives.

Financial Times. An important source for understanding the latest developments in this dynamic market.

Galitz, L. (1998) *Financial Engineering*. 2nd edn. London: FT Prentice Hall. A clearly written and sophisticated book on use of derivatives. Aimed at a professional readership but some sections are excellent for the novice.

Miller, M. H. (1997) *Merton Miller on Derivatives*. New York: Wiley. An accessible (no maths) account of the advantages and disadvantages of derivatives to companies, society and the financial system.

Taylor, F. (2000) *Mastering Derivatives Markets*. 2nd edn. London: FT Prentice Hall. A good introduction to derivatives instruments and markets.

Vaitilingam, R. (2001) *The Financial Times Guide to Using the Financial Pages*. 4th edn. London: FT Prentice Hall. Explains the tables displayed by the *Financial Times* and some background about the instruments—for the beginner.

Valdez, S. and Woods, S. (2003) *An Introduction to Global Financial Markets*. 4th edn. Basingstoke: Palgrave MacMillan. Very good introductory description of instruments, with a description of markets around the world.

Winstone, D. (updated) (1995) *Financial Derivatives*. London: Chapman & Hall. An easy-to-follow introduction to derivative instruments and markets—great clarity.

Chapter 21

Blake, D. (2000) *Financial Market Analysis*. 2nd edn. Chicester: John Wiley. Contains more detail on the use of derivatives.

Buckley, A. (2000) *Multinational Finance*. 4th edn. London: FT Prentice Hall. An easy-to-follow and rigorous introduction to foreign exchange risk management.

Demirag, I. and Goddard, S. (1994) *Financial Management for International Business*. Maidenhead: McGraw-Hill. More detailed and broader than this chapter. Introductory.

Eaker, M., Fabozzi, F. and Grant, D. (1996) *International Corporate Finance*. Orlando, Florida: Dryden. A wide-ranging international finance text. US perspective but with international examples. Easy to read.

Eiteman, D. K., Stonehill, A. I. and Moffett, M. H. (2001) *Multinational Business Finance* 9th edn. Harlow: Addison Wesley Longman. A good introduction to international finance for companies.

Eales, B. A. (1995) *Financiac Risk Management*. Maidenhead: McGraw-Hill. Contains some useful sections on currency risk management using derivatives.

Hallwood, C. P. and MacDonald, R. (2000) *International Money and Finance*. 3rd edn. Massachusetts and Oxford: Blackwell. Detailed discussion of economic aspects of forex.

Levi, M. D. (1996) *International Finance*. 3rd edn. New York: McGraw-Hill. Covers the international markets and the international aspects of finance decisions for corporations in an accessible style. US-based.

Pilbeam, K. (1998) *International Finance*. 2nd edn. London: Macmillan. Detailed discussion of the models of exchange rate determination.

Roth, P. (1996) *Mastering Foreign Exchange and Money Markets*. London: Pitman Publishing. An introductory guide to practical forex and money market products, applications and risks.

Taylor, F. (2000) *Mastering Derivatives Markets*. 2nd edn. London: FT Prentice Hall. Contains some easy-to-read sections on currency derivatives.

Taylor, F. (1997) *Mastering Foreign Exchange and Currency Options*. London: Pitman Publishing. An excellent introduction to the technicalities of the forex markets and their derivatives. Plenty of practical examples.

Winstone, D. (1995) *Financial Derivatives*. London: Chapman and Hall. Clear introduction to the use of derivatives including currency derivatives.